Wurstisen Christian

Bassler Chronik sammt der Fortsetzung bis 1680

Erster Band

Wurstisen Christian

Bassler Chronik sammt der Fortsetzung bis 1680
Erster Band

ISBN/EAN: 9783744702119

Hergestellt in Europa, USA, Kanada, Australien, Japan

Cover: Foto ©ninafisch / pixelio.de

Weitere Bücher finden Sie auf **www.hansebooks.com**

Baßler-Chronick,

Darinn alles,

Was sich in obern Teutschen Landen, nicht nur in der Stadt und Bistume Basel, von ihrem Ursprung her, nach Ordnung der Zeiten, in Kirchen- und Welthändeln, bis in das 1580. Jahr, gedenckwürdiges zugetragen; Sondern auch der Eydgnoßschaft, Burgund, Elsaß und Breißgow, als beyliegender Landschaften, mit eingemischte historische Sachen (so viel deren in menschlicher Wissenheit verblieben) wahrhaftig beschrieben:

Sammt

Vieler Herrschaften und Geschlechtern
Wapen und Stammbäumen.

Aus unzahlbarlicher Menge Scribenten, Briefen, Büchern, Schriften und Verzeichnussen, mit Fleiß und mühseliger Arbeit, weit her zusammen getragen,

Durch

Christian Wurstisen,
Freyer Mathematischer Künsten Lehrer bey der Löblichen Hohen Schule zu Basel.

Neue in zwey Bände abgetheilte und nach einem durch den Authorn an vielen Orten verbesserten und namhaft vermehrten Exemplar herausgegebene Auflage, sammt der Fortsetzung bis in das 1680. Jahr, so den dritten Band ausmachen wird.

Erster Band.

BASEL.

Den Gestrengen, Edlen, Ehrenvesten, Fürsichtigen und Weisen Herren, Herren Burgermeister und Raht der Stadt Basel, meinen Gnädigen günstigen Herren, sammt und sonders.

Je eitel, hinfällig und zergänglich der Menschen Leben, und alles ihr Thun auf Erden seye, hat der weise König Salomo, im Buch des Predigers, mit lieblichen Farben ausgestrichen. Ein Geschlecht (sagt er) vergeht, das ander kommet. Was zuvor beschehen ist, deß gedenckt man nicht, gleich wie auch die Nachkommen künftiger Sachen nicht gedencken werden. Die folgenden Tage vergessen alles. Es fahret alles dahin wie ein Schatte, rc.

Um dieses unsers Lebens Hinfall willen, welchen uns tägliche Erfahrung genugsam in die Hände giebt: haben diejenigen, so sich gantzer Nationen, sonderbarer Landschaften oder Städten Sachen und Thaten in Schrift zu verfassen, unterwunden, ob sie wol nicht einerley Zweck und Fürsätze gehabt, aus aller Völckern Zeugnuß, in einer loblichen und nutzlichen Materie bearbeitet. Welcher unter diesen Antiquitätische Sachen zusammen gesucht, haben geachtet, es wäre der Arbeit würdig, dieselbigen aus der Zeiten Vergeßlichkeit, und aus dem Staub langer Verjahrung, an Tag zu bringen, und was weit herum zerstreut, in ein Corpus zu verfassen: damit dannzumal und aufs künftige vermerckt wurde, was bey der alten Welt allerley Sachen für Gestalt gehabt, was für Aenderungen im Regiment fürgefallen, und woher gegenwärtiger Dingen Staat entsprungen. Die fürnehmer und weidlicher Leuten Leben der Schrift vertrauet, haben nicht unfruchtbar gehalten,

Vorrede.

halten, derselbigen Tugend, Weisheit, Kunst, Tapferkeit zu Friedens= und Kriegszeiten, ihren Eifer zur Religion, und was dergleichen lobwürdiges in ihnen gewesen, den Nachkommen zum Vorbild fürzustellen: auf daß sie wüsten, durch welche Länder und Städte regieret, vor Feinden bewahret, erweitert, ein aufrichtiges Wesen, und die Religion gepflantzet wäre: Summa, Was Treuen sie dem Vatterland, mit Darstreckung Guts und Bluts, bewiesen, und auch ihnen zu gutem eine Reitzung wären.

Welche aber beyde zusammen genommen, und sich zumal einer gantzen Historie unterwunden, haben recht gehalten, es diente ihr Fürnehmen zur Gottesforcht, und diesem gegenwärtigen Leben. Zur Gottesforcht, weil ungezweifelt GOttes Will, daß wir auf seine wunderbare Schickungen und Wercke unter den Menschen sehen, daraus zu erlernen, Wie er der allein Ewige, Gerechte und Weise Haushalter, im grossen Hause dieser Welt, deß Fundament die Erde, der Himmel die Dachung, und die Element ihr Eingebäu, durch seine Fürsehung menschliche Sachen regiere, die Regiment aufrichte, wieder abbreche, seine Kirchen führe, und allerley Gericht übe: Und daß Menschensachen nicht dermassen beschaffen, wie Epicureische verruchte Gemühter rechnen und halten, daß

> Fürsten und auch Regiment
> Diese Ding habn in ihr Händ,
> Damit zu schaffen wies ihn gfält
> Ihn dien und folg die gantze Welt:

Job. 5. Sondern daß es heisse, wie Christus sagt, Mein Vatter würcket bisher, und Ich würcke auch, deßhalben Gottesforcht und Erkanntnuß daraus studieren. Und zwar, wie GOtt nicht will, daß wir seine Rahtschläge zu tief gründen und urtheilen: also gefället ihm auf seine Wercke zu schauen, darum der Psalter die Gottlosen strafet, daß sie auf des HErren Thun keine Achtung geben. Zu diesem als dem fürnehmsten und höchsten Zweck, sollen alle Historien gerichtet seyn.

Was dann dieses zeitliche Leben anbelangt, ists zwar ein köstlich Ding um wahrhaften Bericht vergangener Sachen. Dann was die gantze Vernunft zu sittigem ehrbarem Wesen, zu Erhaltung Land und Leuten, nutzlich seyn sagt, das bezeugen die Historien mit Exempeln. Deßhalben seind die Ethici gleich einem Aufreisser menschlicher Ehrbarkeit und Lebensmaaß, die Historici aber desselbigen Illuminierer und Ausstreicher. Sie stellen je mit lebendigen Farben für Augen, was jederzeit gesunde oder gähe Rahtschläge, gute

Vorrede.

te und böse Werck, für Endschaft gehabt, wie es beyden Frommen und Gottlosen ergangen: daraus ein jeder, so die Historien bedächtlich und mit gutem Urtheil lieset, in sonderbaren und gemeinen Geschäften desto bedächtlicher handlen und wandlen kan, auch Ursach findet, auf seiner Zeiten Läuf und Geschichte, desto bessere Achtung zu geben. Welches dann den Verstand mehret, ja so mans recht erwiegt, ist aus dieser Dingen Wahrnehmung alle Fürsichtigkeit entsprungen. Wir sehen je, wann kluge Leut Rahtschläge fällen, daß sie dieselbigen mit Einziehung vorabgeloffener Händlen bestätigen. Dargegen müssen dieses kindische Leut seyn, welchen nichts, dann was ihnen vor Augen und Ohren, zu wissen, die müssen in Anschlägen anlauffen, in Unfall ab widerwärtigen Winden und Anstössen bald erschrecken, welche deßhalben zu solchem Historischen Behilff nicht unbillich zu weisen. Dann wie ein scharfer Augenspiegel einem der Gesichts Gebrechlichkeit halben in die Fernnuß nichts erkennet, des Gesichts Stromen dermassen zusammen ziehet, daß er von weitem fürgestellter Dingen Gestalt eigentlich sehen mag, der sonst Gesichts halben nur was allernächst um ihn ist, erreichen mocht: also thun Historien, welche des Menschen Gemüht in ein weit Schauhaus allerley Erempeln führen, und vorabgeloffener Zeiten Gestalt für Augen stellen: welches bey Ehrbaren Gemühteren Nachstrebung der Alten Klugheit, Tapferkeit und Aufrichtigkeit gebieret.

Sallustius bezeuget, er habe oftermals gehöret, wie Q. Fabius Marimus, Publius Scipio, und andere fürtreffliche Heerführer der Stadt Rom, selbst bekennet haben, wann sie nur ihrer Altvordern Bildnuß angesehen, sey in ihnen heimlicher Trieb zur Tapferkeit angangen: welches dann gewißlich weder Bildstöcke noch Contrafacturen gethan, sondern vielmehr historische Erinnerung ihrer erwiesenen mancherley Tugenden. Deßhalben ein Weiser auf Zeitbücher viel setzet, und die Weile, so andere mit liederlichen Dingen vertreiben, mit Lesen derselbigen zubringet.

Dieser Dingen Betrachtung, benneben natürlichem Anmuht zum Vatterland, haben auch in mir vor etlichen Jahren etwas Lusts erwecket, dieser loblichen Stadt Basel Ankunft, Aufgang, Zufälle, Aenderung in geistlichen und weltlichen Sachen, Thaten und Geschichte zu beschreiben, sammt eingemischten beyliegender Völckern Historien, und was noch wegen der Zeiten Hinfliessung (welche unzahlbarliche Sachen menschlicher Wissenheit entzogen) hin und her in Gedächtnussen, Briefen, Schriften, Büchern, bey Einheimischen und Ausländischen überblieben, in ein historisch Werck zu vergreiffen: nicht anderst, dann wie man irgend nach erlittenem Schiffbruch, die herumschwimmenden Bretter auszuländen, oder nach vollbrachtem Herbst, zu etzlen pfleget.

Nicht

Vorrede.

Nicht minder aber hat mich der Mangel zu diesem Bau nohtwendiger Materie, zusammt dieser Zeiten mancherley beschwerlichen Urtheilen, oftermals in Zweifel gesetzt, ob mir rahtsamer, solches wiederum von Hand zu geben, oder fortzuführen.

Das Erste betreffend, ist unlaugbar, daß kein Mensch aus seinem Ingenio und Erfindung eigener Vernunft, was zu Erleuchtung und Bericht alter Zeiten dienstlich, herfür bringen könnte: sondern aus Verzeichnussen deren, so hievor gelebt, allenthalben ausgeklaubt, zusammen getragen, mit Urtheil unterscheiden, und mit rechter Eintheilung in Ordnung gebracht werden müssen. Welcher nun mit keinem Sylva und Vorraht gefasset, dem ist solches nicht minder unmöglich, dann ohne Holz, Stein und Pflaster ein Haus zu bauen. Hieneben ist kundbar, wie unsere Vorfordern in Teutscher Nation, von der alten Welt Staat, derselbigen Thun und Lassen, so gar nichts oder wenig geschrieben, und den Nachkommenen hinterlassen. Sie haben nicht gethan, wie vorzeiten die Griechen und Römer, welche ihre Sachen zu Ehren zu ziehen, und der Federn zu befehlen gewußt. Tacitus sagt, Die Teutschen haben damals mit der Schrift nichts können. Was nicht fremde oder ausländische Scribenten, von unsern Dingen, Staat, Wesen und Händlen verzeichnet: Oder irgend in den Klöstern hinter fleißigen Ordensleuten oder Priestern verblieben, das ist durch Ungemach fürlaufender Zeit (welche daher etliche Philosophi eine Mutter der Unwissenheit genennet) in Brunnen gefallen. Was sonst ein Vernünftiger, niemand zu Nachtheil, aber vielen zu Bericht und der Historien Liecht, aus alten Instrumenten, Briefen, Urbaren, Büchern, notieren und ausziehen könnte, das ist aus den Sacristeyen, Gewölben, Cantzleyen, Libereyen, und andern verwahreten Orten, schwerlich zu kriegen: eins Theils, weil nicht einem jeden zu vertrauen, anders Theils, daß unter denjenigen, so hiezu Gelegenheit haben, wenig zu finden, welche zu diesen Dingen rechten Ernst und Lust tragen, sondern der mehrere Theil will nicht die geringste Mühe, geschweige etwas Kostens, daran wenden. Welchem nun hiezu von Herrschaften und Oberkeiten die Hand nicht gebotten, noch zu brieflichen Urkunden Zugang geöffnet wird, dem soll etwas sonderlichs hierinn zu leisten, überbleiben. Und wann schon einem dieses alles gerahtet, seind doch alle dergestalt zu Hauf gebrachte Sachen, gegen so viel wunderbaren Händlen und Schickungen GOttes, so entweders in Schrift nie gekommen, oder sonst wiederum zu Grund gegangen, gleich wie Abschnitzling, und als die Morgenröthe gegen dem Mittaglicht zu rechnen, und wird dieser historische Stein, obschon viel Hände daran legen, auf des Bergs Gibel nimmer gewalzt werden.

Vorrede.

Noch ist ein anders, welches einem Scribenten nicht minder Bedenckens einwirfft, namlich, daß allwegen viel Leute zu finden, die ehe über solche Schrifften judicieren, dann sie dieselbigen im Grund erwegen, und seind einem Authori so mancherley Urtheil außzustehen, daß es unglaublich. Welcher an der Strasse bauet (spricht man) der bekommt viel Meister, ein jeder der Fürübergehenden sagt, Das solt er also, oder also gebauen haben. Also beschicht wahrlich in dergleichen Wercken. Was diesem gefället, das tadlet jener: da vermeinet einer zu viel, der andere zu wenig geredt seyn: will geschweigen, so jemanden der Fuß schlipffet, wie aber hierinn leichtlich beschehen kan. Welchen Ungunst niemand gern mit seiner grossen Mühe und Unkosten ihm selbst außladet.

Welches dann alles mich gar nahe von meinem Vorhaben abgetrieben, daß ich dasjenige, so ich innerhalb zehen Jahren, auß unzahlbarlich viel ersuchten Instrumenten, Büchern, Schrifften, summa, wo immer möglich, mit Wahrheit besagen mögen, unter den Fuß gedruckt hätte, vorauß da ich selbs erfahren, daß hierinn ein Mann kein Mann, und ich viel nohtdürfftiges Behilfs mangelbar gewesen. An unverdrossenem Nachstreben hats nicht gemangelt, aber gespüren müssen, daß alle Tag Jagetag, aber nicht Fahetag, derwegen des Sprüchworts, Viel verdirbt das man nicht wirbt, Gegentheil in diesem Fall wahrhafft befunden. Noch hat mir hinwiederum ein Hertz gegeben, als ich vor zwey Jahren ein gering Muster zum Vorbotten dieses Wercks, in Lateinischer Sprach in der Gelehrten Hände kommen lassen, daß andere verständige Männer, dieses Vorhaben zu beharren nicht unwürdig geachtet: vermeinende, es wäre zu thun, daß unsere Leute, so bißher nur fremde Sachen und Historien gelesen, etwas Berichts einheimischer Dingen einnehmen, und mit Lesung ihrer Vordern Geschichten und Zufällen sich erlustigen möchten: Bevorab, da uns der Unsern Händel, auß süsser Erinnerung des Vatterlands, von Natur weit tieffer in Busen greiffen, desselbigen Wohlfahrt uns höher erfreuet, sein Unfall mehr behertzigen und behutsamer machet, summa, unsern Rauch heller dann frembdes Feuer achten. Zu dem hat mich bewegt etlicher fürtrefflicher Männern (denen ich mich doch mit nichten vergleichen will) Exempel, die andern sonderbaren Ländern und Städten gleichen Dienst löblich geleistet, wie ich deß ein Register verzeichnen könnte: deßgleichen verhoffe, es werden die Edlen, Vesten, Jacob und Gottfrid von Rainmingen, zu Lublachsperg, der Vatter und Sohn, das, so sie durch vieljährige Nachforschung der Alemannischen Antiquitäten zu Hauf gebracht, mit Beschreibung des Costnitzer Bistums begriff, und der Hochgelehrte D. Johann Fischart mit Straßburg, gleiches ins Werck richten. Da gewiß, wann sich ein jedes Land oder Bistum zu Herfürbringung alter Sachen und Geschichten dergestalt bemühete, wir alsdann

Vorrede.

dann auß Particular-Historien recht gründlich gantzer Nationen, Königreichen und Völckern General-Historien haben wolten.

Auß welchen und andern beweglichen Ursachen, Gnädige gebietende Herren, ich diese meine mühselige Arbeit, GOtt zu Lob, dem Vatterland zu gut, und niemand zum Nachtheil, mit weiser Leuten Raht, an Tag geben, und sie Euer S. E. W. (deren loblichen Regiments Aufgang, Erweiterung, gedenckwürdige Thaten, daaussen und daheim, ich hierinn in eins zu fassen unterstanden) als meiner natürlichen Oberkeit, von deren mir bisher viel Gutes begegnet, um Erweisung unterthäniges und danckbares Willens, dedicieren und zustellen wollen: mit Bitt, dieses Werck mit gnädigem Gefallen aufzunehmen, und mich, sammt meiner herwachsenden Jugend, jederzeit in Gnaden lassen befohlen seyn. Der Allmächtige, treue GOtt im Himmel, wolle dieses Christliche und Freye Regiment weiters mit Gnaden fürführen, mehren und bewahren, Amen. Datum Petri Stuhlfeyr, nach Christi unsers Heilands Geburt, im Fünfzehen hundert und achtzigsten Jahr.

Euer S. E. W.
Wohlfahrt und Lobs

begieriger und gehorsamer Burger,

Christian Wurstisen, Freyer Mathematischer Künsten Professor.

Verzeichnuß der fürnehmsten Authorn, Scribenten und Personen, aus deren Schriften und Zuschub diese Baßler-Chronick zusammen kommen.

Acta des Baßler-Conciliums.
Acta des Costnitzer-Conciliums.
Atelberg Saltzmann, Notarius zu Basel.
Aeneas Sylvius.
Albertus Argentinensis.
Alte Briefe und Instrument, in grosser Anzahl.
Ammianus Marcellinus.
Bartholomæus de Pisis.
Beatus Rhenanus.
Bernische Chronick.
C. Julius Cæsar.
Carolus Sigonius.
Caspar Brulchius.
Caspar Hedio, D.
Centuriæ Histor. Eccles. Magdeb.
Christianus Soerinus.
Chronicon Burgundicum Nicolai Vignierii.
Chronicon S. Blasii.
Chronicon Prædicatorum Colmariensium.
Conradus Lycosthenes.
Conradus Lautenbach.
Conrad Schnitt.
Constantiensis Presbyter.
Cornelius Tacitus.
Erasmus Roterodamus.
Felix Hemmerlin.
Felix Schmid von Zürich, Mönch zu Ulm.
Franciscus Guicciardinus.
Fritz Cloßner Priester zu Straßburg.
Gilbertus Cognatus.
Gottfrid von Rammingen.
Henrich von Benheim.
Henrich Bullinger.
Henricus Glareanus.
Henricus Pantaleon Com. Pal.
Hermannus Contractus.
Jacob von Köngelshofen.
Jacob Wimpfeling von Schletstatt.
Jahrzeitbücher vieler Kirchen.

Johannes
{
Aventinus.
Cuspinianus.
Gastius.
Herold.
Jacobus Guggerus.
Knebel, Caplan im Münster.
Michaudus.
Nauclerus.
Oecolampadius.
Stumpf.
Tritenheim.
Tudenheimer.
}

Jost Keller, etlicher Bischöffen zu Basel Cantzler.
Jost Schürin, Thumherr zu Basel.
Lambertus Schafnaburgensis, Mönch zu Hirsfelden.
Matthäi Hau Wapenbuch.
Nicolaus Gerung, genannt Blauenstein, Bischoff Johansen, geboren von Flekenstein, Secretarius und Caplan.
Nicolaus de Cusa.
Otho Frisingensis.
Otto de S. Blasio.
Paulus Aemylius.
Paulus Jovius.
Petrus Etterlin.
Petrus Ramus.
Poggius Florentinus.
Radevicus.
Sebastian Franck.
Sebastianus Munsterus.
Sigebertus.
Simon Grynæus.
Theodoricus à Niem.
Tomi Conciliorum.
Ulrich Hugwald Mutius.
Ulrich Reichenthal.
Volaterranus.
Urspergensis.
Wolfgang Capito.
Wolfgang Lazius.
Vuippo.

*** Kurtz

Kurtzvergriffener Innhalt
der Acht Bücher.

I. Das Erste Buch begreift in sich vollkommene Beschreibung der Rauracer Landschaft, mit allen ihren Herrschaften, Städten, Schlössern, Wassern und Gebirgen ꝛc. zusamt vernachbarten Landen und Herrschaften.

II. Haltet in sich allerhand Geschichten von Anfang und Aufgang der Stadt und Bistums Basel, bis auf Rudolfi des Römischen Königs Zeiten.

III. Von Rudolfo bis auf den grossen Erdbidem.

IV. Von dannen bis auf die allgemeine Kirchensammlung zu Basel.

V. Das grosse Concilium zu Basel, sammt allen seinen Handlungen, Satzungen und Decreten, zumal eingemischet die langwierige Kriegsübung, welche die Herrschaft Oesterreich wider Basel und ihre Eydgnossen geführt.

VI. Vom grossen Concilio bis auf den Eydgnößischen Bund.

VII. Von des Eydgnößischen Bundes Zeiten, bis auf der Kirchen Reformation. Hiemit gemeiner Eydgnossen fürnehmste Kriegsachen im Hertzogtum Meyland.

VIII. Von Aenderung der Kirchen, bis auf gegenwärtige Zeit des 1580 Jahrs.

Alles mit viel Genealogien und Wapen.

Gedächt=

Gedächtnuß würdiger Sachen,

welche sich in Oberen Teutschen Landen, sonderlich in der Stadt, und dem gantzen Bisthumme Basel, von ihrem Ursprung her, nach Ordnung der Zeiten und Jahren, in allerley Händeln zugetragen und verloffen.

Das Erste Buch.

Dieses Erste Buch begreifft in sich eine vollkommene Beschreibung der Rauracer Landschafft insgemein, auch aller ihrer Herrschafften, Städten, Schlössern, Wässern und Gebirgen, rc.

Das Erste Capitel.

Von Begriff, Abtheilung und dem Namen der Rauracer Landschafft.

Das Land um den Berg Juram, vom Rhein an bis gegen Nidergang auf die Burgundische Grentzen, welches wir Rauracer-Gegne heissen, hat dieser Zeit keinen besondern Alemannischen oder Teutschen Namen, wie andere beyligende Landschafften, als das Suntgow, Ergow, Breißgow, rc. wiewol es nicht ein unachtbar Theil der Obern Teutschen Landen ist. Daher kommts, daß viele Leute darinn erzogen und geboren, von dem Namen ihres Vatterlands ingemein befragt, keinen Bescheid zu geben wissen. Den Gelehrten ist der alte Name, Raurici oder Rauraci, aus den alten Scribenten, Julio Cæsare, Plinio, Ptolemæo, Marcellino, Antonini Itinerario, rc. wohl bekannt. Solinus nennet sie Tauricos, ist aber daran, entweder von ihm, oder seinen Abschreibern, verfehlet, welche für das R ein T gesetzt.

Raurici haben den keinen gemeinen Teutschen Namen.

Wiewol nun dieses Lands Märchen und Begriff bey den alten Geographen (welche mehr auf Beschreibung gantzer Völcker, dann derselbigen sonderbare Landschafften und Abtheilungen gesehen) so gar eigentlich nicht verzeichnet worden, hat doch Plinius auf sie genugsam gedeutet, als er sagt: Sie seyen zwischen den Helvetiern und Sequanis gelegen. Welchem dann auch Cæsar zustimmet, sprechende: Sie grentzen mit den Helvetiern. Wann nun der Helvetier Land einseits (als gedachter Julius Cæsar ausdrucklich meldet) der Rhein und Jurtenberg endet: anderseits aber die Sequani exteriores, oder heutigen Suntgöwer, gleicherweis an das Gebirg Juram (so am selbigen Strich der Blawe heißt) stossen, da so ist der Rauracer Begriff, samt seinen Anwänden, leichtlich zu erkennen, ja er kan aus gedachter Scribenten Vermeldung also geschlossen werden:

Rauracer Landmarchen aus den alten Scribenten geschlossen werden.

Zwischen

Zwischen den Helvetiern und Sequanern ligt das Gebirg Jura, sagt Cäsar, lib. 1. de bello Gallico.

Nun aber ligen die Rauracer zwischen den Helvetiern und Sequanern, sagt Plinius, lib. 4. cap. 17.

Rauracer seynd Einwohner des Bergs Jurä.

Derowegen muß folgen, daß die Rauracer des Bergs Jurä Einwohner und Beywohner seyen.

Strab. lib. 4. Strabo, ein griechischer Beschreiber des Erdreichs, weißt nichts von den Rauracern, sondern rechnet diese Landsgegend unter die Sequanos, anzeigende, die hieraussen gegen dem Rhein wohnhafften Sequaner stossen an der Helvetier Land, und der Jurten unterscheide beyde Völcker. Welches dann an diesem frembden Scribenten nicht zu achten, dieweil ihm die eigentliche Abtheilung dieser Landen, in die geringern Völcker, nicht also bekannt seyn mögen, als aber den Römischen, welche unsere Länder durchreiset, und selbst besichtiget. Marcellinus zwar, welcher schon in diesen Landen gewesen, und der Rauracer nicht vergessen, zehlet sie doch auch unter die Sequaner, darum daß sie derselbigen Röm. Provintz oder Landspflegerey zugehörten.

Abtheilung der Sequaner.

Dieselbige war abgetheilt in die Sequanos Cisjuranos, welche jenseits dem Jurten ligen, als da ist heutiges Tages Uchtland, die Waat, Savoy; und in die Transjuranos, hiedisseits dem Gebirg wohnhafft: deren dann wiederum zweyerley waren, die innern um Bisantz und Hoch-Burgund, bis an die Saone, und die aussern dem Rhein zu gelegen, als die Rauracer und Suntgöwer seynd.

Rauracer Landsmarchen.

Hierum setze ich zum Theil aus der Alten Gezeugniß, zum Theil aus gegenwärtiger Zeiten Gelegenheit, diesem Land folgende Märchen: Gegen Mittag den Berg Juram, wie sich derselbige von Nidergang gegen Aufgang zeucht, von der Cluse Pierrepont, bis zum Anfang des Buchsgows, da sich die Aar dem Gebirg zuneigt, und so viel als unten an seinen Wurtzeln hinstenßt, allda ist der Aarenstrom durchnider bis in Rhein eigentlicher die Mittagwand, dann der Jurassus. Gegen Aufgang beschleußt es der Rhein, gegen Mitternacht das Leimthal, und Ende des Jurten-Gebirgs, welches gemeldtem Thal nach die Blawe heisset. Gegen Nidergang abermals das Gebirg von Pierrepertuis über den Freyenberg herab.

Der Blawe ist ein Arm von dem Berg Jura.

In meinem Lateinischen Epitome hab ich Glareano gefolget, und die Birs zu einem Untermarch gesetzet, hiemit dem gantzen Land eines Triangels Form gegeben. Wann ich aber die Sache eigentlicher betrachtet, und vermercket, daß der Blawe ein Vorgebirg und Arm des Juralli ist, so ist derselbige von diesem Landsbegriffe nicht auszuschliessen, weil Raurici alle die heissen, so den Juram zu Berg und Thal bewohnen. Und dieweile sich derselbige sonderlich Mitternachtwarts in viele Vorgebirge, Hörner und Zincken austheilet, mit vielen und langen darzwischen ligenden Thälern, daher ist's, daß der Rauracer mehrere Theil disseits des Gebirgs höchsten Grat wohnet, und der mindere Theil jenseits gegen Mittag, da er sich stracks herab in die Ebne das Buchsgöw zeucht, und von dem Aarenstrom so viel als eingezeilet ist.

Wann nun diese Landmarchen gesetzt werden, so fallet auf die vier Winckel, gegen Mittag die Clus Pierrepont, gegen Nidergang St. Ursitz, oder Pourrentrut, doch ausgeschlossen, gegen Mitternacht die Stadt Basel, gegen Aufgang der Flecken Coblentz, so vorzeiten namhaffter gewesen seyn wird, dann jetziger Zeit, weil er den Römischen Namen behalten, da die drey schiffreichen Wasser, die Aar, Limmat und Ruß in einem Furt in Rhein fallen: alles nicht unbekannte Zeitstätte.

Hieraus wird offenbar, daß diese Landschafft vorzeiten ein Theil des alten Galliä gewesen sey, welches der Rhein und Hochgebirg gegen Aufgang geendet hat. Dasselbige theilet man in drey Theil, in Aquitaniam, Celticam, Belgicam, und wurden die Helvetier und Sequaner (darunter man auch die Rauracer verstunde) den Celtern zugezehlet, als Julius Cäsar mit lautern Worten anzeigt. Als aber die Römer des gantzen Galliæ mächtig worden, allda hat Kayser Augustus (wie Strabo

lib. 4.

Das Erste Buch.

lib. 4. schreibet) die Celten gestümmelt, in die Lugdunische und Narbonensische Provintz abgetheilet, darzu die Völcker zwischen der Lore und Gironda, so zuvor den Celtern zugehörten, dem Aquitanischen Gallia zugegeben, also daß Gallia forthin vier abgesönderte Theil hat, nemlich Narbonensem, Aquitaniam, Lugdunensem und Belgicam, deren ein jedes in etliche mindere Provintzen getheilet ward, wie dann Ptolemæus, Plinius, Mela, Aethicus, und andere, dieser Abtheilung folgen. Also gehöreten die Rauracer unter des Lyonischen Gallix fünfte Provintz, Sequanorum geheissen, wie solches in dem Provintzbüchlein Gallix klärlich zu ersehen. Dieser Zeit ist ermelte Gegend (wie auch die heutige Eydgnoßschafft) ein Theil der Obern Teutschen Landen, gebrauchet sich auch zu mehrerm Theil Teutscher Sprach, ausgenommen ein kleiner Theil, so mit dem Burgund grentzet.

Des Lands alter Name entsteht von der Hauptstadt, welche vorzeiten darinn gelegen, und Rauricum geheissen, letztlich aber (wie hernach folgen wird) den Namen Augusta empfangen hat. Es war je damals in Gallia bräuchig, die Gelegenheit um die fürnehmsten Städte von denselbigen zu benennen, als Nemetes, Treviri, Lingones, ꝛc. Man wollte dann sprechen, die umligenden Länder hätten ihren Hauptstädten den Namen gegeben.

Von dieses Wörtleins Ankunft sind zweyerley Vermutungen gefallen: Etliche vermeinen, die Römer haben das Teutsche Wörtlein auf die Art ihrer Sprach gebogen, und aus Rauchrachern Rauracos gemachet, vermeinen, dieser Gegend sey daher ihr Name gekommen, weil sie sich in bergichte Schlünd und Thäler, so viel als in rauhe Rachen an den Berg Juram zusammenziehe. Andere haben es auf rauhe Äcker gedeutet, darum daß der Boden Gebirgs halb steinicht, darzu einen vesten und starcken Grund hat, also daß der Ackermann, wann er das Erdreich pflügen will, drey oder vier, an etlichen Enden auch fünf Paar Ochsen, oder Pferd, fürspannen muß, welches anderswo mit einem Paar leichtlich beschehen kan.

Vermutungen über das Wörtlein Rauraci.

Ob aber dieses Wort aus Teutscher Sprache seinen Ursprung habe, daran steht viel Zweifels. Ein unbekannter Name ist bald auf ein bekannt Ding gezogen, aber da dessen keine Bewährung fürzubringen, ist wenig darauf zu achten. Plinius nennet ein Wasser in Languedock Raurarin, hat auch von dieses Lands Name wenig Unterscheids, und ist doch kein Teutsch Wort.

Den Berg Juram oder Jurassum belangend, hat auch derselbige in Rauracer Gegend seinen alten Namen gar verloren, und neue bekommen, allein heisset er noch ausserhalb der Jurten, des Orts, da er Hoch-Burgund von der Waat absöndert, sich gegen Genf und ferner hinein erstrecket. In unserer Revier er an mancherley Orten und Durchwegen sonderbare Namen. Da er sich dem Rhein zu bezirbt, heisset er von altem Vocetius, zu Teutsch der Bözberg, darüber geht eine Landstraß nach Baden und Zürich. Oberhalb im Sißgöw heisset er von den Waiden, die Schaafnatt, welche in derselbigen Gegend sonderlich fett werden, daher die Frickthaler Schaafe und Hämmel vor andern gepriesen werden. Ferner bey dem Schloß Honberg, da eine Straß nach Lucern führet, wird er der Untere Hauenstein, und bey Wallenburg, darüber die Straß nach Solothurn geht, der Obere Hauenstein genennet, von den Felsen, welche an beyden Orten also durchgehauen und geschliffen seynd, daß man die Lastwägen hinüber bringen mag. Weiters gegen Nidergang heisset er die Wasserfälle, darnach bey Beinweiler-Berg, an welchen Orten auch Wege hinüber gefunden seynd. Im Münsterthal bey dem Gänsbrunnen, ist das Gebirgs höchster Grat von Natur durchgebrochen, also daß man durch eine enge Clus in das Buchsgöw aus Welschen Rore hindurch kommen mag. Selbiges Orts heisset er der Leberberg, zu hinderst aber, da man durch den gehauenen Felsen in das Wißlisburger Göw kommt, Pierre pertuis. Und dieses seynd des Gebirgs Namen, seinem höchsten Grat nach, dann sonst seine Hörner und Vorgebirge hin und her mancher-

Namen des Bergs Jurä.

mancherley Weise genennet werden, als der Freiberg, Rippetsch, der Blawe ꝛc. ohn Noth diese alle zu erzehlen.

Grösse des Rauracer-Lands. Dieses Land erstrecket sich in seiner Länge von gemeldtem Paß Pierre pertuis, biß gen Waldshut an Rhein hinab, zehen, und seine Breite von Basel über die Schaafmatt an die Aar, vier grosser Teutscher Meilen Weas: Ist gleichwol Gebirgs halben an vielen Enden ein rauhes Land, jedoch allenthalben zu Berg und Thal wohl bewohnet und erbauen. Dann darinn findest du zehen Städte, und bey anderthalb hundert Pfarrkirchen, vermög des Bischofflichen Marchregisters. Die vier *Vier Göw.* namhafften Strich darinn seynd, das Saltzgow, Sißgow, Buchsgow, und Frickgow. Seine fürnehmsten Wasser seynd, die Birs, fleust aus dem Saltzgow, die Ergetz, durch das Sißgow, und die Dinneren durch das Buchsgow. Die Dub nimmt allein einen Schwang in diese Gegend, laufft demnach wieder in Burgund, aus welchem *Geistliche u. Weltliche Oberkeit.* sie herkommen, davon hernach gesagt wird. Des gantzen Lands geistliche Jurisdiction gehörte vorzeiten dem Bistum Basel: aber die weltliche Oberkeit ist zertheilt. Was gegen Aufgang oberhalb Basel am Rhein ligt, gehöret zu mehrerm Theil dem Haus Oesterreich: Was aber gegen Nidergang dem Burgund zu ligt, dem Bischoff zu Basel: Was in der Mitte, ist den Städten, Bern, Basel und Solothurn zuständig.

Fruchtbarkeit. Das Land hat an mehrtheils Orten einen herrlichen Ackerbau, mit einem Mehl-reichen und weissen Getreid, also daß dieses Gebirgkorn weit besser dann das Suntgöwische. An vielen Enden hat es Weingewächs, sonderlich um Basel, Liechtstal und Eißsach: item im Frickgow unter Olten herab. Es seynd auch bey unsern Zeiten in vielen andern Thalgeländen die Hügel mit Reben besetzt worden. Allein ist das Gebirgland hinter Telschberg hinein also winterlich, daß da kein Wein wachsen mag, auch an etlichen Orten, sonderlich im Freyen Berg, und daselbst herum, wenig Getreids bringt, hat aber sonst (wie das Thal überall) zu Berg und Thal viel schöner Wiesen und Walden mit viel Viehs.

Das II. Capitel.

Von dem Saltzgow, Pierre pertuis, und dem Münsterthal.

Saltzgow. So wir in Beschreibung der Rauracer sonderbaren Plätzen von Nidergang gegen Aufgang fahren, kommen wir erstlich in das Saltzgow. Dieses ist die Gegend, welche sich von Soyern hinauf durch das Telschberger- und Münsterthal beyderseits in das Gebirg und die Dub hinein zeucht. Diesen Namen gibt ihm des Bistums Basel Marchregister, welches die Pfarrkirchen und Klöster dieses Orts unter den Decanatum Salisgaudiæ zehlet. Des Namens Ursach hab ich nicht erforschen können. Niemand ist zu wissen, daß in diesem Strich irgend Saltz gemacht worden sey. Es hat gleichwol bey unsern Zeiten ein Landmann (aus Vermerckung wie eine Kuh unterhalb Tittweiler immer einem Ort zugeloffen, und daselbst den Boden geleckt) eine Saltzader zu finden vermeinet, aber nichts anders dann ein heidnisch Bild von Ertz, irgend einer Hand lang, herfür gegraben. Dieses gantze Göw ist Frantzösischer, doch grober und bäurischer Sprache.

Pierre pertuis. Zu oberst im Münsterthal, welches die Einwohner von seiner Grösse Grandvaulx, und mit zerbrochenem Wort Gransfeld heissen, ist die Cluse Pierre pertuis, oder Pierreport, ein Unterschlacht des Lands Rauricæ und des Pagi Aventicensis, oder Wißlipurger Göws, derowegen auch eine Untermarch des Bistums Basel und Losannen, die Geistliche Oberkeit belangend, wie es beyderseits die Wasserränse anweisen.

Dieses

Das Erste Buch.

A. Ursprung der Birs.
B. Tachsfelden, Dorf.
C. Courgemont, Dorf.
D. St. Immer, hat ein Chorherren Stifft.
E. Die Dschus.

Dieses ist ein hoher Fels des Bergs Juralli, welcher vorzeiten, ehe er durch Menschenhand geöfnet worden, das Münsterthal und das entgegen ligende von einandern geschieden, und selbiges Orts das Land beschlossen hat, also daß da hindurch oder hinüber jemands zu kommen unmöglich war. Es ist aber diese natürliche Schledinauer, so im Durchfahr sechs und vierzig Schuh dick, vor viel hundert Jahren auf vier Klafter hoch durchgebrochen, und so viel als zu einer Landpforten gemacht worden.

Die Überschrift im Felsen darob gibt Anzeigung, welchem dieses nutzliche Werck zuzumessen. Weil aber dieselbige hoch von der Erden, und etliche Buchstaben Alters halb vom Wetter presthaft, und durch das Mieß unleslich worden, ist diese Schrift ungleich gelesen und verstanden worden. Petrus de Pitou ein gelehrter Mann, und einsiger Nachforscher alter Geschichten, hat sie fleissig abgesehen, und so viel er in solcher Höhe Gesichts halber erreichen mögen, folgende Worte abgezeichnet. *Uberschrift.*

NVMINI AVGVST.
VIA FACTA PER
* QV. VRSVM PATERNVM
II VIR. COL. HELVET.

Vielleicht Qu. Vrsum Paterium.

Zu Teutsch also:

Den Röm. Käyf. May. zu Ehren, ist diese Straß (vielleicht) durch Quintum Vrsum Paterium, den Mitregenten oder Hauptmann der Helvetischen Colonia gemachet.

Nun befindet sich aus Corn. Tacito, Annal. lib. 17. Marcellino und dem Provintzbüchlein Galliæ, daß die uralte Stadt Aventicum, so dieser Zeit in Aschen ligt, und an deren stätte Wifflisburg auffkommen, vorzeiten der Helvetier Hauptstadt gewesen seye. Daß sie aber auch hernach zu einer Colonia worden, welche die Römer mit ihren Burgeren besetzet, und ihnen Amtleute gegeben, bezeugen etliche der überbliebenen Römischen Steinschriften, so noch selbiges Orts zu sehen. Daraus wird offenbar, daß nicht Julius Cæsar, als der gemeine Mann haltet (dann unter ihm noch keine Augusti waren) sondern erst folgender Zeit des Römischen Kaysers Amtleute und Befehlshaber in gemeldter Stadt, diese Bergpforten durchgebrochen, auf daß man selbiges Orts aus Helvetien in Rauracer und Sequaner Land Zugang haben könnte, welcherley Römischer Wercken an andern Orten mehr zu sehen. *Aventicum der Helvetier Hauptstadt.*

Jenseits Pierre pertuis lauffen alle Wasser dem See zu, als da ist die Dschus, welche auf der rechten Hand aus dem S. Immer-Thal für Courgemont heraus kommt, allda führet auch die Straß gen Biel, gehöret alles dem Bischoff zu Basel, sammt andern Herrschaften selbiges Orts.

Diesseits

Baßler Bistums Historien,

Ursprung der Birß.

Hiediffeits gedachter Landmarche, oberhalb dem Dorf Tachßfelden, entspringt die Birß, fleußt durch das Münsterthal herab, und bey Renneudorf ins Telschberger-Thal, von dannen durch das Lauffenthal gegen Mitternacht. Es empfahet dieser Fluß beyderseits des Gebirgs, aus den mindern Thälern und mannigfaltigen Brunnquellen viel unnamhafter Bächlein und Wasserrunsen, sonderlich aber wird sie unter Münster durch die Rauß, unter Telschberg durch die Sorn, ob Lauffen durch die Lützel und bey Zwingen durch die Lüchsal also gemehret, daß sie Flöße trägt, von grossen Bäumen und Bauhöltzern, läret sich nicht weiter oberhalb Basel in Rhein, denn daß eben die Flößführer von dannen bis an der Mindern Stadt Riviere, durch das strenge Wasser die Überfahrt haben mögen.

Von Tachofelden.

Tachöfeldern.

Das gemeldte Dorf Tachßfelden, welches sie in ihrer Sprach Tafvenne heissen, ist ein alter Fleck, dessen der Stadt Münster Bestätigungsbriefe von Xavier Carolo Crallo, und König Lothario zu Ostfranckreich vor siebenhundert Jahren gegeben, Meldung thun. Hat Edelleute gehabt, welche erst bey unsern Zeiten abgegangen. Henrich von Tafvenne lebte 1284. Johannes von Tafvenne Ritter, des Rahts zu Mindern Basel 1321. Hans, Vogt zu Goldenfelß 1459.

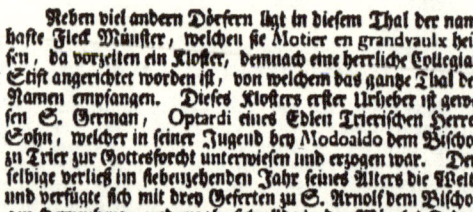

Die zween letsten dieses Stammens, Hans und Georg, lebten An. 1528. Georg starb 1528. Hans von Tafvenne der letste starb den 18. Dec. An. 1549. ward zu Pourrentrut mit Schild und Helm begraben, nach welcher Absterben die Lehen denen von Granweil worden seind.

Münster.

Neben viel andern Dörfern ligt in diesem Thal der namhafte Fleck Münster, welchen sie Motier en grandvaulx heissen, da vorzeiten ein Kloster, demnach eine herrliche Collegiat-Stift angerichtet worden ist, von welchem das gantze Thal den Namen empfangen. Dieses Klosters erster Urheber ist gewesen S. German, Optardi eines Edlen Trierischen Herren Sohn, welcher in seiner Jugend bey Modoaldo dem Bischoff zu Trier zur Gottesforcht unterwiesen und erzogen war. Derselbige verließ im siebenzehenden Jahr seines Alters die Welt, und verfügte sich mit drey Geferten zu S. Arnolf dem Bischoff gen Herrenberg, und ergabe sich allda in den Mönchs-Orden.

S. Germans Historie.

Nachmalen kam er in S. Romarici Kloster zu oberst auf dem Berg (jetzt Römelßberg) gelegen, besandte da seinen jüngsten Bruder Numerianum zu sich, und machte auch ihn zu einem Ordensmann. Letstlich begaben sich beyde Brüder mit Chumiano in das Kloster Luxovium oder Lusse in Burgund, welchem damals Abt Waldebertus vorstuhnde. Optomarus der ältere Bruder Germani, war an König Dagoberts zu Franckreich Hofe in grossem Ansehen.

Als sich nun die Anzahl der Ordensleuten zu Lusse mehrete, muste Abt Waldebert Nachgedenckens haben, wie er die Brüder an andere Ort austheilete: kame derowegen mit Gundonio einem grossen Herren, welches Fürstenthum das Thal Grandvall zugehörte, in Verständnuß, daß er ihm daselbst ein Ort zu Pflantzung der Religion einraumete, sandte dahin etliche Brüder zu wohnen, und gab ihnen S. German zum Abt, welche allda ein klösterlich Wesen anrichteten.

Nach

Das Erſte Buch.

Nach des frommen Herren Gaudonii und ſeines Nachkömmlings Bonifacii Abſterben, erfolget im Regiment Cathicus, welcher dem Kloſter und ſeinen Leuten feind war, derhalben Anlaß ſuchte, wider dieſelbigen zu tyranniſiren. Er wendet für, ſie wären ſeinem Vorfahren allezeit widerſpennig und ungehorſam geweſen, verwieſe hierum die Meyer und fürnehmſten im Lorinthal in das Elend, gerieth endlich dahin, daß er fremd Alemanniſch Kriegsvolck in das Land führte, Cathelmund das Thal herauf, und Cathicus oben herab zoge, das arme Volck mit Todtſchlag, Raub und Brand, kläglich mißhandleten. Solches bewegte S. German, daß er Randoaldum ſeinen Conventbruder zu ſich nahme, zum Fürſten Cathico kehrte, und ihn dieſer Ubelthat halben ſtrafte und abmahnte, deshalb ehe ſie wiederum zu Haus kommen mochten, von den Kriegsgurgeln erwürgt wurden, den 21. Tag Hornungs, im Jahr nach Chriſti Geburt, ſechshundert und etliche darüber.

Dieſe Legend hat beſchrieben Bobolenus ein Prieſter, welcher in der Vorrede an die geiſtlichen Brüder Deiculum. Leudemundum und Nigolridum ſagt, er ſeye von etlichen, welche S. Germans Zeiten erlebet, und ſolches alles geſehen, dieſe Hiſtorie zu beſchreiben ermahnet worden, nennet derſelbigen zween, nemlich Chadoaldum und Aridium, von denen er ſolches erlernet. *Bobolenus hat S. Germans Legend beſchrieben.*

Die alten Beſtätigung- und Vergabungsbrieffe, deren Originalia mir zu ſehen worden, geben Anzeigung, daß dieſem Kloſter die alten Kayſer und Könige ſehr wohl gewollen. Carolomannus der Francken und Longobarden König, ſo um das 770. Jahr regieret, beſtätiget dieſem Kloſter Grandis vallis, welchem damals Abt Gundowald vorgeſtanden, mit ſeinen zugehörigen Cellen S. Urſitz, und S. Paul zu Werd, alle ſeine Rechtungen und Freyheiten, ihme von weiland ſeinem Vatter König Pipin, und anderen Königen vor ihm gegeben: Daß niemand von des Kö: zc Amtleuten, Hertzogen, Grafen oder Geſandten, das Kloſter und ſeine Leut, weder mit Auflagen, Schatzung noch Forderung desjenigen, ſo der Königlichen Kammer ſonſt zugehöret, bekümmeren ſolte, zc. Gleichen Freyſitz hat ihnen K. Lotharius, Kayſer Ludwigs des Gütigen Sohn, am dato 8. Kal. Septemb. ſeines Kayſerthums im zwölften, des Italiäniſchen Reichs im dreyßigſten, und des Frantzöſiſchen im zehenden Jahr, in monte Romarico, auf Römelsperg ſeinem offnen Pallaſt, beſtätiget, Anno 849. Daſſelbig Inſtrument weiſet, ihnen hab dieſe Gnad vom Kayſer ausgebetten Graf Luitfrid, Herr des Kloſters Granwall im Hertzogthum Elſaß gelegen. Dann alſo lauten die Worte: Quia Ludfridus illuſtris Comes, Dominusque Monaſterii, cujus vocabulum eſt Grandis vallis, quod eſt ſitum in ducatu Helſſaceſi. Dieſer Graf iſt König Lotharii des Jüngern zu Oſtfranckreich Mutter Bruder geweſen, als ſich aus ermeldten brieflichen Urkunden befindet, hat einen Sohn gehabt Graf Hugo geheiſſen. Laſius nennet ihn Grafen zu Egisheim: mir aber iſt ſeiner Grafſchaft Namen unbekannt. *S. Urſitz und Schönenwerd der Abtey Mönster unterworfen.*

Kayſer Carolus Craſſus gabe dieſem Kloſter, über die geſagte Freyheit, im 884. Jahr, S. Immers Cell mit ſeiner Zugehörd, item das Dorf und Capell Bidarich und Rechonvillar. *S. Immer gehört gen Münſter.*

Ermeldte S. Germans Abtey iſt gedachter maſſen in einem freyen Weſen blieben, bis auf die Zeit Rudolphi, welcher ſich zum König in Burgund krönen laſſen. Dieſer hat erſtlich Graf Luitfriden des Kloſters Oberherrlichkeit zu Lehen gegeben, nachmalen unter ſeine Erben eigenthümlicher Weiſe vertheilt. Als aber derſelbigen viel worden, da einer dieſes, der andere jenes Gut vom Kloſter weggeriſſen, hat ſolches König Conraden zu Burgund, Rudolphi Sohn, alſo beherrtziget, daß er auf einem Reichstag Kayſer Othen, ſeinem Sohn dem Römiſchen König, auch den übrigen Geiſtlichen und Weltlichen Fürſten, dieſe Sach zu berathſchlagen fürtruge: Utrum monaſterium, quod per privilegia conſtructum eſſet, per manum Regiam in proprietatem dari liceret? Das iſt: Ob ein König befügt wäre, ein be- *Dieſer Kayſer Otho hatte S. Adelheiden, König Conrads Schweſter, zum Gemahl.*

B ij

freyet Gottshaus für eigen hinzugeben. Und als sie hierüber erkenneten, daß es mit keinem rechten Tittel beschehen könnte: liesse gemeldter König (wie er dann auf dem Reichstag in Raht gefunden) des ermeldten Grafen Luitfriden Sohn für sein Hofgericht laden, da er dem König die Abtey mit Urtheil und Recht wiederum einraumen muste.

Dergestalt hat König Conrad das Kloster wieder aufgebracht, ihm alle seine Zugehörd mit Kirchen, Flecken und Einkommen zugestellet, und aufs neue dermassen befreyet, daß es fortan nicht mehr weder Lehens-weise, noch um einiger Bezahlung willen, noch in andere Weg hinweg gegeben werden solte, vermög eines Instruments, am Dato den 9. Tag Mertzens im 957. Jahr.

Münster mit aller seiner Zugehörd wird dem Bischoff zu Basel geschenckt.

König Rudolph der ander zu Burgund, Conradi Sohn, schenckte hernach aus Anregen seiner Gemahl der Königin Ageltrud, auch mit Gunst seiner Lehenleuten, Bischoff Adalberoni zu Basel, von wegen seiner mannigfaltigen Diensten, und aus besonderm Anmuth, dasselbige Bistum (so durch mancherley Unfälle sehr geschwächt worden) wieder auszubringen, diese Unser Frauen und S. Germans Abtey, mit aller seiner Zugehörd, am Dato zu Brüssel, im Jahr ein tausend, seines Reichs im siebenden. Und von dieser Gottsgabe hat noch heutigs Tags das Baßler Bistum, beyde das Münster- und S. Immers-Thal: item S. Urstz und andere Herrschaften.

Münster wird eine Probstey.

Wann nun dieses Benedictiner-Kloster in eine Probstey und Chorherren-Stift verändret sey, deß hab ich kein Bescheid. Daß bey König Conrads Zeiten noch Ordensleute da gehauset haben, weiset das angezogene Instrument genugsam, deßhalb diese Veränderung der Königin Bertha nicht kan zugemessen werden, als man uns bis dahin beredt. Gläublich ists, es sey durch die Bischöffe zu Basel beschehen, nachdem es ihnen durch den letzten König von Burgund übergeben worden. Im 1160. Jahr ist es schon eine Probstey gewesen, bezeugt eine Donation Graf Friderichs von Pfirt, den Chorherren daselbst gethan.

Sie ist sehr aufgangen und reich worden, also daß vorzeiten ein Propst 700. und ein jeder Chorherr, deren allzeit zwantzig, 200. Goldflorin jährliches Einkommens gehabt. Es hat auch der Probstey über alle Leut und Güter zwischen Pierre pertuis, dem breiten Felsen, und dem Schwartzbrunnen von Rore, welchen man jetzt den Gänsbrunnen nennet, zu gebieten gehabt. Ist aber folgender Zeit durch viel Krieg, Brunst und anders Ungefell, also erarmet, daß im 1487. Jahr, ein Propst nur dreyßig, und ein Chorherr, deren damals nur sieben, allein zwantzig Goldflorin eines Jahrs gehabt, als Papst Innocentius 8. in seiner Bull bezeuget.

Ungefell der Stifft.

Erstlich hat sie viel erlitten im Krieg, welchen Graf Rudolph von Habspurg wider den Bischoff zu Basel geführet, im 1271. Jahr. So haben es vast hundert Jahr darnach Bern und Solothurn im Krieg wider den Bischoff, gebohren von Wien, verbrennet und verherget. Die Stiftlente haben sich letstlich mit der Stadt Bern in Burgrecht ergeben, um deßwillen sie, im 1499. Jahr, durch die Burgundische Guardy überfallen, mit Raub und Brand beschädiget worden ist. Erst neulich den 8. Junii, im 1571. Jahr, ist die Kirche zu Münster durch einen Feuerstral angezündet, verbrunnen, also daß die Glocken herab geflossen. Doch wohnen die Chorherren nicht mehr daselbst, sondern haben im 1534. Jahr ihre Wohnung gen Telschberg verändert, weil das gantze Münsterthal nach der Bernischen Reformation die Religion geändert, und das Papstum hingeworfen.

Das

Das Erste Buch. 9

Das III. Capitel.

Von dem Kloster Bellelay, Telschberger-Thal, dem Freyen Berg, S. Ursitz und Hasenburg.

JN dem Bezirck und Zugehörde des alten Stiffts Münster, ligt im Gebirg gegen dem Telschberger-Thal das Kloster Bellelay, Prämonstratenser-Ordens, ist folgender maß ankommen. Um das Jahr Christi 1150. ungefehr, ist zu Münster ein Provist gewesen, mit Namen Sigenandus, welcher als er eines Tags auf den Gewildhab gezogen, hatte sich begeben, daß er ein schön wild Schwein angetroffen, und demselbigen also begierig nachgesetzt, daß er von seinen Gefährten in einen dicken Wald und unwegsame Wildnuß unfürsamlich verschossen, in deren ihn, ehe er den Weg wieder heraus treffen können, die Nacht überfallen. Morndrigs als er wiederum zu Hause Weg gesucht, und sich aber mit irrgeben je länger je weiter verwickelt, besonders da seinem Ruffen kein Mensch nirgend entsprechen wollen, derohalben auch die andere Nacht im Holtz bleiben muste: war ihm der Haß also tief in Busen gefallen, daß er besorget in der Wildnuß zu verderben. Ruffet derowegen nach weit irrigem unschreiten GOtt an, und verlobet, wann er hieraus entlediget wurde, ihm eine Kirche zu bauen.

Solches geriehte am dritten Tag, deßhalb er hernach sein Gelübd erstattet, und mit Bewilligung des Capitels, an dem Ort seines Verschliessens, welches er von dem schönen Schwein Bellelay nennete, eine Kirche sammt einem Kloster bauete, welche Bischoff Ortlieb, um das 1170 Jahr, zu einer Abtey aufgerichtet, und mit viel Rechtungen begabet. Doch muste sie der Stift Münster jährlich ein Pfund Wachs zu Weisung geben. Sigenandus der Stiffter lebte noch im 1160 Jahr, und ward nach seinem Absterben allda im Chor begraben. Im Costnitzer Concilio hat Papst Martinus Henrichen Rer dem Abt daselbst, und seinen Nachkommen, die Freyheit gegeben, sich einer Insul und Prelatenstabs zu gebrauchen. Ist also dieser Zeit die Abtey und das Filial über die Stift Münster seine Mutterkirch gestiegen.

Der Aebten Succession haltet sich also:

Geroldus der erste Abt, starb 1170.
Ludwig.
Richart 1202.
Henrich von Sousse 1230.
Jacobus 1256.
Conrad 1258.
Petrus von Bares 1270.
Burckart von Boecur 1292.
Lampert 1316.
Petrus von Sancey 1320.
Henrich von Altorf 1336.
Petrus von Vennes 1350.
Jacob von Biel 1354.
Johann von Altorf 1358.
Johann von Septray 1365.
Johann von Pontenach 1374.
Johann Donzelet von S. Ursitz 1398.
Henrich Rer von Telschberg 1401.
Heintzman Girardin 1418.
Johann von Castell 1426.
Johann Rier von Neuenstatt 1448.
Johann Griel von Biel 1458.
Johann von Osterhoven 1483.
Johann Brulard von Tachsfelden 1450.
Niclaus Schnell von Biel 1508.
Johans von Bellefundo 1530.
Servatius Fribe von Telschberg 1552.
Antonius Fagillus von Neuenstatt 1561.
Johannes Simon 1576.
Werither Brisselanez v. Pourrentrut 1579.

Aebten zu Bellelay.

Unterhalb

Sornthal. Unterhalb Bellelay zeucht sich ein Thalgeländ gegen dem Münsterthal, aus demselbigen kommt die Sorn, so durch das Telschberger-Thal hinunter fleußt, daher es die Landleute Sornatæy heissen. Caroli Crassi Instrument nennet es Pagum Sornegaudiensem, das Sorngöw. Graf Friderich von Pfirt vergabet mit Bewilligung seines Sohns Graf Ludwigs, alle seine Leut in Sornegaudio der Stift Münster, im 1160 Jahr.

Telschberger-Thal.

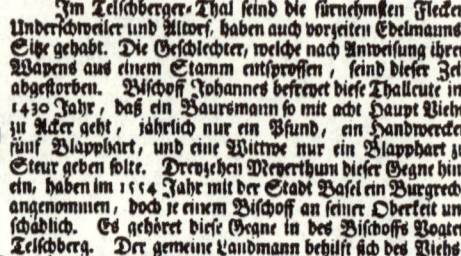

Von Alwor.

Im Telschberger-Thal seind die fürnehmsten Flecken Underschweiler und Alwor, haben auch vorzeiten Edelmanns-Sitze gehabt. Die Geschlechter, welche nach Anweisung ihres Wapens aus einem Stamm entsprossen, seind dieser Zeit abgestorben. Bischoff Johannes befreyet diese Thalleute im 1430 Jahr, daß ein Baursmann so mit acht Haupt Viehs zu Acker geht, jährlich nur ein Pfund, ein Handwercker fünf Blapphart, und eine Wittwe nur ein Blapphart zu Steur geben solte. Dreyzehen Meyerthum dieser Gegne hinein, haben im 1554 Jahr mit der Stadt Basel ein Burgrecht angenommen, doch je einem Bischoff an seiner Oberkeit unschädlich. Es gehöret diese Gegne in des Bischoffs Vogtey Telschberg. Der gemeine Landmann behilft sich des Viehs, und werden nirgend bessere Käs, dann in diesem Strich gemacht, doch ist das Fleisch nirgend also wol geschmackt, als das in der Eydgnoßschaft fället. Seind also neben dem Rindvieh ihre Waaren, wie auch des Münsterthals, so man aus dieser Rivier gen Basel und anderswohin führet, Käs, Hartz, Bauholtz, allerhand Waldbrechsler-Arbeit.

Der Freyberg.

Ferner gegen Niedergang heisset das Gebirg Montaine de boys, zu Teutsch, der Freyberg, ist hoch, und obenauf breit, hat eine rauhe und kalte Gelegenheit, gehöret in die Vogtey und Herrschaft S. Ursitz. Der Freyberg acht ich daher geheissen seyn, daß dieser Berg und Gegend, so vorzeiten eine grosse Wildnuß, durch die alten Bischöffe den Burgundiern und andern Umsässen außzureuten, allda zu bauen und zu pflanzen frey erlaubt, dazu ein Freysitz bewilliget worden: solten allein von einer Juchart drey Pfenning Zins, und wann sie etwas verkaufen, den zehenden Pfenning, ihne als dem Landesfürsten davon bezahlen. Im selbigen liegen die Dörfer la Chaulx, Breulleux, Noirmont, das ist, Schwartzberg, Mänalz oder Spiegelberg, Pomerat, Seigne legier, Cernie villers, la Bosse, les Enfers, Belmont und Montfalcon. Es wachset da wenig Getraid: oft schneyet es auf die Frucht ehe sie zeitig und geschnitten wird, also daß etwann die Fäsen auf den Helmen wieder außkeimen, deßhalb ein sehr rauhes und schwartzes Brodt daraus gebachen wird. Manchmal muß man wiederum säen, ehe man aereutiet, kein Obs wachst überall da, und ernehren sich die Leute des Viehs, haben jährlich auf Crucis, Magdalenæ und Francisci, zu S. Eligius und Unser Frauen im Holtz, drey grosse Viehmärckte gehalten werden. Diese gantze Herr-

Spiegelberg.

schaft hat vorzeiten gehört zu Spiegelberg, da noch das alte Burgstell vorhanden. Montfalcon aber, oder Falckenberg, ist nicht das, da sich die Freyherren dieses Namens gehalten, welche Stifter zu Lützel gewesen, item die Graffschaft Montbelgard durch Heurath überkommen: sondern dasselbige Montfalcon liegt in Burgund, nicht fern von Bisantz.

Francmont.

An Freyenberg stosset die Herrschaft der Vestung Francmont, dadurch die Dub nach Froberger Herrschaft lauset. Graf Heinrich von Wirtenberg zu Montbelgard, resignirt Bischoff Casparen, gebohren zu Rhein, im 1481 Jahr, alle seine Ansprach an Francmont, und empfienge darfür zweyhundert Gulden. Dieser Zeit besitzen es die von Gille.

Die Dub Fluß.

Gemeldt Wasser die Dub nimmt an diesem Ort zwischen den Bergen einen wunderbaren Schwung in Rauracer Gegend. Dann es entspringt erstlich bey Ponterlin in Burgund,

Das Erste Buch.

Burgund, lauffet für Morta, durch Valendiser Herrschafft, scheidet den Freyenberg dem Bistum Basel zugehörig, vom Tribelberg der Graffschaft Burgund zuständig, steust also gegen Aufgang durch Froberger Herrschafft, in die Propstey S. Ursitz, und allernächst ob der Statt, lauffet es einem Berg herum, welcher gleich als in einer Insel steht, wendet sich gestracks wiederum gegen Niedergang, aber durch Froberger Herrschafft, nach S. Hippolit und Montbelgard in Burgund.

Zwischen den erstgemeldten Krümmen dieses Flusses, ligt das Schloß und Dörflein Kalenberg. Kalenberg, so noch dieser Zeit bewohnet wird, welches Bischoff Melchior, Doctor Guilhelmo Paretio, damals seinem Amtmann, zu Lehen gegeben, der es dieser Zeit inhaltet. Diesem Schloß gehörte vorzeiten zu der gantze Freyberg, und hatte der Vogt seine Residentz da. Als aber dieses Schloß in Burgundischen Kriegen verbrennet worden, als hernach gesagt, allda ist der Freyberg der Herrschafft S. Ursitz zugegeben worden.

An dem Ort da sich die Dub wiederum aus der Rauracer Gegend dem Burgund zu begibt, ligt zwischen hohen und stotzigen Gebirgen im tieffsten Thal, das Städtlein S. Urß mit einem guten Bergschloß, in solcher Gelegenheit, daß S. Urtz niemand, so auf den Berg Rippetsch kommt, vermeynen möchte, daß eine solche Wohnung, und beynahe in schiffreich Wasser da zu finden wäre. An diesem Ort soll erstlich S. Ursicinus, ein Mönch aus dem Kloster Lusse, nach Durchwanderung vieler Thälern, Wildnussen und Gebirgen, ein absonderet weltflüchtig Leben zu führen, Wohnung gemacht haben (als das ihn des fürfliessenden Wassers und der herrlichen Brunnen halber hiezu nicht unbequem bedunckt) daselbst an einem gähen Berg ein Bruderhäuslein gebauet, und GOtt gedienet, ungefehr um die Zeit Germani des Abts zu Münster. Ihm werden auch Wunderzeichen zugeschrieben. Als dieses sein andächtig einsam Wesen bey den Vernachbarten ausgebrochen, seind allenthalben her viel Leute zu ihm kommen, ihn zu hören und zu sehen, deßhalb solches Ursach gegeben hat, etliche Häuser daselbst hin zu bauen, und allda Wohnung zu machen. Als er auch etliche in Orden beweget, ward eine Kirche da zu S. Peters Ehr gebauet, ist jetzt die Pfarrkirche, bey deren er gestorben, und unter die Heiligen gezehlet worden ist.

Dieses Bruderhaus und Kirche ist lange Zeit der Abtey Münster im Granfelt untertworfen gewesen, und mit derselbigen bey der Vergabung König Rudolphs zu Burgund (davon hievor † gesagt) an das Bistum Basel kommen. Hernach ist eine Stiftkirche und ein Propstey, zwölf Chorherren, allda aufgerichtet worden, welche mit Singen und Messlesen ihre Stunden zubringen sollen. Diese hat Papst Innocentius, im Jahr 1139, samt allen ihren Gütern confirmiert, und in S. Peters Schirm aufgenommen, zu welcher Zeit S. Urß noch ein Dorf war. Den 25. Tag Junii, im 1505 Jahr, unter Rudolph von Hallweil dem Propst, liessen die Chorherren S. Urßeins Grab eröfnen, und funden noch seine Gebein. † im II. Cap.

Im 1388 Jahr, ist diese Statt und Herrschaft, durch Bischoff Jmmer, zusamt Kalenberg und Spiegelberg, Graf Theobalden von Neuschatel oder Neuenburg in Burgund, Pfandsweis übergeben worden, und bey fünf und dreyssig Jahren ausser der Stift Basel Handen gestanden, bis sie Bischoff Johannes, gebohren von Fleckenstein, im 1423 Jahr, mit Gewalt wieder eingenommen, als ihn die Grafen die Wiederlosung nicht gönnen wolten. Daher noch dieser Zeit vom Bischoff zu Basel ein Vogt dahin geordnet wird, obwohl sonst die Statt einen Burgermeister und Raht hat. Zween Jahrmärckte fallen da, der eine auf Martii, der andere Simonis und Judä. Unterhalb der Statt am Berg gräbt man Eisenertz, das wird in Schiffe geladen, und gen Bellefontaine herab zu schmeltzen geführet, da jährlich acht hundert oder tausend Centner Eisens gemacht werden. Eisenschmidt

In der Pfarr Occurt, ligt am Blauen, gegen Pourrentrut, das Schloß Montwohag, mit einem Flecklein darunter, und eigenem Gericht, ist etwann deren von Tachselden Lehen vom Bistum gewesen, und nach ihrem Abgang an die von Granweil kommen.

C ij

Baßler Bistums Historien,

nien. Als aber Hans Conrad von Grantweil, der letzte dieses Stammens, den sechsten Tag Julii, im 1570 Jahr, nicht fern von seiner Vestung, durch den von Sitte einen Burgundischen Edelmann mörderischer Weise erschossen worden: allda ließ Bischoff Melchior dieses Schloß, als ein verlediget Lehen wiederum einnehmen, verliehe es doch hernach Hans Erharten von Rheinach. Hiezu gehört das allernächst gelegene Weyerhaus La Motte genannt, steht dieser Zeit öd.

Hasenburg. Jenseits des Bergs Rippetsch, nicht fern von Lützel, ist zwischen dem Gebirg hinein, auf einem runden Kopf, das Burgstell des herrlichen Schlosses Hasenburg, mit einem Dörflein darunter zu sehen, vorzeiten eine Wohnung der Freyherren dieses Namens, eins von den vier verschwornen Lehen des Bistums Basel, gehört dieser Zeit in die Herrschafft Pourrentrut. An. 1374. ward dieses Schloß im Krieg wider den Bischoff durch die Baßler gebrochen. Von diesem Stammen seind die folgenden abkommen, deren Geburtslinie ich nicht zusammen bringen mögen.

1141 Heinrich und Richart von Hasenburg, item Adelbero Thumherr zu Basel, werden in einem Instrument des Gottshaus S. Blasien citiert.
1154 Burckart von Hasenburg.
1160 Ludwig.
1240 Burckart.
1317 Diebolt von Hasenburg, Benedicta von Arburg sein Gemahl.
1386 Hans, zu Sempach im Streit erschlagen.
1380 Hans Ulrich von Hasenburg, Verena von Thierstein sein Gemahl. Elisabeth Klosterfrau an den Steinen zu Basel, seine Schwester, die starb 1399.
1404 Bernhard Herr zu Hasenburg, dessen Bruder Anthoni.
1430 Bernhard von Hasenburg, Johanna von Rotberg sein Ehegemahl. { Anthoni von Hasenburg. Diebolt von Hasenburg.
1430 Heinrich von Hasenburg, welcher Johanna von Rotberg nach Abgang ihres Ehegemahls Bernhard, zugegebener Vogtmann gewesen.
1475 Diebolt, sein Bruder Hans Lütold, Herr zu Hasenburg, Usne und Rotenburg. Dieser gab im 1479 Jahr Bischoff Casparn seine Lehen auf, desgleichen auch den Grafen zu Thierstein ihre Lehen, und erlaubte die Mannschafft ihnen zu schweren.

Das IV. Capitel.

Von der Stadt Telschberg, Sogeren, Lauffen und beyden Lützeln.

Telschberg. Die Stadt Telschberg, welche die Landleute Delemont heissen, ligt am lustigsten Ort des Saltzgäws, da sich das Gebirg weit von einander thut, neben der Sorn auf einem Hügel, in überlängter Vierung, hat gegen Mitternacht das Wolfsthor, gegen Mittag das Mühlichor, und gegen Nidergang das Bischoffsthor. Neben diesem steht das alte Schloß, welches im grossen Erdbidem dieser Landen (davon hernach öffermals gesagt wird) eingefallen, aber durch Bischoff Johann Senn wieder erneuert worden ist. Derselbige hat auch den Hof darneben im 1341 Jahr, zur Bischofflichen Residentz erkaufft. Bischoff Caspar hat darinn die Obere, und Bischoff Christoff die Untere Capell erbauet. Der Spittal ward im 1447 Jahr fundiert, und mit etlichen Gefällen begabet. Die übrigen Häuser hat Bischoff Conrad Mönch, im 1393 Jahr, gleich den Burgern zu Basel befreyet, daß nur ein jedes Haus 2. Pfenning jährlich Bodenzins geben solte. Drey Jahrmärckte werden allda gehalten, auf Matthäi, Martini und Georgii.

Im

Das Erste Buch. 13

Im Sommer des 1397 Jahrs/ schlug ein Feuerstral in die Stadt/ und verbrennte dieselbige zum grösten Theil. Neunzig Jahr darnach/ nemlich im Jahr 1487/ den 16. Novemb. erregte sich gleicher Jammer auffs neue/ daß die Stadt abermals/ bis auf drey Häuser in Äschen lage. Darvon noch auf der Stuben diese Vers zu lesen:

> Oppida multa ruunt hostili eversa tumultu,
> At tibi non Aries, non nocuere minæ:
> Igne peris Telschberg, incendia dira suborta
> Mœnia, templa, domos, limina, tecta vorant.
> Quid pater ignipotens alienis montibus erras?
> Num non satis folles concitat Ætna tuos?
> Deseris Æoliam, spreta est Vulcania Lemnos,
> Incubat externo vis tua sæva loco.
> Bis octona dies, præter tria tecta, Novembris,
> Urbem hanc exedit ignibus horridulis.

Zu Teutsch also:

> Viel Stätt durch Krieg werden zerstöhrt,
> Welchs dich, o Telschberg, nie berührt.
> Aber ein Feur ohngfehr entbrunnen
> Dein Kirch und Häuser hat hingenommen,
> Des Wintermons sechszehnde Tag
> Bracht diese Noht und grosse Klag,
> Alles ohn drey First in Eschen lag.

Für solche Feuersgefahr/ haben die Burger/ so etwas vermöglich/ bey unsern Zeiten die Häuser zu wölben angefangen. Man gräbt da ein schön weiß Gestein/ deren etliches sich polieren laßt/ den Marmeln nicht sehr ungleich. Vorzeiten haben sich Edelleute da gehalten/ welche sich von dieser Stadt benennet/ achte die gewesen seyn/ welche man letstlich die Marschalcken von Telschberg/ mit dem Zunamen Spender geheissen hat. Chun von Telschberg 1207. Henrich 1221. Ein anderer Henrich von Telschberg Ritter/ verkauffte Bischoff Petro zu Basel im 1293 Jahr/ den Kirchensatz zu Lütersdorf mit allen Leuten und Häusern/ ꝛc. Dasselbige Dorf ligt allernächst neben dem Einfluß der Sorn in die Birs/ hat auch etwann eigene Edelleute gehabt. Nurdim von Lütolstorf wird in einem Instrument Bischoff Ortliebs im Jahr 1152 angezogen. Beyder Wapen seind noch vorhanden.

Die von Telschberg Edelleute.

Von Lütolstorff.

Lütolstorff.

Unter Telschberg herab begiebt sich das Gebirg wiederum zusammen/ sonderlich bey der alten Vestung Vorburg geheissen/ ein klein oberhalb Sogeren/ in eine solche enge Clause/ daß nichts dann das fürüfliessende Wasser/ und eine schmale Straß darzwischen Raum hat. Das abgegangene Schloß schnurschlecht ob der Straß/ auf einem hohen Felsen/ hat in seinem Einfang zwo Vestungen gehabt/ deren eine höher dann die andere gelegen/ aus welchem an selbigem Paß ein feindliches Heer leichtlich aufgehalten/ oder mit Steinen und Geschoß hart beschädiget werden mögen. Es soll in der Grafen von Thierstein Hand/ ungebührliches Gewalts wegen so daraus getrieben worden/ verbrennt und erödet seyn. Ein Capellein steht noch da/ dahin die von Telschberg jährlich in der Charwochen Ferte thun.

Vorburg eine alte Vestung.

Allernächst darunter jenseit der Birs/ gegen dem Dörflein dieses Namens über/ siehet man noch das Burgstell des Schlosses Sogeren/ da mir nichts zweifelt/ es seye dieses/ wie auch die Vorburg/ der uralten Grafen zu Sogeren/ so vor vierhundert Jahren abgestorben/ und ihr Gedächtnuß nur in alten Briefen überblieben/ Sitz und Wohnungen gewesen. Es hat je noch ein besonder Gericht und Herrschaft. Graf Ulrich von Sohire oder Sogeren/ vergabet mit Gunst seiner Gemahl und Söhnen/

Sogeren das Grafen gestadt.

S. Albans Kloster zu Basel, das halbe Theil der Kirchen zu Kemps, mit allen derselbigen angehörigen Leuten, Gütern, Hölzern, ꝛc. Datum steht 1102. So gedenckt auch der Abtey Lützel Stifftbrief, item der Bestätigungsbriefe von Kayser Conrad im 1139 Jahr zu Straßburg gegeben, Graf Oudelards zu Sogeren. Wann dieser Stamme verfallen, ist Länge der Zeit halb unbekannt. Nach ihnen haben die Grafen zu Pfirt Sogeren Lehensweis besessen, welche aber Graf Theobald, im 1278 Jahr, mit aller seiner Zugehörd der Stifft Basel durch einen Vertrag wieder einraumete. Die von Hasenburg, des Stammens von Bubendorf, haben es bey zweyhundert Jahren Pfandsweis beherrschet, bis es dieser Zeit durch Bischoff Jacob Christoff wieder gelöset worden.

Der Birs nach herab folgen zween Bauernhöfe, Oberriet und Niederriet genannt, bey welchen sich die Sprach theilet. Oberriet und alles was Wasser nach ob sich, ist Welscher Zung, wiewol sie zu Telschberg beyde brauchen. Niederriet und was sich herfür zeucht, ist Teutscher Sprach.

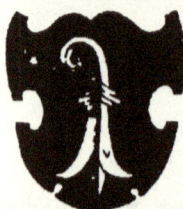

Lauffen.

Von diesem Ort eine Meil Wegs herfür, liegt das Städtlein Lauffen, an einer schönen und lustigen Ebne. Diese hat den Namen von dem Cataracta oder Wasserfall, welchen die Birs daselbst, oberhalb der Bruck über die Felsen herab thut, gleichwol nicht hoch, aber den Holtzflössern sorglich. Dann ihnen bisweilen, wo sie nicht behutsamlich fahren, die Bauholtzflösse darinnen bestecken, daß sie mit Arbeit kaum wieder herauszubringen seind. Anno 1294. befreyte sie Bischoff Peter mit den Freyheiten, wie die Burger der Stadt Basel hatten. In selbigem Instrument wird dieses Städtlein Lauffenowe genannt. Im 1354 Jahr, hat sie Bischoff Johans Graf Walraffen von Thierstein, sammt dem Dorf Oberweiler um 2000 Gulden versetzet. Dieser Zeit gehöret sie unter die Bischoffliche Vogtey Zwingen, hat etwas besonderer Freyheiten und Rechtungen, welche der Meyer mit zehen von Räthen verwaltet. Auf den Maytag und Bartholomäi werden da Jahrmärckte gehalten.

Lützel eine Abtey.

Zur lincken Hand strecket sich ein Thalgeländ gegen dem Suntgow hinaus, dadurch das Wasser die Lützel herein fleusst, und zunächst ob Lauffen in die Birs fället. Nicht fern von der ursprünglichen Sammlung dieses Wassers, in einem schönen Weyer, zwischen hohen Bergen, liegt die treffliche Abtey Lützel, Bernhardiner-Ordens. Diese hat bald nach der Zeit ihren Anfang genommen, als des Cistercier-Ordens Einsiedelschafft, welche eine strengere Observantz und Absönderung von der Welt, dann die andern Benedictiner haben wollen, in Burgund aufkommen, ohngefähr um das 1125 Jahr, wie dann dieselbige Zeit an Aufwachs der Klöstern fruchtbar gewesen. Es ist ꝛc. Frowinus von Lützel, im 1137 Jahr, in das Kloster Salmansweiler zum ersten Abt berufen worden.

Stifftherren.

Die Stifftherren seind gewesen, Hug von Calmill, Amedeus von Neufchatel und Richart von Montsalcon, Edle Burgundische Herren, welchen nicht nur dieses Ort zuständig, sondern auch bey Anserico Ertzbischoffen zu Bisantz, und Bischoff Bertolffen zu Basel, in dessen Bistum es gelegen, bittlich angehalten, ihnen zu Erbauung einer Kirchen und Klösterlichen Wohnung dieses Ort zu vergönnen und zu bestreyen, welches sie auch ohne Arbeit erhalten, vermög der Bestätigung, von Humprecht Ertzbischoffen zu Bisantz, und Adalberone Bischoff zu Basel, Abt Christian und seinen Mitbrüdern, im 1136 Jahr gegeben, zu welcher Zeit dann die Kirche schon gestanden ist, und der Stifft Basel (in deren Zugehörde sie gelegen) jährlich ein Pfund Wachs zu Weisung liefern müssen. Kayser Conrad der ander hat ihm solches zu Straßburg den 28 Mayens, im 1139 Jahr, und Papst Eugenius der dritte zu Diston den 17 Julii,

im

Das Erste Buch.

im 1147 Jahr, gefallen laßen. Aus des Orts Gelegenheit laßt sich ansehen, daß es vorzeiten eine scheuliche Wildnuß gewesen seye, welche dieser Zeit mit einem trefflichen Münster, und allerhand schönen Gebäuen in ein zierliches Wesen gerahten. Die Grasen zu Pfirt seynd seine Kastvögte gewesen. Dieser Zeit seynds die Ertzhertzoge zu Oesterreich. In der Aebten Succession seynd noch dieser Namen verblieben:

Stephanus der erste	1183
Christianus	1136
Conrad	1180

Berchtold, ein Graf von Urach Eginonis Sohn. 1222. Unter ihm ist der Convent fünf Jahr zerstreuet gewesen. Dessen Bruder Conradus genannt, ist auch ein Abt in diesem Cisterzer-Orden, nachmalen vom Papst zu einem Cardinal des Tittels S. Rufina, und Bischoff Portuensis gemacht worden, als Urspergensis meldet.

Christianus	1309
Johannes von Weingarten	1363

Johannes 1372. Unter ihm seynd die Brüder aus dem Kloster verstoben, von wegen des Kriegs so der Bischoff und die Stadt Basel wider einander geführet.

Rudolf von Watweiler	1380

Henrich 1398. Unter ihm ist anderthalb Jahr abermals kein Convent gewesen.

Conrat Holzacher	1410

Nicolaus Umbsing 1424. Unter ihm ist der Convent von wegen der Armignacken Einbruch bey drey Jahren von Lützel gewesen.

Conrat	1446
Ludwig	1470
Theobaldus Hillweck	1498
Henrich Sapper	1531
Niclaus Roßberg	1542
Rudolf Luchenman	1566
Johann Kleiber	1576

Beat von Aitlirch, starb den letzten April 1583.

Auf eine Stund Fußgangs von diesem Kloster stehet die alte Burg Löwenberg, sammt einem Meyerhof, daher sich die Edlen Mönche genennet. Henrich Mönch von Löwenberg lebte 1293. Diese hat Thüring Mönch, mit Bewilligung Ertzhertzog Ferdinands zu Oesterreich, im 1526 Jahr, der Abtey Lützel, um 1300 Goldflorin, zu kauffen gegeben. *Löwenberg.*

Ein ander Klösterlein, Kleinen Lützel genannt, erstlich Cisterzer-Ordens Frauen, nachmals aber S. Augustins regulierter Chorherren, ist in derselbigen Gegend gelegen, vorzeiten den Grafen zu Thierstein angehörig, welche Kastvögte darüber gewesen, dasselbige wohl begabet, und vielleicht auch gestiftet haben. Graf Rudolf von Thierstein verkauffte sein Allodium und den Kirchensatz zu Rockenberg und Unterschweiler Unser Frauen Kirchen zu Mindern Lützel, im 1207 Jahr. Dieselbige ist hernach also erarmet, daß sie keinen Prälaten mehr erhalten mögen: beßhalben Bischoff Henrich im 1264 Jahr, dieses Gottshaus S. Lienharts Kloster zu Basel einverlebet, also daß zwischen beyder Klöstern Chorherren kein Unterscheid, und der Propst zu S. Lienhart auch zu Lützel Prälat seyn solle. Im 1287 Jahr, gab ihnen ein anderer Graf Rudolf zu Thierstein den Zehenden im Mettenberg um GOttes willen. Das Kloster ist dieser Zeit in Abgang kommen, und gehöret sammt dem Flecken der Abtey Lützel. *Kleinen Lützel.*

Das V. Capitel.

Von dem Schloß und Graffschaft Thierstein, item der Abtey Beinweiler.

Auf der rechten Seite der Birs, bey einer Meile von Lauffen, liegt in der Pfarr Busserach, auf einem hohen Berg, das berühmte Schloß Thierstein, daher die alten Grafen ihren Namen gehabt. Von diesen hat ein Mönch zu S. Alban, ohne Zweifel aus alten Monumentis, verzeichnet, daß diese ihren Stammen und Namen gezogen, von einem alten Schloß im Frickgöw bey Weitnow (ist nicht das Weitnow im Wiesenthal, als ich in meinem Epitome geschlüpfet) gelegen. Die Herrschaft aber, welche *Thierstein Schloß.*

welche sie diß Orts um die Birs gehabt, sey ihnen durch Heurath von den Grafen von Proburg zugefallen, in welcher sie dieses Schloß, so viel als das Neue Thierstein, erbauet.

Ich habe erstlich nicht viel darauf gesetzt, aber da ich denen Sachen fleißiger nachforsche, will mich bedunken, dieses sey nicht ohne Grund geschrieben, bevorab, da ihnen auch Farnsperg, etliche Dörfer im Frickgöw und Sisgöw zuständig gewesen. Es stimmet auch hiemit Wolfgang Lasius, der Kayserliche Historicus, welcher sagt: Man sehe nicht fern von Seckingen neben dem Rhein, in Schweitz, der Burg Thierstein alt Gemäuer.

Lib. 8. de Migrationibus gentium.

Von diesen Grafen meldet gedachter Lasius, Graf Gotschalck von Thierstein, so um das 1150 Jahr gelebt, habe zween Brüder oder Bruders Söhne gehabt, Graf Ulrichen und Marquart, die seyen in Oesterreich hinab kommen, und desselbigen Lands Einsässen worden. Von ihnen seyen die Herren von Hindberg und Eberstorf, so noch vorhanden, und sich Grafen von Thierstein nennen, abgestiegen.

Welche in diesen Landen verblieben, haben sich in drey Linien getheilet, die ersten haben auf dem Helm eine Hinde unter einem Baum stehen. Von diesen war der letzte, Conrat von Thierstein, Commenthur S. Johanser-Ordens zu Basel, Anno 1300. Die andern führen auf der Helmdecke ein Jungfräulein, die anstatt der Armen ausgericht Hirschhörner hat, der Zincken Ende mit Rosen besetzt, haben sich genennet Grafen von Thierstein, Herren zu Pfeffingen, der Hohen Stift Basel Pfaltzgrafen. Die dritten einen Hut, darauf eine Schneekugel, haben sich Grafen von Thierstein, Herren zu Farnsperg, letztlich Landgrafen im Buchsgöw und Sisgöw geheissen.

Grafen von Thierstein.

In ihrer Geburts-Linie habe ich mich sehr bemühet, und darum so letstlich Pfeffingen bewohnet, Stammbaum zusammen gerichtet, wie folget.

Stammbaum der Grafen zu Thierstein.

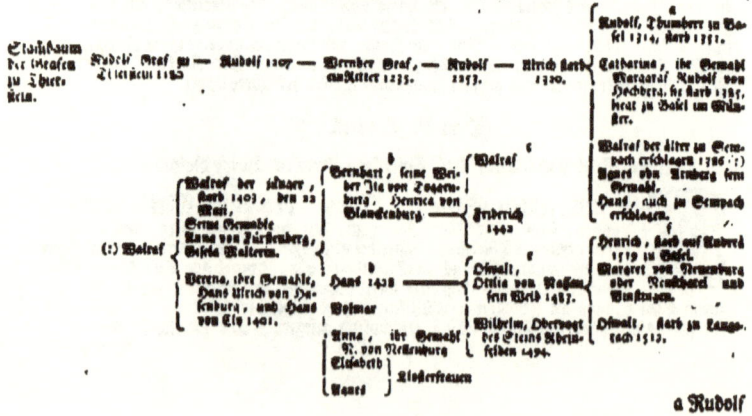

a Rudolf

Das Erste Buch.

a Rudolf von Thierstein Thumherr, stiftete im Münster zu Basel S. Vincentzen Altar.

b Graf Bernhart hat von seiner Gemahl Wartow in Sargauser Land, und etliche Toggenburgische Herrschaften besessen, starb zu Zürich im 1437 Jahr, liegt da begraben.

c Dieser junge Herr kame jämmerlich um das Leben, den 15 Tag Hornungs, im 1427 Jahr. Dann als im Thurn der Vestung zu Veldkirch am Rhein selbiges Tages ein Feuer aufgegangen, war der Graf mit sechs Edlen dem Pulver auszuhelfen, darzu geeilet, hatten zwo Tonnen voll hinaus gebracht, aber der dritten fielen die Reiffe ab, damit das Feuer darein schlug, den Grafen, einen von Brandis, und sonst noch etliche verzehrete.

d Graf Hans, der Herrschaft Oesterreich Landvogt im Suntgow und Elsaß, war bey Zeiten des Baßler Conciliums, desselbigen Schirmherr, ist nach dem 1448 Jahr gestorben.

e Oswalt Landvogt im Suntgow, Elsaß und dem Schwartzwald, Marschalck in Lothringen, starb 1487.

f Graf Henrich ist der letzte dieses Stammens gewesen, nach welches Absterben, so sich zu Basel auf Andrea im 1519 Jahr zugetragen, Thierstein an die Stadt Solothurn, Pfeffingen, als ein verlediges Lehen, dem Bistum Basel heimgefallen. Die Herrschaft Landeser, welche er um 6600. Goldflorin von den Ertzhertzogen zu Oesterreich Pfandsweis innegehabt, ward mit hochgedachter Fürsten Bewilligung, durch Hans Truchsessen von Wolhausen, von seinen Erben gelöset.

Grafen von Thierstein neben gesetzter Linien.

Rudolf Graf zu Thierstein 1114, weiset die Kayserliche Bestätigung der Propstey Zürich.

Wernher Graf 1130. Stifftbrief zu Zürich.

Wolfhart, Ita von Habsburg sein Gemahl 1179.

Otto von Thierstein 1282.

Graf Hermann zu Clingenthal im Chor bestattet, ohne eine Jahrzahl. Dieser war 1268. Thresorier oder Custor der Hohen Stift Basel. Anno 1307. nach Bischoff Fridrichs zu Straßburg Absterben, wurden durch die mißhellende Thumherren, vier in das Bistum daselbst erwählet. Unter diesen war Graf Hermann von Thierstein einer. Da fuhre der Papst zu, und machte einen Fünfftmann zum Bischoff, und liesse die vier alle das Nachsehen haben.

Rudolf, Pfaltzgraf der Hohen Stift Basel, starbe daselbst 1318, liegt im Münster bestattet. Adelheit von Clingen sein Gemahl.

Rudolf ein anderer, 1351.

Graf Hans kam um mit Hertzog Lupolten vor Sempach 1386.

Diese habe ich aussert der Ordnung setzen wollen, als die ich aus gewissen Urkunden nicht einzutheilen gewußt. Succession deren so Farnsberg beherrschet, wird an seinem Ort folgen.

Graf Oswalt der ältere nahme der Stadt Solothurn Burgrecht an, ungefehr um das 1463 Jahr, entlehnte hernach von derselbigen auf die Herrschaften Thierstein und Beuren eine Summa Gelds. Folgender Zeit als das Burgrecht aus war, und den Solothurnern viel ausständiger Zinsen unbezahlt blieben, nahmen sie gedachte Schlösser, als ihr Unterpfand, mit Leut und Gut zu ihren Handen, der Meynung dieselbigen zu behalten. Es ward aber im Friedens-Bericht, welchen Kayser Maximilian, im 1499 Jahr, mit der Eydgnoßschaft angestellet, den Grafen ein Ziel gestellet, sich auf Wiederantwortung der Herrschaften, ihrer verschriebenen Pflicht und Ausständen halber gegen den Solothurnern zu ledigen: Oder wo solches nicht beschehe, solte alsdann Solothurn die verpfändeten Herrschafften ohne fernere Rechtfertigung annehmen und beziehen.

Graf Henrich und Oßwalt die letßten, begaben sich im 1502 Jahr, für sich und ihre Erben, mit den Herrschafften Thierstein, Pfeffingen, Angenstein und Läßel, auffs neue in deren von Solothurn Burgrecht. Also ist letßtlich Thierstein und klein Läßel an die Stadt Solothurn kommen, welche in dieser Zeit bevögtet: aber Pfeffingen und Angenstein seind nach Graf Henrichs Todesfall, in welchem dieser Stamm erloschen, der Stifft Basel heimgefallen.

Von Neuenstein.

Neuenstein. Zwischen Thierstein und Lauffen, im Bann des Dorfs Walen, ligt das zerstörte Schloß Neuenstein, eine Wohnung der Edelleuten dieses Namens. Hans von Neuenstein, Ritter, und Conrat sein Bruder lebten im Jahr 1310. Um Faßnacht des 1412 Jahrs, ward dieses Haus, feindschafft halber, so Rudolf von Neuenstein daraus getrieben, durch die Herrschafft Oesterreich und die Stadt Basel geschliffen, als im fünften Buch angezeiget wird. Vor wenig Jahren hat Bischoff Melchior zu Basel diese Burg mit seiner Zugehörd, Melchiorn von Roemerstal seinem Tauffgötti zu Lehen gegeben. Die Matten darum nutzten etliche Baursleute, welche sie je einem Vogt zu Zwingen in sein Ambt verzinßten.

Beinsweiler. Hinter Thierstein ligt S. Vincentzen Kloster, vorzeiten eine Abtey Benedictiner Ordens, Beinweiler genannt. Diese hat vast um die Zeit, als auch Lützel, seinen Anfang bekommen, von etlichen Edlen Herren, mit ihren Tauffnamen Rotger, Oudelard, Burckart und Ulrich geheissen, welche es in ihrem Eigenthum gestifftet. Ob es Grafen, oder anderes Herkommens gewesen, weiset Kayser Friderichs Barbarossae Brief nicht, welcher zu Ulm Anno 1152, auf Jahr und Tag wie S. Albans Confirmation, datiert ist. Doch läßt sich aus dieser Stiftung und Vergabung so vieler Leuten und Guts, ansehen, es seyen nicht geringe Adelspersonen gewesen. Vermuthe derowegen, dieser Oudelard, so des Gottshauses Kastvogt gewesen, dem auch in selbigem Befelch allezeit sein nächster Erb nachtretten sollen, sey ein Graf zu Sogeren, und eben dieser gewesen, welcher im Lützelischen Bestätigungsbrief, von Kayser Conraten im 1139 Jahr gegeben, als ein Zeuge angezogen wird. Im 1240 Jahr haben die Grafen zu Thierstein dieses Klosters Kastvogtey vom Römischen Reich zu Lehen gehabt.

Der Kastvögten Ambt. Der Stiften und Klöstern Kastvögten Befelch war, nicht nur die Gottshäuser, sondern auch ihre Leut und Güter vor unbilligem Gewalt zu bewahren, und ihre Rechtingen zu handhaben: diese Gottshaus-Leute (zu Latein Familiam eccletiae) zu regiren, Gericht zu üben, und andere politische Geschäfte zu verrichten, damit diejenigen, so zum Gottesdienst verwidmet, mit weltlichen Geschäften nicht behaft seyn müßten. Hievon hatten dann die Schirmvögte einen Theil der Früchten und Einkommens, es wäre von den Steuren, Todesfällen, Bussen, Gerichtsgefällen, Frohndiensten, und in andere Wege, nachdem je dieselbigen bestellet gewesen.

Also hat auch dieses Kloster seine eigenen Leute, zu Nugerol, Liel, Eristweiler, item die Kirchen zu Serven und im Grindel. Viel Allodia und eigener Güter zu Breitenbach, Ronnigen, Mörspach, Edersweiler, Dürlisdorf ꝛc. Kayser Sigmund hat ihnen alle ihre Güter, Freyheiten und Rechtungen bestätiget, den 27 Aprillens, im 1434 Jahr, in währendem Basler Concilio. Das Kloster ward im Jahr tausend vier hundert, neun und neunßig im Schweitzerkrieg von der Herrschaft Leute übel verbrennet, ist dieser Zeit in solchen Abgang gekommen, daß weder Abt noch Convent mehr da vorhanden, wird nur von einem Priester bewohnet, ist Solothurner Gebiets.

Das

Das Erste Buch.

Das VI. Capitel.

Von den Schlössern, so vorzeiten und noch um den Blauen gelegen.

Zu oberst in dem Leimthal gegen Pfirt über, werden am Blauen die Mauerstöcke der Vestung Blomont (welche der gemeine Mann Blochmund heisset) gesehen, deren von Eptingen Lehenhaus von der Grafschaft Pfirt. Henrich von Eptingen von Blomont Ritter, lebte 1379. Conrat von Eptingen Ritter und Hans Thüring Gebrüdere, haben es im 1421 Jahr besessen. Als aber hernach im 1449 Jahr, Hermann von Eptingen der Stadt Basel abgesagt, und daraus auf ihre Burger geraubet, ward es eingenommen und verbrennet, ist also von derselbigen Zeit an unerbauen geblieben. Die Eptinger haben es letstlich der Herrschaft Oesterreich, von deren es Lehensweis herrühret, verkaufft. — Blomont

Von Biederthan. Biederthan hinter Ratolsstorf, noch dieser Zeit ein bewohntes Schloß, hat vorzeiten eigene Edelleute gehabt. Conrat von Biederthan Ritter am Gericht zu Basel 1319. Petermann und Rütschmann von Biederthan Gebrüdere 1370. Hug von Biederthan, und Henman ein Ritter sein Sohn. Dieser Zeit ist es denen von Wessenberg zuständig. Den 16. Decemb. im 1520 Jahr liessen es die von Basel, welchen es verpfändet gewesen, ausstehender Zinsen halben einnehmen, legten Gregorius Schüchlin mit einem Zusatz darein, ward aber letstlich Vertragsweise, als ein Lehen von der Grafschaft Pfirt wieder gegeben. — Biederthan

Blauenstein nicht fern von dem Dorf Metzerlen, Soloturner Gebiets, ist im 1412 Jahr, in Henrichs ze Rhein Handen, Aufruhrhalber, so er wider Frau Catharinam von Burgund daraus zu üben fürgenommen, zerstöret worden, und seither öd gelegen, davon hernach † gesagt wird. Die von Biederthan haben sich getheilt, und die Blauenstein inngehabt, sich von demselbigen genennet. Rütschmann von Blauenstein überzoge Bischoff Johans, und schädigte ihn, im 1371 Jahr, darum er nachmalen für solchen Schaden 600 Florentzer Gulden bezahlen muste. Hans von Blauenstein lebte 1400. Diese drey Edlen Geschlechter, von Blauenstein, von Roderstorf, und von Biederthan, achte ich aus deren von Rotberg Stammen entsprossen zu seyn, welches auch zum Theil aus ihren Wapen vermerckt werden kan. — Blauenstein / † im V. Buch am XVI. Cap.

Von Rotberg. Dasselbige Schloß Rotberg liegt allernächst zwischen Metzerlen und Hofstetten am Blauen, ist bey Zeiten des grossen Erdbidems dieser Landen eingesuncken, und bis auf diese Zeit öd geblieben. Jacob von Rotberg hat diese Burg sammt seinen zugehörigen Dörfern der Stadt Solothurn verkaufet. Von diesem Stammen seind gewesen, Ludman 1406, Arnolt 1442, Bernhart 1449, alle Ritter und Burgermeister der Stadt Basel. — Rotberg

Bey Hofstetten ist auf einem hohen Felsen das Burgstell Sternenberg zu sehen, welches etwan die von Hofstetten besessen. Petermann von Hofstetten lebte 1359. Henrich von Hofstetten 1362. Diese Burg ist von der Herrschaft Thierstein Lehen gewesen, welche nach dieser Edelleuten Abgang in mancherley Hände verändert worden. Juncker Cüntzlin von Rosek hatte es in Handen, im Jahr 1420. — Sternenberg

Hans

Baßler Bistums Historien,

Von Hofstetten. Hans und Rudolf Gebrüdere, die Eptinger von Wildenstein, im 1465. Jahr. Nach der Grafen Abgang ist es an die Stift Basel kommen, dahero es die Bischöffe, erstlich im 1522 Jahr, Balthasar Hiltpranden, darnach Adelberg Saltzmann, und letstlich Georg Hubern, Burgern zu Basel, zu Lehen gegeben.

Flühen.

In selbigem Schlund hat es unterhalb einer hohen Flue (daher das Ort Flühen genennet wird) eine treffliche grosse Brunnquelle in einer Wiesmatt, welches die Umsäßen für ein heilsam Badwasser achten, deßhalben allda in die Badkästen leiten, wärmen, und darinnen für Müde, Raud und Grindigkeit der Haut, ihrer Gesundheit pflegen.

Landscron. Oberhalb diesem Badhaus, auf einem Horn des Blauens, liegt die weitsichtige Vestung Landscron, welche von ihrer zierlichen und weitsichtigen Gelegenheit, diesen Namen bekommen. Diese haben vorzeiten die Mönchen bewohnet, welche sich daher genennet, seind stattliche Edelleute gewesen, welche in die Kirchen und das Regiment treffliche Personen erzeuget, deren etliche hernach benennet seind:

1267 Henrich Mönch von Landscron.
1325 Burkart Mönch der ältere, starb 1339.
1349 Conrat, dessen gedenckt Albertus Argentinensis, in der Historie wie die Baßler Kayser Carolo IV. geschworen.
1357 Burckart, des ältern Sohn, starb 1375, liegt zum Predigern bestattet. Margret von Grünenberg sein Gemahl. Diese vier seind alle des Stammens von Landscron, Rittere, und in obverzeichneten Jahren Burgermeister zu Basel gewesen.
1393 Conrat, Bischoff zu Basel.
1430 Burckart, Ritter, Pfandherr zu Landscron. Anastasia von Königseck N. von Hatstatt seine Gemahl. Diesem ward in der Schlacht bey S. Jacob, im Jahr 1444, ein Wurf in das Angesicht, daß er bald den Geist aufgab.
1459 Hans Mönch von Landscron, Ritter, des vorderen Bruder, ist der letste dieser Linie gewesen.

Das Schloß Landscron hat bey unsern Zeiten Jacob Reich von Reichenstein, Pfandherr zu Birt, so herrlich erbauet und erneuert, daß es der Gebäuen und Gelegenheit halber andern dieser Gegend nichts nachzugeben hat.

Hinter dieser Vestung, auf dem Gebirg in gleicher Weite zwischen Landscron und Rotberg, jedoch beyderseits durch tieffe Klingen, vorab gegen Rotberg (welchen dieses Ort zugehörig) durch einen aufgerichten Felsen abgescheiden, liegt ein Bruderhaus, etwan den Augustinern zu Basel angehörig, und darunter in einer Höle des gemeldten Felsens eine Capell, solcher Weite, daß drey Altäre darinnen aufgerichtet worden, mit natürlichen Wänden und Tachung. Unser Frau im Stein genannt. Diese Capell ist in erniedter Wildnuß angerichtet, daß vorzeiten selbiges Orts ein Kind von der Höhe des Felsens in das tieffste Thal gefallen, und durch wunderbare Hilff der Jungfrauen Mariä (als man damals geglaubt) bey Leben erhalten seyn soll, wie das Concilium zu Basel in einem Commissbrief meldet.

Die Capell im Stein.

Ein wunderbarer Fal.

Diese Opinion hat genehret, gleicher Fall, welcher sich bey unsern Zeiten mit Juncker Hansen Thüring Reich von Reichenstein zugetragen. Dann als derselbige im 1541 Jahr, die sterbenden Läuffe von Birt und Landscron zu dieses Haus gewichen, und darinnen bey dem Priester auf zehen Wochen gewohnet, hat sichs begeben, daß er auf Lucis, mit Margreten Störin seiner Gemahl, auch etlichen mehr Personen, für das

Das Erste Buch.

das Hauß zu spatzieren gegangen, sich allda zu äusserst des Felsens auf einen faulen Baum gewaget, die Tiefe des Thals zu besichtigen, welcher unter ihm gebrochen, daß er plötzlich vier und zwantzig Klafter tief in das Thal hinunter gefallen, aber auß besonderer Gnad und Schickung GOttes, unverletzet seines Lebens. Die Weibspersonen, welche sein eine Weil nicht geachtet, da sie ihn alsobald verlohren, fiengen ihn an zu suchen, konnten ihn aber nirgend finden, biß der Priester (welchem nichts guts eingefallen) in das Thal herab gekommen, da er bey zwey Stunden in Ohnmacht und grosser Schwachheit gelegen, ihn auf ein Pferd gesetzt, und zu Hauß gebracht, ist auch hernach seiner Gliedern unverletzet etliche Jahre bey Leben geblieben.

Vor Landscron im Leimthal hieraussen ist die Pfarr Bencken, sammt einem Bencker Weberhauß, vor etlich hundert Jahren ein Sitz der Scalariorum oder Schalern. seind in und um Basel namhafte Edelleute gewesen, welche etliche Zeiten vom Bischoff die Reichsvogten und das Schultheissen-Amt in der Stadt Lehensweis in Handen gehabt. Dieses Orts Hohe und Niedere Gericht, mit aller Gerechtigkeit, ist ihnen von der Graffschaft Thierstein zugestanden, welche letztlich Juncker Thoman Schaler im 1526 Jahr, der Stadt Basel zu kauffen gegeben. Einen Ast oder zween ihres Stammbaums habe ich hiebey gesetzt.

Die Schaler von Basel.

- Peter Schaler, Ritter, Vogt zu Basel 1213, Burgermeister 1272, Elsbeth von Olten, sein Gemahl.
  - Henrich, Thumherr 1308
  - Peter
  - Rudolf, Ritter, Burgermeister 1331
  - Wernher
  - Catharina Möschin
- Otho Schaler, Ritter, Schultheiß 1213, Johannes Schaler, diese 3. waren alle Gebrüdere.
  - Conrat genannt Kummelherr, Ritter, Burgermeister 1302. Vogt 1308, Clementia sein Weib.
  - Conrat, Erzpriester zu Basel
  - Wernher, Ritter, Schultheiß 1321, Burgermeister 1331. 1344
  - Herrman 1350
  - Beren, Henrich zu Stein Edelknecht, ihr Mann.
  - Peter, Ritter, Burgermeister 1359.

Der letzten dieses Stammens Succession hält sich also:

Frantz Schaler, Vogt zu Waldenburg 1490, Catharin von Ostein — Herrman, Lütgart von Ow — Thoman Schaler, Anna Offenburgin 1530 — Frantz 1569. **a**

a Der letzte ward im Granweilischen Hauffen, in der grossen Schlacht bey Moncontour in Franckreich, im tausend fünffhundert neun und sechzigsten Jahr, mit seinem Fähnlein erlegt.

22   **Baßler Bistums Historien,**

Schalberg.   Von ihnen hat das alte Burgstell Schalberg, nicht fern von dannen am Blauen gelegen, seinen Namen, welches sie Zweifels ohne vorzeiten erbauet, ist durch den grossen Erdbidem dieser Landen in ein öd Wesen gerahten.

Fürstenstein.   Ob Ettingen stehen die Mauerstöcke der alten Vestung Fürstenstein, vorzeiten ein Berghaus der Edlen von Rotberg, daher es dieser Zeit Solothurner-Gebiets ist. Von seiner Belagerung wird hernach angezeigt, wie es Henrich ze Rhein Herren Ludman von Rotberg Rittern, im 1411 Jahr, eingenommen, deßhalb er darinnen mit Heereskraft belagert, gefangen, und vor der Vestung samt acht Personen enthauptet, zumal auch die Veste zerstöret seye.

Von Mönchsberg.

Mönchsberg   So man aus dem Leimthal durch die Cluse kommt, da auch etwan eine Burg gewesen, siehet man beyseits von Pfeffingen die Mauren des Schlosses Mönchsberg, ist auch in vielgedachtes Erdbidems Ungfäll unwohnhaft worden. Dieses Mönchen-Geschlechts seind gewesen, Ludwig Mönch von Mönchsberg Ritter 1300, Peter sein Sohn ein Thumherr, Conrat Mönch von Mönchsberg, Ritter, der Rähten zu Basel 1311.

Pfeffingen.   Pfeffingen ein herrlich wohlbewahrtes Schloß zuvorderst am Blauen, der Birs zur lincken Hand, soll Kayser Henrich der ander (als man haltet) der Kirchen zu Basel in derselbigen Ernäurung, umb das 1010 Jahr, geschenckt haben. Doch habe ich dessen keine Urkund gesehen. Mit diesem Schloß seind hernach die Grafen zu Thierstein belehnet worden, in deren Hand es feindlicher Nachbarschaft wegen etliche mal von der Stadt Basel eingenommen worden. Anno 1374, ward es im Krieg, darinnen der Bischoff die Stadt sehr angefochten, verbrennt. Hernach im 1445 Jahr nahmen es die Baßler ein, darum daß die Grafen die Armenjäcken ihre Feinde daraus gespeiset, denselbigen auf der Stadt grossen Schaden Leitung und Fürschub gethan hatten. Letztlich, als sie Graf Henrichen, mit Bewilligung der Stift, Geld darauf etliche Jahr ohne Zins geliehen, mit etwas Verbindung, damit es in keine fremde Hand verändert würde, und es aber im 1520 Jahr, nach Graf Henrichs Ableben, mit solcher Verbindung fehlen wolte, daß man etwas Veränderung in fremde Hand spüren mochte, ward es abermals den 15. Septemb. eingenommen, aber bald durch Unterhandlung gemeiner Eydgnossen der Stift wiederum zugestellet, mit Vorbehalt, daß es der Stadt Basel zur Zeit ihrer Nothwendigkeit, geöfnet werden solte. Der Bischoff von Basel setzet dieser Zeit einen Vogt dahin.

Das Dorf Esch unterhalb auf der Ebne gelegen, hat Edelleute gehabt, deren des Thumstifts Jahrzeitbuch gedencket. Oth von Esch, Ritter, Henrich von Esch, ohne Jahrzahl.

Das VII. Capitel.

Von den Schlössern und Herrschaften, anderseits der Birs nach herab, als Gilgenberg, Ramstein, Zwingen, Dorneck, rc.

Ramstein.   Zur rechten Seiten der Birs, auf eine Meile Wegs, liegt im Gebirg das lustige Schloß Gilgenberg, dieser Zeit eine Vogtey der Stadt Solothurn, und nicht fern davon das zierliche Bergschloß Ramstein, eine Vogtey der Stadt Basel, haben zwischen ihnen das Dorf Breitenbach, in welches Mitte dieser Zeit die Herrschaften zusammen stossen, die aber vorzeiten denen von Ramstein allein gehörete.

Es

Das Erste Buch. 23

Von Ramstein Edelherren.   *Von Ramstein Edelknechte.*

Es ist dieses gar ein alter Edler Stamm, welcher sich zeitlich getheilet, also daß der eine Zweig gefreyet, und zu Herren gemacht worden, die übrigen seynd Edelknechte geblieben: daher sie beyde Gilgenstäbe führen, allein mit Farben unterscheiden. Es ist auch die halbe Burg Ramstein den Freyherren, das andere halbe Theil den Edelleuten zugethan gewesen, biß die Herren abgestorben, allda ist diese Vestung gar auf die andere Linien gefallen, von welcher es Kaufsweis an die Stadt Basel gekommen.

Herr Thüring von Ramstein fienge im 1303 Jahr denen von Basel einen Burger, und führete ihn auf die Vestung: Deß zogen die Basiler mit Gewalt darfür, gewannen und zerstöreten sie. Nachmalen ward sie im Erdbidem übel beschädiget, ist aber dieser Zeit wohl erbauet. Im Jahr 1523 verkaufte Christoff von Ramstein, mit Bewilligung des Bischoffs zu Basel, der Stadt Basel Ramstein das gantze Schloß mit seiner Zugehörd, um 3000. Goldflorin.

Das Schloß Gilgenberg mit den zugehörenden Dörfern Ronningen, Meltingen *Gilgenberg.* und Zullweiler, haben vorzeiten die Herren von Ramstein vom Bistum Basel zu Lehen empfangen, gleichwie auch der Stiftleute zu Ligritz und im Elsgöw, wo sie wohnen. Sie haben auch letztlich des Stifts Basel oberst Cammeramt, mit allen seinen Rechtungen und Mannschaften bekommen, wie solches vor ihnen die Hertzogen von Teck gehabt. Herr Rudolf von Ramstein der letzte, erhielte bey Bischoff Arnolten, daß er auch gedachte Burg Gilgenberg seinem ledigen Sohn Hans Bernharten verliehe. Letztlichen Anno 1519. verkaufte Herr Hans Immer von Gilgenberg, Ritter, und Frau Agatha von der Breiten-Landenberg das Schloß Gilgenberg der Stadt Solothurn um 7000. Gulden. Deren von Ramstein Genealogie habe ich so weit zusammen gebracht, als hernach folget.

Geburtsgeschlecht der Freyherren von Ramstein.

Thüring Thumbprobst zu Basel, starb 1376, kegt im Münster.		
	Innger Bischoff zu Basel 1381	
Rudolf von Ramstein, Herr zu Zwingen, starb im Viertzen des 1367 Jahrs.	Rütschman oder Rudolf, Agnes, Marggräfin von Hochberg sein Gemahl, 1360, starb den 1. Martii 1366. Hemman von Ramstein, Ritter und Burgermeister zu Basel 1373.	Thüring, Adelheit, Gräfin von Neuenburg sein Gemahl 1400 Hemman von Ramstein, Ritter, Burgermeister zu Basel 1430.	Rudolf von Ramstein, Herr zu Gilgenberg und Malberg, Ursula von Geroldseck sein Gemahl 1440. Anna.

Herr Rudolf der letzte verließ keinen ehelichen Sohn, hatte allein drey Töchter, deren die älteste Herrn Thoman von Falckenstein vermählet ward. Die anderen zwo wurden ihm von zweyen seiner Unterthanen, im 1447 Jahr, gebühlet, und im Julio aus dem Schloß Zwingen, mit viel Silbergeschirrs entführet. Die Töchter wurden ob Breisach erhascht, aber die Böswichte entrunnen. Der von Falckenstein führete sie von Neuenburg gen Farnsperg hinauf, von dannen ließ der Vatter Annam die jüngere, gen Gilgenberg ins Gefängnuß legen, hernach beschären, und gen Basel in das Steinen-Kloster stossen, da sie erst im tausend fünfhundert und vierzehenden Jahr im Orden den Geist aufgabe. Der Thätern einer ward hernach von Herr Rudolfen ergriffen, und zu Zwingen gehenckt, und ein anderer mit ihm enthauptet. Der andere mußte hernach um solche Mißthat zu Bern den Hals herhalten. Herr Rudolf starb im tausend vierhundert neun und funfzigsten Jahr, den vierten Tag Octobris, zu Basel,

F ij   sel,

sel, liegt da im Münster in der Neuenburger-Capell bestattet. König Maximilian begabte hernach Hans Bernharten von Gilgenberg seinen natürlichen Sohn zu Gendt mit dem Rittergürtel. Sonst finde ich weiter dieses Stammens,

 1262 Albrecht Freyherr von Ramstein, Thumbdechan zu Costantz, ward Abt in der Reichenow.
 1294 Herr Thuring von Ramstein, Ritter.
 1416 Burkart Freyherr, war im Concilio zu Costantz.
 1430 Hemman von Rainstein, Ritter.

Zwingen.   Ermeldt Schloß und Dorf Zwingen, liegt unterhalb Brislach im Thal, zur rechten Seiten der Birs, ist sammt dem Hof Röschentz, mit hohen und niedern Gerichten, Leuten, Hölzern, Steg und Wegen, gedachten Freyherren Lehensweis vom Bistum Basel zuständig gewesen, welchen es nach ihrem Absterben ledig wiederum heimgefallen, und zu einer Vogtey worden.

Berenfels.   Von Berenfels.   Unterhalb bey dem Dorf Grellingen, hat die Birs einen gefährlichen Strudel, welchen die Bewohner in der Büttenen heissen, den Holzflössern sorglich: davon liegt nicht fern auf einer Flue, das alte Burgstell Berenfels, vorzeiten eine Behausung der Edelleuten dieses Namens, welche dieser Zeit an andern Orten Wohnungen gesucht. Von diesem Haus seind diese sechs zwischen folgenden Jahren etliche mal Burgermeister zu Basel gewesen.

 Conrat von Berenfels Ritter, 1342. und 1368. hat auch das Schultheissen-Amt zu Minderen Basel gehabt.

 Wernher, Ritter, 1376. 1382. hat das Schultheissen-Amt in der Mehrern Statt gehabt, ist hernach mit Lütold seinem Bruder, item Arnolden und Adelberg von Berenfels seinen Vettern, zu Sempach im Streit erlegen.

 Arnold, Ritter, 1394. 1402.
 Ein anderer dieses Namens, Ritter, 1435. 1441.
 Arnold von Berenfels, Ritter, Burgermeister zu Basel, 1438.
 Hans von Berenfels, Ritter, 1459. 1489.

Angenstein.   An dem Ort, da die Birs zwischen dem Gebirg auf die Weite herausfleußt, liegt jenseit Esch ob einem tiefen Wassergump auf einem Felsen, das Schloß Angenstein, vorzeiten ein gemein Lehen von Pfirt und Thierstein, welches um das 1330 Jahr die Schaler besessen. Hernach ists den Mönchen von Landseron zu theil worden. Burkart Mönch empfieng es im 1435 Jahr, von Graf Bernharten von Thierstein. Als dieser Mönchen Linie verfallen, ist es wiederum in der Grafen Hand, bis auf Graf Henrichen kommen, welcher diese Burg, beyde was er daran Eigens, oder von der Grafschaft Pfirt zu Lehen gehabt, den 20. Novemb. im 1518 Jahr, mit Bewilligung Kayser Maximilians, Bischoff Christoff und seiner Stift, damit nach Wohlgefallen zu handeln, geschenkt, vorbehalten dem Haus Oesterreich alle davon herrührenden Ritterlichen Lehen.

Bischoff Melchior hat dieses öde Haus Doctor Wendelin Zippern, beyneben etwas Einkommens im 1561 Jahr zu Lehen gegeben, welcher es hierauf wiederum zu bauen angefangen: Als sich aber die Statt Solothurn, so etwan eine feindliche Nachbarschaft daraus erfahren, aus kraft eines Vertrags, im 1522 Jahr, mit weiland Bischoff Christoff gemacht, daß es zu keiner Vestung nimmermehr gebauet werden solte, den Bau zu verhindern, darein gelegt, ward endlich eine Nachtung getroffen, das Haus in Bau wiederum kommen zu lassen, jedoch ohne Rondelen, Wälle und Bollwercke.

Dorneck.   Bey einem guten Büchsenschuß von der Birs, steht die Pfarrkirch, und darob das hoch und wohlbewahrte Schloß Dorneck, soll (als Lasius meldet) vorzeiten den Grafen

Das Erste Buch. 25

von Thierstein zugehörig gewesen seyn. Wie es aus ihrem Gewalt kommen, stehe ich unwissend. Bernhart von Eringen, Ritter, verkauffte es im 1484 Jahr der Stadt Solothurn, welche einen Vogt dahin setzet, um 1900. Gulden. Ist bald nach gemeldter Zeit, durch die Niederlag, so König Maximilians Kriegsvolck, im 1499 Jahr, von den Eydgnossen erlitten, namhaft worden. Auf der Wahlstatt, nämlich an dem Gestad der Birs, da eine gedeckte Bruck über das Wasser geht, auch ein Wirthshaus, Mühle, und andere Behausungen stehn, ist zur Gedächtnuß dieses Streits ein Beinhaus und Capell aufgerichtet, da noch der Erschlagenen Gebein zu sehen.

Von Eringen.

Birseck.

Das Schloß Birseck allernächst darunter, hat auch seine eigene Herrschaft, dem Bischoff von Basel zuständig, gehörte vorzeiten denen Grafen von Froburg. Graf Ludwig und Hartman sein Sohn, bekennen sich in einer Recognition, im 1245 Jahr datiert, daß beyde Schlösser, Ober- und Nieder-Birseck, Bischoff Lütolden zugehören, der auch ihnen ihre übrigen Rechtungen zu Arlesheim abgekauffet. Bischoff Johannes, gebohren von Wien aus Burgund, verpfändete es sammt seinen Dörfern, Arlesheim, Reinach, Obertweiler, Almschweiler, Honwalt und Fülistorf, im 1373 Jahr, Herrn Rudolfen von Ramstein, um 3600 Florin, ward erst bey Zeiten des Basler-Conciliums durch Bischoff Johann von Fleckinstein wiederum zur Stift gebracht, folgends durch Bischoff Friederichen ze Rhein wohl erbesseret.

Von Reichenstein.

Reichenstein.

Allernächst an selbigem Strich, jedoch etwas höher, steht noch das Burgstell der zeraangenen Vestung Reichenstein, den Reichenstein. Reichen vom Bistum Basel Lehenweis zuständig. Dieses ist nicht das Reichenstein, davon Tritenhemius in der Hirsauischen Chronick geschrieben, daß es Räuberey halb mit Schöneck, aus des Kapsers Befehl, zerstöret worden sey, denn dasselbige (wie ich berichtet) irend um Bacharach gelegen ist, wie auch eines dieses Namens ob Reichenweihr im Elsaß: sondern ist, wie noch viel andere Beralhäuser mehr, Erdbidems halb zur Fledermäusenwohnung worden. Von diesem Stamme seind gewesen.

1258 Hans Reich von Reichenstein.
1262 Rudolf Reich.
1306 Matthis, Ritter.
1386 Henrich, dieser starb 1403, liegt im Münster bestattet.
1421 Hans Reich von Reichenstein, Herr Henrichs Sohn, starb 1448, alle Ritter, und in obgesetzten Jahren Burgermeister zu Basel.

Von Mönchenstein.

Mönchenstein.

Mönchenstein ein gut Schloß, sammt einem Dorf darunter, vast zu unterst an selbigem Gebirg, ist vorzeiten der Edlen Mönchen Lehenhaus gewesen von der Grafschaft Pfirt. Graf Ulrich liehe es Hartman Mönchen und Cuntzman seinem Sohn, im 1324 Jahr, in welchem bemeldter Graf mit Tod verblichen, und seine Herrschaften an die Fürsten von Oesterreich kommen seind, als an seinem Ort angezeigt wird. Conrat Mönch von Löwenberg und Hiltrud sein Gemahl, verpfändeten mit Bewilligung Erzherzog Sigmunds, im 1470 Jahr, der Stadt Basel, Mönchenstein, beyde Wartenberg, Muttentz, ꝛc. Und wiewol ernielter Edelmann hernach im 1493 Jahr, von König Maximilian, als Grafen zu Habspurg und Pfirt, Erlaubnuß bekame, den Pfandschilling auf andere von ihm herrührende Lehen aufzunehmen, und diese zu ledigen, blieb es doch anstehn, bis es letzlich

G

letstlich Thüring Mönch im 1518 Jahr, mit hochermeldter Kön. Maj. Jawort, der Stadt für eigen zu kauffen gabe, die es noch dieser Zeit besitziget. Um das Jahr Christi 1200 hat dieser Fleck Gecklingen geheissen, daher glaublich, ihm sey erst nach Erbauung des Schlosses nach dieser Zeit, der Name Mönchenstein worden.

Der Mönchen Stamme, welcher etwan in und um Basel sehr ansichtig gewesen, hat sich in viel Aeste ausgebreitet, daher sie von den Schlössern so sie besessen, unterschiedliche Namen bekommen, als von Mönchenstein, Landskron, Mönchsberg, Stettenberg, Rosenberg, Löwenberg, von welchem sich noch die jetzigen dieser Zeit nennen.

   1202 **Hug Mönch Ritter**, Vogt zu Basel.
   1263. 1275 Ein anderer dieses Namens, Ritter und Reichsvogt.
   1236 **Conrat Mönch**, Schultheiß zu Basel.
   1319 **Götzman, Ritter**, Burgermeister, starb am Abend Thomä 1328.
   1318 **Hug Mönch, Ritter**, genannt de poiers.
   1328 **Henrich Mönch**, genannt der Zwinger, Ritter von Rähten. Hug sein Bruder genannt Genpener.
   1346 **Henrich Mönch**, genannt Rheinegele.

Dieses sechs und viertzigste Jahr erinneret mich eines Edlen Mönchen von Basel, welcher zur selbigen Zeit für der theursten Rittern einen geachtet worden ist, dessen Frossardus ein Frantzösischer Scribent, doch ohne Vermeldung seines Tauffnamens, in seiner Historie † gedrucket, anzeigende: Als beyde Könige zu Franckreich und Engelland mit gantzer Macht gegen einandern zu Feld gelegen, sey dieser le Moyne de Basle (welcher unter König Johansen von Böhmen Hauffen, bey andern Teutschen, in der Frantzosen Herr gewesen, wie Albertus de Argentina schreibt) sammt andern dreyen von König Philips ausgeschossen worden, das Englische Herr zu besichtigen. Dieser habe in seiner Wiederkunfft dem König hefftig widerrathen, dem Englischen Herr selbiger Tagzeit keine Schlacht zu liefern, sondern bis morndrigs still zu halten. Als er aber solches bey des Königs Räthen nicht behaupten mögen, sey noch selbiges Tages die schröckliche Niderlag bey Ercy beschehen, darinn der beste Frantzösische Adel, item König Johann zu Böheim, und eine grosse Anzahl Teutscher, von den siegshafften Engelländern erschlagen worden.

† im I. Buch
cap. XXIX.
Cap.

   1369 **Conrat Mönch von Mönchenstein**, genannt Haye, Ritter.
   1358 **Arnolt Mönch**, genannt Mösli, Ritter der Rähten.
   Conrat Mönch, genannt Schiegel rc.

Zwischen dem Dorf Muttentz und der Birs, hat Bischoff Hartman Mönch im 1406 Jahr, in einer Matten einen Weyer und Lusthaus gebauet, Fröscheneck geheissen, in welchem er offtermals Sommertzeit gewesen: ist hernach abgangen, und der Wießmatt der Name blieben.

Fröscheneck

   1428 **Burckart Mönch, Ritter.**

Im Thurn. Ex feuda. Bey dem Einlauf der Birs in Rhein, ist um das 1220 Jahr ein Meyerhof oder Dorfflein gestanden, Klein Rheinfelden genannt, weiset ein alt Instrument, in welchem Herr Peter Im Thurn, Ritter, etliche Güter empfangen.

Wartenberg.

Von den drey abgegangenen Burgen, Wartenberg, zu äusserst an selbigem Gebirg, nahe beysammen auf einem Kopff gelegen, der sich etwas ferner gegen dem Rhein hinaus strecket, seind viele Vermuthungen gefallen. Dann weil diese ob der rechten Landstraß in das Oberland, und fürbaß Italien und Franckreich zu, eine treffliche Bestung gewesen: haben der Gelehrten etliche vermeynet, es seye dieses die alte Bestung gewesen, welche Kayser Valentinianus, noch in der Heydenschafft (als Marcellinus vermeldet) wider die unruhigen und feindlichen Aleman-

Das Erste Buch.

Alemannier jenseit des Rheins bauen lassen, ohngefehr um das 384 Jahr nach Christi Geburt, damals von den Beywohnern Robur geheissen.

Weil aber im Namen Wartenberg zum Wörtlein Robur keine Vergleichung zu finden, darzu die Römer ihre Vestungen wider die Teutschen an kommliche Plätze auf den Rhein zu bauen gepfleget, da so kan ich ihrer Meynung nicht beypfallen, sondern will den Platz dieser Valentinianischen Vestung, wie ichs erachte, hernach anzeigen.

Welche diese vesten Häuser aufgerichtet, haben sie Zweifels ohn zu Verwahrung und Hut des Lands gebauet, dahin man, wann irgend Ungewitter und Trübsal von frembder Völckern Einbruch, angangen, entfliehen, sicher bleiben, und sonst in sorglichen Läufften den Umsässen zur Warnung, ein kommliche Aufsehen haben könnten: dann solche Häuser haben die Teutschen Warten oder Warthäuser, und die Berge Wartenberg geheissen. Also stehen im Ergöw jenseit der Aar, Unter- und Ober-Wartberg. Nicht fern von dannen hat ein anderes Wartenfels geheissen. Im Zürich-Gebiet liegt das hohe Schloß Wart, daher die Freyherren ihren Namen gezogen, deren einer König Albrechten helfen umbringen. Es lasst sich ansehen, es seyen in der Hunen langwierigen Einfällen und vieljährigen Verheerungen, die sie um das Jahr Christi 900, in Teutschen Landen geübet, dieser Berghäusern viel gebauet worden, Sicherheit Leibs und Guts darinn zu suchen. *Warthäuser.*

Ob diese Burgen, aus welchen der mitleren Mauren noch aufrecht, und von Fermuß gesehen werden, der alten Grafen von Honberg Werck seyen, ist unbewußt: daß sie aber in ihrer Beherrschung gestanden, wie auch Muttentz, und der bevliegende Wald, die Hart genannt, ist aus brieflichen Urkunden unlaugbar. Gläublich aber ists, es haben diese Burgen der Grafen Dienstleute besessen, deren einer Hermann Marschalck von Wartenberg lebte Anno 1289, bezeigt ein Tauschbrief des Klosters Olsperg.

Nach ihrem Abgang seind diese Güter an die Grafen von Habspurg, Herren zu Lauffenberg, folgender Weise gefallen. Graf Hans von Habspurg, hatte des jungen verstorbenen Grafen Werulis von Honberg Basen, namlich seiner Mutter Schwester, zum Gemahl, vermeynte derowegen an den Leuten und Gütern, welche die von Honberg von den Gotshäusern Reichenow, Einsidlen, S. Gallen und Pfeffers, zu Lehen gehabt, den nächsten Zugang zu haben, hatte sich auch albereit derselbigen unternommen. Solches wolte ihm Hertzog Lüpolt von Oesterreich nicht gestatten, nöthigte ihn deßhalb mit Landgerichten, daß er sich mit Hertzog Otten, von sein und Hertzog Albrechts wegen (dann Hertzog Lüpolt vor Austrag dieser Handlung mit Tod abgienge) gütlich vertragen, und auf diese Mittel kommen mußte. Graf Hans gabe den Gotshäusern ledig wiederum auf, die March, darinn die alte Raprechtsweiler liegt, und alle Güter hiedisseits des Sees, von welchen die immer zu Lehen herrühreten, mit Bitt, die Gotshäuser wolten sie Hertzog Otten und seinem Bruder verleihen. Und als solches beschehen, empfieng er sie für sich und seine Kinder, Söhn und Töchtern wiederum von ihnen zu Lehen. Gleicherweis gab er auch die alte Burg Raprechtsweiler und die Gegne in der Wegs sein Eigenthum ledig auf, und empfienge sie wiederum zu Lehen. Er that auch Verzig der Burgen ob Basel, Wartenberg genannt, mit ihren Leuten und Gütern, vor dem Bischoff zu Strasburg. Und von diesen weiset nicht der Vertragsbrief (des Datum steht zu Bruck, Samstags nach des Creutz Erhöhungs-Tag, Anno 1330.) daß er sie auch wiederum zu Lehen empfangen. Daß er sie aber inngehabt, ist daraus kundbar, daß Graf Rudolf von Habspurg, im 1380 Jahr, Hemman Münch Rittern diese zu Lehen gegeben. Die zwen Wartenberg seind letztlich (als vor angezeigt) Kaufsweis an die Stadt Basel kommen. Das dritte Wartenberg, welches zuvor Hans Bernhart Seevogels, demnach deren von Hertenstein vom Haus Oesterreich Lehen war, hat Jacob von Hertenstein, des Rahts zu Lucern, im 1507 Jahr, von Kayser Maximiliano für sein Eigenthum ausgebracht, und es mit sammt etlichen Zehenden S. Georgen Pfarrkirchen zu Rünikten im Houburger Amt zu laufen gegeben. *Die Wartenberg kommen auf die Grafen von Habspurg.*

Engenthal. Hinter Muttentz im Stierwald ist etwan ein Klösterlein gewesen, Engenthal geheissen, der Schwestern Cisterzer-Ordens, welche mit Hilf der Edlen Mönchen dahin genistet. Diese seind im 1525 der Bauren Jubeljahr, da sie aller Beschwärden, Zins und Dienstbarkeiten loß zu werden vermeinet, aber ihnen zum Traurjahr worden ist, zerstäubet, das Klösterlein geplündert und ertödet worden.

Das VIII. Capitel.

Von dem Wallenburger-Amt, Beuren, ic.

Wallenburger-Amt. Das Wallenburger-Amt, eine Vogtey der Stadt Basel, begreift in sich die zwey Thalgeländ, deren sich eines von der Wasserfall, das andere von dem Obern Hauenstein herab gegen Liechstall zeuhet, samt beyliegenden Flecken. An beyden Enden gehen oberhalb über das Gebirg gänge Strassen, allein ist die Wasserfall mehr den Fußgängern zu wandern. Reisige kommen schwerlicher hinüber, weil etliche Ort gähe halb, mit Zwerchhöltzern wie die Stegen belegt, daran bisweilen schmale Pfäde seynd. Es hat da schöne Weyden, aber einen kurtzen Sommer: ist sonderlich Mitternachtwärts, wo es nicht gereutet, so rauhe, daß etwan Bären allda gefunden werden.

Von den Wasserseigin, so von diesem Berg herabfliessen, sammlen sich zween Rünse, der eine kommt bey S. Hilarien herfür, der andere anderseits, da S. Remigius, deren von Rigoltsweiler alte Pfarr steht, kommen im Dorf zusammen, und fliessen das Thal hinunter, hat viel Krebs und Forenen. Unterhalb dem Dorf Rigoltsweiler, **Reiffenstein.** wird zur lincken Hand im Gesträuche das öde Burgstell Reiffenstein gesehen, da vielleicht zu alten Zeiten die Edelleute von Rigoltsweiler ihre Wohnung gehabt, seynd Gutthäter zu Schönthal gewesen, aus denen Henrich und Hug im 1226 Jahr lebten.

Serven. Zur rechten Hand, so man über die Höhe in das Thalgeländ kommt, welches sich nach Ramstein hinein strecket, liegt das Dorf Serven, Solothurner-Gebiets, hat den Namen von dem See, der sich allda zwischen den Bergen sammlet, ziemlich lang, doch nicht sonders tief, ist eigentlicher eine grosse Pfütze, dann er in heissen Sommern schier gar vertrocknet. Innerhalb zehen Jahren haben ihn die Bauren abzugraben unterstanden, und den Platz zu Matten machen wollen, dessthalb einen seltzten Hügel, zwischen diesem Tobel und einem Thälein, so sich gegen Angenstein hinaus zeuhet, ob hundert Klafter lang, tief unter der Erden mit grossem Kosten durchgehauen, und das Wasser zum Ausgang gebracht, weil sie aber den heimlichen Schlupf nicht wohl versehen, ist er an vielen Orten wiederum eingesuncken.

Eifen. Von Bubendorf. 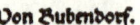 Zu Eifen einem schönen Flecken Baßler-Gebiets, soll auf dem Hügel, da die Pfarrkirch stehet, der Edlen von Eptingen Wohnung gewesen seyn, welche sich Eisner genannt, haben im Wapen den zwerchliegenden Adler, und auf dem Helm zwey gelbe Bockshörner, mit zwey rothen Banden verstrickt, geführet. Henrich von Eptingen, genannt Eisner, lebte 1295.  Zu Bubendorf allernächst darunter haben auch Edelleute dieses Namens gewohnt, Hug, Bruno und Gotfried von Bubendorf, lebten 1293. Siegfrid von Bubendorf, Ritter, im Jahrzeitbuch zu Liechtstal ohne Jahrzahl. Conrat von Bubendorf Chorherr zu Wert 1349.

Beuren. Nebenaus liegt zur lincken Hand das Schloß und Dorf Beuren, welches im 1330 Jahr die Mönchen inngehabt, darnach die Meyer von Basel. Juncker Claus Meyer, beyder Adelberg und Bernhart Meyers Burgermeistern zu Basel Anherr, dieser Herrschaft Innhaber, ward sammt

Das Erste Buch.

sammt Henrichen seinem Knecht, durch etliche derselbigen ihme zugehörigen Bauren, ausserhalb Basel, auf Gundeltinger-Feld, da jetzt die drey Linden mit dem steinernen Creutz stehn, im 1426 Jahr, klaglich erschlagen. Mich will bedunken, sie haben es Pfandsweis von der Herrschaft Thierstein besessen, welche es letztlich der Stadt Solothurn versetzt, bis es zu vollem an sie kommen.

Von Wildenstein. Zur rechten Hand neben Eisen, steht am Berg, welches dasselbige Thal vom Wallenburgischen sonderet, auf einem hohen Felsen, das Schloß Wildenstein, mit starken Mauren *Wildenstein.* und ziemlichen Vorwehren bewahret, hat vorzeiten eigene Herrschaft und Edelleute dieses Namens gehabt, wovon Jecklin von Wildenstein 1421 lebte, ist aber nachmalen den Eptingern worden. Jacob von Eptingen von Wildenstein, seßhaft zu Telschberg 1425. Hans und Rudolf Gebrüdere, 1465. Nach ihnen hat es sich in mancherley Hände veränderet, bis es letztlich von Bernhart Brauden, damals Oberster Zunftmeister zu Basel, in besseren Bau gebracht worden, hat aber keine Herrschaft mehr, wie vorzeiten, sondern ist ein Edelmanns-Sitz mit Holz und Feld wohl versehen.

Nicht fern von diesem werden Mauren einer alten Burg gewiesen, Gutenfels geheissen, dieser Zeit mit Bäumen und Stauden verwachsen, *Gutenfels.* etwan eine Wohnung der Eptinger. Peter von Eptingen von Gutenfels, Ritter, saß im Raht zu Rheinfelden 1305. Er übergab hernach im 1323 Jahr dem Gotteshaus zu Olsperg seine Einkommen zu Eissach auf der Mühle, zu Zuntzgen, Dietken, Eptingen um ein jährlich Leibgeding: so werden noch unterhalb bey Ramlisperg die Mauren der alten Spitzburg auf einem Hügel gezeigt. Vom Abgang dieser Häuser *Spitzburg.* weißt man nichts.

Ob Wallenburg heisset der Jurten (als auch droben berühret) der Ober-Hauen- *Der Hauenstein,* darum daß die Landstraß hinüber nach Bern und Solothurn durch die Felsen *stein.* gehauen ist, daß man die geladenen Wägen mit grossen Seilern über die gähen Klimsen hinab lassen müssen, wie auch jenseit Langenbruck am Giselstalden, nahe bey dem Schloß Falkenstein. Doch ist der rauhe stoßige Weg in kurtzen Jahren also geschliffen, daß man sie ohne solche Beyhülf (ausgenommen Winterszeit, wann es schlipferig) herab bringen kan. Sonst ist die Straß hiedisseits Langenbruck von den Brunnquellen etwas tief, daß man ihn mit Fleckling und Zwerchhöltzern, gleich einer Bruck, weit her belegen müssen, daher dem Dorf sein Name.

Ein hoher Fels ist nicht weit von dannen, einem runden Thurn gleich, welchen niemand ohne Leitern ersteigen mag, darauf noch Mauren zu finden: achtet man vorzeiten ein Wart oder Wachthaus gewesen zu seyn, von welchem man auf beyde Strassen nach Wallenburg und Balstal sehen mögen.

Auf diesem Berg liegt ein alt Kloster, welches man von seiner lustigen Gelegenheit, Schönthal geheissen. Dieses haben gestiftet Graf Adelberg von Froburg, mit *Schönthal* Sophia seiner Gemahl, aus Gunst Volmar und Ludwig ihrer Söhnen, um das tau- *Kloster.* send, hundert und dreyßigste Jahr, daher sie auch folgends des Gottshauses Kastvögte gewesen. Die Ordensleute haben dem Pöfel beredt, es habe dieser Stiftung Anlaß gegeben, daß als der Graf von Froburg einsmals seinen Diener an diesen Ort auf die Gewildspürung abgefertiget, habe er gesehen die H. Jungfrau Mariam, mit ihrem Kindlein JEsu allda bey dem Bruñen sitzen, welchem ein Engel beygewohnet. Aber dem Wagen darauf sie gefahren, hab ein Löw und Schaaf zusammen gerettet gezogen. Ob nun dieses eine Historie oder Gedicht, das gemeine Volck daselbst hin, als an ein sonder heilig und Unser Frauen wohlgefälliges Ort, zu locken, wird der Verständige wohl urtheilen.

Gewiß aber ists, daß die Stifter den Brüdern Unser Frauen Knechten, in der Cell daselbst, unter S. Benedicts Regel, GOtt andächtig zu dienen, dasselbig ihr
Allodium

Allodium und frey eigen Gut geschenckt haben, welches sich von der March Onoßweil und Mümliswell, bis an die March Eptingen hinüber, mit einem weiten Begriff erstrecket, darzu ihre Gericht, Leut und Kirchensätze zu Titterten und Bennweil. Seind bald durch die Umsitzenden vom Adel weiters begabet worden, als dann firnemlich gewesen, Henrich und Hug von Rigoltsweiler, Wernher von Itchon, Walther und Henrich von Arburg, Henrich und Hug von Wangen, Wernher von Külchberg, Ludwig von Badothal, Gottfrid von Iremthal, Gerhart von Utingen, welche ihnen mit reichen Gottsgaben aus Armut geholfen, laut einer Bestätigung, von Bischoff Henrich, gebohren von Thun, im 1226 Jahr gegeben. Graf Volmar versicherte sie, im 1305 Jahr, im Bezirck desselbigen Guts kein Schloß noch Vestung zu bauen, auf daß sie an ihrem Gottsdienste desto minder geirret wurden.

Hernach seind auch Weibspersonen, erstlich im Flecklein unter Schönthal, der Spittal geheissen, darnach daroben, wohnhaft gewesen. Anna von Coppensee Meisterin, und Dorothea von Bülingen Conventfrau zu Schönthal, Benedictiner-Ordens, lebten im tausend vierhundert und eilften Jahr. Das Kloster hat im tausend fünfhundert fünf und zwantzigsten Jahr, den rutigen und aufrührischen Bauren herhalten müssen, welche es geplündert und verwüstet. Der letste Propst ist gen S. Peter in Schwartzwald kommen. Dieser Zeit ist die Kirch der Pfarr Langenbruck gewiedmet, denen ihr Capellelein vor wenig Jahren verbrunnen, die übrige Behausung besitzt des grossen Spittals zu Basel Alpmeyer, welcher an diesem Ort, und auf gemeldtes Allodii zween andern Höfen, dem Kirchzimmer namlich und Belchenhof, bey achtzig Melchkühen, ohne das andere Vieh, erhaltet.

Der Belche. Der Belchenhof hat seinen Namen von des Hauensteins höchsten Spitz, von dem man gen Lucern und weiters hinauf sehen kan. Und ist mercklich, daß die höchsten Köpf und Spitze der Gebirgen, insgemein die Belchen genennet werden. Als dieses Orts am Jurasso, hinter Eusenburg am Schwartzwald, ain Vosago oder Elsaß-Gebirg hinter Thann. Was dieses Wörtleins Ursprung oder Rechnung seye, vermelde der es weißt oder erfindet.

Wallenburg Schloß und Städtlein. Aus dem Weyer, welcher sich unterhalb besammlet, nimmt das Wasser seinen Anfang, die Frenckine in alten Briefen geheissen, laufet durch Wallenburg das Thal hinunter, begibt sich oberhalb Liechtstal in die Ergitz. Gemeldt Städtlein Wallenburg unten am Hauenstein, begreift des gantzen Thals Weite, hat ein Schloß auf dem Felsen, welches der Vogt bewohnet. Dieses haben etliche vom Vallo oder Wall herführen wollen, darum daß es so viel als in einer Clus gelegen: etliche haben Walhenburg, andere Waldenburg daraus gemacht. Das Schloß soll vor viel hundert Jahren obwendig des Städtleins auf einem Felsen gelegen seyn, da noch etwas Anzeigungen vorhanden, die Landleute heissen es Alt-Wallenburg. In den nächsten Dörfern, darunter vorzeiten Onolzweiler, jetzt Ober- und Niederdorf geheissen, begabe sich Anno 1295. grosse Wassersnoht. Dann als daselbst ein grosses Stuck von einem Berg in das Thal herab gefallen, hat es den Bach, welcher damals groß, also sehr geschwellet, daß die Pfarrkirch gantz bedeckt im Wasser stuhnde.

Diese Herrschaft ist der Grafen von Froburg Lehen gewesen von dem Bistum Basel, und nach Absterben dieses Grafen-Stammens, als ein verlediget Lehen, der Stift wiederum heimgefallen ist. Mit ihrer Bewilligung hat sie Bischoff Humprecht von Neuenburg in Burgund der Stadt Basel zu kaufen gegeben, welche noch dieser Zeit einen Oberamtmann dahin verordnet.

Das Erste Buch.

Das IX. Capitel.

Von der Stadt Liechtstal, Herrschaft Fülisstorf, und der uralten *Augusta Rauracorum.*

Die Stadt Liechtstal.

Iechtstal eine kleine wohlerbaute Stadt, eine halbe Meile Wegs vom Rhein, und der alten Augusta Raurica, neben der Ergitz an einem kommlichen Ort gelegen, da männiglich so nach Meyland in Italien, oder nach Lyon in Franckreich reiset, durchziehen muß, ist etliche hundert Jahr den Grafen von Honberg zuständig gewesen. Als aber derselbigen Stame sehr abkommen, ist diese Stadt, sammt der Bestung Neuen-Honberg, an Graf Friderich von Toggenburg, von seiner Gemahl Frau Ita von Honberg, gefallen, welcher sie beyde, mit sammt dem Hof Ellenwihr im Elsaß, Bischoff Petro zu Basel, und seiner Stist, um zwey tausend und einhundert Marck Silbers, im tausend dreyhundert und fünften Jahr, zu kaufen gab, behielt ihm aber in solchem Verkauf den Zoll und die Eisengruben im Frickgöw bevor. Im Jahr tausend vierhundert und eins, seind diese Herrschaften, mit sammt Wallenburg, der Stadt Basel zu kaufen gegeben worden, welche sie noch beherrschet, und jährlich den andern Sonntag noch Johann Baptistä, der Burgerschaft daselbst einen aus ihrem Raht zum Schultheissen setzet, der mit zwölf Mannen Raht- und Gerichts-Sachen verwaltet. Drey Jahrmärckte fallen da, an den Mittwochen, nächst nach Hilarii, vor dem Fronleichnam, und nach Michaelis. Es hat da einen trefflichen Rebberg und Weinwachs, dessen sich der mehrer Theil Leute, so nicht Handwercker seind, ernehret.

Zur lincken Hand überauf, bey dem Dörflein Selbisberg, hat man zu unsern Zeiten auf den Aeckern, gemaurte Gräber, mit gehauenen Steinen, und in deren einem neben Menschen-Gebein ein versilberts Gürtelgeschmeid gefunden. Zur rechten Hand am Ergitzberg, seind auf Burghalden und Elbis, aus Anzeigung des alten Gemäuers, Schlösser gestanden, vielleicht zu der Zeit, als noch die Stadt Augusta Raurica aufrecht gewesen. **Selbisberg. Burghalden und Elbis.**

Von Schauenburg.

Im Eingang des Röseren-Thals steht Muntzach, eine Pfarr der Herrschaft Fülisstorf, etwan mit sammt Frenckendorf den Edlen auf Schauenburg zuständig. Derselbigen Bestung seind zwo gewesen, von welchen der einen Mauerstöck oberhalb noch aufrecht gesehen werden, aber sein Eingebäu ist bey Zeiten des grossen Erdbidems verfallen. Heinrich von Schauenburg, Ritter, seßhaft auf diesem Schloß 1254. Gertrud sein Gemahl. Hug und Henman von Schauenburg Gebrüdere, lebten 1262. Heinrich, Edelknecht, verleihet dem Gottshaus Olsperg seine Hofgüter zu Olbenach 1338. Hans von Schauenburg und Catharin von Eptingen sein Weib, haben im 1339 Jahr, Fülisstorf, Frenckendorf und Muntzach innghabt, verkauften diese Herrschaft im 1355 Jahr, Graf Herman von Froburg. Eilf Jahr darnach kaufte Bischoff Johans von Graf Hansen von Froburg gemeldte Herrschaft mit allem seinem Einkommen, um neunhundert und dreyßig Gulden. **Muntzach. Schauenburg.**

Rudolf

32 Baßler Bistums Historien,

Vitzthum. Die Vitzthum. Rudolf Vitzthum Ritter, ist im 1400 Jahr Herr zu Fälistorf gewesen, auch bald darnach gestorben: gehöret dieser Zeit der Stadt Basel.

Das Roth Haus. Jenseit unter der Alten Schauenburg haben die Beginen ein klösterlich Wesen gehabt, so vom Rothenhaus ihre Wohnung dahin verändert, ist im Baurenkrieg ausgebeutet und verwüstet, dieser Zeit durch J. Hans Jacob Hiltprand, zu einer sonderbaren Wohnung erbessert worden. Dasselbige Roth-Haus, liegt zwischen Augst und der Birs am Gestad des Rheins, erstlich eine Wohnung der Einsiedleren Paulliner-Ordens. Bruder Hans Merspurger war im Jahr 1461 des Convents daselbst Prior, ist hernach von den Beginen eingenommen worden. Anno 1526. im October hat man die Schwestern versehen, und das Haus zu Handen genommen. Dieser Zeit ist es zu einem schönen Hof und Lusthause gebauet.

Brattelen. Eptinger v. Brattelen. Schloß und Dorf Brattelen, unter Schauenburg gegen dem Rhein, haben die von Basel Anno 1526. von Hans Friderichen von Eptingen erkaufft, des Vorderen es von altem zugehöret. Man zeigt noch auf einem Kopf ein Ort, da vorzeiten diese Edelleute einen Sitz gehabt, vielleicht ehe dieses auf der Ebne gebauet gewesen, zum Adler geheissen. Es haben je diese Eptinger einen halben aufgerichten und geerönten Adler auf dem Helm geführet, Gottfrid von Eptingen, genannt Bitterlin, Ritter, ist deren einer gewesen, 1359.

Rauriea eine alte Stadt. Auf eine halbe Meile von dannen, da sich die Ergitz in Rhein begiebt, ist vorzeiten des gantzen Lands Hauptsitz, und der Rauracer fürnehmste Stadt gestanden, mit Namen Raurica, welche gewißlich deren eine gewesen, so dieses Volck (als Cäsar schreibt) in ihrem allgemeinen Aufbruch, sammt den Helvetiern, und sonderlich aus ihrer Beredung, verbrennet. Cäsar nennet gleichwol keine mit Namen, aber wie sich die Gelegenheit ansehen läßt, so hat der Rauracer Land ausser dieser keine, oder doch wenig andere gehabt. Daß sie darnach wieder erbauet sey, ist aus gewisser Kundschaft vieler

Die Stadt Raurica wird Augst genennet. Authorn, die nach derselbigen Zeit geblühet, und ihrer unter dem Namen Raurica gedencken, unlaugbar. Ptolemaus nennet sie Augustam Rauricorum, welcher Name bis auf diese Zeit verblieben, wird noch Augst geheissen.

Die Veränderung des uralten Namens Raurica in Augustam, wird dieser Zeit zugemessen, zu welcher aus des Kaysers Augusti Anregen, durch Lucium Munatium Plancum, einen fürtrefflichen Römer vom Adel (der etwan des Ciceronis Lehrjünger, und bey gedachtes Kaysers Zeiten, im 14 Jahr nach Christi Geburt, mit C. Silio Nepote Burgermeister zu Rom gewesen) neue Einwohner und streitbare Leute von Rom, in diese Stadt geführet, hiemit zu einer Röm. Colonia oder Eßhaus worden ist, desgleichen Zweifels ohn in bessern Bau kommen, als bei der ungezähmten Teutschen Uberfall vorzukommen, selbigs Orts wohl gelegen. Allda hat die Stadt Rauricum, vom Kays. Augusto, aus dessen Anordnung solche Aufnung beschehen, Augusta angefangen genennt zu werden.

Anthropologia lib. 3. Erzehlter Einführung weißt man keine andere Gezeugnuß, dann nur eine alte Schrift, so zu Gajeta (ist eine Meerstadt im Reich Neapolis) in einem Stein des Orlandischen Thurns gefunden worden, als Raphael Volaterranus schreibt, mit diesen Worten:

L. MVNATIVS. L. F. L. N. L. PRON.
PLANCVS. COS. CENS. IMP. ITER. VII. VIR.
EPVLON. TRIVMPH. EX. RHAETIS. AEDEM. SATVRNI.
FECIT. DE. MANVBIIS. AGROS. DIVISIT. IN. ITALIA.
BENEVENTI. IN. GALLIA. COLONIAS. DEDVXIT.
LVGDVNVM. ET. RAVRICVM.

Das Erste Buch.

Zu Teutsch also:

Lucius Munatius, Lucii Sohn, Lucii Enckel, Lucii Nachenckel, Burgermeister, Strafmeister, Feldoberster zum andern mal, ein Siebnerherr der Geistlichen, welcher der Rhätiern halber triumphiret: hat aus dem Beutgut Saturni Kirchen gebauet, in Italia zu Benevent das Feld ausgetheilet, in Galliam gen Lyon und Rauricum neue Einsässen geführet.

Zu dem nun daß die Römischen Coloniæ nicht geringfügige Städtlein gewesen seind, geben die Wahrzeichen, so man auf dem Feld herum ob und unter der Erden findet, genugsame Weisung, daß die alte Augusta groß gewesen. Dann so man gräbt, findet man beyderseits der Ergitz, viel alter Mauren und Scherben, deßgleichen Grabsteine, mancherley Ding, Werckzeug und Hausrath von Metall, item vielerley alter Römischer Müntzen, welche nun viel hundert Jahr daher von den Bauren, wann sie das Feld pflügen, aufgelesen seind, und noch immerdar, voraus wann es neulich geregnet, gefunden werden, mehrentheils küpferne, oft silberne, bisweilen auch goldene Pfenning. Und es wurde sich nicht fehlen, solte man hin und her tiefer graben, und mit Fleiß nachforschen, man wurde noch mancherley Anzeigungen finden, einer aus sonderbarer Trübsal zerfallenen Stadt.

Es ist noch ein Hügel da, mit Stauden und Bäumen verwachsen, an welchem ein abgerißner Thurn mit gehauenen Steinen steht, darzu oberhalb etliche halbrunde und enge Thürn, welche tief in die Erden hinunter gehn, wiewol sie durch den einreissenden Grund je länger je mehr ausgefüllet werden, da niemand zu errahten weißt, zu was Gebrauch diese gedienet. Jenseit des Rheins seind noch Mauerstöcke zu sehen, so einer zergangenen Vorwehr Anzeigung geben.

Ferner wird da ein sehr lang Gewölb gefunden, welches inwendig Mannshöhe hat, und sich von diesem Ort an jenseit der Ergitz, unter der Erden dem Berg nach für Liechtstal bis gen Betken hinauf zeucht, als die Bewohner anzeigten, ist gewißlich auch ein Römisch Werck gewesen. Die Landleute nennen es das Heydenloch, darum daß es hin und wieder eingebrochen, an etlichen Orten auch verfallen. Doch ist es an viel Enden noch gantz, wie ich solches vor etlichen Jahren auf einen Schritt oder dreyßig selbst innwendig besichtiget. Aus Gelegenheit und Gebäu dieses Gewölbs will mich bedüncken, es sey eine Wasserleitung gewesen, dann es inwendig bis auf die halbe Höbe, mit einem saubern harten Guß vast wohl verplastert ist, und am obern Theil nicht also: so seind die Gemercke eines Wasserruns noch etlicher massen daran zu sehen. Darzu giebts die Libratio oder Gewichtmaß der Höhe nach, daß Zweifels ohne dadurch an das Statt höher Theil, da man die Ergitz nicht hinbringen mögen, das hinein geleitete Wasser zu Ausführung alles Unraths und anderer Kommlichkeit gedienet haben wird, alsdann in andern Städten mehr beschehen.

Eine treffenliche Wasserleitung.

Hierum ich deren Meynung nicht beyfalle, welche es für einen heimlichen Ausgang in Kriegsnöthen, entweders zu entrinnen, oder verborgener Weis Hilf einzunehmen, dargeben. Viel minder ist auf des Pöfels Rede zu halten, daß dieses Gewölb irgend zu einer verdammten Jungfrauen und einem Schatz, von etlichen greulichen Hellhünden verhütet, abführe, in welches sich etliche bey unserer Eltern Zeiten begeben, deren einer je Geld mit sich heraus gebracht, andere nachmalen kaum halb todt wiederum an das Tagliecht herfür gekrochen: Weil gewiß, daß der Satan, ein Herr der Finsternussen, die Menschen durch vielfältige Verwehnung und Gespengnuß, sonderlich durch Begierd des zeitlichen Guts, in Forcht, Angst, Schrecken, den zeitlichen und ewigen Tod zu stürtzen untersteht.

Wann schon nun der Augenschein so viel überbliebener Gemercken, und der Römischen Geßhäusern Gestaltung, was Augst gewesen, nicht mit sich brächte, ist doch solches aus der Zeugnuß Ammiani Marcellini zu erkennen, welcher die Händel der Kaysern Constantii, Juliani und Valentiniani in diesen Landen, die er auch selbst

J durch-

Baßler Bistums Historien,

durchreiset, fleißig verzeichnet, und in einer kurtzen Beschreibung des Lands Gallia also sagt: In der Sequaner Landschaft habe ich Bisantz und die Rauracos (also nennet er Augst) gesehen, welche unter vielen andern Städten die fürnehmsten seind.

Derowegen muß dieses eine greuliche Zerstörung und Schleifung gewesen seyn, durch welche sie also gar zu Boden gangen, daß an denen Orten da vorzeiten Häuser und Wohnungen gestanden, jetzt Ackerfelder, Matten, Gestrüpp und Stauden stehn. Ja es muß eine allgemeine Landsverwüstung, und ein solch groß Ungewitter gewesen seyn, daß nicht nur dieses Ort, sondern viel andere, als vielleicht Vindonissa, Argentoratum, Breucomagus, Elcebus &c. mit zu Trümmern werden gegangen seyn, und man von eines jeden Orts sonderbaren Unfall nicht zu schreiben gewußt: ja es haben diese Land damals weder Personen, noch gegenwärtige Gelegenheit gehabt, solche Sachen ins Gedächtnuß zu fassen, und auf die Nachkommen zu pflantzen.

Wann das alte Augst zu Grund gegangen. Ich gebe solches zu dem wütigen Landsturm Attilæ, des Ungarischen Königs, welcher im 451 Jahr nach Christi Geburt, einen Theil des Rheinstroms also jämmerlich verherget, darvon hernach weitläufiger angezeigt wird. Was dann von selbigem Landfraß überblieben, mögen die letzten Ungarn, so um das Jahr Christi 900. etliche mal diese Gegne überfallen, gar umgestossen und zu Boden gerichtet haben. Fürwahr die viele des Gelts, so man von so viel Zeiten her allenthalben auf dem Felde gefunden, zeigen an, daß allda Leut und Gut durch Feuer und Schwerdt plötzlich zu Grund gegangen seind.

Zwey oder drey Feldwegs liegt noch oberhalb das Dorf Augst, etwan den Grafen zu Homberg angehörig, ist letstlich im 1558 Jahr gar abgebrannt, aber bald wiederum erbauet. Hiediesseits an der Bruck hats eine schöne Herberg, der Stadt Basel angehörig, item zwey Lusthäuser, neulich von Burgern allda aufgerichtet.

Das X. Capitel

Von dem Sisgöw, und Schloß Homberg.

Rauhe Eptingen.

Zwischen dem Oberen- und Niederen-Hauenstein begibt sich ein Thal vom Gebirg herab, darinn liegen Zuntzgen, Tennikon, Dietchon, und zu oberst Eptingen, dieser Zeit ein kleiner Fleck, mit einem alten Schloß darob Wartenwald geheissen, welches Ort vorzeiten Edelleute nicht eines Geschlechts bewohnet. Dann im Dorf hats die alte Burg Eschentz, zur rechten Hand auf dem Gebirg, zur lincken Reucken.

Von Eptingen. Von diesem Ort haben die von Eptingen ihren Stammen und Namen, welches Geschlecht also groß worden, daß sie sehr viel Ort im Sisgöw bewohnet, als Eptisach, Bischoffstein, Liechstal, Wildenstein, Eisen, Prattelen, Rheinfelden, &c. Dieser Zeit haben sie ihre Wohnung in das Suntgow verändert. Den Kirchensatz zu Dietchon schenckte dem Gottshaus Olsperg, Mathis von Eptingen, Ritter, und bestätigte es Bischoff Gerhart zu Basel, im 1314 Jahr.

1262 Gottfrid von Eptingen, Vogt zu Basel.
1274 Mathis von Eptingen, Ritter, Burgermeister.
1331 Cuntzman von Eptingen, genannt Sporer, Thumherr zu Basel, Wernher S. Johansen-Ordens, Heinrich, Edelknecht, Gebrüdere.
1346 Johans von Eptingen, genannt Spengly, Ritter, am Gericht.
1360 Hartman, Ritter, der Räthen.

1377.

Das Erste Buch. 35

1377. 1396 Hans Bullant von Eptingen, Ritter, war zwischen diesen Jahren etlichemal Burgermeister.

1421 Ulrich und Hans Günther von Eptingen. ⎰ Margaretha von Eptingen.
1430 Thüring von Eptingen, Edelknecht. ⎱ Heinrich Reich, ihr Ehemann.
Verena von Landenberg, sein Ehegemahl.

Ihre Gezierden auf den Helmen haben sie bey dreyßigerley Manier verändert.

An dem Bach, so durch dieses Thal herab kommt, liegt auf der Ebne, da sich das Gebirg ziemlich weit von einander thut, der namhafte Flecken Sissach, von welchem dieselbige Gegne zu Berg und Thal das Sisgöw heisset, gleichwie das Buchsgöw von Buchsiten, Breisgöw von Breisach, und andere von andern Orten. Dieses ist vorzeiten des Römischen Reichs Landgrafschaften eine gewesen, welche sich bey dem Einlauf der Birs erhebt, dem Rhein nach heraus und ein Basel-Reinspieß weit in Rhein hinein, der Fare nach ins Gebirg, dem Grat nach wie die Schneelaufen gehen, hinüber bis an Ronninger-Steg, wiederum in die Birs. Diese vergabte Kayser Henrich der dritte, mit sammt Augst, Bischoff Theodorico zu Basel, im 1041 Jahr. Bischoff Humprecht, gebohren de Novocastro, gabe der Stadt Basel im 1416 Jahr, zu einem ewigen Auskauf, alle Gerechtigkeit, so die Landgrafen im Sisgöw, in den dreyen zuvor von ihnen erkauften Aemtern, Honberg, Wallenburg und Liechtstal gehabt: daher bey unsern Zeiten beschehenen Eingriffs halber zwischen der Stadt Basel und Solothurn nicht geringer Stoß entstanden. Darzwischen haben die Grafen von Thierstein, hernach die Freyherren von Falckenstein, als Herren zu Farnspera, einen Theil dieser Landgraffschaft ermeldter Herrschaft angehörig, Lehensweis vom Bistum innghabt, ist aber dieser Zeit in der Baßlern Oberkeit zu vollem.

Sissach.

Landgrafschaft des Sisgöws.

Das Dorf Sissach ist etwan deren von Eptingen Lehen gewesen vom Haus Oesterreich. Aber Götz Henrich von Eptingen erwarb es bey Hertzog Sigmunden, im 1465 Jahr, für eigen, und gab es der Stadt Basel zu kaufen, machte demnach anstatt Sissach dem Hertzogen zu Lehen, seine eigene Dörfer, Ober- und Nieder-Hagenthal, welche er hievor von Henrichen Halbisen Burgern zu Basel um 1230. Goldflorin erkaufet, und empfienge dieselbigen wiederum zu Lehen. Beyde diese Dörfer hat ermeldter Halbisen von den Grafen zu Thierstein an sich gebracht.

Ober- und Nieder-Hagenthal im Suntgöw.

Von Honberg. Honberg (nicht Hornburg) ein zierlich Schloß am Untern-Hauenstein, ist von den alten Edlen Grafen her, so es besessen, wohl bekannt. Diese waren vorzeiten Advocaten und Schirmvögte des Bistums und der Hohen Stift Basel, welche dieselbigen bey ihren Rechtungen schirmen, und in fürfallender Noth beschützen und vertretten sollen. Ein Mönch zu S. Alban hat geschrieben: Es seye dieses Schloß vom Bistum der Grafen Lehen gewesen, propter jus advocatiæ quod habeant loco Episcopi in Basilea, das ist, von ihres Vogtrechts wegen zu Basel, ob welchem mir doch Zweifel einfället, darum daß es der Bischoff hernach an sich erkaufet, wie droben bey Liechtstal angezeigt. In S. Albans Stiftbriefe, wird Graf Rudolf zu Honberg, von Bischoff Burkarten über desselbigen Gotteshaus Güter hiedißeits Rheins, zum Vogt gesetzt, im Jahr 1103, und zu End wird unter den übrigen als Zeugen angezogenen Grafen, allein gesetzt, Rudolf der Advocat. In einem Kayserlichen Instrument der Abten S. Blasien, weisende, wie des Bischoffs zu Basel Befehlshaber zu Straßburg vor des Reichs Fürsten, die Kastvogtey gemeldten Klosters S. Bläsi, im 1125 Jahr, seyen entsetzet worden, wird unter den Grafen, so damals des Kayser Henrichen dem fünften gewesen, angezogen, Wernherus Basiliensis ecclesiæ advocatus. Graf Wernher Vogt der Kirchen zu Basel. Und als hernach daraus grosse Mißhellung und Krieg auferstanden, inmassen, daß die Sach, im 1141 Jahr, wiederum für Kayser Conraten kommen, allda ist mit dem Bischoff und seinen Dienstleuten erschienen, Wern-

Grafen von Honberg sind Vögte der Stift Basel gewesen.

J ij

herus

herus Comes, advocatus Basil. ecclesiæ, also lauten die Wort, hat auch diesen Handel, da man ob der Bischofflichen Rechtung kämpfen sollen, vertheidigen helfen, auch seind da dem Bischoff und seinem Vogt, für S. Bläsien Kastvogten etliche Höfe an die Hand aufgegeben worden. In einem Brief zu S. Alban steht noch deutlicher, Wernherus Comes de Honberch, advocatus Basil. das ist, Graf Wernher von Honberg, Vogt zu Basel, Anno 1184. Bischoff Adalbero veränderet im 1135 Jahr S. Lienharts Pfarrkirch zu Basel, mit seines Capitels, auch Graf Wernhers von Honberg des Vogts Bewilligung, in ein Kloster geregulierter Chorherren. Daraus sich ansehen laßt, es habe der Bischoff ohne seines Stiftsvogts Wissen und Willen nichts zu verändern gehabt.

Dieser Grafen Genealogie hab ich aus Mangel alter Instrumenten nicht weiters zusammen bringen mögen.

Geburtslinie der Honbergischen Grafen.

	a	b	c Wernher 1184. 1251.	b Herman 1290. — Ita, Friderich von Toggenburg. 1301.	
	Rudolf Graf zu Honberg 1100.	Wernher Graf 1185.	Ludwig Graf 1220.	Ludwig, Elisabeth von Rapperschweil. Rudolf. Ludwig.	Wernher — Graf Wernly 1320. der letste.

Erklärung dieser Geburts-Tafel.

a Graf Rudolf, Vogt der Stift Basel. Diesen achte ich der seyn, welcher in einem Gabbriefe von Bischoff Rudolf, gebohren von Honberg, im Februario des 1113 Jahrs, dem Kloster S. Bläsien gegeben, als ein Zeug genennet wird, Rudolf Graf zu Frick, vielleicht daß die alte Honberg nicht fern von Frick, damals noch in Wesen gestanden, darum dann das am Hauenstein, die Neue Honberg genennet worden.

b Ob dieses Wernhers Sohn, Graf Wernher e der ander gewesen sey, habe ich nicht gewiß. Dieser wolte über S. Albans Kloster etwas Beherrschung suchen, Anno 1221. darum das Convent mit ihm für Bischoff Henrichen zu Recht kame, welcher nach Besichtigung des Gottshauses Freyheiten sprache, daß der Graf von wegen seines Vogtrechts in Basel, keine Rechtung darzu hätte. Ich habe auch nicht gewiß, ob Graf Ludwig sein Bruder gewesen.

d Herman und Ludwig seind Brüder gewesen, ist wohlbekannt. Graf Ludwig, welchen Albertus de Argentina valentissimum, das ist, den Tapfern und Notwehren nennet, ward im 1289 Jahr, vor Bern in einem Streit erlegt, davon hernach gesagt wird. Sein Gemahl Elisabeth, ist Graf Henrichs zu Rapperschwil, genannt Wandelbar, so das Kloster Wettingen gestiftet, Schwester gewesen. Diese verkaufte nach ihres Herrn Niederlag, von wegen obligender Schuldenlast, mit Willen Herr Ulrichs von Rusega ihres Vogts, ihre Leut und Güter, so sie im Land Uri gehabt, dem Gotshaus Wettingen, um 428. Marck Silbers. Datum steht zu Zürich im Pfarrhofe, den 29 Aprillens, im 1290 Jahr. Sie nahme hernach einen von Stretlingen, dem sie zween Söhne, Rudolf und Henrichen gebar.

e Daß Graf Wernher Ludovici Sohn gewesen seye, bezeuget Albertus de Argentina. Er zoge mit Kayser Henrichen dem siebenden zu Lützelburg ins Welschland, da ihn der Kayser wider die aufrührischen Walchen, zum Statthalter in der Lombardie setzte, da er in der Kays. Maj. Namen mannigfaltigen Sieg kriegte. Er ward nachmalen um das 1316 Jahr, bey Eßlingen in einem Streit, von Kayser Ludwigs Kriegsvolck gefangen. Dieser hatte zween jüngere Brüder, Rudolf und Ludwig, weiset ein Instrument. Graf Wernher starb um das 1323 Jahr.

f Graf Wernly der letste, starb um das 1329 Jahr, ward von den Grafen von Habspurg geerbet.

Wie dieses Schloß Honberg mit sammt Liechtstal von Frau Ita, Graf Hermans Tochter dem Bischoff zu Basel verkauft seye, ist aus brieflichen Urkunden droben

Das Erste Buch. 37

droben vermeldet. Bischoff Humprecht versetzte es im 1400 Jahr, Marggraf Rudolfen von Hochburg, und verkaufte es im folgenden Jahr der Stadt Basel, die es noch dieser Zeit beherrschet.

Ob Houberg liegt Ramsen, ein Badhaus der Umsässen, doch ohne ein natürlich warm Wasser, muß bey dem Feuer gewärmet werden. Zu unterst im Thal unter Rimlicken gräbt man ob Trippliken oder Diepstiken grosse Mühlestein.

Das XI. Capitel.
Von dem Schloß Farnsperg, auch etlichen diesem Amt zugehörigen Flecken und Oertern.

Oberhalb dem Dorf Bus, zwischen dem Hauenstein und Rheinfelden, liegt auf einem sehr hohen Felsen, das groß und wohlbewahrt Schloß Farnsperg, vorzeiten eine Behausung der Edlen Grafen von Thierstein, welche daselbst herum eine feine Herrschaft gehabt. Dieses ist nach dem schrecklichen Erdbidem dieser Landen, im 1356 Jahr, wie viele andere mehr, übel entgstaltet worden, aber durch Graf Sigmund mit Hilf und getreuer Handreichung Graf Ludwigs Thunherren zu Straßburg und Basel, von welchem der Herrschaft Thierstein viel Gutes begegnet, wiederum erbauet.

Denen Grafen haben nach ihrem Absterben, die Freyherren von Falckenstein Heurahts halben succediert. Dann Herr Hans Friderich von Falckenstein hat Graf Otten des letzten von Thierstein Tochter zum Gemahl gehabt. Sie versetzten es nachmalen Hertzog Albrechten von Oesterreich, dessen Vogt war zu Farnsperg Wilhelm von Runs, im Jahr 1452. Herr Thoman von Falckenstein wiederlösete es im 1459 Jahr, von Hertzog Sigmunden, und gab es zwey Jahr hernach mit aller seiner Herrlichkeit zu einem ewigen Kauf dem Burgermeister und Raht zu Basel, welche dieser Zeit einen Vogt dahin verordnen. Der erste Vogt daselbst war J. Peter Offenburg, Herr Hemman des Ritters Sohn.

Der Thiersteinischen Grafen Linie, so Herren zu Farnsperg gewesen, so viel mir darvon werden mögen, habe ich hieben gesetzt.

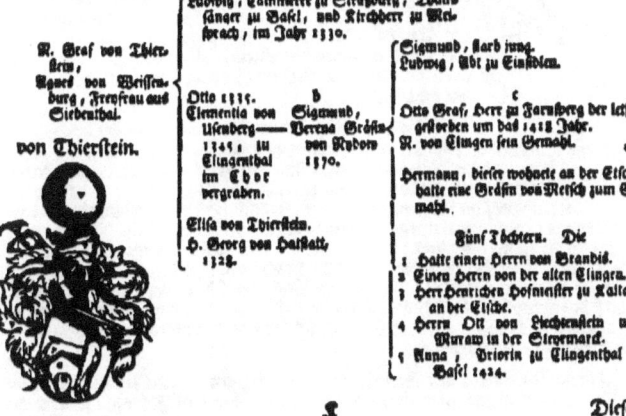

Dieser

b Dieser Graf Sigmund hatte Graf Rudolfs des letsten von Nidau) welcher zu Beuren ob Solothurn in der Englischen Ubersall erschossen worden) Tochter zum Gemahl, daher ihm und Graf Otten seinem Sohn die Nidauischen Herrschafften herkommen.

c Graf Otto von Thierstein hinterließ eine Tochter, dieselbige ward Herr Hans Friderichen von Falckenstein vermählet.

Von Gelterchingen.

Gelterchingen.

Gegen Niedergang des Bergs, da man immer übersich gegen Farnsperg anhebt zu steigen, liegt im Thal an der Landstraß, so über die Schaafmatt führet, das Dorf Gelterchingen, bey welchem noch Mauren und andere Wahrzeichen eines ergangenen Edelmanns-Sitzes gewiesen werden. Von diesen lebte Walther von Gelterchingen, Ritter, 1244. Ulrich von Gelterchingen, Dechan im Siegow 1296. Conrad von Gelterchingen, Chorherr zu Wert im Ergöw 1308.

Nicht fern davon neben der hohen Flue steht auf einem runden Kopf, Bischoffstein, ein einmuriges Berghaus, etwan durch die Eptinger bewohnet, so sich davon genennet.

Zeglingen.

Ob Gelterchingen, als der Bach vom Hauenstein herab fleußt, liegt unterhalb Wisen, der Fleck Zeglingen, hat etwan eine Capelle gehabt S. Agatha genannt, gehört jetzt in die Pfarr Kilchberg. Durch dieses Dorf soll vorzeiten die alte Landstraß über den Hauenstein ob Honberg durch Krimmenthal hinauf gegangen seyn, und nicht wie jetzt durch Butken unter Honberg, darum dann selbiger Zeit an diesem Ort viel Hufschmide seßhaft gewesen. Damals ist irgend bey drey Büchsenschüsse ob Kilchberg etwas Wohnung gewesen, die Ellend Herberg genannt, ist jetzt ein Hölßlein, irgend achtzig Schritt lang, und halb so breit, liegt an allen Orten höher dann das übrige Feld, geht der Fußweg darüber, und hat viel altes Gemäurs.

Kilchberg.

Von Steinwart.
Ex sigillo.

Zu Kilchberg seind Edelleute dieses Namens gesessen, von welchen Wernher von Kilchberg droben unter den Guthätern zu Schönthal gezehlet worden. Nachmalen haben andere vom Adel da gewohnet, von Steinwart oder Steinwurtz genennet. Wernher von Steinwurtz Edelknecht, item Elsbeth und Adelheit seine Schwestern, lebten 1347. Die Burg ist zergangen, und haben die Güter, so darzu gehöret, den Namen behalten. Bey diesem Dorf wachsen grosse runde und unbewegliche Stein, gleich den Müschelen, so wird auch sonst eine mindere Gattung derselbigen aus der Erden gehacket.

Scheidet.

Besser herab zwischen Rinnenberg und Gelterchingen, ist noch das Burgstell Scheidek (etliche wollen es Scheideck nennen) auf einem hohen Kopf, gegen dem Landweg also gähe abgeschliffen, daß ihn selbiges Orts zu ersteigen unmüglich. Deshalben ob es schon nur eine halbe Stund Fußgangs ob Gelterchingen gelegen, hat man doch im Umgang des Hügels, erstlich fürsich gen Rinnenberg, darnach wiederum zurud, wohl eine gantze Stund bis auf die Burg gehabt. Oben dabey hats eine schöne Ebne. Es liegt dieser Zeit gar öd, und seind vor fünfzig Jahren Stein davon in das Thal herab geworfen, und Kalch daraus gebrennet worden. Ist mancherley Betrügniß wegen, so sich bey Nacht da sehen laßt, sehr ungeheur. Zunächst dabey prasselt es oft heiters Tags im Geströpp, als wann etliche Küriffer daher ritten und zusammen träfen. Welche dieses bewohnet, oder wie es zu einem Bögken-Nest worden, ist unbekannt.

Gleicher Gestalt das alte Schloß, so diesem entgegen, jenseit des Bachs, zwischen Tecknow und Wenslingen liegt, auf der Höhe neben dem Fußweg, so über die

Schaaf-

Schaafmatt führet, Oltenburg genannt, so man jetzt Oedenburg heisset, darum daß *Oltenburg.*
nichts dann öde Maurstöck da vorhanden. Die Beywohner zeigen an, diese Häuser
seyen Gewalts halben, so man an den Landleuten daraus geübet, zerstöret worden.
Welchem so also, möchte es vielleicht dieser Zeit beschehen seyn, als unter König Rudolfen durch einen Reichsbeschluß alle Raubhäuser abzuthun gebotten worden.

Das XII. Capitel.

Von der Grafschaft und Stadt Rheinfelden, item von dem Kloster Olsperg.

Eine kleine Meile oberhalb Augst am Rhein, liegt
auf der Rauracer Seiten die Stadt Rheinfelden, bey deren sich ober- *Rheinfelden.*
halb der Bruck ein grosser Fels aus dem Rhein herfür thut, mit dem
Wasser umgeben, darauf vorzeiten ein gut und wohlbewahrtes Schloß
gestanden, der Stein Rheinfelden geheissen. Dasselbige war ein *Der Stein.*
Sitz der Grafen dieses Namens, ehe dieses Ort zu einer Stadt erbauet gewesen, ist im 1445 Jahr, durch die von Basel, mit
Hilf ihrer Eidgnossen Bern und Solothren, zerstöret worden, ist dieser Zeit neben einer Capelle, ein Zimmerhaus.
Und wie dieses Schloß beyderseits mit dem Rhein umfangen
wird, also begreist noch die Herrschaft und Zugehörd des alten Steins, beyde Gestad des Rheins.

Grafen von Rheinfelden.

Ermeldte Grafen seind vor fünf hundert Jahren ohngefehr abgestorben, also daß ihr Geburtsgeschlecht nicht weit
her zu finden. Wolfgang Lasius setzet im 8. Buch, de Migrat.
gentium, sie haben von den Hertzogen zu Lothringen ihr Abkommen, folgender Gestalt. Hertzog Dietrich zu Lothringen, habe von Ita einer Gräfin zween Söhne bekommen, deren einer Adelbero sey Bischoff zu Worms worden, Chuno der
andere Sohn aus dem Lande vertrieben, habe die Herrschaft
Rheinfelden erkriegt. Woher dieses genommen sey, weiß ich
nicht. Diese Genealogie gefället mir besser.

	b	Adelheit, ihr Gemahl war Coloman König in Ungarn. *Chron. S. Blasi.*
a *Graf Chun zu Rheinfelden, lebte im Jahr 1000*	Rudolf, Römischer König 1077. Adelheit seine Gemahl	Berchtold, starb jung 1090.
	c Adelbero Bischoff zu Worms.	Agnes, ihr Gemahl Conrat Hertzog Berchtold von Zerin- von Zeringen. gen.
	d Berchtoldus Palatinus.	

a Lasius schreibt von diesem Graf Chunen, er habe bey einer Gräfin von Oningen,
eine Tochter Mechtild geheissen, erzeuget, welche Graf Berchtolden von Zeringen
verheuratet worden. Von Richwara einer Marggräfin von Baden seiner andern
Gemahl, sey ihm Rudolfus gebohren.

b Graf Rudolf ward von der Kayserin Agnes, Kayser Henrichs des vierten Mutter, *Rudolf Graf*
nach Othonis des letzten Hertzogen zu Schwaben Abschiede, im 1058 Jahr, Hertzog *zu Rheinfel-*
zu Schwaben gemacht, und mußte Hertzog Berchtold von Zeringen, welchen Kay- *den.*
ser Henrich der dritte dieses Fürstenthums zuvor vertröstet, das Nachsehen haben. Und
damit er dem jungen König mit Treu desto mehr verbunden wäre, verheuratete man
ihm, mit Hilf Bischoff Reimbolds zu Costantz, das Fräulein Mechtild, des jungen
Kaysers Schwester, welche aber nicht lang nach der Hochzeit lebte. Er verehelichte
sich hernach mit Adelheit, Marggraf Othen in Itali- Tochter, deren Schwester Bertha,

tha, Kayser Henrichs des vierten Gemahl war, als Lazius anzeigt. Diese Frau Adelheit starb im 1078 Jahr, liegt zu S. Bläsien im alten Münster, oder S. Niclausen Capell, auf der lincken Seiten im Eingang, unter dem Gewölblein vergraben. Wie dieser Graf hernach wider gemeldten seinem Schwager Kayser Henrichen zum Röm. König auffgeworffen, eine Hand verlohren und gestorben sey, wird an seinem Ort folgen.

Adelbero. c Adelbero gebohren von Rheinfelden, ist erstlich ein Mönch zu S. Gallen gewesen. Von diesem schreibet Monachus Herveldensis in Chron. Germaniæ. Er sey von Leib eine solche schwere und fette Person gewesen, daß man sich seiner Grösse schier mehr zu entsetzen, dann zu verwundern gehabt. Dieser sey im 1065 Jahr, nach Arnolfo, an das Bistum Worms kommen, und im Jahr 1070 im Schmaltz erstickt. Urspergensis.

d Berchtold Pfaltzgraf, dessen gedenckt das Kloster S. Peter im Schwartzwald.

Agnes Hertzogin von Zeringen. e Des Fräuleins Agnes Gemahl ist Hertzog Berchtold der andere von Zeringen gewesen, welcher sich mit Graf Friderichen von Stauffen um das Hertzogthum Schwaben erzancket. Dann ihn hatte zuvor König Rudolf sein Schwecher desselbigen Besitzung, nach seinem Abgang, vertröstet. Aber nach seinem Absterben hat es Kayser Henrich der vierte dem von Stauffen eingeraumet, und muste solches darneben hingehen. Doch setzte er so viel daran, daß ihm durch ein Richtung ein Stuck dieses Fürstenthums bliebe, namlich die Reichsvogtey Zürich, zusammt Uchtland, ward dadurch Hertzog zu Burgund genennet. Nach solchem haben sich auch die von Zeringen des Königreichs Arelat Tittels gebraucht, doch ohne einige Nutzung desselbigen. Daher steht in der Sacristey zu S. Peter im Schwartzwald, Agnes regina de Arle, mit diesem Schilt.

Das Reich Arelat.

Anno 1236. wird Rheinfelden in einem Instrument noch (Villa) ein Dorf genannt, man haltet aber, daß unter diesen Hertzogen von Zeringen Rheinfelden allererst mit Mauren umfangen, und zur Stadt worden seye. Es seind je diese mächtige Landsfürsten im Breißgöw, Schwartzwald und Uchtland gewesen, haben aber wenig Städte gehabt, daher sie Freyburg im Breißgöw, Bern und Freyburg in Uchtland erbauet haben. Hertzog Berchtold der fünffte dieses Namens, und letste dieses Fürstlichen Hauses, starb im 1218 Jahr, liegt zu Freyburg im Münster begraben, zur rechten Seiten bey der Mittelthür. Aus seinem Grabstein ist nachmalen der Fronaltar im Neuen Chor gemacht worden.

Nach deren von Zeringen Abgang, ist die Graffschaft Rheinfelden dem Römischen Reich wiederum heimgefallen, welches dieselbe durch einen Burggrafen verwaltet. Ich habe eines Lateinischen Briefs-Abschrift gesehen, darinn sich Ulrich von Liebenberg Sacri Imperii ministerialem, & Burggravium in Rinfelden, nennet, das ist: Des Heiligen Reichs Amtmann, und Burggrafen zu Rheinfelden. Weiters in einem andern alten Brief gelesen, daß sich Hartmann von Waldeck Anno 1284. ein Gehalter des Heiligen Reichs, und Burggrafen zu Rheinfelden schreibet. Anno 1383. 1400. ward Herr Peter von Torberg Burgherr zu Rheinfelden.

Diese Verwaltung ist hernach an die Grafen von Habspurg kommen, sonderlich an Graf Rudolfen, welcher eben in diesem Jahr gebohren ist, da der Hertzogen von Zeringen Stamme verfallen, war nicht ohne besondere Vorbedeutung. Ob etliche vom Haus Habspurg (welchen viel der beyliegenden Herrschaften zuständig) vor Graf Rudolfen die Herrschaft Rheinfelden innegehabt, ist mir eigentlich nicht bewußt. Möglich ist, daß Graf Rudolf, so Kayser Friderichs des andern Taufgötti, darzu ein kluger, ansichtiger und tapferer Herr gewesen, dieselbige erst an sich gebracht habe. Mich aber will bedunken, sie seye noch nicht sein Eigenthum gewesen, und möge das selbige

Das Erste Buch. 41

selbige aus der Gottsgab abgenommen werden, welche er im 1285 Jahr, da er schon Römischer König gewesen, der Stifft Basel gethan, deren er die Kirchensätze zu Augst und Zeiningen (seind Dörfer dem Stein Rheinfelden angehörig) nicht eigenes Gewalts, sondern mit Gunst aller sieben Churfürsten, deren Bewilligungsbriefe darüber noch vorhanden, hingegeben. Daraus ich schliesse, diese Herrschafft habe dem Reich Teutscher Nation damals noch ohne Mittel zugehöret.

Selbiger Zeit ist Rheinfelden noch eine Reichsstadt gewesen. Munsterus sagt, sie sey um das 1328 Jahr, mit sampt Breisach und Neuenburg der Herrschafft Oesterreich verpfändet worden, mit Vorbehalt ihrer Freyheiten, ihnen von Röm. Kayseren und Königen gegeben, daher nachmalen zwischen der Stadt und dem Stein, oder der Herrschafft, Missverstand und Krieg erwachsen ist, als an seinem Ort wird angezeigt. Khenanus schreibet diese Verpfändung Königs Wenceslai zu, mit sampt Schaffhausen, welche sich hernach von dem Reich wiederum gelediget, Rheinfelden aber ist noch dieser Zeit der Herrschafft Oesterreich zugethan. Die Fürsten von Oesterreich verpfändeten sie den Grafen von Nidau, die sie eine gute Zeit inngehabt. Im Augstmonat des 1351 Jahrs wiederlösete sie Hertzog Albrecht von Oesterreich, welcher dazumal vier Reichsstädte am Rhein hatte, namlich Schaffhausen, Rheinfelden, Neuenburg und Breisach. Den Stein Rheinfelden haben sie hernach offtermals pfandsweis in frembde Hände gestellet. Als An. 1453. ward Heinrich von Clingenberg Pfandherr der Herrschafft Rheinfelden. Die Stadt wird durch einen Schultheissen und Raht, die Herrschafft des Steins durch einen Vogt gereigieret, haben mit den übrigen Waldstädten einen Oberammann. Vier Jahrmärckte fallen da, an den Donnstagen, nach Liechtmeß, Philippi und Jacobi, Bartholomäi und Martini nächstfolgende.
Rheinfelden kommt an das Hauß Oesterreich.

Von Büken, des Teutschen Ordens Hause anderseits des Wassers gelegen, bis gen Rheinfelden, hat der Rhein einen sehr ungestümen Lauf, der Felsen halber, über welche das Wasser auf- und abgehet, ist desthalben gefährlich hindurch zu fahren. Zwischen den Felsen hats einen Furt, welchen so man mit den Schiffen nicht trifft, ist bald Leut und Gut verführet. Ein solcher Unfall begabe sich den 28. Tag Augstmonats, im 1462 Jahr, in welchem Schiffbruch bey sechzig Menschen, so von Einsiedlen und Baden herab gefahren, ertrunken. Unter diesen waren Juncker Peter Offenburgs Gemahl mit einem Kind, eine von Eptingen, ein Caplan der Stifft S. Peter zu Basel, der Leutpriester von Muttentz, der Abt von Wettingen, welcher ihrer 2. Personen, so von Augst am Rhein fuhren, 60. Gulden verhieß, aber sie kamen ihme nicht zu Hilf. Es giengen darinnen zu Grund viele Kauffmannsgüter von Speererey, Seiden, Baumwollen rc. so man von Venedig heraus gebracht, item bey dreyssig Centner Stachel, Niclaus Gottschald einem Kauffmann zu Basel angehörig. Dieser Strudel des Rheins wird der Hellhack genennet. Fürbas hat der Fluss einen stillen Lauf bis gen Basel, und forthin.
Schiffbruch. Der Hellhack.

Neben Rheinfelden hinaus auf der Rauracer Seiten, liegt in einem Thal, daraus das Wässerlein die Fehr laufft, Olsperg ein Frauenkloster, Cistertzer Ordens. Vom Urheber und Zeit seiner Stiftung, weißt man keinen Bescheid, zweyer verderblicher Brünsten halber, so dieses Kloster erlitten, darinnen die alten Briefe und Urkunden zu Aschen worden. Gläublich ists, es seye um das Jahr Christi eilffhundert auffkommen, zu welcher Zeit der Bernharder-Orden, das ist, S. Benedicti Regel mit strengerer Absonderung, zu Cistertz angerichtet worden, da auch dieses Ort sehr wild und ungebauet gewesen.
Olsperg ein Kloster.

Johann Herolds Meynung kan ich nicht beyfallen, welcher aus Vermuthung gesetzt, dieses Gotteshaus sey von Graf Chadeloch dem jüngern in Arragovia (da ungewiß, ob das Aergöw oder Aergitzgöw dadurch verstanden werde) aus Verlobung gestifftet worden, von wegen des Siegs, welchen sein Vatter Chadeloch, bey Zeiten Kayser Arnulfs, hiedisseits Rheins gegen Seckingen, wider die Ungarn erlangt, als Mönch Eckhart von S. Gallen verzeichnet, desthalb er das Kloster von ihm Cadolsperg genennet habe, daraus nachmalen, in Auslassung der ersten Sylben, Olspera worden. Nun hat Chadeloch der jünger im 890 Jahr schon gelebt, sintemal der Vatter in
Kayser

Kayser Arnulfs Briefe Chadelochus senior, das ist, der älter (ohne Zweifel ihn vom Sohn zu unterscheiden) genennet wird: folgete derowegen, daß er auf zweyhundert Jahr kommen, und ein anderer Johannes de Temporibus müßte worden seyn. Möglich ists, die Grafen zu Rheinfelden, Honberg oder Thierstein, haben ihm den Anfang gegeben. Daß ihm der Adel wohl gewollen, zeigen ihre Begräbnussen an, so sie an diesem Ort gehabt, sonderlich die von Eptingen.

Im Baurenkrieg da sich das gemeine Landvolck durch Aufruhr frey zu setzen vermeynet, ist auch dieses Kloster ausgebeutet und verwüstet worden, also daß bey sechs und zwantzig Jahren, weder Aebtißin noch Convent mehr da gewesen, sondern durch einen Schaffner ist verwaltet worden, bis es letztlich durch die Oesterreichische Regierung im Ober-Elsaß wiederum in Wesen gebracht.

1400 — Jslingen.

Nicht fern davon ist ein ander Klösterlein gestanden, Jslingen geheissen, da vorzeiten das Gottshaus Olsperg einen Meyerhof gehabt. Dasselbige haben mit Erlaubnuß Margret von Hungerstein der Aebtißin und des Convents zu Olsperg aufgerichtet und erbauet, die Beginen oder Regelschwestern vormals zu Rheinfelden gesessen, bey Zeiten des Basler-Concilii, oder ein wenig davor. Vielleicht daß der Beginen Wesen damals sehr getauzet, und in etlichen Städten, als ein Gott mißfälliger Staat, abgethan worden, verhoffende, in dieser Einöde, mit Beyhilf des Allmosens, desto ruhiger zu leben. Hierum nahmen sie, die Meisterin und Schwestern, die Aebtißin zu Olsperg für ihre Stifterin und Obere an, welcher sie jederzeit gehorchen, und vom Allmosen den dritten Pfenning liefern mußten. Dieser Zeit seind keine Regelfrauen mehr da, wird durch die weltliche Oberhand der Herrschaft Oesterreich verwahret.

Das XIII. Capitel.

Beschreibung des Frickgöws.

Frick.

Zwischen dem Rhein und Schaafmatt, wird der Berg Jura (als droben vermeldet) Bötzberg genannt, darüber geht eine Landstraß nach Baden und Zürich rc. Von demselbigen zeuhet sich ein schön Thal herab, das Frickthal geheissen, von dem namhaften Flecken Frick, von welchem dieselbige gantze Gegne obsich bis an die Aar, und nidsich bis an Rhein, das Frickgöw geheissen wird. Rhenanus wolte es gern von dem alten Namen Raurie herleiten, durch Wegwerffung der ersten Sylben, lasse ich in seinem Werth beruhen. Dieses Thals und beyliegender Flecken Herrlichkeiten seind vorzeiten der Grafschaft Honberg anhörig gewesen, so haben auch die von Thierstein viel eigener Leuten darinnen gehabt, zu Weitnow, Frick, Eicken, und andern Dörfern, welche hernach an die Stadt Basel Kaufsweis mit Farnsperg kommen, aber um das 1530 Jahr, durch einen Wechsel, mit der Herrschaft Oesterreich um einen Theil des Honbergs wiederum vertauschet worden seind. Es hat zu Frick Hammerschmiden, darinnen die Eisenfletschen geschmeltzet werden.

Das uralte Thierstein.

Die obersten Dörfer Esingen und Bötzen, gehören der Stadt Bern, in die Vogtey Schenckenberg, und laßt sich ansehen, als Vocetio sey Bötzen gemacht worden. Dasselbige Dorf sammt etlichen Höfen auf dem Bötzberg, kaufte die Stadt Bern von Herrn Arnold von Rotberg, Rittern, im 1514 Jahr, an die Herrschaft Schenckenberg. Bey Weltnow ist vor etlichen hundert Jahren die erste Burg Thierstein gestanden, ein Seßhaus dieser Grafen, welche hernach auf Farnsperg gerückt, desgleichen das Neue Thierstein erbauet, als ein Mönch zu S. Alban aufgezeichnet. Es hat je auch dieses Dorfs mehrer Theil Leute an die Herrschaft Thierstein gen Farnsperg gehört, bis sie durch vorangeregten Tausch durch die Basler von Hand gegeben worden.

Unter

Das Erste Buch.

Unter Frick folgen Eicken, Stein und Mumpf, da sich die alte Graffschaft Honberg geendet, und bis in Rhein gegangen. Dasselbige alte Schloß Honberg, ist vor langer Zeit ob dem Dorf Wegenstetten, auf dem Berg gestanden, aber nach Aufgang der Neuen Honberg gar zerfallen, also daß nur der Berg den Namen behalten, daher die Leute, so etwan das Aeckert, auch Wunn und Weyd auf der Herrschaft Rheinfelden angehörigen Theil des Honbergs genossen, jährlich der Herrschaft Vogt, an das Amt Honberg etliche Zins liefern müssen. *Die alte Vestung Honberg.*

Ob dieses alte Honberg Erdbidems oder ander Ungefälls wegen zergangen sey, ist aus Länge der Zeit unbewußt. Doch ist wohl möglich, es seye keine solche Vestung als Neuen Honberg am unteren Hauenstein gewesen. Nach dieser Grafen Absterben, seind ihnen im Amt der Alten Honberg die Grafen von Habspurg, des Stammens von Lauffenberg, nachgetretten.

Von Wegenstetten. Wegenstetten hat eigene Edelleute gehabt. Herman von Wegenstetten, lebte 1421, haben aber schon damals ihren Sitz an andere Ort verändert. Das Dorf ist etwan den Zibolen von Basel zu Lehen gegeben von dem Gotts-haus Seckingen, dieser Zeit stehet es in deren von Schönau Handen. Nahe darbey auf Ersen-Matt bey dem Birnbäumlein, wird ein gemeiner Marckstein gefunden, da etwan drey Grafen einandern die Rucken gewendet, und ein jeder in seine Herrschaft gesehen, darinnen er zu gebieten gehabt, namlich Rheinfelden, Honberg und Thierstein. *Wegenstetten*

Der Bach, welcher durch das Frickthal hinunter fleußt, läret sich gegen Seckingen über in Rhein aus: welche Stadt, weil sie nicht mehr im Baßler Bistum gelegen, habe ich sie unter der Rauracern Vernachbarte behalten.

Stadt Lauffenberg. Lauffenberg die nächste Stadt ob Seckingen, deren grösser Theil, sammt dem Bergschloß, in Frickgöw liegt, hat den Namen von dem Fall, welchen der Rhein selbiges Orts über die Felsen herab thut, als wann man sagte, die Burg oder Stadt am Lauffen. Dann also werden die Cataractæ, das ist, der Wasserrünsen Fäll, bey den Teutschen Lauffen geheissen. Der Rhein fällt an diesem Ort mit solchem ungestümen Brausen über die Felsen herab, daß man alle Güter oberhalb ausladen muß, und allein die lären Schiff herab lassen kan. Es setzet der Berg Jura dieses Orts dermassen an den Rhein, als ob er hindurch dringen, und sich mit dem Schwartzwäldischen Gebirg vereinigen wolte. *Lauffenberg*

Diese Stadt und Schloß haben die alten Grafen von Habspurg, von dem Gotthaus Seckingen, dessen sie Schirm- und Kastvögte waren, Lehensweis in Besitzung gehabt, daher sie sich Herren von Lauffenberg geheissen. Derselbigen Stammbaum, welchen zum Theil Nicolaus Brieser, zum Theil aber Johann Stumpf aufgericht, habe ich an diesem Ort nicht übergehen können.

a Rudolf

44 Baßler Bistums Historien,

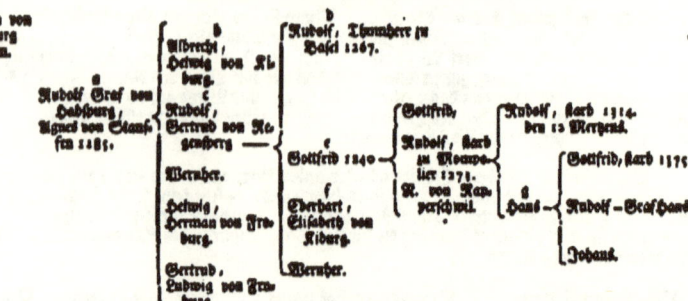

Grafen von Habspurg. a In Beschreibung der Edlen Grafen von Habspurg, so Lauffenberg besessen, fanget man gemeiniglich an von Graf Rudolfen, Alberti des Reichen Sohn, darum daß sich in seiner zweyen Söhnen Nachkommen der Stamme merklich getheilet. Dann von b Graf Albrechten, dessen Sohn Rudolf Röm. König worden, haben die Fürsten zu Oesterreich ihr Abkommen. Von Rudolfo aber, welchem die Herrschaft Lauffenberg ꝛc. zugefallen, seind diejenigen erfolget, so neben den Oesterreichischen Fürsten allein Grafen des Tittels von Habspurg blieben.

Wann aber diesem also (welches ich bey einem unbekannten Authorn gefunden) daß Kayſ. Friderich Barbarousse, Graf Albrechten von Habspurg dem Reichen, dieses a Rudolfs Vatter, so um das 1165 Jahr gelebt, die Kastvogtey zu Seckingen übergeben: da so wäre derer Habspurgischen Grafen Stamm, so Herren zu Lauffenberg gewesen, von selbigem herzuführen.

b Rudolf ist erstlich Thumproſt zu Basel, darnach Bischoff zu Costantz gewesen. Ihn hat Papst Gregorius, im Jahr 1275, zu Avinion consecriert. Starb 1293.

c Gottfrid Graf von Habspurg, Herr zu Lauffenberg, und Kastvogt zu Seckingen. Dieser führte mit Graf Rudolfen seinem Vettern, hernach Röm. König, etlicher Besitzungen halben, Krieg, in welchem ein Herr von Teuffenstein, Graf Gottfrids Helfer, erschlagen, und sein Schloß verbrennt ward. Dieser starb 1271, ward zu Wettingen begraben.

f Graf Eberhart, soll (als Gebweiler sagt) Elisabet, Graf Hartman des letzten zu Kiburg Tochter zum Gemahl bekommen haben, daher ihm Thun, Burgdorf und Freyburg in Uchtland zugestanden, derowegen sich nicht mehr von Habspurg, sondern Graf zu Kiburg genennet seyn, daran doch nicht unbillig gezweifelt wird. Er starb im 1284 Jahr.

g Dieser Graf Hans von Habspurg, war nicht nur Herr zu Lauffenberg, sondern nach seines Bruders Absterben auch zu Rapperschweil, und in der March, welche Grafschaft von seiner Mutter her, des letzten Grafen zu Rapperschweil Tochter, zum Theil an seinen Vatter kommen war, zum Theil an Graf Wernher von Honberg, dessen Sohn er geerbt. Dieser ward im 1337 Jahr, vor dem Schloß Grinow, zu oberst am Zürichsee, bey dem Einfluß der Lindmatt, in einem Streit wider die von Zürich erschlagen.

g Graf Hans des erstgemeldten Sohn, legte (seinen Vatter zu rächen) im 1350 Jahr, wider die von Zürich einen mordlichen Anschlag an, auf S. Mathis Nacht, der
schlte

Das Erste Buch.

fehlte ihm, ward gefangen, und erst nach zweyen Jahren in der Richtung wiederum entlediget. Er verschied um das 1380 Jahr.

h Graf Hans der letzte, ist noch im 1405 Jahr der Herrschaft Oesterreich Landvogt im Ergöw gewesen. Die Zeit seines Abgangs habe ich nicht erlernet. Seine einige Tochter Ursula, ward einem Grafen zu Sultz vermählet. Und als hiemit dieser Habspurgischen Grafen Mannsstamme gar erloschen, allda ist die Herrschaft Lauffenberg, gleichwie auch die Kastvogtey Seckingen, auf die Fürsten zu Oesterreich kommen, welche sie noch dieser Zeit beherrschen, und einen Oberamtmann in das Schloß Lauffenberg verordnen.

In dieser Stadt erhube sich im 1480 Jahr, Samstags nach Bartholomäi, eine *Feuersnoht.* schreckliche Brunst, welche eine Weibsperson, so Küchlein bachen wolte, und das Feuer in Ancken schlagen liesse, aus Unforgsame angerichtet. Sie unterstunde das Feuer mit angegossenem Wasser zu löschen, trieb es aber damit in die Höhe, daß es um sich griffe, hundert und zwantzig Häuser, zusammt funffzehen Menschen, jämmerlich verschlinget.

Wie nun diese Stadt Feuersnoht erlitten, also bestuhnde das Thal Rheinsultz *Rheinsultz.* oberhalb Lauffenberg zur rechten Hand, im 1384 Jahr, den 20 Tag Meyens, von einem Wolckenbruch und ungestümen Platzregen solche Wassersnoth, daß drey Dörfer hingeführet und verschwemmet wurden, etliche Häuser und Kinder in Wiegen den Rhein abfuhren. Es kostete viel Leut und Gut. Zween Jahrmärckte fallen zu Lauffenberg, der eine am Osterzinstag, der andere auf Martini.

Nicht fern von dannen liegt am Rhein das Schloß Bernow, vorzeiten ein Sitz *Bernow.* der Herren dieses Namens, hat im 1277 Jahr Herr Ulrich von Gutenberg besessen, dessen Bruder Berchtold, in selbigem Jahr, dem Gottshaus S. Bläsien, die Vogtrecht zu Bürglen, Haselbach, Enzweil und Ammergeschwand verkauft hat.

Das XIV. Capitel.

Beschreibung des Buchsgöws, und was Mittagwärts am Juraß in Rauracer Gegne liegt.

Bis hieher ist der Rauracer Gelegenheit hiedisseits dem Berg Jura, gegen Mitternacht, beschrieben: jetzt wollen wir auch die Mittagsseiten besichtigen. Es ist aber droben vermeldet, wie sich das Gebirg Mittagwärts nirgend in so viel Hörner austhue, sondern in ein ziemlich eben Land abgegraben seye. Dasselbige zwischen dem Gebirg und der Aar, wird zu mehrerem Theil das Buchsgöw *Buchsgöw.* geheissen, erstrecket sich von dem Wasser, die Sitgeren genannt, welches von Cammers Ror oberhalb Attißweil hinab laufft, das Land nieder, bis an den Bach, so von Erlisbach herab fleußt, und unter Gösken in die Aar fället, auf vier Teutsche Meile Wegs in die Länge. Das übrige Theil gegen dem Bötzberg, und ferner bis an Rhein, wird dem Frickgöw zugezehlet.

Gedachtes Wasser die Sitgeren, wie es selbiges Orts das Buchsgöw einzeilet, also *Sitgeren* endet es auch das Bistum Basel. Daher die Landleute recht halten: Es haben bey *Wasser.* dem Eingang der Sitgeren in die Aar, drey Bischöffe mit einander Red halten, und ein jeder in seinem Bistum stehen können: Namlich der von Costantz jenseit der Aar, hiedisseits unterhalb der Sitgeren, der von Basel, oberhalb der von Losannen.

Das Buchsgöw hat seinen Namen, von den Dörfern Ober- und Nieder-Buchsseiten, gar nahe in seiner Mitte gelegen, und dieselbigen Dörfer, von dem Buchsberg, weil allda sehr viel Buchsbäume wachsen, wird vom gemeinen Mann einfältig das Göw geheissen. Als das Königreich Burgund noch in Wesen gestanden, war diese Gegne demselbigen zugehörig, gleichwie auch das Land jenseit der Aar bis an die Rüße.

M   Hernach

Baßler Bistums Historien,

Hernach als daſſelbige gantze Reich unter der Teutſchen Kayſern Gewalt gekommen, iſt mancherley Veränderung darinnen beſchehen. Kayſer Heinrich der vierte, ſchenckte Biſchoff Burkarten zu Baſel und ſeiner Stifft, am Dato zu Speir, den 7 Decemb. im 1080 Jahr, die Grafſchaft Hertchingen (iſt dieſer Zeit ein Dorf zwiſchen Aeſtenholtz und Hägendorf) im Buchsgöw gelegen, mit aller ſeiner Zugehörd, zu eigen. Wie aber die gantze Landgrafſchaft Buchsgöw an ſie kommen, iſt mir alſo eigentlich nicht bekannt. Vor drithalb hundert Jahren haben ſie die Freyherren von Bucheck beſeſſen, welche ſich deßhalben Landgrafen zu Burgund im Buchsgöw genennet. Daſſelbige Schloß Bucheck liegt nicht fern von Solothurn der Emmat zu. Aus etlichen Argumenten iſt vermuthlich, die Hertzogen von Zeringen haben vor ihnen dieſe Landgrafſchaft beſeſſen. Nach deren von Bucheck Abgang, iſt ſie an die Grafen von Nidow gefallen, und nach derſelbigen Todesfall, an die Grafen von Kiburg und Thierſtein, Herren zu Farnſperg. Dann Graf Hartman von Kiburg und Sigmund von Thierſtein, haben Graf Rudolfs von Nidow des letſten Töchtern zu Gemahlen gehabt. Graf Egg von Kiburg nennte ſich Herr zu Bipp, zu Wietliſpach und Erliſburg, im Jahr 1410. So ſchriebe ſich Graf Oth von Thierſtein Landgraf im Buchsgöw, im 1416 Jahr. Derſelbige war auch ſeines Stammens der hinderſte, deßhalb nach ihm dieſe Landgrafſchaft auf Hans Friderichen von Falckenſtein, ſeinen Tochtermann, wuchſe. Herr Thoman von Falckenſtein empfienge von Biſchoff Johanſen zu Baſel beyde Landgrafſchaften im Sisgöw und Buchsgöw, zu Lehen, im Jahr 1439. Die Herrſchaften ſeind letſtlich Kaufsweis an die Städte Bern und Solothurn gekommen, welche etwan der Landgrafen Rechtung je von einem Biſchoff durch Trägere empfangen.

Zu oberſt in dieſer Landgrafſchaft, liegt am Gebirg, auf einem freyen Felſen, das Schloß Bipp, dieſer Zeit ein Vogtey der Stadt Bern, mit zweyen Gerichten. Das eine iſt Wietliſpach mit zugehörenden Dörfern, Ober-Bipp, Attisweil, Rumiſperg, Varneren, Wuliſperg, und etlichen Höfen. Das ander Gericht iſt Nieder-Bipp, darein gehören, Ruffhauſen, Walisweil, Jm Leen, Walden ꝛc. Zweifels ohn hat dieſes Schloß vor ſechshundert Jahren gröſſere Zugehörde gehabt, erſcheinet ſich aus den Inſtrumenten des Stifts Münſter im Granfeld, da ſie genennet wird Pippinenſis Comitatus, die Grafſchaft Bipp. Daher etliche dieſes Schloſſes Erbauung König Pippino zu Franckreich, Caroli Magni Vatter, zuſchreiben. Zwar die Landleute halten, es ſey König Pipins Jägerhaus geweſen. Jm 1508 Jahr haben ſich die Unterthanen des gantzen Amts Bipp um dreytauſend Pfund, von ihren Oberen zu Bern der Leibeigenſchaft halb abgekaufft, und ſich Freyzügig gemacht. Allein wurden zween Bernſchilling auf einen jeden geſchlagen, welcher Zins aber ihnen nach zwölf Jahren gar nachgelaſſen ward.

Wietliſpach.

Wietliſpach unter Bipp, hat den Namen von einem groſſen Brunnen, welcher allernächſt dabey ſo reichlich aufquillet, daß ein Bach davon überzwerch durch das Städtlein fleuſt, und anwendig an der Ringmauer eine Mühle treibet: darum ſie auch einen blauen Bach gleicherweiſe gekrümmet, in einem weiſſen Baner führen. Ein Thurn hats darinnen gleich einer alten Burg, davon die Leute halten, daß auf eine Zeit drey Brüder dieſe Herrſchaft innegehabt, deren einer dieſen Thurn, der andere Bipp, und der dritte Erlisburg beſeſſen. Hertzog Lüpolt von Oeſterreich befreyte ſie kurz vor ſeiner Niederlag bey Sempach, erwieſener Dienſten halber, des Ungelts, und daß ſie, wie andere Städt, am Zinſtag Wochenmarckt halten möchten. Dieſelbige Freyheit mehrete ihnen die Stadt Bern, durch Zuthun J. Hans Wilhelms von Mülinen ihres Vogts, im 1578 Jahr, mit Bewilligung zweyer Jahrmärckten, einen Donſtags vor Pfingſten, den andern Donſtags vor Galli zu halten, deren Freyheit ſie ſich dann in gemeldtem Jahr erſtlich angefangen zu gebrauchen. Dieſes Städtlein gehöret in die Pfarr des Dorfs Ober-Bipp, welches den 20 Tag Mertzens, im 1565 Jahr, durch einglegt Feuer, zu groſſem Theil verbrann, eben zween Tage nach dem, als auch der Hauptflecken des Lands Appenzell, bey nahe gar abgebrunnen.

Beſſer

Das Erste Buch. 47

Besser herab neben der Clus, siehet man auf einem hohen und abgeschlissenen Felsen, die alte Vestung Erlisburg, da aber nichts mehr dann alte Maurstöcke auffrecht. Unterhalb hats ein klein Dörflein im Leen genannt. Wer dieses besessen, oder wie es in Abgang kommen, weißt man nicht. Es hat eigene Herrschaft gehabt, welche die Städte Bern und Solothurn, mit sammt Bipp und Wietlispach, in 1414 Jahr, von Graf Otten von Thierstein erkaufet, und es erstlich in gemein bevogtet haben. *Erlisburg.*

Unter dieser alten Burg ziehen sich zwey Vorgebirge des Juraßi sehr nahe zusammen, also daß die Landstraß, vom Obern Hauenstein herab, an diesem Ort durch eine enge Clus in die Ebne des Buchsgöws heraus geht. In diesem Schlund liegt eine Glashütte, und an dem Wasser die Dinneren genannt, so daselbst heraus kommt, eine Eisen-Hammerschmitte. *Die Cluse.*

Dieselbigen zusammengehenden Aerme, begreifen zwischen ihnen und dem rechten Gebirg, ein hübsch Thalgeländ, mit etlichen guten Flecken, darunter Balstal der fürnehmste, dann allda zween Jahrmärkte am Montag nach der Herren-Fasnacht und der Dreyfaltigkeit fallen, alles der Stadt Solothurn zugehörig. Ob Holderbanck stehen auf den Felsen die zwey Burgstell Alten-Bechburg, nur mit einem darzwischen liegenden Krachen von einander abgesönderet, deren eines gar öd, das andere von einem Baursmann bewohnet ist. Dieses seind etwan der Freyherren von Bechburg (von welchen hernach) Sitz gewesen, ehe sie ihre Wohnungen gen Neuen-Bechburg veränderet: seind vorzeiten Lehen gewesen vom Bistum Basel. Fraw Margret von Ifenthal, weiland Herr Hermanns von Landenberg, genannt Tschudi, Ritters, Witwe, verkaufte diese Vestungen mit Leut und Gut der Stadt Solothurn, und fertigte ihnen diesen Kauf, durch Conrat von Ettingen, Ritter, ihren Vogt, vor dem Landgericht im Buchsgöw, den 12 Tag Meyens, im 1416 Jahr, zu Wiglis Hofstatt gehalten. *Alten-Bechburg.*

Ob Balstal gegen der Wasserfall ist dieser Zeit noch in gutem Wesen das Bergschloß Neuen-Falckenstein, wie auch das gegen über innwendig der Clus liegt, Alt-Falckenstein, jetzt auch Blauenstein geheissen, vorzeiten herrliche Vestungen der Edlen Herren dieses Namens, aber dieser Zeit der Stadt Solothurn Vogteyen. Das grössere Falckenstein besitzt der Obervogt, das mindere an der Clus der Landschreiber. Der alten Herren von Falckenstein Wapen, soll nach gemeinem Wahn das beygesetzte gewesen seyn, dessen mir doch keine gewisse Beweisung zukommen. *Falckenstein das Alt. Falckenstein.*

1145 Wolfo und Udalricus von Falckenstein, Gebrüdere.
1207 Conrat von Falckenstein.
1226 Rudolf von Falckenstein.
1299 Albrecht von Falckenstein, Abt zu Murbach.
1305 Otto von Falckenstein, [Rudolf.
Elsbeth von Geroltseck sein Gemahl.

Das Instrumentum im Schöntal weiset aus, daß sich diese Herren Grafen nennteten, welches also lautet: Ich Frauw Elisabeth, Grave Otto Ehefrauw von Falckenstein, mit meines Sohns und Vogts Handt, Grave Rudolfen von Falckenstein ꝛc.

Die von Bechburg, welche sie geerbt, sollen sich letstlich Freyherren von Falckenstein genennet haben, daran ich doch sehr zweifle, gieb es dßhalben wie ichs empfangen. Die von Bechburg haben einen Schilt im Wapen geführet, wie Falckenstein mit einer dreyfachen Eutzwerch-Feldung, ob aber die Theil gleichsam mit Farben unterschieden gewesen, ist mir unbewußt.

Dasselbige Schloß Neuen-Bechburg, liegt ausserhalb der Clus zur lincken Hand am Vorgebirg, ist von den Freyherren dieses Namens an die Grafen von Nidow, als Landgrafen im Buchsgöw, darnach an die Grafen von Kiburg Henrahts halben gekommen. Dann Graf Hartman (als droben gesagt) hatte Amiam, (Graf Rudolfs von Nidow, des letzten Tochter zum Gemahl, deren Sohn Graf Egg dieses Schloß und *Neuen-Bechburg.*

48 Baßler Bistums Historien,

Herrschaft Cuntzlin von Lauffen versetzet, von dem es im 1414 Jahr endlich den Städten Bern und Solothurn zu kauffen ward, welche es, wie auch Bypp, je zu dreyen Jahren, in gemein brodgtet, lestlich mit einandern getheilet haben, daß Bipp sammt Erlisburg den Bernern, und Bechburg den Solothurnern verblieben. Die Landmarche geht mitten durch den grossen Julenbach Weyer, welcher ein kleiner See möchte genennet werden, weil man ihn seiner Grösse und Tiefe halber nimmer gar ablassen kan, deßhalben auch mit Fischen (als andere Weyer) nicht besetzt. Ein schöner Bach laufet daraus, und siehet man doch keinen darein fliessen, sammlet sich von seinen eigenen Brunnquellen. Von diesen Bechburgischen Herren lebeten:

Julenbach Weyer.

Falckenstein das Neue.

- 1100 Conrat von Bechburg.
- 1255. 1265. Conrat von Bechburg.
- 1281 Heinrich von Bechburg.
- 1282 Ulrich von Bechburg der jünger.
- 1304 Heinrich von Bechburg, Thumherr zu Basel.
- 1373 Hannemann von Bechburg, Freyherr. N. Ermin, von Minsingen, Herrn Burkart Senen, Ritters, und Bischoff Johansen zu Basel, Bruders Tochter, der verheimsteurte sie mit 1500. Florenzer Gulden. Dieser Hannemann mußte Bischoff Johansen nach dem schweren Krieg von wegen der Richtung, 1157. Gulden entrichten, ward durch die Stadt Basel eines Kauffs halben bezahlet.
- 1386 Hans wird zu Sempach mit viel Herrschaften im Streit erlegt.

Der Herren von Falckenstein Wapen und Stammbaum.

Der letsten Herren von Falckenstein Zweige, welche für Herren des Stammens von Bechburg gehalten werden, und nach Verkauffung beyder Schlössern, einandern nach die Cluse, Gösken, Farnsperg, und Heidburg bey Rotweil, besessen, haltet sich also:

c	b			
		Clauwid von Falckenstein, Freyherr zu Heidburg 1400. Veronica v. Embß.	Christoffel N. v. Fürstenberg, Graf Friderichs Tochter.	Crentrut, Hans Ludwig, Freyherr zu Stauffenberich ihr Ehemann.
		Philips von Falckenstein.	N. von Falckenstein.	
	Thomas, Ursul von Ramstein.	Thomas, ward zu Basel Thumherr 1498.	N. v. Bodmen, ihr Mann.	
Hans Friderich, Ritter 1425. Claranna, Gräfin von Thierstein.		Elisabeth, hoffrecht, Aebtißin zu Seckingen bei Anno 1520.		
a	b	Anna, Aebtißin zu Seckingen, starb 1516.		
N. von Falckenstein, Amelia von Gösken 1340.	Hans von Falckenstein, Ritter, Susanna N. 1430.	Claranna. Amelia. Hans von Baldeck, ihr Ehemann, 1485.		
	Amelia, Klosterfrau zu Königsfelden 1427	Hans, Ritter, Catharina von Fürstenberg.	Anna — Balthasar von Blumeneck, ihr Mann.	

Erklärung dieser Linien.

a Dieses Herrn von Falckenstein thut Meldung, das Jahrzeitbuch der Stift Wert im Ergöw, mit Anzeigung, daß Herr Hans desselbigen Sohn gewesen. Von diesem ist meines Erachtens das Schloß Gösken durch Heurath auf das Haus Falckenstein komen.

b Herr

Das Erste Buch. 49

b Herr Hans ward im Jahr 1403, mit seinen Schlössern, Clus und Gößken, Burger zu Bern. Starb im Jahr 1429, liegt zu Schönenwerd unter dem Gewölb bestattet.

c Durch dieses Herrn Heurath, mit Graf Othen von Thierstein Tochter, ist die Herrschaft Farnsperg an die von Falckenstein gekommen.

d Als Thomas von Falckenstein Farnsperg der Stadt Basel verkauft, deßhalben in dieser Rivier keine Herrschaft mehr hatte, veränderte er seine Wohnung gen Heidburg bey Rotweil. Als aber im 1476 Jahr, Graf Eberhart von Wirtenberg mit Hertzog Sigmund von Oesterreich Span hatte, von wegen der Grafschaft Rotenburg am Neckar, war auch der von Falckenstein dessen von Wirtenberg Dienstmann. Damit er ihm nicht dem Grafen das Schloß Heidburg wider Oesterreich einraumete, nahm Graf Oswald von Thierstein etliche hundert Pferde zu sich, und nahm es ein, den 28 Tag Meyens, doch bey Nacht, fienge Herr Thoman von Falckenstein, und führte ihn gen Villingen.

Unter Bechburg herab liegt Hägendorf ein Flecken, welches Kirchen mit Zehenden *Hägendorf.* und eigenen Leuten, Hippolt Bißdom zu Basel, im 1098 Jahr, dem neuen Kloster S. Alban geschenckt hat. Demselbigen wolte sie hernach Hertzog Berchtold von Zeringen mit Gewalt entziehen: deßhalb Papst Alexander der dritte dem Bischoff zu Basel, im Jahr 1160, gebotte, sie mit geistlichen Processen zur Wiederantwortung zu bringen. Einen Edelmanns-Sitz hats da gehabt, welcher dieser Zeit abgegangen. Henrich von Hägendorf war Thumherr zu Basel, 1258.

Das XV. Capitel.

Von der Stadt Olten, den Schlössern Froburg, Gößken, und übrigen desselbigen Strichs.

Eben dem Einlauf der Dünneren in die Aar, liegt das Städtlein Olten, mit einer guten bedeckten Bruck über die Aar *Olten.* in das Ergöw, ist vorzeiten der Grafen von Froburg gewesen, welche es vom Bistum Basel zu Lehen empfangen. Daher sich der Bischoff, im 1255 Jahr, mit Graf Volmar vertruge, der Stiftleuten halb, so zu Olten über die Bruck fuhren, und sich der Graf verschrieb, weder Olten noch Wallenburg von der Stift zu verändern. Als aber Graf Hans von Froburg der letste dieses Stammens tödtlich verblichen, ist diese Stadt als ein verlediget Lehen der Stift wiederum heimgefallen, um das 1365 Jahr.

Die Stadt Olten.

Ohngefehr zwey Jahr hernach, als Bischoff Johannes zu Basel wider die Berner zu Unfrid und Krieg geriethe: raumte er Graf Rudolfen von Neuenburg, Herrn zu Nidow, der Herrschaft Oesterreich Landvogt im Ergöw und Turgöw, ihme stattliche Hilf und Beystand wider seine Feinde zu leisten, die Stadt Olten Pfandsweis ein, für seine Kriegskosten. Geriethe hierüber mit dem Grafen in grossen Gespan, darum daß er ihm seinem Verhoffen nach keine solche Hilff geleistet: deßhalb sie, im tausend dreyhundert acht und zwanzigsten Jahr, auf Graf Sigmund von Thierstein, Graf Hansen von Arburg und Herr Conraten von Berenfels, Ritter, Burgermeister zu Basel, als drey willkührliche Richter und Schiedmänner kamen, welche darinn sprachen, daß der Bischoff dem Grafen für die vier tausend Gulden schuldiges Dienstgelts, die Stadt Olten mit allen Gefällen und Nutzungen sein Lebenlang lassen solte ꝛc. Im Jahr tausend vierhundert sechs und zwantzig, raumte sie Bischoff Johannes der Stadt Solothurn um eine namhafte Summa Gelts ein, von welcher sie noch dieser Zeit beherrschet wird. Allda ändert sich ihr Wapen, dann die zuvor einen blauen Baselstab zum Zeichen gehabt, bekame drey Tannen im Schilt.

N Hinter

50　　　　Baßler Bistums Historien,

Von Froburg.

Froburg ein Grafen Sitz.

Hinter Olten am Gebirg des unteren Hauensteins, nicht fern von Wysen, liegt die abgegangene Vestung Froburg, (die alten Instrument nennen es mit zwey Sylben Vroburg, und in Lateinischer Sprach, Montegaudium,) von deren sich die alten Edlen Grafen genennet. Und dieweil aus diesem Stamm viel trefflicher geistlicher und weltlicher Herren entsprossen, hab ich auch dieser Geburtslinie fleißig nachgeforschet, aber Mangels halb alter Instrumenten, dieselbige nicht zusammen richten mögen. Nichts desto minder gieb ich von diesen so viel möglich, der Hoffnung, solches werde vielleicht einem andern, so zu alten Urkunden bessere Gelegenheit hat, vorständig seyn.

a

1096　Adelbert Graf zu Froburg,　　　　Volmar 1145.
Gebrüdere　Sophia N. sein Ehegemahl.
　　　　　Hermann,　　　　　　　　　Ludwig.

1125　Adelbert ein anderer, (als mich bedunckt) ist mit Bischoff Adalberone, gebohren von Froburg, bey dem Reichstag vor Kayser Conrad zu Straßburg gewesen.

1160　Ortlieb, Bischoff zu Basel.

1184　Hermann, Graf, halte auch dieser zu seyn; welcher in einem Brief Graf Herre genennet wird, 1221.

		b		
	Ludwig der äl- ter 1217.	Rudolf, ward Probst zu Zofingen 1245.		
N. von Fro- burg 1226.	Gertrut von Habsburg sein Ehegemahl.	Hartmann.		
Gebrü- dere		c		
Hermann.	Hermann. Die- ser ist zu Zof- ingen begra- ben.	Ludwig der jünger, N. von Bech- burg sein Gemahl.	Hermann, 1282. Volmar 1305.	Johans, 1360. Adelheit des Nam- kens, Herr Thü- rings Tochter, und Elsbeth von Bech- burg, seine Gemahl. Hermann.

1235　Albrecht mit dem Hoffer, Abt zu Murbach.
1241　Hermann.
1255　Volmar.
1305　Volmar.
1315　Hermann, Abt zu S. Urban.
　　　Ein anderer dieses Namens starb um das 1360 Jahr.

a Dieser vergabte dem Gottshaus S. Alban zu Basel, die Kirche Appenweiler, mit ihrer Zugehörd. N. 1114. weiset eine Bestätigung des Klosters Mury im Ergöw. Darnach um das 1130 Jahr, hat er das Kloster Schönthal, auf dem Ober-Hauenstein gestiftet.

b Dieser Ludwig verzeicht sich 1245, aller Ansprach, so er an Ober- und Nieder-Bizseck zu haben vermeynte, und bekennt sich, daß sie der Kirch zu Basel zuständig sey.

c Dieser empfieng Anno 1265. vom Bistum Basel, beyde Schlösser Wallenburg und Olten mit Leut und Gut, mit sampt der Vorstadt zu Lehen, verschrieb sich, ihm und der Stift in fürfallenden Sachen mit Raht und That behülflich zu seyn, und seine Vestungen zu ihren ofnen Häusern halten. Auf Margarethä Anno 1274. übergabe er Graf Ludwig von Froburg alle seine Schlösser König Rudolfen, mit dem Geding, daß er alle seine Schuldforderen vernügen solte.

b Graf Johans der letste dieses Namens. Dieser gabe Bischoff Johansen auf alle die Lehen, so er von Bechburgern hatte, in dem Thal zu Baltzthal und Buchsgöw, an Zwing und Banen, an Gerichten, Hochgerichten, Wildenen, Ertzgruben, Kirchsätzen, mit

Namens

Das Erste Buch. 51

Namen zu Matzendorf und Münlisweiler, und bate ihn, daß er die ihme und Graf Rudolfen von Neuenburg Herrn zu Nidow in gemein leihen wolte, das beschahe auch, daher sich darnach Graf Rudolf, Herr zu Froburg geschrieben. Nachmalen seind gemeldte Lehen an den Graf Othen von Thierstein kommen, der sich auch dieses Tittels gebraucht. Dieser Zeit seind nichts dann alte Mauren da, und ist ungewiß, ob es durch Erdbidems Gewalt oder Menschen Hand zergangen. Ein Baursmann nutzet die Güter um die Burg, gehöret in deren von Solothurn Vogtey Gößken.

Von Gößken.   Ermeldtes Schloß Gößken, eine halbe Meile unter Olten, auf einem Hügel an der Aar gelegen, ist noch jetziger Zeit in gutem Wesen, ist vorzeiten eine Wohnung gewesen der Freyherren dieses Namens, welche vor zweyhundert Jahren abgestorben. Sie waren Kastvögte der Sust Wert, gegen dem Schloß über im Ergöw gelegen.   *Gößken.*

Von diesen lebten:

1253 Gerhart von Gößken, Ritter, lebte noch 1286.
Erhart von Gößken, Lütgard sein Gemahl, nennet das Jahrzeitbuch zu Wert ohne eine Jahrzahl.
Gottfrid, Ritter. Jahrzeitbuch im Münster zu Basel, ohne Jahrzahl.

1323 Starb Herr Conrat, Thumherr zu Basel, Probst zu Wert und Zofingen, liegt im Münster. Seine Mutter war Herr Lutolds von Rotelen Schwester.

1331 Gerhart von Gößken, Propst zu Wert.
1343 Marquart, Ritter.
1345 Johans von Gößken.

Nach ihnen haben die von Falckenstein Heuraths halber (will mich bedunken) diese Vestung besessen, in deren Hand es, im Jahr tausend vierhundert vier und viertzig, durch die von Bern und Solothurn eingenommen, und verbrennt worden, als an seinem Ort gesagt wird. Es stehet dieser Zeit in gutem Bau unter der Stadt Solothurn Oberkeit.

Von Ifenthal.   Zwischen Olten und dem Dorf Trimbach findet sich das Burgstell Hagberg, deßgleichen an der Aar unterhalb Olten, Wintznow, vorzeiten besonderer Edelleuten Häuser, deren Wapen und Gedächtnuß aus dem Kloster S. Urban Gottsgaben überblieben. So liegt nicht fern von diesen Ifenthal, etwan der Edlen Wohnung, von welchen Gottfrid Gutthäter zu Schönthal, um das 1220 Jahr gelebt. Marquart von Ifenthal, N. Truchsessin zu Rheinfelden, sein Gemahl, 1264. Johann und Wernher von Ifenthal, Ritter, 1273. Gottfrid, Kirchherr zu Tennikon, 1342. Hemman von Ifenthal, Edelknecht, 1369. Herr Henrich von Ifenthal der älter, 1369.   *Hagberg. Wintznow. Ifenthal.*

Zwischen den Hauenstein und Schaafwaat, oberhalb Lostorf, da es Badhäuser hat, so von den Umsässen heftig besucht werden, steht das Schloß Wartenfels noch aufrecht, da erstlich die Freyherren dieses Namens, von welchen Herr Henrich von Wartenfels, der Grafen zu Honberg Lehenmann, im Jahr 1289 lebte, nachmalen die von Rosenegk Hegowische Herren gewohnet. Es besitzet dasselbe dieser Zeit ein Baursmann.   *Wartenfels.*

Von Rosenegk Frey.

N. von Rosenegk

{ Hans von Rosenegk, Freyherr zu Wartenfels, 1400 — Hans Erhart, Thumherr zu Basel, 1419.

{ Heinrich, Freyherr, Ritter, empfänget von Bischoff Hartman die Quart des Zehends zu Lostorf, 1421.

Heinrich von Rosnegk, Herr zu Wartenfels, des Hans und Heinrichs von Rosenegk Vetter, 1486.

Besser

Baßler Bistums Historien,

Rienberg. **Von Rienberg.** Besser dem Eißgöw zu liegt an der Schaafmatt das Dorf Rienberg, der Vogtey Gößken angehörig. An diesem Ort seind etwan namhafte Edelleute gesessen dieses Namens, seind vor langem abgestorben, und das Burgstell zergangen.

Es lebten von diesen:

1237 Jacob und Ulrich von Rienberg, Ritter, Gebrüdere.
1253 Henrich von Rienberg.
1286 Hartmann von Rienberg, der Luge.
1292 Wernher, ein Ritter.
1260 Herr Ulrich von Rienberg, hatte zween Söhne, Hartmann und Henrich beyde Ritter, von welchen das Gottshaus S. Bläsen, ihre Rechtung, so sie zu Greston im Thal zu Schönaw, zu Ober- und Nieder-Hebschringen, auch andern Orten gehabt, an sich erkaufft.
1350 Ulrich von Rienberg, Ritter, dessen Söhne, Hartmann und Jacob Edelknechte.
1363 Hemman und Niclaus, Gebrüdere.

Rienberg haben um das 1450 Jahr die von Heidegk besessen.

Das XVI. Capitel.

Von den übrigen Schlössern und Herrschaften, so unter dem Buchsgöw der Aaren nach liegen, und zum Frickgöw gezehlet werden.

Biberstein. **Von Biberstein.** Die Gegne zwischen dem Gebirg, und der Aar für die Statt Arow hinab, zehlet des Bistums Basel Marchregister zum Frickgöw, ist mit Wein und Getreyd eine fruchtbare Gelegenheit. In dieser liegt bey einer halben Meile unter Arow, die Burg Biberstein, sammt einem Dörflein, haben vorzeiten Grafen oder Herren dieses Namens besessen, welche doch vor viel hundert Jahren abgestorben. Vielleicht haben sie die Grafen von Habspurg geerbet, bey welcher Handen nachmalen diese Veste gestanden. Graf Hans von Habspurg, Herr zu Laussenberg, verkauffte es Bruder Rudolfen von Bütiken, des Johanniter-Ordens Commenthur zu Clingnow, im Jahr 1335. Letstlich um das 1536 Jahr, hat es die Statt Bern an sich erkaufft, und eine Vogtey da auffgerichtet.

Königstein. In diesem Amt liegt das öde Schloß Königstein, davon Johannes Stumpffius schreibt, es seye durch die Edlen von Königstein erbauet. Diese führeten einen Schilt im Wapen gleich den Rienbergischen Herren. Burkart und Wernher von Königstein verkaufften dieses Schloß mit zugehöriger Herrlichkeit, Hohen und Niedern Gerichten, ihrem Bruder, Herr Henrichen, im Jahr 1335. Auf diesen folgte Hans Wernher von Königstein, derselbige verließe diese Herrlichkeit seinen zweyen Kindern, Henrich und Ulrichen, welche Ulrichen von Hertenstein, ihrer Mutter Bruder zum Vormünder hatten. Derselbige verkauffte die Veste und Herrschaft Königstein der Statt Arow, im 1417 Jahr, am ersten Tag Augusti. Die von Arow setzten einen Vogt auf Königstein, und beherrschten es bey 36 Jahren. Als sie aber bemelter Herrschaft halben viel Gespans gewunnen, mit den Herren von Falckenstein und andern Anstössern, haben gedachte von Arow letstlich die Burg und Herrschaft Königstein zu kauffen gegeben, Hans Arnolt Segesser, Rittern, ihrem Burger, im Jahr 1453. Derselbige Segeser verkauffte auf Mathiä im folgenden Jahr, diese Herrschaft, Herr Johann Wittich, Johanser-Ordens, Commenthur zu Biberstein. Der Commenthur und seine Nachkommen haben das Schloß Königstein lassen abgehen, und alle desselbigen Zugehörd an das Schloß Biberstein gezogen.

Lörrach

Das Erste Buch. 53

Von Lörrach.

Lörrach ein alt Burgstell oberhalb dem Dorf Chittingen in Bibersteiner Gericht gelegen, ist etwan ein Sitz gewesen der Edelleuten dieses Namens, aus welchen etliche der Rähten zu Basel gewesen, namlich Johann und Hug von Lörrach, beyde Ritter, 1319. Gregorius von Lörrach Edelknecht, und Helwig von Hauenstein sein Weib, lebten 1349. Item Henman von Lörrach 1377. Seind Gutthäter des Gotts-hauss S. Alban gewesen. *Lörrach.*

Zu Gouwenstein (ist ein Dorf unter Biberstein) steht auf einem Felsen der Aar ein Burgstell, welches noch dieser Zeit dicke und veste Mauren hat, etwan eine Wohnung derer von Rheinach, aber jetzt ein lär Nest. Dann es die von Bern Feindschaft halber, so ihnen daraus bewiesen, im 1389 Jahr einnahmen, zerstöreten, und die Innhaber, bey hundert Mann, gefangen wegsführeten.

Von Schenckenberg Frey.

Neu-Schenckenberg.

Von dem Fluss hindan näher gegen dem Frickthal wird gesehen das Schloss Schenckenberg, vorzeiten durch die Frey-herren dieses Namens, und nach ihrem Abgang durch ihre Dienstleute die Schencken, bewohnet. Nach ihnen ist dieses Schloss und Herrschaft an die von Arburg kommen. Herr Thüring von Arburg besass es, im Jahr tausend vierhundert sieben und dreyssig. Nach ihnen ist Herr Marquart von Baldeck, Ritter, Herr zu Schenckenberg gewesen, und deren von Bern Burger worden. Als aber derselbige im Krieg, welchen die Eydgnossen, im tausend vierhundert acht und sechzigsten Jahr, wider diese Vorder-Oesterreichischen Lande geführet, sein Burgrecht unbedacht, der Herrschaft Leuten zugeritten, und Beystand gethan: allda ward ihm das Schloss durch die Berner eingenommen, starb also ehe ers wieder bekommen mochte. Nach ihm liesse Hans von Baldeck, sein Bruder, wider die Berner Dräuwort laufen, wie er Weg suchen wolte, dieses Haus widerum zu erkriegen, und die Küh (also nennte er den Bären) wieder darab zu tilgen. Als er aber im tausend vierhundert neun und neunzigsten Jahr, von den Eydgnossen im Krieg wider König Maximilian, auf Düngen im Kletgöw gefangen, und den Bernern überantwortet ward, muste er sich gegen seiner Loosge-bung, für sich und seine Nachkommen, aller Ansprach entschlagen. *Schenckenberg.*

Von Mülenen.

Unter Schenckenberg folgen auf einem Felsen die Schlösser, Castelen, das noch in gutem Wesen, und Rauhenstein, das baulos ist. Seind vor alten Zeiten Wohnungen gewesen der Edelleuten dieses Namens, darnach der Bibern von Zürich, und der Vorkirchen. Im Jahr 1311, hat sie Herr Berchtold von Mülnen, Ritter, an sich gebracht, welches Nachkommene sie noch dieser Zeit in ihrem Gewalt haben, gleichwie auch Wildenstein gegen Wildeck hinüber, allernächst ob Veltheim, welches Dorfs Stab und Gerichtszwang Herr Henrich von Rümlang, im 1480 Jahr, dem Kloster S. Bläsien zu kaufen gabe. *Castelen. Wildenstein.*

Gegen Habsburg über liegt auf einem Hügel an der Aar, das ereödet Burgstell Liechtenau, von dessen Beherrschung und Abgang trage ich kein Wissen. *Liechtenau.*

Unter der Stadt Bruck im Ergöw herab, da sich die Aar, nach Empfahung der zwey schiffreichen Wassern, der Rüse und Limmat, gegen Mitternacht wendet, und

daselbst

daselbst zum Theil das Ergöw, zum Theil das Zürichgöw, von dem Frickgöw und Rauracer Landschaft absönderet, folgen, das Dorf Villingen, bey den Alten Vlingen geheissen, da noch Mauerstöcke gesehen werden, der alten Burg von Edelleuten dieses Namens
bewohnet, wie auch die eingerissene Vestung Besserstein, auf einem runden Kopf darob
gelegen. Von ihnen lebten Ulrich von Vlingen, 1251. Oth von Vlingen 1342. Ulrich
1343, diesem versetzte Hertzog Lüpolt von Oesterreich für sein Dienstgelt die Vogtrecht zu
Oberalpfen, Hünerholtz und Finsterlingen im Schwartzwald.

Vlingen.

Wessenberg.

Von Wessenberg. Näher dem Rhein zu liegt ob Mandach auf der Höhe
Wessenberg ein unbewohnet Haus dieser Edelleuten, so dieser
Zeit zu Biederthan im Leimthal, und im Breissgöw ihre Sitze
haben. Hug von Wessenberg 1259. Pantaleon 1400. Hans
Rudolf 1421. Rudolf von Wessenberg 1463.

Lütgern.

Lütgern, eine herrliche Behausung, mit Mauren und
Gräben wol verwahret, gegen Clingnow über gelegen, ist nach
dem 1239 Jahr, zu einem Ritterhaus S. Johanniter-Ordens
worden. Dann in selbigem Jahr haben diese Ritterbrüder zu
Bübikon von Herr Hugen von Tenffenstein, die Pfarr Lütgern
mit aller ihrer Gerechtigkeit, auch etlich andern Gütern im Ge-
rüt, zu Töttingen und Bötzenstein an sich erkauft, demnach
ihres Ordens Haus zu Clingnow dahin verändert. Des ob-
genannten Herr Hugen Söhne, namlich Ulrich und Hugo
von Tenffenstein haben ihnen hernach, im 1258 Jahr, die Ow
zu Clingnow (ist eine Insel in der Aar gelegen, darin man viel Viehs sömmeren
mag) zu lauffen werden lassen, ist also zu einer Commenthurey worden.

Das XVII. Capitel.

Von der Rauracer Nahesässen gegen Niedergang. Der Herren zu Neuenburg
Geburtslinie. Vom Elsgöw und Pourrentrut.

*Die Inneren
und Neussern
Sequani.*

Bis dahin haben wir der Rauracer Land zu Berg und
Thal, so weit meine Wissenheit gelanget, durchloffen. Forthin wollen
wir auch ihre Vernachbarten und Anstösser berühren, und derselbigen eigentliche Beschreibung einer andern Zeit heimstellen.
Auf der Rauracern Occidentischen und Mitternächtischen Seiten,
liegen allernächst die Völker, bey den Römern Sequani Cisjurani genannt. Dieser seind zweyerley, die Inneren, und Neusseren. Die Inneren heisse ich
Hoch-Burgund, hiedisseits dem Jurten gelegen, bis an die Sone: die Neusseren, das
heutige Suntgow, wie sich das bis an Rhein erstreckt. Derselbigen Unterscheide, mögen die Wassertrünse, so wider den Rhein oder die Dub fliessen, obwol nicht aufs
eigentlichste, jedoch bey nahe und zu mehrerm Theil anzeigen.

Froberg.

Von Froberg.

Von den Inneren Sequanis, das ist, den Hoch-
Buraundern, stossen gegen Niedergang an die Rauracer, die Herren von Froberg, zu Latein de Montegau-
dio, und die Grafen von Rupe oder Roche. Diese
zwey Haüser haben unter einandern geheurathet. Herr
Johann von Froberg, Ritter, hatte Frau Johannam
von Roche, Graf Henrichs Tochter, zum Gemahl, im
Jahr 1420. Graf Johann von Warambone und
Rupe, Thumherr zu Bisantz, war Rector der Hohen
Schul zu Basel, 1488. So gräntzen dann ferner an
ermeldte Herrschaften die Grafen von Montbelgard und
Neuschattel. Von diesen allen will ich hie nichts weiters, dann deren von Neuschattel Stammbaum fürbringen. Von den Montbelgardischen Grafen haben
andere geschrieben.

Diebolt.

Das Erste Buch. 55

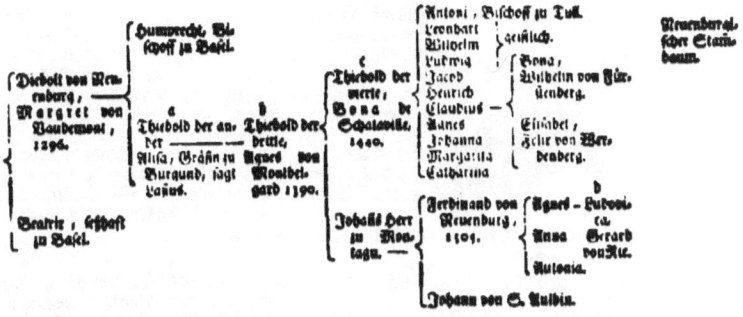

Neuenburgischer Stammbaum.

a Diesem versetzt Bischoff Johans zu Basel im 1368 Jahr S. Ursitz.

b Diesem hat hernach Humprecht von Neuenburg, um das 1395 Jahr, weiters Pfandsweis eingegeben, Blitzhausen, und den Freyen Berg, darum er auch nachmalen bekrieget ward, als er Bischoff Johansen von Fleckenstein die Losung dieser Herrlichkeiten nicht gönnen wolte.

Von Neuenburg in Burgund. *Ex sigillo.*

c Dieser ist Marschalck in Burgund gewesen, hat unter ihm gehabt Neuschastel, Chastellot, Blamont, Hericourt, Clermont, Chamallon, Espinal, Granceo, und andere Herrschaften, ist im 1463 Jahr gestorben. Er führte im Wapen eine entzwerch liegende weisse Straß, in rother Feldung, zu oberst mit einem blauen Rechen.

Grafen von Neuenburg in Burgund.

b Dieses Herrn Gerards von Nie Sohn, mit Namen Claudius Franciscus, hat im 1561 Jahr, das Schloß Hericourt eingenommen, als Hertzog Christoff zu Wirtenberg, Graf Friderichs zu Montbelgard seines Bruders Sohns Vormünder, mit Graf Gabriels von Ortenburg verlassenen Söhnen, um dasselbige und andere Herrschaften in Rechten lag, vermeynende, er wäre mit denjenigen, so den Wirtenbergischen Fürsten ihre Ansprach an bemeldten Herrschaften übergeben, in gleichem Grad, und hätte nicht minder Recht darzu.

Die äussern Sequani beschliessen eines Theils gegen Niedergang, andern Theils gegen Mitternacht, der Rauracer Gebiraland. Gegen Untergang der Sonnen, liegt zu äusserst daran, das Elsgöw, welches die Stifftbrief Münster im Grandvall, Comitatum Allgaugensem heissen. Dieses ist die Gegne zwischen dem Gebirg und der Larg, darinnen Blumberg, Dattenriet, Pourrentrut rc. liegen, ist eines Theils Bisantzer, andern Theils Basler Bistums. Henrich Bischoff zu Basel, machte mit Graf Theobalden zu Pfirt, der etwas Rechtung an der Kastvogtey im Elsgöw hatte, im Jahr 1278, einen Bericht, wie es mit der Stifft Basel Leuten im Elsgöw und Saltzgöw der Steuer halben solte gehalten werden. Dieselbige Gerechtigkeit der Kastvogten übergab er dem Bischoff nach drey Jahren durch einen Vertrag. Nachmalen haben die Freyherren von Ramstein der Stifft Basel Leute, wo die allenthalben im Elsgöw gesessen, zu Lehen gehabt.

Das Elsgöw.

Die fürnehmste Stadt dieser Rivier ist Pourrentrut, mit einem wohlbewahrten Bergschloß, Bisantzer Bistums. Diese hat Bischoff Henrich zu Basel, im 1271 Jahr, von Graf Gottfrid von Neuenburg aus Burgund an seine Stifft erkauft. Und als er hierum sich der Kastvogtey im Elsgöw, welche dem Castellan zu Pourrentrut

Die Statt Pourrentrut.

Baßler Bistums Historien,

Die Stadt Pourrentrut.

rentrut angehörig, bemächtigen wolte: hatten Ansprach daran, Graf Dieterich zu Pfirt, und Graf Reginald zu Montbelgard. Der von Pfirt liesse sich handlen, nahme vom Bischoff Vertragsweis 180 Marck Silbers, und übergab ihm seine Rechtung an Pourrentrut, der Kastvogtey im Elsgöw und dem Hof Buris. Aber Graf Reginald, so sich nicht wolte weisen lassen, nahme dem Bischoff Pourrentrut ein, und hielt ihm die Stadt gewaltig vor, also daß er mit Hilf Rudolfs des Römischen Königs, Pourrentrut belägern, und den Grafen zu Wiederantwortung und Verzyg seiner Ansprach, mit Heereskraft weisen mußte: wird an seinem Ort † angezeigt.

† im II. Cap. des dritten Buchs.

Bischoff Johann, gebohren von Wien aus Burgund, versetzte sie, im 1355. Jahr, Herrn Petern von Elß, um 6000 Gulden, wiederlösete sie demnach, und übergab sie im Jahr 1385 Pfandsweis, Graf Steffan zu Montbelgard um 11000. Francken, und hieß sie dem Grafen schwören. Von derselbigen Zeit bliebe diese Stadt und Herrschaft bey achtzig Jahren ausser der Stift Handen, bey der Grafschaft Montbelgard, bis sie, im 1461 Jahr, von Bischoff Johansen, gebohren von Veningen, wiederlöset, darzu das Schloß fürstlich und herrlich erbauet ist, in welchem noch dieser Zeit die Bischöffe mehrentheils ihre Hofhaltung haben.

Diese Stadt hat neben der Bischofflichen ihrer höchsten Oberkeit, einen Burgermeister und Raht, welche die gemeine Haushaltung verwalten, bey diesen sitzet des Bischoffs Amtmann, der Meyer geheissen. Sie hat durch Feuer oftermals groß Unfall erlitten, sonderlich im 1520 Jahr, den achten Tag Herbstmonats, da von Hanfstänglen ein solch schröcklich Feuer aufgienge, welches ob hundert Häusern verschlucket. Kurtz verruckter Jahren hat sie diesen Jammer etliche mal wiederum erfahren.

Das XVIII. Capitel.

Von der Rauracern Nachbaren gegen Mitternacht, als die Suntgöwer seind. Dabey von den alten Grafen zu Pfirt, und der Herrschaft Mersperg.

Die Mitternächtische Seiten der Rauracer gräntzet mit dem Theil der äussern Sequanorum, welches wir heutigs Tags das Suntgöw nennen, oder sonst Gsinbgow möchte genennet werden. Diese Gegne, so sich vom Elsgöw auf drey, und an etlichen Orten vier Teutscher Meilen Wegs, bis an Rhein erstrecket, ist ein sehr fruchtbar Land, in dem keine Hochgebirg, sondern viel gebauener Hügeln seind, welche an vielen Orten Weingewächs haben, aber allenthalben sehr viel Getraids bringen, also daß jährlich eine grosse Zahl desselbigen in andere Land geführet wird. Es ist mit Schlössern und Flecken wol besetzt, hat viel fischreicher Weihern.

Die Jll und Larg.

Die fürnehmsten Wasser darinn seind die Jll und Larg, welche am Berg Blauen ihren Anfang nehmen, und nicht ferner von einanderen entspringen, dann daß auf dem Grat zu Scholtz (ist eine Vascherey oder Steinhaus der Abtey Lützel) das Wasser von einem Tachtrouf in die Jll, und anderseits von dem anderen in die Larg fleußt. Die Jll sammelt sich bey Winckel aus den Brunnadern, und laufft gegen Aufgang bis gen Dlingen, allda richtet sie sich gegen Niedergang auf zwo Meilen, wendet sich zu Karstbach oberhalb Altkilch gegen Mitternacht, demnach forthin also durch das Elsaß, bis sie zu Straßburg mit der Brüsch schiffreich in den Rhein geht. Die Larg aber wendet sich erstlich gegen Niedergang, demnach wieder gegen Aufgang, fällt zu Jllfurt, einem Dorf zwischen Altkilch und Mülhausen in die Jll.

Dieses

Das Erste Buch. 57

Grafen von Pfirt.

Dieses Land haben vorzeiten beherrschet die reichen und gewaltigen Grafen zu Pfirt, ist ein Schloß und Städtlein zwo Meilen von Basel, gestracks gegen Niedergang gelegen. Dieselbigen Grafen hielten inn, zusammt Pfirt, die Städte und Herrschaften, Altkirch, Tattenried, Befort, Rosenfels, Maßmünster, Tann, Sennheim, Landeser ꝛc. Graf Theobald übergabe dieses seine Grafschaft im 1271 Jahr, Bischoff Henrichen von Neuenburg und seiner Stift zu eigen, und empfienge sie wiederum von ihm zu Lehen. Wiewol nun etliche setzen, daß solches Kaufsweis beschehen sey, und der Graf etliche hundert Marck Silbers hierum vom Bischoff empfangen habe: gibt es doch Albertus de Argentina glaublicher dar, und sagt, daß dieses folgender Gestalt ergangen sey. Der Graf sey auf eine Zeit gegen seine Untterthanen in solchen Widerwillen gerahten, daß er sie mit dem Bischoff um Telschberg mit seiner Zugehörd vertauschet habe. Welche Veränderung der Grafen Leut also entrüstet, daß sie ihn zorniglich überfallen und gedrungen haben, ermeldten Tausch wiederum zu vernichtigen und aufzuheben, so sey auch ihn die Sach gereuet. Damit nun der Bischoff von solchem Tausch wiederum abstünde, hab ihm der Graf das Schloß Gogeren und die Vogtey im Sergow zustellen müssen, darzu Pfirt und Altkirch von ihm zu Lehen empfangen. Möglich ists, es seyen die 400 Marck Silbers dem Grafen zu Lediung dieser Lehen darauf geschlagen worden. Daher sich nachmalen ermeldter Graf in einem Vertrag, 1278, mit dem Bischoff gemacht, bekennet, daß die Grafschaft Pfirt mit ihrer Zugehörd Pfandlehen von der Stift Basel sey, auch er und seine Erben nichts davon verändern sollen. Wie diese an das Haus Oesterreich kommen sey, will ich nach ihrem Geschlecht anzeigen.

```
                                                    ┌ Johanna,        Stambaum
                                                    │ Albrecht Hertzog der Grafen
                                                    │ zu Oesterreich. von Pfirt.
                                            ┌ Ulrich,┤
                                            │Catharina von
                                            │Burgund.  ┌ Ursula.
  Ludwig, Bischoff zu                       │          
  Basel, 1114.                              │       ┌ Catharina,
                           Ludwig,          │       │ Och von Ochsenstein.
  a                        R. von Bergentz  │
  Graf Johans               oder Mont-      │
  zu Pfirt, 1130 ─Friderich,fort, 1184.     │
  Richensa von   Stephania von              │
  Habspurg.      Egisheim,                  │       ┌ Theobald,
                 1140. 1160.                │       │ 1288. 1309.
                             Ulrich         │       │ Catharina v.
                             1270.          │       │ Clingen.
                             starb          │
                   b         1275.          │       f
                   Ulrich    den 1.         │    ┌ N. von Pfirt,
                   1228.     Tag            │    │ Conrad Wern-
                             Hor-           │    │ ber v. Hat-
                             nungs.         │    │ statt, Ritter,
                                            │    │ Landvogt im Elsaß.
                             Ludwig         │
                                            │       ┌ Sophia,
                                            │       │ Graf Ulrich von Wirtenberg.
```

Erklärung der gesetzten Linien.

a Lazius meldet, Graf Hans von Pfirt sey Bischoff Ludwigs Bruder gewesen, deßgleichen b Graf Ulrich Ludovici Bruder. Der übrigen Succession ist zum Theil aus brieflichen Urkunden, zum Theil aus Alberto de Argentina bekannt.

d Graf Theobalden setzet König Adolf, im 1297 Jahr, zum Landvogt im Elsaß.

e Graf Ulrich der letzte von Pfirt, starbe den 12 Tag Mertzens, im 1324 Jahr, ohne einen Mannsstammen, dadurch die Grafschaft, als ein verledigt Lehen, zu mehrerm Theil dem Stift Basel heimfiele. Als nun die Landleute des Bischoffs gewärtig waren, ihme zu huldigen, vertrauet man Hertzog Albrechten zu Oesterreich, weiland König Albrechts Sohn, und Hertzog Lupolts Bruder, des verstorbenen Grafen ältere Tochter. Der vertruge sich mit dem Bischoff zu Basel, daß ihm die Grafschaft Lehensweis bliebe, wie sie dann hernach die Hertzogen je von einem Bischoff zu Lehen empfangen. Die andere Tochter Ursula steuret er aus, mit 8000 Marck Silbers für ihre Ansprach. In dieser Gemahlschaft seind fünf Söhne erzeuget worden, namlich, Sernigow kommt an die Fürsten zu Oesterreich.

nämlich, Hertzog Henrich, Rudolf, Albrecht, Friderich und Lüpolt, deren der letzte im Streit wider die Eydgnossen bey Sempach erlegen. Ermeldte Frau Johanna starb den 14 Tag Wintermonats, im 1352 Jahr.

f Den 23 Herbstmonats, 1276, starb die Gräfin von Pfirt, dessen von Hatstatt Landvogts im Elsaß Gemahl, auf dem Schloß Pligsberg, ward zu Colmar im Kloster Unterlinden begraben.

Grafen neben gesetzter Linie.

1234 Graf Friderich zu Pfirt (welchen J. Gottfrid von Ramingen für e Graf Ludwigs Sohn dargiebt) soll von seinem eigenen Sohn, Grimmel geheissen, im Gefängnuß ertödet worden seyn, sagt eine alte Chronick.
1241 Albrecht.
1260 Berchtold, Bischoff zu Basel.
1281 Dietrich Graf.

Von den Edelleuten dieses Lands seind innerhalb hundert Jahren, die Herren von Mersperg gefreyet worden, welches ein zierlich Schloß ist, eine Meile Wegs hinter Pfirt, nicht fern von Lützel, auf einem Berg gelegen. Diese Edlen sollen (als ihre Vermuthung mit sich bringet) von den Grafen von Rupe oder Roche (eine Tagreis hinter Mersperg im Burgund) abkommen seyn. Es haben je noch beyde Stammen gleiche Wapen, Schild und Helm, allein ist der Grafen Creutz blau in gelber Feldung, und das Merspergische roth, in weisser Feldung. Zu Lützel im Kloster, findet man ob deren von Mersperg Begräbnuß in einem Fenster beyde Wapen: da halten sie, es seyen zween Brüder gewesen, welche aus unbekannter Ursach ihre Wapen verändert.

Freyherren von Mersperg. Von Mersperg.

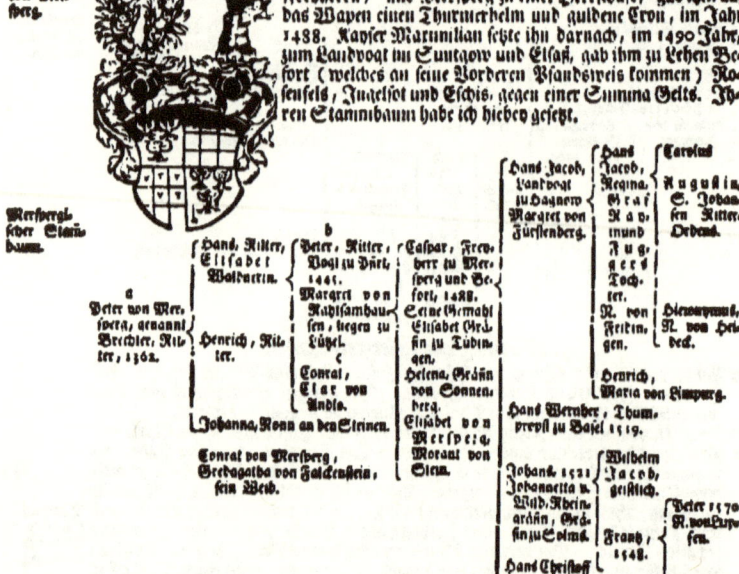

Merspergischer Stammbaum.

Kayser Friderich der dritte machte Herr Casparn zum Freyherren, und Mersperg zu einer Herrschaft, gab ihm auf das Wapen einen Thurnierhelm und güldene Cron, im Jahr 1488. Kayser Maximilian setzte ihn darnach, im 1490 Jahr, zum Landvogt im Suntgow und Elsaß, gab ihm zu Lehen Befort (welches an seine Vorderen Pfandsweis kommen) Rosenfels, Jngelsot und Eschis, gegen einer Summa Gelts. Ihren Stammbaum habe ich hiebey gesetzt.

a Peter von Mersperg, genannt Brechter, Ritter, 1362.

— Hans, Ritter, Elisabet Woldartin.
— Margret von Rapisamhausen, liegen zu Lützel.
— Henrich, Ritter.
— Conrat, Clar von Andlo.
— Johanna, Nonn an den Stinen.
— Conrat von Mersperg, Grebagatha von Falckenstein, sein Weib.

b Peter, Ritter, Vogt zu Pfirt, 1441.

Caspar, Freyherr zu Mersperg und Befort, 1488.
Seine Gemahl Elisabet Gräfin zu Tübingen.
Helena, Gräfin von Sonnenberg.
Elisabet von Mersperg, Morant von Siem.
Johans, 1521. Johanneta v. Rud. Rheingrafen, Gräfin zu Colm.
Hans Christoff.
Henrich.

Hans Jacob, Landvogt zu Hagnow. Margret von Fürstenberg.
Hans Jacob, Regina Graf Raymund Juggers Tochter. N. von Freikin gen.
Henrich, Maria von Rimperg.
Hans Werner, Thumbprobst zu Basel 1519.
Wilhelm Jacob, geistlich.
Frantz, 1548.

Carolus Augustin. S. Johansen Ritter Ordens.
Hieronymus, N. von Heides.
Peter 1570, N. von Lupfen.
Friderich.

a Herr Peter, Hetzel und Diebolt von Mersperg, blieben zu Sempach am Streit todt.
b Hertzog

b Hertzog Albrecht von Oesterreich, verpfändete Herr Petern Besort um 9000 Goldflorin, welches hievor Erckinger von Heinhofen Pfandsweis innhielte. Er that ihm auch die Gnad, ob die Pfandschaft Besort durch ihn gelöset wurde, daß er nichts desto weniger sein Lebenlang allda Vogt bleiben, und ihme die Burghut, wie zuvor dem von Munstral, gerichtet werden solte. Im 1458 Jahr lösete er Graf Albrechten von Rosenfels hinbau, und brachte auch dieselbige Pfandschaft an sich.

c Bischoff Arnolt zu Basel, liehe Conraten von Mersperg die Herrschaft Muron und Froberg.

Kurtz verruckter Jahren hat die Oesterreichische Regierung im Oberen Elsaß, das Schloß Mersperg zu ihres Landesfürsten Handen genommen, damit es nicht obliegenden Schuldenlasts halber in fremde Hände verändert wurde.

Das XIX. Capitel.

Von der Stadt Mülhausen im Oberen Elsaß.

Unter der Rauracern Vernachbarten Mitternacht-wärts liegt die Stadt Mülhausen, zu oberst im Elsaß, an dem Fluß Ill, welcher ihre dreyfachen Stadtgräben beyderseits erfüllet, in einer lustigen, auch sonderlich an Korn und Weingewächs fruchtbaren Gegne. Von ihrem Anfang wird gehalten, es sey anfänglich an dem Ort, da jetziger Zeit der Armen Spittal aus einem Augustiner-Kloster angerichtet worden, eine Mühle und Behausung, sammt einer Capell gestanden, zu welchem Mühlehaus nach und nach viel Häuser seyen gebauet worden, bis sie zu einer Stadt erwachsen, welche hievon den Namen Mülhausen behalten. Es ist je bey Manns Gedencken eine alte Capell in ermeltem Kloster, für der Stadt Anfang gezeigt und gehalten worden. Zu welcher Zeit sie mit Mauren und Gräben umfangen seye, weißt man keinen Bescheid.

Mülhausen.

Die Stadt Mülhausen.

Mülhausen ist lang eine Reichsstadt gewesen, in welcher der Bischoff zu Straßburg fürlauffender Zeit, die Kastvogtey und etwas Gerechtigkeiten (wie auch zu Colmar, Kaysersperg, und andern Städten im Elsaß) erlanget, sie in des Reichs Namen beherrschet, und ihnen einen Schultheissen gesetzt, welcher in dem Schloß oben in der Stadt gelegen, seine Wohnung hatte. Als aber nach Kayser Friderichs des andern Absterben, in der langwierigen Reichsfeyrung, diese Schultheissen ihren Gewalt mißbrauchten, und die Burger über billiges beschwäreten, blieben sie vom Reich, welches damals ohnhäuptig stunde, keine Hilf erlangen mochten: fügte sich eben, als Graf Rudolf von Habspurg, wider Bischoff Walthern zu Straßburg in offene Kriegsübung gerathen, und ihm Colmar abgewunnen, daß er auch Mülhausen zu des Reichs Handen einnahme, nicht ohne Hilf der Burgern, welche ihme die Porten öffneten, dann sie der Bischofflichen Amtleuten unträglichen Beschwärden müde waren, thaten ihm auch von des Reichs wegen Huldigung.

Bischoff zu Straßburg verlieret seine Gerechtigkeit zu Mülhausen.

Dartwider setzte sich des Bischoffs Befelchhaber mit Gewalt, verursachte derohalben den Grafen und die Burger, daß sie die Vestung belagerten, in der zwölften Wochen einnahmen, die Innhaber fiengen, und das Schloß bis an zween Thürn verbrennten und zerschliffen. Beschahe im 1261 Jahr. Von derselbigen Zeit an ist Mülhausen eine unter den zehen Städten der Landvogtey Haguow, frey ledig beym Reich verblieben, bis auf das 1514 Jahr, da sie sich vor mannigfaltigen gefährlichen Auffsatz ihrer Umsässen zu bewahren, mit dem löblichen Bund gemeiner Eydgnoßschaft vereiniget, als bey dem sie bisher in allen ihren Nöhten Hilf und Entschüttung befunden.

Mülhausen in die Eydgnoßische Bündnuß auffgenommen.

Als Kayser Carl der vierte, im 1354 Jahr, die Stadt Zürich belagerte, und im folgenden Jahr, die Cron zu empfangen in Italien zoge: dieneten ihm die Herren des Teutschen

Baßler Bistums Historien,

Teutschen Ordens, mit dreyßig Spiessen, deßhalb er ihnen die Pfarrkirch zu Mülhausen für ihren Sold gabe. Dieselbige kaufte die Stadt von ihnen, im 1527 Jahr.

Mülhausern Regiment. Die Burgerschaft dieser Stadt, so mehrentheils arbeitend Volck ist, wird in sechs Zünfte abgetheilet, derselbigen oberst Haupt ist ein Burgermeister, deren dann gemeiniglich drey, bisweilen auch vier seind, doch regieret unter ihnen nur einer ein halb Jahr an einander. Das Amt wird jederzeit Donstags vor Johannis und vor Wienachten verändert. Den Raht besetzt man aus den sechs Zünften in gleicher Anzahl zum Jahr einmal, und werden von einer jeden Zunft zween Mann genommen, unter welchen auch die Burgermeister begriffen seind, zu denselbigen giebt eine jede Zunft ihren Meister. Diese achtzehen Mann nennet man den kleinen Raht, wird alle Mittwochen gehalten, fürfallende Sachen zu verhandeln. Ferner hat eine jede Zunft ihren Altmeister, welcher jährlich mit dem neuen Meister abwechslet, die werden im Jahr oftermals, etwan zu gewissen Tagen, als in Besetzung der Aemtern, an den Jahrrechnungen, und in andern wichtigen Sachen in Raht erfordert, dieselbigen vier und zwanzig Mann nennet man den Grossen Raht. In den allerschwersten Sachen, Kriegsgefahr, Aufrichtung neuer Bündnuß, die Religion und dergleichen betreffend, werden von einer jeden Zunft über die vordern noch fünf Mann berufen, so man die Sechser oder Sechsleute nennet, daß also der größte Raht (so doch selten zusammen kommt) 54 Mann hat.

Am Stadtgericht, welches neben dem regierenden Burgermeister, zween von Räthen, drey alte Zunftmeister, und drey von der Gemeinde besitzen, und im Jahr zweymal besetzt wird, führet der Unterschultheiß im Namen der Stadt den Stab, haltet es ordenlich alle Montag, es werde dann durch der Erud oder Herbst Ferien, oder andere erhebliche Ursachen verhindert. Welcher von diesem Gericht appelliert, der muß seine Sach am nächsten Rahtstag vor Raht prosequieren, oder er verlieret die Apellation, so es an ihn erwindet. Und dieses belanget Burgerliche Händel.

Uber das Blut und Malefitzische Sachen richten die vier und zwanzig des Grossen Rahts, der alte Burgermeister führet den Stab, so laßt der Unterschultheiß, welcher mit Gewehr und Harnisch am Schrancken steht, durch seinen Fürsprechen die Klag thun. Dieses Gericht wird unter heiterm Himmel gehalten, auf daß männiglich Klag, Antwort, Beweisung, Vergicht, Urtheil, und den ganzen Proceß hören möge. Und obwol gemeiniglich allda nach des Reichs peinlichen Halsgerichts-Ordnung geurtheilet wird, haben doch rechtlich beklagte Todtschläger, welche ausserhalb der Stadt und Bann einen Todtschlag begangen, und daselbsthin entrinnen, besondere Freyheit: wofern in solcher That nicht beygebracht wird, daß der Todtschlag aus sonderem Fürsatz beschehen, oder sonst mordlichen gehandelt seye.

Straf der falschen Zungen an Weibspersonen. Einen merklichen Brauch hat da der Weibern halber, wann irgend eine die andere neidischer Weise fälschlich verklagt, oder mit Schmachworten ehrverletzlich antastet, und zu klagen kommt: daß eine solche Thäterin, durch die Stadtknechte, an dem Wochenmarkt, wann am allermeisten Volck vorhanden, andern zum Exempel, herum geführet wird, und ein Klapper oder Lasterstein am Hals tragen muß, bey 25. Pfunden schwer, geformiret wie eines Weibers Haupt, so an ausgestreckter Zung ein Malschloß hat. Diese Straf wird wenig geringer dann des Prangers oder Halseisens Straf gehalten.

Brunst zu Mülhausen. Im 1551 Jahr, den letzten Jennuars, erhub sich in der Nacht ein schädliches Feuer im vordern Rahthaus, so man bievor im Jahr 1431. gebaut. Welchem obwol weiters um sich zu greifen gewehret ward, beschahe doch der Stadt, nicht allein am Gebäu des Hauses, sondern auch an Silbergeschirr, allerhand alter Schriften und Büchern, unwiederbringlicher Schaden. Vier Jahrmärkte werden da besucht, am Ostermontag, Pfingstmontag, Crucis in Herbst, und S. Gallen Nachmarckt.

Ilzich. Im Jahr 1435 hat die Stadt Mülhausen das Dorf Ilzich und Motenheim, mit Kirchensatz, Hoher und Niederer Oberkeit, von Graf Ulrichen von Wirtenberg erkauft, wie sie es noch innhaben und bevögten. An diesem Ort hats ein Schloß, welches

Das Erste Buch.

ches vorzeiten Edelleute dieses Namens besessen. Wetzel von Jtzich Ritter, Hartmann von Jtzich Edelknecht, Gebrüdere, lebten im 1302 Jahr. Zun Predigern zu Basel liegen begraben, Hemman 1352, Friderich 1394, des Geschlechts von Jtzich. Sie führeten im Wapen fünf rother Rauten, etliche in weisser, etliche in gelber Feldung über sich gerichtet, gleich den Schalern: auf dem Helm etliche eine Schneeballen, etliche zween Flügel, und daran die gemeldten Rauten rc.

Das XX. Capitel.

Von Nieder- und Obern Basel, Riehen, Istein und Rötelen.

Jetzt gehen wir zu Basel über die Rheinbruck, der Rauracer Anstösser gegen Aufgang zu berühren. Ermeldte Bruck ist um das 1226 Jahr, von dem Bischoff, mit Hilf der Burgern, erbauet worden. Zur selbigen Zeit war Minder Basel noch keine Stadt, *Minder Basel* sondern ein namhafter Flecken, dem Bischoff zu Basel zugehörig, Nideren Basel geheissen, als aus S. Albans Stiftsbrief klärlich zu sehen. Derselbige hatte damalen keine Stiften, Kirchen noch Klöster, dann allein die Pfarrkirch, war Filial von S. Alban, so dann das Bruderhaus der Ordensleuten von der Penitenz JEsu Christi. Wann aber der Klöstern ein jedes aufkommen, wird an seinem Ort angezeigt. Erst um das Jahr tausend zweyhundert und siebentzig, ist sie mit Mauren und Gräben verwahret, und zu einer Stadt worden, Enrun (das jenseit) Basel geheissen.

1270

Oberhalb auf der Straß, da man jetzt gen Kreutzach gehet, lag ain Rhein das *Obern Ba-* Dörflein Oberen Basel, da mehrertheils Fischer wohneten. Dieses Fleckens wird gedacht in einer trefflichen Gottsgab, welche Herr Waltho von Waldeck (dieses Schloß *Waldeck.* ist gelegen im Wiesenthal nebn Schopffen hinein bey Tegernow am Wasser) Frey, mit Willen Mechtild seiner Gemahl, item Gerung seines Sohns, dem Kloster S. Bläsen, im Jahr tausend einhundert und dreyzehen, gethan, da dann unter andern vergabten Gütern und Höfen auch also gesetzt wird: In Grave Friderichs Gravenschaft, Ober und Nider Tülliken, Riheim, Ober Basel, Welmlingen, Barnow, Membach, Schönaw, Greston rc. Wer dieser Graf Friderich gewesen, weiß ich nicht zu errahten. Bey unsern Zeiten ist dieser Flecken gar vergangen, vielleicht nach dem Nieder Basel, da die Pfarr war, zu einer Stadt worden, haben sich die Leute in eine Ringmauer zusammen gethan, und das mehrere das mindere verschlungen. Die Güter so noch selbiges Orts seind, werden in Oberen Basel geheissen.

Diese gantze Gegne jenseit Rheins, mit allen Thälern und Gebirgen, um und in dem Schwartzwald, ist von Ptolemæo und andern Eremus Helvetiorum, das ist, *Eremus Hel-* Helvetiern Wildnuß genennet worden. Dann dieses Land, so mit dem verrühmten *vetiorum,* Volck den Helvetiern gräntzet, und allein den zwischenlaufenden Rhein hat, war um *die Helveti-* die Zeit der Geburt unsers Heilands Christi, unerbauet, unwegsam und wild, sonder- *sche Wild-* lich was ihn Gebirg lage. Gantz Teutschland war selbiger Zeit mit dem Hercynia sylva, das ist, dem Schwartzwald, überzogen, daher Cornelius Tacitus sagt: Es sey ein ungebautes Land, hab eine ungeschlachte Lust und scheuliche Gestalt. Es hatte noch keine Vestungen von Städten und Schlössern, keine Kirchen, Lustgärten, und dergleichen, als jetziger Frist, so giengen keine Kaufmans-Waaren zu ihnen, sondern das Volck nähete sich des Viehs und Getrayds, war nach Art des Lands grob und ungeschickt, aber kühnmüthig und starck. Und was wollen wir von alten Zeiten sagen? Es ist je bey nahe tausend Jahr hernach der Schwartzwald eine solche Einöde gewesen, daß zu Anfang des Klosters S. Bläsen, um desselbigen Stätte auf zwo Meilen Wegs keine menschliche Wohnungen gewesen seind.

In dieser Gegne um den Rhein, welche wir Eremi Helvetici tractum Ripensem nennen möchten, hat das Bistum Basel etliche Herrschaften gehabt, vorzeiten mehr dann jetzt. Unter diesen ist Riehen, ein grosser Flecken am Eingang des Wiesenthals, *Riehen.*

62 Baßler Bistums Historien,

Von Riehen. in einer lustigen Gegne gelegen, welchen ein alt Instrument Rinheim nennet, hat vorzeiten einen Edelmanns-Sitz gehabt, an dem Ort, da folgender Zeit Jacob Rüdin, Oberster Zunstmeister der Stadt Basel, ein Lusthaus gebauet. Das Kloster Wettingen im Ergow kauffte, im 1239 Jahr, zu Mülhausen von Herr Henrichen von Wasserstelz den Kirchensatz, Zehenden, die besten Zinse und Gefälle daselbst, seind aber im 1540 Jahr der Stadt Basel um 4000 Gulden zu kauffen worden, welche zwantzig Jahr vorher die gantze Herrschafft an sich gebracht.

S. Chrischon. In diese Herrschafft gehöret S. Christiana, eine Capell auf des Bergs höchsten Grat gelegen. Vor Abstellung des Papstums, ist fürgegeben und geglaubt worden, es sey diese heilige Jungfrau eine von den 11000 Mägden, S. Urseln Gespielschafft, durch ein sonderlich Wunderzeichen allda begraben worden. Dann als sie in ihrer Widerfahrt von Rom zu Basel tödlich verblichen, hab man ihre Leiche nirgend ab statt verrucken mögen, bis zween junge Stieren, so zuvor nie eingejochet gewesen, darfür gespannen worden. Da habe es GOtt gefügt, daß dieselbigen die todte Leiche an dieses Ort, welches ihr zur Begräbnuß geliebet, gezogen, und ihnen an solchem Werck alle Bäume und Felsen weichen müssen: lasse ich in seinem Werthe stehen.

Bintzesheim. Bintzesheim, da der Bischoff ein gut Schloß hat, ist etwan deren von Grünenberg Lehen vom Bistum gewesen, aber nach ihrem Abgang dem Bistum wieder heimgefallen. Die Hohe Oberkeit gehöret der Herrschafft Rötelen.

Istein. Zu Istein am Rhein, da das Wasser der Felsen halben sehr schaumet und schreyet, und etwas eine gefährliche Furt hat, ist etwan ob S. Vits Capell in einem vom Rhein aufgerichten Felsen, wie S. Balt am Thunersee, ein vest Bergschloß gestanden, und unterhalb ein Frauen-Kloster. Das Schloß zusammt dem Dorf haben die Bischöffe etliche mal Pfandsweis hingegeben, ist im 1409 Jahr durch die Stadt Basel zerstöret worden. Das Kloster am Gestad des Rheins hat gestifftet Bischoff Lütold zu Basel, um das Jahr Christi 1200. Er verordnete darzu einen Wald gegen Efringer Kirchen gelegen, welchen er die Klosterowe nennte, mit Vorbehalt des Wildbanns. Ferner gab er darzu alle Gelegenheit von der Burg Istein, bis zur Burg Vollenburg, da man gen Kleinen-Kembs gehet, von Höhe der Bergen bis in Rhein, mit Acker, Matten, Weyden und Vischentzen, sammt andern Gütern, item zwo Glocken, drey Kelch ic. Es seind etwan sechszehen Klosterfrauen da gewesen. Elisabet von Regesheim Meisterin, und Catharin von Oberweiler Conventfrau zu Istein, lebten im Jahr tausend dreyhundert und funftzig. Es stehet dieser Zeit noch aufrecht, aber unbesetzt.

Vollenburg. **Herren zu Rötelen.** Gedachtes abgegangenes Schloß Vollenburg bey Kleinen-Kembs, stehet auf S. Bläsien Eigenthum, darum dann etwan ein Bischoff der Abtey jährlich drey Pfund Wachs zu Weisung geben müssen. Im 1301 Jahr, ward durch einen Vertrag zwischen ihnen abgeredt, daß diese Burg nimmermehr solte gebauet werden. Noch andere Plätze mehr dem Bistum angehörig wären mir zu beschreiben: weil ich aber der Raumcern Vernachbarte in gemein allein berühren will, kehre ich mich näher zu meinem Fürnehmen.

Rötelen. Rötelen, in alten Briefen Rötinlein, wird sonst auch genant Rotlöwen, dieweil es einen rothen Löwen im Schilt führet, ein fürstliches Bergschloß, eine Meile Wegs von Basel gegen dem Swartzwald, hat eine treffliche Herrschafft hiedisseits und jenseits dem Berg Susenhart, eigentlicher einer Grafschaft gleich. Doch seind aus vielen freyen Herrschafften, als Rotenburg (ist ein Schloß ob dem Dorf Wißlat hinter Schopffen gewesen) Waldeck, und andern, mit der

Das Erste Buch. 63

der Zeit eine entstanden. Die Innhaber dieses Schlosses haben sich nur einfältig Herren zu Rötelen genennet, aus deren Stamme seind die folgenden gewesen.

1090 Dietrich Herr zu Rötinlein, Kastvogt des Gottshaus S. Alban jenseit Rheins, lebte noch im Jahr 1114.
1150 Lutold. Dessen Gemahl eine Gräfin von Thierstein.
1191 Lutold, Bischoff zu Basel.
1215 Walther drange sich in das Bistum, dessen er entsetzet ward.
  Rudolf. Diesen setzet Lazius. Seine Gemahl war eine Gräfin von Neuenburg am See. Deren Sohn Dietrich, von König Rudolfen, im Krieg wider den Bischoff, im Jahr 1271, im Schloß Werr gefangen ward.
1258 Conrat.
1280 Walther und Otto, Ritter, Gebrüdere. Ihr dritter Bruder Lutold war Thumpropst zu Basel. Dieser schenkte im 1315 Jahr, Marggraf Henrichen von Hochberg, Landgrafen im Breißgow, einer freyen Gaab, so unter den Lebendigen beschiht, alle seine Gerechtigkeit und Güter an Rötelen.

Marggrafen von Hochberg.

Wer viele alte Instrumente hat, der setze ihre Genealogie zusammen.

Nach dieser Herren Absterben, ohngefehr um das 1320 Jahr, haben die Marggrafen von Hochberg, Herren zu Susenburg, diese Herrschaft ererbet, und bey zweyhundert Jahren besessen. Derselbigen Stammbaum habe ich etwas besser zusammen geklaubt, und haltet sich also:

Stammbaum der Marggrafen von Hochberg.

- Henrich.
- a Rudolf, Marggraf von Hochberg, Herr zu Susenburg, Catharina von Thierstein 1343.
  - b Rudolf, Aaa von Freyburg, Gräfin zu Neuenburg 1390.
    - Otto, Bischoff zu Costanz.
    - b Rudolf.
    - c Wilhelm, Elisabet, Gräfin Wilhelms zu Montfort von Bregenz Tochter 1440. Deren, Vier Töchtera, Klosterfrauen zu S. Claren zu Basel.
    - f Rudolf, Margret, Gräfin von Wien 1446. Hug, liegt zu Burgen vergraben.
    - g Philips, Maria von Coffoy 1482.
    - Johanna, Ludwig von Orleans, Hertzog zu Longaevilla.

Otto Marggraf, zu Sempach erschlagen 1386.
Hans und Hesso Marggrafen, seine Brüder.

a Marggraf Rudolfs Gemahl starb als eine Wittwe zu Basel, im Jahr 1385, liegt im Münster in S. Gallen Capell.

b Dieser Marggraf nahme zum Gemahl, Annam von Neuenburg, des Stammens von Freyburg, im 1387 Jahr, hielte vor Faßnacht ehlich Beylager. Diese war Graf Egen von Freyburg und Frau Verena von Welschen Neuenburg Tochter, und Graf Conrats Schwester. Graf Ego war der Herrschaft Oesterreich Waldvogt, im 1390 Jahr. Graf Conrat aber hatte einen Sohn, Graf Hans von Freyburg und Neuenburg geheissen, der ward im tausend vierhundert und neunzehenden Jahr, als Hertzog Hans zu Burgund auf dem Gespräch mit dem

Delphin

Delphin in Franckreich zu Monstruel erstochen, unter seinen Hoffleuten gefangen. Er starb im Jahr 1458, der letzte seines Stammens, deßhalben die Herrschaft Badenweiler an die Marggrafen von Hochberg fiele. Gedachter Marggraf Rudolf starb am Sonntag nach Liechtmeß, im 1428 Jahr. Er zeugte bey seiner Gemahl sieben Söhne und sechs Töchtern, deren etliche sturben jung.

e Marggraf Ott war der ältefte Sohn, gebohren auf Mitfasten, im Jahr 1388, ward Bischoff zu Costantz 1431, starb 1451, den 12 Novembris, liegt allda im Thum begraben.

d Marggraf Rudolf der dritte, kam an die Welt 1393, starb am Freytag vor dem Meytag, im 1419 Jahr.

e Marggraf Wilhelm, der Herrschaft Oesterreich Landvogt im Suntgow, Elsaß und Schwartzwald, übergabe seinen Söhnen Rudolf und Hugen, die Herrschaften Rötelen und Susenburg, und ließ ihnen die Mannschaft schwören, im 1444 Jahr. Sein Gemahl starb im Wittwenstand, den 4 Tag Junii, im Jahr 1458, liegt zu Costantz im Thum bestattet.

f Dieser schrieb sich Marggraf von Hochberg, Graf zu Neuenburg, Herr zu Rötelen und Susenburg, war im 1468 Jahr Gubernator des Hertzogthums Lutzelburg und Schini, im Namen des Hertzogen zu Burgund. Er bezahlte der Naturen Schuld, den zwölften Tag Aprillens, war der grüne Donnerstag, um Mittagszeit, im 1487 Jahr, liegt zu Rötelen in der Kirche bestattet. Neben Marggraf Philipsen hatte er eine Tochter, war einem von Montagu vermählet.

g Philippus bekame zum Gemahl das Fräulein Mariam, eine gebohrne Hertzogin zu Saffoy, Frau Jolanden von Franckreich, und Wittwen zu Saffoy, Tochter, im tausend vierhundert sechs und siebentzigsten Jahr, aus welcher Gemahlschaft eine einige Tochter erbohren ist, welche im Jahr nach Marggraf Philipsen Tod, nämlich 1504, Hertzog Ludwigen von Longueville vermählet worden. Daher diese Frantzösische Fürsten an gedachte Herrschaften bey unsern Zeiten Anspruch bekommen. Sonderlich hat Hertzog Leonoras, Ludovici Enckel, zu Longueville, erst neulich seine Forderung auf eine verschriebene Donation gegründet, welche weiland Marggraf Rudolf, Philippi Vatter, im Jahr als der Heurath mit seiner Haußfrauen Johanna von Hochberg zu Losannen vollzogen worden, um Gunst willen desselbigen, über die Herrschaften Rötelen, Susenburg, Badenweiler, Schopfen und Sugin, gegeben, innhaltende, daß dieselbigen Marggraf Philipsen und seiner Sohnsfrauen von ihnen ehlich erbohrnen Kindern eigen seyn, und er Marggraf Philips kein Gewalt haben solte, gemeldten Kindern zu Nachtheil, etwas anders darüber zu verordnen. Und im Fall sie vor ihm mit Tod abgienge, und er eine andere Gemahl nähme, solten seine Kinder aus der nachgehenden Gemahlschaft an gemeldten Herrschaften, neben den ersten, keinen Theil noch Zugang haben. Deßhalben daraus schliessen wollen, er habe zu denselbigen bessern Zugang, dann weiland Marggraf Christoffs Erben, oder jemand anders.

† im xv. Cap. des andern Buchs. Wie beyde Schlösser Waldeck im Wiesenthal an das Bistum Basel kommen seyen, wird an seinem Ort † angezeigt.

Das

Das Erste Buch.

Das XXI. Capitel.

Von den Herrschaften, Städten und Klöstern, Werr, S. Bläsy, Seckingen, Hauenstein, Waldshut, Gutenburg.

IN dieser Gegne haben die Rauracer dem Rhein nach herauf zu Nachbaren gehabt, einen Theil der Grafschaft Rheinfelden. Weil aber von derselbigen droben gesagt, wollen wir es hie einstellen.

Oberhalb daran ist gelegen die Grafschaft Werr, welche ob Büken bey dem Dörflein Rietmatt und dem schönen Brunnen, zwischen Carsower und Holtwanger Bann, im Schwartzwald bis in die Bloßhalden hinein, und wieder heraus nahe gen Seckingen wieder in Rhein gehet. Zu diesem Theil des Schwartzwaldes liegt das Schloß Werr, welches vor fünfhundert Jahren Herren dieses Namens inngehabt. Herr Henrich von Werr und Wildenstein, lebte im Jahr 1115. Adelgoz von Werr, 1125, welchem als der Bischoff zu Basel die Kastvogten des Gottshaus S. Bläsy vertraute, und er denselbigen Gewalt wider des Gottshaus Freyheiten mißbrauchte, den Bischoff durch solche Unfug um die Kastvogten brachte. Aus einem andern Instrument läßt sich ansehen, er habe zweyen Brüder gehabt, Dietrichen und Gerolt, welche der Bischoff seine Pfleger über das Gottshaus nennet. {Grafschaft Werr.}

Folgender Zeit haben die Herren von Elnaw diese Herrschaft besessen, welche auch das Kloster Elingenthal unter der Burg Steinegk, oberhalb dem Dorf Werr gestiftet, davon jetziger Zeit nichts mehr übrig, dann allein der Platz so die Klostermatt genennet wird.

Von diesen ist Werr an das Haus Oesterreich kommen, und vom selbigen Marggraf Otten von Hochberg versetzet. Im 1365 Jahr, bewilligte Hertzog Rudolf von Oesterreich, Rudolf Hurus von Schönaw, das Pfand zu Werr vom Marggrafen zu lösen. Bald kame diese Pfandschaft in Jacob Zibols Burgers zu Basel Hand, von dessen Sohn J. Burkart Zibol brachte es an sich, im 1415 Jahr, Albrecht von Schönaw, aus Hertzog Fridrichs Bewilligung: dieselbigen von Schönaw seind bis auf 1574 Jahr ungefehr allda Pfandherren gewesen, zu welcher Zeit es durch Ertzhertzog Ferdinand wiederum geledigt worden.

Ferner in dem Schwartzwald liegt die reiche und berühmte Abtey S. Bläsy, deren ein grosser Theil des Schwartzwalds zugehörig. Dieses Kloster ist anfänglich von etlichen andächtigen Einsiedlern aufkommen, die sich vorzeiten in diesen Wildnussen enthalten, sich ihrer Arbeit, und wie sie mochten, von Leuten weit abgesöndert, nehreten, und (weil sie ohne einen Orden um die Alb wohneten) die Brüder von der Alb genennet wurden. Sie begaben sich darnach in S. Benedicts Orden und Regel, wohneten in schlechter Behausung. {Abtey S. Bläsen.}

Im 945 Jahr, hatte Kayser Ott einen Rath, mit Namen Reginbert, Freyherrn von Seldenbüren, welcher, als er in einem Streit eine Hand verlohren, mit allem seinem Gut in diese geistliche Gesellschaft kame. Allda fiengen sie sich an erst recht in ein klösterlich Wesen zu schicken. Beringer von Hohenschwanden ward zum ersten Prälaten erkoren, und das alte Münster erbauet. Daher wird dieser Reginbert für S. Bläsen Stifter gehalten, wie auch solches Kayser Otten Bestätigungsbrief ausweiset, zu Verona, im Jahr 963. datiert, mit diesen Worten: Notum esse volumus, qualiter nos Cellam in sylva Schwartzwald, à beato Regimberto noviter constructam, Deo & S. Blasio &c. das ist: Zu wissen sey, wie wir das Bruderhaus im Forst dem Schwartzwald, von dem gottseligen Regimberto erst neulich gebauet &c. Dieser Stifter verschied aus dieser Welt, den 29 Decembris, im 964 Jahr. {Reginbert von Seldenbüren Stifter des Gottshauses.}

Zu dieser Abtey gehöret das gantze Thal Totnow und Schönow, vom Veltberg biß an Pfaffenweg mit Leut und Gut, bekame dieselbigen Vergabungsweis, von Waltho von Waldeck und Burkarten von Erkett Freyherren, vor Bischoff Rudolfen zu Basel, im 1114 Jahr. Zu Totnow ist um das 1330 Jahr, ein groß Silber-Bergwerck gewesen. Auf eine Zeit ist das Bergwerck eingefallen, daß bey dreyhundert Menschen, so sich nicht mehr zu nehren gewußt, aus dem Gebirg wegziehen müssen. Mit der Zeit seind an dieses Gotteshaus kommen andere Herrschaften mehr, als Blumenegk, Gutenberg an der Schlucht, Betmaringen, Berow ꝛc. Papst Johannes der 22. erlaubte dem Abt, sich eines Fingerrings, Infel und Hirtenstabs zu gebrauchen, im Jahr 1329. Der Aebten Succeßion habe ich aus Abt Caspars Chronick hieher gesetzt.

Berlinger, erwählt	946	Peter von Thengen	1334
Wernher	1045	Henrich von Eschentz	1348
Giselbert	1068	Johann Creutz von Totnow	1391
Uto von Kiburg	1086	Johann Dutlinger von Schaffhausen	
Rustenus	1108		1413
Berchtold	1125	Niclaus Stocker von Kentzingen	1429
Gunther von Andlo	1141	Petrus Rosch von Totnow	1460
Wernher von Küssenberg	1170	Christoff vom Gerutt	1461
Dietbert	1174	Eberhart von Reischach	1482
Mangolt von Dietweil	1186	Bläsi Wanbach von Obereckingen	
Hermann von Meßkirch	1204		1491
Otto	1222	Georg Eberhart von Horb	1493
Hermann von Loben	1223	Johann Spilman von Bethmaringen	
Henrich	1237		1519
Arnolt von Berow	1240	Gallus Has von Möringen aus der Bar	1532
Arnolt von Hohenschwanden	1247		
Henrich von Stadion	1276	Johannes Wagner von Zurzach	1540
Berchtold von Ochsenhausen	1294	Caspar Müller von Schönaw	1541
Henrich Kiel	1308	starb 1572.	
Ulrich von S. Gallen	1314	Caspar Thomä	1576

Seckingen. **Die Stadt Seckingen.** Eine Meile ob Rheinfelden liegt die Stadt Seckingen, gegen dem Schwartzwald mit einem Giessen des Rheins, gleich einer Insel, umfangen, etwas kleiner dann Rheinfelden, jedoch des alten Stifts oder Klosters halb nicht unbekannt. Daßelbige (so auch der Stadt seinen Anfang gegeben) ist um das Jahr Christi 500. ungefehr, von S. Fridlin aufgerichtet worden, vermög seiner Legend, welche Rotger ein Abt zu S. Gallen, beyläufig um das Jahr Christi 700. beschrieben. Dieser Fridolinus soll eines Königs zu Schotten und Irrland Sohn gewesen, und über Meer in Franckreich, Burgund, und diese Land, Christum zu predigen, gekommen seyn. Er verfügte sich erstlich zu Hilario, dem frommen Bischoff zu Poitiers, richtet daselbst mit Hilf König Clodovei ein Kloster an, und verschuffe, daß ihm nach seinem Tod viel Kirchen gebauet wurden, als in Lothringen an der Mosel, auf dem Lothringischen Gebirg, zu Straßburg und zu Chur, welche Kirch jetzt von S. Martin den Namen hat. Als er aber letztlich an diesen Ort, da jetzt Seckingen stehet, kommen, der Meynung allda zu hausen, und ihm solches die Bewohner nicht gestatten wollen, kehrte er zu König Clodovei (ist der erste Fränckische König gewesen, so in diesen Landen geherrschet) erwarb von ihm diesen Platz zu eigen, richtete allda eine Versammlung an geistlicher Weibspersonen, predigte und lehrete da, bis zu Ende seiner Weil.

S. Fridlins Legend.

Seine Frommkeit und gottselig Wesen bewegte viele Leute, daß sie ihm zu solchem Werck mit ihren Gottsgaben behilflich waren, deren eine gewesen ist Ursonis, des

des Herren im Lande Glaris, welcher seinen Theil desselbigen Lands S. Fridlin und seiner Stift verwidmet.

Ihm werden Wunderzeichen zugemessen, er habe zu mehrer Sicherheit von GOtt durch Bitt erlanget, daß sich der Rhein von seinem alten Furt auf die andere Seiten gewendet. Item: Als nach Ursonis Absterben, desselbigen Bruder, Landulf geheissen, die gantze Herrschaft des Lands Glaris gern an sich gezogen, und S. Fridlin seinen Theil entzogen hätte, sey er wider ihn vor dem Landgrafen Baldebert in eine Rechtfertigung gewachsen. Und als er gesehen, daß er darinnen erliegen müßte, wo er des verstorbenen Ursonis selbst eigene Kundschaft hierüber nicht haben möchte: sey er gen Glaris gekommen, und durch Flehen zu GOtt Ursonem vom Tod erwecket, und ihn mit sich gen Rantzweil für den Landgrafen gebracht, da er seinem Bruder Landulfen, solcher Untreu halb, den Buben gebutzet. Darab sich Landulf also sehr entsetzet, daß er S. Fridlin auch seinen Theil des Lands geschencket. Daher seind die Glarner Stiftleute zu Seckingen gewesen, doch mit viel Freyheiten für andere eigene Leute begabet, darum sie sich dann auch jährlich durch ihre Bottschaft mit einer Gaab und Besuchung des verstorbenen Heiligen Grab, allda erzeiget, darzu S. Fridlin in ihr Wapen genommen haben.

Glaris Wapen.

Es ist mit der Zeit ein trefflich Gottshaus geregulierter Chorfrauen daraus entstanden, darinnen die Aebtissin Fürstenmäßig, die Schwestern Gräfin, Freyin, und von altem Adel gewesen, deßhalb sie die Könige und Kayser, so in Franckreich und Teutschland geregnet, zu Schirmvögten gehabt. Vor dreyhundert Jahren ist die Kastvogtey an die Grafen von Habspurg gekommen, welche deßhalb Seckingen und Lauffenberg je von der Aebtißin zu Lehen empfangen. Bis nach ihrem Absterben die Fürsten zu Oesterreich diese Ort in ihren Schirm und Gewalt aufgenommen, welche sich dann noch um solche Lehen verschreiben, die Aebtißin als Kastvögte getreulich zu schirmen und zu haudhaben.

Es hat diese Stadt eine schöne Rheinbruck, wird neben der Hohen Oberkeit durch einen Schultheissen und Raht regieret, haltet auf ihres Heiligen Festtage Jahrmarckt.

Nicht fern von Waldshut liegt am Rhein der gemaurte Flecken Hauenstein, mit einem alten Schloß, hat etwan brsondere Herrschaft gehabt. Im 1108 Jahr, ward Hauenstein an S. Bläsien Kloster erkaufet und ertauschet, als ein Urbar daselbst anzeigt, mit welchem aber dieser Tausch beschehen, wird nicht vermeldet. Es bliebe bey dem Kloster, bis auf den letzten Hertzogen von Zeringen, nach welchem es an die Grafen von Freyburg, letztlich an das Haus Oesterreich kommen ist. Martin Freyherr von Stauffen schriebe sich der Herrschaft Oesterreich Vogt zu Lauffenberg, Waldshut und Seckingen, Vogt auf dem Schloß Hauenstein, und den vier Orten des Schwartzwalds, in die Grasschaft Hauenstein gehörig, im Jahr 1476. Das Schloß ist vor siebentzig Jahren, durch ein Feuer, welches in Hanf kommen, so die Weiber darauf gehabt, verbrunnen, also daß nur ein schlecht Haus und Thurn dem Waldvogt zu einer Gefängnuß, darinnen übrig. Die Alb fleußt aus dem Schwartzwald allernächst darob in Rhein. *Hauenstein.*

Die oberste Stadt gegen den Rauracern ist Waldshut, unten an einem Vorgebirg des Schwartzwalds beym Rhein gelegen. Diese ist vor sechshundert Jahren nur ein Jägerhaus der Kayseru gewesen, oder ein Sitz eines Amtmanns vom Reich. Mit der Zeit seind viel Häuser und Wohnungen daselbsthin gebauet worden, bis sie durch Graf Albrechten von Habspurg (als die Chronicken bezeugen) zu einer Stadt erbauet, und hernach von König Rudolfen erweitert worden, mit Bewilligung des Bauholtzes *Waldshut.*

Bauholtzes aus dem freyen Wald, welchen folgends die von Gerweil bekommen. Im 1492 Jahr verbrann sie zum halben Theil. Vier Jahrmärckte fallen da, namlich auf den Meytag, Jacobi, Galli und Nicolai.

Von Gutenburg.

Gutenburg.

Ob dieser Stadt nicht fern gegen Coblentz laufft die Schlucht aus dem Schwartzwald in Rhein. An diesem Wasser liegt vom Rhein hindan im Wald, das Schloß und Herrschaft Gutenburg, hat erstlich eigene Herren dieses Namens gehabt, von welchen Ulrich und Eberhard von Gutenburg Gebrüdere, lebten Anno 1256, Ulrich und Berchtold im Jahr 1277. Diese Vestung, welche halb Lehen vom Reich, und halb von S. Gallen, kame mit seiner Herrschaft und Zugehörd, im 1302 Jahr, an Herren Dietrichen von Krenchingen, dessen Nachkommene zu Gutenburg gewohnet, und Krenchingen haben abgehen lassen. Im 1361 Jahr, kame diese Herrlichkeit von Herr Hansen von Krenchingen, und Herr Henrichen seinem Sohn, Thumherrn zu Costantz, Pfandsweis an Walthern und Burkart von Hohenfels. Von diesen bekam es dreyßig Jahr hernach Herr Henrich Geßler, Ritter, um 7600. Gulden: behielts aber nicht länger dann bis in das 1407 Jahr, da kauffte sie Wilhelm im Thurn. Uber viertzig Jahr kam es an die von Rumlang. Letztlich aber kauffte diese Herrschaft Abt Christoff zu S. Bläsen, im 1480 Jahr, von Herr Dietrichen von Rumlang und seiner Gemahl Veronica von Landenberg, mit Gunst Henrich, Ulrich und Dietrichs von Rumlang Gebrüdern, stehet noch dieser Zeit in dieses Gotteshaus Oberkeit.

Ende des Ersten Buchs.

Gedächt-

Gedächtnuß würdiger Sachen,

welche sich in Obern Teutschen Landen, sonderlich
in der Stadt und Bistum Basel, von ihrem Ursprung her,
in Kirchen= und Welthändlen zugetragen.

Das Ander Buch.

Dieses Ander Buch haltet in sich allerhand Geschichten, welche sich um
den Anfang und Aufgang der Stadt und Bistum Basel, bis auf Rudolfi des
Römischen Königs Zeiten, in derselbigen Rivier sonderlich verlofen.

Das Erste Capitel.

Die alten Rauracer seind ein frey Volck, verlieren ihre Freyheiten, und kommen unter den Römischen Gewalt.

On der Rauracer Landsart, Begriff und Gelegenheit, ist bis dahin Bericht gegeben: Forthin wollen wir ihre, zusammt beygelegener Völckern mit eingemischte Historien für die Hand nehmen.

Obwol nun von der uralten Rauracern Staat Thun und Wesen vor der Menschwerdung unsers Heilands Christi, und etliche hundert Jahr darnach, wenig in menschlicher Gedächtnuß verblieben: kan doch aus denen Geschichten, so bis auf uns gelanget, vernünftig geschlossen werden, daß sie gleich wie auch die Helvetier und Sequaner, ein frey Volck gewesen seyen, keinem Fürsten noch Erbherrn unterworfen, sondern die aus ihnen selbst (als man noch in freyen Ländern zu thun pfleget) Regenten und Obere gesetzet, darzu was Sachen das gantze Land berühret, in gemeiner Versammlung berahtschlaget haben. *Rauracer seind freye Landleute.*

Solches wird aus der Historie vermercket, welche Cäsar von diesem Volck geschrieben, folgendes Innhalts: Es seye bey seinen Zeiten ein fürnehmer, reicher und gewaltiger Mann in Helvetien gewesen, Orgetorix (vielleicht Hortreich) geheissen: derselbige habe den fürnehmsten im Land auf einer Tagleistung zu bedencken fürgetragen, wie sie, die ein solch leutreich und streitbar Volck wären, nach ihrer Menge so gar ein schlecht und enges Land innhielten, darneben wie so fügliche Gelegenheit vorhanden, das gantze Galliam einzunehmen und zu besitzen, hiemit in ein weit herrlicher Wesen zu gerahten. Summa, er habe ihnen die Sach also richtig fürgebildet, daß sie durch einen gemeinen Beschluß erkannt, sich die zwey folgenden Jahr, mit Wägen, Rüstungen, Proviant, und aller Reis Nohtdurft wegfertig zu machen, und zu Eingang des dritten Jahrs mit Weib und Kindern aufzubrechen, kommlichere Wohnungen zu suchen. Solches beschahe ungefehr sechzig Jahr vor Christi Geburt. Mittlerweil bewegten sie zu gleichem Fürnehmen die vernachbarten Rauracer, Tullinger, Kletgöwer, und noch ein Volck, die Boji geheissen, mit ihnen das Glück zu versuchen. *Cæsar lib. 1. de bello Gall. Helvetiern Landsbegieriger Anschlag. Vor Christi Geburt im Jahr 60.*

G   Orgetorix

Orgetorix aber practicierte unter dieser Bereitungs-Zeit heimlich mit frembden Völckern und Herrschaften, um Hilf und Verständnuß, wie er in solcher Ænderung die Helvetier begwältigen, und unter sich allein bringen möchte. Welches dann die übrigen Stände, in Erfahrung seines Anschlags, verursachte, daß sie ihn als einen Verräther und Feind gemeiner Freyheit, in Gefängnuß wurfen, des Vorhabens ihn zu verbrennen, wo er nicht auf dem angesetzten Rechtstag im Thurn todt wäre gefunden worden.

Helvetier übergeben ihr gewiß Land um eines das sie noch nicht gesehen.
Wiewol ihnen nun an Orgetorix etwas Warnung und Vorbedeutung zugestanden, was glücklichen Fortgangs sie zu diesem Fürnehmen haben wurden, setzten sie doch nicht ab, sondern als sie sich mit ihrer besten Haab verfaßt, vereinbarten sie sich, alle ihre Städte, Flecken und Häuser, mit allem dem so sie dahinden liessen, zu verbrennen, damit niemand vom Hauffen wiederum zuruck gedächte, sondern männiglich alle fürfallende Gefahr desto waghaftiger auszustehen bereitet wäre. Gaben einandern Bescheid, am Rodban, nahe bey Genf, den acht und zwanzigsten Tag Mertzens, zu erscheinen. Der Aufbruch beschahe nach Erbauung der Stadt Rom, im 695, und vor Christi Geburt, im 57 Jahr.

In diesem Auszug seynd von Rauracern überal 23000. Menschen gewesen, und so man es nach Anzahl rechnet, werden kaum sechs tausend streitbarer Mann darunter gefunden seyn. Daraus zu vermercken, daß dieses Land noch nicht so wol erbauet und volckreich, als dieser Zeit, sondern eine rauhe, und an vielen Orten unbewohnte Gegne gewesen sey, die jetzt allenthalben zu Berg und Thal wol besetzt und erbauet. Allda ist auch die Stadt Rauricum, welche (als mich bedunckt) in dieser Rivier allein gestanden, und von gemaurten Flecken nichts darüber gehabt, durch ihre eigenen Einwohner in Aeschen gelegt worden. Der Flecken dieses Lands wird nirgend gedacht, dann allein daß die Helvetier ihres Theils zwölf Städte und 400. Dörfer mit Feuer verderbt haben.

Helvetier, Rauracer ic. von Cäsare übel geschlagen.
Die Römer waren dieses Aufbruchs zeitlich verwarnet, beßhalben als diese mit sammethaftem Heer ab ihrem Musterplatz durch die Cluse bey Genf in Burgund den Fürzug genommen: setzte ihnen Julius Cäsar der Römische Feldherr mit einem starcken Zeug sorgsamlich hernach, schlug sie erstlich an der Sone, überwande sie demnach in einem Hauptstreit mit hefftiger Mühe, und erlegte ihrer eine mercklich Zahl. Im selbigen Streit, sagt Plutarchus, habe es nicht nur wider die bewafneten Männer, sondern auch bey der Wagenburg wider den Troß, viel Schnauffens gebraucht, dann sich die Weiber und Buben allda bis in Tod gewehret. Summa, Cäsar handelte mit ihnen dermassen, daß sie ihm auf die grosse Niederlag Fußfällig werden mußten, deßhalben er sie wiederum heim wiese, und als L. Florus sagt, gleich wie das Viehe in Stall triebe, auf daß die Teutschen keinen Anlaß erwischeten, sich über Rhein zu lassen, und dieses läre Nest mit ihren Leuten zu besetzen.

Wer zu viel will, dem wird zu wenig.
Die Musterrödel, welche die Römer nach eroberter Schlacht in der Helvetiern und ihrer Zugewandten Läger gefunden, hatten Anzeigung gegeben, daß 368000 Menschen in diesem Auszug mit einander aufgebrochen. Von diesen bewilliget der Cäsar den Bojis eine Gegne in Gallia zu bewohnen, aber die überbliebenen Helvetier, Rauracer, Stülinger, Kletgöwer, welche sich zuvor ihres Heimwesens nicht gesättiget, mußten alle zuruck, ihr verlassen und verherget Land wiederum

Rauracer ic. kommen unter den Römischen Gewalt.
bauen. Und von dieser Zeit an seynd die Rauracer mit den Helvetiern (so durch gesuchte Verbesserung ihres Staats, denselbigen mit Verlurst ihrer Freyheit sehr geschwächt) wie auch das übrige Gallia, so Julius in den neun folgenden Jahren bis an Rhein hinaus gantz sieghaft bezwungen, nahe in die fünfthalbhundert Jahr, unter der Römern Gewalt verblieben.

Nach

Das Ander Buch.

Nach Kayser Julii Ertödtung, kam an das Reich Octavianus Augustus, in welches Regierung im zwey und viertzigsten Jahr, nach Eusebii Rechnung, JEsus Christus GOttes Sohn, unser Heiland, von Maria der Jungfrauen wahrer Mensch gebohren ist. Derselbige Augustus hat das einhäuptig Römische Regiment, vom Cäsare neulich angefangen, in ein recht Wesen gebracht, und nach Stillung der burgerlichen Kriegen, die Lande in allen Nationen, hiedisseits und jenseits dem Meer, in die Provintzen und Landpflegereyen abgetheilet, einem jeden Landsverweser seine Heerführer verordnet. Allda fielen die Helvetier und Rauracer unter die Provintz, welche die Römer ihrer Grösse halben Magnam Sequanorum nenneten, darunter gehöreten, Hoch-Burgund, das heutige Bißtum Basel, bis auf den Eckenbach oder Landgraben im Elsaß, zusammt der jetzigen Eydgnoßschaft grösten Theil, davon auch im ersten Buch gesagt. Diese alle hatten vom Römischen Kayser einen Landpfleger, welcher in der namhaften Statt Bisantz seinen Hof hielte.

Rauracen der Germanischen Landvögten zugehörig.

Beatus Rhenanus ein fleißiger Nachforscher der Antiquitäten, vermeynet, dieser Landpfleger habe jederzeit im Castell Olinonis, jetzt das Holee, ausserhalb Basel gegen Niedergang (da gleichwol keine Burg mehr vorhanden, jedoch viel alter Gemercken seind gefunden worden) eine Hut wider den Rhein gehabt, Auffsehens zu haben, wo sich etwas selbiges Orts aus Teutschland wider die ihren erheben wolte, lasse ich in seinem Werth bestehen. Es war zwar dieses ein solch streitbar und kühnmüthig Volck, daß obwol ihnen die Römer alle andere Nationen mit dem Schwerdt unterthänig gemacht, sie doch diese niemalen unter das Joch beständiglich bringen mochten, sondern zu thun hatten, Galliam hiedisseits Rheins vor ihrem Drang zu erhalten.

Das Holee.

Solches erscheinet sich beym Cäsare selbst, welcher einsmals über den Rhein truckte, als wann er nicht hinüber kehren wolte, er hätte sie dann begwältiget: aber wie ihn die Sachen ansahen, kam er in viertzehen Tagen wieder hinüber, und ließ die Bruck hinter ihm zerbrechen. Sein Nachfahr Kayser Augustus, hat gleichwol durch seinen Stiefsohn Drusum, mehr dann andere in Teutschland außgerichtet, daher man ihn Germanicum hieß, hatte aber, beyneben daß er die Haut darüber lassen müssen, keinen Bestand. Dann als er tödtlich verblichen, haben die Cheruscei, ein Sächsisches Volck, mit Hauptmann Hermann, im eilften Jahr nach Christi Geburt (als Dion und Suetonius in Augusto bezeugen) dem Kayser drey Doppel-Regimenter guter Kriegsleuten, zusammt Quintilio Varo ihrem Obersten (so das unbändige Volck in Gehorsame erhalten sollen) irgend um die jetzige Herrschaft Lippe oder Paderborn, erschlagen, und sich wieder in ihre alte Freyheit geschwungen. Daß also (wie Florus sagt) Teutschland mehr schändlich verlohren, dann ruhmreich begwältiget worden.

Teutschen, haben sich nie den Römern untergeben wollen.

Dion lib. 56.

Obwol nun der Kayser solch Trauren darab empfienge, daß er ihm selbst das Haar ausrauste, und um dieses Verlursts willen jährlich einen Trauertag ansahe: hat er es doch nie rächen wollen, sondern fuhre zu, und liesse den Rhein und Donau strom auf der Römischen Seiten, gleich als Schiedmauren gegen dem trotzigen Volck, fleißig versehen, alle gelegenen Orte daran vest bauen, und wol besetzen, beßgleichen an die Ente, so nicht sonders leutreich, jedoch dißorten Völckern Widerstand zu thun kommlich, Römische Einwohner und Landsäßen führen. Daher ists, daß an beyden Flüssen, auf der Römern Seiten, so viel Städte und Bürge anfkommen seind, da aber auf der Germanischen Seiten gar keine, oder sehr wenig, so einiger Aelte, zu finden. Aus diesem Anlaß ist auch der Rauracer Hauptstadt (als droben gemeldet) von Kayser Augusti Befehls wegen, in bessern Bau gebracht, mit neuen Einwohnern besetzt, und Augst genennet worden.

G ij   Wie

Wie nun vom Cäsare und Augusto den zweyen ersten Römischen Kaysern vermeldet, also möcht auch von den übrigen gesagt werden. Eutropius schreibt von Caligula, als derselbige in Schwaben gezogen, und des Teutschen Heers Zukunft in Erfahrung kommen, habe er sich also zaghaft wider aus dem Staub gemacht, daß er ihnen fürgesetzt, wann sie hernach druckten, über Meer zu fliehen. Vespasianus hat sich aus Entsitzung der Teutschen eine Weil besinnet, ob ihm das Kayserthum anzunehmen, zeuget Tacitus. Die übrigen Kayser haben entwedern mit ihnen Freundschaft gemachet, oder wann sie Teutsche Nation mit Krieg angefochten, mehrentheils ehe den Neuen, dann was anders davon gebracht. Daß also das Römische Reich, welches das Meer nicht enden mögen, der Rheinische und Donauische Wasserstrom eingezeilet.

Dargegen haben sich die Teutschen Völcker den Römern für die Thür gesetzt, ihnen fleißig aufgewartet, ihre Länder und Provintzen oftermals angefallen, auch unangesehen daß sie oftermals blutige Köpf davon getragen, so lang daran gebicket, bis ihnen endlich gelungen.

Das II. Capitel.

Alemannier setzen der Römischen Provintz dieser Landen feindlich zu, werden aber von Constantio, Juliano und Valentiniano den Kaysern übel abgetröcknet.

UNd dieweil die Alemannier lange Zeit der Rauracern Nachbaren gewesen, letztlich auch ihre Herren worden seind, will die Noht fordern, von der Alemanniern Transmigration zu reden.

Alemannier werden der Rauracer Nachbaren, Anno 200.

Diese haben sich um die Regierung Kaysers Antonini Bassiani, beyläufig um das Jahr Christi 200, zusammen geschlagen, sich den Provincialern zum schrecken Al--mann genennet, aus ihrem Land um die Elb gezogen, und den Rheinstrom auf der Germanischen Seiten, gegen den Rauracis, Sequanis und Tribochis über, bis an Mayn herab, weil der nicht sehr volckreich gewesen, besessen, damit sie auf dieser Seiten den Rauracern und Oberen Teutschen in Germania prima (wie man sie damals nennete) auf der andern, den Rhätiern, oder jetzigen Walgöwern, der Römern Unterthanen, auf den Dienst warteten, sich also ihnen unter Augen niedergelassen, der Hoffnung, Anlaß zu erwischen, wie sie gar hinüber verruckten, als auch nachmalen beschehen.

Römer haben an den Alemanniern böse Nachbarn.

Diese der Alemanniern Nachbarschaft ist den Römern sehr unheimlich gewesen, weil sie sich ihnen nicht allein nicht untergeben wollen, sondern auch oftermals hinüber fielen, ihnen übertrefflichen Schaden zufügten, darum sie sich dann wol fürsehen musten. Dann ob sie wol keine besten Burgen noch Städte, wie die Römer, hatten, sondern allein verzäumte Flecken, bräuchten sie doch in Benöthigung den Schwartzwald und unwegsame Gebirge, bisweilen auch durch gefällte Bäume gemachte Landwehren, zur Zuflucht, in welchen sie Sicherheit suchten, derowegen es manchmal frisch wageten.

Alemanniern Niederlag bey Langres, Anno 298.

Unter der Regierung Diocletiani, haben sie sich mit Heereskraft über Rhein ausgelassen, und angefangen den Römern einzugreiffen, mochten aber ihr Vorhaben noch nicht ausführen, dann sie bey 60000. starck, um das 298 Jahr nach Christi Geburt, durch Constantium den Heerfürsten, so nachmalen an das Kayserthum kommen, und des Grossen Kaysers Constantini Vatter gewesen ist, bey Langres, mit grossem Niederlag überwunden wurden. Derselbige gebrauchte sich seines Siegs, zoge aus Burgund in Helvetier Land, that noch ein Treffen mit den Alemanniern, wie Nazarius meldet, bey der Stadt Windisch, im Ergöw, siegte abermals, und erschlug

Das Ander Buch. 73

schlug eine grosse Zahl. Gleichermeis muste sich auch Constantinus mit ihnen erbeissen.

Bey Zeiten Constantii, Constantini Sohns, welcher im 337 Jahr mit seinen Brüdern das Reich angetretten, haben Gunomad und Vaudomar Gebrüdere, zween Alemannische Könige oder Fürsten, welche den obern Theil des Schwartz walds, gegen den Rauracern über, sammt dem heutigen Breißgöw, beherrscheten, ihren Vernachbarten jenseit Rheins in Gallia etwas feindlicher Uebung angelegt. Deßhalben Constantius zu Chalons in Burgund eine Musterung hielte, und mit dem Heer in Baßler Rivier heraus zoge, Vorhabens seine Feinde zu suchen. Die Römer machten gleichwol eine Schiffbruck über den Rhein, aber ihnen begegnete von den Teutschen, welche gleich einem Hagel zu ihnen schossen, so erustliche Gegenwehr, daß sie nicht hinüber kamen. Doch liessen sie sich in Friedens-Handlung, dadurch der Krieg dißmal ein Loch gewann, und sich der Alemanniern etliche in der Römer Kriegsdienst wider andere ihre Feinde begaben. *Gunomad und Vaudomar Gebrüdere, Fürsten im Schwartzwald und Breißgöw, Anno 337.*

Dieser Friede währete nicht lang, sondern als Kayser Constantius anderstwo Händ im Haar bekame, und es mit dem Römischen Reich gegen Niedergang allgemach anfienge zu wancken: haben die Alemannier abermals, wie auch die Francken, Gallier Land geplaget, und einzunehmen unterstanden, waren schon bis in Burgund, und weiters in Campanien hinein gedrungen. So bald aber Kayser Constantius solches Einbruchs verwarnet, seinen Vetter Julianum wider in Galliam absendete, musten sie mit Hilf der Einwohnern das Land wiederum raumen, darzu die eingenommenen Rheinstädte Breucomagum, Straßburg, Speir, Worms etc. wiederum von Hand lassen. *Julianus ist da noch ein Christ gewesen, Anno 355.*

Das wol erbaute Gallia geliebte ihnen für ihrem Dorfland also wol, daß es dabey nicht bliebe, sondern als Julianus mit dem Heer den Rucken gekehrt, griffen sie nochmalen zu ihrer alten Weise, daß man abermals zu wehren hatte.

Hernach als sie wider einen Römischen Obersten, mit Namen Barbatio, welchen der Kayser mit 25000. Mann zu Fuß in Rauracer Gegne fertig gemachet, etwas Siegs erjagt, dadurch ihnen der Kamm empor gienge, erhube sich, im 357 Jahr, ein neuer Aufbruch, darinnen acht Alemannische Fürsten (sie wurden Könige genennet) unter welchen Chonodomar der fürnehmste war, mit sammenthafter Macht, über Rhein den Römern ins Land zogen. Bey diesem Heer war gleichwol der vorgebachte König Vandomar persöhnlich mit gelossen, aber sein Volck war mitgeloffen, dann Gunomad der andre Bruder, zu dem man sich bessers Glaubens versehen, war mit Hinterlist entleibet. Also begegnete ihnen Julianus nicht fern von Straßburg, allernächst beym Land, und lieferte ihnen eine Feldschlacht, welche Marcellinus zu End des 16. Buchs der Länge nach beschrieben, darinnen die Römer mit hoher gefährlicher Mühe wider dieses starcke Volck den Sieg erhielten, König Chonodomar fiengen, die flüchtigen in Rhein jagten, und darinnen eine grosse Anzahl ersäuften. Der Alemannier blieben allein auf dem Land bey 6000. Mann todt, ohne die Menge, so im Rhein zu Grund gienge. Es hat sich Julianus in diesem Streit also nothvest erwiesen, daß ihm die Römischen Kriegsleute nach diesem erlangten Sieg, einhellig als einem Augusto und Kayser zuschryen, welches er doch nicht annehmen wolte, sondern hoch behielte, daß er dahin nicht sehe, schickte deßhalben seinem Kayser Constantio den gefangenen König Chonodomar in Welschland, der führete ihn gen Rom, da er auch starbe. *Julianus überwindet die Alemannier bey Straßburg, Anno 357.*

Julianus bruckte darnach bey Maintz über Rhein, zoge von unten heraus den Alemanniern in das Land, schädigte es sehr, verbrennte ihnen die Flecken, entführte Leut und Vieh, setzte sie auf empfangene Niederlag in trefflichen Schrecken, daß etliche bey ihm um Frieden warben, und denselbigen erlangten.

Folgendes Jahr griff er die Sach mit den übrigen abermals so weislich an, daß auch die zween Könige Macrianus und Hariobaudus Gebrüdere, um Frieden anzusuchen,

L

Julianus be-	ſuchen / perſönlich zu ihm kamen / und denſelbigen erlangten. Aber dem König Bau-
muͤhtiget die	domar / der Rauracern jenſeit Rheins Nachbar / welcher hievor mit den Römern
Teutſchen.	Freundſchaft gemacht / ob er wol von Kayſer Conſtantio Fürſchriften brachte / und
für Varium / Urſicinum und Verſalpum / drey abweſende Alemanniſche Könige / ſo
auch hievor bey der Straßburgiſchen Niederlag geweſen / bitten wolte / ward keine
willfährige Antwort gegeben / damit ſie es nach ihrem Abzug deſto minder in Wind
ſchlügen / als ob ihnen ein anderer des Feinds alſo leichtlich abgeholfen / ſondern nöthigte ſie mit Raub und Brand / daß ſie ſich durch ihre Abgeſandten bemühtigen / ihre
Mißhandlung bekennen / und etliche Articlel annehmen muſten / ſonderlich alle Gefangenen / die ſie in mannigfaltigen Ausfällen erhaſchet / ledig geben.

Auf ſolche ruhmreiche Thaten widerfuhre Juliano / nach dem Sprüchwort /
Wo Ehr hinfället / da lendet ſich auch Verbunſt hin. Dann als Kayſer Conſtantius
beſorgte / es möchte Julianus (den er zum Mitregenten angenommen) wann er nach
Vollendung der Kriegen in Gallia / wiederum in Welſchland käme / ihm fürgezogen werden: handelte er durch heimliche Schreiben mit König Vaudomar / welcher
gegen Augſt und den Rauracern über / dem Rhein nach auf und ab herrſchete / daß
nachmalen etliche aus ſeinem Anregen / auf der Römern Erdreich feindlich anfiengen zu ſtreiffen / und er ſich darzwiſchen ſtellete / als ob er nie kein Waſſer betrübet /
durch welchen Anſchlag Julianus noch länger in dieſen Landen aufgehalten ward.
König Vau-	Sobald er aber den Braten ſchmeckte / ſtellte er ſich gegen Vaudomar gleich ſo unver-
domar von	dächtig / gab aber Beſehl / weil er offtermals über Rhein pflegte zu kommen / auf ihn
Juliano ge-	zu lauſtern / und ihn zu fahen. Solches geriehte Juliano / verſchickte ihn deßhal-
fangen.	ben in Hiſpanien / damit er nicht nach ſeinem Abzug Gallier Land (welches er mit
Mühe beruhiget) von neuem betrübete.

Julianus regierte nach Conſtantio nicht gar drey Jahr / und auf ihn Jovi-
Kayſer Va-	nus bey acht Monaten. Dieſen trat am Kayſerthum nach / im Jahr 364 / Valen-
lentinianus	tinianus / welcher allbereit den erſten Tag Aprillens ſeinen Bruder Valenten zu
der älter.	Conſtantinopel zum Mitregenten erkläret / und ihm die Kayſerliche Verwaltung ge-
Anno 364.	gen Aufgang vertrauet / er aber verreiſete nach Mayland. Als zu Antritt ſeines
Regiments den Alemanniern in ihrer Geſandten etwas Verachtung / oder (wie ſie
vermeineten) Schmach von dem Kayſeriſchen Amtmann Urſatio begegnet / indem
man ſie mit Gaaben und Geſchencken / wie bisher bräuchig geweſen / nicht bewie-
ret: hatten ſie ſchon die vielfältigen Windſtreiche / unter weyland Kayſer Juliani
Heerführung empfangen / alſo gar verſchmirtzet / daß ſie nicht nur die Gallier und
Rhätier mit Kriegsdrang abermalen angriffen / ſondern auch die übrigen Teutſchen
Völcker wider die Römiſchen Provintzen beyderſeits auftrugig machten / daß der
Kayſer durch Dagalaiffen und andere ſeine Rittmeiſter und Oberſten zu wehren hatte.

Mainz von	Im 368 Jahr nach Chriſti Geburt / hat Rando ein Alemanniſcher Fürſt / durch
Alemaniern	heimliche Practick an einem Feſttag / als die Leute / nach chriſtlichem Brauch / in der
überfallen.	Kirchen geweſen / die unbeſetzte Stadt Maintz überfallen / geplündert / Weib und
Anno 368.	Mann weggeführet.

König Vitigab / des Vaudomars Sohn / ein junger frecher Herr / griffe hierob ein Land immerdar auf die Rauracer und Sequaner zu / deßhalben als man ihn
nirgend zukommen mochte / beſtachen die Römiſchen Befehlshaber ſeiner Hofmännern
einen / welcher ihn entleibte / und man darnach eine Weil Ruhe hatte. Der Thäter ent-
wich über Rhein auf den Römiſchen Boden.

Und dieweil Kayſer Valentiniano und ſeinen Vorfahren von den Alemanniern
über Rhein her ohne Unterlaß viel Feindſchaft und Eintrags begegnet / verurſachte es
Marcell. lib.	ihm / daß er (wie Marcellinus ſchreibt) den gantzen Rheinſtrom auf der Gallier Seiten /
28.	von ſeinem Urſprung an aus den Graupündten / bis an das Meer / mit gewaltigen
Veſtungen verwahren / die Schlöſſer und Thürn höher aufführen / an wohlgelege-
ne Ort einander nach Caſtell ſetzen lieſſe. Folget hierinn Claudio Druſo / Kayſer

Das Ander Buch.

ser Augusti Stieffsohn, welcher allein (nach Vermeldung L. Flori) wider die Teutschen ob funfzig Schlösser am Rhein bauen lassen. Unter denselbigen ist diese Vestung besonders namhafft gewesen, welche er bey Basel gebauet, davon im folgenden Capitel weitläufftig gesagt wird.

Nach dieses Kaysers Abgang, welcher sich im 375 Jahr zu Bregentz im Winterläger zugetragen, hielten sich die Alemannier nicht länger in Stille, dann daß sie, sonderlich die Lintzgöwer, nur zwey Jahr darnach, mit bester ihrer Macht, 40000. geschätzt, über den Rhein zogen, Vorhabens dem Adler eine Feder auszureissen. Diesen begegnete Kayser Gratianus, des verstorbenen Valentiniani Sohn, im Elsaß bey der Stadt Argentuaria, das ist, um Horburg, schluge mit ihnen, und erlegte eine solche Menge, daß man schätzet der Feinden wären kaum 5000. davon kommen. *Alemannier werden im Elsaß geruhlich geklopft, Anno 377.*

Ich habe allein die fürnehmsten Sträuffe und Kriegsthaten angezogen, hiemit zu erklären, was feindseliger Nachbarschafft damals die Rauracer, Sequaner und Triboci, ja der gantze Gallische Rheinstrom, an den Alemanniern und Teutschen gehabt. Marcellinus hat diese Händel der Länge nach beschrieben.

Das III. Capitel.

Weitläufige Ausführung eines Orts Ammiani Marcellini, zumalen von der Stadt Basel Ursprung, und wo die Vestung Valentiniani gestanden.

WEil die Römer wider die Alemannier in solchen Handlungen stuhnden, ist unlaugbar, daß Augst der Rauracern Hauptstadt im Blut gewesen seye, da man Kriegsleute zur Besatzung gehabt, dahin auch die Römischen Heerführer, so in diesen Occidentischen Landen zu thun gehabt, offtermals kommen. Ob aber an dem Ort, da heutiges Tags Basel steht, eine Stadt oder namhaffter Flecken gestanden, dessen findet man ob dreyhundert Jahren nach Christi Geburt keinen Bescheid, daß zu glauben, es seye vor derselbigen Zeit keine Wohnung da gewesen.

Dann obwol Phlegon Trallianus, Kayser Adriani freygelassener Eigenmann, so um das 120 Jahr Christi gelebt, in seinem Büchlein de Mirabilibus & longævis, das ist, Von Wundersachen und alten Personen, zweyer Meldung thut, welche hundert Jahr erreichet, und zu Basilia gelebt haben, namlich Publius Nevius, Lucii Sohn, und Salvia Varena, Lucii Tochter: halte ich doch, er verstehe unser Basel nicht, sondern irgend eine Stadt in Welschland, weil er Anfangs anzeigt, daß er nur von Italiänern rede, auch sonst keiner anderer Städte in Gallia und Germanien gedenckt, sondern allein etlicher namhaffter Städten Italiä, als Bononia, Placentz, Parma, Arimino, Rezzo etc.

Und zwar mir zweifelt nichts, wäre schon Basel zur selbigen Zeit eine namhaffte Stadt oder Flecken gewesen, es wurde sie Claudius Ptolemäus der fürtreffliche Weltbeschreiber, der es den Alten weit vorgethan, und unter dem Kayser Antonino Pio, um das 140 Jahr Christi geblühet, in Beschreibung des Rheinstroms, nicht überschritten haben. Dann er im neunten Capitel, des andern Buchs seiner Geographie, in Gallia dem Rhein nach herauf nennet, Argentoratum, jetzt Straßburg, Elcebum nicht fern von dem heutigen Schlettstatt, Breucomagum, welches Bircktaimer für Breisach ausleget, Argentuariam jetzt Horburg, sodann Augustam Rauricorum, unter der Mitternächtischen Polus-Höhe 47. Grad, 10. Minuten, dahin sie auch vast nahe eintrifft. *Basel bey Zeiten Ptolomäi noch nicht gewesen.*

T ij

eintrifft. Es wurd auch ihrer Antoninus in Itinerario, das ist, in seinem Wegzeiger oder Reisbüchlein, darinnen er schlechtere Oerter verzeichnet, nicht vergessen haben, da aber Basel bey keinem gedacht wird.

Ammianus der älteste, bey dem Baselangezogen. Marcellinus lib. 30.

Anno 374.

Deßhalben unter bewährten und glaubhaften Scribenten, so ich durchsehen können, Ammianus Marcellinus (welcher bey Zeiten Juliani, Valentiniani und Gratiani, der Römischen Kaysern, unter den Kriegsreisen persönlich diese Land besehen) der älteste ist, bey dem Basel angezogen wird, solcher Gestalt: Nachdem Kayser Valentinianus den Alemanniern auf eine Zeit etliche Gäw verherget, habe er bey Basilia eine Landwehr oder Vestung gebauet, welche die Beywohner Robur nenneten. Dieses ist nach ordentlicher Zeitrechnung im Jahr Christi dreyhundert vier und siebenzig beschehen.

Aus allen Umständen dieser Historie befindet sich, daß Marcellinus von unserm Basel rede, die er doch keine Stadt nennet, ist auch zu glauben, sie seye selbiger Zeit mit Ringmauren noch nicht umfangen gewesen, viel minder daß sie schon die Weite und Grösse des innern Bezircks gehabt: Sondern weil selbiger Zeit keine Brucken über den Rhein waren, darum daß die Römer den unruhigen Teutschen nicht vertrauen konnten, darneben dieses den Sequanis und Rauracis aller Gelegenheit halber, zu einem Ueberfahr ein kommlicher Platz gewesen, darzu gäng und wol getrieben: daß nach und nach Behausungen da aufgerichtet seyen, bis endlich ein namhafter Marckt daraus entstanden. Derowegen zu vermuthen, die ersten Basler haben um den jetzigen Saltzthurn und Schiffläude gegen dem Fischmarckt gewohnet.

Baßlern erste Wohnung.

Dessen mögen etlicher Orten und Häusern alte Namen Anzeigung geben, als da seind, auf den Saltzkästen, die Wechselbäncke, zur Fronwag, die Herbergen, Krämergaß, S. Brandolfs Capell, gegen deren über noch vor dreyhundert Jahren die alten Instrumenten vom Vogt, Schultheiß, Burgermeister und Rähten (also steht ihre Ordnung) gerichtlich ausgangen, datiert seind, da aber das Richthaus, Kaufhaus, Wechsel ꝛc. nach Erweiterung der Stadt an andere Ort gekommen. Es ist je dieses zu einem Paß und Ueberfahr eine bequeme Gelegenheit gewesen, um daß der Rhein allda sehr still hinfleußt, sich in keine Giessen zertheilet, darzu von wegen des Leimthals Ausgang, beyderseits etwas ebne, und nicht sehr erhebte Gestad hat. Uber das ist dieses Orts Gelegenheit, da sich das Gebirg oberhalb geendet, und in ein eben Land gezogen, lustig und eines gesunden Lufts, mit viel lieblichen gegen Aufgang springenden Brunnwassern, als da seind S. Brandolfsbrunn, Volmarsbrunn, Lochbrunn, Goldbrunn, S. Georgenbrunn, item die am Fischmarckt, Kornmarckt, der Richtbrunn, so jetz der Gerberbrunn, und andere.

Basel ertlich ein Jahr.

Aus diesen und andern Vermuthungen wird gläublich, daß vor der Zeit Ammiani, da noch die Stadt Augst in Wesen gestanden, zu Basel über den Rhein, ein Fahr nicht ohne Behausungen gewesen, welchen beyde die Teutschen und Gallischen Völcker, so hiedisseits und jenseits dieser des Römischen Reichs Schiedmauer zu thun gehabt, geübet und gebraucht. Die Saltzkästen zwar ermahnen mich, daß weil bey Marcellino klärlich zu sehen, daß sich die Alemannier der Burgundischen Saltzes gebrauchet, und sich darum oft mit demselbigen Volck erzancket, daß ich gedencke, es seye an diesem Paß das Saltz in Teutschland geführet worden.

So auch deren Abrechnung ohne Fehl, welche setzen, daß Ariovistus der Teutschen König, von Julio Cäsare an dem Ort in die Flucht geschlagen sey, da jetz S. Apollinaris steht, nicht fern von Volckensperg, irgend eine MeileWegs vom Rhein: so mag nicht übel gearguirt werden, gedachter König sey an diesem Baßler Fahr, mit etlichen der seinen entrunnen. Dann die Historie sagt, die Teutschen haben nach verlohrner Schlacht dem Rhein zugeeilet, da etliche hinüber zu schwimmen sich unterstanden, etliche aber in Weidlingen, so sie daselbst gefunden, des Feinds Schwerdt entgangen, so sey auch
Ariovistus

Das Ander Buch.

Ariovistus selbst in einem Schifflein, welches am Gestad gehangen, hinüber entwischet. Besihe hievon das Ende des ersten Buchs von Gallischen Kriegen.

Die Vestung Robur belangend, welche Valentinianus der andere bey Basilea gebauet, ist den Gelehrten, so diese Alvier eigentlich besichtiget, mancherley eingefallen. Der mehrere Theil hat vermeynet, es seyen die alten Schlösser Wartenberg gewesen, eine halbe Meile ob der Stadt, so einer vergangenen Landwehr gleich stehen: andere, so auf das Wörtleins Thon gesehen, haben Rotberg, andere das Rothaus daraus verstanden, aber ohne Grund, dann sonst wäre Froburg des Wörtleins Thon ähnlicher, welches ein uralter Edler Stamme gewesen, so das Römische Feldzeichen den Adler im Wapen geführet. *Vermuthung, gen über das Robur Valentiniani.*

Mich aber will bedunken, Marcellinus habe aus dem Teutschen Wörtlein Burg Robur gemacht, vermuhte derowegen, sintemal die jetzige Stadt im Thal dem Birsick nach bis auf den Rhein den Anfang genommen, und noch nicht, wie heutiges Tags, beyde Berg begriffen: Valentinianus habe diese Vestung, so die beywohnenden Basler (sagt accolæ, nicht incolæ) Burg genennet, auf der Höhe am Rhein des Orts gebauet, da jetzt die Thumkirch und der Bischofflich Hof stehet, und mag diese Burg nachmalen entwederst durch der Alemannieren oder Hunnen Uberfall, mit anderen vergangen seyn. Diese Meynung bekräftiget, daß dieses Ort von Alten bis auf diesen Tag den Namen in Castro, auf Burg, behalten, und die Römer selbst (als Vegetius zeuget) ein Castell Burgum geheissen haben, vom Griechischen Wörtlein Pyrgos, welches einen Thurn oder wehrhaft Ort bedeutet. Die Römischen Müntzen zwar, so man an diesem Ort (wo man tief gräbt) findet, geben Anzeigung, daß zur selbigen Zeit, da diese Pfenninge im Brauch gewesen, allda Wohnungen gewesen seyen. Hiezu stimmet auch Beatus Rhenanus, der sich um alle Sachen wol bemühet, vermeynende, es haben die Römer an gesagtem Ort eine Burg und Besatzung gehabt, den Fahr unten am Sprung zu verwahren. Aber wie in allen Sachen, so menschlicher Gedächtnuß entfallen, und un keine Schriften verfasset worden, nicht frevenlich zu schliessen, also will auch ich hierinn einem jeden sein Urtheil frey gestellet haben. *Zu Basel auf Burg ist das alte Robur gestanden.*

Das IV. Capitel.

Von dem Namen der Stadt Basel.

WIe nun alles, was von der Stadt Basel Ankunft gesagt, allein Vermuthungen seind, also auch was von ihrem Namen gedisputiert wird. Doch läßt sich aus dem vorangezogenen Ort Ammiani wol ansehen, sie habe anfänglich unter der Römern Herrschung, und bey Zeiten der verblichenen Stadt Augst, den Namen Basilia, und keinen andern empfangen: achte deßhalben nichtig, daß sie jemalen Augusta major geheissen, unangesehen daß solches Felix Hemmerlin Thorherr zu Zürich, in Viridario Imperatorum geschrieben. So hat auch die Deutung dahin der Buchstaben A und M auf der Stadt grossen Burgersiegel, überall keine Gezeugnuß, besonders da man blosse Buchstaben in vielerley Meynungen deuten und auslegen kan, wie sich beym Aesopo erscheinet, der seinem Herrn Xantho, die sieben Griechischen Buchstaben, so er bey einem vergrabenen Schatz gefunden, mannigfaltiger Weis erkläret. Und warum hätten auch gedachte Buchstaben nicht für Augusta Minor, das Minder Augst, mögen verstanden werden? *Basel hat nie weder Mehren noch Minder Augst geheissen.*

Ich trage hierüber ein ander Bedencken. Auf gemeldtem Siegel stehet die Thumkirch mit zweyen Glockthürnen gebildet, die haben beyderseits A und M darum beygezeichnet, daß die Burgere damals der Stift Basel befreyete Gotteshauß-Leute waren, welchen die Bischöffe Häupter und Rähte setzten, die auch in der Stadt Hohe und Niedere Gericht, Ungelt, Zöll, Müntz und andere Regalien bey den

78 Baßler Bistums Historien,

den Käisern ausgebracht. Deßhalben sie Unser Frauen Münster, dem sie verpflichtet, und vielleicht selbiger Zeit die einige Pfarr in der gantzen Stadt war, auf das Siegel genommen, und durch die zween beygesetzten Buchstaben das Ave Maria, welches sie auch letstlich auf die Müntz geprägtet, bedeuten wollen.

Baßler Wapen.

Gleicher Gestalt ist gemeiner Stadt Zeichen nichts anders dann das Obertheil des Bischofflichen Hirtenstabs, wie sie denselbigen in ihren Pontificalibus und geistlichen Zierd zu führen pflegen, ungeacht was andere davon gemähret. Er ist je von dem, welchem die Bischöffe zum Zeichen behalten, allein in Farben unterschieden, daß dieser roht, jener aber schwartz ist, als wann die Bischöffe das Kleinod genommen, und der Stadt das Futer gelassen. Solches weisen auch der Städten Telschberg, Liechtstal, Lauffen und Olten Zeichen, welche alle vorzeiten der Stift Städte gewesen, zum Theil auch noch seind, und den Bischofflichen Stab unterschiedener Weise führen.

Damit wir aber auf den Namen Basel kommen, seind von demselbigen mancherley Meynungen aufgebracht, indem etliche einen Teutschen, etliche einen Griechischen, etliche einen Lateinischen Namen daraus machen wollen, und ist leicht gewesen mancherley darüber zu dichten. Das Pöfel stehet in der Beredung, die Stadt habe den Namen von einem Basilisco, das ist, vergiften Wurm, von dem Plinius schreibt, daß er einer Handspann lang in Africa wachsen solle, mit seinem Anpfeisen alle Schlangen vertreibe, und was er für Erdgewächs mit seinem Leib oder Athem berühre, verderbe rc. Ein solcher sey vorzeiten, ehe der Platz recht gesäubert, gefunden worden. Ist ein Mährlein, so der Rede nicht würdig, und vielleicht daher kommen, daß man bisweilen solche Würm zur Stadt Zeichen gemalet, oder auch auf die Müntz geprägtet. Dann Mitternächtische Länder solchs Gewürm nicht zeugen, ja man zweiflet, ob sie auch in den heissen Mittag-Ländern gefunden werden, dann Plinius schreibe, daß Könige todte Basilisten zu sehen begehrt haben.

Basilisken

Welche aber diesen Namen vom Griechischen Wörtlein Βασιλεία, das zu Teutsch ein Königreich heißt, herführen, wollen es damit bewähren, entweders daß es eine königliche und zierliche Stadt, oder von Henrico dem andern Römischen König erbauet und erbessert worden sey. Deren Bedencken macht verdächtig, erstlich, daß kundbar, wie zu der Zeit, als die Stadt Basel ihren Anfang genommen, das Land allenthalben mit dem gantzen Gallia in der Römern Gewalt gestanden ist, und sie es im Brauch gehabt, alle Provintzen durch ihre Landvögte, Befehlhaber und Besatzungsleute an ihre Zung zu gewöhnen, damit ihnen der Römische Sitt, aus Anmuht der Sprach, desto baß geliebte. Daher die Lateinische Sprach gar nahe in alle Welt ausgebreitet, und also gemein worden ist, daß man hernach den Gottesdienst darinn geübet, mehrentheils alle Instrument und Briefe darinn geschrieben hat. Weil sie nun ihrer Zung so beflissen gewesen, wird gläublich, es habe auch ihnen an Namen nicht gemangelt, angehende Städte, Märckte und Flecken zu intitulieren, daß sie einen von Griechen entlehnen müssen.

Zum andern, sintemal Basel Anfangs unachtbar gewesen, und allgemach zu einer Stadt gewachsen, bis sie in das gegenwärtige Wesen gerahten, haben diejenigen, so ihr erstlich diesen Namen gegeben, nicht vorsehen können, was aus denselbigen Wohnungen werden solte, besonders zu solchen gefährlichen und betrübten Läufften, da die Teutschen Völcker mit Überfall, Zerstörung und Verherrgung der Römern Unterthanen immerdar viel Schaden zufügten.

Zum

Das Ander Buch. 79

Zum dritten, hat Marcellinus, über die 600 Jahr, vor Kayser Henrichen dem andern dieses Ort Basiliam genennet, kan deßhalben von ihm diesen Namen nicht haben, ob sie schon von ihm besser erbauet, und das Stifft wol begabet worden. Diesen Verstand hat, daß Nicolaus von Cusa der Cardinal schreibt, Basel seye 500 Jahr vor dem grossen Concilio daselbst (dem er noch minders Staats beygewohnet) als die grosse Stadt nicht fern davon gelegen, durch die Ungarn umgekehret, von Kayser Henrichen erbauet, und mit Kirchen zieret worden. Dann gewißlich hieraus nicht die Zeit der ersten Begründung, sondern ihrer Erbesserung zu vernehmen. *Lib. 1. de Concordia Catholica.*

Die ihren Namen von Tito Minutio Basillo herführen, als Johann Herold, oder von der Basilina, Kayser Juliani Mutter, denen wird ich leichtlich Beyfall thun, wann sie ihres Vermuhtens historischen Grund wüßten. Da sie aber desselbigen mangelbar, stelle ichs zurück.

Rhenanus, welchem seines gelehrten Fleisses halben viel zuzumessen, bringet hart darauf, daß sie von dem Passagio oder Paß, welcher von altem an diesem Ort über das Wasser gewesen, Passel, und dann etwas verändert, Basel, genennet sey. Um desselbigen gängen Fuhrts willen, bey welchem man Güter aus- und eingeladen, seyen mit der Zeit viel Häuser gebauet, Herbergen angerichtet, und (wie an solchen Enden beschiehe, da kein frembdes Volck hinkommt und durchreiset) Krämer hingezogen, biß letzlich ein stadtlich Wesen daraus erfolget. Und diese Abrechnung ist der historischen Wahrheit am allerbequemlichsten.

Das V. Capitel.

Fortführung der Historien. Wie die Burgundier und Francken, darnach auch die Alemannier, Galliam besessen haben.

Je aber der gantze Rheinstrom von den Helvetiern und Rauracern an durchnieder, mit sammt dem gantzen Gallia aus der Römern Gewalt, in fremde Beherrschung kommen sey, will die Noht fordern anzuzeigen, daraus dann der Stadt Augst Untergang vernünftig geschlossen, und des Lands Beherrschung mag verstanden werden.

Um das 400 Jahr nach Christi Geburt, seind betrübte Zeiten und schreckliche Läuffe gewesen, darinn sich (wie die alten Historienschreiber bezeugen) merckliche Aenderungen der Völckern, Städten, Landen und Leuten zugetragen, und das Römische Reich gegen Niedergang in hefftigen Fall gerahten. Dann erstlich die Francken, im Jahr 404, mit Pharamundo ihrem König aus Teutschland ausbrachen, mit gantzer Macht über Rhein in Galliam führen, und sich in der Trierischen Gegne niederliessen. Dieses war zu selbigen Zeiten ein gar alt und mächtig Teutsch Volck, von dem wir noch alte Dinge bisweilen Altfränckisch heissen. Sie mochten aber dieser Zeit ihre gesuchten Wohnungen mit ruhiger Besitzung noch nicht erhalten, sondern es kamen bald andere Vögel, welche diese aus dem Neste bissen. Das ergieng also.

Kayser Honorius hatte einen fürnehmen Grafen Stilico genannt, der zuvor sein Gerhab und Vormünder gewesen war, deßhalben auch von ihm hohen Befehl truge. Dieser fuhr untreulich an seinem Herrn, unterstuhnde sich den Adler der Fettich zu berupfen, das ist, die Occidentischen Völcker, denen er zum Obersten Lieutenant und Regenten gesetzt war, an sich und seinen Sohn Eucherium zu bringen. Deßhalben er mit etlichen fremden Völckern in Teutschland, namlich mit den Alanen, Wenden, Schwaben und Burgundiern, heimliche Practicken machete, wel- *Mercklich Verwechslung und Aenderung unter den Deutschen.*

chen auch dieses ein erwünschet Spiel war, daß sie (Prosper setzet es in das 405, andere in das 406 Jahr nach Christi Geburt) in mächtiger Anzahl mit grosser Beschädigung, aus ihren Erblanden in Galliam zogen, dadurch die Francken ausgetrieben, wiederum in ihr alt Heimwesen hinüber weichen mußten. Und dieses waren noch alles heidnische Völcker, die keine Erkanntnuß Christi hatten, da aber die Gallier schon eine gute Zeit zuvor den Christlichen Glauben bekennet.

Anfang des ersten Königreichs Burgund.
Von den erstgemeldten Völckern, zogen die drey vorderen, im 411 Jahr, in Hispanien, letztlich im Jahr 430, über Meer in Africam. Aber die Burgundier setzten sich um Autun, Mascon, Schalun und Bisantz, richteten daselbst ein neu Königreich an, und ward von ihnen demselbigen Land der Name Burgund gegeben, den es biß auf unsere Zeit behalten, seind auch unlang hernach Christen worden. Sigebertus setzet ihre Bekehrung in das 433 Jahr.

Gothen kommen in Gallier Land.
Bald darauf erregete sich ein anders und gleich so schreckliches Ungewitter. Alaricus der Visigothen König kam auch mit Heerskraft in Galliam, welchem man gantz Aquitaniam, das ist, Guienne, Gasconien, und ein Theil in Languedocken (wolte man mit ihm zu Frieden kommen) einraumen mußte, daher diese Leut Visigothen oder Westgothen, das ist, die Occidentischen Gothen hiessen. Sie waren also kühnmütig, daß als sie die Römer durch etwas Verletzung zu Grimm gereitzet, mit Heerskraft gen Rom zogen, die Stadt im 412 Jahr einnahmen und Preis machten.

In dieser Römischen Gewalts Sinckung, waren die Francken mit ihrem König Clodione abermals ein Versuchstuck zu thun, an Galliam gerahten: aber ihnen ward vom Aetio, dem Kayserlichen Statthalter in Gallia der Paß über den Rhein mit Gewalt vorgehalten. Darzwischen stickete sich auch das Englische Reich ein.

Francken besitzen Galliam, Anno 431.
Nach solchem enthielten sich die Francken ihres Vorhabens nicht länger, dann bis in das 431 Jahr, da sie sich wiederum erhuben, ihr alt Heimwesen, das heutige Franckenland, und das Land um Tongren und die Some in Gallia mit gewaltiger Hand einnahmen, bis sie allgemach ferner um sich griffen. Haben also damals ihren Fuß in Gallia dermassen gesetzt, daß die Römer (welche noch den minderen Theil darinn beherrscheten) sie nicht mehr vertreiben konnten.

Alemannier ziehen abermals an Galliam, Anno 440.
Als nun den Francken unten herein gelungen: gedachten die Alemannier, welche bisher den Rheinstrom auf der Germanischen Seiten von der Donau an weit hinab (als der Länge nach hievor gemeldet) eine gute Zeit bewohnt, in diesem des Römischen Reichs Fall, ihre Herrlichkeit gleicherweis zu erweitern, darob sie dann vor abgeloffener Jahren manchmal mit grossem Verlurst so übel tractiret worden. Erhuben sich deßhalben um das 440 Jahr, liessen sich aus, eines Theils über die Donau, andern Theils über Rhein in die Römischen Provintzen: beweiseten auf jener Seiten den Rhätis und Algöwern, auf dieser Seiten den Helvetiern, Rauracern, Sequanis und Tribochis Feindsbrang, der Meynung, gedachte Land, so mit Städten und Flecken weit besser dann ihres bezieret, zu besitzen. Weil aber darinn etliche ziemlich wolbewahrte Vestungen waren, konnten sie ihr Begehren noch nicht gemeinlich erhalten.

König Etzels wüster Streif und Landsverheergung,
Bis daß im 451 Jahr (Sigebertus setzet es in das 453) der blutdurstige Tyrann Attila oder Etzel, der Hunnen König, welcher sich eine Geisel GOttes nennte, mit fünf mal hundert tausend Wäpnern, von Scythen, Hunnen, Gepidis, Quadis, Marcomannis, und andern fremden Völckern, aus der Ungarischen Gegne durch heutig Schwaben herauf zoge, das Land allenthalben mit rauhem barbarischem Kriegsvolck, gleich den Heuschrecken erfüllte, allenthalben unmenschliche Wütigkeit erzeigte, mit Plünderung, Brand, Mord, Zerstörung, darinn niemands, weder Land noch Leuten, gleich einem rasenden wilden Thier, verschonet. Allda erwischten die Alemannier Anlaß, schlugen sich zu ihm, und halfen ihm hindurch brechen. Gibuldi des Alemannischen Königs wird da sonderlich gedacht.

Alemannier fallen mit den Ungarn in Galliam.
Die Städte am Rhein waren gleichwol starck besetzt, auch alles Landvolck Sicherheit zu suchen darein entflohen: aber der ungestüme Gewalt dieses unzählichen Volcks war

Das Ander Buch.

war so groß, daß sie diesen Wüterich an seinem Fortzuge allein saumen, aber nicht aufhalten mochten. Die Könige Sigmund und Gundarich zu Burgund hätten gern das Beste gethan, und ihn in der Gegne, da jetzt Basel steht, abgehalten, war aber umsonst, sie wurden von ihm geschlagen und gefüchtiget. Dieweil es nun am Rhein so viel Schnaufens gebraucht, ehe er denselbigen vermeistern können: deßhalben er also sehr wider denselbigen tobete, alle Städte daran gelegen, von Costantz bis für Straßburg hinab (dann sich dieses grosse Volck im Land allenthalben ungestümmiglich ausgebreitet) zerstörete und in Boden richtete, grosses Mord und unwiderbringlichen Schaden stiftete. Hierum nennet ihn Sidonius Apollinaris ein Bischoff in der Auvergne, so zur selbigen Zeit gelebet, einen Feind des Rheins. *Sidonius lib. 7. Epist. ad Ferreolum.*

Allda ist gläublich, es seye die alte Stadt Augst, wie auch das aufgehende Basel, sammt andern Städten, Forum Tiberii, Vindonilla, Argentuaria, Argentoratum &c. deren Anzeigungen eines Theils in dem verfallenen Gemäur noch vorhanden, andern Theils hernach wiederum in Bau kommen seind, hergehalten müssen, davon dann auch droben an seinem Ort gesagt worden. Soll deßhalben niemand verwundern, daß von der Umkehrung Augst, gleich sowol als anderer Städten, keine sonderbaren Historien zu finden: weil dieses eine gemeine Landsverderbung, und ein solcher unerhörter Sturmwind gewesen, so über das gantze Land weit und breit ausgegangen, daß männiglich mit ihm selbst zu thun gehabt, deßhalben dieses feindlichen Streifs nur eine gemeine Vermeldung beschehen ist. *Warum von der Zerstörung Augst nichts zu finden.*

Da nun der bluttrieffende Landstraß Attila wol in Franckreich hinein kommen, und alles was ihm am Wege gewesen, gleich einem strengen Waldwasser darnieder gestossen, die Stadt Rheims geschleifet, und auch schon Orleans belagert: hat sich Aetius der Römische Statthalter mit Dietrichen der Visigothen, Meroveo der Francken, und Gundarich der Burgundiern Königen, in Gallia wohnhaft, verbunden (dann diese allein solchem Schrecken die Köpf zusammen halten musten) ist mit ihrer Hilf dem grausamen Feind dermassen entgegen gezogen, daß er von der Belägerung abwiche, und sich wiederum zuruck auf Schalumer Heid begabe. Allda erhube sich eine ernstliche und blutige Schlacht, darinnen bey 180000. Mann todt blieben, und Attila (welcher den Himmel zu pochen vermeinte) den Sieg verlore, jedoch durch die einfallende Nacht etwas Schirms bekam, daß er sich in eine Wagenburg verschantzen, demnach wieder aus dem Land entweichen mochte: da er abermals ain Heimzug, was er zuvor aufrecht gelassen, zorniger Weise zu vollem in Grund richtete. *Dem Attila wird gröblich schwaget.*

Nach dieser Landsverwüstung haben die Alemannier den oberen Rheinstrom, bis auf die Ruß, das Burgund, und die Mosel hinein, so sie vormals nicht behaupten mögen, besessen, daher dann die Nauracer unter der Alemannischen Fürsten Beherrschung kommen seind. Derselbigen Gewalt stuhnde damals ungefahr sechtzig Jahr lang am höchsten, als die alles Land zwischen dem Neckar und der Ruß innhielten, namlich, Schwaben und Wirtenbergerland, Schwartzwald, Algöw, Breißgöw, Bodensee, Turgöw, item dem Rhein nach herab, die Bisthume Basel und Straßburg. Es seind auch mit der Zeit der Landschaften alte Namen, im Begriff ihrer Herrlichkeit gelegen, allgemach erloschen, und von ihnen der Göwen Namen (als die zuvor auch in Pagis gewohnet) aufkommen, als da seind Hegöw, Algöw, Lintzgöw, Kletgöw, Turgöw, Ergöw, Sißgöw, Sunitgöw, Elsgöw, Breißgöw, Waßgöw &c. da sonst dieselbigen Lande bey Zeiten der Römischen Beherrschung Rhætia prima, Helvetia, Rauricum, Sequani, Tribochi, Nemetes &c. geheissen. *Alemannier werden Herren der Rauracern und anderer Rheinlandern.* *Der Göwen Name.*

Das VI. Capitel

Gantz Alemannia wird von den Francken oder Frantzosen bekrieget, derowegen kommen diese Land unter die Fränckischen Könige.

DEr Alemanniern Herrlichkeit und frey Regiment fiele bald wiederum einsmals zu Boden, also daß sie mit ihren Landen den Francken oder Frantzosen unterworffen und Zinsbar wurden, welches sich dann folgender massen zutruge.

Bey Zeiten der Regierung Clodovei des fünfften Königs der Francken, seines Reichs im funffzehenden, und nach der seligmachenden Geburt Christi, im 499 Jahr, als erstgedachte Francken (wir heissen sie jetzt Frantzosen) unter her vom Rhein bis an die Löre hinein, alle Städte und Plätze eingenommen, deßhalben den Alemanniern in Gallia weit vorkommen: war gedachter Alemanniern König mit den Sicambris (seind die heutigen Geldrer) der Frantzosen Angehörigen und Bundsgenossen, zu Krieg erwachsen, deßhalben mit Heereskrafft wider sie in das Land hinab gezogen.

Clodoveus der erste Christenliche König in Franckreich.

Clodoveus war zur selbigen Zeit noch ein Heid, aber sein Gemahl Clotild, eine gebohrne Königin zu Burgund, war ein Christlich Weib, welche ihren Herrn offtermals ermahnet hat, die heidnischen Abgöttereyen zu verlassen, und Christum den Gecreutzigten mit Glauben anzunehmen, jedoch bis dahin an ihm nichts erhalten mögen. Dieser leistete den benöhtigten Sicambris seinen Bundsgenossen wider die Alemannier Hilf, zoge denselbigen mit einem trefflichen Volck entgegen, also daß beyde Heer bey der Stadt Tolbiacum (Divæus sagt, es sey jetzt ein Flecken Colner Bistums, Zulpich geheissen) zusammen trafen, und eine ernstliche Hauptschlacht mit einandern thaten. In dieser beschahe der Francken Reisigen und Fußhauffen so harter Nohtdrang, daß sie zuruck weichen mußten, und schon an dem war, daß die zertrennten Schlachtordnungen in die Flucht zerstreuet werden solten.

Frantzosen schlagen die Alemannier wunderlich Anno 499.

Weil nun Clodoveo keine menschliche Hilf mehr übrig, wendete er die Augen gen Himmel, rufte in seinem Angstschweiß Christum, welchen sein Gemahl verehrete, einbrünstiglich an, und gelobte, ihn fortan zu bekennen, wann er dißmal den Sieg behielte. Solch Gebätt gieng also kräfftig ab, daß sich das Blatt am Streit albereit umwendete, und männiglich gespüren mochte, daß die Frantzosen aus sonderbarem Gottes Beystand ein Hertz empfangen, und den Alemanniern (welche ihnen sonst Zweifels ohn obgelegen) den Sieg abgedrungen.

Alemannische Lande kommen unter die Frantzosen.

Also erlag eine mercklich Anzahl der Alemanniern, welchen deßhalben ihre königliche Hochheit entzogen, die Länder hiedisseits und jenseit Rheins eingenommen, unter beschwerliche Ordinantz, und Leibeigenschafft gestossen wurden. Man achtet, es kommen von diesem Sieg her, die Fron- und Herrendienste, die Leibsteuren, Todfäll, dem Herrn das beste Haupt Viehs, dem Schergen ein Rock, und dergleichen Dienstbarkeiten. Summa, Clodoveus gebrauchte sich seines Siegs, daß die Alemannier das Haupt nicht mehr wieder auffrichten konnten. Hiemit seind beyde, nicht nur das Gallische Alemannia, darinn Baßler Rivier begriffen, sondern auch das Germansche, in der Fränckischen Königen Gewalt und Zwang gekommen.

Das Ander Buch.

Nach diesem wunderbaren Sieg und Glück, erstattete Clodoveus sein Gelübd, ward ein Christ, und liesse sich von Remigio dem Bischoff zu Rheims, sammt einer grossen Menge der seinen, tauffen, empfieng allda anstatt seines alten Namens, den adelichen Namen Ludwig, und für sein alt Wapen, der drey rothen Cronen in einem weissen Schilt, drey gelbe Lilien in blauer Feldung. *Francken tretten zum christlichen Glauben.*

Da nun dieser großmächtige und christliche König, im 514 Jahr, das Leben verliesse: entstuhnd grosse Aenderung in der Cron Franckreich. Dann er verliesse vier Söhne, die alle Könige seyn und heissen wolten: deßhalben das Reich, so ihr Vatter allein besessen, in vier mindere Königreich zertheilet ward. Childeberto fiel in dieser Theilung Paris, zusammt den Ländern Poitou, Touraine, Maine und Aquitania. Clotario fiel Piccardey, Flandern, Normandey, und Soisson zur Hauptstadt. Clodamiro Burgund, Delphinat, Auvergne, Provinz bis an das Meer hinab, und Orleans zum königlichen Sitz. Theodorico aber die Lande gegen den Teutschen, und Metz zu seiner Residenz. Dieses letste Königreich hiesse Austrasia, Ostfranckreich, begriff unter ihm die Lande vom Meer hinauf zwischen dem Rhein und der Schelde gelegen, als Holland, Seeland, Geldern, Lützelburg, Hunesruck, Westerreich, Lothringen rc. Diesem Reich waren auch die Länder zugethan, welche jenseit Rheins in Teutschland den Frantzosen gehorchten, desgleichen Alemannia dem Rhein nach hinauf bis an das Hochgebirg. *Franckreich in vier Königreich zertheilt, Anno 514. Austrasia das ist, Ostfranckreich.*

Nach solchem kamen im 557 Jahr, durch der übrigen Königen und ihrer Söhnen Todsfälle, alle vier Reiche wiederum unter König Lotarii des ersten Scepter zusammen, theilten sich aber nach seinem Tod wieder unter seine vier Söhne, wie erstmals auch beschehen. Aber der Brüdern einer Sigebertus, so König in Ostfranckreich war, hatte ein Weib Braunhild geheissen, welche unter den Brüdern und ihren Kindern den Königen, so viel Neid, Feindschaft und Blutvergiessens stiftete, auch selbst ihrer etliche mit Gift hinrichtete, daß im 618 Jahr, beyde Ost- und Westfranckreich, zusammt dem Burgundischen Königreich und grösten Theil Teutschlands, auf König Lotarium den andern, Lotarii des ersten Enckel, und König Dagoberti Vatter, wiederum überein kame. *König Lotarius der erste in Franckreich, Anno 557. König Lotarius der andere zu Franckreich, Anno 618.*

Weil nun König Lotarius so viel grosse Völcker allein nicht regieren konnte, setzte er hin und wieder in die Landschaften und Provinzen, aus der alten Königen Stammen, darzu auch sonst weise, verständige und tapfere Männer, zu Hertzogen und Grafen. Und damit sie desto treulicher an ihm hielten, verhieß er denselbigen, wann sie sich aufrecht, ehrlich, und als getreuen Befehlshabern gebührlich, hielten und trügen, bey solchem Staat und Würden bleiben zu lassen, und sie deren nicht mehr zu entsetzen. Von welcher Zeit an die Hertzogthümmer und Graffschaften allgemach erblich zu werden angefangen.

Also begabte auch König Lotarius, um das 625 Jahr, Sigiberten, weyland König Theodeberts in Ostfranckreich Sohn (welcher unter seinen Geschwisterten allein des Königs Theodorici zu Orleans und Burgund, seines Vettern, blutigen Händen entrunnen, und sich bis nach seinem Absterben in der Stille und Fremde halten müssen) mit dem Hertzogthum Alemannia hiedisseits Rheins, das begriff in sich Elsaß, Suntgow, Ranracer Gegne, und ein Theil Helvetier Lands, welches er auch acht und dreyßig Jahr regieret und verwaltet, wie Johann Tritenheim libro de Origine Francorum schreibt, aus Oboardo, Richero und Hermanfredo, den Altfränckischen Geschichtschreibern. *Sigibert Hertzog in Alemannien, Anno 625.*

Von diesem Sigibert deduciert Tritenhemius, wie auch Hieronymus Gebweiler, und zum Theil Lazius, der Edlen Grafen von Habspurg, und anderer Grafen dieser Gegne, Stamm und Geburtsgeschlecht. Dann Tritenheim zeigt an, Hertzog Sigibert habe bey Frau Engeltrud, Hertzog Eriberts zu Francken Tochter drey

84 **Baßler Bistums Historien,**

Ankunft der Grafen dieser Landen.

drey Söhne gezeuget, Odobert, Gontram, und Theodebert. Nach seinem Absterben seyen Odberten vier Grafschaften in Alemannia worden, namlich Habspurg, Kiburg, und sonst noch zwo, die er nicht nennet, sey deßhalben der erste Graf gewesen, welcher sich von Habspurg geschrieben. Gontram sey Graf zu Homburg gewesen, vermeyne aber an diesem Ort Hohenburg zu lesen seyn, welches ein alt Fürstlich Schloß im Elsaß, oberhalb Ehenheim auf der Höhe gewesen. Es soll je dieser Graf Gontram, Graf Ulrichen S. Ottilien Vatter erbohren haben, welche dieses Schloß zu einem Kloster verändert, und Aebtißin darinn gewesen ist, wiewol sie Lasius der Kayserliche Historicus für Hertzog Alticonis Tochter dargibt.

Theodebert Graf der Rauracer.

Aber Theodeberto dem dritten seye die Grafschaft Rauracer Lands zu Theil kommen, von welchem dann mittler Zeit andere Grafen abgestiegen. Aus diesem der Fränckischen Fürsten Stamm, seind ohne Zweifel auch entsprossen, Graf Luitfrid und sein Sohn Graf Hug, treffliche Landesherren im Suntgow und Elsaß, deren wir droben bey der Stift Münster † Meldung gethan.

† *im ersten Buch am 11. Capitel.*

Das VII. Capitel.

Anfang des Bistums Basel. Von S. Pantalo, welcher der erste Bischoff allda soll gewesen seyn, und S. Ursula Historie, 2c.

Der ersten Bischoffen Staat und Wesen.

Eben und unter der Frantzösischen Königen und Fürsten Regierung, seind auch die Bischöffe allgemach mit ihren Herrschaften herfür kommen. Derselbigen Staat war anfänglich vor der Welt in keinem zeitlichen Gewalt, wie derselbige heutigs Tags, und viel hundert Jahr daher gewesen, bevorab in währender Heidenschaft, da sich die Christen schmiegen und leiden mußten, keiner Ehrenämtern noch Würden fähig waren: Sondern es waren arme, fromme und arbeitsame Knechte GOttes, durch die er ihm auf Erden seine Kirchen bauen und sammlen liesse.

Demnach aber die Kayser, Könige, und höchsten Oberleiten, den christlichen Glauben angenommen, und die Verfolgungen aufgehöret: da erst seind die Könige den Bischöffen, so die Lehre Christi zu pflantzen eiserten, also sehr geneigt worden, daß sie die mit reichen Gottsgaben aus Armut und Unachtbarkeit erhaben, ihnen Land, Leut, Herrschaften, Zoll, Zwing und Bänn, übergeben, auf daß sie zu stätiger Uebung des Gottesdiensts und Pflantzung wahrer Frommkeit versehen wären, niemand in die Hände sehen, ihrer Nahrung und Unterhandlung wegen sich nicht bekümmern dörften, darzu die Armen Zuflucht und Trost bey ihnen fünden. Bisweilen auch haben sie nach schweren Mißhandlungen, durch reiche Vergabungen an die Bistumme, Stiften und Klöster, ihre Sünde zu büssen, und GOtt durch der Geistlichen Gebätt zu versöhnen unterstanden. Also nachdem Clodoveus König zu Franckreich, sammt seinen Fürsten und Nachkommen, zu Christo bekehret worden, seind auch die Bischöffe in ihren Reichen und Herrschaften, an Gut vermöglich und reich worden, biß sie endlich zu fürstlichem Wesen aufgestiegen.

Wann sich nun das Bistum Basel ursprünglich erhaben, ist gleich sowol unbewußt, als mehrtheils aller alten Bistummen, so in der Heidenschaft angegangen, urhab, weil

Das Ander Buch.

weil anfangs der Christlichen Religion die heidnischen Abgöttereyen in Ländern nicht einmals haben ausgesäubert, und dem wahren Glauben (so nicht der Welt Müntz ist) unterworfen werden mögen, besonders wo die Heiden einen Rucken gewußt: sondern dieser selige und gute Sauerteig hat von Jahr zu Jahr um sich gegriffen, bis der Schall GOttes Worts in alle Welt auskommen. *Ursprung des Baßler Bißtumbs.*

Die Kirchenhistorien bezeugen, daß unser ungezweifelte Glaub zeitlich nach der Aposteln Aussendung, aus Asia und Griechenland über Meer in Welschland, Gallien und Hispanien kommen seye, und unter diesen seyen die Teutschen, sonderlich die Mitternächtischen Völcker, die letsten gewesen in Annehmung des Evangeliums von Christo. Deßhalben da schon in Gallia und Engelland, auch bey der Römern Regierung, vor der Francken und übrigen Völckern Einfall, herrliche Kirchen, mit viel frommer Lehrern und Bischöffen gewesen: ist doch der Rheinstrom und Anstoß Teutschlands, insonderheit da er von Alemanniern eingenommen worden, in heidnischem Wesen etwas länger verharret, also daß auch das nachgelegene Burgund ehe zu Christo dem Heyland bekehret worden ist, namlich um das Jahr 433, ehe man um Costantz, Basel und Straßburg rc. der Abgötterey also gemeinlich Urlaub gegeben, und die Lehr des Lebens angenommen.

Und obwol die Baßler halten, wie solches etliche Scribenten offentlich vermelden, daß S. Pantalus ein Englischer vom Adel, der erste Baßlische Bischoff zu der Zeit gewesen seye, da S. Ursula mit ihrer Gespielschaft, den 11000. Mägden, Innhalt ihrer Legend, gen Rom eine Fahrt gethan, mit denen er in Italien und wieder heraus, bis gen Cöln hinab gezogen, und den 10. Octobris, im 238 Jahr, nach Christi Geburt, mit ihnen von den Ungläubigen gemartert sey: wird doch diese Historie bey den Scribenten so gar ungleich fürgegeben, und läßt auch sie sich für sich selbst, in Betrachtung allerhand Umständen, so wanckelbar ansehen, daß sie der Gelehrten viel in Zweifel gestellet. Die Colmarische Chronick weiset aus, daß er enthauptet worden seye, und nachgehender Zeit sein Haupt von einem Abt gen Basel Bischoff Henrichen zugeschickt worden. *S. Pantalus wird für den ersten Bischoff dargeben. S. Ursula Legend hat viel Zweifels, oder doch zugesetzt.*

Ich will hie allein von der Zeit dieser Geschicht reden. Dieselbige setzen, Sigebertus, Otto Frisingensis, Bonfinius, und andere in die Zeit des wütigen Streifs Attila, der sich (als hievor gesagt) im 451 Jahr zugetragen, dann allda seyen diese Bilgrinnen von den Hunnen, deren Fürst Julius damals Cöln belägert, mit sammt Pabst Cyriaco, der sie von Rom heraus bis dahin begleitet, gemartert worden. Nun aber befindt sich, daß Cyriacus, Pontiani Nachkömmling (wiewol er mehrentheils in der Päbsten Catalogo seines Abstehens halber ausgelassen wird) um das 238 Jahr Christi, den Stul besessen, derowegen mehr dann 200 Jahr vor der Landsverhergung Attila gelebt habe: darzu könnte Pantalus der erste Bischoff zu Basel, oder in Rauracis, nicht gewesen seyn, weil die Concilien mehr dann um hundert Jahr einen ältern melden, als hernach angezeigt wird. Will man dann diese der 11000. Mägden Bilgerfahrt in das 238 Jahr Christi, oder darum stellen, so kan der Hunnen Durchzug mit dem Schrecken der Welt Attila, gleich so wenig zuruck, als die Zeit Pabst Cyriaci herfür, geschoben werden. *Otho lib. 4. cap. 28.*

Ist derowegen die Historie, wie sie Aventicus im 2 Buch Annalium Bojorum herfür zeucht, richtiger: namlich, Kayser Maximinus hab etlich tausend Jungfrauen aus Engelland gen Trier zu führen, und in Galliam auszutheilen, Befehl gegeben. Als diese in ihrer Meerfahrt von Winden verworfen und in eine Anfurt Teutschlands getrieben worden: haben sie die Hunnen, Sachsen und Picti, mit ihren Obersten Vannio und Melga, angefallen, und mit allen denen so sie geführt und begleitet, um Cöln erschlagen. Etliche setzen 11000. andere 71000. *S. Ursula Historie etwas gründlicher und gläublicher.*

Baldäus referiert sie aus den Englischen Scribenten etwas anderst, anzeigende, Ursula sey eine herrliche tugendreiche Fürstin aus Engelland gewesen, namlich Hertzog Dionoti *Baläus Centuria in prima.*

Dionoti zu Cornubia (jetzt Cornuaille) Tochter. Da nun Kayser Maximin, so das Englische Reich inngehabt, das minder Britannien im jetzigen Franckreich bezwungen, und die Engelländer daselbst eingesetzt: haben sie sich nicht unter die Gallier, sondern unter ihre Nation allein bereiben wollen, deßhalben eine grosse Anzahl Weibspersonen auß Engelland hinüber beruffen. Als diese mit der jungen Fürstin Ursula daselbst hin schiffen wollen, seyen ihrer 11000. durch Ungewitter im Meer zu Grund gegangen, die übrigen, so an das Land auskommen, von Feinden erschlagen. Sigebertus referiert es noch auf eine andere Gattung. Ein Haupt von dieser Mägden Zahl ist bey S. Martin zu Basel gezeigt worden, so wird auch noch das Hauß, darinn S. Ursula zu Herberg gelegen, und S. Martins Stegen, da sie hinauff gegangen, gewiesen, so dem etwas zu glauben.

Rhenani Meynung von Bantali.
Rhenanus, welcher Pantali Tod auch in die Hunnische Verheergung setzt, vermeynet, er sey irgend von Bisantz herauß, bey den Rauracern Gottes Kirchen zu pflantzen, abgefertiget worden. Dann wie der Römische Landpfleger in Sequanis zu Bisantz Hof gehalten, und dem Land im jetzigen Bistum Basel zu gebieten gehabt, also hab sich damals die Burgundische Kirch, der Baßlern Revier in Religionssachen angenommen.

Bisantz Ertzbischofflich.
Das Bistum Basel erkennet je noch dieser Zeit die Kirchen zu Bisantz, für ihre Mutter und Ertzbischoffliche Kirch, wie auch Losannen und Bellen in Saffoy.

Herauß schleußt gedachter Author, daß man noch die alte Abtheilung der Römischen Provintzen in den Bistummen etlicher maß gespüren möge. Dann wie vorzeiten die Rauracer mit den äusseren Sequanis unter die Bisantzer Landpflegerey **Bistums Basel Begriff.** gehöret: also sey das Bistum Basel, zwischen der Aar gegen Mittag, und dem Landgraben im Elsaß, oder dem Eckenbach, so daselbst von S. Pilt herab fleußt, gegen Mitternacht, dem Ertzbischofflichen Stul zu Bisantz zugewandt. Doch ist hierinn durch folgender Zeiten Läuffe, und der Päbsten Gewalt, grosse Aenderung und Verwechßlung beschehen. Dann obwol das Bistum Basel seinen alten Kraiß hiedisseits Rheins behalten, haben doch andere, als das Straßburgische, Speirische etc. weiter um sich gegriffen. Das Costnitzer hat zwar den grösten Theil der Alemannier und Schwartzwalds (vielleicht daß diese Stadt vorzeiten der Provintz Rhætia prima zugethan gewesen) auß des Rheins Germanischen Seiten begriffen, deßhalben Minder Basel nicht des Baßlischen, sondern Costnitzer Bischoffs geistlichen Jurisdiction unterworfen war. Es ist auch dasselbe Bistum unter denen am **Ein alter Spruch über die Rheinischen Bistumbe.** Rheinstrom für das gröste geachtet worden, laut des alten Spruchs, darinn gesagt worden, das Bistum Chur sey Gebirgs halben das höchste, Costantz von wegen seines Begriffs das gröste, Basel von seiner Gelegenheit das lustigste, Straßburg von der Thumbherren hohen Geburt, das edelste, Speir um so viel Kayseru und Königen Begräbnuß, auch der Religionsübung willen, das andächtigste, Worms Vermöglichkeit halb das ärmste, Maintz vom Churfürstlichen und Ertzbischofflichen Sitz, das hochwürdigste, Trier um der Stadt Ursprung willen, das älteste, Cöln, welchem das Hertzogthum Westphalen zugehörig, das reichste oder gewaltigste.

Damit wir aber wieder auf Pantalum kommen, so befindet sich, geb in was Zeit seine Hirtensorg gesetzt wird, daß unter der Römern heidnischen Beherrschung das Bistum Basel entstanden sey, wie auch die übrigen in Gallia, gewißlich bedrängt und in Armut. Da aber die Frantzosen nach dem grossen Sieg Clodovei (davon hievor) Christum bekennet: ist auch der Vorstehern Bischöffliche Würde herrlich und ansichtig worden. Dann ihnen (als droben angeregt) die Franckreichischen **Von Christlichen Königen und Fürsten sind die Bistume reich gemachet.** Könige, welche gewollen, daß eine jede Stadt ihren eigenen Bischoff hätte, mit grossen Vergabungen wol auffgeholfen, ihnen Land, Leut, und stattliche Einkommen übergeben und zugeordnet, haben auch allenthalben viel Kirchen und Klöster gebauet, wie solches zu erzehlen eine lange Historie forderet, und auch von vielen andern Christlichen Königen und Herrschaften soll verstanden werden.

Wann

Das Ander Buch.

Wann schon dessen keine andere Kundschaft vorhanden, möchten wir doch es aus dem Decret, des ersten Conciliums zu Orleans gehalten, welches König Clodoveus unlang nach seinem Tauf besammlen lassen, bey dem auch ein Basilischer Bischoff gewesen, abnehmen, also lautende: Der Obligation und Gütern halb, so unser Herr der König der Kirchen vergabet hat, oder denen so noch nichts haben, nachdem ihn GOtt ermahnet, ferner geben wird, achten wir der Billigkeit zum höchsten gemäß, daß was GOtt allzeit in Früchten darvon werden läßt, an der Kirchen Gebäu, Erhaltung der Priesterschaft, Steuer der Armen, und Auslösung der Gefangenen, verwendet werde. Wollte GOtt daß noch heutigs Tags alle Prälaten, Bischöffe, Fürsten, Herren und Städte, welche Kirchengüter einzunehmen und zu verwalten haben, dieses Decret für Augen stelleten, so wurde besser damit gehauset, und der wissentliche Mißbrauch verbessert. *Decret das Kirchengut betreffend.*

Aus diesem Decret erscheinet sich, wie König Clodoveus oder Ludovicus nach seinem übertrefflichen Sieg, die Kirchen und Bistümme, so zuvor arm und verlassen gewesen, auch nichts dann aus Privatpersonen Contribution gehabt, reichlich begabet habe, dahin er dann zuvor, als er noch ein Heid gewesen, sonderliche Neigung getragen, wie er solches zu erkennen gegeben, als er auf eine Zeit seiner Kriegsleuten einen, der den Christen zu Rheims einen Kelch aus der Kirchen geraubet, mit eigener Hand umgebracht, und dem Bischoff Remigio (der ihm solches klagen lassen) den Kelch wiederum zugestellt. Diesem Vorbild des Urhebers der Religion in Gallia haben die Könige seine Nachfahren gefolget, siehet man bey König Dagoberto, der das Bistum Straßburg mit stattlichen Herrschaften im Elsaß, item das Bistum Worms mit der Grafschaft Ladenburg, auch andere mit andern begabet, ohne Nohte der Länge nach zu eräferen.

So nun bey Zeiten Pantali um das 238 Jahr das Bischoffliche Amt schon seinen Anfang gehabt, ist wol zu glauben, es werde mit ihm nicht gar verblichen, und ob hundert Jahren ohnhäuptig oder ledig anstehen blieben seyn: so viel dann zwischen den greulichen Verfolgungen der blutdürstigen Kaysern Decii, Diocletiani, Maximiani, und anderer, so dieser Zeit wider die Christen empor gegangen, beschehen mögen. Dann sich zwar unter diesen Tyrannen die Kirchen allenthalben sehr leiden müssen, daß sie die armen Christen (wider die schwere Mandata publiciert wurden, und wo man sie begriff, mit unerhörter Marter hinrichtete) nicht wol regen dorften, bis dem frommen Kayser Constantino der Scepter allein in die Hand kame, ungefehr um das 324 Jahr, welcher den Christlichen Glauben geliebet, und möglicher Weis befördert, allda ist den Kirchen wiederum Ruhe geschaffet worden. *Kayser Constantinus schaffet den Christen Ruhe.*

Ist deßhalben vermuhtlich, die schweren Durchächtungen haben in der Bischöffen Succeßion einen solchen Sprung gebracht. Es melden je die Historien, daß in der allgemeinen Verfolgung, so im neunzehenden Jahr des Reichs Diocletiani, im Jahr 303, angegangen, da man den Christen Kirchen an allen Orten einzureissen, die heilige Schrift und ihre Bücher zu verbrennen, die Bischöffe, Lehrer und Zuhörer zu erwürgen gebotten, sey in Franckreich, am Rheinstrom und in Engelland, viel Christenbluts vergossen worden, aus Anweisung Ritiovari des Kayserlichen General-Lieutenants in Franckreich. Und so die Legend des Martyrers Justini ohne Zusatz, seind auch die Christen, so man zu Basel ergreiffen mögen, aus seinem Befehl ertränckt worden, unter welchen dieser Martyrer Justinus ein neunjähriger Knab gewesen. *Christen zu Basel ertränckt. Justinus Martyrer.*

Baßler Bistums Historien,

Das VIII. Capitel.

**Von den Bischöffen Justiniano, Adelphio, Walano, Baldeberto rc.
Der Römische Adler wird unter Carolo Magno
zweyhäuptig.**

Justinianus der Rauracer Bischoff.

Der Concilien Bücher und Acta geben nach der Zeit Pantali gewissere Gezeugnuß eines andern Bischoffs dieser Gegne, Justinianus geheissen, welcher im Jahr 347. den 12. Tag Meyens, bey einer Versammlung vieler Bischöffen zu Cöln gewesen, da man Euphratam den Bischoff daselbst, so von der Gottheit Christi nicht recht gehalten, verdammet. Dann nach Verlesung des Sendbriefs, so die Geistlichen zu Cöln, und andern Orten in Germania secunda, das ist, dem untern Rheinstrom nach, wider diesen Bischoff ausgesendet: hat auch Justinianus episcopus Rauracensis (also stehts) wider diesen Ketzer seinen Sentenz mit diesen Worten gefället: Demnach wir aus Anzeigung der Geistlichen zu Cöln und übriger Städten Brüdern, deren Sendbriefe und Unterschreibungen vor Augen, Euphratā Gottslästerlichen Meynung verständiget worden, daß er den Heyland Christum unsern HErrn kein wahrer GOtt sein läßt: so stimme auch ich mit, daß er von der Catholischen Kirchen verdammet seye. Ist deßhalben dieser Justinianus der älteste Bischoff, dessen man in den Historien gewisse Kundschaft haben mag.

Die ältesten Bischöffe nennen sich ihrer ersten Hauptstadt nach Rauracensis.

Es nennet sich aber dieser nicht Bischoff zu Basel, sondern entweders dem Land oder seiner Hauptstadt nach, der Rauracer Bischoff. Zweifels ohne, daß noch dieselbigen unter der Römern Regierung namhafter und bekannter gewesen, dann der hervorwachsenden Stadt Basel Name, welche dazumal noch keine Stadt, sondern allein bey dem Marckt, desgleichen die Thumkirch zu Basel, bey deren der Bischoff seine gewisse Wohnung gehabt, noch nicht erbauet war. Dann sich aus allerley Umständen ansehen läßt, Basel sey erst unter der Christlichen Königen zu Franckreich Regierung von Bischöffen bewohnet, und der Bischoffliche Sitz, nach Zerschleifung der Stadt Augusta Rauracorum dahin verändert worden, gleichwie das alte Bistum Windisch nach derselbigen Stadt Untergang, gen Costnitz, und das Wistlpurgische gen Losannen. Obwol nun nicht allein die Rauracer vorgemeldten Bischoffs geistlichen Sorg, sondern auch ein Theil Sequanorum, als noch heutigs Tags das Suntgow und Ober-Elsaß, zugethan gewesen seind: hat er sich doch nicht der Sequaner Bischoff nennen können, weil das Bistum Bisanz auch in Sequanis gelegen, und derselbigen grössern Theil Bischofflich Oberhaupt war.

Adelphius Bischoff Rauracensis.

Nach Justiniano seind abermals etlicher einlauffender Bischöffen Name und Gedächtnussen verfallen: dann seiner Nachkömmlingen keiner mehr gefunden wird, biß auf Adelphium, welcher dem ersten Concilio zu Orleans beygewohnet, und sich unterschrieben, Adelphius episcopus Rauracensis, Anno 514. So hat im andern Orleanischen Concilio, unter König Childeberto, im 537 Jahr gehalten, unterschrieben, Asclepius ein Priester, Adelphii des Rauracischen Bischoffs Vicari. Es erscheinet sich auch aus des vordern Orleansischen Concliums, beyde dem siebenden und zehenden Decret, daß schon zur selbigen Zeit die Bistumme abgetheilet, ein jedes seine gewisse Dioccæsin und Einfang gehabt habe: dann allda ward beschlossen, daß alle Kirchen, wo sie gebauet wären, oder noch gebauet wurden, in des Bischoffs Gewalt seyn sollten, in dessen Territorio oder Kreiß sie lägen.

Walanus und Baldebertus Bischöffe.

Nach Adelphio beschicht wiederum in Ordnung der Bischöffen ein Sprung über zwey hundert Jahr, daß keines mehr gedacht wird, biß auf Walanum, welcher im 748 Jahr gelebt. Auf diesen ist erfolget Baldebertus um das 760 Jahr. Und dieses seind die ersten, welche sich Bischöffe zu Basel genennet, darum daß sie schon daselbst (als sie zur Stadt erbauet gewesen) ihren Sitz und Wohnung gehabt.

Beyde

Das Ander Buch. 89

Beyde diese Bischöffe seind unter der Regierung König Pipins zu Franckreich, dem ersten unter den Carolinern, so den Merovéern im Königreich die Schuh ausgetretten, in Leben gewesen.

Der dritte nach Walano, dessen man Wissens haben mag, ist nach Anzeigung des Klosters in der Reichenow Zeitbüchern (als Johannes Stumpf und Caspar Bruschius melden) Waldo, erstlich ein Abt daselbst, darnach Bischoff zu Badey in Langparten, letstlich um das Jahr Christi 800, von Kayser Carolo Magno, dessen Beichtvatter er zuvor gewesen, zum Bischoff zu Basel gemacht. Da zumal, wie auch lange Zeit darnach, hatten die Kayser und Könige Gewalt Bischöffe zu ordnen. Dann dieweil sie ihnen ihre Gerechtigkeiten übergaben, Oberkeiten, Herrlichkeiten, Gerichtszwang, und andere Regalia, vergönneten: war billich, daß sie, als die höchsten Oberkeiten, wüßten, welchen sie dieselbigen übergeben, und sie hierum in Pflicht nehmen könnten. Darneben weisen auch die Historien, daß damals mehr dann zu andern Zeiten viel Mönche aus den Klöstern an die Bistümme beruffen worden seind, als Salomon Abt zu S. Gallen, ans Bistum Costantz, Rabanus von Fulda, gen Maintz, und noch viel andere. Es soll dieser Bischoff, im 806 Jahr das Bistum zusammt der Abtey von Hand gegeben haben, um Auffsätzigkeit willen, so Bischoff Egino zu Costantz gegen ihm getragen, und zu S. Denis in Franckreich tödtlich verblichen seyn.

Gemeldter König Carolus, Pipini Sohn, ist nicht nur seines Leibs, sondern vielmehr seines Gemühts, Gewalts und Herrlichkeit halben, darinn ers allen seinen Vorderen und Nachkommen weit vorgethan, wahrhafftig Groß und ein fürtrefflicher Fürst gewesen. Dann er nicht nur gantz Galliam vom Meer bis an Rhein heraus, sondern gantz Teutschland, Welschland, und ein grossen Theil Hispaniens beherrschet, war ein großmächtiger, und andern Reichen forchtsamer Potentat. Weil nun bey seinen Zeiten die Kayserin Irene das Römische Reich allein verwaltet, deßgleichen die Kayser bis über die dreyhundert Jahr nicht mehr zu Rom, sondern zu Constantinopel seßhaft gewesen, und die Römer stecken lassen, da ihnen dargegen Carolus Magnus wider die Longobarden Schutz und Schirm gegeben, ja sie erlöset, und einen guten Theil deren Landen so sie besessen, an Römischen Stuhl ergabet, auch sie darbey zu handhaben erbotten, item sonst wider die Saracenen und Hunnen grosse, und der Christenheit wol erschießliche Thaten ausgerichtet: ward er von Pabst Leone, mit Bewilligung aller Ständen zu Rom, als ein wohlwürdiger solcher Ehren, am Wienachtag, im Jahr 801, zum Römischen Kayser consecriert und gekrönet, mit grosser Solennität, und männiglichs Gunst. Allda hat sich das Römische Reich getheilet, und ist der Adler zweyhäuptig worden. Das Reich gegen Auffgang nennete man das Griechische, und das gegen Occident, das Lateinische Kayserthum.

Baßler Bistums Historien,

Das IX. Capitel.
Bischoff Haito zu Basel, und sein Ansehen bey Kayser Carolo Magno.

Haito oder Otho Bischoff zu Basel.

BEy diesem Kayser Carolo, ist Haito oder Hetto (wir sprechen jetzt Otho) Abt in der Reichenow und Bischoff zu Basel, an Leib und Gemüth eine fürtreffliche Person, in grossem Ansehen und Gunst gewesen. Ist also dieser nach Walano der vierte kundbare Bischoff, welcher Waldoni seinem Vorfahren an beyden, der Abtey und Bistum, succediert.

Wiewol nun die erstberührte Theilung des Kayserthums den Griechen sehr verdrießlich war, konnten sie es doch nicht mehr wenden, weil ihnen Carolus zu sehr mächtig, so hatten sie immerdar fremden Feinden gegen Orient zu wehren. Hierum fertigte nachmalen der Griechische Kayser Nicephorus, so der Kayserin Irene den Scepter abgedrungen, aus Besorgung der Persiern Gewalt, zu Kayser Carolo in Franckreich seine ansichtige Bottschaft, mit ihm (als auch beschahe) Frieden und Bericht anzustellen, deren Hauptartickel waren:

Vertrag zwischen dem Orientalischen und Occidentalischen Kayserthum.

Es solten hinfort sie beyde, und ihre Nachkommen, der eine gegen Orient, der andere gegen Occident, Kayser, darzu Brüder seyn und heissen, mit solcher Abtheilung der Reichen, daß alles was sich in Italien einseits von Neapolis, anderseits von Siponto bis an das Meer hinein erstrecket, sammt beyliegenden Inseln und den übrigen Orientischen Landen, solte dem Griechischen, und das übrig gegen Niedergang, dem Lateinischen Kayserthum unterworfen seyn. Venedig aber, so ein eigen Regiment hätte, solle beyde Kayserthum gleicher Gestalt vor Augen haben.

Dieser Friede bestuhnd, bis irgend in das 810 Jahr, da dann am Dalmatischen und Histerreichischen Meerkreiß zwischen beyden Theilen Krieg angieng, der doch bald wiederum gestillet und zu Frieden gerichtet ward.

Anno 811.

Um deßwillen hatte Kayser Nicephorus auf eine Zeit zu Kayser Carolo Arsaphlium seinen Obersten Marschalck gen Aach (da er Hof zu halten mehrmalen pflegte) abgesendet: darauf er hinwiederum im achthundert und eilfften Jahr mit dem Griechischen Legaten gen Constantinopel abgefertiget, in seinem Namen den Frieden anzunehmen und zu bekräftigen, Bischoff Haito oder Otho zu Basel, Graf Hug zu Tourraine, und Aego von Friaul. Mit diesen fuhr wiederum heim, Leo der Griechen Spatharius in Sicilia, der eine Zeitlang in seines Kaysers Ungnaden gestanden, nun aber wiederum Zugang erlanget, auch ward der entsetzte Hertzog Obellerius zu Venedig, so in beyder Kaysern Ungunst gefallen, mit hinein geschickt.

Kayserliche Oratores übelgehalten.

Ehe aber diese Bottschaft zu Constantinopel ankame, war Nicephorus im Bulgarischen Krieg schon umkommen, und sein Sohn Stauratius, den Latinern abgünstig, Kayser worden. Derselbige empfienge Kayser Caroli Gesandten in ihrer Ankunft nicht allein mit keinen Ehren, sondern ließ sie auch trotziglich und schmählich halten, und wiederum abscheiden, also daß sie mit grosser Noht und vielfältigen Beschwärden wieder in Teutschland davon kamen. Bischoff Haito soll diese Reis beschrieben haben.

Und dieweil ich an diese Historie kommen, wird nicht unbequemlich seyn zu vermelden, wie sich Carolus an den Griechen dieser Schmach halben gerochen.

Bald nach der Carolinischen Bottschaft Abschied, begabe sich, daß Michael Europalates, Kayser Nicephori Tochtermann, seinen Schwager Stauratium des Reichs entsetzte,

Das Ander Buch.

entsetzte, und sich in dasselbige mit Gewalt eindrange. Dieser begehrte mit Carolo im Frieden zu leben, schickete berohalben gestracks innerhalb wenig Tagen zu ihm eine ansichtige Bottschafft, namlich, Michael einen Bischoff, und Theognostum seinen Rittmeister oder Connestabel. Als diese in des Occidentischen Kayserthums Herrlichkeit ankommen: waren ungefähr Bischoff Haito zu Basel, und Graf Hug von Tours, bey der Kayserlichen Majestät zu Aach, und thäten Relation, wie es ihnen unter den Griechen ergangen. Also gab Kayser Carolus Befehl, diese Gesandten in den Alpen hin und her durch rauhe Strassen und unwegsame Wildnussen also lang herum zu führen, bis sie gar nahe weder Zehrung noch andere Nohtdurfft hätten.

Kayser Carolus vergilt den Hohn und Spott seinen Gesandten bewiesen.

Wie solches beschehen, und sie letstlich mit höchster Mühe gen Aach kommen: war die Sach unter den Hofleuten, ihnen den Willkomm zu geben, schon zuvor angesehen. Im ersten Eingang des Kayserlichen Pallasts, war der oberste Rittmeister oder Marschall verordnet, der saß gantz fürstlich auf einem hohen Stuhl, hatte bey sich viel vom Adel und der Ritterschafft. Sobald die fremden Gesandten hinein kamen, vermeynten sie, es wäre die Kayserl. Majestät persönlich, thäten ihm allbereit nach ihres Landes Brauch den Fußfall, und begrüßten ihn nach Kayserlichen Ehren: empfiengen aber hievon eine grobe Sau, indem sie von Edlen Hofjungen, die da sagten, diß wäre nicht der Kayser, verlachet, mit Fäusten abgetrocknet, und fortgewiesen wurden.

Nach diesem funden sie in einem andern Saal den Hofmeister, den Hofleuten etwas fürhaltende, gantz fürstlich, deßhalben weil sie vermeynet, sie hätten jetzt den Kayser angetroffen, thäten sie diesem von neuem Kayserliche Reverentz, wurden aber gleicherweiß mit Fäusten erquicket. Solches wiederfuhr ihnen auch im dritten Saal, da sie den obersten Speismeister unter den Köhten, Truchsessen und Mundschencken an einem erhabenen Ort sitzen funden. Derowegen sie im vierten, da sie unter die gewafneten Guardeiner und Kämmerling, sammt ihren Obersten, welche vor des Kayser Gemach warteten, hinein kamen, des Backenstreichs nicht mehr gewärtig seyn wolten, sondern vor dem obersten Kämmerling niederfielen, sich entschuldigten, daß sie die Kayserliche Majestät nicht kenneten, mit Begehr, sie zu derselbigen zu beleiten. Dieser both ihnen die Hand, richtete sie auf, sprach ihnen freundlich zu, mit Verheißung, Fleiß anzuwenden, daß sie zu Verhör kämen.

Kayser Carolus aber, welchem dieses Spiel, so man mit den Gesandten getrieben, wol bekannt, schickete ihnen da erst etliche Fürsten entgegen, sie hinein zu begleiten. Allda sasse der Kayser in seinem Ornat, und neben ihm Bischoff Haito und Graf Hug von Tourraine, darnach brüderseits seine Söhne, König Ludwig in Aquitanien, Carolus König in Germanien, und Bernhart König in Italien, Pipini Sohn, darzu seine Töchtern und Sohnskinder, mit ihren Frauenzimmern: sodann eine grosse Anzahl Hertzogen, Prälaten, Grafen, Herren etc. ein jeder in seinem Habit aufs schönste gezieret.

Als man nun die Griechen hinein geführet, erschracken sie also sehr, daß ihnen geschwande, und zu Boden suncken, dann ihnen sonderlichs Hertzklopfen brachte, daß sie Bischoff Haito und Graf Hugen die vordersten, und in höchsten Ehren bey dem Kayser sahen, welchen aber sie so viel Spott und Hohns bewiesen. Wiewol sie nun die Kayserliche Majestät wiederum aufheben ließ, und ihnen zusprach, sie sich auch schon gestellet, als ob sie ihren Befehl wolten anfangen fürbringen, schlug sie doch ihr Gewissen für Bischoff Haito und Graf Hugen, die sie in solcher Dignation immerdar vor ihnen hatten, in massen, daß sie die Augen nicht aufregen dorften, und nochmalen zu Boden suncken, sich auch wiederum aufrichteten, bis ihnen der Kayser hoch und theuer verhiesse, sie dessen ferner nicht entgelten, sondern ihre Straß hinziehen zu lassen. Hierauf proponierten sie ihren Be-

Z ij fehl,

Baßler Bistums Historien,

fehl, thäten Carolo den Fußfall, küßten den Boden, wünschten ihrer Kayserlichen Majestät und derselbigen Kindern viel Glück und Heil. Also ward der Friede, so unter Kayser Nicephoro angestellet, mit Kayser Michael bestätiget, die Articulation schriftlich verfasset, und den Gesandten heimzubringen überantwortet.

Aus dieser Historie erscheinet sich, in was Gunst und Authorität bey Carolo Magno Bischoff Haito von Basel gewesen sey. Welches mich verursachet, daß ich gäntzlich darfür halte, sintemal etliche Chronicken melden, daß Kayser Carolus, im Jahr 803, die Bißthume Basel und Worms soll aufgerichtet haben: daß er, so ein solcher reicher Potentat, und ein oberster Herr dieser Landen gewesen, dieselbigen mit übergebenen Herrschaften und Königlichen Rechtungen vielleicht sonderlich begabet habe: ihm wird je zugemessen, daß er Bischoff Haito zum Herrn über die Stadt Basel gesetzt hab. Dann sonst beyde Bißthume vor dieser Zeit gewesen, daß er sie nicht fundiert, aber wol reich und vermöglicher gemachet haben kan, oder auch zu fürstlichem Staat erhöhet. Er hat zwar viel Kirchen, Klöster und Schulen gebauet und angerichtet, auch der Religion überall wol gewollen, deßhalben er von wegen seiner Frommkeit unter die Heiligen gezehlet worden ist.

Bischoff Haito übergab Alters halben, im Jahr 822, das Bißtum mit sammt der Abtey. Er hat neben andern seinen Schriften, die Gesichten eines zur selbigen Zeit wolgeachten Mönchen der Reichenow, Wettin genannt, so er in einer Verzuckung drey Tag vor seinem Absterben gehabt, beschrieben. Ist im 836 Jahr (wie Hermannus Contractus verzeichnet) mit Tod abgegangen.

Das X. Capitel.

Von den Bischöffen Ulrich, Fridebert, Adelwin, Rudolf, Iringo und Adalberone. Wie bey ihren Zeiten die Nortmänner und Ungaren, ungläubige Völcker, die Christenheit betrübt haben. Ankunft des letzten Königreichs zu Burgund.

Je nun in Beschreibung vor abgeloffener Zeiten vieler trefflicher Sachen und Aenderungen Unwissenheit mitgeloffen: also seind auch noch allerley Händel, etlicher der folgenden Weltaltern, ob vierhundert Jahren, beyde aus Mangel der Scribenten, und der Zeiten zerstörlichen Fürstiessung, welche mancherley Gedächtnussen wiederum hingenommen, sehr unbekannt, dunckel und dürr.

Solches erscheinet sich bey etlichen nachfolgenden Bischöffen, deren Ordnung, Herkommen, Nachname, Antritt und Absterben unbewußt ist, will geschweigen, ihr Thun und Lassen, oder was sich bey ihren Tagen in der Kirchen und Welthändlen zugetragen, als da seind Ulrich, Fridebert, und Adelwin, welcher unter dem Kayser Carolo Crasso vorgestanden. Allein wird von Bischoff Ulrichen gefunden, daß er im 834 Jahr der Weihung S. Othmars Kirchen zu S. Gallen, da zuvor nur ein Bruderhäuslein gestanden, beygewohnet.

Udalricus, Fridebertus, Adelwin.

Anfang des letzten Königreichs Burgund.

Nach Kayser Caroli Crassi Absterben, haben sich die Reich, so zuvor unter ihm allein gewesen, angefangen zu theilen, weil deren etliche ihnen eigene Könige aufwarfen. Das Minder Burgund, zwischen dem Berg Jura und dem Alpgebirg, zu welchem Saffoy, Uchtland, Ergöw, Wallis und andere Lande gehöreten, nahm im 888 Jahr, seinen Grafen Rudolfen zum König an, welcher ihm auch der übrigen Burgundiern und Verwachbarten Gemüther durch seine Abgesandten anhängig

Das Ander Buch.

anhängig zu machen unterstunde. Dessen war Kayser Arnulf übel zufrieden, gedachte ihm derowegen sein Fürnehmen zu wehren. Demnach aber König Rudolfen seine Stände sehr günstig, verschleickte er sich vor Kayser Arnulfen, wann er ihn mit Heeresmacht suchete, in die unwegsamste Gebirg, daß er ihm nicht zukommen, noch des Königlichen Tittels entsetzen kunte. Derowegen dieses Königreich, welchem auch nachmals die Rauracer, Suntgower, und zum Theil die Hoch-Burgunder zuständig gewesen, ob anderhalb hundert Jahren bestanden ist.

Bischoff Rudolfs, Adelbini Nachkömmlings, Antritt, zusammt seinen Handlungen, ist unbekannt: aber seines Abtritts halben ist kundbar, daß zu seiner Zeit, unter der Regierung Kayser Arnulfs, in der Christenheit, bevorab Franckreich, Niederland, Burgund und dem untern Rheinstrom, grosse Trübsal gewesen ist, von wegen der Nortmänner (das waren vielerley Mitternächtische Völker, so sich aus Dännemarck, Schweden, und derselbigen Gegne über Meer in diese Land ausgegossen) mannigfaltigen Einbruchs und wütigen Nothdrangs, den sie mit würgen, rauben und verderben, hin und her übeten. Da sich nun, im 891 Jahr, gleicher Jammer zugetragen, daß die Nortmänner abermals mit unsäglichem Volck Niederland und Lothringen verherget, und bis an Rheinstrom hinauß kommen: begegnete ihnen den 27 Tag Mayens Kayser Arnulfs Kriegsvolck, mit Beystand des Römischen Kreises, vieler Fürsten, Bischöffen, Grafen und Herren, welche Rettung des Vatterlands zu thun, persönlich mit gezogen, lieferten ihnen nicht weit von Worms eine Schlacht, die ihnen doch übel mißlungen. Dann es erlagen da viel Hauptleute und Fürsten, unter welchen Sunderhold Ertzbischoff zu Maintz (Regino nennet ihn Suntzo) und dieser Rudolf Bischoff zu Basel auch gewesen.

Rudolfus.
Nortmänner Uberfall.
Bischoff zu Basel erliegt im Krieg wider die Heyden. Anno 891.

Auf diesen Unfall erfolgte, daß Kayser Arnulf selbst mit einem frischen Volck dem Feind unter Augen zoge, bey Löwen mit ihm zum Treffen kam, und der Nortmännern bey 90000. ins Blut legte. Aventinus lib. 4. hat diese Historie der Länge nach beschrieben.

Bischoff Rudolfo succediert Iringus, welchen andere Fringum heissen. Es ist je dieser bey dem Concilio gewesen, so zwey und zwantzig Bischöffe, im 895 Jahr, zu Triburg, einer Stadt (ist jetzt ein Dorf) zwischen Maintz und Oppenheim gehalten, darinnen neben anderer Sachen Abhandlung, viel guter Satzungen der Geistlichen Wesen und Kirchengüter berührend, gemacht worden. Von seinem Absterben findet man nichts.

Iringus Bischoff, Anno 895.

Nach diesem hat die Kirchensorg zu Basel gehabt Adalbero Bischoff. Von diesem melden die Chronicken des Stiffts Einsiedlen, daß als Benno, oder Benedictus, zuvor Thumherr zu Straßburg, darnach der ersten Einsiedlern einer, welche S. Meinradts Einöde bewohnet, im 915 Jahr, die Aufnow (ist eine Insel des Zürich-Sees, allernächst unter Rapperschweil gelegen) mit aller Nutzung von der Aebtißin zu Seckingen zu Lehen empfangen: habe Adalbero zu Basel in gedachtem Jahr diesen Bennonem seinen Vetter besuchet, und ihm auch etliche seiner eigenen Gütern vergabet. Und dieses seyen die ersten Güter gewesen, so an S. Meinradts Cell oder Bruderhäuslein (da nachmalen die Abtey Einsiedlen in Schweitz entstanden) vergabet worden.

Adalbero Bischoff. Anno 915.

Nach diesem Adalberone ist abermals der Bischoffen Succession unlauter, ja gar nahe unbekannt, etliche zehlen nach ihm Landeolum und Rudolfen, etliche andere.

Unter diesen Zeiten ist der Christenheit neuer Kummer und Jammer zugestanden. Dann als Kayser Arnulf die Nortmänner noch kaum gezähmet und gestillet: erhube sich allbereit nach seinem Absterben, welches in das 899 Jahr gefallen, auf der andern Seiten von Ungarn, dem barbarischen und heidnischen Volck, grösser Ungewitter, welche erstlich Italien, darnach Kärndten, bald Bayern, Francken, Sachsen,

Bekümmerte Zeiten der Christenheit.

letstlich

letstlich auch Schwaben, den Rheinstrom und Burgund, mit feindlichem Gewalt überzogen, unmenschliche Tyranney und Wütigkeit darinn begiengen, also daß sich Teutschland über funfzig Jahr von dem grimmen und rauhen Volck sehr leiden müssen, unangesehen daß ihnen über dieses ihr frevel Kriegen und Streiffen etliche mal hart gezwaget worden.

Ungarn plagen Teutschland, und verbergen Basel.

Neben andern feindlichen Einfällen ist der nicht umzugehen, welcher sich im 917 Jahr, nach Contracti Rechnung zugetragen, zu welcher Zeit diese Leutfeinde mit grossem Volck und kläglicher Landsverhergung Bayern und Schwaben überzogen, welche nicht entflohen, erwürgten, die Kirchen beraubten, zerstörten und verbrennten, demnach bis an Rhein hindurch drungen. Allda gewunnen sie auch Basel ohne Arbeit, weil das Volck daselbst (als Henricus Bebelius aus den Schwäbischen Annalibus anzeigt) so sich dieser Menge zu erwehren nicht getrösten konnte, mit Proviant und besser ihrer Haab aus der Stadt gewichen, und ihr Leben zu fristen in die nächsten unwegsamen Gebirge entflohen waren, als dann an andern Orten auch beschehen. Deß konnten sich die Ungarn in der lären Stadt nicht lang saumen, nahmen deßhalben was sie noch übrig funden, zerstöreten was ihnen geliebet, und steckten sie im Abzug mit Feuer an, ruckten hierauf mit gleicher Schädigung fürbaß in Elsaß und Lothringen.

Anno 925.

Folgender Jahren that das schädliche Volck in Sachsen und andern Orten Teutscher Nation neue mordliche Angriff, kame im 925 Jahr wiederum bis in das Turgöw. Und wiewol ihnen ob solchen Streiffen hin und her Widerstand, und auch grosser Verlurst begegnet: war ihnen doch die landräuberische Begierd also tief zu Herzen gesessen, daß sie ihre alte Weis nicht lassen konnten.

Echardus, ein Mönch vorzeiten zu S. Gallen, schreibt, daß sie im 938 Jahr (Contractus setzet es in das sieben und dreyßigste) abermals durch Bayern und Schwaben an den Bodensee und Rhein herauf mit trefflichem Volck gezogen seyen, das Land verwüstet und geplündert, demnach sich den Rhein herab gen Seckingen gelassen, Vorhabens auch daßelbige Ort auszubeuten. Als sie sich aber unbedächtlich zertheilet, und einen Hauffen über den Rhein geschickt, vermeynende, sie könten auf des Schwarzwalds Seiten über den kleinern Giessen der Stadt besser zukommen:

Den Ungarn wird bey Seckingen abgekämmet, Anno 938.

erwischete Hirminger ein gewaltiger Mann im Frickthal wohnhaft, diesen Anlaß, nahme deßhalben die streitbarsten vom Landvolck zu sich, die übrigen stellte er Rottenweis auf die Höhe des Bergs, so noch zwischen Olsperg und Rheinfelden am höchsten ist, und sich bis gen Eicken hinauf zeucht, mit Befehl, wann er in der Nacht unten angriffe, daß alsdann sie dem Feind zum Schrecken in der Höhe unversehenlich viel Feuer anzünden solten.

Dieser Anschlag gerieht. Dann als Hirminger einer Nacht die Ungarischen hiedisseits Rheins plötzlich angriffe, und die Feuer von der Höhe herab nicht anderst einen Schein gaben, dann als ob alles voll Feinden wäre: wurden die Heiden mit Schrecken zerstreuet, und was nicht über Rhein mit schwimmen entrann, erwürget. Die Ungarn jenseit Rheins, so dieses Nachtlermen und Streit höreten, schossen mit Flitschen, und wurfen mit Schlingen hinüber, heulten und schryen in ihrer Spraych wie das Vieh, wären den ihren gern zu Hilf kommen, mochte aber nicht seyn, dann daß sie der ihren Niederlag sehen und hören mußten.

Hüningen. Ungarn im Elsaß beschädiget.

Nach diesem zogen die überbliebenen Hunen oder Ungarn unterhalb über Rhein in das Elsaß. Es vermeynen zwar etliche, daß sie entweders in diesem oder im vorbrigen Streif ihre Lägerstatt zu Hüningen, allernächst unter der Stadt Basel gehabt, da nachmalen das Dorf aufkommen, und von ihnen den Namen empfangen. Im Elsaß begegnete ihnen Landgraf Luitfrid mit seinem Heer, griffe die Feind an, erlegte ihrer bey Hunnenwihr (als etliche vermuhtet) eine ziemliche Anzahl, verlor aber das Feld. Deßhalben sie in Burgund und Franckreich fürdruckten, allenthalben Schaden thäten, und durch Italien letstlich wiederum heim kehreten.

Zwischen

Das Ander Buch.

Zwischen dieser der ungezähmten Ungarn Wütigkeit, regierten im Reich Teutscher Nation einander nach, Kayser Ludwig der dritte, Conradus Salicuus, Henricus der Vogler zugenannt, und sein Sohn Kayser Otho der Grosse, welcher dieser Landräubern Heer, den 10 Augusti, im 955 Jahr, auf dem Lechfeld bey Augspurg zu Trümmern erschluge und austilgte, also daß sie hernach wider Teutsche Nation nichts mehr vermochten.

955. Ungarn schlagen den ihren Meister. 955.

Das XI. Capitel.

Die Kayserliche Hochheit kommt allerdingen an Teutsche Nation. Von Kayser Henrich dem andern, welcher die Thumkirch zu Basel erneueret, und begabet, auch von derselbigen Weihung ꝛc. Begründung der Pfarrkirchen zu S. Lienhart.

Und dieweil der Teutschen Kaysern Meldung beschehen, ist an diesem Ort nicht umzugehen, welcher gestalt das Römische Occidentische Kayserthum von den Französischen Königen, die es bey hundert und zehen Jahren innegehabt, auf die Teutschen Fürsten gewachsen seye.

Nach Absterben Kayser Ludwigs des dritten, Kayser Arnulst Sohns, im 912 Jahr, welcher von Caroli Magni Stamme der letzte gewesen, unterstuhnden gleichwol die Italiäner die Cron wieder an sich zu bringen, darum sie etliche ihrer Fürsten zu Römischen Königen aufwurfen: aber dessen ungeacht, wehleten die Teutschen Fürsten Hertzog Conraten in Francken an das Kayserthum, und nach diesem Hertzog Henrichen zu Sachsen, im 920 Jahr, welche sich Kayserlicher Rechtungen gebrauchten. Auf ihn erfolgte sein Sohn der großmächtige Kayser Otho, sammt den zween folgenden Othen, alle drey vom Haus Sachsen gebürtig. Diese waren also gewaltig, daß sie die Welschen Könige beherrschten, und unter sich brachten, hiemit den Teutschen des Reichs Scepter forthin alleinig lassen mußten.

Das Kayserthum kommt an die Teutschen.

Damit nun das Reich bey den Teutschen allzeit desto vester bestühnde, Spaltungen und Unruhen vermitten blieben: sancierte Kayser Otho der dritte, so von Mannsstammen keine Erben hatte, um das 995 Jahr, daß hinfort allein die Fürsten Teutscher Nation einen Römischen König oder Kayser zu wehlen und zu setzen Gewalt haben sollten, welches dann Pabst Gregorius der fünfte, sein Vetter (der vom Haus Sachsen ein geborner Teutscher Fürst war) bestätiget. Ob nun der sieben Churfürsten Staat, dreyer Geistlicher und vier Weltlicher, auf die Fürstlichen Stiften und Häuser, so jetziger Zeit die Chur in Handen haben, den nächsten damals gestiftet seyen, oder erst hernach, ist nicht gar gewiß. Doch ist kein Zweifel zu haben, dann daß zur selbigen Frist etliche zu der Kayserlichen Chur deputiert worden.

Der Churfürsten Anordnung.

Sodann ist glaublich, es seyen nach dieser Aufsatzung, unter Fürsten, Herren und Städten, im Reich Teutscher Nation, nach und nach allerley Abtheilung und Ordnung angesehen worden, deßgleichen haben viel Städte, Länder und Fürstenthümer in Gallia gelegen, mehr auf das Germanische (deren Sprach und Art sie auch besser gemäß) dann das Französische Reich zu sehen angefangen, benanntlich dem Rheinstrom nach diejenigen, welche unter der Französischen Beherrschung allzeit denen Königen zugethan gewesen, so auch Teutschland unter ihrem Scepter gehabt. Da seind der Städten, so noch dem Kayser als einem Oberhaupt, keine besondere Fürsten gehabt, etliche zu Freystädten worden, nachdem je die Kayser einer jeden wol gewollen, ihnen irgend die Zöll und andere Rechtungen zu kaufen gegeben, und allein zu Erhaltung der Kayserlichen hohen Oberkeit Reichsvögte verordnet ꝛc. Wann nun

1010.
Basel eine Freystadt.

und durch welchen auch die Stadt Basel befreyet, der Dienstbarkeit und Zinsen, welche man der Käiserlichen Cammer bezahlen muß, entladen seye, dessen weiß ich keinen Bescheid.

Es laßt sich ansehen, die Stadt Basel und andere des Bischoffs Herrlichkeiten seyen um das Jahr Christi 1000, dem Königreich Burgund verwandt gewesen. Solches ist zu vermercken aus einem Gaabrief König Rudolfs zu Burgund, am Dato gemeldtes Jahrs, darinn er Bischoff Adalberoni zu Basel, von wegen seiner treuen Diensten, die Stift Münster im Graunfelt, mit aller Zugehörde von Land und Leuten, zu eigen schencket. So wird auch in selbigem angezeigt, daß er um Bekräftigung dieser Gaab, mit Begleitung seines Reichs Bischoffen, Hugen, Heinrich, und Hug dem jüngern, Chun seinem Pfalzgrafen, und andern Fürsten, von Kaiser Othen dem dritten eigener Person, die Bestätigung derselbigen Gaab ausgebracht.

Adalberus Bischoff zu Basel.

Ermeldten Bischoffs Adalberonis, gleichwie auch der vorgehenden, und etlicher folgenden Herkommen, ist unbekannt. Es pflegten da Grafen, Herren, besonders geistliche Leute, sich von ihren Geschlechtern nicht zu benennen. Doch ist zu erachten, es seye dieser, gleichwie der Nachkommenden mehrere Theil, von Geburt eine hohe Person gewesen.

Kaiser Heinrich der andere.

Auf die vorangeregte Satzung der Käiserlichen Wahl halben, ist Henricus, dieses Namens der andere, vom Haus Bayern, der erste gewesen, so im 1002 Jahr an das Römische Reich erhaben worden. Er hatte zum Gemahl Kunigund, eine geborne Fürstin ab der Mosel, welches Hertzogthum nach Zerschränkung des alten Austrasiä, um die Mosel und Sar in Westerreich aufgerichtet worden. Bey derselbigen soll er in stätiger Jungfrauschaft gelebt haben, darum er ohne Leibserben gestorben.

Guttthaten so er dem Bisthum Basel bewiesen.

Den erarmeten und verhergten Stiften hat er viel guts gethan, und beyneben andern dem Bistum Basel sehr wol gewollen. Er schenckete dem Bischoff Adalberoni zu Basel, den er sonders liebte, am Dato zu Maintz, im Jahr 1004, einen Theil des Wildbanns im Elsaß, in Ultonis Grafschaft gelegen, von Blrsick an zwischen dem Rhein und der Jll, auf sechs Meilen Wegs hinab, also daß niemand in solchem Bann, weder mit jagen des Hochgewilds, der Bären und Wildschweinen rc. noch der Varnisen Fahung, dem Bischoff Eingriff thun solte. Vier Jahr darnach, schenckete er ihm auch zu Trier den Wildbann im Breißgow, von dem Dorf Togingen bis gen Gundelfingen und Betzingen hinab.

Die Thumstift wird erneuert.

Im Jahr 1010, ließ er die Thumkirch zu Basel, welche noch seit der letzten Ungarischen Verhergung presthafts Gebäus war, abbrechen, etliche Schritt vom Rhein hindan rucken, und von neuem erbauen. Sie ward hernach, im 1019 Jahr, durch Adalberonem Bischoff zu Basel, den eilften Tag Octobris, in Gegenwärtigkeit Käiser Henrichs, Popponis Erbbischoffs zu Trier, Wernhers Bischoffs zu Straßburg, Rudard zu Costantz, Hug zu Genf, Hug zu Losannen, und Eriei eines Bischoffs, des Käisers Caplan, auch anderer Fürsten und Herren, mit grosser Solennität geweihet.

Form einer Kirchweihung.

Die Weis einer Kirchweihung war zu selbigen Zeiten diese: Der Bischoff kame in seinem Ornat, mit sammt der Priesterschaft und allem Volck, für die beschlossene Kirchthür, darvor etliche brennende Kertzen stuhunden. Vor derselbigen recitiert er erstlich etliche Gebätt, gieng darnach mit ihnen singend um die Kirch, alsdann besprenget er die Mauren mit geweihetem Wasser, darunter Saltz vermenget. Wann sie dann wieder für die beschlossene Kirchthür kamen, sprach er nochmalen etliche Gebättlein, trat alsdann hinzu, klopfete mit seinem Stab daran, aus dem 24. Psalmen sprechende: Ihr Thüren thut euch auf, und ihr ewigen Porten erhebet euch, so wird der König der Ehren hinein gehen. Auf solches antwortete der Diacon in der Kirchen: Wer

Das Ander Buch.

Wer ist dieser König der Ehren? Darauf der Bischoff wiedergab: Es ist der starcke und gewaltige Herr, der mächtige Herr in Kriegen. Wann solches zum dritten mal beschehen, gebot er die Thür aufzuschliessen, gieng allein mit zween oder dreyen hinein, sagte zum dritten mal: Friede sey diesem Hauß, beschloß die Thür wieder, kniete für den Altar und bättete: Daß GOtt diesen Altar, so zu geistlichen Opfern solle verwidmet werden, durch diese Benediction heiligen, und durch die Opfer, so ihm durch seine Diener allda andächtiglich offeriert wurden, versöhnet, ihr Gebätt allezeit zu erhören, gnädig seyn wolte.   Hiezwischen sange die Clerisey voraussen die Litaney, so trugen die Priester in einer Laden auf den Achselen das Heiligthum, damit man den neuen Tempel verehren wolte, stuhnden da, bis der Bischoff den Altar, Kelch, Paten, und alle Rüstung geweihet.   Indem hatte man im Tempel Saltz, Wasser, Aeschen und Wein untereinandern vermischet da stehen, darein stieß er die Finger, bezeichnete den Altar mit vielen Creutzen, begoß demnach den Boden und innwendig alle Wände damit.   Bald kam er wieder zum Altar, und zündete Rauchwerck an, machte letstlich in alle Winckel unzählich viel Creutzen, sprechende: Dieser Tempel werde geheiliget, im Namen GOttes des Vatters, Sohns, und Heiligen Geistes, Amen.   Nach Vollbringung dieser Ceremonien hielte der Bischoff eine Predigt zum Volck, von der Geistlichen Ehrerbietung, von Zehenden, Opfern, und der jährlichen Kirchweihung ꝛc. mit Versprechung der Sünden Ablaß.

Gleicherweis haben auch die sieben Bischöffe, so bey Weihung des erneuerten Münsters zu Basel erschienen, allen so darbey gewesen, oder jährlich an denselbigen Tag dahin kämen, grossen Ablaß verheissen, als Bischoff Caspar in einem Ausschreiben um Unser Frauen Bau, im 1488 Jahr, selbst vermeldet.

Und dieweil Könige, Fürsten und Herren, welche Gottshäuser und Kirchen gebauet, dieselbigen mit Gütern, Einkommen und Kleinodern, reichlich zu begaben pflegten: so hat auch Käiser Henrich diese instaurierte Kirch wol begabet.   Dann er ihren die Schlösser und Herrschaften Pfeffingen und Landeser im Suntgow zustellete, deren eines nachmalen den Grafen zu Thierstein, das andere den Grafen zu Pfirt, Lehensweis übergeben worden.   Das Münster zierete er mit köstlichen Ornaten, darunter eine höltzerne Tafel mit geschlagnem Gold bedeckt, auf 7000 Gulden geschätzt, die er in seiner Capell selbst gebraucht, darinn die Heiligen, welche er sonderlich verehret, daran gebildet stehn, namlich, die vier Ertzengel, Gabriel, Michael, Raphael, Uriel, und S. Benedict, unter denen in der Mitte Christus steht, vor welchem er mit seiner Gemahl kniet.   Ferner gab er dahin ein köstlich Creutz, darinnen Heiligthum des Bluts Christi (wie man damals vermeinet) darzu ein Stücklein des Heiligen Creutzes verschlossen war: sodann ein Stücklein vom Kleid Mariá, vom Heil. Grab, von Petro und Paulo, S. Andrea, Thoma den Aposteln, von Johanne dem Täuffer, Sebastiano, Juliana ꝛc. ward alles in Fronaltar verwahret.   Eine silberne Cron ließ er im Chor aufhencken, haben nachmalen das Capitel und Bischoffe zu Kriegsnohtdurft vermüntzet, item eine herrliche Glocken in Kirchthurn, welche noch von ihm den Namen behalten.   Er verließ ihnen auch seinen Käiserlichen Stuhl, mit Gold, Silber und Helfenbein herrlich zugericht, zusamt einem Käiserlichen Rock ꝛc.

Dergleichen Gutthaten hat gedachter Käiser noch viel andern Kirchen und Bistummen bewiesen, als Regenspurg, Passau, Saltzburg, Freisingen ꝛc. denen er mehrentheils ihr Land und Leut conferiert.   Das Bistum Bamberg hat er von neuem aufgericht.   Der Kirchen zu Mersenburg, gleichwie dieser, eine schöne Tafel von Ungarischem Gold, mit Edelgesteinen versetzt, geschenckt.

Im Jahr 1020. hatte ihme König Rudolf zu Burgund, welchen der seinen Übermuht sehr entrüstet, fürgenommen, Käiser Henrichen sein Königreich zu übergeben, und ihnen einen mächtigern Halsherrn zu setzen.   Doch bewegte ihne die gedichte Versöhnung der Burgundiern mit ihme, daß er es anstehen liesse.

Käiser Henrich gab im 1024 Jahr zu Bamberg dem zeitlichen Leben Urlaub, ward daselbst bestattet, und hernach, sammt seiner Gemahl, in der Heiligen Register gezeichnet:

margin notes: 1020. / Litaney wil Ablaß haben. / Käis. Henrich begabt die Hauptkirch zu Basel reichlich. / Kön. Rudolf zu Burgund wil Käiser Henriche sein Königreich übergeben. / Anno 1020. / Käis. Henrich stirbe. / Anno 1024.

1024 gezeichnet: wiewol ihm etliche der Geistlichen, denen er nichts gegeben, spöttlich nachredeten, und ihn um seines Hinckens willen, einen Krümmling hiessen: als dann allezeit auch frommen Leuten, und die guts vor ihnen haben, Afterreder nicht ausbleiben.

Zwischen diesen Dingen bekame S. Lienharts Pfarrkirch in Basel ihren Anfang. Es war auf der Thumbkist daselbst ein Probst, mit Namen Ezelinus, sehr reich und wolhabend. Demselbigen gefiele dieser Platz, vor dem Schloß Wildeck im Leimthal genannt, an einem erhabenen Ort gelegen, da die Burgerschaft mit Schiessen und andern Dingen ihre Kurtzweile zu halten pflegete, also wohl, daß er (wie vor angerühret) den Bischoff, im 1002 Jahr, bat, ihm dieses Ort, zu Aufrichtung einer Leutkirchen, frey zu lassen und zu bewilligen. Solches erhielt er beym Bischoff, und dieweil es auch der Burgerschaft nicht widerig, welche zu Anrichtung des Gottesdiensts willig darab wiche, dahin sie auch vom Bischoff ernstlich vermahnet worden: nahm er die fürnehmsten der Clerisey, Edelleuten und Burgern zu sich, gieng auf ernoldt Berglein, und schenckete dem Thumprobst Etzel diesen Platz zum versprochenen Bau offentlich. Allda ward die Kirch erstlich aufgerichtet, und im 1033 Jahr, den 2. Tag Novembris, in dem Namen Bartholomäi des Apostels und Leonhardi des Bekenners, geweihet.

Etzel Thumprobst zu Basel.

S. Lienharts Pfarrkirch erbauet.

Ein alt Buch dieser Kirch weiset, Ezelinus der Fundator sey im 1082 Jahr gestorben. Daraus zu rechnen, daß er seines Alters hundert Jahr überreichet habe. Etliche vermeinen (ist doch ungewiß) die gar alte Grabschrift im Münster am Creutzgang, sey ihm zu Gedächtnuß gestellet, also lautende:

Grabschrift eines Unbekannten.

> Hic iacet arte Plato, Cato uita, Tullius ore:
> Vermes corpus alit, spiritus astra tenet.

Möcht in Teutsch also gebracht werden:

> Der Mann so hie bestattet ligt,
> Platonis kunst schier übersteigt.
> Im leben war er frömmer
> Dann Cato der Edel Römer.
> Als Cicero war er wol beredt,
> Die Würm den Leib, GOtt dSeel jetz hett.

Das XII. Capitel.

Käiser Conrat setzet einen Bischoff zu Basel, bringt dieselbige Stadt und gantz Burgund an das Reich Teutscher Nation. Ein Concilium wird zu Basel gehalten, darinn Käiser Henrich der vierte gekrönet, und Pabst Honorius erwehlet wird. Was sich nach seiner Wahl zugetragen.

Ach Käiser Henrichs Absterben, nahme des Römischen Reichs Scepter zu Handen, Hertzog Conrat zu Francken, welchen Käiser Henrich noch bey Leben, mit Gunst des Reichs Fürsten, zu seinem Nachkömmling erkläret, und Frau Giselam seine Näfin, deren Mutter Bruder König Rudolf zu Burgund war, zum Gemahl hatte.

Bischoff zu Basel wird Kastvogt S. Bläsien.

Dieser Käiser Conrat setzete Adalberonem Bischoff zu Basel, dem augehenden Kloster S. Bläsien auf dem Schwartzwald, zum Advocaten und Schirmvogt, am Dato zu Ulm, den 14. Tag Mayens, im 1025 Jahr, seines Reichs im andern, und des Käiserthums im ersten. Diesen Befehl haben die Bischöffe hundert Jahr gehabt: wie sie aber denselbigen durch ihre gesetzte Amtleute verwircket, wird an seinem Ort vermeldet.

Das Ander Buch.

Auf den Pfingsttag hielte der Käiser einen Reichstag zu Costantz, auf welchem er 1025. allerley Händel der Schwaben anordnete, und ihre Mißhellungen stillete: reisete von dannen in das Schloß gen Zürich, empfienge daselbst etliche Welschen, die zu Costantz nicht erschienen, und sich aber damals stelleten, in seine Gehorsame.

Von dannen nahm er seinen Weg nach Basel, da dann Bischoff Adalbero vor drey Monaten mit Tod abgegangen, und die Clerisey einen andern Edlen geistlichen Herrn, Ulrich genannt, an das Bistum erhöhet hatten, welchen aber der Käiser und Käiserin nicht gut achten wolte. Also bot ihnen der Bischoff um die Bestätigung seiner Wahl, eine mercksiche Summa Gelts, die ward von ihm angenommen, daß er am Bistum bliebe. Dieses Geltfangs, als einer begangenen Simoney, soll der Käiser nachmals grossen Reuen empfangen, und gelobet haben, um die Confirmation einiger Prälatur kein Gelt mehr zu nehmen, welches er auch (gleich wie nach ihm sein Sohn Käiser Henrich der dritte) getreulich erstattet. *Käiser nimt Gelt und bestätigt Bischoff Ulrichen.*

Der Käiser hielte zu Basel einen Tag und Gespräch des Königreichs Burgund halben, nahme allda in sein und des Römischen Reichs Pflicht die Stadt Basel, entzoge sie ab von König Rudolfen zu Burgund, verreisete demnach durch die Anstösse desselbigen Reichs, wider des Burgundischen Königs Willen, den Rhein nieder in Sachsen. Solches bezeuget eine alte Schwäbische Chronick eines unbekannten Authoris, desgleichen Wippo, Käiser Henrich des dritten Caplan, in Beschreibung Käiser Conrats Leben, sub rubrica, *Quod Rex Conradus Basileæ Episcopum constituerit* &c. *Basel komt an das Reich Teutscher Nation. Anno 1025.*

Ursach gedachter Einnehmung war, daß König Rudolf zu Burgund, so nunmehr alt, als sich hievor seine Fürsten gegen ihm ungehorsam erzeiget, weyland Käiser Henrichen in sein Reich beruffen, und dieweil er keine Kinder hatte, ihm nach seinem Absterben, allen Gewalt und Rechtungen des Königreichs Burgund zugesagt hat, an welches sonst seit Käiser Othen des ersten Zeiten, das Römische Reich Inspruch hatte, als dem es durch weyland König Conraten zu Burgund, so viel als einverleibet worden. Dasselbige begriffe dieser Zeit nicht nur ein Theil Hoch-Burgunds, item das Suntgow und gantze Bistum Basel bis an Rhein hinaus, sondern auch jenseit dem Jurten, Uchtland, bis an die Ruß, Wallis, die Waat, einen grossen Theil in Saffoy ec. *Begriff des Königreichs Burgund.*

Dieweil nun Käiser Henrich das Königreich Burgund zu erhalten, groß Gut angewendet, und aber König Rudolf nach Käiser Henrichs Ableiben, diese seine Versprechung zu vernichtigen unterstanden, auch es Graf Otho zu Campanien, Rudolf Schwester Sohn, gern an sich gezogen: hat Käiser Conrat, als ein Mehrer des Reichs, mit Ernst darauf gesetzt, diese Ansprach und Rechtung nicht von Hand lassen wollen, deßhalben Basel, so dem Reich Burgund verwandt war, zu seinen Handen genommen, von welcher Zeit an sie beym Reich Teutscher Nation verblieben ist.

Im 1027 Jahr zoge Käiser Conrat gen Rom mit Heeres-Gewalt, ward allda von Pabst Johanne dem 19 am Ostertag gecrönet. In seinem Abwesen empörte sich mit Krieg wider den Käiser, Hertzog Ernst zu Schwaben, sein Stieffsohn, welchen doch der Käiser hievor, mit Gaaben verehret, von ihm hinscheiden lassen. Derselbige reisete in das Elsaß, verderbte das Land, zerbrache Graf Hugen des Käisers Freund etliche Schlösser. Uberfiel darnach mit einem grossen Hauffen junger Rittern, das Theil Burgunds, so dieser Zeit Uchtland heisset, nahme jenseit Solothurn eine Insel ein, (diese vermeinen etliche Bern, etliche Freyburg, gewesen seyn) fieng an dieselbige mit Gräben und Schütten zu bevestigen, also daß ihm König Rudolf zu Burgund wehren muste. Deßhalben er sich in das Zürichgöw und Turgöw wendete, speisete da ein Schloß zur Wehre, schädigte daraus der Gotteshäusern S. Gallen und Reichenow Land und Leute, verharrete also in diesen freventlichen Händeln, bis auf des Käisers Wiederkehr aus Welschland. *Hertzog zu Schwaben setzet sich wider den Käiser.*

1028. Als nun Conradus durch Italien Söhnung und Fried angerichtet, und im 1028 Jahr glücklich in Teutschland heraus kommen, hielt er eine Käiserliche Versammlung zu Augspurg, ritte darnach gen Ulm, dahin er einen Reichstag ausgeschrieben. Nach Ausgang desselbigen zoge er mit Heeresgewalt durch Schwaben, nahm an auf Gnad, die sich bisher mit ihren Herzogen wider ihn gesetzt, und zerbrach ihnen die Vestungen. Insonderheit weil Graf Wernher von Kiburg, auch andere Herren im Turgow, Herzog Ernsten zu solcher Empörung geholfen, zerstörte er das Schloß Kiburg, und etliche andere veste Häuser.

Käisers Handlung zu Basel. Hierauf nahete sich der Käiser gen Basel, daselbst empfieng ihn oberhalb der Stadt, bey dem Dorf Munteza (jetzt Muttentz) König Rudolf von Burgund, welchen die Käiserin Gisela, König Rudolfs Schwester Tochter, um Anrichtung neuer Freundschaft und Versöhnung, dahin vermögen hat. Als nun die zween Herren eine freundliche und heimliche Unterrede gehalten, führete der Käiser den König in die Stadt Basel, da ward mit Hilf der Käiserin, zwischen ihnen beyden ein Friede abgeredt und beschlossen, mit solchem Geding, daß König Rudolf die Succeßion des Reichs Burgund dem Käiser wiederum zustellen solte, wie er solches vormals Käiser Henrichen zugesagt. Darauf sie beyde mit Freundschaft abschieden, König Rudolf in Burgund, der Käiser aber den Rhein nieder in Francken. Dieses ist aus den vorgemeldten Chronicken gezogen.

Dieser Käiser hat im 1028 Jahr, 18 Kal. Januarii, dem Bischoff zu Basel die Silbergruben im Breißgow übergeben. Ex instrumento.

Abgang des letzten Königs zu Burgund. Anno 1032. König Rudolf lebete nach dieser Uberkommuß nicht lang, sondern starb im 1032 Jahr. Als er empfande, daß seines Lebens nicht mehr wäre, übersendete er Käiser Conraten und seinem Sohn Henrico Römischen König, des Reichs Burgund Cron und Kleinoder, daher sich nachmalen die Teutschen Käiser des Tittels und Rechtungen des Reichs Burgund und Arelat gebraucht, welches aber zuvor 154 Jahr besondere Könige gehabt.

Aenderung im Reich Burgund. Solches verschmahete Graf Othen in Schampanien, vermeynende, ihm wäre daran zu kurtz beschehen, und ihm gehörete die Succeßion an selbigem Reich billiger dann Käiser Conraten: fuhre deßhalben zu, und nahme das unbesetzt Burgund ein, weil der Käiser im Ungarischen Krieg verhaftet stuhnde.

So bald aber der Käiser diesen Krieg verrichtet, reisete er noch selbiges Jahrs an Rhein herauf, hielte um Wienachten eine Versammlung zu Straßburg, kehrete demnach gen Zürich, da sich die Königin Ageltrud, Wittwe zu Burgund, item Graf Humprecht, und etliche andere dem Käiser günstige Herren, welche es vor Graf Othen Aufsatz vermochten, zu ihm fügten, ihm und seinem Sohn, als ihrer Majestät gehorsame, den Fußfall mit gebührlicher Huldigung thäten. Diese wurden wohl verehret hingelassen.

Käiser nihil Burgund. ein. Im Sommer, des 1033 Jahrs, zoge der Käiser mit Heereskraft, in Graf Othen Land, verhergete daßelbige, und brang ihn, sich an ihn zu ergeben, bemächtigte hiemit das gantze Königreich Burgund.

Als aber der Käiser im folgenden Jahr, auf die Osterliche Zeit seinen Hof zu Regenspurg hielte, vernahme er, wie Graf Otho, ungeacht seiner Pflicht, die er dem Käiser geleistet, etliche Oerter in Burgund mit Gewalt wiederum erobert hätte, deßhalben er sich im Sommer mit Teutschem und Welschem Kriegsvolck aufmachte, zoge ins Reich Burgund für die Stadt Genf, demnach für das veste Schloß Murten, und nahme dieselbigen ein. Da solches Othonis Helfer und Beyständige sahen, gaben sie die Flucht, denselbigen setzete der Käiser also lang nach, bis er sie aus Burgund vertriebe. Hierauf legte er in die Städte und Schlösser Besatzungen, nahme von den Landsherren Bürgen und Verschreibungen, wendete sich damit in das Elsaß zu seiner Gemahl der Käiserin. Dann als er in Burgund gezogen, hatte sich die Käiserin darzwischen gen Basel hinauf verfüget, des Kriegs Ausgang zu erwarten, welche im Abzug wiederum von dannen gen Straßburg fuhre, ihren Herrn allda zu empfangen.

Von

Das Ander Buch.

Von Bischoff Ulrichs Absterben weißt man nichts, daß aber nach ihm Theodoricus den Hirtenstab geführt, ist daraus bekannt, daß diesem Kayser Henrich der dritte, im Jahr 1041, um weiland Kayser Conrads seines Vatters, auch seiner Seelen Heil willen die Grafschaft Augst, welche in sich begriff das Außgöw und Eißgöw, zu seinen Regalien verliehen und gegeben hat, also daß dieselbige Grafschaft er und seine Nachkömmling innhaben, oder darmit zu ihrer Kirchen Nutz handeln möchten nach ihrem Gefallen. Deßgleichen wird in einem Kayserlichen Bestätigungsbriefe der Abtey S. Bläsien, am Dato 1065, seiner gedacht, daß er demselbigen Gottshause im Dorf Habaltingen ein Mansum oder Schupesgut vergabet habe.

Nach ihm folgte Bruno, ist vielleicht der, welchen Hermannus Contractus des Kaysers Caplan gewesen, und gen Basel (als auch andere anderstwo) zum Bischoff gesetzt worden seyn, angezeigt, im 1047 Jahr, doch ohne Vermeldung seines Namens.

Zur selbigen Zeit hatten sich in Burgund etliche Grafen und Herren abermals wider die Kays. Maj. empöret, und Montbelgard belägeret, wurden aber durch Graf Ludwigen des Kaysers Hauptmann abgetrieben. Der Kayser kame den 22 Tag Aprilens, im 1048 Jahr, persönlich in die Reichenow, begienge daselbst S. Marten Fest und Creutzgänge, zu Zürich die Auffahrt, und zu Solothurn, einer Stadt dem Reich Burgund damals angehörig, den Pfingsttag, hielte daselbst mit den Burgundischen Ständen einen Landtag, darinn er die Ungehorsamen wieder in Pflicht nahme, und alle Sachen befriedigte, kehrte davon durch Francken wiederum in Sachsen.

Bischoff Brunonis Abschied setzet der Thumkirch Jahrzeitbuch auf den 27 Tag Mayens, läst aber das Jahr aus. Ihm soll nachgefolget seyn Beringer, bey Zeiten Kayser Henrichs des vierten.

Bey dieses Bischoffs Zeiten, ward ein Concilium zu Basel gehalten, welches Kayser Henrich der vierte, noch jung unter seiner Mutter Vormundschaft, den Bischöffen Welschlands, auch sonst gemeinlich des Reichs Ständen ausschreiben lassen. Anlaß dieser Versammlung war, daß Pabst Nicolaus der ander den 30 Tag Junii, im 1061 Jahr, tödtlich verblichen, und die Römer, in Betrachtung, was Unruhe hievor aus Nicolai Wahl entsprungen, um Fürkommliß alles Tumults, den Kayser (welchem sie eine Cron sammt andern Geschencken übersendet) um einen neuen Pabst anlangen lassen, als dann seit den Zeiten Caroli Magni bräuchig gewesen. Dann in dem Jahr da Pabst Adrian Carolum zum Römischen Patricio gemacht, hat er ein Concilium mit 153 Bischöffen in Laterano gehalten, und daselbst erkannt: Daß forthin kein Bischoff, weder zu Rom noch in andern Städten gesetzt werden solte, es gebe dann auch die Kayserl. Majestät ihr Jawort und Willen darzu, und wäre ihre Einweihung von derselbigen erlaubt. Welche sich des widerigten, solten im Bann seyn. Dieses Decret hatte Pabst Nicolaus, im 1059 Jahr, in Concilio Lateranensi erneuert, daß die Clerisey und Gemeinde zu Rom, ohne eines Kaysers Bewilligung, keinen Pabst setzen solte.

Hierum ward erstlich auf dieser Versammlung zu Basel, vieler Fürsten und Bischöffen, sonderlich aus Teutschland und Lombardeyen, dem jungen Henrico die Cron aufgesetzt, und ein Patricius Romanorum, das ist, ein Oberster Herr zu Rom, ausgeruffen und geheissen. Dann also erkläret dieses Wörtlein Nicolaus de Cusa, daß bey den Römern Patricius heisse, welcher über sie und S. Peters Erblande, das ist, über alle Städte und Herrschaften der Römischen Kirchen unterworfen, zeitlichen Gewalt habe, und derselbigen Regiment als ein Vatter und Schirmvogt handhaben solle. Demnach erkiesten sie mit gemeinem, auch der Römischen Gesandten Raht (ausgeschlossen die Kayserin Agnes, welche keinen Willen darein geben wolte) den 25 Octobris, Cadolum Bischoff von Parma, zum Pabst, Honorius der ander genannt, präsentierten ihn durch Bischoff Bucco von Halberstadt gen Rom. Die Chronick des Mönchen von Hirßfelden, item Palmerius, setzen diese Geschicht in das 1063 Jahr.

Zur selbigen Zeit waren die Nortmänner, wider welche man vorzeiten (als sie noch Heiden waren) so blutige Krieg geführet, also wol einkommen, daß sie Neapolis das Königreich

1072. nigreich in ihrem Gewalt hielten. Dise vnd viel andere in Rom dem Kayser Widerwärtige, henckte Hiltebrand, ein gewaltiger Cardinal, vnd grosses Ansehens, an sich, richtete wider den Kayser offene Meutereyen an, vnd verschuffe, daß sie zwischen dieser gemeinen Reichsversammlung zu Basel, nur sieben vnd zwantzig Tag vor Chadeloms Erkiesung, Anshelmum Bischoff zu Luca in Toscana, in Stuhl setzten, Alexandrum den andern genannt, erzeigten sich auch, als wann sie vom Kayser abzufallen bedacht, so man ihnen diesen nicht lassen wolte. Es trachtete dieser Cardinal selbst nach der Insel, hat sich aber verwegen, solte man allezeit in Erkiesung des Pabsts den Kayser darum fragen, er wurde sie nimmer erlangen.

Hierauf besammlete Cadolus folgendes Jahrs in Lamparten einen starcken Zeug, zoge wider seinen Aberpabst gen Rom, derselbige lieferte ihm auf Neronis Wießmatten eine Schlacht, darinn erstlich Cadolus oder Honorius den Sieg behielte, bald aber wieder zuruck getrieben ward, nahme letztlich die Engelburg ein, vnd erfolgten schwere Vnruhen darauß.

Zu Stillung derselbigen nahme Hanno Ertzbischoff zu Cöln (welcher den jungen Kayser Henrichen seiner Frau Mutter entführet, vnd sich der Vormundschaft untersangen hatte) vom Kayser Gewalt, kehrte gen Rom, Vorhabens, der widerwärtigen Päbsten Zwespalt hinzulegen. Allda fand er die Sachen also beschaffen, daß er sich auf Alexandri Seiten anfienge zu lenden, deßhalben sich gen Mantua den 27 Octobris, zum Concilio der Welschen Bischöffen begabe, darinn Honorius aberkannt, vnd Alexander als der rechte Hirt angenommen ward, der doch mit Cadolo noch immerdar zu thun überkame.

Das XIII. Capitel.

Burkart Bischoff zu Basel, wird mit sammt andern Fürsten vm Kayser Henrichs des vierten willen, von Pabst Gregorio verbannet, darnach wieder absolviert. Item was die Vrsach des Pabsts Zorn wider den Kayser gewesen.

Burkart von Hasenburg Bischoff. Anno 1072.

Beringero succediert im tausend zwey vnd siebentzigsten Jahr am Bistum Basel, Burkart ein gebohrner Freyherr von Hasenburg, war hievor des Ertzbischoffs zu Maintz Cammerer gewesen, als der Mönch von Hirßfelden schreibt. Sein Bruder Chuno war Bischoff zu Losannen. Ist also vnter vnsern Bischöffen der erste seines Geschlechts halben bekannt.

Schwere Spän zwischen dem Kayser vnd Pabst.

Bey Zeiten seiner Vorstehung, erregte sich eine scheußliche Trennung zwischen Pabst Gregorio dem siebenden, zuvor Hiltebrand geheissen, welcher sich ohne des Kaysers Vorwissen ins Pabstum eingelassen, vnd Kayser Henrichen dem vierten, von wegen der Bistumen vnd Prälaturen Verleihung, dadurch die gantze Christenheit zweyträchtig vnd zerrüttet ward. Dann der Pabst (neben andern Vrsachen seines Vnwillens) dorfte dem Kayser zumuthen, ja gebieten, sich hinfort aller geistlichen Investituren zu entschlagen, vnd ihme, als einem geistlichen Oberhaupt, dieselbigen beim zu weisen, welches aber der Kayser nicht thun wolte. Hiemit vnterstuhnde der Pabst alle Prälaturen dem Römischen Stuhl zu vnterwerfen vnd zu verpflichten, welches dann mit der Zeit vermittelst des Banns beschehen.

Zu solchem Gewalt legte Hiltebrand oder Gregorius dißmal den Grund, vnd gebot allen Bischöffen vnd Prälaten, so ihre Würden vom Kayser erlangt,

sich

Das Ander Buch.

sich deren wiederum zu entschlagen. Er setzte auch, daß alle und jede, so hinfort 1076. von Königen ihrer Prälaturen und geistlichen Aemtern Investierung empsiengen, für Simonische Vorstände, die ihre Dignitäten mit Miet und Gaaben erlanget, geachtet werden solten. Aus diesem Widersatz des Pabsts gegen dem Kayser entstuhnden, sonderlich in Teutschland, schwere Meutereyen, Zwevtracht und Spaltungen.

Da nun Kayser Henrich diese Rechtung, zu Abbruch der Kayserlichen Hochheit, nicht fallen lassen, noch des Pabsts Mandat annehmen wolte, citierte er ihn um Wienacht, des eingehuden 1076 Jahrs, gen Rom, in der andern Fastenwochen daselbst zu erscheinen, seiner Simonen und anderer Lastern, so man ihm fürwerfen wurd (dann ihn seine Mißgünstigen mit viel Zulagen beschwäret) Red und Antwort zu geben, oder des Banns Sentenz zu erwarten.

Solchem vorzukommen, beschriebe der Kayser auf den Sonntag Septuagesimä alle Bischöffe, Aebt und Prälaten im Reich Teutscher Nation zu sich gen Worms, welche daselbst erkanten, daß dieser Hiltebrand, so unrechtmäßiger Weis an das Pabstthum kommen, für keinen Pabst zu halten, sondern entsetzet seyn solte: schrieben deßhalben dem Pabst, zogen ihm seinen Hochmut, Schand, Laster und stolze Neuerungen für, entschlossen sich, ihn für keinen Apostolischen Bischoff zu halten, mit Aufsagung aller Gehorsame. Diese Epistel unterschrieben sechs und zwanzig Bischöffe, dem Reich Teutscher Nation zugehörig, unter welchen auch Bischoff Burkart zu Basel gewesen. Es legte der Kayser für seine Person ein ernstlich Schreiben darzu, darinn er ihn keinen Pabst, sondern einen falschen Mönchen nennete, der zu Verwirrung der Kirchen, zu Verachtung seiner Königlichen Majestät, die ihm von GOtt gegeben, allerley Mittel gesucht, unangesehen, daß er mit Listen und Gelt, und nicht aus GOttes Ordnung, zu solcher Würde aufgestiegen ꝛc. gebot ihn derohalben, als einem verdammten, den Apostolischen Stuhl zu raumen, und einem andern, der bessers gesinnet, Platz zu geben ꝛc.

Conobus zu Worms des Kayers holden.

Als diese Schreiben gen Rom kamen, verschüttete der Kayser den Brey erst gar, deßhalben ihn der Pabst offentlich auf dem Synodo, da er sich zu entschuldigen erscheinen sollen, excommunicierte, des Römischen Reichs entsetzte, männiglich seiner Pflichten und Gehorsame gegen ihm ledig zehlte, und solches mit strengen Bullen in Teutschland verkündigte, mit Befehl, einen andern zu erwählen. Ist also dieser Henricus unter den Kaysern der erste gewesen, welchen die Päbste mit dem Bannstraal verfolget. Hieneben ließ er auch des Banns Sentenz wider alle Bischöffe, geistliche und weltliche Personen ergehn, die es mit dem Kayser hielten, ihm Gunst und Beystand thäten. In deren Zahl war auch Bischoff Burkart von Basel, der doch in dieser Widerwärtigkeit, mit sammt viel andern, bey seinem Herrn getreulich hielte.

Pabst verbannet und entsetzet den Kayser.

Sonst vermochte des Pabsts Zorn bey vielen, daß sie vom Kayser abtraten, und sich seiner Widerpartey zuschlugen, wie dann die Sachsen, anderer Ursachen halben, schon hievor von ihm entfrembdet waren. Insonderheit hielten ernstlich an Rad, die Herzogen, Rudolf zu Schwaben, Welffo zu Bayern, und Berchtold zu Zäringen, aus deren Anschaffung allen Reichsständen, welche gemeine Wolfahrt zu fördern begehrten, den 16 Octobris, im nächstgedachten 1076 Jahr, zu Triburg einen Reichstag zu besuchen, verkündet ward.

Als nun diese auf bestimmte Zeit in grosser Anzahl zusammen gekommen, der Meynung, des Pabsts Sentenz zu erstatten, und Henrico den Scepter abzunehmen: hat auch der Pabst seine Legaten dahin abgesendet, welche diesem Feuer Oel angossen, und männiglich zu bereden unterstuhnden, wie Henricus billicher und wolbefügter Ursachen halben in Bann verkündet, und entsetzet wäre. Er aber hat seine beyständige Bischöffe,

1 0 7 6. schöffe, Fürsten und Herren aufgemahnet, einen Zeug besammlet, und sich an die Rähe gen Oppenheim verfüget, von dannen er eine Bottschaft über die andere zum Fürsten abfertigte, sich grosser Dingen erbotte, wie er forthin alles, darinn er bisher gefehlet haben mochte, verbessern, und im Reich ohne gemeinen Raht nichts handlen wolte, sie auch dessen mit Bürgen und in andere Weg gnugsam versichern, auf daß sie sich keines Abstehns mehr zu befahren hätten.

Kayser Heinrich der vierte des Reichs still gestellt. Wiewol es aber schwerlich Statt finden mochte, kamen sie doch letstlich auf diß Mittel: Sie wolten verschaffen, daß der Pabst bis künftige Liechtmeß auf eine allgemeine Reichsversammlung gen Augspurg käme, da solte er sich auf gethane Verantwortung, seinem Spruch untergeben. Wurd er aber innerhalb Jahrsfrist von der Zeit der Auskündung seines Banns, die Absolution nicht erlangen: so solte er des Reichs ohne weitere Einred gäntzlich entsetzt seyn und bleiben. Hierum solte er versprechen, dem Pabst aller Dingen zu gehorchen, alle die er verbannet, den nähesten von sich zu thun, das Kriegsvolck zu urlauben, sich zwischen dieser Zeit gen Speier zu verfügen, in seine Kirche gehen, keinen Kayserlichen Hof halten, und sich des Reichs Geschäften nichts beladen, bis seine Sach verhöret, und an einen Ort gemacht wurde.

Kayser muß seine bruchmässige Fürsten von sich thun. Diese Mittel nahme der Kayser obliegender Noht halben an, und ließ allbereit von sich, den Ertzbischoff von Cöln, die Bischöffe von Bamberg, Strasburg, Basel, Speier, Losannen, Zeitz, Oßnaburg, und etliche andere weltliche Herren, deren Hilf und Raht er sich bisher gebraucht, und kehrete ohne alles Gepräng gen Speier, dahin er beschieden.

Als er sich daselbst eine Weil in schlechtem Wesen gehalten: brach er kurtz vor Wienacht mit seiner Gemahl auf, unangesehen die strenge winterliche Zeit, die von Martini bis in Mertzen hinaus gewähret, also daß der Rhein immer beschlossen war, und alle Reben erstorren, reisete dem Burgund zu (dann ihm sonst die Fürsten zu Bayern, Schwaben und Zäringen, alle andere Päß und Clausen über das Gebirg verlegt) begienge zu Bisantz des eingehenden 1077 Jahrs, das Wienachtfest, *Kayser füget sich zum Pabst.* hatte von Fürsten und andern hohen Personen niemand bey sich, jedermann hatte ihn verlassen, in solch Elend war er plötzlich gerahten. Er mußte durch Saffos den Paß theuer kauffen, kam mit höchster Mühe und Gefahr über den tief verschneiten Montdenis in Italiam.

Nun hatte sich der Pabst schon auf die Straß begeben, Vorhabens gen Augspurg zu reisen, dahin ihn die Fürsten vermögen. Als dieser des Kaysers Ankunft verständiget, darneben nicht wissen mochte, ob er ihn mit Gewalt zu verfolgen, oder um Auslösung des Banns zu werben, daher käme: verfügte er sich in die Vestung Canosa, zu warten, wie es der Kayser vor ihm hätte, besonders da sich in Italien alle Bischöffe, Grafen und Herren zu ihm fügten, und seines Banns kein Scheu hatten. Also saumte sich der Kayser nicht lang, schickte zum Pabst eine ansehnliche Bottschaft, mit demühtigster Bitt um den Ablaß zu werben. Er aber wolte erstlich nichts darvon hören, mochte kümmerlich erbetten werden; doch saß auf diß Mittel kame, es solte sich der Kayser, wann er rechtschaffenen Reuen hätte, persönlich vor ihm stellen. Als er nun ohne alles Gesind gen Canosa gekommen, ward er in den ersten Zwingelhof gedachter Vestung hinein gelassen, muste da drey Tag ohne alle Gezierden Baarfuß stehen, ehe ihm der Pabst der Augen gönnen wolte. Nach Verscheinung dieser Zeit, war der acht und zwantzigste Tag Jenners, sprach er ihm erst *Kayser vom Bann entlediget.* die Absolution, band ihm aber so harte Artickel ein, wie er forthin nichts mehr wider ihn handlen solte, und gieng also strafflich mit ihm um, daß welcher die Historie lieset, von Hertzen wäinen mochte.

Bässige Fürsten reisen nach der Absolution. Mittlerzeit als der Kayser in Welschland verreiset, waren auch die Bischöffe und Herren, so um des Kaysers willen ins Pabsts Bann gefallen, und die er hierum vormals zu Oppenheim von ihm thun müssen, um Erhaltung der Absolution in Italiam

Das Ander Buch.

liam entwischet, derselbigen einer war auch Bischoff Burkart zu Basel. Als 1078. diese vor des Kaysers Entledigung mit blossen Füssen und härenen Hembern zu Canosa den Pabst um Verzeihung ihrer Rebellion und den Ablaß gebetten, antwortete er ihnen: Es wäre gleichwol denen, so ihre Missethat wahrhaftig erkannten, Gnad mitzutheilen, jedoch weil sie lang ungehorsam gewesen, wolte sich gebühren, der Sünden Rost, welcher sich in ihnen tief angesetzt, mit desto schärfferer Buß wieder auszusäubern. Desthalben wann sie innigliches Reuen hätten, solten sie alle dasjenige, so ihnen zu Heilung solcher Wunden auferlegt wurde, gedultig annehmen, und darinn erkennen, wie schwerlich sie wider den Apostolischen Stuhl angeloffen.

Und als sie sich aller auferlegten Buß zu untergeben entbotten, befahl er der Bischoffen einen jeden besonder in ein Gemach einzusperren, da sie mit niemand reden konnten, und ihnen den gantzen Tag bis auf den Abend, nichts zu essen geben. Gleicher Gestalt setzte er auch den Weltlichen einem jeden nach Gestalt seines Alters, oder Kräften, eine Buß auf. Letstlich als er sie etliche Tag wol getröstiget, berufte er sie für sich, beschalt sie ihres Abtritts halben, ermahnete sie ferner sich vor solchen Sachen zu hüten, und ertheilte ihnen die Absolution. Bevorab band er ihnen fleißig ein, mit König Henrichen vor und ehe er sich mit dem Apostolischen Stuhl zugefügter Injurien halber nicht versöhnte, keine Gemeinschaft zu haben, auch ihm zu Verkehrung des gemeinen Nutzens oder Betrübung der Kirchen, keinen Raht noch That zu geben: sonst möchten sie wol mit ihm reden, ob sie ihn vielleicht zu Reuen bringen, und von seinem bösen Fürnehmen abwenden könnten.

Das XIV. Capitel.

Kayser Henrich wird zum andernmal verbannet, gar abgesetzt, und etliche Nebenkayser wider ihn erwählet, die er auch alle ausharret. Letstlich wirfst er den Pabst vom Stuhl, und setzet einen andern darauf. Ankunft der Klöstern S. Alban und Maria Magdalena zu Basel.

Als Kayser Henrich seinem Elend entrunnen seyn vermeynete, fiel er bey den Italidnischen Herren, welche sich in seiner Ankunft zu ihm geschlagen, in neue Gefahr. Dieselbigen empfiengen zu hohem Verdruß, daß er sich vom Pabst, welcher den Apostolischen Stuhl mit Simoney, Ehebruch und andern Lastern beflecket, so verächtlich halten lassen, und mit so ungebührlichen Mitteln gegen ihme verpflichtet: welchen er vielmehr vom Stuhl geworfen, und der Kirchen die Hand solte gebotten haben: redten ihm deßhalben übel zu, waren über ihn entrüstet, inmassen, daß er sich wieder ausreden, noch sie in Hulden behalten und gestillen mochte, bis er ihnen zugesagt, aller dieser seiner Majestät ungebührlichen Versprechung wieder abzustehen. Dazumal hielten sich wiederum bey ihm alle die Herren, welche er hievor zu Oppenheim seines Hofs verweisen müssen, benantlich, Liemar Ertzbischoff zu Bremen, Eppo Bischoff zu Zeitz, Benno zu Oßnaburg, Burkart zu Basel, und Burkart zu Losanien, welche hernach (weil sie dem Kayser von wegen der Päbstlichen Versöhnung, wol wiederum beywohnen dorften) in allen seinen Reisen bey ihm blieben, derowegen auch einen gnädigen Herrn an ihm hatten.

Dieses Fürnehmen des Kaysers blieb unverborgen, derowegen Pabst Gregorius mit seinen beyständigen Fürsten in Teutschland handelte, daß sie den 13. Martii, im 1078 Jahr, zu Forchheim eine Versammlung hielten, Kayser Henrichen, welcher auf seine Stillstellung in fürgeschriebener Jahrsfrist ihnen noch nicht genug wählt. *Hertzog in Schwaben wider Henricum Röm. König er-*

1080. genug gethan, des Reichs gar entsetzten, und Hertzog Rudolfen zu Schwaben, des Kaysers gewesenen Schwestermann zum Römischen König aufwurfen, den auch zu Mitfasten des Pabsts Gesandte crönetten, mit einer Cron, an welcher dieser Versickel herum stuhnde:

Petra dedit Petro, Petrus diadema Rodulpho.

Das ist,

**Christus die Cron S. Petro gab,
Petrus schanckt sie Rudolf dem Schwab.**

Nach dem Osterfest, welches der neue König mit der Päbstlichen Legation zu Augspurg herrlich begangen, wolte der Legaten einer, namlich Bernhart ein Abt von Marsilien, wiederum heim reisen, der ward von Graf Ulrich von Leützburg, Kayser Henrichs beyständigen, beraubet und gefangen, um welches Reuterdiensts willen ihn der Kayser hernach wol belohnet.

König Rudolf von Henrico erschlagen, Anno 1080.
So bald Henricus die Wahl Rudolfs vernahme, machte er sich noch denselbigen Sommer in Teutschland hinaus, verfolgte ihn mit Gewalt, that etliche Treffen mit ihm, bis er ihn endlich, im 1080 Jahr, in einer Schlacht, die sich in Meissen an der Elster zugetragen, gar ausmachete, dann ihm daselbst seine rechte Hand abgeschlagen ward, und bald darauf zu Mersenburg Todes verschiede. Als man ihm die abgehauene Hand fürgebracht, sprach er zu den umstehenden Bischöfen mit hertzlichem Seufzen: Dieses ist die Hand, mit deren ich meinem Herrn Kayser Henrichen Treu und Glauben geschworen habe. Jetzt ists an dem, daß ich das Reich mit dem Leben hinlegen soll, da sehet nun ihr zu, die ihr mich dahin gebracht, daß ich seinen Stuhl besitzen wollen, wie fein und wohl ihr mir gerathen.

Hiltebrand abgesetzt und ein anderer Pabst erwählet.
Und dieweil der Pabst Kayser Henrichen von neuem verfluchet und in Bann verkündet hatte, gedachte er einmal der Sach ein End zu schaffen. Helte derowegen in gemeldtem Jahr, auf Pfingsten, zu Brixen oder Bressa, mit viel Teutschen und Welschen Bischöffen eine Versammlung, die Hiltebrand mit ihrem Spruch vom Pabstum erkannten, und Gibert den Ertzbischoff zu Ravenna, Clemens der dritte geheissen, an seine Statt zum Pabst erkiesten. Diesen führete der Kayser persönlich im folgenden 1081 Jahr gen Rom, verwiese Hiltebrand ins Elend, darinn er auch starb, und empfienge, sammt seiner Gemahl Bertha, im 1083 Jahr, von ihm die Kayserecron. Als er sich aber bis ins dritte Jahr in Welschland gesaumet, hatten seine Feind darzwischen, im 1082 Jahr, in Teutschland Hermannum einen Lützelburgischen Fürsten wider ihn zum König aufgeworfen, der es doch aufs leste nicht behaupten mochte, sondern gleich wie sein Nachkömmling Margraf Egbert in Thüringen, auch drauf gienge.

Hermannus und Egbertus Nebenkaysere.

Die Bischöffen verdammen einander.
Nicht destoweniger hielten, im 1085 Jahr, dreyzehen Catholische Bischöffe (wie sie sich nenneten) zu Quendelburg einen Synodum, darauf sie zuvor Pabst Guilbertum, demnach die nachgenannten Kayser Henrichs beyständigen Bischöffe, welche sie S. Peters Widerwärtige hiessen, verdammeten und entsetzten, namlich Wecilo zu Maintz, Liemar zu Bremen, Uto zu Hildesheim, Otho zu Costantz, Burkart zu Basel, Hußman zu Speier, Sigfrid zu Augspurg, Notbert zu Chur, und noch viel andere in grosser Anzahl.

Dargegen hielten Kayser Henrichs Parthey verwandte Bischöffe im Mayen zu Maintz eine andere Versammlung, bey deren auch der von Basel war, die verdammeten in Gegenwärtigkeit Pabst Clementis Bottschaft, die Hiltebrandische Sect, billichten des Kaysers Handlungen, und erkannten, daß die vierzehen Bischöffe, als Rottierer und meineydige Leute, zusammt allen andern, die sich wider den Kayser rebellisch erzeigten, zu entsetzen wären.

Bischoff

Das Ander Buch. 107

Bischoff Otho von Costantz, der es hievor wider Hiltebrand starck gehalten, und i o 8 f. seinen Priestern die Ehe nicht verbieten wollen, war auch bey diesem Synodo, wiewol Bischoff er von ihm, als ein Simonischer Bischoff (also hiessen sie diejenigen so der Kayser zu solcher Würde gesetzt) seines Bisthums entsetzt, und im verschienenen 1084 Jahr, Gebhart Hertzog Berchtolds von Zäringen Sohn, ein Mönch zu Hirsaw, an seine Statt verordnet war. Der vertriebene Bischoff hielte sich zu Basel, da er auch im 1086 Jahr, des Banns unentschlagen, den Geist aufgab, ehe er seinen Staat wiederum erlangen mochte.

Otho von Costantz.

In dieser Betrübnuß der widerwärtigen Christenheit, begaben sich viel Leute aus der verwirrten Welt in die Klöster, deren etliche dieser Zeit von neuem gebauet wurden. Also hat auch Bischoff Burkart zu Basel, im 1083 Jahr (angesehen daß alle Bischofflichen Städte derselbigen Gegne, zum mindesten drey geistlicher Versammlungen, und Basel allein die Thumherren-Stifft hätte) den Benedictiner-Brüdern von Clugny aus Burgund, daher man sie Cluniaxer Ordens nennet, vor der Stadt einen Platz zur Wohnung gegeben, und ihnen darauf zu S. Alban das Kloster gestifftet, dasselbige mit viel Gütern begabet, darzu etliche Grafen und Herren vermögen, demselbigen treffliche Steuren zu thun, auf daß die Brüder daselbst ihrer Leibesnahrung nicht nachgehen, sondern Tag und Nacht GOtt allein dienen möchten, als das Instrument sagt.

Ankunfft des Klosters S. Alban zu Basel.

Unter diesen Gütern seind gewesen, Lörrach mit sammt der Kirchen, Hochwälden, Wintz und Wäiden, die Kirch zu Homwingen und Lauder mit ihren Zugehörden. Die Kirch im Dorf genannt Niederen Basel, ist die heutige S. Theodors Pfarrkirch, in der Minderen Stadt, welche selbiger Zeit und noch mehr dann anderhalb hundert Jahr darnach ein Dorf gewesen ist dieses Namens. Ferner verordnet er an gedacht Kloster, S. Martins Pfarrkirch in Basel, wie sie der Birsick unterscheidet, die halbe Kirche und das halbe Dorf Kens, die Kirch und Dorf Appenweiler, die Kirchen zu Bussesheim, zu Hägendorf, und sonst in viel andern Flecken, Höf und Güter, sammt dem Wald bey S. Alban, den Mühlenen, allen Matten und Ackern daselbst. Hierüber setzte er zu Advocaten oder Schirmvögten Graf Rudolfen von Honberg hiedisseits Rheins, und jenseits Dietrich Herren zu Rötinlein. Der Fundationsbrief steht in der eilfften Indiction, bey Zeiten der Regierung Kayser Henrichs des vierten, und König Henrichs des fünfften, daraus erkannt wird, daß er erst nach Erbauung des Klosters, im 1103 Jahr, gegeben sey. Eugenius und Celestinus der dritte, die Päbste, haben dieses alles bestätiget, deßgleichen Kayser Friderich mit dem rohten Bart, am Dato zu Ulm den 29 Julii, im 1152 Jahr.

Das Dorf Nidern Basel.

Dieses Kloster hatte durch Übergebung des Fundators, die gantze Vorstadt, und alles bis an die Birsbruck hinauf, so man jetzt die Stege heisset (dann die untere Bruck damals noch nicht gebauet war) in seinem Gerichtszwang, deßhalben der Probst und Convent je zu Zeiten einen Schultheissen und Gericht setzte, welche ihnen schwören, und allerley fürfallende Händel in ihrem Namen entscheiden mußten, ausgenommen was das Blut belanget. Deßgleichen war in dieser S. Albans Vorstadt ein besonderer Spittal. Daher sie vor Erweiterung der Stadt Basel, gleichwol derselbigen mit einem besondern Graben bis an das Pridenthor bey der Maltzgaß, angehenckt war, doch zoge man an der rechten Stadt bey nächtlicher Weil die Fallbruck unter Ehmen Thurn auf, daß niemand hinein kommen mochte. Die hölzerne Bruck ist bey Zeiten des Baßler Conciliums

S. Albans Priorat Gerechtigkeit.

D d ij noch

128 Baßler Bistums Historien,

1089.
Die Dygge-
ka.

Nonnen-Klo-
ster zun Reu-
ren an den
Steinen.

† im XVIII.
Capitel.
Die Biß-
thumen.

Der Catholi-
schen und
Schißmati-
schen Par-
theyen.

Graf Hug
vō Egißheim
erstochen.

Straal ins
Münster,
Anno 1094.

Sterbend.

noch daselbst gewesen. Nachmalen im 1383 Jahr, unter Steffan Deggelin von Freyburg Probst, hat das Convent der Stadt Basel, um viel empfangener Gutthat willen, ihr weltlich Gericht geschenkt, hiemit grossem Unwillen zu fürkommen, wann dieses Gericht in fremde Hände gestellet werden sollen, darauf etliche Pröbste umgangen. Dargegen hat sie die Stadt zu danckbarer Erweisung in das Burgrecht empfangen, ihnen das Müller- und Pfister-Ungelt nachgelassen, und hernach im Einfang der geweiterten Stadt begriffen.

Bey dieses Bischoffs Zeiten soll auch S. Maria Magdalenen-Kloster de Pœnitentia, ausserhalb der alten Stadtmaur am Birsich (daher es von vielen wegen der Kißlingen und Griens an den Steinen genannt wird) für reuende Weibspersonen fundiert und aufkommen seyn. Doch hat mir dessen keine eigentliche Weisung werden mögen, weil die alten Stiftsbriefe, in dem Brand durch den von Habsburg (als hernach † angezeigt werden soll) angerichtet, zu Grund gegangen. Wiewol die Vicedomen zu Basel von den alten Klosterfrauen für die Fundatores selbd geachtet worden.

Die vorerzehlte Trennung der Christenheit nahme mit Pabst Hiltebrands Tod (der sich im 1085 Jahr begeben) kein Ende. Dann seine Nachgesetzten, Victor und Urbanus, den darum etliche Turbanum nenneten, ihres Vorfahren Erkanntnussen wider den Kayser erneuerten und bekräftigten, Guibertum der sich Clemens nennete, als einen falschen Pabst, ja einen Ertzletzer, darzu den Kayser mit allem seinem Anhang in Bann auskündeten. Und wurden in solcher Zweyung des Pabsts Theil, oder (wie sie ihnen selbst Namen gaben) S. Peters Gänstige, die Catholischen, das Gegentheil aber Schißmatische geheissen. Was auch diesen unfällig begegnet, das rechneten die Pabstischen für GOttes Raach und Straf, als die den Bann verachteten. Summa, tödtlicher Neid schwebete zwischen den Partheyen. Hierum ward in 1089 Jahr, den 4 Tag Novembris, Graf Hug von Egißheim, welcher des Pabsts Theil anhienge, durch des Bischoffs zu Straßburg Diener bey Nacht erstochen.

Guibertus übte mittlerweil zu Rom Päbstliche Geschäfte, hielte die Engelburg inn, so handhabete ihn der Kayser, verliehen die Prälaturen und Bißthumme, wie von altem Herkommen, also daß nur vier oder fünf Bischöffe im Reich Teutscher Nation Catholisch blieben, nemlich Gebhart zu Costantz, der ernstlich am Pabst hielt, und sein Legat in Teutschland war, Hermann zu Metz, Altmann zu Passau, Adelbero zu Wirtzburg, und Wernher zu Merseburg.

Im Sommer des 1094 Jahrs, zerschlug der Straal den Balcken darauf das grosse Crucifix im Münster zu Basel stuhnd, ward auch ausgelegt, es wäre darum beschehen, daß man mit dem bännigen Bischoff und Priesterschaft daselbst, Gemeinschaft gehabt.

Uber das gienge damals ein schrecklicher Landsterbend an, der nicht nur Teutsche Nation, sondern auch Burgund und Franckreich, also streng durchsuchet, daß die Flecken an etlichen Enden gar nahe ausstürben. Die Todten konnte man nicht mehr einanderen nach begraben, sondern muste sie in grosse Gruben zusammen legen, ja die Kirchhöfe und Gottsäcker mochten sie an viel Orten nicht mehr fassen. Welche Trübsal verschuffe, daß viel Leute, so im Päbstischen Bann zu sterben ihnen ein Gewissen machten, von des Kaysers und seines Pabsts Parthey abtraten. Besonders hat Pabst
Urbanus

Das Ander Buch. 109

Urbanus einen ansichtigen Prälaten im Elsaß, Mangolt von Lutenbach genannt (welcher die Chorherren-Stift zu Marbach hinter Kayserßperg, deren Probst er war, angerichtet) zum Commissario, zu welchem sich in diesen sterbenden Läuffen der Adel, und was in dieser Ritler Fürnehms war, verfügte, der legte ihnen Buß auf, und sprach ihnen aus Päbstlicher Vollmacht die Absolution. Deßhalben ihn Kayser Henrich als einen Aufwiegler fangen ließ. — 1096.

Hernach haben sich die Päbste lang mit einander erzanket, daß doch Clemens allweg auffrecht blieb, und nach Gregorio den dritten Pabst erreichte, dann er erst im 1110 Jahr, unter Pascale mit Tod abgienge. Wie kläglich aber Kayser Henrich der vierte, durch seinen eigenen Sohn Henricum den fünfften, des Reichs entsetzt worden, demnach vor Unmuht gestorben sey, haben andere weitläuffig beschrieben.

Doch erhube sich noch unter seiner Regierung, nämlich im 1096 Jahr, der allernamhafftigste und gemeine Heerzug der Christen aus allerley Provintzen, sonderlich aus Franckreich, über Meer, das heilige Land den Saracenen wieder abzubringen, in solcher Menge, daß man deren Anzahl, so sich mit dem Creutz (welches ihr Krey war) bezeichnen lassen, nicht gewußt. Die fürnehmsten Fürsten dieses Heerzugs waren, Hertzog Gottfrid von Bullion aus Lothringen, mit seinen Brüdern Eustachio und Balduin, Hugo, König Philipsen in Franckreich Bruder, Ruprecht Hertzog in Normandien, des Englischen Königs Sohn, Ruprecht Graf zu Flandern, und sonst viel andere Herren, deren etliche ihre Herrschafften verkaufften, und sich in diesen dritten Zug begaben. Diesen glückte GOtt ihr Fürnehmen, daß sie aufs letzte, obwol mit saurer Müh und grossem Verlurst, das Gelobte Land, und im 1099 Jahr, die heilige Stadt Jerusalem mit Gewalt einnahmen, und daselbst Hertzog Gottfriden zum König setzten: ist also gar nahe die neuntzig folgenden Jahr in der Christen Gewalt verblieben.

Der allgemeine Christliche Heerzug gen Jerusalem wider die Heiden. Anno 1096.

Vigthum von Basel, zu Latein
Vicedomini.

1154 Conrat und Hug Vitzdom, Gebrüdere.
1289 Burkart Vitzdom, Ritter, der Räthen zu Basel, Berthold sein Bruder.
1317 Burkart, Probst zu S. Peter.
1338 Henrich, Ritter, der Räthen, Flora Münchin seine Frau.
1433 Starb Hemman Vitzdom.
1437 Ulrich Vitzdome, Margret von Jettingen seine Frau.

Das XV. Capitel.

Von Rudolfo, Ludovico, Bertolfo, Adalberone und Ortlieb, Bischöffen zu Basel, welche alle ihrer Geburt halben Grafen gewesen, und was sich zu ihren Zeiten verloffen.

Nach Bischoff Burkarten, dessen Absterben ich nicht gefunden, seind am Bißthumme Basel gefolget, Rudolf Graf zu Homberg, zuvor Thumprobst, und Ludwig Graf zu Vart. Von ihrer Regierung ist gar wenig überblieben. Allein ist Bischoff Rudolf bey Kayser Henrich V. viel zu Hofe gewesen.

Rudolf und Ludwig Bischöffe.

Baßler Bistums Historien,

1114.
Kayser Hen-
rich der fünf-
te zu Basel.

Als derselbige im Jenner, des 1114 Jahrs, zu Maintz einen Reichstag, und mit Mechtild, König Henrichs zu Engelland Tochter, welche ihm längst darvor versprochen gewesen, Hochzeit und ehelich Beylager gehalten: reisete er durch die Rheinstädte hinauf, und kam in der dritten Fastwochen gen Basel, daselbst bestätigte er den vierten Tag Mertzens, dem Kloster Muri im Ergöw, in der Provintz Burgund (als das Instrument sagt) gelegen, alle seine Rechtungen, und empfieng es in des Reichs Schirm. Er confirmierte auch da der Probstey Zürich ihre Freyheiten von seinen Vorfahren am Reich gegeben.

Bischoff wol-
te Pfävers in
die Kastvogtey
seiner Ge-
walt bringen.
Rapoltstein.

Bischoff Rudolf zu Basel unterstuhnd dieser Zeit, mit Bewilligung des Kaysers, die Kastvogtey und völlige Beherrschung der Abtey Pfävers, Churer Bistums, an sich zu bringen. Für dieselbige Abtey hatte der Bischoff sein Schloß Rapoltstein im Elsaß gelegen (welches hievor Henrich der dritte, Römischer König, am Dato den 21 Tag Mertzens, im 1034 Jahr, der Kirchen zu Basel geschenckt) dem Kayser Tauschweis übergeben. Solches wolte Abt Gerold zu Pfävers nicht gut heissen, noch in die Subjection bewilligen: schickte deßhalben Bruder Wiram, einen seines Convents, gen Rom, Pabst Pascali dem andern solche Anfechtung zu klagen, und mit Eröfnung ihrer Freyheiten nm Schirm zu bitten. Hierauf gabe der Pabst den Gesandten wider Bischoff Rudolfen ein Breve, oder Brief, in Buseu, also lautende:

Bäbstliche
Brief an
Bischoff
Rudolfen.

Pascalis Bischoff, ein Knecht der Knechten GOttes. Wir gebieten dir Bischoff Rudolf unserem Bruder, das Ort Pfävers mit allen seinen Gütern, für alle einnehmung, frey und ruhig zu lassen. Sonst werden wir dich von der Kirchen ausbannen, biß du der Kirchen Gebott gehorchest, auch dieser Einnehmung und Begwältigung gäntzlich abstehest. Datum zu Rom rc.

Als aber der Bischoff dieses Mißwelins ungeachtet, in seinem Vorhaben bestuhnde: erwarb Abt Gerold eigner Person das andere Mandat wider ihn, innhaltende:

Pascalis Bischoff rc. Demnach wir dir, auf klagbares Fürbringen der Brüdern zu Pfävers, nachtmals geschrieben, von ihrer Bemühung abzulassen: haben wir uns sehr verwundert, daß du solches nicht angenommen. Deßhalben wir gleichwol nach des Apostolischen Stuhls Sanftmuht unsere Verachtung gedultig aufnehmen, schicken dir aber hiemit diß ander Schreiben, bittende und gebietende, von Unterdruckung dieser Brüdern gäntzlich abzulassen, und das Kloster Pfävers mit allen seinen Orten und Besitzungen nicht zu beunruhigen. Vermeinest du aber hieran etwas Rechtung zu haben, so solt du dich vor nächstkünftige Mitfasten, namlich den 21 Tag Mertzens, für unsere Audientz stellen, und was du dem Kloster entzogen, mittlerweil wieder einraumen.

Also behauptete der Abt diesen Handel, vermög des letzten Mandats an den Bischoff, nach dem Anfang wie folget: Dieweil aus Königen und Kaysern Befehl geordnet worden, daß die Abtey Pfävers frey seye, und niemand, weder Königen noch Kaysern, dieselbige oder ihre Güter zu entfremden gebühre: Derowegen haben wir mit unserm, und unserer Brüdern der Cardinälen Urtheil erkannt, daß die Abtey bey ihrer Freyheit bleiben solle. Gebieten dir hierum, alles was du derselbigen genommen, wiederum zu überantworten. Datum rc.

Dieweil nun die Kastvogtey Pfävers dem Bischoff nicht gelungen, erhielte nachmalen Bischoff Ortlieb bey Kayser Fridrichen an einer Urtheil, daß man Rapoltstein seiner Stift wiederum zustellete, von deren es noch dieser Zeit der Herren dieses Namens Lehen ist, und je von einem Bischoff empfangen wird.

Wie nun Bischoff Rudolf um Pfävers, also hat Bischoff Bertolf sein Nachkömmling, ein geborner Graf von Neuenburg aus Burgund, um die Abtey S.
Bläsien

Das Ander Buch.   III

Bläsen auf dem Schwartzwald gekämpfet, aus folgendem 1130.
Anlaß. Der Bischoff, als ein geordneter Schirmvogt er- Bertolf Bi-
meldtes Gottshauses, hatte einen gesetzten Pfleger, und seines schoff zu Ba-
Befehls Verweser, namlich Herrn Adelgoz von Werr, sel.
welcher das Kloster wider seine Freyheiten zu sehr beschweret,
und mit mancherley Ungebühr also bekümmeret, daß solches
dem Prälaten und seinem Convent unleidlich. Deßhalben Streit über
Abt Rustenus, im Jahr 1124, zufuhr, und Kayser Heinri- S. Bläsen
chen dem fünften, zu Neuhausen in Belägerung Worms, die- Kastvogten.
se lang erbuldete Unfug klagte. Und als eben auch Bischoff
Bertolf zugegen war, und solches verantworten solte, war-
um er diesen Adelgoz, so wider die Gebühr eines Kastvogts so mannigfaltig gehandelt,
nicht entsetzet, und S. Bläsen solches Überlasts abgeholfen, gab er zur Antwort: Er
wäre zu Verantwortung dieser Klag nicht darkommen, hätte auch weder seiner Stift
getreue Leut, noch seine Brief und Siegel über die Kastvogtey bey sich, begehrte eines
Aufschubs, sich der Antwort gefaßt zu machen.

Die Sach ward auf Wienacht eingestellet, und gen Straßburg ein Tag an-
gesetzt, auf welchem die Fürsten nach Verhörung beyder Theilen Fürbringen, und ihrer
Privilegien Besichtigung, erkannten, daß dem Abt zu S. Bläsen frey stehen solte, mit
Raht seiner Brüdern, einen Advocaten zu erwehlen, welchen sie zu Erhaltung ihres
Klosters Freyheiten und Gerechtigkeiten tauglich erkenneten, und welcher diese Gewalt
mißbrauchen wolte, wiederum zu entsetzen. Dieweil dann auch dieser Adelgoz eines
Advocaten Pflicht nicht erstattet, solte er dieses Befehls beraubet seyn, und auf des S. Bläs
Abts und seiner Mitbrüdern Begehren, Hertzog Conrat von Zäringen, Berchtold nimmt einen
Sohn, forthin der Kastvogtey Bann haben rc. neuen Advo-
caten an.

Bischoff Bertols Abgang ist unbekannt. Ihm succedierte ein Graf von Froburg, bey Zeiten Kayser Adalbero von
Lotharii des andern, Hertzogen zu Sachsen, um das 1130 Froburg
Jahr, in welchem gedachter Kayser eingehendes Hornungs Bischoff.
zu Basel eine Versammlung vieler Fürsten und Herren,
sonderlich derselbigen Rivier, hielte. Dann es waren zuge- Kayser hüt-
gen Anserious Ertzbischoff zu Bisantz, Bruno zu Straßburg, pan zu Basel.
Ulrich zu Costantz, Otho zu Halberstatt, Rudolf Abt in der
Reichenow, Bertolf zu Murbach, Hertzog Conrat von Zäringen, Margraf Hermann zu Baden, Sigebert Graf im
Elsaß, Ulrich Graf von Egensheim, Graf Wernher von
Thierstein, Graf Berchtold von Neuenburg rc. Abschiede dieser Versammlung habe
ich nicht gefunden.

Im 1135 Jahr, hat Bischoff Adalbero zu Basel, aus Bitt Epponis, eines
Priesters und Verwalters des Schlosses oder Behausung binden an S. Lienharts
Kirchen, dieselbige Kirch und Behausung, mit Bewilligung des Thumcapitels, auch
Graf Wernhers von Honberg, der Stift Basel Vogts, in ein Kloster verändert, und S. Lienhart
eine geistliche Chorherren-Stift unter S. Augustins Regel darinn angerichtet, darzu wird ein Klo-
sie mit etlichen Gütern vor Egolfs (jetzt Spalen) Thor begabt. Pabst Innocen- ster.
tius der ander hat diese Stiftung im zehenden Jahr seines Pabstums, am Dato zu
Rom in Laterano, den ersten Martii, im 1139 Jahr bestätiget. Dieser Bischoff
soll im 1140 Jahr mit Tod abgegangen seyn.

Aus Gunst seines Stammens und Namens erlangte die Bischoffliche Wahl,
Ortlieb Graf zu Froburg, zuvor Thumprobst, bey Zeiten Kayser Conrats des dritten, Ortlieb von
Hertzogen zu Schwaben. Froburg
Bischoff.

Unter ihm regte sich die Mißhellung wiederum S. Bläsen Kastvogten halben, deren die Bischöffe nicht wolten entsetzt seyn, obwol ihre Amtleute zuvor dieser Herr-
Ee ij   lichkeit

1149. lichkeit von des Reichs Fürsten beraubet worden. Deſſen widerigten ſich die Brüder zu S. Bláſy, wolten dem Biſchoff nicht gehorchen, noch ihn einiger Oberkeit mehr geſtändig ſeyn. Hierauß entſtuhnde Krieg, daß ſich das Gotteshauß mit Gräben und Schüttenen verwahren, auch mit Beſtellung Kriegsleuten für dem Biſchoff erwehren mußte, und ihm ob 30000 Gulden Koſten darauf gienge.

Letſtlich ward auf beyder Theilen vielfältige Klagden, durch Kayſer Conraten, um Oſtern, des 1141 Jahrs, zu Straßburg eine Verſammlung gehalten, und die Partheyen daſelbſt hin erfordert. Allda erſchiene Biſchoff Ortlieb mit Graf Wernher von Honberg ſeinem Vogt, etlichen vom Capitel, und ſeinen Dienſtleuten, Conrat Schultheiß, Thun Vizdom, Hug Zoller, Hugo Müntzmeiſter, Anſhelm Truchſeß, Erchenbert Schenck, Giſelbert Cammerer, Alter Marſchalck ꝛc. Deßgleichen Abt Berchtold von **Vertrag S.** S. Bláſy, mit Hertzog Conraten ſeinem Vogt und etlichen Conventbrüdern. Dieſe **Bláſos Kaſt-** ſtelleten nach Verhör ihre Mißhellung zu des Kayſers gütlichen Spruch, welcher deß- **vogtey hal-** halben mit Raht der Fürſten ordnete, daß S. Bláſy ſeine vier Höfe, Siereuy, Lauſ- **ben.** ſen, Oltingen und Filnacker dem Biſchoff für ſeine Anſprach mit aller Gerechtigkeit übergeben: Dargegen er ſich aller Anſprach und Gerechtigkeit an S. Bláſy gäntzlich verzeihen ſolte. Welches dann die Prälaten mit ihren Vögten beyderſeits einandern an die Hand gelobten, und der Kayſer unter hoher Pön, wider die Verbrecher erkannt, beſtätiget. Datum des Briefs ſteht den 10 Aprillens, des Jahrs wie vorſteht.

Biſchoff von Im Jahr 1145, ließ ſich dieſer Biſchoff auf einem Reichstag zu Speier gehalten, **Baſel ver-** beyneben Kayſer Conraten, Hertzog Fridrichen zu Schwaben, des Kayſers Bruders **lobt wider die** Sohn, und viel andern Fürſten, wider die Ungläubigen mit dem Creutz bezeichnen, **Heiden zu** aus ernſtlichem Anhalten S. Bernharts des Abts zu Clarevauls. Derſelbige war zu- **ziehen.** mal ſeiner Gelehrte, erſtlichen und gottſeligen Weſens, ja auch (wann ſeine Hiſtorie **S. Bernhart.** unvermiſchet iſt) Mirackeln halben, in groſſer Achtbarkeit, iſt nach ſeinem Tod unter die Heiligen gezehlet worden. Deßhalben als er aus des Pabſts Anregen in Teutſchland kame, die heilige Heerfahrt zu fördern, eine treffliche Anzahl ſtrittbarer Leuten bewegete, welche ſich des heiligen Heerzugs entſchloſſen.

Unter andern Mirackeln wird in der Hiſtorie ſeines Lebens gemeldet, er habe in dieſer ſeiner Reiſe dem Volck zu Baſel geprediget, einer ſtummen Weibsperſon, einem lahmen Mann, und ſonſt einem Blinden daſelbſt geholfen. Zu Coſtany ſoll er einen Blinden, welchen ihm der Abt aus der Reichenow zugebracht, ſehend, deßgleichen zu Heitersheim im Breißgöw einen gebornen blinden, ſtummen und dummen Menſchen geſund gemacht haben.

Des Kayſers Aufbruch erhub ſich im Frühling des 1147 Jahrs, mit trefflicher Macht, etliche ſprechen, er habe 70000. Pferd bey ſich gehabt, ohne das Fußvolck. **Biſchoff von** Unter dieſen iſt Biſchoff Ortlieb, des Kayſers Raht, mit ſeinem Kriegsvolck und vielen **Baſel zeucht** Lehenleuten geweſen, reiſeten durch Oeſterreich und Ungarn hinab, gen Conſtantino- **mit der Chri-** pel. Dem Kayſeriſchen Heer zoge einswegs hernach, König Ludwig der 7. in Franck- **ſten Heer gen** reich, auch mit einem mächtigen Gezeug. Man hat ſich groſſer Sachen wider die Un- **Jeruſalem.** gläubigen verſehen, aber nichts ſonderlichs ward ausgerichtet. Sie belagerten im Sommer, des 1148 Jahrs, mit ſammenthafter Macht, die berühmte Stadt Damaſcum in Syria, nachdem ſie zu Jeruſalem die H. Stätte beſichtiget, gewunnen ſie aber nicht. Letſtlich ſtieg der Kayſer mit den ſeinen, von denen ihm, manniafaltig Elends halben, eine groſſe Anzahl zu Grund gegangen, wiederum zu Schiff, fuhr zu ſeinem Schwager Emanuel dem Griechiſchen Kayſer, verharrete bey ihm etliche Tag außzuruhen, ſchickte Hertzog Friderichen ſeinen jungen Vettern vor dannen, die Sachen in Teutſchland zu verſchaffen. Er aber behielt bey ſich Herren Arnold Ertzbiſchoffen zu Cöln ſeinen Cantzler, Ortlieb Biſchoff zu Baſel, und Hertzog Heinrich zu Bayern, ſchiffete bald darnach den Dalmatiſchen Meerkreiß herum, kame durch Friaul gen Saltzburg, und begieng daſelbſt, im 1149 Jahr, das Pfingſtfeſt.

Von

Das Ander Buch.

Von Saltzburg reisete der Kayser gen Regenspurg, da er in grosser Anzahl der Fürsten einen Reichstag hielte. Allda begabte er die Fürsten, Herren, und andere Personen reichlich, welche mit ihm ritterlich wider die Heyden gezogen. Dann in einem Instrument, am Dato zu Regenspurg, den ersten Tag Brachmonats, im Jahr 1149, seind dieses seine Wort: Sintemal er mit GOttes Hilf, nach so mannigfaltiger Arbeit der fernen Reise, frisch und gesund wiederum heim kommen: hab er ihme fürgesetzt, diejenigen, so ihm in dieser Heerfart getreulich beygestanden, nach Königlicher Freygebigkeit zu begaben. Unter diesen habe er insonders billich geachtet, den Ehrwürdigen, fürgeliebten und getreuen Ortlieb Bischoffen zu Basel, zu fördern, zu handhaben, und zu ehren, darum daß derselbige alle Gefahr, auch biß zu Verschätzung des Lebens, getreulich mit ihm außgestanden ic.

1152

Im selbigen Brief bestätiget er dem Bischoff die Gottsgabe beyder Schlössern Alt- und Neu-Waldeck, hinter Schopffen im Wiesenthal gelegen, mit aller Zugehörde von Leut und Gut, so die zween Herren Trudewin und Henrich der Kirchen zu Basel geschenket. Darzu übergab er ihm und seinen Nachkommen, die Gerechtigkeit des Müntzschlags in der Stadt Basel, zu einer Königlichen Verehrung ic. Daher stehet, meines Erachtens, auf der alten silbernen Baselmüntz diese Uberschrift, CHVONRADVS REX, deren ich etliche folgender Grösse gesehen. So haben auch hernach die Bischöffe lange Zeit gemüntzet, dessen ich zum Gemerck folgende Pfenning hieher gesetzt.

Die Schlösser Waldeck.

Kayser gibt dem Bischoff zu Basel die Müntz.

Als aber Kayser Conrat im 1152 Jahr der Welt Urlaub gegeben, trat ihm am Reich nach, Hertzog Friderich zu Schwaben, seines Bruders Sohn, welchen die Italianer seines rothen Barts halben, Burbarousse nenneten. Dieser war ein großmächtiger und fürtrefflicher Fürst, der dem Kayserthum acht und dreyßig Jahr löblich vorgestanden, und es wol gebessert. Die Welschen, sonderlich die Mayländer, so sich in widerspennig erzeigten, hat er gedämmet, und mit ihrem Verderben der Kayserlichen Hochheit zu gehorchen gewiesen. Er zoge zum fünftenmal mit Heeresmacht in Italien, dahin etliche seiner Vor- und Nachfahren nur ein mal, etliche gar nie kommen, namlich in den Jahren, 1155. 1158. 1162. 1166. und 1175.

Kayser Friderich der erste mit dem rothen Bart.

Bischoff Ortlieb zu Basel, der zuvor weyland Kayser Conrats seines Vettern Raht gewesen, stuhnde bey ihm in sonderem Gunst, ist auch im andern und dritten Zug mit ihm in Welschland verreiset, und zusammt viel Prälaten dem Concilio beygewohnet, welches der Kayser im Mayländischen Krieg behalt, im Jahr 1159, den zweyen durch Uneinigkeit erwählten Päbsten um Verhör zu Pavey angesehen. Victor der Päbsten einer erschiene, aber der ander Alexander der dritte, so den Teutschen zu Trotz erkoren war, blieb auß. Deßhalben Kayser Friderich auß Erkantnuß der Bischoffen und Fürsten des Reichs, in namhafter Anzahl versamlet, Victoris Wahl bestätigte, Alexandri aber vernichtigte: jenen als einen Pabst ehrte, und diesen in die Acht verkündigte. Dieses Conciliums Abscheide hat auch Bischoff Ortlieb unterschrieben, als beym Radevico zu sehen.

Synodus zu Pavey.

Im 1167 Jahr, den 18 Tag Augusti, legte er das Bistum mit dem Leben von sich, nachdem er 27 Jahr vorgestanden, ward im Thum vor dem Chor begraben.

Ff   Dann

1 1 7 9. Dann als man hernach im 1381 Jahr nach dem grossen Erdbidem das Fulment zum
Letner im Letner grube, darinn man Zinstags nach Margarethä den ersten Stein legte, ward sein
Münster. Grab von den Werckleuten angetroffen.

Das XVI. Capitel.

Succeßion der Bischoffen zu Basel unter Kayser Friderich dem ersten, seinen Söhnen, Henrico dem sechsten, und Philippo, item Othone dem vierten bis zu Abgang Lutolds von Rötelen, welcher der Stadt Basel die Zünfte bewilliget.

Ludwig Gar- **A**Uf Ortliebum erlangte die Bischoffliche Würde zu
wart Bi- Basel, Ludovicus, welchen etliche Catalogi von Petern, etliche Gar-
schoff. wart nennen. Seines Herkommens habe ich keinen Bericht. Dieser ward zum Bischoff geordnet von Pabst Pascali (zuvor Guido von
Crema, S. Calixten Cardinal geheissen) welchen Kayser Friderichs
Parthey, nach Victoris Absterben, wider Alexandrum, im 1164
Jahr, gewehlet, und der Kayser selbst im folgenden Jahr auf dem Reichstag zu Wirtzburg gehalten, für einen rechtmäßigen Pabst zu achten und anzunehmen erkennet, auch
zu Rom mit Gewalt eingesetzet hat. Dieweil nun dieser Bischoff, in solcher Trennung,
dem Kayserischen Pabst Gehorsame gethan, und von ihm seine Bestätigung empfangen,
ward er vom Gegentheil ein Seismaticus und Rottierer genennet. Deßgleichen weil
Basel kommt die von Basel diesem Bischoff Ludwigen, der um seiner dem Kayser geleisteten Gehor-
um des Bi- same willen, vom Gegenpabst in Bann kommen, in die Stadt geführet, und ihme
schoffs willen gehuldet, ward auf ihre Kirchen Interdict gelegt, dessen man doch nichts achtete, deß-
in Bann. halben bey zehen Jahren unaufgehaben bliebe. Wie dieser großthätige Kayser alle-
nach mit den Päbsten in Strauß gewachsen seye, mag bey Bischoff Othen von Freisingen und seines Fürsührers Historie gelesen werden.

Pascalis starb zu Rom, im 1169 Jahr, und empfienge zum Nachkömmling (immer wider Alexandrum, der sie alle ausharrete, und seine Gerechtigkeit zum Pabstum
nicht wolte fallen lassen) Calixtum den andern, welcher in solcher Zerrüttung sieben
Jahr vorstuhnde. In dieser Zeit begegnete Kayser Friderichen so viel Unfalls dem
Welschen Bund in Langbarten, und daß ihm sonst viel des Reichs Stände, durch Le-
digzehlung ihrer Pflichten, abfällig gemacht wurden: daß er sich Inhalt etlicher Artickeln, von des Pabsts und Kaysers Deputierten, im 1176 Jahr, zu Anagnia angestellet, Alexandro wiederum verschniete, und ihm hierauf zu Venedig den Fußfall thäte.
In gedachtem Friedens-Concept war auch dieser Artickel begriffen: Daß der vermeinten Bischoffen halben, von weiland dem Guido von Crema zu Straßburg und Basel
geordnet, solten die Deputierten acht oder zehen Männ ernennen, und dieselbigen einen
Eid thun, ihrenthalben dem Pabst und Kayser einen Raht mitzutheilen, welchem sie,
ohne Verletzung ihres Gewissens, und ohne Nachtheil wol nachzukommen seyn, erkannten. Demselbigen Rahtschlag solte der Pabst und Kayser gehorchen.

Hug von Ha- Aus welchem offenbar, daß Bischoff Ludwig, im 1176 Jahr, noch gelebt, und
senburg. Hugo Freyherr von Hasenburg, nicht könnte im vierten Jahr darvor Bischoff gewesen
seyn, wie gemeinlich alle Catalogi anzeigen. So aber dieser von Hasenburg je Bischoff
gewesen, im 1177 Jahr tödtlich verblichen, und in S. Gallen Capell im Münster besta-
tet worden ist, muß folgen, daß er nicht über ein Jahr den Hirtenstab geführet.

Concilium zu In 1179 Jahr besammlete Pabst Alexander ein Concilium zu Rom, in welchem
Rom. bey nahe fünfhundert Bischöffe und Aebte, auch sonst viel Geistlicher erschienen. Im
Anno 1179. selbigen ward der Ertzbischoff von Brem, die Bischöffe Rudolf zu Straßburg, Ludwig
zu Basel und der zu Metz entsetzet. Dieses Concilium gieng an den 26 Tag Hornungs,
und endete sich ausgehendes Aprillens. Mag geschehen seyn, daß diese nicht haben etliche der vordrigen Päbsten vom Kayser gesetzt, Handlungen vernichtigen und verschwöret
wollen, und ihre Wahlen, durch dieselbigen bestätiget, wiederum aufgeben.

Im

Das Ander Buch. 115

Im 1186 Jahr, war ein sehr warmer Winter, also daß im Christmonat und 1 1 8 6.
Jenner viel Bäume blüheten, und im Hornung des folgenden 87 Jahrs, die Birren Warmer
in Grösse einer Haselnuß gewachsen. Im Jenner paareten sich und bruteten die Vögel. Winter.
Aber im Mertzen fiel von Kälte unmilt Wetter ein, währte biß eingehendes Brachmo-
nats, also daß zu Pfingsten in Mitten Mayens ein grosser Schnee fiel, und die Kälte viel
Früchte verderbte.

Es folgte hernach Bischoff Heinrich, ein geborner Frey- Heinrich von
Herr von Hornberg, aus dem jetzigen Wirtenbergerland, so bey Hornberg.
13 Jahren Herr gewesen. Dieser ist unter Kayser Friderichs
Anführung, mit dem Ertzbischoffe von Bisantz, den Bischoffen von Straßburg, Lüttich, Wirtzburg, Meissen, Bassau,
Marggraf Hermann von Baden, Graf Albrechten von Habspurg, und sonst viel andern Prälaten, Fürsten und Herren,
im 1189 Jahr, wider die Saracenen in das Heilige Land gezogen, zu der Zeit, da Saladinus der großmächtige Sultan in
Egypten, nicht nur die Stadt Jerusalem, sondern auch gar
nahe das gantze Königreich und die besten Städte in Syria
eingenommen, derowegen die armen Christen im Land mit grosser Tyranney be-
nöthiget.

Wider diesen Feind führte der Kayser diß Heer, durch Ungarn, Thraciam und
das Minder Asiam, war eitel Glück damit er umgieng, bezwaltigte am Fürzug die
feindlichen Städt, so ihm im Weg lagen, schlug die Feind zum dritten mal sieghaft auffs
Maul, mochte aber seiner Person halben auf dißmal (dann er hievor unter Kayser
Conraten seinem Vettern seligen schon einmal diese Reiß verbracht hat) das Heilige
Land nicht erreichen, sondern als er in Comagena durch das unerforschte Wasser Sele- Kayser Fri-
phium dem Feind nachsetzen wolte, fiel er vom Gaul, und behieng allein mit einem Fuß derich er-
im Stegreiff. Ehe nun das Pferd mit ihm an das Gestad ausschwimmen mochte, trinckt.
war er schier gar ertrunken, redte nur noch etliche Wort, und starb bey Seleucia, den Anno 1190.
10 Tag Brachmonats, im 1190, seines Alters im 70 Jahr. Dieses ist des theuren
Helden Ausgang gewesen, der Zweifels ohne, hätte er das Leben gehabt, grosse Sachen in Orient ausgerichtet haben wurd.

Das Heer warf seinen Sohn Hertzog Friderichen zu Schwaben zum Obersten auf,
zogen mit hefftigem Widerstand zu König Guido von Jerusalem, welcher nun lang die
mächtige Stadt Accon in Syria am Meer gelegen, belägert, und nicht gewinnen
mochte. Bald kamen hernach zu ihnen über Meer, König Philyps zu Franckreich,
und König Richart in Engelland mit ihren Heerhauffen, durch deren Hilf erst im Julio,
des 1191 Jahrs, gemeldte Stadt erobert ward, im dritten Jahr ihrer Belägerung.
In selbigen langwierigen Feldläger, war eine grosse Pestilentz unter die Christen kommen, welche eine merckliche Antzahl, darunter allein bey funffzig Bischöffe und Grafen
hingenommen, in welcher Zahl auch gewißlich der von Basel wird gewesen seyn, gleich
wie der von Bisantz und andere, so in diesem Heerzug gestorben.

Nach Vernehmung dieses Bischoffs Abgang, ward Lu- Lutold von
told Herr zu Rötelnheim, hievor Thumprobst, im 1191 Jahr, Rötelen Bi-
in Prälaten-Stuhl zu Basel erhaben, bey Zeiten der Regie- schoff.
rung Kayser Henrichs des sechsten, welcher hochgedachts Fri- Kayser Hen-
derici Barbarouße Sohn gewesen ist, und durch Heurat das rich der 6.
Königreich Siciliam an sich gebracht hat, darinn er auch im
achten Jahr seines Reichs tödlich verblichen.

Von diesem Bischoff schreibt der Abt von Spanheim, daß
er sich gleicher Weis, wie etliche seiner Vorfahren, mit dem
Creutz bezeichnen lassen. Dann im 1200 Jahr, sey ein treff-
licher Zug der Christen wider die Saracenen über Meer angegangen, in welchen sich
abermals viele Fürsten, Bischöffe und Herrschafften begeben. Unter diesen sey gewe-
Ff ii sen

1200. ſen Graf Balduin zu Flandern, Biſchoff Lutold von Baſel, Graf Adelberg von Spanheim, und andere mehr. Man vermeinet wol, dieſe ſolten dem Königreich Jeruſalem Hilf gethan haben: aber die Sach war vom Pabſt für den jungen Kayſer Alexium in Orient (dem das Griechiſche Kayſerthum zuſtändig, jedoch ihm von ſeinen Vettern mit Gewalt vorgehalten ward) dermaſſen gepracticiert, daß man ſie gen Conſtantinopel führte, dieſelbige Stadt den unrechtmäſigen Herren aus Händen zu reiſſen, und den vertriebenen Alexium wieder einzuſetzen, als auch beſchahe. Es ward aber bald hernach dieſer Kayſer Alexius Comnenus von Griechen in einem Auflauf erwürgt, daß die Lateiniſchen Fürſten Graf Balduin von Flandern daſelbſt zum Kayſer ſetzten.

Graf Berchtold von Neuenburg. Darneben thut angezogener Abt Tritenheim Meldung Graf Berchtolds von Neuenburg im Breißgöw, wie derſelbige ſeine Grafſchaft der Stift Strasburg verkauft, und im ſelbigen tauſend und zweyhundertſten Jahr nach Chriſti Geburt, mit ſeinem Sohn und Edlen gen Jeruſalem gezogen, und im Dienſt des Herren Grab bis an ſein Ende verharret ſeye.

Philippus Römiſcher König. Zur ſelbigen Zeit führte des Römiſchen Reichs Scepter, Philippus Hertzog zu Schwaben, weiland Kayſer Friderichs Sohn, und Kayſer Henrichs des ſechſten Bruder und Nachkömmling, ob wol nicht ohne einen Miteiferer. Dann es hatten etliche Fürſten Othonem den vierten, Hertzogen zu Sachſen, wider ihn zum Römiſchen König erkoren, dem auch Pabſt Innocentius der dritte die Stimm gegeben, jenen aber von etwas Ungunſts wegen ſo er an ihn gelegt, verworfen. Deſſen ließ ſich Philippus nicht irren, ſondern verfolgte Othonem und alle ſeine Gehorſamen möglicher Weiſe.

Elſaß vom Kayſer beſchädigt. Dieweil auch der Biſchoff und die Stadt Strasburg nicht gut Philippiſch waren: deßhalben er im 1200 Jahr mit ſeinem Kriegsvolck in das Elſaß fiel, verwüſtete dem Biſchoff das Land, gewann Molßheim, Epnch und Haldenburg, und zerſtörete ſie alle drey, gleicher Geſtalt that er auch Anſach und andern Schlöſſern, aber die Stadt bekam er nicht, bis erſt folgendes Jahrs, da belagerte er ſie, verbrennte die Vorſtädt, ſchädigte und bedrängte ſie alſo ſehr, daß man ſich ihm ergabe zu huldigen, und ſich gleicher Geſtalt der Biſchoff mit ihm vertruge.

Abt zu S. Gallen wird ein Fürſt. Baſel hielts auch mit ihm, daſelbſt hin kam er im tauſend zweyhundert und vierten Jahr, promovierte allda unter andern ſeinen Handlungen, Ulrich Freyherren von Sar, den Abt zu S. Gallen, zum Fürſten. Er aber der Kayſer ward im tauſend zweyhundert und achten Jahr, durch Pfaltzgraf Oth von Wittspach zu Bamberg meuchleriſcher Weiſe erſtochen, gerad hundert Jahr vor gleichförmiger Entleibung König Albrechts im Ergöw.

Kayſer Otho der vierte. Anno 1209. Hiemit erlangte Kayſer Otho der vierte das Reich in ruhiger Beſitzung. Weil aber der abgegangene Kayſer kurtz vor ſeinem Ende mit ihm Frieden gemacht, darzu ihm ſeine Tochter Beatrix verlobet, und aber etliche vermeinten, ſie möchten Geſippſchaft halben mit einander nicht Ehelich werden, beſchriebe er im tauſend zweyhundert und neunten Jahr, einen Reichstag gen Wirtzburg, begehrte der Ständen Raht darüber. Nun waren zugegen alle Churfürſten, und die Fürſten in groſſer Zahl, beyneben des Pabſts Geſandten, Hugo zu Oſtia und Leo zu Sabin Biſchoff Cardinälen, item die Biſchöffe Henrich zu Strasburg, Sigfrid zu Augspurg, Wernher zu Coſtantz, Lutold zu Baſel, Otho zu Freyſingen, Mangolt zu Paſſau, Henrich zu Regenſpurg ꝛc. Allda ward aus Raht der Fürſten, durch die gegenwärtige Cardinäle mit dem Kayſer diſpenſiert, und die Romfahrt beſchloſſen.

Kayſer Otho vom Pabſt entſetzt. Noch im ſelbigen Auguſtmonat erhube ſich der Kayſer mit ſeinem Heer und gemeiner Reichsſtänden Hilf in Italiam zu reiſen, hatte perſönlich bey ſich die Hertzogen von Bayern, Lothringen, Zäringen, Kärndten, Mähren. Item die Biſchöffe von Trier, Magdeburg, Wirtzburg, Speier, Strasburg, Worms, Baſel, Coſtantz, Paſſau, Chur, Augspurg, Eichſtätt, Prag und Olmünß, und empfienge den vierten Tag Octobris von Pabſt Innocentio mit groſſer Solennität die Kayſerliche Weyhung. Es ſtuhnd aber nicht lang an, der Pabſt thät den Kayſer, um daß er wider ſeinen Willen dem König

Das Ander Buch. 117

in Sicilien viel Flecken in Apulien einnahme, in Bann, und da er nicht seines Wegs 1 2 1 0.
gienge, des Kayserthums entsetzet. Der Churfürst von Maintz publicierte, im 1210
Jahr, den Päbstlichen Bann wider den Kayser, deßhalben etliche dem Kayser beyständige Fürsten dem Ertzbischoff mit Verhergung ins Land fielen, und ihn daraus jagten.

Nichts desto weniger brachte des Pabsts Authorität zuwegen, daß etliche Stände Kayser Fridericum König in Sicilien und Hertzogen zu Schwaben, weiland Kayser Henrichs reich der 2.
des sechsten Sohn, zum Kayser erwähleten, und zu Annehmung des Reichs in Teutsch- erwählt.
land berufften. Unter diesen Gesandten waren Henrich von Nifen und Anshelm von
Justingen, Schwäbische Freyherren, die kamen mit hoher Gefahr, von Kayser Othen
Auffatz wegen, in Sicilien, dem König solche Bottschaft zu verkünden, und ihn hinaus
zu vermögen.

Als er nun im 1212 Jahr zu Trient ankommen, hat ihm Kayser Otho die Päß Anno 1212.
dermassen verlegt, daß er nicht weiter fort konnte, deßhalben die gemeine Straß verlassen, durch das Gebirg und der Rhätiern Land gen Chur reisen mußte, von dannen ihn
der Bischoff und Abt zu S. Gallen mit ihren Gottshausleuten, auch andere Herren
und Edlen, bis gen Costantz herab begleiteten. Und wiewol ihm Otho gern den Willkomm gegeben hätte, deßhalben mit einem Zug gen Überlingen verruckt, die Straffen
einzunehmen, damit er nicht den Rhein herab kommen möchte: begab sich doch aus
Schwaben und andern Orten zum neuen König ein solcher Zulauf, so nahmen sich sei- Kayser Friner an die Grafen zu Kiburg (welches damals gewaltige Landsherren waren), so gar derich kommt
nahe alles von der Thur bis an Saffoy innhielten) daß er ihn seines Wegs nicht abhin- gen Basel.
dern mochte, sondern bis gen Basel herab kame.

Dessen hatte sich Kayser Otho schon auf der andern Seiten des Rheins über den
Wald gen Breisach herab gemacht, allda mehr Volck in Besoldung angenommen, zu
laustern, ob er Friderico, wann er von Basel herab reisete, ein Banquet schencken
möchte. Es hielt sich aber das Kriegsvolck, so man daselbst in die Häuser durch die
Stadt geloigert, mit Schwächung Weib und Kindern, auch andern Muhtwillen, al- Kayser Otho
so ungebührlich, daß sie von Burgern überfallen, und welche nicht erschlagen, aus der muß von
Stadt getrieben wurden, hiemit Kayser Otho, in Vermerckung, wie ihm all sein Für- Breysach
nehmen zuruck gieng, in Sachsen abzoge. entweichen.

König Friderich ward zu Basel mit gebührlichen Ehren empfangen. Allda verfügte sich zu ihm Bischoff Henrich von Straßburg, ein gebohrner Graf von Beringen,
mit 500 Mann, begleitete ihn mit sammt Bischoff Lutolden, und viel Herrschaft den
Rhein nieder gen Maintz, da sich ihm viel Fürsten des Reichs untergaben, ward demnach im 1213 Jahr zu Ach gekrönet.

Bischoff Lutold urlaubte das Leben im selbigen Jahr. Er hat den Burgern zu Anno 1213.
Basel, im dritten Jahr vor seinem Abscheid (vielleicht zu Ergötzung der willigen und
stattlichen Reise, so sie mit ihm zu der Kayserlichen Krönung Othonis gen Rom vollbracht) die Zünste bewilliget, deren eine jede ohne Verhinderung zu den Edlen und Aufsatzung
Rähten jährlich einen in Raht zu erkiesen befugt wäre, deren Haupt ein Oberster Zunft- der Zünften.
meister, von ihm zu erwählen, seyn solle. Die Verbindung hierüber ward die Handveste genannt. Daher haben der Zünften eine jede mit zwölf Mann, die Sechs genannt, zur Bischofflichen Seelmeß und Jahrzeiten, auch an andern hochzeitlichen
Tagen mit ihren Tortschen das Münster bezünden sollen.

G 3

118 Baßler Bistums Historien,

1216.
Das XVII. Capitel.

Von Bischoff Henrichen, geboren von Thun, unter welchem die Klöster Prediger- und Barfüsser-Ordens, item die Stift S. Peter zu Basel, auffkommen: Auch etwas von Welthändeln, die bey seinen Zeiten fürgegangen.

Anno 1215.

Henrich von Thun Bischoff.

S. Dominicus.

Nach Lutoldo unterstuhnd sich des Bistums Herr Walther von Rotinlen, mehr durch gewaltige Practicken, dann rechtmäßige Wahl. Dessen ward er vom Capitel bey dem grossen Concilio, im 1215 Jahr, zu Rom in Laterano, oder S. Johans Kirchen gehalten (auf welchem zween Patriarchen, 70. Ertzbischöffe, 412. Bischöffe, 800. Aebt und Pröbste, ohne der Kaysern, Königen und Fürsten Bottschaften, erschienen seynd) als der nicht ordentlicher Weise diese Würde bekommen, verklagt, und auf seine untüchtige Entschuldigung wieder abgestossen. Deßhalben nach ihm Graf Henrichen von Thun der Hirtenstab in die Hand ward, als eben im Jahr darvor sein Bruder Graf Conrat Abt zu Einsiedlen worden. Die Chronick derselbigen Abtey zeiget, daß diese noch zween andere Brüder gehabt haben, deren einer Ertzbischoff zu Saltzburg, der ander Griechischer Kayser worden sey.

Gemeldtem Concilio hat auch Dominicus, ein Spanier, des Prediger Ordens Anfänger, beygewohnet. Denselbigen hat Pabst Honorius, im Jahr 1216. bestätiget, und als nachmalen dieser Mönchsvatter zu Bononia gestorben, hat ihn Gregorius der neunte unter die Heiligen gezehlet. Er bekame bald viel Jünger, welche durch die gantze Christenheit zerstoben. Bischoff Henrich bewilligte und schenckte ihnen zu Basel in der Vorstadt zum Creutz, in Ubung ihrer Religion, einen Platz, im 1233 Jahr, beförderte sie mit Steuer, Ablaß, und in andere Weg zu Stiftung und Erbauung ihres Klosters. Dessen hat mir Weisung gegeben ein alt Instrument, in welchem Bischoff Henrich, am Dato wie vorsicht, also sagt:

Prediger Klosters Anfang.

Kundt und zuwüssen sey allermencklich, daß wir die geliebten Brüder Prediger-Ordens (welche sich, damit sie GOttes Wort desto freier verkünden, und in der H. Kirchen desto mehr Frucht schaffen köndten, in willige Armut ergeben) weil wir ihr Christlich und Heilig Fürnennmen, auch ihren Dienst hoch notwendig geachtet, zu Gemeinschaft unserer Mühe zuberuffen, würdig geschetzt haben, auff daß sie bey uns zu Basel wonhafft, mit Predigen, Beichthören und tröstlichs Zusprechen, der Gleubigen Frommen und Heil gegen GOtt befordern köndten, vermög der Freyheiten, ihnen und ihrem Orden vom Apostolischen Stul verliehen rc. Nachmals befreyte sie Bischoff Berchtold, am Dato den 25 Aprilens, im 1249 Jahr, daß sie in Basel predigen, Beichte hören, Buß aufflegen und absolvieren möchten rc. Item an seiner Statt die Ketzer, Wahrsager, Zauberer, und dergleichen schädliche Leut, ausrotten.

Prediger sollen Ketzerweiser seyn.

Ihr erster Prior, so vom Bischoff die Hofstatt des Klosters vor der Creutzporten ausgebetten, ist Henrich von Westhofen gewesen, starb im 1252 Jahr, wird von den Predigern unter ihres Ordens Leute, die mit Mirackeln geleuchtet, für Heilig gezehlet. Unter Henrich von Marpach Prior, ist ihr Chor und die Kirch mit fünf Altären geweyhet worden, durch Bruder Albertum Magnum, von Lauingen gebürtig, der Heiligen Schrift Meister, und Prediger-Ordens Provincial in Teutschen Landen, dartzu er im tausend zweyhundert vier und funfzigsten Jahr, im Capitel zu Worms erwählt worden. Er war bey seinen Zeiten ein trefflich berrühmter Mann, letstlich

Henrich von Westhofen.

Albert. Magnus hat die Prediger-Kirch geweyhet.

Bischoff

Das Ander Buch. 119

Bischoff zu Regenspurg, starb zu Cöln im achtzigsten Jahr seines Alters, oder darob, liegt daselbst zum Predigern bestattet. 1220.

Die Brüder dieses Ordens von Teutschen Landen (wie sie dann jährlich in einer jeden Nation Versammlung zu halten gepfleget) haben vielmal zu Basel Provincial-Capitel gehalten, namlich im Jahr 1272. 1302. 1323. 1333. 1346. 1377. 1407. 1453. 1465. 1508. Im 1473 Jahr, celebrierten sie ein allgemein Capitel da.

Die Verzeichnuß ihrer General-Meistern, so dieses Ordens in allen Nationen Oberste gewesen, habe ich diesem Ort nicht unfüglich geachtet.

1 S. Dominicus, des Ordens Stifter, hat zu Bononia das erste Capitel gehalten, starb daselbst, im Jahr 1221, den 6. Augstmonats. *Bettelprediger Orden.*

2 Jordan ein Sachs, und Theologus von Paris, ertranck auf einer Meerfahrt zum Heiligen Grab. Volaterranus.

3 Raimundus de Pena forti, von Barsalon, ein Spanier, im 1238 Jahr erwählt, ist selbst von diesem Amt abgetretten.

4 Johannes von Frenburg im Breißgöw, etwann Episcopus Bosnensis, im General-Capitel zu Paris, im Jahr 1242, erwählt, starb im Kloster zu Straßburg, 1253.

5 Humbertus de Romanis, aus dem Convent zu Osen, erwählt 1254 im Capitel zu Lyon, resignierte hernach im Capitel zu Londen in Engelland das Amt, im Jahr 1263.

6 Jo. von Vercell aus Lombardien, erwählt zu Paris, 1264, starb 1283, zu Montpelier.

7 Mumio Provincial-Meister in Hispanien, ward General-Meister im Capitel zu Bononia, 1285, hernach Bischoff zu Valenza.

8 Stephanus von Bisantz, der H. Schrift Meister, erwählt zu Rom, im Jahr 1292.

9 Nicolaus von Tervis, eines Hirten Sohn, Provincial in Lombardien, ward dieser Mönchen allgemeiner Führer, im Capitel zu Straßburg, 1296 gehalten, hernach durch Pabst Bonifacium zum Cardinal des Tittels S. Sabina erkoren, bald zu Ostia, ward aufs letzte Pabst, Benedictus der eilfte genannt. *Dem ist geraten.*

10 Albertus Januensis, im 1300 Jahr, zu Marsilien erwählt, starb nach drey Monaten im Kloster zu Anagnia.

11 Albertus de Vivero, des Bistums Basas in der Provintz Tholosa, empfieng das General-Aufsehen im Capitel zu Cöln, 1301, starb zu Trier im Kloster, im Jahr 1303.

12 Aimericus von Placentz, Leßmeister zu Bononia, im Capitel zu Tholosa erwählt, gab das Amt auf im Capitel zu Neapolis, 1311.

13 Berengarius zu Carcason erwählt, 1312, ist hernach, im 1317 Jahr, von Pabst Johanne dem 22. zum Erzbischoff zu Compostell gemacht worden.

14 Erveus ein Britannier, erwählt zu Lyon, 1318, starb im Convent zu Barsalon, im 1322 Jahr.

15 Barnabas, erwählt zu Bourdeaux, 1324.

16 Hugo, erwählt zu Limoges, 1334, starb 1341.

17 Gerart von Maintz, erwählt zu Carcason, 1342, ward bald darnach Cardinal.

18 Petrus de Palma, der H. Schrift Meister, zu Paris erwählt, 1343.

19 Garinus, erwählt zu Prino in der Provintz Tholosen, 1346, starb nach zweyen Jahren.

20 Joannes de Molendinis, erwählt zu Barsalon in Arragon, 1349, ward hernach 1350 im Jubeljahr Cardinal S. Sabina.

21 Simon von Langres, Meister der H. Schrift, erwählt zu Castres, Tholoser Provintz, 1352, ist hernach Bischoff zu Nantes worden.

22 Hellas, ein Frantzos, zu Avignon erwählt, 1367.

G g ij   23 Rai-

1224.	23 Raimund von Capua, der H. Schrift Doctor, 1380, zu Bononia erwählt, starb im Kloster zu Nürnberg, 1399.
	24 Thomas de Firmo, zu Utin erwählt, 1401.
	25 Leonhardus Starii von Florenz, daselbst erwählt, 1414, ist im Concilio zu Costantz Pabst Martini Kiesern einer gewesen, starb 1425.
	26 Bartholomäus Tererii, Meister in H. Schrift, erwählt zu Bonony, 1426, verwaltete den Orden 23. Jahr.
	27 Petrus Röschin ein Provincialer, zu Lyon auserkoren, 1451, starb nach einem Monat.
	28 Guido Flachometi, erwählt zu Rom, 1451, blieb im Amt acht Monat.
	29 Martialis Auribelli von Avinion, erwählt zu Nantes, 1453, ward von Pabst Pio dem zweyten entsetzet.
	30 Conradus de Ast, der H. Schrift Meister, erwählt zu Genis, blieb drey Jahr Prediger-Meister, resignierte darnach im 1465 Jahr.
	31 Allda ward Martialis Auribelli wieder an das Meisterthum beruffen, der gab dem Leben Urlaub, 1473.
	32 Leonhardus de Mansuetis, des Convents zu Perus, starb 1480.
	33 Salvius Cassetus von Palermo aus Sicilien, erwählt zu Rom, 1481.
	34 Bartholomäus de Cominatiis, ein Bononier, 1484.
	35 Barnabas Saxonis von Neapel, zu Venedig erwählt, 1486.
	36 Joachimus Turrianus ein Venediger daselbst erkoren, 1487.
	37 Vincentius Brandelli de Castro novo erwählt, 1501.
	38 Johannes Clere, des Königs in Franckreich Beichtvatter.
	39 Thomas de Vio, Cajetanus genannt, ist zu Rom 1508 erwählt, und von Pabst Leone dem 10. S. Sixti Cardinal worden, 1517. Also weit habe ich diese bekommen.

Anno 1227. Im 1227 Jahr ward ein mächtiger heisser Sommer, also daß ein Vierteil Maas Wein 1. ₰. gulte: das folgende Jahr darnach eine Maas 16. ₰.

Kayser Friderich nimmt Jerusalem ein. Anno 1228. Im 1228 Jahr fuhre Kayser Friderich der andere mit Herreskraft über Meer, das Königreich Jerusalem (welches ihm von Frau Jole seiner Gemahl, des letsten Königs zu Jerusalem Tochter und Erbin, zuständig war) einzunehmen, bestellete darzwischen das Reich hiedisseits durch König Heinrichen seinen Sohn. Er führte die Sachen in Asia also ritterlich, daß er vor Ablaufung einer Jahrsfrist, den Egyptischen Sultan nöthigte, mit ihm Frieden zu machen, und ihm die Stadt Jerusalem wieder einzuraumen. Nun war der Kayser schon dazumal etlicher Ursachen halben in des **Pabst wider den Kayser.** Pabsts Ungunst und Bann gefallen, deßhalben ihm, so bald er hinweg gefahren, der Pabst sein Land überziehen, Apulien einnehmen, und dem hinterstelligen Volck den Paß verlegen ließ, daß sie durch Welschland und Apulien dem Kayser nicht nachgehen konnten.

Krieg im Elsaß. Unter diesem erhub sich auch zwischen Bischoff Berchtolden zu Straßburg, geborn von Tec, und seinem Vettern Graf Ulrichen zu Pfirt, schwere Uneinigkeit, welche zu kriegischer Handlung ausbrach, dadurch das gantze Land mit Raub und Brand bis in das dritte Jahr sehr bemüdet ward. Die Ursach möchte gewesen seyn, daß der Bischoff nach des Pabsts Exempel, dem verbanneten und abwesenden Kayser in seine Gerechtigkeit gegriffen, welches Graf Ulrichen, der Kays. Maj. Landvogt im Elsaß, nicht zu dulden gebühret.

Schlacht auf der Hart. Wie aber diesem, so zogen beyde Theil mit ihrem Kriegsvolck feindlich gegen einandern. Des Bischoffs Helfer war Graf Albrecht von Habspurg, Rudolfs Vatter, welcher auch an seinem Land beschädiget worden. Aber dem Grafen von Pfirt stuhnden bey, Graf Egk von Freyburg, auch wol vierzehen Reichsstädte. Beyde Heer begegneten einandern zwischen Blodelsheim und Hertzfelden auf der Hart

Das Ander Buch. 121

hart, trafen daselbst vierzehen Tag vor Sonnengichten zusammen, aber der Bischoff 1 2 3 0. schlug des Grafen Volck in die Flucht, fieng ihrer viel, gewann viel Hengst, Harnisch und Gezelte.

Dieser Schade schmirtzte die Grafen von Pfirt sammt ihren Helffern also sehr, daß sie solches König Henrichen, des abwesenden Kaysers Sohn, klagten, der versprach ihnen Hilf und Beystand. Deß sie geherzet wiederum auf den Bischoff zu Straßburg angriffen, und etliche seiner Stifft Dörfer verbrannten. Es handleten aber andere Fürsten und Herren so viel in der Sach, daß im 1230 Jahr diese Feind- Friedschafft und Kriegsübung gäntzlich hingelegt ward, in welchem Jahr auch der Kayser selbst wieder zu Land kam, und sich durch die Absolution mit dem Pabst versöhnte. Nichts desto weniger blieb das Land von den müßigen Kriegsvolcks unentladen, daher noch lang viel Räuberey fürgienge, daß an manchem Ort die Dorfkirchen aufgebrochen und beraubet wurden.

Unter gedachtes Bischoff Henrichs Vorstehung seind Barfüsser vor den zu Basel. auch die Minderen Brüder Barfüsser-Ordens, so von den ersten Franciscanern abkommen, jedoch nicht so gar eine strenge Regel haben, zu Basel einkommen. Es war dieser Orden vilang hievor durch Franciscum von Assisio in Italia aufgebracht, und vom Pabst bestätiget worden. Guido Bonatus setzet die Stifftung in das 1211 Jahr. Doch hab ich in eines Minoriten Verzeichnuß gefunden, daß ihn S. Franciscus im 1198 Jahr angefangen, und noch zwantzig Jahr darnach gelebt habe. In welcher Zeit er so viel seiner Nachfolgern bekommen, daß er bey seinem Leben in einem Capitel 5000 versammlet. Er starb den andern Octobris, im 1226 Jahr. Also ward auch diesen Brüdern auf ihr Ansuchen innerhalb der Stadtmaur neben dem Eselthürlin doch hiedißseits dem Birsick ein Platz bewilliget, da sie mit hoher und niederer Personen Hilf, welche aus gutem Eifer und hertzlicher Begierd der ewigen Gütern, zu Auffnung der Religion von ihrer Haab reichlich gesteuret, ihr Kloster und die Kirch mit der Zeit erbauet, welche (das Thurn vorbehalten) der Höhe, Grösse und Magnificentz halben, keiner andern in der Stadt nichts nachzugeben hat.

Nachmalen im 1287 Jahr, haben sie zwo Edelfrauen, namlich Beatrix, Graf Theobalds zu Neuenburg in Burgund Schwester, und Adelheit, Herr Hermann von Klenbergs Witwen, neben ihrem Kloster jenseit des Birsick wohnhaft, beredet, daß auch diese ihnen um GOttes und ihrer Seelen Heil willen (als die Instrument sprechen) ihre Höfe neben dem Eselthürlin gelegen, vergabten, hiemit ihre Wohnung erweiterten, und auf beyde Seiten des Birsicks ihren Fuß satzten.

Dieses Ordenshaus ist zu einer Custorey erhebt worden. Dann also haben Barfüsser- die Barfüsser ihre Klöster, deren in allen Provintzen in der Christenheit, ob 1500 Klöster zu worden (wie sie Bruder Bartholomäus de Pisis, im Jahr 1380, in seinem Regi- Basel eine ster mit Namen erzehlet) in gewisse Custodias abgetheilet, deren eine jede ihren Custorey. Vorsteher hatte, der Guardian genannt, welcher über sein Kloster, und etliche andere in der Nähe herum, Sorg zu halten vom Orden Befehl truge. Dergestalt hatte die Provintz der Obern Teutschen Landen fünf Custoreyen, die Rheinische, Straßburgische, Baßlische, Bodenseeische, Schwäbische und Bayerische. Die Baßlische hatte unter ihr, die Barfüsser-Klöster zu Tann, Freyburg im Breißgöw, Mülhausen, Solothurn, Bern, Freyburg in Uchtland, und Burgdorf. Der Straßburgischen waren unterworfen die Häuser zu Ruffach, Breisach, Sarbrug, Colmar, Offenburg, Hagnow und Weissenburg. Der Bodenseeischen gehöreten zu,

Hh die

1240. die Klöster zu Costantz, Schafhausen, Chidaw, Zürich, Überlingen, Billingen, Königsfelden, Lucern, und also von anderen.

Pfarrkirch S. Peter wird eine Collegiat-Stift.

Noch war die Geistlichkeit zu Basel nicht groß genug. Die Kirch zu S. Peter war biß dahin nur eine Pfarrkirch gewesen, mit einem Leutpriester versorget. Weil aber dieselbige an jährlichem Einkommen, Zinß und Gülten dermassen zugenommen, daß Bischoff Heinrich und sein Capitel bedunckte, es möchten nunmehr viel zu Mehrung des Gottesdiensts daraus erhalten werden: deßhalben er nach des Pfarrherren Absterben (weiset ein Brief den 15 Augusti, im 1233 Jahr gegeben) diese Pfarr zu einer Collegiat-Stift verändert, und Chorherren dahin verordnet, dem Gottesdienst obzuliegen: doch daß jederzeit der Thumbprobst ihnen einen Custor zu setzen Gewalt haben solte. Pabst Gregorius der 9. hat diese Stiftung am Dato zu Viterb den 7. Aprilis, im 1236 Jahr, bestätiget.

Als nun Bischoff Heinrich 23 Jahr das Bischöffliche Amt verwaltet, starb er im 1238 Jahr, liegt in des Münsters Gruft begraben. Er hat den ersten Suffraganeum oder Weyhbischoff gehabt Joannem Episcopum Lintoniensem, oder Litoviensem, darvor Teutsches Ordens.

Der Tittelbischöffen Rechnung.

Dann als damals die Saracenen in Asia und Africa überhand genommen, und einen grossen Theil der Christenheit besessen, daß die Bischoffe an selbigen Enden keinen Platz mehr hatten: begabte der Pabst zu Erhaltung der Succession (im Fall sie mit der Zeit dem Christenthum wieder möchten unterworfen werden) irgend gelehrte Mönchen, oder andere geistliche Männer, mit den Titteln solcher Bißtummen, welche sie doch nie gesehen, noch vor Austreibung der Saracenen und Heiden immer besitzen konnten, wiewol sie die mögliche Weis zu bekehren schwören mußten. Wann sie dann zu solchen Kirchen abgefertiget, die Unmöglichkeit fürwendeten: ward mit ihnen dispensiert, an andern Orten mit geistlichen Präbenden versehen, item durch die Bischöffe zu Weyhbischöffen angenommen, welche in Weyhung der Kirchen, Ordnung der Priestern, mit Predigen oder dergleichen Geschäften ihre Statt vertraten. Hierum pfleget man sie Titulares oder Portativos, das ist, Titteltragende Bischöffe zu nennen, als Hirten ohne Kirchen und Gemeinden. Der Hof zu Rom nennet sie Nullatenances.

Das XVIII. Capitel.

Von Bischoff Lutolden und seinem Nachkömmling Berchtold, wie derselbige Breisach einnimmt und erbesseret. Was auf die Entsetzung Kayser Friderichs und seines Sohns für Jammer erfolget. Vieler Ständen Zusammenhaltung.

Bischoff Lutold.

† Lütold von Neuenburg in Burgund, ist aus dem Wapen zu erkennen, so S. Albans Gemahld.

Lutoldus ward nach Henrico in Fürstlichen Prälaten-Stuhl der Stift Basel erhaben, welchen Tritenheim einen Herren von Rötelen, andere einen Grafen von Neuenburg † oder Arberg (wie dann diese zwey Häuser viel unter einandern gehanrahtet) nennen. Und wiewol die Bischöfflichen Catalogi an diesem Ort nicht übereinstimmen, jedoch weil dieser in Instrumenten, Anno 1239 und 1241, von ihm gegeben, gefunden wird, soll er nicht überschritten werden, unangesehen, daß von Sachen seiner Regierung nichts mehr übrig. Er beschloß das Leben im Jahr 1249, bekame zum Nachkömmling Graf Berchtolden von Pfirt, welcher in S. Catharina Hofe seine Wohnung hielte.

Bey

Das Ander Buch. 123

Bey Zeiten seiner Vorstehung, namlich im 1250 Jahr, ward S. Niclausen Kirch im Dorf Einun Basel (als das Instrument sagt) bey der Rheinbruck gebauet. Ursach des Baus war, daß man vermercket, wie sich die Burger und Pfarrgenossen ehe in andere Kirchen zum Gottesdienst begaben, dann aber in ihr ordentliche Pfarr gen S. Theoder, die ihnen etwas ferner gelegen. Deßhalben, damit derselbigen an ihren Rechtungen und Opffern nichts abgienge, ward mit Bewilligung Bischoff Eberharts zu Costantz, und des Convents zu S. Alban, welchem S. Theoders Kirchensatz angehörig, diese Kirch oder Capell an einem baß gelegenen Ort anzurichten angesehen, doch daß sie jederzeit als eine Filial ihrer Mutterkirch unterworfen wäre.

1 2 5 0. Berchtold von Bärr Bischoff.

Es waren dieser Zeit sehr betrübte Läuffe und grosse Widerwärtigkeit, der Fehde halben so zwischen dem Babst und der Kayserl. Majestät schwebte. Dann als Kayser Friderich der andere, König in Sicilien und Hertzog zu Schwaben, etliche mal hievor von Bäbsten verbannet, jedoch allwegen mit ihnen wieder außgesöhnet worden: hatte ihn doch letstlich Innocentius der vierte, im 1245 Jahr, etwas Anspraachen halben, sonderlich daß er der Römischen Kirchen etliche Städte und Herrlichkeiten vorhielte, im Concilio zu Lyon in Franckreich, nicht allein mit dem Bannstraal auffs neue getroffen, sondern auch des Kayserthums gar entsetzt, und so viel bey den Churfürsten verschaffet, daß sie Landgrafen Henrich von Thüringen zu Franckfurt zum Röm. König gewählet.

Babst frisset den Kayser.

Als aber dieser wider Kayser Friderichs und Conradi seines Sohns, erkläreten Römischen Königs, Zugewandte kriegende, nicht viel über ein Jahr lebte: da so ward unlang hernach, aus Bäbstlicher Anschaffung, wider gedachten Kayser Friderichen und seinen Sohn, Graf Wilhelm zu Holland Römischer König zu Cöln erkieset, der doch auch nie in völlige und ruhige Possess kommen mochte. Dann Kayser Friderich, welcher eben nicht entsetzt seyn wolte, regierte Teutsche Nation durch seinen Sohn König Conraden, er aber kriegete lange Zeit in Welschland, bis er, im 1250 Jahr, in Apulien Tods verschiede.

Wider Kayser Friderich und seinen Sohn werden den Neben-kayser gewählet.

Nach des Kaysers Abgang zoge auch König Conrad mit grossem Volck in Welschland, nahme Sicilien und Apulien seine Erblande ein, und bezwange seine Widerwärtigen zur Gehorsame. Kehrte demnach wieder in Teutschland, des Babsts Zorn und Dräuung verachtende, fuhr nach etwas Zeit wieder in Italien, da er im 1253 Jahr, durch beygebrachtes Gifft (als etliche schreiben) den Geist auffgabe, hinterließ zum Erben Conradinum seinen einigen Sohn.

Friderici und Conradi Todsfäll.

König Wilhelm war gleichwol bis gen Breisach hinauf kommen, darzu in Burgund, die Stände des Reichs in Pflicht zu empfangen, muste aber wider die Frießländer, so ihm darzwischen in das Land gefallen, wiederum heim ziehen, in welchem Krieg er in Jahr 1256 darauf gienge.

König Wilhelm erliegt.

Unter diesem zerrissenen Wesen, waren die Helvetischen Städte und Länder, an den Schwäbischen Königen Friderico und Conrado, noch immer beständig verblieben, beyneben den Grafen zu Kiburg, Habspurg etc. wolten diejenigen, so aus des Babsts Authoritât erwählet worden, für keine rechtmässige Könige erkennen. Dargegen haben die Prälaten und Bischöffe auf den Babst, und die aus seinem Anregen erkoren wurden, als auch der Bischoff zu Basel thät, daher er ihm Auffsatz und Feindschafft erweckte.

Graf Rudolf von Habspurg, welchen weiland Kayser Friderich aus dem Tauff gehaben, fuhre einer Nacht zu, im 1253 Jahr, und überfiele dem Bischoff, mit Beystand Gerharts von Gösken, Henrichs von Palm, Rudolfs von Wedeschwil, Henrichs von Klenberg, und Geringe von Tegersfelden, das Steiner-Kloster zu Basel in der Vorstadt gelegen, plünderte und verbrennte es.

Das Steiner Kloster wird verbrannt.

Hh ij   Diese

1254. Diese That liesse der Bischoff an Pabst Innocentium klagbarer Weis gelangen, deßhalben er ihm, am Dato zu Anagnia, den 18 Tag Augstmonats, im 1254 Jahr, eine Bull zusendete, darinn er ihm gebot, diese Mißhändler sammt und sonders in Bann zu verkünden, biß sie der Priorin und Convent allen zugefügten Schaden wiederlegt. Welches dann der Anfang des Unwillens gewesen ist, so Graf Rudolf wider das Bistum Basel erfasset.

Arnolt von Blatzheim. Ermeldte Kloster ward durch diesen Brand so gar verherget und verderbet, daß es etliche Jahr öd stuhnde, und aus seinem eigenen Gut nicht wiederum gebauet werden mochte: biß sich dessen Arnolt von Blatzheim, Untercustor der Stift Basel, annahme. Derselbige ließ im 1275 Jahr, das Chor, etliche Schlafhäuser, und andere nohtwendige Gebäu, in seinem Kosten wiederum erneuern, deßgleichen den Schwestern viel Gülten und tägliche Hilf von dem seinen zueignen. Deßhalben dieser für ihr Stifter nach dem Brand gezehlet wird, starb im 1284 Jahr, liegt in ihrem Chor vor dem Fronaltar bestattet.

Bischoff nimmt Breisach zu seiner Stift Handen. Ermeldte Keibfunken zwischen dem Bischoff und Kayserischen mehrete, daß dieweil Kayser Friderich Hertzog zu Schwaben (welcher die Stadt Breisach vom Bistum Basel zu Lehen gehabt) und sein Sohn, im Bann gestorben, Bischoff Berchtold im 1254 Jahr dieselbige Stadt wiederum zu seinen Handen genommen, und in Eydspflicht empfangen hatte, daher im Schloß daselbst diese Lateinische Vers in einen Stein gehauen stehen, also lautende:

    Annos centenos Domini per bis lege senos
    His quinquagenos & quatuor adijce plenos,
    In quinto denas Iulio faciente Kalendas
    Pontifici cedit Brisacum, iurat, obedit,
    Matri uirgineæ faciendo fidem Basileæ

Dieser Vers ist nicht mehr zu lesen.
    Hic Phirretorum genus ortu præsul auorum
    Berchtoldus . . . . hanc aulam quam Dux sibi struxit.

Dolmetsche ich also:

Nach Christi Gburt ein tausent jar,
Zwey hundert, vier und fünfftzig zwar,
Den siebenzehnden Brachmons zal,
Ergab sich Breisach überal,
Dem Bischoff Unser Frauwen Stifft
Zu Basel, in gelübd und pflicht.
Welcher war auß der Graven Stamm
Von Pfirt, Berchtoldus mit seim Namm.

Nach dieser Einnehmung, ließ er das Schloß daselbst, vorzeiten durch Hertzog Berchtolden von Zäringen dem andern, in währendem Krieg wider die Burgunder gebauet, erneuern und baß bevestigen. Verwendete daran 420 Marck Silbers, die ihm Herr Gottfrid der Marschalck von Stauffen fürstreckte, darum er ihm, im Jahr 1258, die Höfe und Kirchensätz zu Bischofingen und Kirchhofen im Breißgöw, mit allen ihren Gefällen, 22 Jahr lang zu geniessen, heimstellete.

Breisach hat vorzeiten der Stift Basel gehöret. Die Burger zu Breisach erklärten sich hernach, im 1264 Jahr, durch eine verschriebene Recognition, daß sie, zusamnt dem Berg, darauf sie wohnen, der Kirchen zu Basel eigen seyen. Deßgleichen erkennete sich im Jahr 1265 Richart Römischer König, gegen Bischoff Heinrichen zu Basel, daß Breisach, darzu Münster in S. Gregorienthal, mit aller ihrer Gerechtigkeit, der Stift Basel Eigenthum seyen. Demselbigen hat

Das Ander Buch.

hat Anweisung gegeben, daß neben andern Regalien die Müntz zu Breisach dem Bischoff etwan zugehöret. Es verpfändete je dieselbige Herr Johann von Wien, im 1367 Jahr, Burkarten Sporer von Eptingen, darnach im Jahr 1378, Graf Walrasen zu Thierstein um 100 Marck Silbers. Nicht minder kan diese Bischoffliche Rechtung bey dem Zinspfenning erkennet werden, welchen noch dieser Zeit jährlich alle Häuser und Hofstätte zu Breisach zu geben schuldig seind, und jetz nach der Vigdomen Absterben, die Offenburger von Basel je von einem Bischoff zu Lehen empfangen.

1256.

Welcherley Angriff nun Graf Rudolf am Bischoff zu Basel gethan, dergleichen Sachen und Thaten giengen auch anderstwo für, zwischen so viel zwenträchtigen Königen, welche mehr zu Erhaltung ihrer empfangenen Hocheit, dann zu gemeinem Frieden und Handhabung bürgerlicher Gerechtigkeit, Auffsehens hatten. Daher risse in Teutschen Landen grosse Unordnung und Freyheit ein, welcher baß mochte, der thäte baß: der Stärckste hatte Recht, und drange den Schwächern unter sich. Die Strassen waren unsicher, unbilliger Gewalt schwebte empor. Der Adel behalfe sich ungestraft des Stegreifs, machten ihre Schlösser zu Raubhäusern, Fürsten und Herren setzten neue Zöll auf, drängten ihre Unterthanen, und wolte schier niemand mehr gehorsam seyn. Summa, der gemeine und so viel als ohnhäuptige Staat, war sehr betrübet und hilflos.

Anarchia, das ist, ein zerstöret Regiment bringt Unordnung.

Hierum schwuren, im 1256 Jahr, bey sechtzig Städten am Rheinstrom zusammen, als Nüß, Aach, Cöln, Bonn, Maintz, Worms, Speier, Strasburg, Schletstatt, Colmar, Basel, Zürich, Freyburg, Breisach, Weissenburg, Neuenstatt, Heidelberg, Wimpfen, Franckfurt, Oppenheim, Lützelburg, Fridberg, Salingstatt, Bingen ꝛc. einandern wider alle die beholfen zu seyn, so ihnen unbilligen Gewalt anlegen wolten.

Grosser Bund wider unbillichen Gewalt.

In diese Bündnuß begabe sich Hertzog Ludwig von Bayern, besammlete mit Hilf der Städten ein stattlich Heer, thäte damit etliche neue Zöll wiederum ab, eroberte und zerstörte viel Raubschlösser, und vertriebe des gemeinen Friedens Betrüber. Und dieweil ihm solches glücklich abgienge, traten noch weiters in diese Einigung, Gebhart zu Maintz, Conrat zu Cöln, und Arnulf zu Trier, Churfürsten, Richart zu Worms, Henrich zu Strasburg, Berchtold zu Basel, und Jacob zu Metz, Bischöffe. Item Conrat und Emichon die Wildgrafen, Dieterich zu Katzenelnbogen, Friderich und Urhild von Leiningen, Berchtold von Ziegenheim, und Ulrich zu Pfirt, Grafen.

Von Blatzheim.

Im Jahr 1258, den 4 Tag Hornungs, (am Abend Martini, sagt die Colmarer Chronick) ist Basel schädlich verbrunnen, und dadurch am Münster grosser Schaden beschehen.

Anno 1258.

Auf Jacobi im 1259 Jahr, ward Herr Walther von Horburg, durch seine eigene Blutsfreunde, mit Listen erwürgt.

Anno 1259.

1200 Arnolt von Blatzheim.
1227 Oth, item Wernher, alle drey Ritter.
1309 Albrecht, des Bischoffs Zoller.
1349 Johann von Blatzheim, Caplan im Münster.

Das XIX. Capitel.

Des Adels zu Basel verderbliche Zweyspalt. Erwählung etlicher Nebenkaysern, und andere dieser Zeit merckliche Welthändel.

Unter diesen Dingen erregte sich zwischen den Edlen der Stadt Basel, eine schädliche Trennung und Zwenung, aus folgendem Anlaß. Es waren daselbst zwey Geschlechte, die Schaler und die München, also vermöglich und grosses Wesens, daß es den andern Edelleuten weit vorthäten, und der gemeine Mann zum meisten auf sie sahe. Deßhalben wann der Adel auf Thurnier oder andere

Zweyung des Adels zu Basel.

1258. andere Schauspiel ritte, oder sonst etwas zu Schimpf oder Ernst fürnehmen solte, lagen sie den Leuten allwegen zuvorderst im Mund, daß sie gemeinlich, in Befragung wer da käme, sagten: Es seind die Schaler und Mönchen von Basel, wann schon auch andere darbey waren.

Des Sternens und Papagey Gesellschaften.

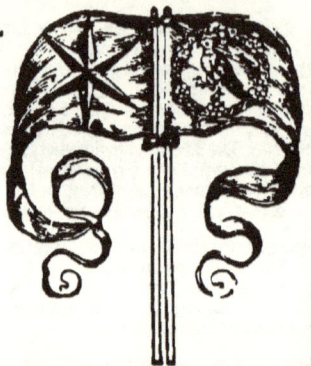

Solches verdroß die übrigen also sehr, daß sie sich von ihnen absönderten, ihre Stuben zum Seufzen, und einen weissen Sternen in einem rothen Feld zum Zeichen nahmen. Das waren die Eptinger, Plitzthumen, Reichen, Ramsteiner, Ufheimer, Crasten, Pfaffen, Neuenstein, die am Kornmarckt, von Frick ic. Machten ihnen auswendig einen Anhang von Grafen zu Habspurg, Pfirt, Freyburg im Breißgöw, und Badenweiler.

Diesen wolte der andere Theil nichts nachgeben, nahmen derohalben zu einem Zeichen einen grünen Papagey oder Sittkuß in einem weissen Feld, hielten ihre Trinckstuben zur Mucken. Deren Parthey Verwandte waren die Schaler, Mönchen, Marsbalcken, Rotberg, Bereufels, ze Rhein, Cammerer, Zerklinden, Vorgassen ic. Diese vermochten auf ihre Seiten die Marggrafen von Hochberg, Herren zu Rötelen, und die Grafen zu Welschen Neuenburg. Aus welchen Rottungen der Stadt und gemeinen Regiment zu Basel, gleichwie vor altem aus des Sylla und Marii Meuterey zu Rom, und zun selbigen Zeiten der Guelfen und Gibellinen Partheyen in Welschland, hernach der Zorn und Mülheimern Trennung zu Strassburg, grosser Schaden erwachsen, als dann in solchen Fällen nicht ausbleibt.

Neue Misbildung im Kayserthum.

Als aber nach Kayser Friderichs des andern Entsetzung gleichwol etliche an das Römische Reich erwählet worden, jedoch (wie vorgehört) keiner wierig seyn wollen: griffen die Churfürsten, im 1258 Jahr, abermals zur Wahl, konnten sich aber deren nicht vereinigen, indem etliche Graf Reicharten von Cornubia, des Englischen Königs Bruder, zum König haben wolten, die andern aber Alphonsum den zehenden, König zu Castilien, welcher die Lanstafeln, von Bewegung himmlischer Cörpern (darvon die Astronomi zu sagen wissen) mit überschwencklichem Kosten zurichten lassen. Diesem ließ der Churfürst zu Trier, sammt seinen Mithellenden, die Wahl in Hispanien verkünden, mit Bitt, sich eils bäldeste zu Antrettung des Reichs an Rhein fertig zu machen, mit Vertröstung rähtlichs und thätlichs Beystands. Er ließ gleichwol die Gesandten mit grossen Geschencken wiederum von sich, und versprach, mit seinem Volck zu gelegener Zeit hernach zu kommen, unterwand sich aber des Reichs nicht. König Reichart durch den Cölnischen Ertzbischoff beruffen, kame im 1258 Jahr, empfieng von ihm die Cron, in Beywesen des Churfürsten von Maintz und anderer Fürsten. Die von Cöln, Bopard, Wesel, Franckfurt, Worms, Speier, und andere Städte, empfiengen ihn mit grossen Ehren, begleiteten ihn den Rhein hinauf bis gen Basel, die Städt allenthalben in Pflicht zu empfangen, verthät damit das Gelt, so er zu Antrettung des Reichs aufgebracht, zu gnüdig. Letstlich als es ihm anfienge zerrinnen, liessen die Fürsten von ihm, desshalben er auch in Engelland wiederkehrete, und Teutschland als ein regierender Herr nicht mehr besuchte, zwar nicht ohne sonderbare Schickung, damit das Römische Reich immer allein bey den Teutschen bliebe. Dieses Interregnum, Zweyung oder Feyrung des Kayserthums, währte bis in das 16 Jahr, daß niemand recht wußte, welcher ordentlicher Kayser wäre.

Mittlerweil hatte nach Kayser Conrats, Hertzogen zu Schwaben Absterben, als sein Sohn Conradinus noch unter seinen Jahren gewesen, Manfredus, weiland

Das Ander Buch.

land Kayser Friderichs unehlicher Sohn, das Königreich Sicilien und Neapolis an- 1260.
gefallen. Wider diesen setzte sich der Pabst, welcher Friderici Nachkommen feind *Pabst nimmt*
war, und machte Carolum Hertzogen von Anjou, Grafen in der Provintz, einen *dem rechten*
Frantzosen, der keine Ansprach daran hatte, zu Sicilien und Jerusalem König, *Erben und*
Conradinum den rechten Erben unverschuldt ausgeschlossen: ordnete auch diesen, *gibts einem*
sammt Leonora seiner Gemahl, zu Rom, im 1265 Jahr, mit Bestimmung einer *Fremden.*
Pension, die er dieses Lehens halben der Römischen Cammer jährlich entrichten solte.
Da nun dieser die Investitur empfangen, setzte er sich mit Gewalt wider Manfre-
dum, und erschlug ihn als einen Feind der Römischen Kirchen, bey Benevent, be-
saß also per fort das Reich Sicilien, Neapolis, und was darzu gehöret.

    Dieses stuhnd bis Hertzog Conradin aus seinen vogtbaren Jahren kame, all-
da besammlete er, im 1267 Jahr, mit Hilf etlicher Fürsten, einen stattlichen Gezeug, zoge mit Hertzog Friderichen von Oesterreich gewaltiglich in Italien, Vorhabens seine erbliche Fürstenthum, welche der Pabst einem Fremden übergeben,
wiederum zu bekommen. Diesen zweyen jungen Fürsten begegnete Carolus, lieferte ihnen, nicht fern vom Fußner See, eine Schlacht, darinn er sie, obwol
mit Mühe, überwande, erschnappete beyde Fürsten, fragte demnach den Pabst
Rahts, wie er sich mit ihnen halten solte, der antwortete ihm (als Aemylius schreibt)
Er wolte für Conradinum nicht gebetten haben, dann daß er ihm sein Recht an-
thäte, item (wie andere melden) Conradini Leben wäre Caroli Tod, und Conradini Tod Caroli Leben, deßhalben er Montags den 29 Octobris, beyden Fürsten zu *Zween Teut-*
Neapolis die Häupter abschlagen ließ, hiemit die Hertzogen zu Schwaben Stamm *sche Fürsten*
auslöschete, und das Königreich behielte. *enthauptet.*

    Solches beschmähete die Teutschen höchlich am Pabst und Carolo, so diese
edle Teutschen Fürsten nicht nur um ihr Land, sondern auch mit unerhörtem Exempel also jämmerlich um das Leben gebracht, daß da nachmalen den Christen wider die Egyptier, jenseit dem Meer in Palästina und dem Gelobten Land mißlungen, und dieser Carolus auch wider die Ungläubigen, zu Errettung des Reichs
Jerusalem (so den Christen abermals gar nahe abgedrungen war) ziehen wolte,
derohalben beym Pabst die Ausruffung des Creutzes in Teutschland ausgebracht:
der Teutsche Adel und sonst männiglich, dem Pabst (welcher eine Ursach der erschlagenen Teutschen mit ihren Fürsten gewesen) und dem Frantzosen, Carolo von
Anjou, der sich mit Ertödtung des rechten Erben in ein fremd Reich eingedrungen,
Zuzug, Hilf und Beystand zu leisten, auch zu gutem Fürnehmen, sehr unwillig
waren.

    Hierum richtete der Pabst allenthalben die Prediger an, daß sie ab den Cantzlen
viel Gemühter erweichten. Zu Basel war damalen ein wolberedter Prediger-Mönch,
Achilles von Altschweiler genannt, der fünfte Prior in der Ordnung, welcher bey der
Gemeind groß Ansehen und Zulauf hatte, derselbe hielte ernstlich an, sich in diesen
heiligen Heerzug zu ergeben, darinn sie zeitlichs Lob und Ehr, auch dieses schon
umkämen, ewigs Leben gewißlich zu erkriegen hätten: Damit das Heilige Land,
darinn Christus der Heiland geboren, und das Werck unserer Erlösung vollbracht,
zusammt den armen Christen, von der Ungläubigen Händen errettet und getröstet
wurden.

    Wiewol nun der Pabst und Carolus, so sich der Cron Jerusalem untrzoge, der
Teutschen Abgunst auf sich geladen: verschuf doch dieser unter denn Adel und Ritter- *Ritterschaft*
schaft der Stadt Basel, wie auch andere an andern Orten, daß sie ihres gemeinen Un- *um Basel*
willens nicht mehr, dann der Gottesforcht und Ehrbarkeit Rechnung trugen, sondern *nimmt das*
mit den umliegenden im Suntgow, Elsaß ꝛc. anfiengen das Creutz anzunehmen. Be- *Creutz an*
nanntlich aber waren Herr Sigfrid Mönch, und Hemman Schaler, beyde Ritter und *sich.*
Capitänier, welche viel ihrer Anhängigen zu solcher Meerfahrt aufwiegleten.

J iij   Als

1267. Als sie vernahmen, wie der Tartaren Bottschaft (die es dazumal in Syria wider den Egyptischen Soldan mit den Christen hielten) zu Genua wäre, machten sie sich auf, bey 500 Pferd, ritten den nächsten daselbst hin, schlugen sich zu ihnen, und fuhren mit gen Accon hinüber, welches noch der Christen fürnehmste Stadt im Heiligen Land war. Als sie daselbst hin kommen, fertigte man sie gen Cäsarea, die näher am Feind lag, und einer bessern Besatzung bedorfte. Als aber die Christen im Land Guirboeam der Tartaren Fürsten verletzet und erzürnet: mochten sie die Stadt Cäsaream vor den Tartaren nicht länger erhalten, sondern ward aus Begierd der Raach von ihnen eingenommen, geplündert, und mit Feuer verherget, daß sich also die Teutschen, so daraus entrunnen, eines Theils gen Tyrum, andern Theils gen Accon verfügten, Vorhabens König Ludwigs in Franckreich, so nachmalen der Heilige genannt worden, und der Englischen Armada, deren Zukunft sie schon vernommen, zu erwarten.

Unter diesen Weilen besuchten die Teutschen vom Adel in offentlichem Geleit, die Heiligen Stätte zu Jerusalem, und das Heilige Grab, allda wurden viel zu Ritter geschlagen, deren ein jeder die Hüter der Heiligen Capell verehret. Insonderheit wurden sie von Hemman Schaler von Basel also reichlich begabet, daß sie der Schalern Wapen an einer Wand in der Capell aufhängten, so auch lange Zeit hernach allda zur Gedächtnuß blieben ist.

Zu besserm Bericht dieser Sachen ist zu wissen, daß vorzeiten beym Tempel des Heiligen Grabs Mönchen, Barfüsser-Ordens, gewesen seind, welchen der Soldan des Heiligen Grabs Verwahrung befohlen. Bey diesen wohnete ein Rittersbruder vom Adel, der kein Mönch war, aber von Römischen Bäbsten und Königen Ritter zu schlagen Gewalt hatte. Doch war Anfangs bräuchlich, daß sich kein Pilger gedorst zu Ritter schlagen lassen, er wäre dann vom Adel, und an Gut so vermöglich, daß er ritterlichen Staat führen könnte. Derselbige bande seinen Promovenen ein, daß sich keiner hinfort, weder dem Pabst, noch Römischen Kayser (aus deren Vollmacht er Ritterschaft empfienge) widersetzen, sondern sich der Christlichen Kirchen unterwerfen solte: die Geistlichen in Ehren halten, Wittwen und Wäisen schirmen, und ihnen zu Recht helfen 2c. Item in Ansehung, wie das Heilige Grab in der Ungläubigen Händen stuhnde, für dasselbige allezeit zu streiten bereit seyn.

Des Heiligen Grabs Ritterschaft.

Dieser Ritterschaft ward bey diesen Zeiten vom Adel sehr nachgestellet, weil mehrentheils die hohen Aemter in Oberkeiten den Rittern allenthalben bestimmet waren. Dann obwohl auch sonst andere von Königen in ihren Crönungen, oder nach erzeigter ritterlicher Faust in Streiten, mit dem Rittergürtel begabt wurden: hielte man doch des Heiligen Grabs Ritterschaft für die beste und streigste, vielerley Ursachen wegen. Dann diese (sagten sie) wurd am heiligsten Ort der Welt genommen, da Christus wider den Tod und Teufel zu Ritter worden, wer auch nicht, wie gewöhnlich andere, mit Christenblut beflecket, wurd aus andächtigem Eifer, und nicht aus Stolz, Ehrgeiz, oder hochmütigem Geist erlanget. Um deren willen muste man viel grössere Sorg, Müh, Arbeit und Gefahr schlucken, dann sonst irgend in einem Streit. Da habe einer nicht nur einmal wider einen Feind zu fechten, sondern in des Meeres Gruill und Ungestümigkeit, als auch wider die Heiden mannigfaltigen Todkampf auszustehen, darum es weit ein waghaftiger Handel. Summa, es sey nicht auszusprechen, was Elends sich einer genieten müsse, und wie wol einer durch die Bränd gejagt werde, wie vielerley Leut hiediffeits und jenseits Meers er erfahren, auch was grossen Unkostens er leiden müsse, zu Erreichung dieser Begierde.

Etlicher

Das Ander Buch. 129

Etlicher obgedachter Edelleuten Wapen. 1268.

Von Ulsheim.   Die Pfaffen.   Von Frick.

1268 Burkart von Ulsheim, Ritter.
1293 Conrat und Ulrich, beyde Ritter, der Rähten.
1308 Rudolf, Ritter, am Gericht.

1270 Henrich Pfaff, Ritter, dessen Bruder.
1303 Johans, Edelknecht, am Gericht.
1344 Hug Pfaff, Ritter, der Rähten.
1358 Heman Pfaff, Ritter, und Johans, der Rähten 2c.

1345 Lutold von Frick, Ritter, der Rähten,
Jacat von Neuenstein seine Frau.
1399 Hans von Frick, dessen Sohn Wernher.

Das XX. Capitel.

Bischoff Henrich, geboren von Welschen Neuenburg, wird wider Graf Rudolfen von Habspurg in einen schweren Krieg verwickelt.

Als Bischoff Berchtold dreyzehen Jahr geregiert, starb er den 10 Tag Decembris, im 1262 Jahr. Ihm trat am Bistum nach Graf Henrich von Neuenburg am See, Thumprobst und Kirchherr zu Rheinfelden, Graf Ulrichs Sohn, welchen man zuvor Bischoff Berchtolden zum Administrator und Verwalter gesetzt, mehr eigenes Ansehens, dann aus des Capitels Wahl. Ermeldter Graf Ulrich hatte noch einen Bruder gehabt, welchem Neuenburg am See und die Welschen Herrschaften zu Theil gefallen. Er aber hatte der Grafschaft Neuenburg Teutsche Herrschaften besessen, und nach seinem Tod vier Söhne verlassen, deren einem in Theilung ihres Vatters Herrschaften Arberg, dem andern Nidow, dem dritten Strasberg worden, der vierte war Bischoff zu Basel. Der Töchtern ward eine vermählet, Grafen Egino von Toggenburg, eine Herr Ulrichen von Regensperg, die übrigen einem von Falckenstein, von Gransee und von Rötelen.

Bischoff Henrich von Neuenburg am See.

Er geriet unlang hernach in einen schweren langwierigen Krieg wider Graf Rudolfen von Habspurg, welcher ihme desto herber ward, daß sich die Edlen von der Gesellschaft des Sternens zu seinen Feinden hielten. Gründlichen Anlaß dieser Feindschaft und vieljährigen Kriegsübung, habe ich nicht gefunden, dann allein daß Lasius mit ausgedruckten Worten sagt, diesem Krieg haben Breisach und Neuenburg ain Rhein Ursach gegeben, welche der Bischoff ihme zuständig seyn vermeinte. Daraus zu erkennen, erstlich Breisach halben, daß die vorangeregte Einnehmung und Beherrschung derselbigen Stadt, Graf Rudolfen

Ursachen des Kriegs Rudolfen wider den Bischoff zu Basel.

1268. ſen verdrießlich geweſen ſeye, er habe dann von wegen der Landgrafſchaft im Elſaß etwas Rechtung darzu gehabt, oder ſonſt des Hauſes zu Schwaben (welchem er zwiſchen der Päbſtiſchen Fehde getreulich beygeſtanden) Anſprach an Breiſach handhaben wollen.

Von Zäringen.

Neuenburg betreffend, iſt dieſelbige folgender Geſtalt in Haß gerathen, wie bey Alberto de Argentina klärlich zu erſehen. Als Hertzog Berchtold von Zäringen, der letzte dieſes Fürſtlichen Stammens, im 1218 Jahr, ohne Leibserben tödtlich verblichen, waren ſeine Länder ſeinen zweyen Schweſtern erblich zugefallen. Anna die eine hatte einen Grafen Kiburg zum Gemahl, dem fielen von dieſem Fürſtenthum zu Theil, Uchtland, und was denen von Zäringen an ſelbigen Enden zugehöret. Die andere mit Namen Agnes, war Graf Eggen von Urach, mit dem Bart zugenannt, vermählet, dem wurden die untern Herrſchaften, im Breißgöw, Schwartzwald und Schwaben. Derſelbige Graf Eg hinterließe zween Söhne, Conrat der älter behielte das Breißgöw, nennete ſich deßhalben Graf zu Freyburg, Eggen dem jüngern ward der Theil gegen dem Land zu Schwaben, von welchem die Grafen zu Fürſtenberg abſteigen. Nachmalen hat Graf Conrat zu Freyburg auch zween Söhne verlaſſen, Graf Eggen und Graf Henrichen: jenem bliebe Freyburg, dieſem aber **Neuenburg verbundet ſich mit dem Biſchoff.** Neuenburg und Badenweiler. Als nun Graf Henrich dieſer Zeit gen Neuenburg kommen, Vorhabens die Stadt in Eydspflicht zu empfangen: ſchwächete er einem Burger ſein Weib, daburch die übrigen entrüſtet, ihm nicht mehr ſchwören wolten, ſondern ſich mit Biſchoff Henrichen zu Baſel verbunden.

Solches war Graf Henrichen ein unleidlicher Handel, deßhalben weil er ſich zu Graf Rudolfen ſeinem Vettern geſchlagen, welcher ſchon gegen dem Biſchoff von wegen der Stadt Breiſach, item des Grafen von Toggenburg und Herren von Regensperg ſeiner des Biſchoffs Schwägern halben, Unwillen gefaſt: iſt gläublich, es haben die Glocken daher zuſammen geſchlagen, bis ſolch kriegiſch Ungewitter daraus entſtanden. Es wird ſich je aus hernach geſetztem Anlaßbriefe befinden, daß nicht nur Graf Rudolf, ſondern auch Graf Henrich ſein Oheim, mit dem Biſchoff mißhellig geweſen ſeye.

Breiſach dem Biſchoff eingenommen.

Der Anfang dieſes Kriegs erhub ſich an Breiſach, welche Graf Rudol mit ſeinen Helfern dem Biſchoff liſtiglich einnahme, und die Burger ihme zu ſchwören nöthigte. Als nun der Biſchoff auf begehrte Wiedereinraumung dieſer Stadt und ſeiner Gerechtigkeit, nichts erhalten mochte, und Graf Rudolf zuſammt der Stadt Zürich, im 1268 Jahr, beyde ſeine Schwäger, die von Toggenburg und Regensperg, etlicher Anſprachen und Klägden halb, ernſtlich bekrieget, daß ihnen drey Schlöſſer Utznaberg, Uthberg, Balderen, Glanßenburg, Wurp ꝛc. zerſchleiffet wurden: allda zoge auch Biſchoff Henrich mit ſeinen Helfern auf die Landgrafſchaft Elſaß, und zerſtörete ihm Blodelsheim, ihm hart gelegen, welchen Flecken Graf Rudol erſt neulich mit Mauren umgebau und beveſtigen laſſen: fälleten die Gräben, thäten gleicher Geſtalt mit dem Thurn zu Othmarsheim, verheerten ihm daſelbſt herum viel Flecken mit groſſen Schaden.

Die Hart von Baſtlern übel beſchädiget.

Dargegen ſchädigten die Sermentzer, waren Edelleute aus Neuenburg dem Grafen beyſtändig, die Burger möglichſter Weiſe, ſchleiften ihnen zwey beſte Häuſer zu Ongheim, das Schloß Gerneck, item Fröſchbach, welches vom Grafen nahe bey Bantzenheim am Rhein (dann derſelbige dazumal allda ſeine Furt hatte) gebauet geweſen.

Bald zoge ihm der Biſchoff anderſeits des Rheins in die Zugehörd des Steins, oder Grafſchaft Rheinfelden, gewann das Schloß Hertenberg ob Herten, erſt neulich gebauet, ruckte demnach für das Schloß Rheinfelden, der Stein genannt, gewann denſelbigen mit Hilf der Stadt Rheinfelden, welche dem Biſchoff trewſtuhnde, und beſetzte ihn. In dieſen Kriegshandlungen mußte ſich die Geſellſchaft der Edlen vom Sternen der Stadt Baſel äuſſern, die hielten ſich auſſerhalb und in Graf Rudolfs Landen und Schlöſſern, dem ſie auch wider den Biſchoff beyſtuhnden. Daß alſo dieſe Uneinigkeit

Stein Rheinfelden wird eingenommen.

gemeiner

Das Ander Buch. 131

gemeiner Stadt desto schädlicher und trauriger ward, daß es des Adels halben so viel als ein burgerlicher Krieg gewesen. 1270.

Als nun der von Habspurg eben damals auch wider den Abt zu S. Gallen, einen vermöglichen Fürsten an Leut und Gut, in Feindschaft stuhnd, inmassen, daß er sich besorgen mußte, er möchte ihm hiezwischen, wann er wider den Bischoff hinab zuge, sein Land angreiffen: versöhnte er sich mit ihme zu Weil im Turgöw, und vermochte ihn wider den Bischoff in Bündnuß. *Abt zu S. Gallen verbindet sich mit Graf Rudolfen.*

Indem man sich nun grosser Rüstung versahe, begabe sich, daß der Abt zu S. Gallen viel Grafen, Rittern, Adelspersonen, und seinen Lehenleuten ein köstlich Faßnacht-Banquet halten wolte, hierzu von manchem Ort die besten Wein holen, zumal auch einen Wagen mit Elsässer beschicken liesse. Also verschuffe der Bischoff auf empfangene Warnung, als die Fuhrleut geladen gen Basel kamen, daß ihnen (wie man spricht) die Räder gespannen, und dem Abt, welcher sich zu seinem widersagten Feinde geschlagen, der Wein allda behalten ward.

Solches mehrete den Unwillen noch mehr, daß als Graf Rudolf zu Seckingen einen Zeug versammlete, der Meinung sich am Bischoff und der Stadt Basel zu rächen, der Abt mit dreyhundert Pferden persönlich bey ihm erschiene. Beschahe um Pfingsten des 1269 Jahrs. Dieser Gästen wolte Bischoff Henrich also müßig daheim nicht gewärtig seyn, rückte deßhalben mit seinen Helfern den Rhein hinauf Rudolfo entgegen, und ließ sich die Sach ansehen, man wurd mit Ernst zusammen treffen, darum auch der Graf Herr Eberharten von Lupfen, den man damals für den theuresten Ritter im Land achtete, sein Paner befohlen hatte. Es ritten aber etliche Herren darzwischen mit Unterhandlung, daß beyde Theil um Hinlegung der Wehre, in Haus Bülen, allernächst ob Rheinfelden, dem Commenthur Teutsches Ordens angehörig, zusammen kamen, die Gütigkeit handleten, und den Krieg dißmal einstelleten. *Unterhandlung. Anno 1269.*

In 1271 Jahr kaufte Bischoff Henrich von den Grafen zu Neuenburg in Burgund das Schloß Pourrentrut, um 260 Marck, deßgleichen Teuffenstein von den Herren dieses Namens, um 40 Marck Silbers. *Anno 1271.*

Zwischen dieser Feindschaft ist Minder Basel, so bis dahin nur ein Dorf gewesen, Enrum, Dirren, oder Minren Basel, in alter Sprache geheissen, mit der Ringmauer und Burggraben verwahret, und zu einer Stadt worden, als sich aus einem Instrument des Klosters Clingenthal ansehen läßt. Diese ward damals durch einen Schultheissen und zwanzig von Räthen, im Namen eines Bischoffs zu Basel regieret. Daher sie auf ihrem Burgersiegel ein Münster mit zwey Kirchthürnen gebildet hatten, unter welches Thüren der Bischoff stuhnde. Den Schultheissen setzte der Bischoff, so giengen auch etlich vom Adel und Ritterschaft da zu Raht, unter welchen ich finde die von Utingen, Geißrieme genannt, die von Tafsenne, von Titinsheim, von Emerach, von Sennheim, und andere gewesen seyn. Bischoff Henrich befreyte die Burgerschaft daselbst, am Dato Mittwochen nach Bartholomäi, im tausend zweyhundert und siebenzigsten Jahr, daß sie ihm jährlich nur vierzig Pfund zu Gewerf zu geben schuldig wären. Welches dann zu Ergätzung ihrer gehabten Mühe und Kostens in Verwahrung und Bevestigung der Stadt, mag beschehen seyn. *Minder Basel wird eine Stadt.*

Von Utingen, genannt Geißriemen.

1273 Conrat Geißrieme, Ritter, Schultheiß zu Mindern Basel.
Wernher und Johans Gebrüdere.
1320 Rudolf und Wernher Geißrieme Gebrüdere, Edelknecht.
1338 Peter Geißrieme, Edelknecht, des Rahts zu Mindern Basel.
1436 Conrat von Utingen.

Baßler Bistums Historien,

1273.
Das XXI. Capitel.

Der eingestellte Krieg zwischen Graf Rudolfen und dem Bischoff bricht wiederum aus, die Stadt Basel wird belägeret, Rudolfus endlich Römischer König erwählet, dardurch der Krieg ein Loch gewinnt.

Krieg geht wieder an.

M vorgedachten tausend zweyhundert ein und siebenzigsten Jahr, war der Friedstand zwischen dem Bischoff und Grafen schon abgeloffen, deßhalben die eingestellte Feindschaft öffentlich wiederum angienge. Der Bischoff machte mit Graf Ulrichen zu Pfirt, und Thieboldten seinem Sohn, einen zehenjährigen Bund: handlete auch mit dem Bischoff zu Straßburg, daß er ihm wider Graf Rudolfen Hilf zusagte. Der Graf hatte zu Seckingen immerdar Kriegsvolck, welches auf die von Rheinfelden, den Bischoff und seine Helfer stätigs streiffte, und sie möglicher Weise beschädigte. Auf dieser Seiten bewältigte er dem Bischoff das Schloß Teuffenstein, und zerstörete es. Auf der andern überfiel er feindlich das Münsterthal hinter Telschberg, plünderte und verbrennte ihm daselbst etliche Dörfer.

Dessen bezahleten ihn die von Basel und Neuenburg, im 1272 Jahr, mit Rom und Brand an seinen Dörfern auf der Hart, da dann auch das Kloster Otmarsheim nicht sicher bliebe. Darauf Graf Rudolf mit seinen Reisigen für Basel schnappete, aber nichts ausrichtete.

Seckingen und Basel beschädiget.

Den 17 Augstmonats gienge zu Seckingen Feuer aus, welches gar nahe die gantze Stadt bis an S. Peters Kirch und vier Häuser dabey, verzehrte. Diesen Anlaß erwischet der Bischoff, zoge mit seinem Kriegsvolck den nächsten hinauf, verherete was überblieben zu vollem ohne das Kloster. Deßhalben die Aebtissin, eine Gräfin von Pfirt, und die Custorin eine Freyfrau von Gliers, S. Fridlins Heilthum hinter den Grafen von Habsburg ihren Kastvogt, auf Lauffenberg flehten. Solches zu vergelten, kame Graf Rudolf in der Nacht nach Bartholomäi mit seinen Reutern, und verbreunte vor Basel die Vorstadt zum Creutz, dieser Zeit S. Johans Vorstadt genannt, so damals mit der äussern Mauren und Graben noch nicht eingefangen war. Im December ließ er das Schloß Werr im Schwartzwald berennen, bekam es durch Aufgebung, erwischet darinn Dieterich Herrn von Röteln.

Kriegslist über die Faust ist. Anno 1273.

Im 1273 Jahr stuhnd der Krieg am höchsten. Eines Tags kame der von Habspurg ungewarneter Sach abermals für Basel mit einer geordneten Hinderhut, die Burger durch etliche wenige heraus lockende. Der List gerieth ihm. Dann als Herr Hug Marschalck, Ritter, Burgermeister, sammt etlichen Pferden, mit den Feinden zu scharmützlen heraus fiel, ward er von Feinden hinterkommen, und ehe ihn das nachfolgende Fußvolck entschütten mochte, gefangen.

Im Augstmonat versuchte er das Glück wiederum, saumte sich abermals mit seinem Heer drey Tage vor Basel den Feind zu schädigen, und zu versuchen, wie sich die in der Stadt halten wolten: zoge doch letstlich wiederum davon, und verhergte S. Gregorienthal. Summa, der Aufsatz währte also streng, daß man in etlichen Jahren das Feld nicht bauen, noch die Gärten pflantzen konnte. Wol funftzig Gefangener von den Neuenburgern und des Bischoffs Theil wurden die Füß abgehauen, und beschahen mancherley erbärmlicher Kriegsthaten.

Basel belägert.

Um des H. Creutz Tag zu Herbst, kam Graf Rudolf mit einem gewaltigen Oberländischen Zeug für Basel, hatte bey sich deren von Zürich, des Abts zu S. Gallen, und anderer seiner Helfern Kriegsvolck, so waren auch bey ihm die Edlen vom Sternen. Mit diesem Heer schlug er ein Läger auf der Höhe bey S. Margreten. Allda gieng es an ein ernstliches Scharmützlen, darinn sich die Gesellschaft des Pfirtichs wol hielte, brachten der Feinden etliche in die Stadt. Es laßt sich ansehen, Steinenthor sey daher das Heerthor genennet worden. Ehe nun etwas ärgers hieraus erfolget, machten

machten beyde Theil, aus Mittlung gutherziger Leuten, den 12 Tag Septemb. einen Anstand bis auf Galli, und veranlaßten sich zu Austrag ihrer Spennungen auf etliche Herren, in folgendem Compromißbrief begriffen, welchen ich um seiner Kürtze willen, und zu Urkund der alten Teutschen Sprache, von Wort zu Wort hiebey gesetzet.

Wir Graue Rudolf von Habspurg vnnd von Kiburg, Landgraue zu Elsasee, tün kunt allir menlich, daz wir vnnd vnsir Ohen, Graue Henrich von Friburg, die misschelle, die wir vnd die vnsiren gegen vnsirme Herren -- dem Bisscoffe von Basil han, fürlassen han, an vnsirn Ohen -- den Burggrauen von Nurenberg, vnnd H. den Marggrauen von Habberg, sü zeslichtenne, hinnan vnz ze Sant Gallen Mez dem nehsten, noch Minnen odir nah Rechte. Were abir daz vnsir Ohen vorgnante Burggraue vnsir halp, vnnd der Marggraue vnsirs Herren des Bisscoffes halp, der bi nit möhtin sin: so stot ez vnsr halp an vnstrme Oheme Grauen Heuriche von Fürstenberg, vnnd vnsirs Herren des Bisscoffes halp an -- dem alten von Gerolzeck, oh ze minne odir ze rechte. Oh han wir hinnan vnz ze dem selben Sant Gallen Mez einen stetin fride gegiben vnd ginomen, zwüsen vnz vnd Heurich vnsirme Oheme von Friburg, vnd allen dien vnsiren vnd vnsiren Helfferen, vnnd vnsirme Herren dem vorginanten Bisscoff vnd allen dien sinen vnd sinen Helfferen, ane geuerde. Und sün undir vns vnnd jme die strassen offinn sin, nach altem rechte. Dur daz diz allez stete blibe, ane allen argenlist, so henken wir vnsir Insigile an disen Brief, ze einem vrkunde. Datum anno M. CC. LXXIII. Festo B. Mauritij.

Das Kriegsvolck ward hierauf beyderseits geurlaubet.

Mittlerweil hielten die Churfürsten zu Franckfurt einen Wahltag. Dann als der Stillstand des Kayserthumbs viel Jahr gewähret, und aber zu Unterdruckung vieler unbilicher Sachen so im Reich fürgiengen, die Nohtdurft fordern wolte, das Reich mit einem tüchtigen Haupt zu versehen: hatte ihnen der Pabst ab dem Concilio zu Lyon ernstlich Mandat zukommen lassen, einen gewissen Kayser zu erwählen. Nun hatte sich vor vielen Jahren begeben, daß Herr Wernher von Falckenstein erwählter Churfürst zu Maintz, als er um seiner Investitur und Bestätigung willen nach Rom reisen wollen, Graf Rudolfen, als Landgrafen im Elsaß, und der Stadt Straßburg Venner, schriftlich gebetten hatte, ihn durch das Elsaß bis an das Hochgebirg zu begleiten. Weil er ihm nun hierinn freundlich darzu stattlich gewillfahret, hatte er bis dahin immerdar Anlaß gesucht, danckbarlichen Willen gegen dem Grafen zu beweisen.

Solches fügete sich kommlich auf diesen Tag, daß der Ertzbischoff Rudolfi Strengheit, Fürstigkeit und hohen Verstand den übrigen Churfürsten einbildete, auch ernstlich für ihn anhielte, vermeynende, diese Ding wurden gemeinem Reich erschießlicher seyn, dann etlicher angezogener grösserer Gewalt. Beredte durch seinen Rahtschlag den von Cöln und Trier, daß sie dieser Meynung beyfielen. Es wurden auch die übrigen weltlichen Churfürsten bald dahin vermögen, in Veruchtung, wie Graf Rudolf sechs Töchtern hätte, daß sie ihm die Finger aufregten, der Hoffnung, weil sie Wittwer wären, von denselbigen Gemahle zu bekommen, und mit ihm in Gesipschaft zu tretten, als dann

Baßler Bistums Historien,

1 2 7 3. dann hernach beschahe. Also ward Graf Rudolf von Habspurg den zwölften Tag Octobris durch einhellige Wahl aller Churfürsten Römischer König erkläret.

Graf Rudolf wird Röm. König.

Herauf nahme sein Vetter der Burggraf von Nürnberg Credentzbriefe von den Churfürsten, eilte nach Basel, ihme die Wahl zu verkünden. Um Mitternacht kam er mit dieser Bottschaft in das Läger. Als sich aber Graf Rudolf derselbigen mit nichten versehen, weder mit Gelt noch andern Practicken, wie etliche vor ihme gethan, nach solcher Hochheit und Würden gestrebet: vermeinte er, sein Oheim der Burggraf spotte nur sein. So bald er ihn aber, wie sich alle Sachen verloffen, verständiget, mit Uberantwortung der Briefen, erkennte er GOttes sonderbare Schickung, fertigte hierum morndrigs den Burggrafen in die Stadt, um einen beständigen Frieden zu handlen.

Als dem Bischoff dieser Sachen Zeitung zukam, erschrack er sehr, schlug an sein Haupt, sprechende: Sitze steif lieber Herre GOtt, oder er wird dir auch deinen Thron besitzen: wolte damit zu verstehen geben, was glückhaftiger Herr er wäre, daß wo einem Menschen GOttes Statt zu besitzen müglich, würd er sie besitzen. Schickte doch eine ansehtige Bottschaft hinaus, ihme der Wahl halben Glück zu wünschen, und begabe sich zu Verrichtung des Kriegs, als die Belägerung bey sechs Wochen gewähret.

Fried.

Also ward ein satter Friede beredt, darinn die Gefangenen beyderseits ausgelediget wurden, die Edlen so ihm bisher Beystand gethan, und hierum von der Stadt vertrieben gewesen, wiederum Zugang erlangten. Für den Schaden, ihm in der Landgrafschaft Elsaß und der Herrschaft Rheinfelden beschehen, muste ihm der Bischoff (wie Lasius sagt) 900 Marck Silber bezahlen. Doch wollen etliche, diese Summa sey Rudolfo Anfangs des Kriegs um Wiedereingebung der Stadt Breisach, erlegt worden. Die Stadt Neuenburg, so sich ihres Herren Muhtwillens sehr erklagt, nahm er in des Reichs Schutz, strafte aber die Burger um den zehenden Pfenning aller ihrer Haab und Gütern, welches er dem Grafen für die Stadt gabe.

Babsts handlung mit König Rudolfen zu Losannen.

Bildnuß König Rudolfs, wie die zu Basel gesehen wird.

Anschlag zu einer Meerfahrt gen Jerusalem.

Nach diesen Dingen verfügte sich Pabst Gregorius der zehende vom Concilio, welches er um Ostern herum zu Lyon angefangen, gen Losannen heraus, dahin er auch König Rudolfen beschieden. Und dieweil beym Concilio gerahtschlaget worden, wie man das Heilige Land den Ungläubigen wiederum abdringen möchte, bestätigte er König Rudolfen seine Wahl, doch daß er in Jahrsfrist zu Empfahung der Kayser-Cron in Welschland käme, desgleichen zu Rettung der aemen Christen in Palästina und Jerusalem, sich selbst in Heiligen Heerzug begebe. Bot ihm an zu solcher Meerfahrt 200000 Gulden, welche er, so bald er gen Mayland käme, von den Florentinischen und Pistorienschen Kaufleuten empfangen solte: so wäre auch schon zu Fürschub dieses Christlichen Wercks, eine gemeine Anlag auf geistliche und weltliche Personen erkannt. Beredte hiemit den König (wie der Continuator belli sacri anzeigt) daß er sich sammt seinem Hofgesind mit dem Creutz bezeichnen liesse. Deßhalben der Pabst ein allgemein Gebott publicierte, den zehenden Theil aller geistlichen Gütern sechs Jahr lang einzuschiessen, daß auch die Prediger und Beichtväter allenthalben ernstlich anhalten solten, damit über den Pfenning, so ein jedes Haupt von Jungen und Alten, jährlich
bey

Das Ander Buch.

bey Vöh des Banns geben solte, sonderbare Personen mit reicher Steuer darzu be- 1274.
hülflich wären. Ließ darneben grossen Ablaß denjenigen verkünden, so sich in diesen Zug begäben, oder Kriegsleut erhielten.

Am 13 Jenners, des 1274 Jahrs, kame König Rudolf, mit seiner Gemahl Anna Anno 1274.
von Hohenberg, dem Frauenzimmer, viel Grafen, Herren und Rittern, mit grossem
Apparat gen Basel, ward alda von der Clerisey (darunter zween und vierzig Prediger, sechs und dreyßig Barfüsser, zwölf Sackbrüder und acht Unser Frauen Brüder
gewesen) zusammt der gantzen Burgerschaft, als ein Römischer König empfangen,
und ihm geschworen. Auf Liechtmeß höreten König Rudolfs vier Töchtern Meß zum
Predigern, und offerierten sehr grosse Kertzen. Hiemit ward der Adel des Sternens
Gesellschaft wieder eingeführet, Verzeihung und Vergessung aller Handlungen angestellet, dadurch sie wiederum zum Regiment kamen. Dann noch dieses Jahrs Mathis
von Eptingen, Ritter, Burgermeister erkoren ward. Nach solchem fuhre der König gen
Aach, ward daselbst von Fürsten gekrönet.

Bald nach König Rudolfs Antritt, setzete er Herrn Ott von Ochsenstein seiner
Schwester Sohn zum Landvogt im Elsaß, desgleichen Walther von Rosselmann
zum Schultheissen zu Colmar. Und dieweil derselbige hernach die Stadt in Noht
gebracht, ist hie sein Herkommen zu vermelden. Sein Großvatter auch Walther geheissen, war ein Gerber zu Türckheim gewesen. Sein Vatter Johans Rosselmann
hatte vor Jahren beym Schultheissen zu Colmar gedienet, und sich wohl bey ihm gehalten: war nachmalen auch beym andern und dritten Schultheissen in Dienste kommen, und letztlich in solche Reputation gerahten, daß sein Herr der Schultheiß ihn
bisweilen seine Statt verwesen liesse, trachtete dadurch in die Höhe, bis er das Schultheissen-Amt selbst kriegte. Denselbigen Gewalt mißbrauchte er, halse den seinen herfür, andre druckte er darnieder, deß ihm die Gemeind feind ward, und verschuffe, daß
er des Amts entsetzt, und einem von Rahtsamhausen befohlen ward.

Also wiche der entsetzte Johans Rosselmann gen Ensisheim zu Graf Rudolfen
von Habspurg, als Landgrafen im Elsaß, und legete mit ihm an, ihme die Stadt Colmar zu verrahten. Also machte sich Rudolfus in geheim mit Reutern gefaßt, besendete auch Graf Gottfrieds seines Vettern, Herrn zu Laufenberg, Kriegsleute. Er aber
Rosselmann gab etlichen seinen Gönnern und Freunden in und ausser Colmar seines
Fürnehmens Bescheid, und ließ sich in einem lären Faß in die Stadt des Stiftshaus
Haus hinein führen. In der Nacht kame der Graf mit dem Kriegsvolck herbey, welchem aus vorangelegtem Anschlag vor Tag die Pforten geöffnet und eingelassen ward.

So bald Rosselmanns Widersächer vermerckten die Stadt begwältiget seyn, namlich der Schultheiß, wol sieben von der Ritterschaft, und zehen reicher Burger, nahmen
sie die Flucht zur Stadt aus, und ward ihnen alle ihre Haab confisciert, hiemit erlangte
Rosselmann wiederum den vorhigen Staat. Als ihm aber viel sehr gramm, war
die Sach bis in das 1262 Jahr gestanden: allda hatte der Herr von Winneck, des
Herrn von Horburg Schwester Sohn, mit den Vertriebenen, auch sonst viel Rittern
und Edlen im Land, mit etlichen Burgern in Colmar einen heimlichen Anschlag gemacht, die Stadt in einem Huy zu begwältigen. Als Hans Rosselmann der Schultheiß dessen gewahr worden, Sturm lauten liesse, und vor dem Steinbrucker Thor den
Feinden auf einem grossen Pferd wehren wolte, ward er erschlagen, deßhalben die Seinen heraus fielen, und auch der Edlen bey zwantzig erlegten.

Auf dieses mal hatte der König ermeldten Hansen Rosselmanns Sohn, der auch
Walther, wie sein Großvatter hiesse, das Schultheissenamt wiederum zugestellet.

Da nun Bischoff Henrich zu Ruh kommen, legte er sich ins Todbett, und gabe
der Welt Urlaub, am 15 Tag Septembris, hatte Albertum Bischoff von Pru-
sa zum Suffraganeo gehabt.

Ende des Andern Buchs.

Gedächtnuß würdiger Sachen,

welche sich in Oberen Teutschen Landen, sonderlich in der Statt, und Bistum Basel, in Kirchen- und Welthändlen zugetragen.

Das Dritte Buch.

Historien dieses Buchs gehen bis auf den grossen Erdbidem dieser Landen ꝛc.

Das Erste Capitel

Was für Klöster unter Bischoff Henrichen zu Basel entstanden. König Rudolf wird vom Pabst an das Kayserthum bestätiget, dasselbige trittet er an mit Bezwingung der Widerspennigen. Von seiner Gemahl und Sohns Hartmanni Abgang.

Ach Hinlegung der verderblichen Trennung des Adels, erlangte die Bischoffliche Insel, Bruder Henrich, eines Brodtbecken Sohn von Isna aus dem Algöw, Barfüsser-Ordens. Dieser war erstlich König Rudolfs Beichtvatter, auch zu Lucern, Basel, und letstlich zu Maintz der Mindern Brüdern Lesmeister gewesen, ein Doctor der H. Schrift. Seiner Wahl beschicht ungleiche Meldung. Urspergensis appendix sagt: Die Thumherren haben sich der Bischofflichen Wahl nicht vergleichen können, derhalben sich vereiniget, einen Notarium sammt etlichen Zeugen zun Barfüssern abzufertigen, und den nächsten Bruder so ihnen begegnete, zu solchen Ehren herfür zu ziehen. Also sey dieser Henricus von ersten auf sie gestossen, und Bischoff worden. Andere sprechen, Herr Peter Reich habe diesen zu Pabst Gregorio um das Bistum zu werben abgefertiget, der aber ihm solches geworben, und aus König Rudolfs Beförderung das Bistum per saltum erlanget.

Gewiß ists, daß Herr Peter Reich die Wahl erlangt habe, dann er selbst gen Lyon kommen, derselbigen Bestätigung von Pabst Gregorio anzubringen. Es bekam aber dieselbige einen Krebsgang, weil zu Verhinderung derselbigen beym Pabst fürgewendet ward, daß er Herr Peter bisher, wider die geschriebenen geistlichen Rechte, viel Dignitäten und Kirchenpfrunden, denen die Seelsorg angehenckt wäre, ohne Päbstliche Dispensation und Erlaubnuß, zugleich besessen, derselbigen Einkommen und Nutzungen genommen, als da namlich wären, neben der Thumherren auch die Ertzpriesterey im hohen Stift Basel, item die Ertzpriesterey in Suntgow, eine Chorherren zu S. Ursitz, die Präbenden von den Kirchen zu Dietchon, Basler und zu Beklich, Costantzer Bistums. Solches wäre im Rechten hoch verbotten, deßhalben er durch solche Ungebühr den Bann und kein Bistum verdienet hätte.

Solches

Baßler Bistums Historien, Drittes Buch. 137

Solches konnte Herr Peter nicht sonders widerfechten: deßhalben er zu Ent- 1275.
ladung seines Gewissens, den 27 Tag Mertzens des 1275 Jahrs, alle seine Prälaturen und Pfrunden, allein das Canonicat im Thum zu Basel vorbehalten, dem Bapst an seine Hand aufgabe: welcher hierauf dem beywesenden Bruder Henrichen von Jsna selbst mündlich befahle, in seinem Namen, mit Herrn Petro, wegen solches Übergriffs, nach Ziemlichkeit zu handlen und fürzunehmen. Derselbige schenkte ihm durch eine Dispensation alle aufgehobenen und eingenommenen Früchte von gesagten Pfründen, die sich (wie ihm der von Eppenstein in folgender Handlung aufrupfen lassen) von zwantzig Jahren her, über die 3000 Marck Silbers angeloffen, und erkannte, daß ihme solches überall keine Verletzung an seinen Würden, noch aufs künftige einige Hinderung bringen solte. Doch zur Straf, solte er, wann ein Heerzug in das Heilige Land angienge, hundert Marck Silbers demselbigen zu Steuer bezahlen. Welchen Spruch ihm der Pabst gefallen liesse, am Dato den 8 Tag Aprillens ersigedachten Jahrs. Er gab auch Herrn Petro an der resignierten Beneficien statt, die Thumbpropstey zu Maintz, welche Sigfrid der neu gesetzte Churfürst zu Cöln letstlich innegehabt, inwestierte ihn selbst hiezu, mit seinem Fingerring, mit Befehl bey dieser Prälatur zu residieren. Aber Bruder Henrichen ward das Bistum Basel. Denselbigen weyhete er eingehendes Octobers selbst zum Bischoff, zu Losannen, da dann König Rudolf, sammt seiner Gemahl und dem gantzen Hof selbst zum Pabst kommen war. Er setzte auch den gemeldten Bischoff Henrichen Barfüsser-Ordens zu seinem Einsammler der Zehenden von geistlichen Gütern in Teutscher Nation, mit Befehl hievon König Rudolfen 12000 Marck Silbers zu bezahlen, so bald er über das Hochgebirge nach Rom gezogen wäre. Er kam den 7 Octobris als ein Bischoff gen Basel, hielte eine grosse Mahlzeit zun Predigern. Bald darauf seine erste Meß und einen Synodum. Man nennte ihn gemeinlich Bischoff *Bischoff Gürtelknopf.* Knoderer oder Gürtelknopf, von dem knöpfichten Seil, damit sich die Barfüsser-Brüder zu begürten pflegen. Dann laut der Erkanntnuß des Achten allgemeinen Conciliums, zu Constantinopel gehalten, haben sich alle die, so von Ordensleuten an Bischöffliche Würde promoviert wurden, ihrer Klösterlichen Kleidung dannoch gebrauchen sollen.

Bey gemeldtes Bischoffs Zeiten, mehreten sich die *Kloster Eli-* Klöster zu Basel. Dann erstlich haben im 1273 Jahr, die *senibal ge-* Schwestern Augustiner-Ordens, unter der Predigern Sorg *bauet.* wohnende, das Kloster Clingenthal, aus König Rudolfs Intercession, in der Mindern Stadt zu bauen angefangen. Dieses war die dritte Wohnung, so sie gesucht. Dann anfänglich hatten sie bey S. Lienharts Münster zu Heuseren unter Rufach im Elsaß ihr Heimwesen gehabt, da sie auch Pabst Innocentius am Dato zu Lyon, im 1245 Jahr, bestätiget. Nachmalen verruckten sie im 1253 Jahr, aus dem Elsaß in das Thal Werr, in Schwartzwald, Costantzer Bistums, da ihnen Herr Walther von Clingen, mit Gunst und Willen Sophia seiner Gemahl, Ulrich seines Sohns, und Ulrich Walther seines Bruders, eine herrliche Besitzung sammt dem Kirchensatz, der Gerechtigkeit aller Fischentzen, Wunn und Weiden, am Dato zu Clingnow, den 2 Tag Herbstmonats, im 1256 Jahr geschenkt, nachmals den Ehrwald zu kaufen gegeben, sie auch bald darauf den gantzen Zehenden durch Abtauschung etlicher Gütern an sich gebracht: haben sie daselbst in nachgültiger Behausung bis in 19 Jahr gewohnet, welche sie den Stifftern zu Ehren Clingenthal nenneten. Das Haus ist aller Dingen abgangen, und wird allein die Matt, da es gestanden, innerhalb der Burg

M m Steinegl,

1275. **Von Clingen Frey.**

Freyherren von Clingen.

Steineck, ob Oberen Werr, darvon benennet. Als sie aber letstlich im Krieg zwischen Rudolfo und dem Bischoff zu Basel, sehr beschädiget wurden, verruckten sie um Sicherheit und besserer Gelegenheit willen, in Minder Basel, da sie ein herrlich weit Kloster und eine schöne Kirch anfiengen zu bauen, die sie dem Herrn von Clingen ihrem Stifter zu Gedächtnuß, gleich wie das im Thal Werr, Clingenthal nenneten, derselbige liegt daselbst im Chor, sammt seiner Gemahl und dreyen Töchtern, Clara Margräfin von Baden, Catharina Gräfin zu Pfirt, und Verena Gräfin zu Beringen, bestattet. Die Kirch ward von Bonifacio Episcopo Bosoniensi, Weyhbischoffen zu Basel, den 17 Tag Mayens, im 1297 Jahr, geweyhet.

Ungestüm Gewässer.

Im 1275 Jahr, ergoß sich der Rhein den 29 Brachmonats, mit einer solchen ungestümen Flut, daß er zwey Joch von der Bruck hinsührete, und biß in die hundert Personen ersäufte.

Augustiner kommen gen Basel. Anno 1276.

Die Crasten.

Folgendes 1276 Jahr, haben auch die Einsiedler Augustiner-Ordens von Mülhausen herauf zu Basel eingenistet. Dann sie vom Raht einen Platz, da zuvor beneben andern die Crasten ihre Wohnung gehabt, bekamen, und mit Hilf der Stadt ihr Kloster und Kirch aufzurichten anfiengen. Jedoch weil das im Bezirck S. Martins Pfarrkirch lage, mußten sich ihre Vorsteher, Bruder Leo und Sigelo, mit Herr Wernher Schalern Thumherrn und Kirchherren zu S. Martin, vertragen, von wegen des Abbruchs und Abzugs, so ihm hiedurch an seiner Pfarr Rechtungen beschahe, und sich um fünfzehen Pfund jährlicher Pension gegen ihm verschreiben.

Gnadenthal und S. Clara Kloster.

Es hat auch dieser Zeit Bischoff Henrich von Gnadenthal der Mehrern Stadt Basel, des Ordens S. Clara (welche unter Weibspersonen den Barfüsser-Orden angerichtet) etliche Schwestern in Minder Basel an das Ort transferieret, da zuvor Fratres de poenitentia Jesu Christi, das ist, Buß- oder Sackbrüder gewohnet, dadurch das Kloster zu S. Clara selbiges Orts aufkommen.

Wir kommen wieder auf König Rudolfen. Wiewol sich derselbige des Heiligen Heerzugs entschlossen, jedoch weil im Reich Teutscher Nation nähere Geschäft und Kriege, dargwischen auch Pabst Gregorii Absterben einfiele, kam dieser Anschlag in keine Vollstreckung. Allein fertigte er nach dem ersten Böhmischen Zug, davon hernach, Hertzog Henrichen von Mechelburg mit einem starcken Kriegsvolck an seine Statt in Syriam. Dann wolte er nicht gen Rom zur Crönung reisen, wiewol er dahin oft ermahnet ward, wendete für die Esopische Fabel, da das Füchslein zum alten krancken Löwen nicht in die Höle wolte, sprechende: Mich schrecket die Spur, welche alle nur hineinwärts gehet. Dann also wären etliche Teutsche Kayser in Italien gezogen, aber entwederst gar nicht, oder mit keinem Lieb wieder heraus kommen. Ließ sich neben seiner Wahl, des Pabsts Bestätigung benügen, in Hofnung, dem gemeinen Nutz nicht minder vorständig zu seyn, als wann er schon zu Rom gecrönet worden.

König

Das Dritte Buch.

König Rudolfs Gemahl kam in diesem 1276 Jahr zu Rheinfelden eines Kinds nieder, beruffte derowegen Bischoff Rudolfen von Costantz, geboren von Habspurg ihres Herrn Vetter, ihme den heiligen Tauf zu reichen. Derselbige erschiene, hielte am Ostersamstag die Meß, Bruder Hartmann der Prediger Supprior zu Basel sange das Evangelium, der Bischoff aber taufte die junge Herrschaft, und nennete es Carolum. Bruder Alexander Lesmeister zun Predigern zu Costantz, und Bruder Henrich von Marpach Prior gemeldtes Ordens zu Basel, der Königl. Artzt huben es aus der Tauf. Es starb aber nach etlichen Wochen, ward im Chor der Thumkirch zu Basel begraben. Bey seinem Leibfall erschiene das gantze königliche Frauenzimmer, alle Geistlichen mit den Orden, die Ritterschaft und fürnehmsten von Burgern.

1276.

König Rudolf gerieth mit Othocar König zu Böheim, in einen sorglichen Krieg. Dieser hatte nach Absterben Hertzog Friderichs zu Oesterreich ohne Leibeserben, desselbigen Schwester zur Ehe genommen, hiemit das gantze Fürstenthum an sich gezogen, deßgleichen dem Fürsten zu Kärndten, so auch keine Leibeserben hatte, Kärndten, Stelermarck, Crain, die Windische Marck ꝛc. abgekauft. Weil aber das Fürstenthum Oesterreich kein Weibslehen, sondern nach Hertzog Friderichs Absterben, dem Reich wiederum heimgefallen, item die Erkaufung des Fürstenthums Kärndten und der übrigen Landen, als die ohne eines Kaysers Bewilligung und Vorwissen beschehen, nichtig: derowegen König Rudolf aus Raht des Reichs Fürsten, durch Bischoff Henrich von Basel, seinen Secretarium, und Burggraf Henrichen von Nürenberg, an König Othocar fordern liesse, sich dieser Fürstenthümmer, welche er schon viel Jahr besessen, zu entschlagen, und diese als verledigte Reichslehen, ihme dem ordentlichen Römischen König, einzuraumen. Diesem Gebott wolte der Böhmer nicht gehorchen, ja ihn für keinen Röm. König erkennen, gab also mit solcher Rebellion Ursach zum Krieg.

Ursach des Böhmischen Kriegs.

Hierum zoge König Rudolf, als er zuvor den Marggrafen zu Baden, und Hertzogen zu Bayern zur Unterthänigkeit gebracht, mit einem gewaltigen Kriegsvolck in Oesterreich, nahme das Land ein, und belägerte Wien, welche Othocar wol besetzet hatte. Dargegen erhube sich auch der Böhmer, Wien zu entsetzen, und ließ sich die Sach ansehen, es wurde viel Bluts kosten. Also schlugen sich etliche Fürsten in die Sach, namlich für König Rudolfen, Bischoff Henrich von Basel, und für König Othocar, Bischoff Bruno von Olmüntz, beyder Königen Rähte, ritten hin und her zu mittlen, bis endlich Othocarus bewegt, Oesterreich, Kärndten, Stelermarck ꝛc. von Handen liesse, sich des Reichs Böheim, Märrhen, Schlesien und Laußnitz erstättigen liesse, sich begabe, dieselbigen von König Rudolfen Lehensweise zu empfangen, und ihme Obedientz zu thun, doch daß es an einem sonderbaren Ort, der Menge ab Augen, beschehe. König Rudolf bewilligte ihm, daß es in seiner Gezelt beschehe, welches dann ihm nicht mißfällig, vermeynende, es wurde daselbst in geheim zugehen. Als man nun König Othocar am 19 Tag Novembris, im 1276 Jahr, für den Kayser hinein geführet, welcher in Gegenwärtigkeit der Churfürsten von Maintz und Heidelberg, der Bischöffen von Saltzburg, Freisingen und Basel, des Burggrafen von Nürenberg, Graf Meinrads von Tirol, Albrechts von Hohenlohe, und der übrigen, auf einem köstlichen Stuhl sasse, und ihm dieser den Fußfall gethan, und der Secretary des Eids Formular fürzulesen schon angefangen: ware der Mantel an der Gezelt also zugerichtet, daß man ihn zucken und hinunter fällen kunte, dadurch der Fußfällige Othocar allermänniglichen im Heer vor König Rudolfen in seiner Kayserkron, kniend zum Spectackel ward.

Heerzug in Oesterreich wider die Böhmer.

Krieg wird ohne Blut gericht.

Wiewol man nun die Sach richtig seyn vermeynete: blieb es doch nicht darbey, sondern König Othocar gereuete dieser Vertrag, aus hitziger Anstiftung seiner Gemahl, Frau Kunigund von Matsaw einer Ungarin (als sie Lasius nennet. Albertus de Argentina sagt, sie sey eine Polackin gewesen) welche ihn diese That halben als einen forchtsamen und zaghaften Mann immerdar anzoge, und ihm sagen dorfte,

1278. dorfte, Er solte das Frauenzimmer versehen, so wolte sie Krieg führen, dadurch er bewegt, wider den Kayser, welcher schon sein Kriegsvolck zerlauffen lassen, wiederum in offene Feindschaft ausbrache.

Böhmische Krieg geht wieder an. Anno 1278.

Solche Rebellion entrüstete den Kayser also sehr, daß er sich vernehmen ließ, er wolte lieber sterben, dann solche Ungebühr ungestraft lassen, ruste derowegen die Reichsstände um Hilf an, fand aber derselbigen viel unwillsährig. Doch thäten hiezu sonderlich ihr bestes Vermögen, die Helvetier, Elsässer, Schwaben, item die Bischöffe von Saltzburg, Basel und Passau, wie solches Conrat von Mure, Chorherr zu Zürich, der Königs Rudolfen (als er noch minders Staats gewesen) seine Tochter Gutam aus der Tauf gehoben, verzeichnet. Bischoff Henrich von Basel schluge sich mit seinem Reisigen Zeug zu Herr Conrat Wernhers von Hatstatt, Ritter, König Rudolfs Landvogt im Elsaß, Hauffen, kamen mit besonderer Geschicklichkeit durch Bayern (welcher Hertzog es mit dem Böhmer hielte, deßhalben zu entsitzen war) in Oesterreich. Allda hatte auch König Rudolf einen Hauffen Ungarn von ihrem König erworben.

Diese allesammt näherten sich den Feinden, Freytags den 26 Augstmonats, des 1278 Jahrs, an einem Ort Jdungspeugen geheissen (Fritsch Clossner nennet es ein Feld zwischen der Marck einem Wasser, und dem Städtlein Marckhet) allda ordnete der König, mit schlechter Rüstung angethan, die Schwaben an die Spitz, befahle Marggraf Henrichen von Hochberg des Reichs Adler, und ruckte zum Angriff. Jn diesem sienge Herr Rudolf ze Rhein, Ritter von Basel an mit lauter Stimm, daß man ihn in beyden Häuffen hören mochte, zu singen, Mutter GOttes steh uns bey, und laß uns nicht verderben rc. Jm Vorzug hatte Henrich Schörlin, des Bischoffs von Basel Dienstleuten einer, ein unstillig Pferd, das hieb er an, sprengete gegen dem Feind, und thäte den ersten Angriff, daß der König mit gantzer Macht an Feind zu schlagen Befehl gab.

Allda erhub sich ein schrecklicher Streit, in welchem König Rudolfen sein Leibpferd erstochen, und er zu Boden gefället ward. Als sich aber seiner nur zu viel annahmen, ihm auf einen andern Klepper zu helfen: hieß er fort drucken, und seiner ungeacht, ritterlich darauf hauen. Nun hatte Marggraf Henrich der Panerherr zuvor befohlen, wann er im Streit schreyen wurde, Sie fliehen, solten sie alle gemeinlich mit erhebter Stimme auch also zuschreyen. So bald sich dieses Geschrey erhaben, brachte es den Böhmen so viel Schreckens, vermeynende, es wäre also, daß sie sich gemeinlich in die Flucht begaben, darinn König Othocar persönlich todt bliebe, hiemit seines Abfalls Sold empfienge. Von dieser Niederlag seind bey Felix Hemmerlin cap. 30. lib. de nobilitate, folgende Verslein zu lesen:

Der König aus Böheim kriegt.

    Bis sexcentenos septuaginta octoque demus
    Annos, cum nostri Regis cadit ense Bohemus.

König Rudolf vermählete hernach Wenceslao, des erschlagenen Sohn und Nachfahren im Reich Böheim, seine Tochter Gutam: hinwiederum seinen Sohn Rudolfo, Wenceslai Schwester.

Wolfeile.

Eine merckliche wolfeile menschliche Nahrung ist dieser Zeit gewesen, daß man im 1277 Jahr einen Sack voll blosses Geträids um vierthalben Plapphart, Dinckel um zween, und den Habern um anderthalben kauffte. Aber der Frühling des 1278 Jahrs, war sehr kalt und frostig, daß man um Urbani in ebenen Landen Eiß fand, und die Reben erfroren. Es frassen auch die Feldmäuse die Frucht ab, daß kaum der dritte Theil zu Nutz kame. Noch machte es GOtt erschießlich, daß keine Theurung erfolgete.

Jm

Das Dritte Buch.

Im 1281 Jahr fiele König Rudolfs Gemahl Anna, geboren von Hohenberg aus Schwaben, weiland Graf Burchards Tochter, in schwere Kranckheit, empfande daß ihren dieselbige zum Tod gereichen solte. Deßhalben sie ihren Beichtvatter zu sich beruffte, und ihm anzeigte: Sie empfände, daß sie GOtt von dieser Zeit fordern wolte, deßhalben solte er sie weisen, wie sie ihr Leib und Seel in Himmel und das Paradis richten möchte. Derselbige sprach ihren zu, Sie solte alle Reichthum und Herrlichkeit dieser Welt, auch alle ihre Freund von Hertzen schlagen, und sich allein mit GOtt versöhnen. Darauf sie ein Testament machte, und ihren im Münster zu Basel ihr Begräbnuß erwählete, dahin sie verordnet nohtdürftig Einkommen zu Anrichtung zweyer Pfrunden. Thäte solches darum, daß König Rudolf und seine Vorfahren die Kirch zu Basel manchmal beschädiget, und dieselbigen Bischöffe betrübet hatte. Starb also an S. Mathias Abend.

Römische Königin stirbt. Anno 1281.

Hierauf entweidete man ihren Leichnam, füllte ihren den Bauch mit Aeschen aus, balsamierte das Angesicht und Glieder, verwickelte den gantzen Cörper in ein gewächsset Tuch, bekleidete sie mit köstlichem seidenem Gewand, verschleyerte ihr das Haupt mit einem weissen seidenen Schleyer, setzte ihren eine vergüldte Cron auf, legte sie rücklings in einen wolgemachten Buchsbäumerinen Sarg, die Hände auf die Brust zusammen, und führte sie mit 40. Pferden nach Basel. Darunter waren zween Prediger- und zween Barfüsser-Mönche, item drey Wägen mit Edlen Frauen, zu denen sich bey 400 Menschen geschlagen.

Nun hatte der König dem Bischoff zu Basel Befehl zukommen lassen, die verstorbene Königin sein Gemahl stattlich zu begraben. Deßhalben der Bischoff alle Priester gen Basel beruffen lassen, deren bey 1200 erschienen, welche alle mit Kertzen in Händen und köstlichem Ornat, der Leiche in der Proceß entgegen zogen, und sie in den Thum begleiteten. Allda wurden durch drey Bischöffe die H. Aemter gehalten, nachmalen der Königin Cörper in dem Sarg aufgerichtet, und den Beywesenden gezeigt. Ward nach der Meß durch etliche Aebte in das Grab gelegt, mit weinen des Adels. Letstlich empfienge der Bischoff alle Priester zu einem bereiteten Imbismal.

Wird zu Basel stattlich begrabt.

Nach diesem liesse König Rudolf Albertum seinen ältesten Sohn in Oesterreich zum Statthalter, und kam er gen Costantz, machte daselbst mit den Burgern und Landherren Frieden, thät solches auch zu Zürich, zu Schaffhausen, zu Basel, und in andern des Reichs Städten. Zoge demnach mit einem gewaltigen Zeug wider Graf Egen zu Freyburg im Breißgow, welcher die Königl. Majestät in ihrem Abwesen vielfältig beleidiget, nöhtigte ihn also lang, bis er sich zur Gehorsame stellte, und mit ihme verrichtete.

Nach solchem reisete er gen Straßburg, stiftete daselbst zwischen gemeinen Landsässen einen Frieden, wie auch in den übrigen Rhein-Städten. Als er zu Oppenheim in die siebende Wochen verharret, wolte Hartmann Landgraf in Elsaß, des Königs dritter Sohn, welchem des Englischen Königs Tochter schon verlobet war, zu ihm herab reisen. Als er aber bey Rheinow im untern Turgow über das Wasser fahren wolte, gieng das Schiff vom Grundeiße versencket, zu Boden, ertranck also mit dreyzehen Adelspersonen, an S. Thomas Abend, im 18 Jahr seines Alters, ward zu Basel in der Thumkirch, den letsten Tag Christmonats, auf der rechten Seiten des Chors begraben. Fritz Closner setzet dieses jungen Fürsten Todsfall in das 1280 Jahr. Hiemit blieben dem König von Söhnen allein Albertus, welchen er mit Gunst des Reichs Fürsten mit den Fürstenthummen Oesterreich, Steiermarck und Kärndten belehnte, daher sie an der Grafen von Habsburg Nachkommene gewachsen seynd: Sodann Rudolfus, welchem er das verledigte Hertzogthum Schwaben einraumete.

Dem Rhein König ertrinckt ein Sohn.

1281. Von Landgraf Hartmanns Grab ist dieser Zeit nichts mehr übrig, vielleicht daß es hernach im grossen Erdbidem verfallen, aber der Königin Grab steht noch dieser Gestalt zu sehen. Die Thumherren liessen dieses Grab, im 1510 Jahr, öffnen, funden da der Königin Cörper in guter Ordnung, auf ihrem Haupt eine Silber-vergüldte Cron, am Hals ein Kleinod, mit Saphiren und andern Edelgesteinen versetzt, welche sie aussäubern liessen. Sie funden auch neben ihr ein unordentlich Häuflein Gebeins, eines andern in seiner Kindheit abgestorbenen Herrleins,

Der Röm. Königin Grab.

Carol genannt. König Rudolf vergabete, mit Bewilligung aller Churfürsten, um beyder, seiner Gemahl und Sohns Seelen Heil willen, der Stift Basel die Kirchensätze zu Augst und Zeiningen, des Steins Rheinfelden, dem Reich angehörig, hieraus zwo Pfrunden und zween Altäre anzurichten 2c. Desselbigen Gabbriefs Datum steht zu Lucern, den 18 Weinmonats, im 1285 Jahr.

Wapen

Das Dritte Buch. 143

Wapen etlicher Geschlechten, deren in diesem Capitel gedacht wird.

Von Hatstatt.   Crast.   Schörlin.

1258 Albrecht von Hatstatt, Thumherr zu Basel.
1271 Conrat von Hatstatt, genannt von Eutringen.
1410 Eppo Friderich, R. von Grünenberg.

Anthoni, Christin, Mialis Wilhelm,
von Flectenstein Vigilius R. von Bolscabrim
1461

Christoff 1455 Hans 1461 Friderich
Beyde Thumherren zu Basel. Thumherr 1483.

1206 Rudolf Crast, Thumherr.
1267 Burkart, Ritter, der Röhren.
1268 Johans Crast, Ritter.
1280 Henrich Ritter, Gertrud sein Gemahl, Burkart sein Sohn.
1315 Wernher, am Gericht.

1308 Henrich Schörlin, Schultheiß zu Basel, anstatt Peter Schalers, Ritters, hatte im Zug mit König Rudolfen aus dem Böhmischen Krieg eines Burgers Tochter zu Nürnberg beschlafen, deßhalben das aufwärtige Volck der König wider ihn um Recht aufwiese. Weil er aber dem König sehr lieb, kondte er die Sachen nicht besser entrichten, daß doch er ihm sie zur Gemahl, und 200 Marck Silbers zur Heimsteuer gabe.
1315 Peter Schörlin, dem man sagte, Kopfratzwerc.
1351 Ludwig, Commenthur S. Johanser Ordens zu Basel.
1359 Hermman Schörlin.

Das II. Capitel.

Was Bischoff Henrich von seiner Stift und der Kayserl. Majestät wegen weiters gehandlet, bis er Churfürst zu Maintz worden. Wie Herr Peter Reich sein Nachfahr mit den Burgundiern gekriegt. Auch von beyder des Bischoffs und Kaysers Absterben.

Eginald von Burgund, Graf zu Montbelgard, hielte Bischoff Henrich Gürtelknopf und seinem Stift Schloß und Stadt Pourrentrut wider Recht vor. Solches klagte er König Rudolfo, dessen geheimer Raht und Secretarius er war. Deßhalben er im 1283 Jahr mit einem grossen Zeug an Rhein kame, gewann dem Ertzbischoff zu Cöln an die Burg Werd und Rocheme, zerbrach auch die Vestung Ringele, dem von Hohenfels zuständig, kehrte demnach mit dem Bischoff zu Basel für Pourrentrut, belägerte dieselbige von der alten Faßnacht bis an Charfreytag, allda ward sie aufgegeben, und dem Bischoff wiederum zugestellet. Es maßte sich auch der Graf aller Rechtungen, so er an dieser Stadt, item der Kastvogtey im Agdw, dem Hofe Buris, und andern Orten zu haben vermeynete, verzeihen, die Herrschaft Blamont sammt etlichen Zehenden vom Bischoff zu Lehen empfangen. Datum dieser Recognition steht, den 17 Aprillis, im 1283 Jahr.

Pourrentrut belägert und gewonnen. Anno 1283.

In diesem Zug ward dem Grafen das Schloß Mylan, daraus des Bischoffs Land viel Unfug begegnet, zerstöret: deßgleichen Peterlingen und Murten, so der Graf von Savoy eingenommen und an sich gezogen, wiederum zum Reich gebracht.

Bischoff

1284. Bischoff Henrich erbaute nach diesem Krieg, mit Hilf des Königs, das Schloß Goldenfels, nicht fern von Pourrentrut, und zoge von bepliegender Landschafft darzu, was er mochte. Und als ihm der Graf zu Neuenburg am See zu Biel Eintrag thun wolte, und das Land bis an Biel innhielte, bauete er die Veste Schloßberg, und brachte daselbst das Land auf zwo Meilen Wegs an sein Stifft. In S. Jmmersthal bauete er gleicher Weis die Veste Arguel, den Welschen selbigen Orts den Paß zu benehmen, welche ihm vor wenig Jahren, sonderlich der Herr von Gliers, im 1278 Jahr, Eergow das Thal geplündert, und drey vom Adel erschlagen.

Kayserliche Beylager. Anno 1284.

Im 1284 Jahr, am Sonntag Septuagesimä, welcher neun Wochen vor Ostern fället, nahme König Rudolf, im 66 Jahr seines Alters, zu Römelsperg zum Gemahl, das Fräulein Agnes (Cloßner von Strasburg nennet sie Elisabet) Graf Othen zu Burgund Tochter, die war sehr schön, und als etliche sprechen, nur 14 Jahr alt. Die Hochzeit ward in Gegenwärtigkeit vieler Herzogen, Bischöffen, Grafen und Herren, mit königlichem Apparat und viel Thurnierens, zwischen Pfingsten und Sonnenglichten zu Basel gehalten. Aus dieser Gemahlschaft seind keine Kinder erzeuget.

Nach gehaltener Hochzeit beschriebe König Rudolf die Rheinischen Städte auf Jacobi gen Worms, ließ sie ihm daselbst ihre vorgethane Huldigung von neuem thun.

Darnach unterstuhnd er Wirtzburg zu belägern, dann daß ihn die Burger mit 6000 Marck Silbers abthädigten.

Um Martini belägerte er die fünf Burg Waldeck in Schwaben, daraus grübter Rauberey halben, eroberte und zerstörete sie.

Der von Hoheinstein, so auf den von Hatstatt Landvogt im Elsaß worden, belägerte im Elsaß das Schloß Eckirch, und eroberte es bald. Ursach war, daß der von Eckirch seinen Blutsverwandten Johansen von Eckirch, der gewaltiger dann seine Freunde alle war, schändlich hatte ermorden lassen.

König Rudolf kam um der Bäbstischen Crönung willen nie über das Hochgebirg, angesehen wie viel seiner Vorfahren am Reich mit den Welschen in Haß kommen, deßhalben er den Namen eines Römischen Kaysers nie erlanget, wiewol ers seiner Wahl halben ohne Zweifel gewesen. Er schickte nur einen Statthalter hinein, wider die Ungehorsamen zu handlen, und allerley Sachen anzuordnen, durch welchen er Florentz, Luca, und etliche andere Städte in Toscana, gegen Empfahung namhaffter Summa Gelts, frey liesse.

Streit über das Ertzbistum Maintz.

Ein grosser Streit erhub sich in diesem 1284 Jahr, um das Ertzbistum Maintz. Dann als daselbst Wernher der Churfürst am Palmtag mit Tod abgegangen, theilten sich die Thumherren Sainstaas nächst nach dem Mantag, in der Wahl mit der Rann. Dann der Thumherren dreyzehen wähleten Herr Peter Reichen ihren Thumpropst, von dem droben gesagt. Die übrigen zwölf gaben ihre Stimmen Herr Gerharten von Eppenstein ihrem Ertzpriester. Jedes Theil ruste aus und hielte seinen für den erwählten.

Als aber Herr Peter die mehrere Hand bekommen, darzu König Rudolfen nicht nur bekannt, sondern auch lieb und angenehm war, wegen daß ers sammt seinem Geschlechte und Verwandten allezeit mit ihme gehalten: deßhalben er getrösteter handlete, und allbereit etliche Plätz des Churfürstenthums, sonderlich Starckenberg mit seiner Zugehörd, einnahm, und den Widersatz der Königl. Majestät kund thät. Dieselbige beschriebe beyde Herren zu sich gen Lucern, diesen Span zu verrichten, da sie auch im Brachmonat erschienen. Als aber der von Eppenstein seine Wahl in des Königs Hand und Spruch nicht stellen wolte, sondern anzeigte,
seine

Das Dritte Buch.

1284.

Seine Nohtdurft erfordere, dieselbige am Päbstlichen Hof mit Recht zu vertheidigen und zu erhalten, darum er auch Sicherung und Geleits begehrte: ward er mit Ungnaden und ohne Geleit hingelassen. Deßhalben er auch seinem Troß und den mitreitenden zuruck entbotte, ob der rechten Straß nach Montbelgard und Franckreich zu reisen, damit ihm nicht irgend in selbiger Gegne, von dannen Herr Peter gebürtig wäre, Schmach oder Gewalt begegnete.

Solchem aber mochten sie nicht entrinnen, dann daß der Troß durch Herrn Peters Freund und Verwandte angegriffen, geplündert, entführet, Herr Gerhart unter ihnen gesucht, aber nicht gefunden, Albrecht von Eisenbach, und sonst ein Diener Friderich genannt, verwundet ward. Und waren bey solcher That gewesen, Andres Reich, Herr Peters Bruder, Johans Marvall, Ritter, Hug von Grandweiler, Stephan von Guntzans, und Hans von Bubendorf.

Nichts desto weniger kame Herr Gerhart, sowol als Herr Peter in Italien, hielten beyde an bey Pabst Martino dem vierten, der damals (namlich den 12. July,) im Barfüsser-Kloster bey dem Castro plebis war, ein jeder namlich die Bestätigung seiner Wahl, und die Vernichtigung der Gegenwahl auszubringen, darum dann ein jeder zween von Thumherren seines Theils bey sich hatte. Der Pabst aber gewährete kein Theil seiner Bitt, sondern setzte ihnen zu Perusio den Cardinal Benedictum, des Tittels S. Nicolai in carcere Tulliano, zu einem Richter, vor welchem sie den 20. Octobris persönlich zu rechten traten, den Span wider einandern contestierten, und in einen hefftigen Handel geriethen.

Ein jeder vermeynete, er wäre vom mehrern Theil des Capitels erwählet, excipirten gegen einandern der Thumherren halben, warum dieser oder jener zu wählen untüchtig, oder keine Wahlstimme haben sollen. Herr Peter gebrauchte sich des Streichs, welchen hievor andere wider ihn gebraucht, brachte für, sein Gegenmann hätte wol zehen Prälaturen und Pfrunden, denen allen die Seelsorg anhängig, die besässe er allzumal unerlaubt, deßhalben er für bännig solte geachtet seyn. Item, Alle, so die Zehenden ihrer geistlichen Einkommen zu Steuer eines H. Heerzugs nicht treulich und innert bestimmter Zeit abrichteten, wären von M. Rogerio Thumherrn zu Verdun, Päbstlichem Zehendensamnler in Mäntzer und Trierer Provintz, in Bann verkündet. Dieweil nun Herr Gerhart von so viel seinen Präbenden, die ihm jährlich ob 700 Marck Silbers eingetragen, gesagten Zehenden als sich gebühret, und er thun sollen, nicht entrichtet: wäre er billich im Bann. Zu dem hätte er seinen Theil der Thumherren, durch seinen Bruder, Gefreundte und Verwandte, mit Miet und Gaaben, darzu Verheissungen bestechen lassen, dadurch er so viel Stimmen bekommen, hätte auch zuvor den Priestern, so er hin und her wegen seiner Prälaturen zu setzen gehabt, viel Gelt abgenommen, und wäre zu einem solchen Staat nicht gelehrt genug.

Dargegen brachte der von Eppenstein ein, Herr Peter hätte selbst dem Päbstlichen Einnehmer den Zehenden von seinen Prälaturen und Pfründen nicht genugsam noch treulich bezahlt, seine Wahlherren mit Bitt und Vertröstung angewiesen. Er wäre auch Ertzbischofflichen Staats unwürdig, als der seine Treue und Gelübd übersehen. Dann als er noch ein Thumherr zu Basel gewesen, hätte er geschworen derselbigen Stift Schaden zu wenden. Er aber hätte sich hernach im Krieg wider den Bischoff zu desselbigen Feinden geschlagen, selbst auf der Stift Schaden gezogen, ihre Leut und Gut angegriffen, sie verbrennen und schädigen helfen. Und als er hernach die Thumprobstey Maintz erlangt, da ihn seine Pflicht gewiesen, bey derselbigen persönlich zu residieren, sey er dann hie, dann dort, und auch in König Rudolfs Heer vor Peterlingen gelegen. Hätte ein Gebrechen am rechten Aug. Wäre sein und seiner Freundschaft halben unvermöglich, eine solche Stift, als Maintz wäre, so von den umliegenden Grafen und Herrschaften immerdar Anfechtung und Zusatz hätte, bey ihrer Herrlichkeit und Gerechtigkeit, zu schätzen und zu schürmen, neben dem daß ihn

1285. seine Freund gar entlegen. Da es aber mit ihm und den seinen viel anderst beschaffen: dann weiland Sigfrid von Eppenstein Churfürst zu Maintz, seines Vatters Bruder, und Herr Gottfrid, sein Vatter, item Henrich von Eisenbach und Gerhart von Limpurg, seiner Mutter Brüder seligen, hätten es vor Jahren, als zwischen dem Pabst und Kayser Friderichen sammt seinem Sohn K. Conrat der grosse Zwyspalt geschwebt, allezeit mit der Röm. Kirchen gehalten, um welches Beystands willen, sie an ihren Gütern, Lehenleuten und Unterthanen trefflichen Schaden genommen, dessen er jetzt billich zeniessen solte. Andere Anzüge, so sie beyderseits einander Unehr außzurechnen, fürgaben, will ich auf dißmal unvermeldet lassen.

Colmarer widersetzen sich des Königs Landvogt. Anno 1285.

Im 1285 Jahr fiengen die Colmarer an sich des Königs Landvogt zu widersetzen, von wegen auferlegter Schatzung des dreyßigsten Pfennings. Dann dieweil sie dem König zuvor viel Tribut eingeschossen, weigerten sie sich dieses zu erstatten, besonders, da sie verneynten der König wüßte nichts darum, oder wäre doch sein Befehl nicht: unter diesen war der Schultheiß des Handels Rädlinsführer. Deßhalben fienge der Landvogt an auf sie zu greiffen, sie aber verbrenneten den andern Tag Mayens das Dorf Tenheim und etliche andere mehr.

Also kame König Rudolf den 17 Brachmonats mit vielen Kriegsleuten, Vorhabens den Schultheiß zu entsetzen. Sie beschlossen die Stadt vor ihm, derowegen er sie mit Macht belägerte.

Ein erdichter Kayser.

In diesem kommt Bottschaft, zu Nuß wäre ein Betrüger aufgestanden, der sich für weiland Kayser Friderichen den andern ausgebe, viel Herren und Städte beehrete, daß sie ihm ghuldet, und wo der König nicht bey guter Zeit wehrete, wurd er das Feuer in die Harr nicht löschen können. Diese Warnung bewegte den König, daß er vor Colmar das Feld raumte, den Rhein nieder zoge, diesen Trüger zu suchen: erhaschete ihn zu Wetzlar, und ließ ihn verbrennen.

Colmar gestraft.

Nach solchem kehrete er wiederum für Colmar, nöthigte sie, daß sie sich unter etlichen Gedingen an des Königs Gnad ergaben: unter andern Puncten ihm 2200 Marck Silbers bezahlten. Also entsetzte der König den Schultheiß Rosselmann, und setzte ihnen den von Stamraheim zum Schultheissen.

König Rudolf übergibt dem Pabst Land und Leut.

Zu Ende des nemlichen Jahrs, fertigte König Rudolf zum neuen Pabst Honorio dem vierten gen Rom Commissarienweis, Bischoff Henrichen zu Basel, mit ihm etliche Sachen halber zu tractieren, darum er dann etliche unverschriebene Membranen unter seinem Kayserlichen Insigel zustellete. Durch diesen übergab er S. Peters Stuhl die Stadt Bononiam, und Romandiolam.

Dessen genosse Bischoff Henrich auch. Dann nachdem obgemeldter Streit und Rechtsübung wegen dem Ertzbistum Maintz zwischen Herrn Peter Reich von Reichenstein, und Herr Gerhart von Eppenstein bis in das 1286 Jahr gewähret, unter welcher Zeit Pabst Martinus gestorben, und Honorius der vierte an seine Statt kommen war, gerieth es bey demselben Bruder Henrichem dem Bischoff zu Basel, daß zwischen diesen beyden hindurch lief, und ihm das Churfürstenthum Maintz vom Pabst Honorio übergeben ward, jene aber das Nachsehen haben mußten. Doch

Eines Beckers Sohn wird Churfürst. Anno 1286.

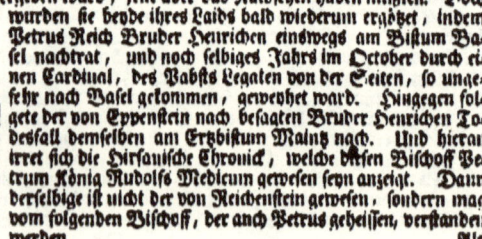

Petrus Reich Bischof zu Basel.

wurden sie beyde ihres Laids bald wiederum ergötzet, indem Petrus Reich Bruder Henrichen einswegs am Bistum Basel nachtrat, und noch selbiges Jahrs im October durch einen Cardinal, des Pabsts Legaten von der Seiten, so ungefehr nach Basel kommen, geweyhet ward. Hingegen folgete der von Eppenstein nach besagten Bruder Henrichen Todesfall demselben am Ertzbistum Maintz nach. Und hierin irret sich die Hirsauische Chronik, welche diesen Bischoff Petrum König Rudolfs Medicum gewesen seyn anzeigt. Dann derselbige ist nicht der von Reichenstein gewesen, sondern mag vom folgenden Bischoff, der auch Petrus geheissen, verstanden werden.

Als

Das Dritte Buch.

Als dieser Bruder Henrich wegen seines Ertzbischöfflichen Amts, auf eine Zeit, 1287. Bischoff Rudolfen zu Costantz geboren von Habspurg, des Königs Vettern, visitieren, ihm aber der Bischoff solches nicht gestatten wolte: kamen sie beyde hierum für die Königl. Majestät zu Gehör. Als nun Bischoff Rudolf, auf des Ertzbischoffs Anhalten, sich mit der Geringfüge und Armut seines Bisthums entschuldigen, Bruder Henrich aber solches von ihm nicht annehmen wolte, sondern sagte, Er wüsse wol, was es für ein Bisthum wäre, henckete ihm der von Costantz das Spottwort an, Ja es ist gläublich, dann ihrs mehr barfuß durchloffen seyd, dann ich mit Pferden durchreiten mögen. Es gebot aber der König seinem Vettern, dem Ertzbischoff die Visitation zu gönnen.

Bischoff Gürtelknopf besasse den Churfürstlichen Stuhl zu Maintz nicht länger, dann bis den 18 Tag Mertzens, im 1288 Jahr, da starb er. Etliche sprechen, er sey ein Schwartzkünstler gewesen. Ob nun diesem also, oder ob ihm solches aus Verwunderung seines grossen Glücks mir zugelegt worden, ist mir nicht zu wissen. Ich halte, wo er mit solcher Schalckheit behaftet gewesen wäre, der weise und tapfere Kayser hätte ihn zum Secretario nicht gedultet. Seine Geistlichen waren ihm nicht wol an, vielleicht, daß sie (die Adelichs Geblüts) diesen, so aus Päbstlicher Beförderung ihnen zum Fürsten gesetzt worden, ungern geduldet, und ihn dennoch leiden mußten. Sie stelleten über ihn diese Versicklin:

Nudipes Antistes, non curat Clerus ubi stes,
Dum non in cœlis, stes ubicunque uelis.

Das ist:

Barfüsser Hirt, dein Clerisey
Fragt nichts nach, wo du immer seyst:
Allein steh nicht im Himmelreich,
Ob dich sonst nemb der Teufel gleich.

Bischoff Petro seinem Nachkömmling war sehr angelegen, den alten Unwillen, welcher seit des Baßlischen Adels Trennung, noch nicht gar in den Hertzen erloschen, gäntzlich auszutilgen. Weil man nun selbiger Zeit jährlich vier Ritter, sodann acht von Edlen Burgern (daher sie Achtburger genennet wurden) beyneben den Kaufleuten und Handwerckern pflegte in Raht zu erkiesen: gab er Ordnung, hinfort aus einer jeden der Edlen Gesellschaft, so wol vom Sternen als vom Püttich, je sechs in das Regiment zu wählen. Deßgleichen allen Anlaß künftiges Unrahts zu verhüten, wann eines Jahrs der Burgermeister von einer Gesellschaft erkieset wurde, solte von der andern ein Oberster Zunftmeister genommen, und also fortan ein Jahr um das andere abgewechslet werden.

Ordnung der Edlen im Raht zu Basel.

Ordnung der Burgermeistern, so lang allein Ritter dieses Amt getragen, haltet sich also:

1249-1252 Henrich Steinlin.	1308 Wernher Schaler.
1258 Hans Reich von Reichenstein.	1309 Thüring Marschalck.
1262 Rudolf Reich.	1314 Rudolf Wernher von Ramstein.
1262-1263 Wernher von Straßburg.	1319 Götzman Mönch.
1265 Rudolf Schaler.	1325 Burkart Mönch der älter.
1267 Henrich Mönch von Landscron.	1330 Burkart Wernher von Ramstein.
1272 Peter Schaler.	1331 Rudolf Schaler.
1273 Hug Marschalck.	1342 Conrat von Bereufels.
1274 Mathis von Eptingen.	1344 Conrat Mönch von Landscron.
1280 Henrich Mönch.	1359 Peter Schaler.
1290 Hans ze Rhein.	1371 Ottman Schaler.
1302 Conrat Schaler.	1371 Hartman Rot.
1306 Mathis Reich.	1373 Henman von Ramstein.
	1376 Wern-

1288.
1376 Wernher von Berenfels.	1435 Arnolt von Berenfels.
1377 Hans Puliant von Eptingen.	1442 Arnolt von Rotberg.
1386 Henrich Reich.	1444 Hans Rot.
1394 Arnolt von Berenfels.	1449 Bernhart von Rotberg.
1401 Günther Marschalck.	1452 Jacob ze Rhein.
1404 Ludman von Rotberg.	1454 Hans von Flachsland.
1414 Burkart ze Rhein.	1456 Peter Rot.
1415 Cuntzman von Ramstein.	1459 Hans von Berenfels.
1421 Hans Reich von Reichenstein.	1490 Hartman von Andlo.
1431 Heinman von Ramstein.	1496 Hans Immer von Gilgenberg.

Diese alle seind Ritter gewesen. Succession der übrigen Burgermeistern von Edlen und fürnehmen Burgern, wird an seinem Ort folgen.

Bischoff Peter wuchse mit Graf Reginalden zu Mompelgard, der sich doch mit seinem Vorfahren Bischoff Henrichen vertragen, in schwere Feindschaft und Kriegsübung, also daß beyde Theil auf einandern zugriffen, etliche Dörfer mit Feuer angesteckt, und sonst viel übels verbracht ward, biß sie letztlich zum Treffen kamen. Der Bischoff hatte Graf Egen von Freyburg zu Hilf, und war sein Heer wol dreymal grösser dann des Grafen. Als sich aber der Ernst erheben wolte, flohe Graf Ego mit seinem Hauffen, des Angriffs ungewartet, von den Baßlern. Sie aber gestunden, lieferten dem Grafen die Schlacht, mochten doch nicht genügen, wurden übergwältiget, viel erschlagen, wol der vierte Theil der Burgern zu Basel, und sonst die besten von des Bischoffs Ritterschaft und Edelleuten gefangen.

Baßlern schwere Niderlag. Anno 1288.

Hierauf suchte der Bischoff König Rudolfen um Hilf an, welcher deßhalben um Margareta, im 1289 Jahr, mit grossem Volck ausbracht, diese Unfug zu rächen, und die Baßler, welche man nicht dann mit grossem Gelt wieder lösen mögen, zu ledigen. Er führte mit sich 6000, und darunter 2300 verdeckter Pferden, darzu eine grosse Menge Fußvolck, darunter der Bischoff zu Straßburg 300 hatte, und ob hundert Speißwägen, nahm erstlich Schloß und Stadt Montbelgard ein. Und dieweil derselbige Graf der Burgunder zu Hilf gehabt, druckte er fort, belägerte die Stadt Bisantz, verhergete die Reben und brennete die Dörfer, verderbte auch Porrentrut.

König Rudolfs Heerzug in Burgund. Anno 1289.

Dessen hat sich auch der Hertzog zu Burgund aufgemacht, hatte unter seinen Helfern Graf Theobalden zu Pfirt, welche was möglich gestöchtet, und alle Gelegenheit versorget hatten, den Feind die Proviant abzustricken, und ihn Hungersnoht zu setzen, wie dann zum Theil beschahe. Deßhalben König Rudolf eines Tags, als unter seinen Knechten Mangel vorhanden, ihnen vor Augen rohe geschorne Ruben aß, sie hiemit zu Ausstehung dieses Mangels desto williger zu machen.

Da nun der Burgundier mit seinem Gezeug Rudolfo genahet, und sich im Thal an die Dub gelägeret, nahme der König den Berg zum Vortheil ein, also daß er in das Burgundische Heerläger hinab sehen mochte, machte mit seinen Hauptleuten einen Anschlag, die Feinde mörderigs anzugreiffen. Weil aber Hungersnohe vorhanden, entstuhnd im Läger ein rumorisch Wesen. Die Schweitzer, deren der König 1500 bey sich hatte, mochten des Tags nicht erwarten, sondern zogen bey Nacht durch ungelegene Ort (als die des Gebirgs wol gewöhnt) den Berg nieder, fielen ungewarneter Sachen in Graf Thiebolts von Pfirt Läger, erschlugen viel Volcks, und erjagten eine grosse Beut.

Solches brachte im Thal unter dem übrigen Hauffen der Walchen ein groß Getümmel und Hertzklopfen. Etliche vermeynten, man solte dem König die Straß den Berg herab baß verlegen. Dieweil aber keine sondere Gelegenheit vorhanden, solches fruchtbarlich ins Werck zu richten, und einer unter ihnen sagte: Er kennete des Königs Art, daß wann er schon auf Händ und Füssen kriechen müste, er sie doch nicht unangegriffen lassen wurde, beschlossen sie herbrechendes Tags eine ansichtige Bottschaft um Frieden abzufertigen.

Als

Das Dritte Buch. 149

Als der Graf von Chalons für den König kam um Frieden zu werben, wolte er nichts bewilligen, sie gäben dann die Gefangenen von der Baßler Seiten ohne Entgeltnuß ledig, wie Albertus de Argentina meldet. Fritz Cloßner aber ein Priester von Straßburg schreibt in seiner Chronick, der König habe ihnen drey Wahlen aufgethan, sie solten entweders das Heer urlauben und heimziehen, oder mit ihm streiten, oder dasjenige, so er ihnen auferlegen wurde, ohne Fürwort erstatten. Also haben sie den dritten Fürschlag angenommen, sich an des Königs Gnad ergeben, und auf den Heiligen geschworen, sich in des Reichs Land, die Stadt Basel zu stellen, und sich allda mit ihm zu vergleichen. Nachmalen stellete sich der Hertzog zu Burgund mit seinen Grafen und Herren zu Basel, vertrugen sich mit König Rudolfen, gabe das Land dem König auf an seine Hand, und empfieng es von ihm nach gethaner Eydspflicht, wiederum zu Lehen. *Burgundischer Lehentag zu Basel.*

Die Montbelgardischen Zeitbücher melden, Graf Reginald zu Montbelgard, habe seine Grafschaft, ein Lehen vom Reich Teutscher Nation, von selbigem abziehen, und mit der Grafschaft Burgund vereinigen wollen. Dessen sey er von König Rudolfen um 8000 Marck Silbers gestraft worden.

Und dieweil sich auch die Stadt Bern gegen ihm ungehorsam erzeiget, hatte er sie hievor im Brachmonat, des 1288 Jahrs, hart belägeret, aber nicht bezwältigen mögen, derohalben ihren mit mannigfaltigen Streifreisen ernstlich zugesetzt. In diesem 1289 Jahr hatte Hertzog Rudolf sein Sohn, mit vierhundert Pferden eine heimliche Halt für die Stadt geschlagen, demnach etliche auf die Weite herfür lauffen lassen, das Vieh hinzutreiben, wie dann zuvor mehrmalen beschehen. Also fielen die Burger hinaus diesen Landvögten zu wehren, wurden aber in solcher Nacheil durch die Hinderhut plötzlich angegriffen, viel erschlagen und gefangen. Doch blieb auf des Hertzogen Seiten, Graf Ludwig von Honberg, im ersten Angriff todt. Nach diesem vertruge sich die Stadt mit dem Kayser. *Berner in Schlag gebracht.*

Jm Elsaß erhube sich dieses 1289 Jahrs etwas Unruh. Der von Geirsperg hatte Herr Sigfriden von Gundolsheim, Ritter, etwann gewesenen Schultheissen zu Colmar, durch einen der Suzing geheissen, am 27 Tag Mertzens, durch eine nordliche List, erstechen lassen. Die Sach gelangte für König Rudolfen, der kam am 28 Aprillens gen Colmar, brachte mit sich ein Cameel, welches Thier zuvor in diesen Landen nicht viel gesehen. Munio der Prediger General-Meister, kam auch ungefahr selbiges Tags dahin, Vorhabens gen Trier auf ein allgemeines seines Ordens Capitel zu reisen; dem zu Ehren hielte der König zun Predigern ein herrliches Banquet. Den von Geirsperg erklärte er um dieser Mordthat willen in Acht und Bann. Also ward das Schloß durch des Königs Landvogt und die Stadt Colmar den Winter über belägert. Derselbige war sehr warm, also daß man vor Wienacht neu Laub und Blust hatte. Um der drey Könige Tag bruteten die Vögel und fand man Erdbeer, bald blühete auch der Wein: aber es folgte ein kalter Sommer. *Geirsperg eingenommen und zerstöret, Anno 1290.*

Dem Schloß ward mit untergraben dermassen zugesetzt, daß sich der von Geirsperg am sechsten Tag Hornungs, im 1290 Jahr, dem Landvogt ohne Gnad ergabe, aber die Kriegsleute bedingten gnädige Aufgebung. Der von Geirsperg kam in Gefängniß, deren er erst über ein Jahr, mit einer schweren Urphede, entlediget, und ihm sein Schloß gar verherget ward, kam erst nach sieben Jahren, mit Hilf des Bischoffs zu Straßburg, wiederum in Bau.

Jn diesem 1290 Jahr, starbe Bischoff Petrus Reich, den sechsten Septembris; ward im Münster neben Unser Frauen Altar der Erden ergeben, da noch seine Grabschrift zu sehen. Er hat die Quotidian auf der Stift angerichtet, und Bonifacium Episcopum Bosoniensem, Augustiner-Ordens, zum Weyhbischoff gebraucht.

Folgendes Jahrs, den 22 Julii, oder (als andere sprechen) den letzten Tag Herbstmonats, beschloße auch König Rudolf, drey und siebentzig Jahr alt, den Lauf seines Lebens, zu Germersheim, im Abzug vom Franckfurtischen Reichstag, da er seinen Sohn Hertzog Albrechten nach ihm an das Römische Reich gern gefördert hätte, aber nichts erhalten mögen. Er ward zu Speier im Thum herrlich bestattet. *König Rudolf stirbt, Anno 1291.*

P p Das

1292.

Baßler Bistums Historien,

Das III. Capitel.

Von Kayser Adolfs Wahl, seiner Entsetzung, und wie Hertzog Albrecht von Oesterreich nach ihm an das Kayserthum kommen.

Petrus von Asphelt ein Medicus wird Bischoff. Alb. de Argentina nennet ihn Petrum von Trier.

Dem verstorbenen Bischoff zu Basel ward aus Päbstlichen Gewalt, ungeacht des Capitels, nachgesetzt, Petrus von Asphelt aus Tirol, ein Medicus oder Artzte, welcher Anno 1297. bey der Crönung Wenceslai Königs in Böheim gewesen seyn solle.

† *im II. Cap.*

Droben † ist gemeldet, welcher Gestalt Walther Rosselmann des Schultheissenamts zu Colmar von König Rudolfen entsetzt und gestraft worden seye. So bald er des Königs Absterben vernommen, fieng er an Anschläge zu fassen, wiederum einzukommen: bestellte derowegen zwölf armer herumwweisender Gesellen, schuf ihnen Nahrung und Kleidung, durch diese auf den von Stammheim, der ihm am Amt die Schuh ausgetretten, zu laustern. Das bliebe demselben unverborgen, deßhalben er sich ab Wege that. Darauf Rosselmann mit Raht des Stiftdechans und anderer seiner Gönnern, das Schultheissenamt mit Gewalt wiederum an sich brachte, und sich an seinen Widersachern anfienge zu rächen. Den von Hunnaweiler einen ehrlichen Ritter, sammt seinem Sohn entleibte er unbilliger Weis und ohne Ursach, nahm ihm seines Guts ob 300 Mark Silbers werth, und theilte es unter seine Freunde. Die Ritter von Nortgassen, von Jtzich und vom Rust, jagte er zur Stadt Colmar aus, und nahm ihnen das ihrige.

Adolf von Nassau Röm. König Anno 1292.

Den ersten Mayens, im 1292 Jahr, kamen die Churfürsten um der Wahl eines Röm. Königs willen, zu Franckfurt zusammen: allda verglichen sie sich, die Wahl dem abwesenden Churfürsten zu Maintz heimzustellen. Auf solches ernennete der von Maintz, Graf Adolfen von Nassau seinen Vetter zum Röm. König, und liessen ihnen solches die übrigen gefallen. Dieser war ein wackerer und freundlicher Herr, ziemlicher Leibsmas, der Teutschen, Frantzösischen und Lateinischen Sprach berichtet, empfienge zu Aach die königl. Crönung.

Er behielte des Reichs Amtleute bey ihren Aemtern: dem von Ochsenstein befahle er das Elsaß und was hiedisseits Rheins: dem Grafen von Katzenelnbogen was jenseits Rheins; so schwuren die Städte im Namen des Königs den Landvögten. Aber Schultheiß Rosselmann zu Colmar weigerte sich Herr Otten von Ochsenstein zu huldigen, er verspräche ihm dann in der Königl. Majestät Namen, ihne das Schultheissenamt sein Lebenlang zu lassen, die Ausgetriebenen nicht wieder einzusetzen, gen Colmar mit keiner Macht zu kommen. Solches sagte ihm der Landvogt zu, doch mit dem Anbeding, die Stadt Colmar niemanden dann allein König Adolfen einzuraumen.

Unter dessen stirbt der König von Arelat, und fällt dasselbige Königreich dem Reich heim. Derowegen König Adolf alle Zwertrachten im Reich Teutscher Nation zerlegte, und die Fürsten zu dieser Heerfahrt aufmahnete. Mit demselbigen Zeug brach er auf, kam vor Wienachten gen Colmar, reisete gen Bisantz zu.

Rosselmann der Schultheiß zu Colmar wird

Welcher massen sich Rosselmann zu Colmar gegen dem Röm. König verpflichtet, ist ob angezeigt. Dieser seiner Pflicht ungeacht, übergab er im 1293 Jahr Herrn Anshelm von Rapoltstein hinderrucks und ohne Vorwissen der Rähten und

Burgern

Das Dritte Buch.

Burgern die Stadt durch Verrätherey, dann er ihn den zehenden Tag Herbstmonats mit viel Kriegsleuten heimlich in die Stadt bis auf den Kirchhof führete. Als man nun in allem Schlaf stürmete, liefen die Burger (wie bräuchig) auch zum Kirchhof, funden da das bewafnete Kriegsvolck, darob sie sehr erschracken, und nicht wußten, was sie thun solten. Hierum ließ man zum Burgern rufen: Es wäre Herr Anshelm von Rapoltstein, ihr guter Freund, vorhanden, der habe vernommen, wie sie ihre Feind übel anfechten und bekümmern wolten: wäre deßhalben gesinnet, ihnen mit Leib und Gut getreuen Beystand zu thun, so fern sie an ihm treu zu verbleiben schwören wolten: henckete daran, Sie solten ihre Händ aufheben und allbereit schwören, welches auch vom mehrern Theil aus Forcht beschahe.

1293. Eydbrüchig gegen dem König Adolf. Anno 1293.

Als aber der von Rapoltstein vermerckte, daß viel der Burgern nicht geschworen: gebot er folgendes Tags den Zunftmeistern, ein jeder solte seine Zunftbrüder auf ihren Häusern besammlen. Und da erst ward von allen Eydspflicht erfordert, die ihrer viel mehr aus Zwang dann gutem Willen leisteten. Welche sich dessen weigerten, mußten die Stadt raumen, darunter waren die vom Rust, und von Nortgassen, auch viel reicher und ehrlicher Burgern.

So bald König Adolfen diese Zeitung fürkame, beschrieb er die Fürsten des Rheinischen Kreises, mit ihrem Kriegsvolck zu erscheinen, rüstete sich für Colmar zu ziehen, schickte hierum die Königin von dannen gen Breisach. Die Colmarer aber, welche sich einer Belägerung versahen, zogen in Berg hinaus und lasen den Wein ab, wiewol er noch nicht zeitig war, versahen sich auch sonst nach Vermögen. Der von Rapoltstein beraubte Türckheim, und entrieb ihnen das Vieh gen Wyler.

Hierum schickte der König den Landvogt voran, welcher zu Schlettstatt seinen Zeug besammlete, und in das Thal Urbis, und Hohenack fiele, dem Herrn von Rapoltstein die Dörfer verbrennete, Leut und Gut hinweg führete. Zu Wintzenheim und Ongersheim wartete er, ob die Colmarer heraus wolten, die sich aber nicht auf die Weite wagen wolten.

Auf solches kame der König etliche Tage vor Michaelis mit dem Heer, belägerte Rapperschweiler, verderbte die Reben und Häuser, und nach zehen Tagen ruckte er für Colmar, grub ihnen den Mühleteich ab, und verhergete alles darvon, ausgenommen der Sonderstechen Haus.

Colmar wird vom Röm. König belägert.

Solches machte die im S. Gregorienthal behertzt, daß sie dem Herrn von Rapoltstein gen Wyler zogen, daselbst den Wein ablasen und wegführeten. Deßhalben schickten die Colmarer denen zu Wyler zwantzig Mann zu Hilf, ungesehen daß sie schon belägert. Bald kommen die aus S. Gregorienthal noch einmal gen Wyler, werden aber von den Innhabern und ihren Helfern angegriffen und geschlagen, viel auch gefangen. Deßhalben der Landvogt den Herrn von Bergheim mit 500 Mann für Wyler abfertigte, der nahme zu sich zwey Geworf und ein Katzen, gewann Wyler in wenig Tagen, und schleifete es auf den Boden; zoge dannach mit diesen Rüstungen für Gemar, und verderbte erst gar daselbst, was zuvor überblieben.

Der König hatte drey Heer um Colmar, das eine lage nicht weit von Gemar. Der andere Hauffe, namlich der Bischoff von Basel und Graf von Pfirt, belägerte Colmar einseits: anderseits die Churfürsten von Maintz, von Cöln, und der Bischoff von Speier. Hertzog Albrecht von Oesterreich vom König zu Hilf gemahnet, hatte geantwortet: Wann die Fürsten in der Belägerung nichts schaffen möchten, so wolte er (wann man ihn alsdann aufmahnete) sein Bestes thun. Der Graf von Burgund empfienge vom König im Läger seine Lehen, mit Entbietung seiner Diensten, deren aber der König auf dismal nicht bedürftig zu seyn sagte. Die von Basel thäten des Königs Heer gnugsame Lieferung, so hatten auch die Belägerten Wein und Korns genug. Ein Vierteil Getreids galt sieben Schilling, aber weil ihnen an

Wasser

1293. Wasser mangelte, galt ein Viertel Mehl ein Pfund Gelts. Die Armen stiessen das Getreid in Mörsern, andere in Specerey-Stampfen, etliche hatten Ziehmühlen angerichtet. Die Mönchen von Paris, hatten zwo solcher Mühlen, deren eine dienete dem Schultheissen, die andere dem von Rapoltstein, welchen sie doch auch nicht genug mahlen mochten.

In diesem Mangel machten etliche von der Gemeind einen heimlichen Anschlag, dem König, als ihrem rechten Herren, die Stadt zu übergeben, stiessen die Köpf zusammen, so liessen es ihnen auch etliche Reiche nicht mißfallen. Solches thäten sie dem König zu wissen, der sagte ihnen Hilf zu. Erstlich ward der Anschlag gemacht, der König solte durch seine Schützen die in der Stadt herauslocken, alsdann so die Herren hinausgezogen, wolten sie die Pforten zuschlagen, und nachdem er mit den Herren fertig worden, ihme die Stadt übergeben. Der König thät ihm gesagter massen, aber die Sach nahme keinen Fürgang, weil der Schultheiß und der von Rapoltstein auf eingenommene Wahrnung nicht aus der Stadt wolten. Abermals entbotten sie dem König, sie wolten vor Tag ein Haus anzünden, und weil die Burger zum Feuer lieffen, wolten sie den König einlassen: es geriehte aber auch dieses nicht.

Als der Bischoff von Straßburg dieser Meuterey in Colmar von den Herren Bericht empfieng, begehrte er sie mit 200 Mann zu stärken. Indem nun die Räht solches berahtschlagten, kame die Gemeind für das Rahthaus, schrie, Wir wollen nicht gestatten, daß man mehr Volcks in die Stadt führe: sagten unter einander, Laßt uns auf dem Kirchhof zu Raht gehen, und was da beschlossen wird, erstatten. Allda erkante der Pöbel, Sie wolten forthin der Stadt Schlüssel zu ihren Handen nehmen und bewahren, lieffen hierauf zu den Thoren, und nahmen den Hütern die Schlüssel mit Gewalt. Nach diesem lieffen sie für Herr Conrats von Liechtenberg Hof, brachen die Thüren mit Gewalt auf, ihn zu suchen: er aber entwiche zum Herren von Rapoltstein, klagte ihm, was sich verloffen. Also flohen sie beyde in das Barfüsser-Kloster, wußten nicht wie sie sich halten solten. Der von Liechtenberg fiele mit zehen Mannen über die Stattmauer ans, kame nach wenig Tagen gen Rapoltstein, ihnen Hilf zu leisten, dann daß ihn die Burger, so ihm nicht zum besten trauten, nicht einlassen wolten. Also förchtete er, die zu Rapperschweil wurden wie die Colmarer thun, ritte hinweg, und wolte sich ihrer nichts mehr annehmen. Der von Rapoltstein verkroche sich im Barfüsser-Kloster. Als aber das gemeine Volck zu Colmar die Herren nicht in ihren Höfen funden: nahmen sie ihnen Wehr und Pferd, so entflohen ihre Diener, und verbarge sich ein jeder das best er konnte: aber die Burger zogen sie herfür, und legten sie gefangen. Den Schultheissen und seinem Sohn, welcher auch mit den Burgern herum ziehen müssen, sagte einer seiner Freunden: Lieber gehet ab Weg, ehe euch des Königs Kriegsleut begreiffen: demselbigen folgten sie. Letstlich ward der Herr von Rapoltstein gefunden, und gefänglich verwahret.

und ihm von dem armen Volck übergeben. Nach solchem schickten sie der Stadt Schlüssel durch einen ehrlichen Burger, der Rebmann geheissen, zum König, als die Belägerung in die sechs Wochen gewähret, und übergaben ihm die gantze Stadt, dessen sich der gantze Zeug freute. Sie schickten den von Rapoltstein und andere Gefangene zum König, auf sein Begehren. Als man ihm aber den Schultheissen nicht überantwortete, ließ er durch die Stadt ausruffen: Welcher den Schultheissen überantwortete, dem solten hundert Pfund gegeben werden. Dessen entsetzte er sich, verkleidete sich in Gestalt eines Beckers, zoge also zur Stadt aus: vier giengen vor, und vier zuruck hernach, nahme seinen Weg nach des Bischoffs von Straßburg Vestungen, erstlich nach Egesheim. Als er aber wol drey Stunden durch Abwege in Holz herumgeschweifet, begegnete ihm ein Weib, durch die ward er zween Männern verzeigt und gefangen, Vorhabens ihn zum König zu führen. Aber des Bischoffs von Basel Kriegsleut nahmen diesen zweyen den Schultheissen mit Gewalt, und führeten ihn auf das-

Das Dritte Buch. 153

das Schloß Schwartzenburg. Dieses wolten die zween dem König anzeigen, klieſ- 1293.
ſen auf einen andern, dem ſie den Handel erzehleten, der lief ihnen vor, verkündete die Bottſchaft des gefangenen Schultheiſſen dem König, empfienge deßhalben ein
Pferd zur Verehrung. Die zween aber ſo hernach kamen, empfiengen von des Königs Rentmeiſter die hundert Pfund.

Den nächſten forderte der König vom Biſchoff den Schultheiß Roſſelmann:
den weigerte ſich der Biſchoff heraus zu geben, beſorgende, er wurde irregularis,
das iſt, zu geiſtlichen Aemtern untüchtig geachtet werden, weil er einen an die Art
gegeben. Darauf verſpricht der König dem Biſchoff, er wolte ihm das Leben nicht
nehmen. So bald er überliefert worden, übergab ihn der König geringfügigen Perſonen, befahl ihn auf ein Rad zu ſetzen, das Rad allenthalben in Städten und Lä-
gern auf eine Stange zu ſtecken, darzu ihm die rechte Hand in Geſtalt eines Eid-
ſchwörenden an die Stang zu binden, damit ihn männiglich ſehen möge, und allezeit Abends wiederum herab zu thun und in Eiſen zu ſchlagen. Nach langem Um-
ſchleifen muſte er in einem Thurn ſein Leben enden: aber der Sohn ward erſt nach
des Königs Tod wiederum ledig.

Von Colmar zoge König Adolf gen Gemar, führete den von Rapolſtein und
andere Gefangene mit ſich, da ſich männiglich verſahe, er wurde ab ihnen richten laſſen, ward aber aus etlicher Herren Fürbitt eingeſtellet. Des Herrn von Rapolt-
ſtein Land und Güter, theilte er in drey Theil, den einen gab er Herrn Henrich von
Rapolſtein ſeinem Bruder, der gehorſamlich beym König gehalten, den andern
Theil ſeines Bruders Sohn, den dritten behielt er ihm ſelbſt, deßhalben Gemar
der Königl. Majeſtät zugeſtellet ward. Wenig Tage nach Martini, ward der von
Rapolſtein an Ketten auf einem Pferd, und bey dreyſſig ſeiner Dienern auf
zween Wägen geſchmidet zu Colmar durchgeführet nach Breiſach, demnach auf das
Schloß Acheln in Schwaben.

Dieſes Herrn Anſhelms von Rapolſtein Vatter war denen von Blanckenheim verwandt, ein ſchöner gütiger Mann, gieng jung mit Tod ab. Seine Mutter war eine geborne Gräfin von Froburg, lang von Leib, ſchön von Angeſicht,
lieblicher Stimm und Geberden, welche ſich hievor im 1279 Jahr, mit ihrer Haab
in das Kloſter zum Paradis, nicht fern von Schaffhauſen, Barfüſſer-Ordens,
nach ihres Herrn Abſterben verfügt, und daſelbſt bey den Nonnen ihr Leben beſchloſſen hat. Sie hatte eine einige Tochter, die ward zu Unterlinden eine Kloſter-
frau, und fünf Söhne. Der erſte hatte nicht wol geregiert, der andere noch är-
ger, ſo war Herr Anſhelm der dritte, ein tyranniſcher gottloſer Mann, hatte gewohnlich dreyſſig Diener, rauher Leute die das ihre verthan und viel ſchuldig waren,
deßhalben arme Leute ſehr beläſtigten: Ja er ſagte, Ihm fügte kein Diener, der
eine Seel oder Gewiſſen hätte. Sein Einkommen belieffe ſich jährlich ob 300 Marck
Silbers, noch ſchätzte er die ſeinen ſehr, nahm ihnen den vierten Theil des Weins.
Herr Henrichen ſeinem Bruder, und ſeines Bruders Sohn, vertrieb er ihrer Be-
ſitzungen, deßhalben auch ihn GOtt geſtraft, um Leib und Gut gebracht hat.
Er ward erſt nach Liechtmeß im 1296 Jahr, ſeiner Gefängnuß ledig.

Als der König dieſes Geſchäft um Colmar verrichtet, wolte er ſeinen Weg
auf Erſtein und des Biſchoffs Land nehmen, denſelbigen zu ſtrafen und in Gehorſa-
me zu bringen. Deſſen grauſete dem Biſchoff Herrn Conrat von Liechtenberg,
deßhalben er den Thumprobſt, und den Grafen von Werd zu ſich nahme, thäte
dem König den Fußfall, begehrte Gnad, die ihm auch mitgetheilet ward.

Zu Wienachten hielte der König ſeinen Hof zu Landow.

Im Herbſtmonat, des 1294 Jahrs, erhub ſich in der Stadt Baſel eine klägli- Feuersnoht.
che Feuersnoht, darinn bey 600 Häuſer, und 40 Menſchen verdurben.

1296.

Ein frommer Teufel.

Eine solche Wolfeile menschlicher Nahrung war, im 1296 Jahr, daß man zu Basel ein Viertzel Dinckel um vier, und den Rocken um drey Blapphart, darzu sechs Maas Weins um einen Pfenning haben mochte. Damals kauffte ein Burger, der Teufel genannt, vom Probst zu S. Alban, hundert Säck Rocken, einen jeden zu vier Blappharten, ehe aber ein Jahr abgeloffen, galt ihm ein Sack voll drey Pfund, des Gewinns machte er ihm ein Gewissen, bauete deßhalben S. Oßwalts Capell bey S. Lienhart daraus.

König Adolf fällt in Ungnaden. Anno 1296.

Zur selbigen Zeit fieng sich an aus mancherley Ursachen schwerer Unwill bey etlichen hohen Reichsständen, wider König Adolfen anspinnen. Insonders hat er ihm hiermit bösen Rauch gemacht, daß er von König Eduard in Engelland hundert tausend Marck Silbers eingenommen, ihm zu seiner schweren Kriegsübung wider König Philipsen in Franckreich, ein stattlich Teutsch Kriegsvolck aufzubringen, und damit Franckreich anzugreiffen versprochen, welches er nicht erstattet, sondern seinem Sohn aus dem Gelt die Marggraffschaft Meissen erkauft. Solches ward ihm übel ausgelegt, nicht nur daß er sich vom Englischen König, gleich einem Dienstmann, mit Gelt bestellen lassen: sondern daß er einem solchen Potentaten sein Zusagen nicht geleistet, also mit schwerer Nachrede die Kayserliche Hocheit bestecket. Er hatte gleichwol einen Frantzosen, aus Fürwendung des Königreichs Arelat, so er dem Reich gewaltiglich vorhielte, widersagt, jedoch nichts ferners daran gesetzt. Andere beklagten sich schwerer Auflagen, andere daß er ihnen keinen Schutz noch Schirm gebe.

Nun war Hertzog Albrechten von Oesterreich der Bischoff zu Straßburg und andere Herrschaft im Elsaß wider den Kayser anhängig. Diesen zu widerstehen, setzte König Adolf im Herbstmonat Graf Theobalden von Pfirt in Elsaß, und Hermann Herrn zu Geroltseck jenseit Rheins zu Landvögten, welche des Kaysers Widerwärtige bederseits sehr beschädigten, dadurch wider König Adolfen der Haß noch mehr angienge, in massen, daß der Bischoff und die Stadt Straßburg, auch viel Landsherren, wider der Landvögten Ubermuth zusammen schwuren, viel Krieg und Unruhe daraus erwuchse.

Letztlich berufften etliche Churfürsten, sonderlich der von Maintz, Hertzog Albrechten den Nachstreber des Kayserthums (wiewol er hievor von König Adolfen seine Regalia, sonderlich des Hertzogthums Oesterreich halben, empfangen) an Rhein herauf. Der folgete, ohne bas besorgende, ihn wurde König Adolf mit Gewalt in seinem Land besuchen, kam im 1298 Jahr, mit einem Zeug gen Freyburg in das Breißgow hinauf, da sich die von Straßburg mit 4000 Mann zu ihm fügten, ihn gen Maintz zu begleiten.

Rufach belägert.

Darzwischen hatte König Adolf Bischoff Conraten von Straßburg, geboren von Liechtenberg, in seiner Stadt Rufach gewaltiglich belägeret. Die Stadt war wol besetzt, daß die darinn lagen etlichermal hinaus fielen, und mit den seinen ritterlich scharmützleten, ihm auch in diesen Ausfällen viel seines Volcks erlegten.

Hertzog Albrecht von Oesterreich wird Röm. König. Anno 1298.

Als er aber Hertzog Albrechts Ankunft vernommen, setzte er ihm mit seinem Heere nach, kamen mit beyden Häuffen bey Kemphingen nahe zusammen, also daß nur die Eltz zwischen ihnen hinfloß. Als die Stadt dem König geöffnet ward, zoge Hertzog Albrecht gen Straßburg, da die von Ochsenstein, Zweybruck, Leiningen, Hohenloh ꝛc. alle ihre Hilf zusammen brachten, hatte auch bey sich viel Grafen und Herren aus Oesterreich, Böheim und Schwaben, den Grafen von Wirtenberg, Freyburg, Bischoff zu Costantz, und andere, mit denen er nach Maintz ruckte, und am Abend Johannis Baptistä, nach Entsetzung Adolfi, als eines Zerstörers des gemeinen Nutz, Römischer König erwählet ward.

Mittlerweil war ihm Adolfus, welcher die Städte Speyer, Worms, Oppenheim, Franckfurt ꝛc. Pfaltzgraf Rudolfen seinen Tochtermann, die Grafen von Jsenburg,

Das Dritte Buch.

Ifenburg, Spanheim ꝛc. zu Hilf hatte, den Rhein herab nachgezogen, griff Albertum auf dem Wormser Gow, zwischen dem Dorf Gillenheim und Rosenthal einem Nonnenkloster, zu sehr hitzig an, erschlug ihm eine grosse Anzahl Grafen und Edler, ward aber überwunden und persönlich erlegt. Hiemit bliebe Hertzog Albrechten die Cron, die er doch nach wenig Jahren durch gleichen Todsfall wiederum verlassen mußte, also daß es ihm etliche für die Raach GOttes gerechnet. Nauclerus schreibt, es sey keiner deren so sich durch diese Verbündnuß aufgelehnet, reines Tods gestorben. Dann Gerhart Churfürst zu Maintz sey hernach jähling verscheiden, der Bischoff von Straßburg vor Freyburg erstochen worden, der von Zweybruck in einem Wasser ertrunken, der von Leiningen in unsinniges Hirnwüten gerahten, Oth von Ochsenstein, Alberti Panerherr, in der Schlacht erlegen, und König Albrecht selbst im zehenden Jahr darnach ermördet worden. *1300. Kayser Adolf erschlagen.*

Das IV. Capitel.

Von etlichen dieser Zeit Kriegsläuffen. Wie Bischoff Petrus König Albrechts Ungunst auf sich geladen, und von dem mordlichen Fürnehmen Bischoffs Othen seines Nachfahren.

Alhie geht an das dreyzehenhunderste Jahr nach Christi Geburt, welches Pabst Bonifacius der achte, mit einer neuen, und bis dahin in der Christenheit ungebrauchten Auffsatzung, des Jubeljahrs, anfänget. Dann er im Jahr davor mit Bullen in alle Christenheit verkünden ließ, Welche in diesem Jahr S. Peters und Pauls der Apostlen Kirchen zu Rom, mit Buß und Andacht besuchten, solten die allervollkommenste Verzeihung der Sünden dadurch erlangen und haben, darzu solte hinfort alle hundert Jahr dieser Stiftung Folg beschehen. Welcher Ablaß dann von allen Enden der Christenheit eine solche Menge mit ihren Opfern und Gaaben gen Rom gelocket, daß es ungläublich. Es ist je ein solch Gelauf und Viele zu der Pilgrinen gewesen, daß die Altvorderen verzeichnet, wie so manch Schiff voll den Rhein herab kommen, und so lang hernach immerdar etliche wiederum heimgezogen. König Albrecht sendete Bischoff Petrum zu Basel auch gen Rom, in seinem Namen etliche unbekannte Sachen mit dem Pabst zu verhandlen. *Jubeljahr oder Romfahrt zu S. Peter und Paul. Anno 1300.*

Es schwebten dieser Zeit im Suntgow, Elsaß und Breißgow, mancherley Unruhen und Kriegsläuffe. Dann erstlich hat König Albrecht Graf Theobalden zu Pfirt (welcher König Adolfs Landvogt im Elsaß gewesen, deßhalben seines Herrn Widerwärtigen hievor viel Leids zugefügt) mit Hilf Bischoff Courats zu Strasburg, geboren von Liechtenberg, bekrieget, ihm in das Suntgow gefallen, und sein Land verwüstet. Dargegen hat auch der Graf um sich gebissen, und seine Feind möglicher Weise beschädiget, dadurch sich beyderseits mancherley Kriegsthaten zugetragen, bis endlich die Sachen vertragen wurden, daß der Graf Herr Othen von Ochsenstein des Königs Vettern, seine Tochter zum Gemahl gabe. *Krieg wider Pfirt.*

Im Breißgow hatte Graf Egk von Freyburg, des Bischoffs zu Straßburg Schwestermann, wider seine Leut zu Freyburg Krieg und Aufspruch, dieselbigen zerstöreten ihm das Schloß Burghalden ob der Stadt, daraus er ihnen feindlich zugesetzt. Deßhalben der Graf mit Hilf des Bischoffs seines Schwagers, die Stadt Freyburg belägeret, im Julio des 1299, oder (wie andere setzen) des 1301 Jahrs. Die Freyburger fielen manchmal hinaus mit den Feinden zu scharmützlen. Als sie aber einmals von Feinden übermehret, übel leiden mußten, und der Bischoff mit rotem Gewand angethan, eigener Person herum ritt, und seinem Volck zusprache: stieß ein Metzger *Freyburg im Breißgow beläageret. Anno 1301.*

1305. ger von Freyburg einen Spieß in ihn, daß er am vierten Tag hernach starbe, hiemit die Belägerung ein End nahme.

Feuerbrand am Himmel. Im 1301 Jahr, entbrann unter des Scorpions Zeichen ein Comet, welcher seine Straalen erstlich gegen Aufgang, demnach allgemach gegen Mittag wendete, stuhnd einen gantzen Monat am Himmel.

Ein grosser Bund Herren und Städten. Als nun aus angeregten Kriegsübungen grosse Unsicherheit auferstanden, daß schier niemand mehr weder handlen noch wandlen konnte, verbunden sich eine benannte Zahl Jahren zu einandern, die Herrschaft von Oesterreich, Habspurg, Kiburg, item die Städte Straßburg, Basel, Bern, Solothurn, Freyburg, und andere, daß jedermann in ihren Kreisen Leibs und Guts sicher seyn solte. Und dieser Bund ward der Landsfriede genannt.

Diesen überfuhr erstlich ein Freyherr von Weissenburg, im Siebenthal herrschende, inmassen, daß den Grafen von Kiburg, in deren Circk er gesessen, vom Bund geschrieben ward, diesen Friedbrecher nach Anweisung des Landsfriedens zur Wiederkehrung zu weisen. Als aber der von Weissenburg ihnen zu starck, daß sie ihn nicht *Zug in das Siebenthal wider die von Weissenburg.* geweisen konnten, ward mit gemeinem Raht des Landsfriedens Verwandten, ein Zug für das Städtlin Wimmis in Siebenthal gethan, bey welchem die von Straßburg, Basel, Bern, Solothurn, Freyburg, Biel, Petterlingen, Murten, sammt den Ergöwern waren. Die von Bern gaben ihre Werckmeister darzu, deren einer Meister Burkart genannt, mit einem Werck, Helmetz geheissen, der andere Rudolf Rieder, mit einem Werck, dem man sagte der Esel, die Stadt stürmeten, gewonnen, und zu einem offenen Marckt machten: doch blieb die Burg gantz. Denen von Bern vergienge da ein namhafter Mann, Henrich von Seedorf genannt.

Damals war der von Weissenburg nicht darinn gewesen, sondern sich mit seinen Helferen, dem Grafen von Gryers, den Freyherren vom Thurn, und andern, sehr gestärckt, also daß er mit des Bunds Heer ein Treffen zu thun unterstuhnd. Hatte hierum etliche unter den Bundsgenossen durch heimliche Verständnuß an sich gebracht. So bald man diesen Anschlag, durch Aufhebung eines Schreibens, erkundiget: wurden sie die Bundsverwandten solcher Untreu halben unter einandern sehr umeins, raumeten derohalben das Feld unverrichteter Sachen. Nachmalen zogen die Berner wider den von Weissenburg allein zum andernmal, rächeten diese und andere Sachen.

Anno 1302. Im Augstmonat des 1302 Jahrs trug sich ein solcher unerhörter Uberschwall der Wassern zu, daß der Rhein um den Breisacherberg stosse, und man auf demselbigen von Neuenburg gen Freyburg fahren konnte, zu Basel die Bruck zerstieß, zu Straßburg die Keller und Stuben füllete. Die Wasser im Elsaß machten die Ernde hinderstellig.

Anno 1305. Im 1305 Jahr, erkaufte Bischoff Petrus von Graf Friderich von Toggenburg, *† im Buch am IX. Cap.* die Stadt Liechtstal, das Schloß Honberg mit aller Zugehörde, sammt dem Hof Ellenwihr im Elsaß, davon droben † gesagt, lude hiemit von König Albrechten, welchem er in diesem Kauf vorkommen, nicht wenig Unwillens auf sich. Dann gemeldter König, Graf zu Habspurg, hätte zu Erweiterung seiner Erblanden, diese Herrlichkeiten gern an sich gebracht, als die dem Ergöw wol gelegen. Deßhalben als ihm solches gefehlet, legte er um dieses Vorkaufs willen, an den Bischoff Ungnad, daß als er hernach von einem Grafen zu Montfort, um geringfüger Anspruch willen in seinem Gebiet ergriffen, und aufgehalten ward, König Albrecht durch die Finger sahe, und der Bischoff inn sein Lösgelt tief in Seckel greiffen mußte.

Päbstlich Hof von Rom verlegt. In dem obgemeldten Jahr wähleten die Cardinäle zu Perus den Ertzbischoff von Bourdeaux zum Pabst, Clemens der fünfte genannt. Dieser veränderte den Päbstlichen Stuhl gen Avignon in Franckreich, da er nachmalen 74 Jahr geblieben. Bischoff

Das Dritte Buch. 157

schoff Petrum von Aspelt transferiert er an das Churfürstenthum Maintz, nachdem 1 3 0 5.
ers fünfzehen Jahr verwaltet, und Jvan Bischoff von Lacedämon, einen Leonhar-
der Mönchen, zum Suffraganeo gehabt.

Johann Tritenheims Gezeugnuß von diesem Fürsten lautet etwas anderst. Derselbige zeigt an, Graf Heinrich von Lützelburg habe M. Petrum von Achspalt (also
nennet er ihn) seinen wohlerfahrenen Artzt, zu Pabst Clemens (der sich damals zu Poi-
tiers in Franckreich gehalten) abgefertiget, seinem Bruder Graf Balduin das ledig *Bischoff von*
Ertzbistum Maintz auszubitten. Da nun dieser die Werbung verrichtet, und für *Basel wird*
seines Herrn Bruder ernstlichen angehalten, habe es der Pabst etlicher Ursachen halb *Churfürst zu*
nicht bewilligen wollen. Als er aber darunter schwerlich kranck worden, und ihn *Maintz.*
dieser Petrus durch seine Kunst wiederum gesund gemacht, hab er dem Gesandten, *Kunst be-*
aus Gehül der Cardinälen, das Ertzbistum gegeben, ihn mit Briefen, dem Pallio, *lohnt.*
und anderer Päbstlichen Provision gen Maintz abgefertiget, da er von der Clerisey
und Bürgerschaft gehorsamlich aufgenommen und inthronisiert worden. Hieraus ist
offenbar, daß ihn Tritenheim als einen Bischoff zu Basel nicht erkenne, sondern allein des Lützelburgischen Grafen (so darnach Römischer König worden) Artzt und
Dienstmann nenne: ist deßhalben gläublich, er sey durch solchen Anlaß seiner Kunst,
in seiner ersten Beförderung an das Bistum Basel kommen. Die Carthus vor Maintz
soll aus seinem Anregen von Grund auf erbauet, er aber den 20 Tag Brachmonats,
des 1320 Jahrs, gestorben seyn.

Am Bistum Basel succediert Otho Freyherr von Gran- *Otho von*
see aus Burgund, welchen Pabst Clemens zu solcher Wür- *Gransee Bi-*
den gefördert, jedoch bey König Albrechten, dem die Hon- *schoff zu*
bergischen Herrschaften noch immer auffliessen, wenig Gunst *Basel.*
hatte, deßhalben auch seiner Regalien Bestätigung von ihme
dem Kayser nicht erlangen konnte.

Regalia seind Lehen, welche hohe Dignitäten anhan- *Was Regalia*
gen, die man von einem Kayser oder König, als dem rech- *heissen.*
ten Eigenthumsherrn empfangen muß, wann sich je der
Besitzer oder die Cron veränderet, wie da seind Hertzog-
thumme, Marggrafschaften, Fürstenthumme, Grafschaften,
Herrschaften, sammt ihren Rechtungen, in Setzung der
Oberkeit und Gerichten, mit Zöllen, Müntzen, Zwing und Bännen. Dergestalt
müssen alle geistliche und weltliche Fürsten, Grafen und Herren Teutscher Nation,
welche des Reichs Lande besitzen, dieselbigen von einem Römischen Kayser zu Lehen
empfangen. Dieselbigen werden den geistlichen Fürsten mit dem Scepter, und den
weltlichen mit Fahnen verliehen. Ehe auch ein Fürst oder Herr dieselbige Investitur von Kayserl. Majestät nicht ausgebracht, kan er seinen Dienstleuten keine
mindere Lehen verleihen.

Dieses Aufzugs war der neue Bischoff übel zufrieden, trachtete derohalben sein
Begehren zu erhalten. Als nun König Albrecht folgends gen Basel kommen, und
auf S. Peters Berg in der Pfaffen Hofe seine Herberg genommen: fügete sich der
Bischoff mit den seinen gen Hof hinauf, den König um Verleihung seines Bistums
Regalien gegenwärtig zu begrüssen, nahme hierum Hugen zur Sonnen, einen fürnehmen Achtburger der Rähten, zum Dolmetschen mit sich. Nun war der Bischoff
eine gerade lange Person, deßhalben als er für den König hinein trate, fragte Ihro
Majestät den Dolmetschen, Was dieser lange Schuler wolte? Weil aber der zer *Bischoffs*
Sonnen des Bischoffs schädlich Fürnehmen zuvor vermerckt, daß er den König, *arg Fürneh-*
wo er ihm mit willfähriger Antwort nicht begegnete, umzubringen Vorhabens: ant- *men wider*
wortete er dem Bischoff (welcher ihn, was der König gesagt, fragte) in Welscher *den Röm.*
Sprach, Der König sagt, Ihm seye dißmal nicht Weil, er solte morndrigs kom- *König.*
men, so wolte er ihn gewähren: verhielt also dem erhitzigten jungen Herrn des
R r   Königs

1305. Königs Spottwort, in Erachtung, was Unrahts daraus entstehn mögen. Der Bischoff glaubte dieser Rede, danckte deßhalben dem König in seiner Sprach, schied damit von Hofe.

Als König Albrecht des freveln Fürnehmens verwarnet worden, verritt er mornderigs aus der Stadt ins Ergöw, erklärte sich darnach feindlich gegen dem Bischoff, ließ auf ihn und die seinen zugreiffen, und erstlich, im 1308 Jahr, das Schloß Fürstenstein, ob Ettingen am Blauen, belägern, darauf Wernher von Rotberg und Niclaus zer Kinden Rittere lagen.

Fürstenstein belägert.

Unter diesen Dingen fuhre des Königs Gemahl Elisabet, geboren von Tirol, durch das Breißgow, neben der Mindern Stadt Basel, damals dem Bischoff zuständig, nach Rheinfelden hinauf. Allda fügte sich Bischoff Otho neben der Königin Wagen ins Feld hinaus, der Meynung, sich bey ihren zu entschuldigen, und zu bitten, ihme den König zu versöhnen. Er ward aber nicht gehört, sondern (wie Albrecht von Straßburg schreibt) mit Koth beworfen, welches dann andere noch heller dargeben, sprechende, Herr Conrat Mönch, so mit der Königin Hofgesind geritten, habe den Wagemann wacker auf die Pferd schlagen, und fortfahren geheissen, hiemit sey der Koth an den Bischoff gespützt, und ohngeschaft wieder abziehen müssen.

Zer Sonnen.

1270 Dietschmann zer Sonnen, Jacata von Mertzperg sein Gemahl.
1294 Wernher.
1311 Conrat, der Rähten.
1340 Hug zer Sonnen, genannt Blotzhart.
1344 Lienhart, genannt Möurvelin, der Rähten, Friderich sein Sohn.
1361 Wernher, genannt Feurnaße.
1372 Hemman, Mathis sein Sohn, der Rähten.
1425 Hug zer Sonnen, Oberster Zunftmeister.
Das Geschlecht ist abgestorben.

Das V. Capitel.

Von König Albrechts Entleibung, und wie es den Mordthätern ergangen.

Ursach des mordtlichen Anschlags wider den König Albrechten.

König Albrechten wiederfuhr an einem andern Ort, das er zu Basel gewichen, aus solchem Anlaß. Er war bis dahin Herzog Hansen, weiland seines Bruders, Herzog Rudolfen zu Schwaben, verlassenen Sohns, Gerhab gewesen, und denselbigen jungen Fürsten bey seinen Söhnen am Hof erzogen. Derselbige war schon dieser Zeit auf etwas Jahr hinaus kommen, daß er sich anfienge zu empfinden, und lieber selbst geherrschet hätte. Deßhalben er vom König seinem Vettern etliche mal begehret hatte, ihme die Herrschaft Kiburg zu übergeben, als die ihm von seiner Mutter (deren dieselbige weiland König Rudolf sein Großvatter, Heimsteurs Weise geschencket) zuständig wäre, aber bey ihm nichts erhalten mögen. Dann König Albrecht hatte bis auf ein und zwantzig Söhne und Töchtern, deßhalben er alles, was er füglich konnte, an sich zoge, es wäre der Gottshäusern, Herren oder Gemeinden Güter, damit er in Helvetier Land ein gewaltig Fürstenthum anrichten könnte. Zu dem war ihm die Königin, aus Vermerckung Herzog Hansen Begehren, oft in Ohren gelegen, vielmehr seine eigenen Kinder, dann diesen unnützen verthuenden Jüngling zu bedencken. Neben diesem hatte auch der König etlichen Freyherren, etwas Gütern und Rechtungen entzogen.

Da

Das Dritte Buch.

Da nun Bischoff Johans von Straßburg, des Königs Cantzler, auf Philippi und Jacobi erstgedachtes Jahrs, im Schloß zu Baden für Hertzog Hansen abermals angehalten, ihm etliche seiner Vestungen einzuraumen: hat ihm der König geantwortet, Er wolte ihm diesesmal hundert Helm zum Heerzug in Böhmen, welchen der König vor ihm hatte, geben, und nach seiner Wiederkunfft etliche zustellen, daran doch er nicht kommen wolte. Gleiches Anliegen hatte Herr Walther von Eschibach, welcher auch etliche seiner vorgehaltener Gütern wiederum forderte, dem König fürbildende, Wie er sein Blutsfreund, und sein Vatter in seinem Dienst umkommen wäre: Mochte aber gleichergestalt nichts willfähriges ausbringen.

Als sie darnach beym König und seinen Söhnen das Imbismahl nahmen: setzte er Hertzog Hansen und den übrigen Supplicierenden, Rosenkräntz auf die Häupter, vermeinende, diese wären ihnen wolständiger, dann ihrem Begehren zu willfahren. Welches dann ihnen also tief zu Hertzen griff, daß sich Hertzog Hans vor Kummer des Wähnens nicht enthalten mochte, seinen Krantz wieder auf den Tisch legte, und sammt seinen Mithaften nichts essen mochte, deßhalben mit gemeldtem von Eschibach, Rudolf von Wart, und Ulrichen von Palm, Freyherren, einen heimlichen Anschlag machte, den König zu entleiben.

Conspiration wider König Albrecht.

Hierzu erwischten sie Anlaß, als der König nach genommenem Imbismahl zu der Königin nach Rheinfelden reisen wolte. Dann als sie an die Ruß, ein Schifffreich Wasser bey Windisch, kommen, da man die Reisenden zu Roß und Fuß an einem Seil, über das Wasser gezogen, hinüber zu führen pfleget: trat Hertzog Hans mit seiner Gesellschafft zum ersten ins Schiff, daß sie vor allen hinüber kamen. In der andern Fahrt ließ sich auch der König überführen, und ritte von den Rottierern im Vortrab, ohne alle Sorg, nach. Als er nun den Rain auf, in das weite Feld kommen, daselbst mit einem von Castelen sprechend, durch die Saat ritte: wendeten sich die Meutmacher mit ihren Dienern unverschenlich, und wischte der von Wart zum ersten herfür, sprechende, Wie lang lassen wir diesen Todten also reiten? Hiemit fiel sein Knecht, Russeling genannt, des Königs Pferd in Zaum, darauf ihn Hertzog Hans in Hals verwundet, der von Wart mit dem Wehr durchstach, und der von Palm das Haupt zerspaltete. Der von Eschibach, ob er wol dem König nichts zugefügt, war auch bey den Thätern. Also fiel König Albrecht vom Pferd, und endete sein Leben auf der Erden, um Mittagszeit, allernächst bey der Stadt Bruck, nicht fern vom Schloß Habspurg.

Röm. Kön. ermördet.

Dieses gab dem Krieg wider den Bischoff zu Basel einen Austrag. Dann als sich die auf Fürstenstein eben morndrigs aufgeben wollen, kam angehender Nacht einer hinter das Schloß auf den Berg, rufte von den Rotberg, und schrie ihm zu, der König wäre umkommen. Vor Mitternacht hatte man auch vor dem Schloß im Läger diese Bottschaft. Derowegen sie (unwissend was vorhanden) in Schrecken früh aufbrachen, das Feld raumeten, hiemit die Belägerten ferner unbenöhtiget blieben. Es vertrugen sich auch hernach König Albrechts Wittwe und Söhne mit dem Bischoff, auf daß sie ihre Macht wider ihres Herrn und Vatters Mörder desto füglicher wenden könnten.

Krieg wider den Bischoff gewinnt ein Loch.

Demnach aber in dieser Kriegsfehde etliche vom Adel zu Basel König Albrechten, etliche dargegen dem Bischoff beyständig und günstig gewesen: erweckte diese Zweyung unter den Burgern zu Basel einen bösen Tumult. Dann als Herr Niclaus zer Kinden, Ritter, einer von des Bischoffs Theil, nach Ablassung der Belägerung, eines Tags an Herr Peter Schaler, Rittern, zu Basel auf der Gassen gestossen, auch mit ihm dieser Sachen halben in Reden stössig worden (dann die Mönchen, Schaler, und etliche andere vom Adel, hatten es mit König Albrechten gehalten) derowegen gegen einandern von Leder gezuckt, ward der zer Kinden vom Schaler hart verwundet.

Kr ij   Hieraus

1 3 0 8.

Baßler Bistums Historien,

1308.
Auflauf zu Basel.

Hieraus entstuhnd unter der Burgerschaft, welche zuvor wider einanden verbitteret, ein solcher Lermen, daß sie stürmeten, und mit bewehrter Hand zusammen lieffen. Der Bischoff und seine Parthey zogen mit dem Paner auf S. Peters Berg in der Mönchen Hof, (da lang hernach ein wolhabender Burger, Conrad zum Haupt genannt, eine Bilgerherberg den Fremdlingen angerichtet) durchlieffen das Haus, nöthigten die darinn gewesen, daß sie über die Mauer aus, und durch die Sprachhäuser entweichen mußten, funden ob fünftzig Fuder Weins im Keller, das ward alles Preis, ausgebeutet oder verderbt, und mußten die Widerwärtigen Weite geben.

Ernde Herberg.

Unter diesen waren auch die Schaler und andere der Mönchen Gönner nicht unbehend gewesen, hatten sich mit ihrem Anhang auf den Münsterplatz gerottiert, und mit bewehrter Hand den Sprung nieder bis zum Kaufhausgezogen, den Mönchen Rettung zu thun. Allda begegnete ihnen der Bischoff den Burgeren, trieben sie daselbst in die Häuser, ja bis auf die Dächer, welche damals flach und mit Schindlen bedecket waren, nöthigten etliche, daß sie ab dem Haus zum Steblin aufs Dach zum Schlüssel sprungen, hiemit die Königische Parthey das Kürtzere zoge. Nach Stillung des Tumults, mußten die Mönchen und Schaler aus Erkanntnuß des Rahts, zwo Meilen von der Stadt in Leistung schwören, die währte wohl vierzehen Jahr.

Einsmals gerieht ermeldter Bischoff wider Graf Theobalden zu Pfirt in schwere Mißhellung, ja daß er ihn mit Hilf der Stadt Basel gewaltiglich überziehen wolte, wo sich nicht etliche Personen darein geschlagen, daß der Graf die Veste Blumberg, dem Bischoff aufgab, und sie von ihm wiederum zu Lehen empfienge. Durch welches Mittel der Krieg abgestellet ward.

Wie es des Königs Mördern ergangen.

König Albrechts Todtschläger waren erstlich an die Nöhe auf Froburg entwichen, demnach einer hie, der ander dort hinaus kommen. Der von Palm ein tapferer Ritter enthielte sich eine Weil zun Reuern zu Basel in Steinen Vorstadt, darnach in seinem Schloß Altpüren, da er aus Unmuht starbe. Der von Eschibach, welchen des Königs Kinder seiner Herrschaft vertrieben, und ihm seine Schlösser, Schnabelberg und andere zerstöret, ward im Wirtenberger Land ein Viehhirt, gab sich erst nach fünf und dreyßig Jahren in Sterbensnöhten zu erkennen.

Von Palm.

Von Wart.

Rudolf von Wart hielte sich eine Weil zu Falckenstein, kame demnach zu Graf Diebolten von Blamont, gen Plan in Burgund, Vorhabens zum Pabst zu reiten. Als desselbigen Gemahl, eine von Beringen, die That vernommen, wolte sie ihn, der ihren Herrn und Vettern umgebracht, nicht entwischen lassen, und ward deßhalben sammt dem Diener gefänglich eingezogen, und bald darauf Hertzog Lupolden, welcher eine namhafte Summa Gelts auf ihn gebotten, überantwortet. Daher man diesen Grafen, als der ihn um Gelt hingegeben, den Kaufmann nennete. Der Knecht, Russeling geheißen, ward zu Enßheim gerädert, aber der Herr an die Malstatt hinauf geführet. Und wiewol er verhoffet, wann er gen Basel käme, würde man ihn baselbst behalten, oder vielleicht gar ledigen, nahme sich doch seiner niemand an. Erstlich läugnete er, daß er den König umgebracht, und erbotte sich eines einspännigen Kampfs. Als ihm dieses nicht helfen mochte, wendete er für, vermeinende daran nicht Unrecht gethan zu haben, sintemal Albertus seinen Herrn, weiland König Adolfen erschlagen, deßhalben ein

Verletzer

Das Dritte Buch.

Verletzer der Majestät gewesen wäre: konnte sich aber auch damit nicht ausreden, sondern weil diese Mordthäter schon zuvor durch Kayser Henrichen, des Entleibten Nachkömmling, verdammt, ward er ohne fernern Sententz zu Winterthur einem Pferd an Schwantz gebunden, an die Richtstatt hinaus geschleist und auf das Rad gesetzt. Sein Gemahl, eine von Palm, kam bey Nacht unter das Rad, mit viel wäinen und betten, fügte sich hernach gen Basel, da sie etliche Jahr ein geistlich Wesen führte. *1308.*

Hertzog Hans verbarge sich an manch Ort, da er vermeinte sicher zu seyn, kehrte letstlich, aus Trieb seines Gewissens, zum Pabst gen Avinion, Absolution zu erlangen. Diesen Handel wolte der Pabst nicht auf sich nehmen, sondern wiese ihn zum neuen Kayser, sprechende, Eines Kaysers Mord, wäre von einem Kayser zu strafen, deßhalben er sich zu Kayser Henrichen seines Vettern Nachfahr, der damals zu Pisa in Italia war, reurud, in eines Beghards Gestalt, verfügte, derselbe stieß ihn in das Augustiner-Kloster daselbst, darinn er auch sein Leben geendet. *Wie es Hertzog Hansen ergangen.*

An dem Ort, da König Albrecht den Geist aufgegeben, stiftete seine nachgelassene Wittwe, die Königin Elisabeth, ein trefflich weit und herrlich Kloster, für Weibs- und Mannspersonen, S. Francisci und S. Claren Ordens, nennete es von wegen des Königs Entleibung, Königsfelden. Im selbigen liesse sie ihr eine schlechte Behausung zurichten, ward allda letstlich bey ihrem Herrn begraben, welchen man doch nach etlichen Jahren von dannen gen Speier in das Thum führte. Deßgleichen als König Andres zu Ungarn mit Tod abgegangen, fügte sich die verlassene Königin Agnes, Alberti Tochter, auch an dieses Ort, nahme für ihre Widems-Stätte in Ungarn, Gelt, brachte in das Kloster groß Gut, und begabe sich daselbst im Gottesdienst ihr Leben zu verschliessen. Im tausend dreyhundert und zwantzigsten Jahr, den fünfzehenden Tag Hornungs, ward die Kirch durch Bischoff Johansen von Straßburg, in Gegenwärtigkeit ermeldter Königin Agnes (so hernach den dreyzehenden Tag Brachmonats im 1354 Jahr, an diesem Ort verscheiden) und Hertzog Lupolts ihres Bruders, geweihet, und nach zehen Jahren auch das Chor, durch den Bischoff von Costantz. *Königsfelden wird gebauet.*

Zer Rinden.

1258 Johans zer Chindon, sein Bruder
1273 Hug, Ritter.
1294 Conrat zer Kinden, Ritter, Wernher der Röhten.
1305 Hug zer Kinden.
1342 Hans, der Röhten.
1344 Starb Niclaus zer Kinden. Clementia von Tegerfeld sein Gemahl, starb 1361.

Diese sieben seind alle Ritter gewesen.

Das VI. Capitel.

Von Kayser Henrichs des siebenden Wahl und Romfahrt, die Bischoff Othen zusammt dem Kayser verschlungen. Darauf giebt der Pabst dem Stift Basel einen neuen Bischoff, so setzen die mißhellenden Churfürsten zween Kayser. Anfang der löblichen Eydgnoßschafft.

Am ersten Tag Wintermonats, des tausend dreyhundert und achten Jahrs, ward aus ernstlichem Anhalten Petri von Aspheit des Churfürsten zu Maintz, gewesenen Bischoffs zu Basel, Graf Henrich zu Lützelburg Römischer König erwehlt, und folgends auf der drey König Tag zu Aach gecrönet. Nach derselbigen Einweihung *Kayser Henrich der sibende von Lützelburg. Anno 1309.*

162 Baßler Bistums Historien,

1310. hung reisete er den Rhein auf, durch Speier, Straßburg, Colmar und Basel ꝛc. empfienge die Herren und Städte allenthalben in gebührende Pflicht.

Es war dieser neue Kayser ein kühnmühtiger tapferer Fürst, welcher seinen Vorfahren Rudolfo, Adolfo und Alberto, für eine Zagheit rechnete, daß sie um der Kayserkron willen nie in Welschland gekommen wären, deßhalben ihme fürsetzte die Kayserliche Würde und Rechtungen in Italia wieder aufzubringen. Als er nun seinem Sohn Johanni eine Königin zu Böheim vermählet, und ihn mit Gewalt in das Reich gesetzt, deßgleichen Graf Eberharten von Wirtenberg, der sich ihme rebellisch erzeigt, seines Lands vertrieben, ihm 72 Schlösser und Städtlein zerstöret: erhub er sich, im 1310 Jahr, mit einem trefflichen Heer, zoge den Rhein auf gen Bern, da er um Michaelis bey zehen Tagen verharret, demnach in Saffoy, und über den Montdenis in Lombarden, hatte bey sich viel grosser Fürsten und Herren, geistlich und weltlich, benamtlich aber Balduin seinen Bruder Churfürsten zu Trier, Hertzog Lupolten von Oesterreich mit zweyhundert Glenen, Pfaltzgraf Rudolf, den Bischoff von Lüttich, Bischoff Otho von Basel, auch sonst von Städten und allerley Ständen Teutschlands, viel Kriegsleut und Geferten.

Kayser Heinrichs Romfahrt.

Er verrichtete in Italia etliche namhafte Sachen glücklich, kame gen Rom, da er nicht ohne trefflichen Widerstand, durch etliche verordnete Cardinäle (dann der Pabst zu Avignon in Franckreich Hof hielte) die Cron empfienge. Bischoff Oth von Basel kame nicht wieder heraus, sondern starb auf dieser Romfahrt, im 1311 Jahr, nicht ohne Argwohn beygebrachtes Gists, hatte Martinum Episcopum Treponensem zum Weyhbischoff gehabt.

Dem Kayser wird im Sacrament Gist gegeb.

Dem Kayser ergieng es gleicher Weise. Dann als er sich drey Jahr in Italien gesaumet, mit Kriegen viele Müh und Gefahr ausgestanden, in denen ihm das Glück immer wol gewollen, fieng ihn auch an der Pabst zu besorgen. Summa, die Practick ward (als Volaterranus schreibt) angelegt, daß ihm ein Mönch, Prediger-Ordens, zu Pisis im Sacrament mit Gist vergab, auf Mariä Himmelfahrt, des 1313. 1213 Jahrs, starb zu Bonconvent.

Sterbend und Hungersnoht.

Ein schrecklicher Sterbend regierte im selbigen Jahr, am gantzen Rheinstrom, welcher in allen Städten und Flecken eine grosse Anzahl Menschen hinzuckte. Zu Basel sturben 14000 Menschen, nicht minder zu Straßburg, zu Speier 9000, zu Worms 6000, zu Maintz 16000 ꝛc. Darauf folgte eine strenge Theurung und Hungersnoht im gantzen Teutschen Land, daß man das Getreid aus fernen Orten herführen muste, und war die Noht so groß, daß an etlichen Enden die Cörper von den Hochgerichten genommen wurden.

Bäbstlich Hof in Franckreich.

Pabst Clemens der fünfte, welcher den Römischen Hof gen Avignon in Franckreich veränderet, da er auch folgends 74 Jahr geblieben, hatte im Antritt seiner Bäbstlichen Regierung eine Satzung gemacht, daß alle Bißtume und Prälaturen in Thumkisten, so durch Absterben der Personen am Bäbstlichen Hof ledig fielen, von niemand anderm dann nur von Stuhl wiederum besorgt und versehen werden. Wann dann schon wider solche Provisiones die Capitel etwas handleten, sie hätten um dieselbige gewußt oder nicht, das solte nichtig und unkräftig seyn. Aus Kraft solcher Satzung gabe gesagter Pabst Clemens dem abgestorbenen Bischoff Othen zum Nachkömmling, Gerharten von Wippingen einen Uchtländer und Bischoff zu Losannen.

Even über das Bißtum Basel.

Denselbigen entledigte er aus Apostolischer Vollmacht seines Bißtums, und setzte ihn zum obristen Hirten gen Basel. Dargegen griffe das Capitel auch zur Wahl, und ordnete Herrn Lütolden von Rötelen ihren Thumprobst zum Bischoff, welcher

die

Das Dritte Buch.

die Wahl annahme, und stracks darauf zu des Bistums Land und Leuten griff, 1314. und ihm dieselbigen schwören ließ, wolte dem Päbstischen Bischoff nicht allein keinen Zugang geben, sondern handlete auch mit der Stadt Basel, daß sie bey Leibesstraf verbotten, keine Päbstischen Brief Bischoff Gerharten und desselbigen Förderung betreffend, zu Basel mit nichten zu eröffnen oder aufzuschlagen.

Hierum befahl der Pabst, am Dato zu Avignon den 22. Tag Jenners, seines Pabstums im vierten Jahr, dem Prior zun Predigern und dem Guardian zun Baarfüssern zu Basel, sie solten die Clerisey des Stifts Lehenleute und alle andern ernstlich vermahnen, ihres Widersaßes abzustehen, den von Rötelen für keinen Bischoff zu erkennen, dargegen den von Losannen anzunehmen, sonst wurde er sie in Bann verkünden, die Geistlichen ihrer Würden, und die Lehenleute ihrer Lehen, so sie von der Stift oder andern geistlichen Personen hätten, entseßen.

Damals waren vom Capitel Johans Cammerer Dechan, Günther Custos, Hermann Schulherr, Hartmann von Ribow, Johannes de Vinstingen, Berchtold von Wessenberg, Conrad von Gößlen, M. Petrus von Friburg, Johans von Diessen, Heinrich Kuchimeister, Ludwig von Straßburg, Ludwig von Thierstein ꝛc. Dieser etliche ergaben sich, die übrigen fortdruckten, deßhalben diese Ungehorsamen ausgehends Brachmonats vom Pabst ihrer Würden und Pfrunden entsest, in Bann verkündet, und ihnen die Kirchen verbotten wurden, mußten aufs leßte von ihrem Vorhaben abstehen und Gerhardum für ihren Bischoff erkennen und annehmen. Dieser brauchte zum Weyhbischoff, erstlich Jacobum Episcopum Panadensem, demnach Johannem Episcopum Recrehensem.

Im November des 1314 Jahrs, kamen auch die Churfürsten zu Franckfurt zusammen, kontten sich aber der Kayserlichen Wahl halben nicht vergleichen. Ihren vier, namlich, Petrus zu Mainß, Balduin zu Trier, Erßbischöffe, Johannes König zu Böheim, und Woldemar Marggraf zu Brandenburg, wähleten Herßog Ludwigen zu Bayern: die übrigen drey, Herßog Fridericken von Oesterreich, Kayser Albrechts Sohn, welchem der von Mainß ungünstig war, darum daß sich weiland sein Vatter Kayser Albrecht, ungnädig gegen ihm erzeigt, als er noch Bischoff zu Basel gewesen: wie dann männiglich dem Leibs widerfähret, länger daran gedenckt, dann so einem Guts beschicht.

Zween Röm. König in einer Mißhellung erkoren.

Hieraus erfolgte abermals eine schädliche Trennung, bevorab da Herßog Lupolt seinen Bruder mit Gewalt beym Reich zu erhalten unterstuhnde. König Ludwig thäten Gehorsame die Niederen Städt am Rhein bis gen Selß, aber die Oberen hielten es mit Herßog Fridericken. Im Schweißerland gehorchten der Städten und Ländern mehrer Theil Friderico, aber die drey Alpländer, Uri, Schweiß, Unterwalden, fielen Kayser Ludwig bey. Bern und Solothurn wolten sich an keinen ergeben.

Beyde Brüder die Herßogen von Oesterreich verheurateten sich dieser Zeit. Fridericus, welcher sich Röm. König nennte, nahme Elisabeth, König Jacobs zu Arragon Tochter, und Herßog Lupolt des Grafen zu Saffoy Tochter, zu Gemahlen. Die hochzeitlichen Festtage wurden nach Pfingsten, im 1315 Jahr, zu Basel gehalten, da auch Fridericus seine Gespons als eine Römische Königin crönen liesse. Allda zeigete man des Römischen Reichs Kleinoder, das Speer, ein Stuck vom Creuß Christi, die Cron und das Schwert Caroli Magni. Die Brüge darauf eine grosse Anzahl Volcks gestanden, war übel versehen, daß sie brache, und viel herrliche Weibsbildern aus den Frauenzimmern beschädiget wurden. Die Fürsten, Grafen, Herren und Ritter, deren eine grosse Anzahl zugegen, hielten unzählich viele Ritterspiele und Thurnier, in deren einem, ein Graf von Kaßenelnbogen durch einen Grafen von Gebweiler darnieder gerennt, und verwundet ward, daß er sterben mußte. Herr Hans von Clingenberg bejagte unter allen Rittern den Preis.

Fürstliche Hochzeiten und Brüggen zu Basel.

Ss ij   Wenig

1315.
Anfang einer loblichen Eydgnoßschaft.

Wenig Jahr vor diesen Zeiten hat sich der Bund einer loblichen Eydgnoßschafft in Oberen Teutschen Landen, zu Ury, Schweitz, Unterwalden, aus folgenden Ursachen erhebt. Es waren diese bisher des Römischen Reichs befreyte Landschafften gewesen, sonst keinem Erbherrn unterworfen, hatten deßhalben jederzeit vom Kayser nur einen Reichsvogt gehabt, der bey ihnen des Reichs Geschäffte verrichtete, und desselbigen Rechtungen erhielte. Dieser (weil es gewohnlich einer von den nächstgesessenen Grafen oder Herren gewesen) hatte nicht im Land gewohnet, sondern war jährlich etlichemal nach Gelegenheit dahin gekommen, allerhand Nohtdurfft von des Reichs wegen zu verhandlen.

Als aber weiland König Albrecht an das Reich kommen, und diese drey Länder oder Waldstädt in sein und des Haus Oesterreichs Gewalt und Verspruch zu bringen unterstanden, jedoch sie sich von dem Reich nicht wolten trennen lassen, sondern ihre von Kaysern und Königen hierum gegebene Freyheiten entgegen warffen: bewegte es den König zu solcher Ungnad, daß er einem jeden Reich einen besondern Vogt ordnete, welche an den Landleuten unträgliche Tyranney, Trotz und Muhtwillen eine Zeitlang übeten, die auch er ungehindert fürgehen ließ, deßhalben ihnen nachzugedenken Anlaß gaben, wie sie des unbilligen Gewalts entladen, bey Recht bleiben möchten.

Die drey ersten Eydgnossen.

Des Bunds Anfänger waren erstlich nur drey Mann, namlich Wernher Stouffacher von Schweitz, Walther Fürst von Ury, und Arnolt aus dem Melchthal von Unterwalden, welche sich bey ihren Eyden zusammen verbunden, Weg und Steg zu suchen, das gemeine Vatterland der Tyranney zu entladen, und wieder in seine vordrige Freyheit zu bringen. Ihrer ein jeder machte ihm daheim einen solchen Anhang in geheim, daß sich endlich die gantzen Landsgemeinden des Bunds unterfiengen, und auf den Neuen Jahrstag, im 1308 Jahr, den übermühtigen Vögten die Schlösser einnahmen, verstöreten, und sie zum Land aus trieben: hierauff eine gemeine zehenjährige Bäudnuß mit einandern aufrichteten. Aus welchen Anfängen dann in fürlauffender Zeit, durch Beytrettung vieler benachbarten Herren und Städten, ein solch herrlich frey Volck worden ist, daß männiglich gespüren müssen, wie GOtt (so der Ungerechtigkeit und Tyranney feind ist) hinder diesem Bund gestanden, ihn erhalten, und zu solchen Ehren gesetzt habe.

GOtt bricht ab und richtet auf die Regiment.

König Albrecht hätte diesen Bund mit Kriegsgewalt zu verstören, und der Reichsvögten Vertreibung zu strafen unterstanden, wo er nicht bald hernach umkommen. Darauf seine Söhne mit Verfolgung ihres Vatters Mördern zu thun bekamen, daß die Waldstädte darzwischen unangefochten blieben. Dieser Zeit aber, da sie Kayser Ludwigen angenommen, besammlet Hertzog Lupolt eines Wegs nach seiner Hochzeit einen stattlichen Zeug mit viel Herrschafft, Vorhabens diese Leute seinem Bruder König Fridericen gehorsam zu machen. Erstlich belägerte er Solothurn bey zehen Wochen, darum daß sie sich zu seinem Bruder Friderico nicht erklären wollen, zoge darnach auf die drey Länder: ward aber den 16. Tag Wintermonats zwischen dem Egrisee und dem Berg Morgarten mit trefflichen Verlurst geschlagen. Darauf die drey Ort den siebenden Tag Christmonats zu Brunn einen ewigen Bund mit einandern beredten und annahmen.

Der erste ewige Bund der Eydgnoßschaft. Anno 1315.

Das

Das Dritte Buch.

Das VII. Capitel.

1 3 1 6.

Von Bischoff Gerharts Kriegen. Wie ernstlich die zween widerwärtigen Kayser, Ludovicus und Fridericus, an einandern gesetzt, und Kayser Ludwig endlich den Scepter behauptet.

Grafen von Neuenburg am See.

Bischoff Gerhart von Basel wuchse im tausend drey-hundert und sechzehenden Jahr, wider Graf Ludwigen zu Neuenburg am See in Unwillen, wie dann bisweilen vernachbarte Herren stössig werden. Die Sach kame so weit, daß sich der Bischoff mit Erbietung billicher Gedingen, bey Graf Eberharten von Kiburg, Landgrafen in Burgund, um Hilf bewarbe, welcher deßhalben mit seinen Leuten von Thun und Burgdorf zu des Bischoffs Volck gen Biel kame. Von dannen ruckten sie mit sammenthaftem Heer auf den von Neuenburg. Dieser Gästen hatte sich der Graf zuvor versehen: deßhalben ihnen auf gehabte Spehe ihres Anzugs, hertzhaft entgegen gekommen, und eine Schlacht geliefert, darinn sie geflüchtiget, etliche von Thun und Burgdorf gefangen wurden.

Bischoffs Krieg wider Neuenburg am See.

Nach diesem begehrte der von Kiburg an Bischoff, sich mit ihm dieser Reiß halben zu vergleichen. Hierauf widerigte sich der Bischoff ihm etwas zu geben, mit Fürwendung, die seinen hätten ihm mit ihrer Flucht um den Sieg, und zu grossem Schaden gebracht. Daraus entstuhnde neue Feindschaft. Der Graf wolte nicht umsonst vertröstet seyn, sondern sich selbst bezahlen, ruckte derowegen nach Biel, eine Stadt dem Bischoff angehörig, Vorhabens, sie von wegen ihres Herrn zu pfänden. Es begegneten aber die Bieler, auf empfangene Warnung, dem Grafen mannlich, trieben ihn in die Flucht, jagten ihm gegen Solothurn herab so ernstlich nach, daß etliche zu entrinnen daselbst in Stadtgraben sprungen. Der Span ward folgends gütlich aufgehebt und vertragen.

Dieser Graf hatte nachmalen, im 1322 Jahr, auf aller Heiligen Tag, seinen Bruder Graf Hartman von Kiburg im Schloß zu Thun erstechen lassen, darum daß er sich der Herrschaften nicht verzeihen, ihm das Land allein lassen, und er irgend um ein Bistum sehen wollen.

Ein Bruder erwürgt den andern.

Im 1317 Jahr war Theurung halben eine harte Zeit, an etlichen Enden sturben viel Leute Hungers. Ein Sack mit Kernen galt fünf Pfund, ein Viertel Habern zwey Pfund Baßler Währung. Es wurden gefunden, die Mistel ab den Bäumen kochten, sich des Hungers zu erwehren.

Theurung.

Teutsche Nation schwebte darneben in grosser Unruh und Zweytracht, von wegen der zwey widerwärtigen Kaysern, welche gleichwol geschwisterte Kinder waren, jedoch um der Cron willen schwere Kriegsfehde wider einander führeten. Unter andern Kriegsempörungen war Hertzog Lupolt, im 1320 Jahr, mit einem gewaltigen Kriegsvolck bis gen Speier herab gezogen, König Ludwigs Beyständigen die Flecken verhergt und verbrennet. So bald er aber wieder herauf ins Ergow kommen, und die Knecht verlaufen lassen: kame Bottschaft, König Ludwig zuge mit einem mächtigen Haufen Reutern den Rhein auf. Also ließ er eilends die Posten gehen und umschlagen, nahme so viel Kriegsvolck er in Eil haben mochte zu sich, eilete wider aus dem Oberland zu Graf Ulrichen von Pfirt und Bischoff Johansen von Strasburg

Der widerwärtigen Röm. Käyserliche Handlung.

1320. burg herab, welche sich mit ihrem Kriegsvolck um Schastholtsheim und Achenheim an die Breusch mit Schrecken gelägeret. Als sich aber Ludovicus nahete, wichen sie über die Breusch gen Holtzheim, bis Hertzog Lupolt sein Heer mit Leuten zu Roß und Fuß, die ihm noch täglich zuzogen, nach Nohtdurft gestärcket.

Beyde Könige liegen bey Straßburg wider einandern.
Die von Straßburg hatten zuvor ihrer Freyheiten Bestätigung von Friderico empfangen: dißmals nahmen sie die von König Ludwigen, als er im Augstmonat mit einem gewaltigen Heer daselbsthin kommen, jedoch sich nicht lang in der Stadt gesamlet.

Hiezwischen war König Friderich, in Vernehmung dieser Rüstung, mit wenig Pferden aus Oesterreich eilends gen Rheinow kommen. Von dannen verfehlete er schier seines Bruders Heer, daß er gar nahe in König Ludwigs Läger verschossen wäre: dann beyde Heer nicht über ein Viertheil einer Meile ebens Lands von einandern lagen. Hertzog Lupolt war seines Bruders Zukunft also froh, daß er ihm mit Wainen an Hals fiele, sprechende, Ach mein Herr Bruder, wie habt ihr mich so lang, und in so grosser Gefahr gelassen?

König Ludwig hatte bey sich die Churfürsten von Trier und Böheim, auch dessen von Maintz und anderer Herren Volck, 4000 auserlesener Helmen. Als er nun König Friderichs Ankunft vernommen, schickte er einen Herolden in das Oesterreichische Läger, zu sehen, ob dem also, und Fridericus ihm die Schlacht liefern wolte: dann sonst die Fürsten nicht rahten wolten, mit Hertzog Lupolten allein zu schlagen, in Betrachtung, daß wann man ihm schon ansiegete, die Hauptsach darum nicht eroberet wäre. Hierauf antwortete König Friderich dem reitenden Botten eigener Person: Sage meinem Vettern, ich seye nicht um zu streiten gerüst, sondern es seye Zeit, daß wir einmal unsern Gezwan ausmachen, und des Reichs Unterthanen Ruhe schaffen. Nun hatten die Oesterreichischen alle ihre Pferd von sich gethan, und damit sich niemand derselbigen getrösten möchte, im Heer einen Ruf gehen lassen, daß niemand bey Leibesstraf die Sporen an Streit tragen solte.

König Ludwig will den Streit nicht bestehen.
So bald König Ludwig hörete, wie die, so zuvor in Sorg und Zittern gestanden, so behertzt und eiferig wider die gezuckten Wehre in Händen trugen: gab er Weite, zoge wider Hagnow durch den Forst, daß ihn die Feind (wiewol sie ihm zween Tage nachzogen) nicht mehr ereilen mochten, hiemit dieses Ungewitter ohne Blut abgienge.

Folgendes Jahrs fiele König Friderich, mit Hilf seines Bruders, König Ludwigen ins Bayerland, verheraten ihm dasselbe, bis zehen Wochen lang, daß er sich immer in den Vestungen hielte, und sie zum Streit nicht bestehen wolte. Es waren sorgliche Läufe, deßhalben der Bischoff und Stadt Basel, am Dato Zinstags nach Othmari, in gemeldtem 1321 Jahr, mit der Stadt Zürich, auf eine bestimmte Zeit in Bündnuß traten.

Mächtige Rüstung der Teutschen Kaysern.
Darnach nahme die spännige Sach des Kayserthums, im 1323 Jahr, etlichermassen einen Ausschwang, indem sich die zween widerwärtigen Könige, deren ein jeder seinen Anhang hatte, und sich keines Wegs vertragen kunten, mit bester ihrer Macht wider einandern zu Feld rüsteten. König Friderich besamlete aus seinen Erblanden, item aus Sachsen, von Bischöffen zu Saltzburg, Passau, Freisingen, Gurck etc. gegen der Bayerischen Frontier, eine grosse Anzahl Fußvolck, und 2200 Glen, zu denen ihm König Carol zu Ungarn 4000 Chumanischer Schützen, ein sehr grausam Volck, schickte. So hatte ihm sein Bruder in vordern Oesterreichischen Landen, dem Ergow, Schwartzwald, Breißgow, Elsaß, bey 200 Glenen, sammt einem Hausen Fußvolck aufgebracht.

Im Gegentheil hatte König Ludwig aus Böheim, Wirtenberg, Geldern, Francken, von den Churfürsten zu Maintz und Trier, vom Burggrafen zu Nürnberg ec.

Das Dritte Buch.

berg ꝛc. grosse Hilf, auf 1500 Glen, und 30000 Fußgänger, mit welchen er den 1323. Feinden, so ihn in seinem Land gesucht, entgegen ruckte, Vorhabens, entwederseinmal zu siegen oder zu sterben.

Nun hatte sich Hertzog Lupolt im Anzug, in Verwüstung Graf Wilhelms von Montfort Land (darum daß er König Ludwigen mit den seinen zugezogen) etwas länger gesaumet, daß er auf die Zeit, da sich der Ernst erheben wolte, noch nicht zugegen, sondern eine Tagreis weit zuruck war. Deßhalben als sich der Bayer zum Eil mit Weil. Streit anliesse, vermahneten Friderici Räht ihren König, bis auf seines Bruders Ankunft mit der Schlacht still zu halten. Welchem nutzlichen Raht er nicht folgete, sondern aus zu sehr kühnem und ergrimmten Hertzen, sich auf S. Michels Tag, zwischen Müldorf und dem Dornsperg, nicht fern von Oetingen auf der Bechen Wiesen, wider das Bayerische Heer in eine blutige Schlacht begabe, die währete einen gantzen Tag, in deren letztlich König Friderich von Ludovico sieglos gefan- König Lud gen, und sein Volck, nicht ohne beyder Theilen mercklichen Verlurst, geschlagen wig fiegt, ward. Doch wolte der Obsieger aus Forcht Hertzog Lupolts, der mit seinen Fridericus Haufen nahe herbey kommen, nicht über Nacht auf der Wahlstatt bleiben. Diese wird gefan-
Schlacht beschahe grad fünfzig Jahr von der Zeit an, da beyder Friderici und Lu- gen.
dovici Großvatter, Rudolfus, zum Römischen König erwählet worden.

Als aber Hertzog Lupolt die grosse Niederlag und seines Bruders Unfall vernommen, kehrte und wiederum zuruck mit trauren, freuete sich doch, sintemal beyde König also sehr wider einandern ergrimmet gewesen, daß sein Bruder nicht umkommen, sondern allein gefänglich angenommen wäre. Er kam voll Leids und Kummers gen Basel, allda richtete ihm der Adel mit den Edlen Frauen und Jungfrauen, Tantz und andere Kurtzweil an: begehrten ihn frölich zu machen: aber unter diesem allen war lachen bey ihm theuer, und konnte man kein frölich Zeichen an ihm gespüren.

Nach diesem trefflichen Sieg, neigten sich viel Städte, die zuvor König Friderichen günstig gewesen, auf König Ludwigs Seiten. Die Städte im Elsaß, Colmar, Sonst fället Schletstatt, Roßheim, Hagnow ꝛc. liessen den von Liechtenberg ein, in König Lud- dem Glück wigs Namen: wider die Hertzog Lupolt etliche Pferd gen Ensisheim legte, ohne Un- nach. terlaß auf sie zu streifen. Bald darauf verordnete er sie gen Seltz, welche Reichsstadt dem Marggrafen von Baden vom gefangenen Friderico hievor verpfändet war, und noch an ihm hielte, liesse daraus die Städte Ludovico anhängig, mit Raub und Brand anfechten, die wurden letztlich gewaltiglich darinn belägeret. Welches dann Hertzog Lupolten verursachte, daß er durch das Breißgow bis nahe gegen Seltz hinab zoge, sein Kriegsvolck in Schiffen überführen liesse, und die seinen der Belägerung entschüttete. Und wiewol ihm die seinen alle riethen, wieder über Rhein zu fahren, thät ers doch nicht, sondern kehrte durch das Elsaß hinauf, und verbrennte seines Bruders Abtrünnigen das Land.

Das VIII. Capitel.

Grosser Zweyspalt zwischen dem Pabst und Kayser Ludwigen. Bischoff Gerharts unglückliche Kriegsübung und Absterben: was sich auch der Succeßion halben für ein Strauß zugetragen.

Als Kayser Ludwig von wegen Friderici seines Mit- Ursachen des eiferers Gefangenschaft, des Kayserthums halben, aus Gefahr ent- Pabsts Haß runnen seyn vermeinte: gerieth er wider Pabst Johann den 22. in wider Kayser grössern Haß. Im ersten Jahr seines Pabstums hatte er bey ihm um Ludwigen. die Bestätigung angehalten, jedoch sein Begehren nicht erhalten mögen, weil der Pabst Friderico geneigter war, und meinete, Ludovicus hätte sich Sachen unterwunden, die keinem Römischen König, sondern vielmehr dem Pabst, geziemeten.

T t ij

1324 ziemeten. Sonderlich aber erweckte diesen Unwillen, daß er Galeatzen dem Fürsten zu Meyland, der Gibellinern oder Kayserischen Vorgänger und Hauptführer in Welschland, wider des Pabsts Beyständige, die Guelfen genannt, Hilf zugeschickt, und in die Italiänische Städte seine Statthalter und Amtleute gesetzt hatte.

Deßhalben der Pabst auf gehabten Rahtschlag, durch ein Schreiben den 8 Octobris im 1323 Jahr, zu Avignon eröffnet und aufgeschlagen, den Kayser (darum daß er seiner Widerpart Hilf gethan, und sich vor seiner Bestätigung Kayserliches Namens und Gewalts unterzogen) citiert, innerhalb drey Monaten zu Avignon eigener Person zu erscheinen, auf fürgeworfene Puncten Antwort zu geben, darzwischen sich Kayserlicher Geschäften zu enthalten.

Diesem Mandat gehorchte Kayser Ludwig nicht, sondern appellierte vom Pabst, aus Raht vieler geistlicher und weltlicher Fürsten, auch vieler Rechtsverständigen Doctorn, für ein allgemein Concilium: schickte damit eine ansichtige Bottschaft gen Avignon, solches mit Entschuldigung dem Pabst kund zu thun, neben Erbietung, der Kirchen mit nichten zu widerstreben.

Pabst verdamnet Kayser Ludwig. Anno 1324.
Solches mochte dem Kayser nicht gehelfen, dann daß ihn der Pabst, als er sich auf bestimmten Termin eigener Person nicht gestellet, im 1324 Jahr, öffentlich in Bann verkündet, darnach des Reichs entsetzet, und wider alle seine Beyständige scharfe Proceß dräuete und fürnahme. Etliche gehorchten des Pabsts Gebott, andere aber blieben an Kayser Ludwigen treu, erkannten daß der Pabst an ihm übertzogen, und ihn mit dem Bannstraal ungebührlicher Weise geschossen: also daß auch hernach auf etlichen Reichstägen des Pabsts Proceß wider ihn, für nichtig, und welche es mit dem Pabst wider die Kayserl. Majestät hielten, für Aechter erkannt wurden. Daraus dann eine schwere Trennung entstanden, welche bey 23 Jahren gewähret.

Bischoffs Zug für Landeren.
Bischoff Gerhart von Basel, welcher gegen dem Grafen von Welschen Neuenburg noch unverrichtet stuhnde, darneben sich mit Graf Eberharten von Kiburg und der Stadt Bern verbunden, war dieser Zeit wider den Grafen seinen Feind abermals zu Krieg gerahten, hierum gemeldte seine Bundsgenossen zu Hülf gemahnet. Sie belägerten sammethaft das Städtlein Landeren, ob Biel am See. Wider diese hat sich auch der Graf kräftigst seines Vermögens erhebt, der Meynung die seinen zu entsetzen. Als er nun daher ruckte, wolten des Bischoffs Leute des Streits nicht gewarten, sondern flohen aus ihrem Quartier also eilends, daß sie allen ihren Troß hinder ihnen liessen. Bern mit dem Grafen hielten vest, wolten mit dem von Neuenburg gefochten haben, er wolte den Fuchs nicht beissen, sondern wiche wiederum zuruck. Weil nun diejenigen, welche die Sach fürnemlich angerühret, Weite gegeben, zogen auch die übrigen ungeschafter Dingen vor Landeren ab, und schickten die Berner des Bischoffs Leuten ihren Plunder und Zeug wiederum heim.

Folgendes Winters, zogen die von Bern, aus Verdruß des unfruchtbarlich vollbrachten Feldzugs, mit einem Sturmdach, eine Katz genannt, wiederum für das Städtlein Landeren, stürmeten daran, schuffen aber gleichfalls nichts. Darnach wolten sie mit den Waldstädten, sammt den Landleuten von Haßle, zum drittenmal dahin gezogen seyn: weil aber der von Kiburg (dessen Freunde hievor am Morgarten von Waldstädten grossen Schaden empfangen) nicht mit ihnen reisen wolte, blieb es vermitten: und erhub sich daraus wider den Grafen, als einen der seiner Verbindung nicht genug gethan, neuer Unwill.

Darzwischen starb Bischoff Gerhart zu Basel, den 16 Tag Aprillens, im 1325 Jahr, liegt im Münster innerhalb der Mönchen Capell, da noch seine Grabschrift zu sehen, bestattet.

Auf

Das Dritte Buch. 169

Auf ihn setzte Pabst Johannes hinder des Capitels Wissen und Willen, Graf Johann von Chalons (zu Latein de Chabillone) einen vom Stammen der Printzen von Orenge in Burgund, Thumbdechan zu Langres, zum Bischoff. Mit dieser Provision gab es neuen Gespan, daß der Pabst den Thumherren immerdar frembde Personen, welchen des Bistums und der Stift Sachen unbekannt, auffstossen wolte, und die ihren darneben hintzehen solten, auch ihnen damit ihre Gerechtigkeit der ordentlichen Wahl entziehen. Deßhalben sie Herr Hartung Mönchen, Ertzpriester zu Basel, zum Bischoff wähleten, der auch des Bistums Städt und Schlösser einnahme, ihm die Unterthanen schwören liesse, hiemit den von Chalous ausschlosse. Ich habe selbst ein Instrument gesehen, im 1326 Jahr datiert, in welchem sich Hartung Mönch Bischoff zu Basel nennete.

1326. Kampf um das verledigte Bistum Basel. Anno 1326.

Es wolte aber der Pabst dem Capitel nicht weichen, deßhalben er wider beyde geistliche und weltliche Personen des Stifts Basel, und gemeinlich wider alle so Bischoff Hartungen anhiengen, als die so dem Apostolischen Stuhl nicht gebührende Reverentz gethan, sondern desselbigen Mandat in Setzung eines Hirten, verachtet, einandern nach mancherley Proceß, mit Warnen, Citieren, Stillstellen, ergehen, letstlich aber, da man nicht gehorchte, den Bann über sie walten liesse.

Mittlerweil begab sich, daß auch das Bistum zu Langres ledig ward, deßhalben der Pabst den von Chalons der Kirch zu Basel halben wiederum absolviert, und ihn denen zu Langres zum Bischoff setzte. Hieneben weil er um Einnehmung und Besitzung des Baßlischen Bistums, viel Gefahr, Arbeit und Unkosten erlitten, ordnete er ihn nachmalen zum Administrator und Verwalter desselbigen Bistums in geistlichen und weltlichen Sachen, erhielts auch auffs letste, vermittelst des Banns und Interdict, daß Herr Hartung gegen Empfahung etlicher Präbenden seiner Wahl Verzäg that, und der von Chalons Herr blieb. Der pflegte sich zu schreiben, Johannes Bischoff zu Langres, und Administrator zu Basel. Darauf er erst am Dato zu Avignon, den 20. Septemb. im 1328 Jahr, Commißion und Gewalt ausbrachte, alle die in seine Gehorsame treten, vom Bann und andern erkannten Untüchtigkeiten zu entledigen.

Johann von Chalons bleibt Bischoff.

Diß Jahrs gulte ein Viertzel Dinckel 4 Schilling, ein Viertzel Haber 2 Schilling, 6 Maas Wein 1 ß.

Wolfeile.

Im 1327 Jahr verbrann die Minder Stadt Basel sehr schädlich, den dritten Tag Julii. Mornderigs auf Ulrici kam ein ungewohnlicher Hagel. Es hat sich auch in diesem Jahr die Stadt Basel mit viel andern Reichsstädten, als Maintz, Worms, Speier, Straßburg, Zürich, Bern, Freyburg, Costantz, Uberlingen, und den Eidgnossen zc. verbunden, einandern getreulich beholfen und berathen zu seyn wider alle die, so sie von wegen Kayser Ludwigs Gehorsame, welchen der Pabst mit scharfen Censuren verfolgte, beleidigen wolten.

Feuersnoth.

Kayser Ludwigs Sachen waren also beschaffen. Als er Hertzog Friderich von Oesterreich seinen Widersächer (wie hievor gehöret) in Streit gefangen: hat Hertzog Lupolt des gefangenen Bruder ihme beym Pabst ernstlich zugeschüret, und nichts deren Dingen unterlassen, dadurch er seinen Bruder mit desto bessern Mitteln ausledigen könnte, auch so viel angehalten, daß ihn Kayser Ludwig im andern Jahr seiner Gefangenschaft ledig gegeben, mit Anbeding, Verloffene Sachen nimmermehr zu rächen, des Reichs Kleinoder, so Hertzog Lupolt hatte, zu übergeben, und sich forthin der Regierung zu entschlagen. Er lebte aber nach seiner Losgebung nicht viel über drey Jahr, starb ohne Leibserben.

König Friderich los gegeben.

U u Nach

Baßler Bistums Historien,

1329.
Kayser Ludwig von Bayern gecrönet. Anno 1328.

Nach Verrichtung dieser Sachen in Teutschland, fuhr Kayser Ludwig in dem vorgedachten Jahr mit Heereskraft in Italien, ward den ersten Tag Junii zu Meyland mit der ersten Cron beyleget. Druckte hierauf gen Rom, da er den 17 Jenner, im 1328 Jahr, wider des Pabsts Willen, aber mit sonderm Gunst der Römern, sammt seiner Gemahl, von einem Cardinal gecrönet, und Augustus genennet ward. Allda entsetzte er, mit Rath der Bischöffen und Geistlichen zu Rom, Pabst Johann den 22, und ordnete an seine Statt Petrum de Corbaria einen Barfüsser, erklärte denselbigen am 18 Tag Aprilis für einen rechten Pabst und allgemeinen Bischoff zu halten, kam erst im folgenden Jahr wiederum in Teutschland.

Graf von Wirtemberg kaufet Horburg. Anno 1329.

In diesem 1329 Jahr gab es zwischen dem Bischoff zu Straßburg und dem Grafen zu Wirtenberg einen Stoß, der Herrschaft Horburg halben im Elsaß. Es hatte der Graf bey seines Vorfahren Bischoff Johansen Zeiten, auch wider seinen Willen, von Herr Walthern und Herr Burkarten von Horburg, welche keine Kinder hatten, die gantze Herrschaft um 7000 Marck Silbers erkaust, und einem jeden für seinen Theil sein Lebenlang die Besitzung bewilliget, auch schon Herr Walthers, des erstlich abgestorbenen Herrn Theil zu seinen Handen genommen. Als nun diese Herrschaft zu mehrerm Theil von der Stift Straßburg Lehen war, berufte Bischoff Berchtold seine Lehenleute zusammen, hielt ihnen diesen Fall, ohne Vermeldung der Umständen, für: empfienge darauf einen Spruch, Daß ein jedes Lehen, so von einem Lehenmann ohne des Herrn Bewilligung entfremdet wurde, dem Herrn wiederum heimfiele.

Krieg um die Herrschaft Horburg.

Auf solches bewarb er sich um Kriegsvolck und lägerte sich zu Ostheim unter Cellenberg, Vorhabens, die Herrschaft Horburg mit Heeresmacht einzunehmen. Als nun der Graf und Herr Burkart von Horburg sich dem Bischoff zu schwach befunden, begaben sie sich in eine Richtung, in welcher der Bischoff dem Grafen 600 Marck Silbers versprache, damit er aller Ansprach an die Güter, so die Herren von seiner Stift zu Lehen gehabt, abkuhnte, namlich Cellenberg, Schloß und Städtlein, Bennwihr, zwantzig Marck jährlichs Einkommens zu Egensheim, den Hof zu Wettelsheim mit seinen Leuten, item die Gerechtigkeit Scheffa genannt re. Und solte Herr Burkart sein Lebenlang seinen Theil besitzen, aber nach seinem Abgang solte derselbige dem Bistum Straßburg heimfallen, ungeacht, ob er schon hiezwischen Kinder bekäme. Darauf steckte der Bischoff seine Fahnen zu Cellenberg auf, und hatte der Krieg ein Loch.

Das IX. Capitel.

Bischoff Johann Sennen Antritt. Von etlichen Kriegen, bey denen des Bischoffs und der Stadt Basel Leute gewesen: sodann von dem schweren Zweyspalt zwischen dem Pabst und Kayser, und wie sich derselbige offentlich verantwortet.

Von Bischoff Johansen Todsfall weißt der Baßler Catalogus nichts: aber nach Gilberti Cognati Vermeldung, ist er den 23 Mayens, im 1330 Jahr, tödtlich verblichen, vermög einer Marmolsteinenen Tafel, so in der Kirchen des Klosters Monte S. Maria, Cistertzer-Ordens, an der Dub in Burgund gelegen, unter der Printzen von Orenge Gedächtnussen, zu sehen. Auf ihn setzte das Capitel in Prälaten-Stuhl zu Basel, Johann Senn, Freyherrn, des ältern Burkart Senn von Münsingen, Ritters, und Johanna von Buchek Sohn, wird als ein gütiger friedsamer Herr gepriesen, hat bey 35 Jahren geregiert.

Johan Senn von Münsingen Bischoff. Anno 1330.

Diesen Herrn wolte der Ertzbischoff zu Visantz nicht bestätigen, weil hievor das Capitel der hohen Stift Basel (wegen der Widerspännigkeit, damit sie sich gegen dem Päbstlichen Stuhl aufgelehnet) der Gerechtigkeit einen Bischoff zu wählen, gäntzlich war entsetzt und beraubt worden. Also nahm der erwöhlte Bischoff, Graf Hugen von Buchek,

seiner

Das Dritte Buch. 171

seiner Mutter und Bischoff Berchtolds zu Straßburg Bruder, item noch andere 1 3 3 1. Grafen, Thumherren und den Burgermeister der Stadt Basel zu sich, kehrete an den Päbstlichen Hof gen Avignon, bliebe daselbst mit Anhalten ein gantz Jahr über, erhielte letztlich durch Graf Hugen seinen Vettern, der am Hof wolbekannt war, daß Pabst Benedict diese seine Wahl bestätigte, und ihn am Hofe weyhen liesse.

Graf Hugen von Bucheck, Graf Henrichs Sohn, kame diese Gunst am Hof daher. Er hatte sich vor Jahren unter König Albrechten seinem Vettern, im Böhmischen und andern Kriegen gantz ritterlich erzeigt, war demnach mit weiland Kayser Henrichen, geboren von Lützelburg, in Italien verreiset, sich in allen Heerzügen abermals so klug und wohrweit gehalten, daß ihn der Kayser, in seiner Wegfahrt von Rom, zu einem obersten Capitain und Rathsherrn der Stadt ordnete und mit vierhundert Teutschen Helmen hinter ihm liesse, da er auch mit täglichem Scharmützlen wider die Guelfen der gantzen Stadt Rom mächtig ward, welches zuvor dem Kayser selbst überblieben. Als demselbigen hernach in der langwierigen Belägerung der Stadt Florentz viel Teutsches Kriegsvolck entweders mit Tod abgegangen oder sonsten weggezogen, beruffte er Graf Hugen mit seinen Reisigen von Rom zu sich. Da ihm aber viel tausend Guelfen bey Perus versammlet, die Strasse zum Kayser mit Gewalt vorzuhalten unterstuhnden: setzte er mit seinen 400 Teutschen mannlich an dasselbige Kriegsvolck, brach hindurch, zerstreute es, erlegte eine grosse Zahl, fienge ob dreyhundert, die er dem Kayser vor Florentz präsentierte.

Graf Hugen von Bucheck ritterliche Thaten.

Nach Kayser Henrichs Todsfall, begabe sich, daß eben diesem Graf Hugen das Fräulein Catharina, weiland König Albrechts Tochter, dem Hertzogen in Calabria, König Ruprechts in Sicilien Sohn, zum Gemahl heimzuführen befohlen ward, der blieb auch bey ihren zu Neapolis und daselbst herum, ward dadurch König Ruprechts geheimer Raht und oberster Feldherr, als dem seine Tapferkeit, hievor unter Kayser Henrichen erwiesen, wolbekannt. Die Stadt Genua, welche es mit König Ruprechten hielt, und durch die Gibelliner hart bedränget ward, entsetzte Graf Hug in ermeldten Königs Dienst, der Belägerung, leistete ihm überall getreue Dienste. Als aber König Ruprechten auch die Provintz zuständig, und er auf eine Zeit Pabst Johansen den 22, neulich erwählt, zu Avignon besuchte: verschuffe Graf Hug seinem Pabst durch seinen König, daß seinem Bruder Mathia von Bucheck, Custor zu Murbach, das verledigte Ertzbistum Maintz vertrauet ward, welches er auch ohne Hinderuß eingenommen und besessen. Derselbige hatte erstlich seiner Schwester Sohn, Herrn Johann Senn, zum Thumherrn zu Maintz, und zum Probst zu S. Victor gemacht, bis er Bischoff zu Basel erwählt, und durch Graf Hugen Anschaffung vom Pabst bestätiget worden.

Bey seinen Zeiten stuhnde Graf Eberhart von Kiburg, sammt der Stadt Freyburg in Uchtland, da er Burger war, gegen der Stadt Bern in Feindschaft, also daß sie einandern mit offentlichen Angriffen schädigten. Allda widerfuhren den Bernern aus dem Schloß Gumminen, welches ein Wipplinger von Freyburg, von einem Grafen zu Saffoy bekommen, so viel feindlicher Sachen, indem ihren Burgern um den Forst die besten Ochsen hingetrieben, und sonst die Straß daselbst fürauß unsicher gemacht wurden, daß sie im 1331 Jahr, dieses Nest auszunehmen, mit Gewalt für die Vestung zugen. Hiezu waren ihnen behülflich Graf Peter von Arberg, die von Thun, laut ihrer geschwornen Briefen, item der Bischoff von Basel mit sechtzig, die Stadt Basel mit sechtzig, und die Herren von Gransee mit vierzig Helmen, die von Solothurn mit einem Roßpaner, die von Biel mit einer Anzahl, desgleichen Graf Amedeus von Saffoy, deren von Bern Burger, wiewol solches den äussern Grafen von Saffoy verdroß. Der erste Sturm geriehte nicht wohl, dann die Bruck über den Graben brache, daß viel hinunter fielen. Doch hatten die von Bern einen Werckmeister da, welcher mit Sturmrüstungen und Blüden seine Kunst erzeigte, dadurch das Schloß aufs letzt erobert, und gar gebrochen ward.

Zug für Gumminen. Anno 1331.

Uu ij   Mittler-

Baßler Bistums Historien,

1331.
Solothur-
nern Nieder-
lag.

Mittlerzeit als man vor Gumminen lage, waren die Solothurner mit ihrem Paner aufgebrochen, dem Grafen von Kiburg in seinem Land Abbruch zu thun, damit er den Belägerten desto minder Hilf leisten könnte. Sie wurden aber durch Verrähterey übel angeführet, daß so bald sie über das Wasser die Emmat kamen, durch des Grafen Volck von Burgdorf und andern Orten, aus einer heimlichen Halt mit Vortheil angegriffen und geschlagen wurden, viel Leut zusammt dem Feldzeichen verluhren.

Solches zu rächen ruckten die von Bern mit ihren Helfern nach Zerstörung der Vestung Gumminen, für etliche andere des Grafen Bürg, als für Landshut, den Kirchhof zu Hertzogenbuchs, welcher mit Mauren und Gräben starck gebauet war, und für Asche, gewunnen und zerstöreten sie gleicher Gestalt.

† im VIII. Ca-
pitel.

Colmar be-
lägeret.

Als Kayser Ludwig, wie droben † angeregt, wiederum glücklich aus Welschland kommen, practicierte Pabst Johannes (welcher ihn vorlängst für einen Ketzer außgerufen und verbannet) mit Hertzog Otten von Oesterreich, auch andern von ihm gesetzten Bischöffen Teutscher Nation, den Kayser in seiner Regierung zu saumen und Abbruch zu thun, darum dann gemeldter Hertzog von Oesterreich, mit sammt den Bischöffen zu Straßburg und Costantz seinen Bundsgenossen die Stadt Colmar, so dem Kayser gehorchte, lang gewaltiglich belägeret. Also machte sich der Kayser auf, hatte bey sich den König von Böheim und den Grafen von Wirtemberg, und viel andere Herren, zogen auf Hagenow, Vorhabens die Colmarer zu entsetzen. Deßhalben hielte der Bischoff von Straßburg Hertzog Otten an, dem Kayser zu begegnen.

Bennfelden
überhauset.

Was beschahe? Als der Bischoff nach solchem Aufbruch eines Tags von Bennfelden nach Molsheim reisete, vermeinte der von Wirtenberg, er wolte gen Straßburg ziehen, verlegte ihm deßhalben die Straße mit 200 Glenen, Vorhabens ihn zu erhaschen. Als aber der Bischoff außbliebe, schickte er etliche nach Bennfelden die Sach zu erspehen, die funden die Pforten offen, (dann die Burger unter ihrer Lauben eine Gemeinde hielten) entboten es zuruck, ritten in die Stadt, und scharmützleten mit den Burgern, bis der Graf mit dem gantzen Haufen ankam, und die Stadt bewaltigte, und etliche Wochen lang innhielte.

Breisach und
Neuenburg
an das Haus
Oesterreich.

Kayser Lud-
wig zu Basel.

Hertzog Otten belangend, wiewol sich der Pabst und seine Bischöffe versehen, er wurde gleich als weiland seine Brüder, Kayser Ludwigen mannlich entgegen stehen, darum ihm dann schon der Pabst durch seine Gesandten 50000 Gulden versprochen hatte, und zugesagt, die vacierenden Bistumme Teutschlands nach seinem Willen zu versehen: fehlte es doch ihnen, dann er sich mit Kayser Ludwigen vertruge, der raumte ihm Breisach, Neuenburg und etliche Vestungen um eine gewisse Summa Gelts ein, deßgleichen dem König von Böheim Kayserßperg, Türckheim, Münster sammt dem Schloß Blückerßperg, die er aber bald von diesem König wiederum an sich brachte. Darauf Kayser Ludwig mit beyden Fürsten, durch das Elsaß gen Basel mit Gewalt herauf zoge, und die Stadt ihm huldigen liesse.

Zug ins El-
saß wider et-
liche Raub-
häuser.

Bald darauf erhube sich ein anderer Zug in das Elsaß. Herr Walther von Geroltseck, welcher das Schloß Schwanow am Rhein, zur selbigen Zeit eine gewaltige Vestung, Pfandsweis innhielt, übte aus demselbigen an fremden Kauffleuten mit Raub und Rom, gleichwie aus dem Städtlein Erstein, eine halbe Meile darvon gelegen, und jenseit des Rheins aus Schuttern, solchen Muhtwillen und Ungebühr, daß schier niemand mehr seines Handels und Wandels sicher war. Deßhalben sich Straßburg, Basel, Zürich, Bern, Lucern, Freyburg im Breisgow, und andere Städt, im 1333 Jahr, diese Landräuberey abzustellen, mit Gewalt erhuben.

Erstein.

Schwanow.

Straßburg hat erstlich am Hohen Donstag für Erstein den Anzug gethan, und das Städtlein gleich morgendrigs früh mit dem Sturm gewunnen, darnach in Ankunft der andern, Schwanow belägeret. Wiewol nun die Innhaber desselbigen tapfere Gegenwehr hielten, setzte man ihnen doch mit Gewerfen und allenthalben hinzu getriebenen

Das Dritte Buch. 173

triebenen Katzen dermassen zu, daß sie aufs letste diesem Gewalt nicht widerstehen 1 3 3 3.
mochten. Deren von Straßburg Werckmeister warf gefüllte Tonnen mit Grien und
Unraht in die Vestung, dadurch er ihnen den Brunnen und ihre Wohnungen ver-
unreinigte. Er warf auch Feuer, damit er ihnen das Ritterhaus verbrennte, und
sie auf den Thurn entweichen mußten. Letstlich ward das Schloß den ersten Tag
Brachmonats gewunnen, zerstöret, und der Junhabern ob drey und fünftzig enthauptet. Von dieser That reden folgende altfränckische Verslein:

M tria C, ter & X, ter & I, in fineque Maji
Nobile tunc castrum Schuanow, quod fulfit ad astrum,
Vertitur in cineres, per stercus, fundas & ignes.

Weil das Läger vor Schwanow war, hatten die von Straßburg eine Schiffbruck über Rhein gemachet, über welche sie gen Schuttern fuhren, das Kloster
sammt dem Städtlein beraubten, und es dem von Geroltseck, sammt andern Flecken, verbrannten.

Solches hat an diesem Ort etwas Unmuts gemacht. Weit grössere Unruh und
Jrrung schafte dieser Zeit und etliche folgende Jahr, der gantzen Christenheit, die
schwere Fehde, so Pabst Johannes mit Bannbriefen wider Kayser Ludwigen, als
einen Ketzer, und des Reichs unwürdigen, streng übete, der sonst dieser Zeit der Fürsten von Oesterreich halben (welche ihm das Reich abzudringen unterstanden) zu Frie-
den kommen. Dann Fridericus war (als vorgemeldt) eine gute Zeit darvor mit
Tod abgangen, deßgleichen Hertzog Lupolt im 1331 Jahr zu Straßburg in des von
Ochsensteins Hofe gestorben, und nur zwo Töchtern hinterlassen, deren eine dem
Hertzogen von Schweinitz in Schlesien, die andere einem Herrn von Couzin in
Franckreich vermählet worden. Wiewol er nun (sprich ich) gemeldter Fürsten halben ungetreu regieret, kunte doch des Pabsts Zorn nicht begütiget werden. Seinen
Aberpabst Nicolaum brachte er bald, nach des Kaysers Abzug aus Italien, in Ge-
fangenschaft, unterstuhnd ihn den Kayser auch bloß zu setzen, indem er nicht nur Pabst durch
sonderbare Personen, sondern auch gantze Communen und Länder, die ihm als ei- ächtet den
nem Römischen Kayser Kayser titulirten, oder ihn nur einen Kayser titulirten, verbannte, Kayser.
und ihren Geistlichen die Ubung des Gottesdiensts, mit Singen, Predigen, Meß
halten, Reichung der Sacrament etc. abstrickte, und die Kirchen verschlagen zu halten gebote, daher geschah, daß ihn des Pabsts Gehorsame nur den Printzen nenneten.

Diesen Mandaten waren etliche Städt und Ort gehörig, aber der grösste Theil
verachtete des Pabsts Befehl, gebrauchten sich, seine Interdict unangesehen, des
Gottesdiensts, verjagten Mönchen und Pfaffen, so des Kirchendiensts nicht pflegen
wolten. Es zweyeten sich oft in einer Stadt die Priester auf einer Stift, und in
einem Kloster die Mönche, daß etliche sungen, etliche schwiegen. Der Kayser lä-
stigte gleichwol die armen Priester nicht, so sich vom Pabst schrecken liessen: aber die
Bischöffe und grossen Prälaten zwang er ihre Lehen von ihm zu empfangen, und hierum gebührende Pflicht zu leisten.

Die Stadt Basel fiel um des Kaysers willen gleicher Weis in Bann, dessen Päbstlich le-
sie doch auch nicht hoch achtete. Und hierum mag sich zugetragen haben, daß Jo- gat wol ent-
hannes Vitoduranus in seiner Chronick geschrieben, wie die Baßler auf eine Zeit pfangen
den Päbstlichen Gesandten, so wider sie scharfe Bannbriefe auszuschlagen und zu er- aber unehr-
öffnen ankommen, hinter dem Münster über die Pfalz in Rhein hinunter gestürzt, berlich trac-
und als er auszuschwimmen unterstanden, im Wasser zu tod geschlagen haben. tieret.

Z 3 Im

1335.
Kayser begeret sich mit dem Babst zu versöhnen.
Anno 1335.

Im Christmonat des 1334 Jahrs / starb Pabst Johannes / und kam an seine Statt Benedictus der 12. ein geborner Frantzos von Tholosa bürtig. Zu diesem sendete Kayser Ludwig allbereit eine stattliche Legation / und ließ ihn um die Absolution vom Bann demühtiglich ansuchen. Diesem gab der Pabst überaus guten Bescheid / rühmte den Kayser als den alleredelsten Fürsten / klagte sich was Unrahts zwischen dieser Uneinigkeit der Christenheit zugestanden / ließ sich vernehmen / er achte sein Begehren billich / und machte ihnen gute Hoffnung.

Es hatten aber König Philipp zu Franckreich / und König Ruprecht in Sicilien ihre Abgesandten da / diese Sach zu verhindern: dieselbigen lagen den Cardinälen in Ohren nicht zu gestatten / daß ein solcher Ertzketzer der Kirchen Beyständigen zum Oberhaupt gegeben wurde / und daß ihm der Pabst fürsehe / damit er nicht der Ketzern Schirmer geachtet wurde.

Pabst bekennet Kayser Ludwigs Unschuld.

Unter anderm (schreibt Albertus Argentinensis) fragte der Pabst gedachter Königen Gesandte: Wie meynen es dannoch euere Herren? Wollen sie kein Kayserthum leiden? Darauf sie geantwortet / Nein heiliger Vatter / das wöllet weder unsern Herren noch uns anlegen. Wir reden nicht wider das Kayserthum / sondern wider die verdammte Person Ludwig / der so viel wider die Kirchen gehandlet. Ja / sprach der Pabst / wir haben viel mehr wider ihn gethan. Was er gehandlet / hat er thun müssen / und wir haben ihm hierzu Ursach gegeben. Nichts desto weniger weil der König in Franckreich den Cardinälen seines Reichs ihre Güter in Arrest legen wolte / und auch andere Fürsten zuschüreten wider den Kayser / konnte ihm die Absolution nicht wiederfahren / und mußten seine Abgesandten ungeschaft wiederum heimkehren.

Als unter dieses Pabsts Seelsorg Bischoff Berchtold zu Straßburg / geboren von Bucheck / allen Prälaten und Geistlichen seines Bistums / denen Kirchen zu regieren befohlen / Priesterliche Orden und Weyhung anzunehmen gebotten: erweiste er sich selbst beym Capitel / sonderlich / bey Herr Gebharten von Freyburg dem Thumprobst / und Cunraten von Kirckel Custor sammt andern Geistlichen grosse Ungunst / daß sie wider dieses Gebott für den Stuhl zu Rom appellierten / und sich des Bischoffs Processen nicht untergeben wolten. Dieser Bischoff / so hievor eine Commenthur Teutschen Ordens und zu Basel wohnhaft gewesen / war hievor in 1328 Jahr / durch seinen Bruder Mathiam den Churfürsten zu Maintz / an das Bistum Speier gefördert / bald durch Zuthun Graf Hugen seines andern Bruders / nach Absterben Bischoff Johansen / vom Pabst an das Bistum Strasburg kommen / zwar nicht ohne grosse Ungunst der Herren vom Capitel / welche lieber den Thumprobst zum Bischoff gehabt.

Demnach aber Graf Gebhard der Thumprobst / den letzten Tag Mayens / im 1337 Jahr / tödtlich verblichen / gabe der Bischoff Herr Ulrichen von Signow seiner Schwester Sohn die Thumprobstey / das Capitel aber wählete darzu Herr Johansen von Liechtenberg / welchen auch der Churfürst zu Maintz diese Prälatur bestätigte. Solches brachte abermals grosse Uneinigkeit / so trugen sonst Cunrat von Kirckel / und Niclaus von Kagened Probst zu S. Peter zu Straßburg / grossen Neid und Unwillen wider den Bischoff / deßhalben ermeldter von Kirckel sammt dem von Liechtenberg / eine heimliche Practick anlegten / und der Bischoff am 10 Tag Herbstmonats / zu Haßlach in des Probsts Hof durch Rudolfen von Hohenstein und seine Mithaften / bey Nacht am Bett aufgehoben und erstlich auf das Schloß Waldeck / demnach gen Kirckel gefänglich geführet ward. Also fuhr Herr Rudolf von Andlo moriderigs zu / und ließ ihm als des gefangenen Bischoffs Vitzthum / allenthalben die Bischofflichen Amtleute / Städte und Bestungen huldigen.

Bischoff Berchtold zu Straßburg gefangen.
Anno 1337.

Als

Das Dritte Buch.

Als Pabst Benedict dieser Sachen Bericht empfienge, setzte er den Bischoff zu Basel zum Administrator des Bistums Straßburg, thäte den von Kirckel und seine Mithafften in Bann, und ließ ernstliche Processe wider sie eröffnen.

1 3 3 7. Bischoff zu Basel wird Statthalter zu Straßburg.

Unterdessen kam eben Hertzog Albrecht von Oesterreich, des Bischoffs Bundsgenoß, von Aach herauf, dahin er dann eine Fahrt gethan, der unterstuhnde sich der Sach anzunehmen, Nüweiler und andere Vestungen Herr Johansen und seinem Bruder Herr Sigmunden von Liechtenberg zuständig, zu belägern: welches aber die Bischofflichen Amtleute nicht für gut ansehen wolten, sondern ihren Herrn durch gütliche Thädigung zu entledigen unterstuhnden. Des Bischoffs Vicari gebote zu Straßburg, da der von Kirckel, als ein Hauptsächer einer Hofhatte, Interdict zu halten, dem gehorchten die Augustiner: aber die Prediger- und Barfüsser-Mönchen zusammt der Thumstifft sungen und übeten den Gottesdienst, kehrten sich an das Interdict gar nichts. Der gefangene Bischoff hatte von der Stadt Straßburg keine Hilf, dann er hievor nicht in die Bündnussen treten wollen, welche Straßburg erstlich mit Basel und Freyburg, demnach mit etlichen andern Reichsstädten gemacht, so hatte er die Zorn, so in der Stadt gewaltig, hievor damit entfrembdet, daß er Herrn Stalin von Mülnheim S. Thomas Probstey gegeben hatte, da aber sie alle für Herr Ulrich Süssen gebetten: dieselbigen schuffen, daß man ihn jetzt stecken liesse.

Also kame Bischoff Johans von Basel gen Dachstein, einem Schloß der Stifft Straßburg zuständig, ordnete daselbst Herr Johann Erlin, Scholaster zu S. Thomas, des gefangenen Bischoffs Vicari, aus Päbstlicher Vollmacht, zum General-Vicari des gantzen Bistums, derselbige widerrufte und vernichtigte alle Handlungen Cunrats von Kirckel, welcher dann vom Bischoff des OfficialAmts, das geistlich Gericht, das Siegel, sammt allen seinen Nutzungen innhielte, deßgleichen die Thumsängerey zu Speier und die Schulherrey sammt der Custorey zu Straßburg mit viel Pfrunden.

Als nun der Bischoff zu Kirckel sechzehen Wochen verwahret gewesen, ward er durch Zuthun etlicher seiner Gönnern, mit grosser Bürgschafft, und mancherley Anbeding, doch ohne Vorwissen seiner Verwandten, los gegeben. Unter andern Anbedingspuncten war, daß er den von Kirckel 1500 Marck Silbers bezahlen, Herr Johansen von Liechtenberg die Thumprobstey, und viel andere Kirchen andern benannten Personen schaffen: den von Kirckel sammt andern 20 Personen von allen gerichtlichen Processen erlösen, und die Stifft Straßburg in geistlichen und weltlichen Sachen mit seinem Wissen und Raht regieren und verwalten, darzu ihm alle Fehde seiner Freunden abstellen solte.

Bischoff zu Straßburg wird seiner Gefängnus ledig.

So bald der Bischoff zu Basel solches vernahme, vereinbarte er sich mit seinen Blutsfreunden, in diese Rachtung mit nichten zu verwilligen, sie wurde dann nach ihrem Gefallen angestellet, sonderlich wolten sie nicht zugeben, daß Herr Ulrich von Signow der Thumprobstey entsetzt wurde. Deßhalben Bischoff Johans von Basel, auch nach Bischoff Berchtolds Entledigung (fürwendende, er wäre noch nicht vollkommenlich restituirt) die Jurisdiction bey seinen und des vorbenannten Vicarii Handen behielte, gebote dem Bischoff seine Siegel nicht zu überantworten, noch dem von Kirckel in Ubung des OfficialAmts zu gehorchen. Aber der Bischoff wolte schlechtlich seine Siegel wieder haben, kriegte sie auch, und bestätigte dem von Kirckel das geistliche Gericht, und gebote dem von Liechtenberg als einem Thumprobst zu gehorchen, hätte gern seine Leibbürgen entlediget, konnte es aber noch nicht erhalten.

Bischoff zu Basel widersetzet sich den Kirckeln seines Vettern Lofgebung, Anno 1338.

Als Kayser Ludwig in diesen Dingen gen Colmar kame, verfügten sich die Bischöffe zu Straßburg und Basel mit viel Kriegsleuten zu ihm, erzähleten ihm, wie sich alle Sachen verloffen. Der Kayser stellte sich, als ob er groß Bedauren dar-

1338.

Zweytische Versamlung etlicher Bischöffen am Rheinstrom mit dem Kayser Ludwig.

antrüge, setzte an sie, ob er sie gewinnen und auf seine Seiten bringen möchte. Aber das mochte nicht gesehn, sondern Bischoff Berchtold erhielt an ihm, dieser Sachen halben eine Versammlung aller Bischöffen Maintzer Provintz zu halten. Ab derselbigen Tagleistung zu Speyer gehalten, wurden aus gemeinem Rath zum Pabst und den Cardinälen abgefertiget, Bischoff Ulrich zu Chur, und Graf Gerlach von Nassau, dem Kayser um Söhnung und Absolution zu werben. Diese empfienge der Pabst abermals gnädig, klagte aber ihnen mit weinen (als vorgedachter Albertus ausdrucklich vermeldet) daß er den Kayser, welchem er wohl geneigt, um des Königs in Franckreich hefftigen Widersatz willen, nicht absolvieren dörffte: derowegen die Gesandten gen Losannen heraus beleitet, unausgerichter Sachen wieder kamen.

Mittlerweil ward aus Kayser Ludwigs Anregen ein allgemeiner Bund der Städte im Elsaß mit dem Bischoff zu Straßburg gemacht, und wurden über fürfallende Spän und Beschwärden, neun Richter gesetzt.

Nach des Bischoffs Losgebung, relaxierte und thät ab Pabst Benedict des Bischoffs und seiner Bürgen gethane Eyd, entsetzte den von Kirckel, Item Herr Johansen von Schwartzenburg den Thumdechan und andere Prälaten als frevele Mißhändler ihrer Würden, Kirchen und Pfründen, setzte Commissarien, welche solches gerichtlich vollstrecken und die Früchten von ihren Präbenden einnehmen solten, restituirte auch den von Signow in die Thumprobstey. Allda erhube sich der rechte Ernst.

Die entsetzten Prälaten fuhren zu, verbrennten dem Bischoff Gugenheim sammt etlichen beyliegenden Flecken. So fiel ihnen kommlich, daß Kayser Ludwig mit Hilff des Churfürsten zu Maintz an den Bischoff setzten, seine Regalia von ihm zu empfangen, und von dem Reichs wegen gebührliche Pflicht zu leisten, dessen er sich gegen ihm, als der noch im Päbstlichen Bann stuhnde, zu thun widrigte. Hierum gebote der Kayser den Reichsstädten im Elsaß, den Bischoff mit Krieg anzugreifen.

Krieg im Elsaß wider den Bischoff von Straßburg.

Hierinn gehorchten zum ersten die von Schlettstatt, schuffe Johans von Eckerich und andere von Kirckels und Liechtenbergs Helffer, daß sie auf den Bischoff mit Feuer und Schwert angriffen.

Schlettstatt.
Rünweiler.

Also machte sich der Bischoff auf, hatte bey sich des Hertzogen von Oesterreich Volck, den Bischoff von Basel mit 4000 zu Fuß und 200 Helmen, den Abt von Murbach, und belägerte Schlettstatt. Es schickte ihm auch Graf Ulrich von Wirtenberg 300 Helm, doch daß sie nicht wider die Reichsstädte gebraucht wurden, mit welchen sammt denen von Zabern er das Städtlein Rünweiler belägerte. Von der Belägerung Schlettstatt zoge der Bischoff, den von Eckerich zu schädigen, in das Leberthal, verhergte und verbrannte darinn was er antraffe, nahme darnach wiederum den Abzug, verderbte denen von Schlettstatt die Reben, ließe darnach des Hertzogen Volck und den Bischoff von Basel wiederum heimziehen, und kehrte er zum andern Zeug für Rünweiler, da Johans von Türckelstein und etliche andere erschlagen und gefangen wurden. Dargegen kame der von Kirckel und Graf Niclaus von Salms mit viel Reutern gen Ehenheim, steckten daselbst dem Bischoff etliche Dörffer mit Feuer an.

Ehenheim.

Darzwischen widersagten dem Bischoff die von Colmar und Ehenheim, fielen in die Flecken Pfaffenheim und Gebischweiler, plünderten und verderbten sie mit Feuer. Wiewol nun des Bischoffs Volck in der obern Mundat, sammt dem Abt von Murbach, mit ihnen gern einen Gang gethan hätten: mißfiel es doch Berchtold Waldnern des Bischoffs Vogt, daß nichts draus ward.

Pfaffenheim Gebischweiler.

Nach solchem triebe Herr Rudolf von Ochsenstein mit denen von Tanbach und andern von des Bischoffs Theil denen von Schlettstatt ihr Viehe hinweg: dessen erhube

Das Dritte Buch.

erhube sich aus der Stadt ein Geläuf nach ihm. Und dieweil er diese Beut allein 1 3 3 8.
zu erjagen vermeinet, derohalben des Bischoffs Reisigen zu Ebersheimmünster
und Taubach nichts davon gesagt, jagten ihm die Schletstatter nach, erschlugen
und verwundeten viel der seinen von Tanbach, und behielten das Viehe.

Als diese Kriegshändel lang gewähret, und beynahe beyderseits kein Flecken
überblieben, so nicht mit Raub, Brand oder Schatzung groß Ungemach erfahren,
dadurch auch die Stadt Straßburg beschädiget worden: hieneben der Hertzog von
Oesterreich seinem Volck ferner still zu sitzen, und der Kayser der Stadt Straßburg wider ihren Bischoff aufgebotten: verursachte es den Raht ihrem Bischoff an-
zusagen, Wo er sich mit Ludovico nicht verglüche, wolten auch sie feindlich wider
ihn angreiffen. Solches bewegte den Bischoff, so an Gelt erschöpfet, und sich man- Bischoff zu
cherley zu besorgen hatte, daß er aus Raht der seinen Kayser Ludwigen zu Speier Straßburg
besuchte, ihme huldigte, und von ihm die Regalia empfienge, doch mit gethaner Pro- huldigt
testation (in die der Kayser bewilligte) daß er nicht minder dem Pabst in allem Kayser
wolte gehorsam seyn, erläuterte sich auch vor viel Grafen und Herren, ehe er für den Ludwigen.
Kayser hinein getreten, daß er diese Huldigung nicht gutes Willens, sondern aus
Bezwängnuß thun müßte, hörete also mit dem Kayser und dem Churfürsten zu
Mayntz im Chor zu Speier Messe. Die übrigen Spännungen des Bischoffs mit
dem von Kirckel und Herr Johansen von Liechtenberg ec. wurden veranlaßt auf Kayser Ludwigen, Graf Ulrichen von Wirtenberg, Graf Ludwig und Friderichen von
Oetingen, des Bischoffs Lehenleute, welche sie nach vielerley Handlungen, in denen
man sie nicht vergleichen konnte, durch einen rechtlichen Spruch entscheideten,
namlich, Es solte der Bischoff dem von Kirckel und Liechtenberg alles das, was
er ihnen in, vor, und nach der Gefangenschaft zugesagt und versprochen, halten:
dargegen sie ihm auch thun. Hätten aber die Partheyen hierinn an einandern etwas zu sprechen, solte ihnen dasselbige rechtlich zu thun frey stehen. Hiemit ward
aller Kriegsunrahst aufgehebt.

Demnach aber Kayser Ludwigen beym Pabst keine Bitt noch Erbieten helfen
mochte, damit ihm die Fürsten, Land und Städte desto steifer in Hulden blieben:
ließ er mit Raht der Fürsten auf einem Reichstag zu Franckfurt versammlet, seine
Entschuldigung an alle Stände offentlich ausgehen, mit einverleibter Beweisung,
daß ihn weiland Pabst Johannes unverdienter Weise von der Kirchen ausgeschlossen, des Reichs entsetzet, und als einen Ketzer verruft hätte. Dieweil aber solch Ausschreiben die Hauptpuncten des Gespans zwischen dem Pabst und Kayser in sich haltet, auch aufs folgend dienen wird, habe ich dasselbige zu Teutsch gebracht, und alhie einverleibet, lautet also:

Wir Ludwig der Vierte, von GOttes Gnaden Römischer
Kayser, zu allen Zeiten Mehrer des Reichs ec. Allen und jeden Christenlichen Kayser Lud-
Königen, Patriarchen, Ertzbischoffen, Bischöffen und Priestern, was Würden die wigs Defen-
seyen, Auch allen andern geistlichen Prälaten, dazu weltlichen Fürsten, Margra- sion wider
fen, Hertzogen, Grafen, Freyherren, Hauptleuten, Oberkeiten, Regenten, Rich- den Pabst.
tern und Landsverwesern, des Heiligen Römischen Reichs Städten und Landen,
derselbigen Burgern und Einwohnern, auch allen und jeden Christgläubigen, Geistlichen und Weltlichen, Unsere Gnad und alles Guts.

Wiewol Wir den Catholischen Glauben, den die heilige Mutter die Kirch haltet, vestiglich glauben, getreulich bekennen, und der Kirchen Lehre in den heiligen
Canonen begriffen, nachkommen wollen: jedoch weil wider Uns, Unsere Wahl
und Beförderung zu Kayserlicher Würde, ja wider die Kayserliche Authorität und
Würde selbst, etliche Anzüge, Widersetzungen und Gegensätz beschehen: hat Uns
für rahtsam angesehen, damit sie der Einfältigen Gemühter nicht verführen möchten,
mit dieser Schrift zu verantworten. Zuvorderist, wird wider Uns, das Kayserliche

Y ij Ansehen,

1338. Ansehen, Gewalt und Reichs Gerechtigkeit angezogen, daß die Kayserliche Macht und Authorität vom Pabst herkomme, und daß ein erwählter Römischer König der blossen Wahl halben kein Kayser seye, noch wahrlich genennet werden möge, auch keinen Gewalt noch Jurisdiction habe, sondern vor seiner Salbung, Weyhung und Crönung habe der Pabst, auch in weltlichen Sachen, Vollmacht. Auf solches

Kayser Gewalt ist nicht vom Pabst, sondern von GOtt allein. ist Unser Antwort, daß dieser Gegenwurf den heiligen Canonen, dem Rechten und der Vernunft zuwider seye, wie dann ausdrucklich zu sehen, in c. cum ad verum. & c. Si Imperator 96 distinct. da dann steht, Es solle sich weder ein Kayser der Päbstlichen Rechtungen, noch der Pabst des Reichs Rechtungen gebrauchen, und am selbigen Ort sagt die Gloß, es seyen dieses zween unterschiedliche Gewalt, und sey keiner an den andern verknüpfet. Sodann hat der Kayser das Reich nicht vom Pabst, sondern von GOtt allein. 93 dist. cap. legimus, an welchem Ort der Text vermag, daß die Heerzeuge einen Kayser machen. So sagt auch die Gloß daselbst, daß ein solcher ein wahrhafter Kayser sey, auch vor dem ihn der Pabst confirmieret. Diß wird auch bewähret in cap. quoniam. 10 dist. da es der Text der Länge nach vermag, und schleußt, daß der Pabst nicht beyde Schwert habe, dann sonst wann das Kayserthum vom Pabst wäre, möchte man in weltlichen Sachen zum Pabst appellieren, welches doch Pabst Alexander verbeut, sprechende, Weltliche Sachen haben ihre eigene Jurisdiction. de appel. Si duobus. c. Causam quæ. 2 qui ti. sunt le. ibi glossa facit, & tex. in c. quo iure. 8. dist. c. Nouit, de judi. Führet hieraus schlißlich, daß der Kayserliche Gewalt ohne Mittel von GOtt sey, und daß ein Kayser aus blosser Wahl, ehe er gesalbet und gecrönet werde, Kayserlichen Gewalt habe, und habe der Pabst in zeitlichen Dingen gedachte Vollmacht keines Wegs.

Pabst kan des Kaysers Wahl nicht cassieren. Zum Andern, wird Uns fürgeworfen, Pabst Johannes der 22 habe durch seine Proceß Unsere Erwählung cassiret und vernichtiget, darauf Wir des Reichs Gerechtigkeit zu verwalten nicht mehr befugt gewesen, sondern des Reichs Verwaltung von Rechts wegen dem Pabst heimgefallen. Solches aber alles ist wider des Reichs Rechtungen, auch wider derjenigen Gerechtigkeit und Freyheit, welchen in Freyung des Kayserthums die Chur zuständig, es ist wider die Rechtungen und Freyheiten der Teutschen Fürsten und des Reichs Unterthanen.

Daß er ferner seine Proceß, Bullen und Briefe, in die gantze Welt (als man sagt) ausgehen lassen, und darinn fürgegeben, wie er gantz Welschland vom Kayserthum und dem Reich Teutscher Nation abgeschieden, vermeldende, der Pabst seye der allgemeine Herr, nicht nur in geistlichen, sondern auch in weltlichen Sachen: Diesem allem haben Wir mit Antwort zu begegnen fürgenommen: namlich, daß bemeldte Proceß, Fürgeben und Briefe, auch alles was obberührter Sachen halben gehandlet worden, gantz nichtig, kraftlos und unverfänglich seye, aus folgenden Ursachen.

Pabst hat in des Reichs weltlichen Geschäften keine Gewalt. Die erste Ursach, daß der Pabst, ob er schon aller Dingen eine ordentliche Wahl bekommt, in weltlichem, bevorab über des Reichs Gerechtigkeiten, keinen Gewalt habe, erweisen die hieroben angezogenen Recht klärlich. Deßhalben alles was Pabst Johannes der 22 in oberzehlten Stücken gehandlet, weil es nicht von den gebührenden Richter beschehen, kraftlos und nichts werth ist. 2. q. 1. c. inprimis, de jud. at si clerici. cum simil. Die andere Ursach, daß genannte Proceß, ja Exceß eigentlicher zu nennen, wider Uns, und zu einem ungereimten Vorurtheil Unser und derjenigen, welche Uns erwählet, auch anderer Teutschen Fürsten und des gantzen Reichs, aus wissentlich falschen Gründen, wider alle Ordnung des Rechtens in Unserem und deren so es berührt Abwesen, da sie rechtmäßiger Weise citiret gewesen, ausgegangen seind. Derowegen sie unmächtig, unkräftig und unverfänglich seind. 3 q. 9. durchauß, da dann gemeldet wird, daß alles was man wider Abwesende in allerley Sachen oder Ort handlet, vergeblich sey, und keine Kraft habe. Und ligt nichts daran, daß man einredt, wie gemeldter Pabst Johannes, mit seinem Hofe zu Avignon, durch aufgeschlagene Briefe

an

Das Dritte Buch.

an den Kirchthüren, die Abwesenden citiert habe, weil eine solche Citation in der- 1338. gleichen Sachen nichtig ist, und keine rechtmäßige mag genennet werden, folgender Ursachen halben. Erstlich, daß vonnöthen ist, nach Anweisung der Rechten, soll eine Citation rechtmäßig genennet werden, daß einer, der zu finden ist, persönlich citiert, oder ihm dieselbige am Hauß angeschlagen werde, sonst kan man wider ihn nicht procedieren, wird bewähret 4 q. 5 c. quisque, de do. & cont. causam, de elect. non re. ex tuæ, zusammt andern gemeinen Rechten. Zum andern, soll eine Citation jemand zu erscheinen binden, so ist vonnöthen, daß dem Citierten, Termin und zu erscheinen ein sicher Ort bestimmet werde, wie das probiert wird c. ex parte de app. 3 q. 9. hortamur. ut. lit. non cont. accedens ff. de jud. Si locum. Nun ist wissenhaft, daß vielgemeldter Pabst Johannes, Uns und Unsers Reichs liebe Getreuen, mit tödtlichem Haß und feindlicher Kriegsrüstung verfolget hat. Darzu trägt die Stadt Avignon, und der Pabst, so darinn Herr ist, wider Uns und das Römische Reich einen alten Neid, derowegen einer wohl thorecht wäre, welcher sprechen wolte, daß diese Citation einigerley Weis ordentlich gewesen wäre, sondern sie ist unkräftig und nichtig. Zum dritten, soll keiner in seiner eigenen Sach selbst Richter seyn, und ihm selbst Recht sprechen, 23 q. 4. inter querelas. C. ne quis in propria causa. in rubro & nigro. Nun ist kundbar, daß ermeldter Pabst Johannes vermeinet, er habe auch in weltlichen Sachen über Uns und das gantze Reich vollkommenen Gewalt: item daß er wider Uns und des Reichs Rechnungen thätlicher Weise gefahren, sich des Reichs Gerechtigkeit zu gebrauchen unterstanden, und als ein Feind Durchächtung angerichtet: derowegen wir wider ihn, als Unsern und des Reichs Widersacher und Feind, Uns und Unsern Getreuen zu Schutz, für ein künftig allgemein Concilium, an einem sichern und behutsamen Ort zu halten, appelliert, Ergo ꝛc.

Pabsts Citation wider Kayser Ludwigen nichtig.

Zum dritten, wird Uns fürgezogen, gemeldter Pabst Johannes der 22, habe Uns, auch alle Unsere Beyständige und Getreue, die Uns für einen wahren, ordentlichen Kayser erkennen, und als einem Kayser Reverentz thun, mit sammt denjenigen, so Uns zum Gottesdienst lassen, und Gemeinschaft mit Uns haben ꝛc. verbannet, und den Gottesdienst verbotten, läßt auch fürgeben, man solle des obersten Hirten Spruch, er sey gerecht oder ungerecht, annehmen, und demselbigen Beyfall thun: Darauf antworten Wir, Daß vermög der geistlichen Rechten diese Sentenz und Proceß nichtig und unverfänglich seyen: wird aus folgenden Gründen bewähret.

Pabsts Bann wider Kayser Ludwig und seine Anhänger unrechtmäßig.

Erstlich ist gewiß, wann ein geistlicher Prälat in seinem Mandat die Form und Gewalt, ihme in geistlichen Rechten fürgeschrieben, überfahret, bleiben diejenigen so darwider thun, mit ihrem Sententz unverhaft, wird probiert per c. Cum ad quorundam. de exces. prælat. Dann solches verbieten die geistlichen Recht und die Kirchen, und lassen dem Pabst die Gerechtigkeit des Kayserthums, und Gewalt über Weltlichs, nicht zu. Nun hat Pabst Johannes der 22, nach der Kayserlichen Gerechtigkeit und Vollmacht zu greifen unterstanden, Ergo ꝛc. Und dieses ist der Fällen einer, in welchem des Banns Sententz keines Wegs zu förchten noch zu halten ist. Zum andern, in den Rechten unlaugbar, wann ein Sententz oder Mandat einen ausdrucklichen Fehler in sich hältet, so ist derselbige Sententz in Rechten nichtig, als wann einem Unterthanem, seinem Obern nicht zu gehorchen, oder etwas wider GOtt oder die Heilige Schrift gebotten wird, dahin gehört 11 q. 3. Si is qui cum duob. Gleicher Weis hältet sich wo ein Sententz im Rechten nichtig ist, wird bewiesen in c. per tuas. de sent. excom. de procur. in nostra præsentia. Cum si. Nun ist offenbar, daß ermeldter Pabst Johannes Uns nicht zu gehorchen, gebotten hat, welchem doch alle des Reichs Unterthanen aus göttlichem und weltlichem Rechten gehorchen und Reverentz thun sollen. Daß er auch solches der Meynung gethan, damit er sich des Reichs Rechnungen in Weltlichem gebrauchen könnte, welches doch wider GOtt und alle Gerechtigkeit ist, Ergo ꝛc. Zum dritten,

180 Baßler Bistums Historien,

1338. dritten, ist offenbar, wann der Sentenz des Banns oder Interdicts nach einer ordentlichen Appellation gefället wird, daß er alsdann nichtig, keines Wegs zu förchten noch zu halten sey: wird probiert de offic. de le. cum abbas de sen. excom. per tuas & in glo. Nun aber ist offenbar, daß Wir wider den ermeldten Pabst Johansen und seine Proceß, damit er wider GOtt und alle Billigkeit gegen Uns gedonnert, für ein künftig allgemein Concilium, und die heilige Catholische Kirchen appellirt, welche Appellation ihme Pabst Johansen ordentlicher Weis kund gethan worden, wie solches wohl bewußt, und daß er hernach wider gemeldte Appellation aufgeschlagen, ja wider Uns, Unsere Getreuen, und welche Uns Raht, Gunst und Hilf leisten, Ergo ɾc. Und irret nichts, daß man sagt, der Pabst habe keinen Obern, und sey derhalben von ihm nicht zu appellieren: weil aus der Catholischen Lehr kundbar, daß der Pabst, wann man vom Glauben handlet, den Concilien unterworfen ist, 16 dist. sicut in tex. & in glos. 25. q. 2 sunt quidam. 19 dist. Anastasius 40 dist. Si Papa. Derselbige sagt, wann man vom Göttlichen Rechten handle, sey ein Concilium über den Pabst, laut der angezogenen Rechten. Weil Wir aber zu Schutz der Kayserlichen Gerechtigkeit, welche aus dem Göttlichen Rechten und Catholischen Glauben herkommet, appellirt: so folget, daß Wir Uns für einen Höhern beruffen, das ist, für ein General-Concilium, wider Unsere Widersächter, welche Uns, dem Reich und Catholischen Glauben, den die heilige Römische Kirchen haltet, widerstreben.

Deßhalben aus Raht und Bewilligung aller Prälaten und Fürsten Teutscher Nation, in Unserer Stadt Franckfurt versammlet, verkünden und erkennen Wir diese Proceß nichtig, unkräftig und unverfänglich. Befehlen hierum, und gebieten ernstlich, allen und jeden Unsers Reichs Unterthanen, welches Staats oder Wesens die seyen, daß keine sonderbare Person noch Gemeind, vorermeldte Sentenz des Banns und Interdict zu halten fürnehme. Dann welche darwider handlen wurden, dieselbigen sollen aller ihrer Lehen, so sie vom Reich tragen, aller Gnaden, Privilegien, Freyheiten und Immunitäten, beraubet seyn. Zu Urkund ist dieser Brief mit Unserer Kayserlichen Majestät Bullen verwahret. Geben in der Stadt Franckfurt, in Beywesen der vorermeldten Prälaten und Fürsten, den achten Tag des Monats Augusti, nach Christi Geburt im dreyzehenhundert acht und dreyßigsten Jahr, der sechsten Römer Zinszahl, Unsers Reichs im vier und zwanzigsten, und des Kayserthums im eilften Jahr.

In diesem Jahr wurfen die Bauren im Elsaß zween König auf, der eine hieße Emmerich, der andere Zimmerlin, ihrer waren bey 2000, die legten sich für die Stadt Colmar, und forderten die Juden heraus. Als man ihnen entgegen zoge, wurden sie in die Flucht geschlagen.

Das X. Capitel.

Beyde Päbste, Benedictus und Clemens, fehden Kayser Ludwigen: der stirbt im Bann, und folget ihm am Reich Carolus der vierte. Vor diesem stellten sich die Baßler gegen des Pabsts Commissarien als redliche Leute.

Pabst Benedict folget seinen Vorfahren.

Jewol sich nun Pabst Benedict Anfangs gegen dem Kayser (wie droben gemeldt) wolgeneigt erwiesen: hatten doch seine Widerwärtige, je mehr er seine Sach gut zu machen begehrte, mit Verhetzung des Pabsts, dermassen wider ihn angehalten, daß er den miltern Weg fallen ließ, und endlich seines Vorfahren Sentenz wider Kayser Ludwigen bestätigte, hiemit die Zerrüttung der Christenheit stärckte. Dann des Pabsts Bann und Interdict wolte nicht an allen Orten die Leut von des Kaysers Gehorsame abschrecken, sondern die Priester und Ordensleute, so

sich

Das Dritte Buch.

sich der Kirchenämtern enthalten wolten, wurden vertrieben, mußten entwerders le- 1 3 4 6.
sen und singen, Oder hinweg springen, wie dann zu Straßburg, im 1339 Jahr zu
Zürich, und mehr Enden beschahe.

Im Frühling, des 1340 Jahrs, erschien am Himmel ein Comet, gestaltet Comet
wie ein Schwert, am Ende der Wag, bewegte sich schnell bis er in Löwen kam, Anno 1340.
allda verschwand er.

Im 1341 Jahr, übergoße sich der Birsick solcher massen, daß er mehr dann Ergiessung.
Ellen hoch über den Barfüsser Kirchhof floße, und viel todter Cörpern in den Rhein Anno 1341.
führte.

Im 1342 Jahr starbe Pabst Benedictus, und succedierte ihm Clemens der fünfte, auch ein Frantzoß, welcher das Römische Jubeljahr auf alle fünftzig Jahr abge-
kürtzet. Dessen empfienge der Kayser abermals Hoffnung zum Frieden, schickte derohalben seine Gesandten zum neuen Pabst gen Avignon um Auslösung des Banns zu
werben, und was zu gebührlichem Frieden diente, nachzugeben. Es schrib ihm
aber der Pabst so beschwerliche Mittel für, namlich, Aller Auflagen, damit er beyde Pabst Cle-
des Glaubens und Lebens halben beschweret, sich schuldig zu bekennen, vom Reich mens reisset
abzutretten, sich mit seiner Gemahl, jungen Herrschaft und Landen, an Pabst zu er-die alte Bun-
geben rc. daß auch die Fürsten auf dem Reichstag zu Franckfurt ein Mißfallen darob auf.
hatten, und es dem Kayser einzugehen nicht rahten wolten. Deßhalben ihn letztlich
der Pabst für einen Ketzer erklärte, seiner Vorfahren Handlung wider ihn bestätiget
und verneuerte, schloß auch diejenigen so ihm anhiengen, und nicht albereit von ihm
abtraten, aufs neue von der Kirchen Gemeinschaft aus. Ferner entsetzte er Herr Henrichen von Viernberg Churfürsten zu Maintz, welcher zu Erwählung eines neuen Kaysers nicht gehillen wollen, und ordnete an seine Statt Graf Gerlachen von Nassau,
welcher auf des Pabsts ernstlich Mandieren, im 1346 Jahr, den Churfürsten gen
Rens einen Wahltag zu besuchen ausschriebe, da sie Margaraf Carol zu Märrhen, Carolus der
König Johansen zu Böheim Sohn, zum Kayser wähleten, der doch bey Kayser Lud- vierte erwäh-
wigs Leben die Regierung nicht behaupten mochte. let.
Anno 1346.

Weil solches fürgegangen, war Kayser Ludwig aus Tyrol in Schwaben kommen, daselbst viel Grafen und Herren an sich gehenckt, und gen Speier kommen,
daselbsthin die Reichsstädte beschrieben. In derselbigen Versammlung, befand er,
daß die Städte noch vest an ihm hielten, also daß nicht eine am Rheinstrom, in
Schwaben noch Franckenland, die Wahl Caroli oder des Pabsts Proceß wider den
Kayser billichte, darzu keinem solche Proceß bey ihnen zu eröffnen gestatteten. Deren von Basel halben hatte man sich wol ersorgt, sie wurden, von wegen ihres
Bischoffs und der edlen Mönchen Gewalt, die Carolo beygefallen, von Kayser Ludwigen abstehen: als sie aber der übrigen Städte einhellige Standhaftigkeit sahen, beschlossen sie ernstlicher dann andere Städte, sich keines Wegs abwendig machen zu
lassen.

Auf Catharinä erstgedachtes Jahrs, fiele die Pfaltz hinder dem Münster in Rhein
mit grossen Schaden.

Im September des folgenden Jahrs, kame Johanna Hertzogin zu Oesterreich Kayser Lud-
in das Elsaß, machte ein Verständnuß mit den Bischöfen zu Straßburg, Basel wig kommt
und Costantz, und vertruge sich mit Herr Oth von Ochsenstein, Tann und Senheim seinen Wider-
halben. In ihrer Wiederfahrt in Oesterreich besuchte sie Kayser Ludwigen, ward sächern aus
von ihm herrlich empfangen, der aber bald nach ihrem Abscheid, namlich den elff- den Jahren.
ten Tag Weinmonats, starbe eines Falls, den er auf dem Gejägde, bey dem Kloster Anno 1347.
Fürstenfeld in Bayern, an einer Wiesen (welche noch daher des Königs Wiesen heisset) mit dem Pferd gethan, nachdem er in drey und dreyßig Jahren seiner Regierung
wider drey Päbste manchen harten Strauß ausgestanden.

3 j   Nach

1348. Nach seinem Abgang griffe Carolus allbereit zum Kayserlichen Scepter, kam in Hoch-Teutschland, nahme die Städt allenthalben in Pflicht, wiewol ihn etliche Churfürsten für keinen Kayser erkennen wolten, als der bey Kayser Ludwigs Leben ihme zu Trotz erkoren wäre, derowegen andere an das Reich beruffen. Es behauptete aber Carolus, mit Gunst des Pabsts das Kayserthum, kam im 1348 Jahr gen Straßburg, und durch die Reichsstädt im Elsaß, die ihn alle als einen Römischen König empfiengen, am 20 Christmonats gen Basel, hatte bey sich, neben andern Fürsten, Bischoff Friderich von Bamberg, gebohren von Hohenlohe, des Pabsts Legaten, welchen er mit einer Bull (die ihm Marquart von Randeck sein Thumprobst von Avignon zugebracht) Commission gegeben, weiland Kayser Ludwigs Anhängige, auf Bekanntnuß ihrer Mißhandlung und Fehlers, zu absolvieren.

Kayser kom̄t gen Basel.

Form der Absolution.

In derselbigen Bull stuhnde die Form der Absolution mit diesen Worten: Demnach ihren viel, so wider weiland Pabst Johannis Process und Sententz angeloffen, indem sie dem verdammten Ketzer, Ludwigen von Bayern, angehangen, sich wiederum mit der Kirchen zu vereinigen begehren: deßhalben befehlen wir dir, welche ihren Mißtritt und Strafe, in die sie heimlich oder offentlich gefallen, bekennen, und schwören, 1. daß sie forthin dem Apostolischen Stuhl treu seyn wollen, keinem Kirchentrenner weiters beystehen, 2. darzu glauben, daß dem Kayser einen Pabst zu entsetzen und einen andern zu wählen nicht gebühre, sondern dieses eine verdammte Ketzerey sey, 3. item, keinen Kayser, wo er nicht vom Apostolischen Stuhl bestätigt, ferner annehmen, 4. Ludovici Wittwen und jungen Herrschaft keinen Beystand thun, sie seyen dann mit der Kirchen wiederum verglichen, 5. darzu Carolo dem Römischen König, von der Kirchen bestätiget, gehorchen: daß du dieselbigen von solchen Sentenzen und Strafen absolvierest, mit lautern Fürworten, Wann sie ferner wider einiges Stuck handlen, nochmalen in die vordrigen Sententz und Pön gefallen seyn sollen.

Diese Form und Artickel bedunckten viel zu beschwerlich, deßhalben sich viel Leute daran stiessen. Man besorgte sich auch, es wurden sie die von Basel nicht annehmen, noch dem König schwören, man restituirte dann ihnen den Gottesdienst. Als nun König Carol gen Basel kommen, zumal auch den Burgern daselbst die Form der Absolution fürgehalten worden: lehreten die Rähte für den König, ihr Anliegen zu erzählen. Unter andern redte Herr Conrat von Berenfels, Ritter, Burgermeister, des Pabsts Commissarien also an:

Basler wollen ihnen ihr Gehorsame zu seiner Sünd rechnen lassen.

Herr von Bamberg, ihr solt wissen, daß wir weder bekennen noch glauben wollen, 1. daß unser Herr, Kayser Ludwig seliger, jemalen ein Ketzer gewesen sey, 2. und wir wollen allwegen denjenigen, welchen uns die Churfürsten, oder derselbigen mehrer Theil, zu einem Römischen König oder Kayser geben, darfür halten, ob ihn gleich der Pabst nimmermehr bestätigte, 3. bezeugen wir überall nichts billichen noch eingehen, das des Reichs Teutscher Nation Rechtung und Herrlichkeit einiger Weis zuwider ist. Derowegen habt ihr vom Pabst Gewalt, und wollet uns absolvieren, so seind wir es anzunehmen bereit. Wendete sich hiemit zum Volck, sprechende, Geben ihr hierauf mir und Conrat Mönchen Ritter (dann derselbige von Rähten stuhnd neben ihm) Gewalt, die Absolution zu begehren? Und als sie es bewilliget, haben gedachte zweey Ritter, in Beywesen Johannis de Vikario, des Pabsts Secretarien, geschworen, Wir schweeren unserem Herren Chüng Karlen dem Römischen Chüng, der hie gegenwertig ist, vnnd sine Vogt an siner statt, sine recht ansprechende, schwere wir darumbe gefraget werdent, so verre wir vns dorumb versten, das vns GOtt so helfe vnnd alle Heiligen, darauf ihnen des Gottesdiensts Arrest relaxiert, und die Process abgestellet wurden. Bald darauf schwuren auch beyde der neue und alte Raht dem Kayser, seine Rechtung der Reichsvogtey zu halten, des Römischen König Vogt beyzusitzen, und allda Recht zu sprechen.

Bischoff Johannes und der Abt von Murbach, als geistliche Fürsten des Reichs, empfiengen da von Carolo in seinem Kayserlichen Ornat ihrer Regalien Investitur.

Am

Das Dritte Buch. 183

Am Christtag communicierte der Kayser im Münster, und las unter der Meß das 1 3 4 8.
Evangelium, Exiit edictum ab Augusto Cæsare &c. mit einem blossen Schwert in
der Hand. An S. Stephans Tag saß der Kayser unversehenlich zu Schiff, fuhr
wiederum von Basel, nahme zu Burckheim sein Nachtlager, hiemit sein Volck über
Land reisen mußte. In diesem Abzug begabe sich, als des Kaysers Volck zuvor viel
verloren, daß etliche tapfere Böhmer ihrer zween vor dannen schickten, deren einer ein verschnitten Pferd an der Hand führte, und sie sich auf ein Wartspiel in
eine heimliche Halt stelleten. Als nun die zween durch die Sattellöse, irgend zwo
Meilen unterhalb Basel, ihren Weg genommen: begegneten ihnen etliche Edelleute
von Basel, welche dem so den Mönchen führete, verneinende er hätte ihn gestolen,
das Pferd mit Gewalt nahmen. Deß flohe der andere, und verkündete es den Böh-
mern, welche daher renneten, diese fiengen, Wernhern von Eptingen einen Jo-
hanniter, der sich zur Wehre gestellet, hart verwundeten, und ihm eine Urphede
gaben, sich vor dem König zu stellen, die übrigen führten sie gefänglich gen Mülhausen. Einswegs machten sich in derselbigen Nacht der Gefangenen Freunde auf,
legten sich für Mülhausen, schuffen daß des Königs Volck nicht sicherlich fürziehen
konnte, derowegen ledig gegeben wurden. Der König fuhre von Burckheim gen
Ehenheim, und das Elsaß nieder gen Hagnow, Speier und Worms zu. Er verpfändete und übergabe seinen Dienstleuten alle des Reichs Gefälle im Elsaß.

Obgemeldte Handlung zu Basel wegen der Absolution erschallete an andere
Ort, inmassen, daß viel Städte und Ort des Pabsts Legaten, Innhalt seiner Bullen, weder schwören, noch um Kayser Ludwigs Gehorsamkeit willen, einigen Irrthum bekennen wolten, hiemit ohne diese Geding die Absolution empfiengen. Es
war auch die Sach dahin gewachsen, daß etliche Fürsten und Städt, aus Verachtung des Pabsts Fluch und Bann, keiner Absolution nachfragten. Als die Burgerschaft zu Worms hörete, was man den Absolvierenden zumuhtete, empöreten sie
sich, und zwungen den von Bamberg ihnen die Absolution umsonst mitzutheilen.

Der Bischoff und die Stadt Basel hatten unlang vor dieser Zeit nach Kayser
Henrichs Heilthum gen Bamberg (da er sammt seiner Gemahl im Thum, von
ihnen gestiftet, leibhaftig ruhet) geschrieben, und darauf durch Eberharten von
Telch, desselbigen Stifts Thumherrn, zwey Stuck von den rechten Armen Hen-
rici und Kunegundis empfangen, welche sie in des Abgesandten Zukunft, am ersten
Sonntag Novembris, mit einer trefflichen Proceß annahmen, und in das Münster
behielten. Hierum instituirt Bischoff Johans dieses 1348 Jahrs, durch das Bi- *Kayser Hen-*
stum Basel hinfort den 12 Tag Julii, Kayser Henrichs Fest zu halten: nicht allein *richs Tag*
um seiner Verdiensten und Miraclen willen, als das Instrument sagt, sondern auch *wird im*
daß er die Kirchen zu Basel, als sie von den Ungläubigen langest zerstöret gewesen, *Basler Ka-*
mit getreuer Hilf und Steur wiederum erneueret und begabet. Er gebot auch all- *lender roht.*
wegen den 9 Septembris, S. Kunigunden Tag, gleichwol nicht zu feyren, jedoch
mit Andacht zu begehen.

Das XI. Capitel.

Der schrecklichste Weltsterbend, dessen Ursach man der Juden
tückischen Boßheit zugemessen, darum sie greulich
verfolget wurden.

IN diesem und dem folgenden tausend dreyhundert neun *Grosser Tod*
und vierzigsten Jahr, regierte ein solcher greulicher Sterbend in allen *und Welt-*
Landen, unter Christen und Heyden, als gesagt ward, daß man ver- *sterbend.*
meinet, der Menschen dritte Theil wäre in allen Nationen mit Tod
abgegangen. Johannes Aventinus meldet in der Bayerischen Chro-
nick, es sey im Jenner des 1348 Jahrs ein so schrecklicher Erdbidem in Ungarn, *Erdbidem.*
Steiermarck,

1349.

Steiermarck, Kärndten und dem Windischen Lande gewesen, daß hiedurch 26 Städte und Schlösser verfallen. Es habe sich auch das Erdreich an etlichen Enden aufgethan, viel Leut, Felder und Dörfer verschlungen, so seyen aus denselbigen Klüften schädliche und tödtliche Dünst aufgegangen, daher sich die allerschrecklichste Pestilentz erhebt habe.

Ob aber dieses die Ursach des allgemeinen Landsterbens, oder andere, gewesen, will ich nicht disputiren: allein ist bekannt, daß diese Süchte schon im Jahr darvor eingerissen, demnach also sehr zugenommen hab, daß man geachtet, seit dem Sündfluß wäre über menschliches Geschlecht kein grösserer noch langwieriger Sterbend ergangen. Zu Basel blieben von Aeschmerthor bis an das Rheinthor herab beyderseits nur drey Ehen gantz, und vergiengen in der Stadt bey 14000 Menschen.

Der Juden mördliche Tück.

Man zeihet die Juden, sie hätten mit Vergiftung der Brunnen solchen Jammer angerichtet, deßwegen wurden sie allenthalben in Städten überfallen, verjagt und verbrennet, hatten nur hin und her bey etlichen Fürsten Fristung. Man beschloß an vielen Enden die Brunnen und Söd, gebrauchte sich allein des fliessenden und Regenwassers. Zu Bern und Zofingen in der Eydgnoßschaft däumelte man etliche Juden, die verjahten solche That, und ward das Gift in Brunnen gefunden, deßhalben man sie mit Feuer hinrichtete, und solche Vergicht in die benachbarten Städte, Basel, Zürich, Freyburg im Breißgow, Straßburg etc. andern Leuten zur Warnung, ausschriebe.

Tagleistung zu Bennfelden der Juden halb.

Auf solches ward den Städten Basel, Straßburg, und allen darzwischen liegenden, desgleichen Freyburg und andern Herrschaften, der Juden halb Raht zu halten, gen Bennfelden Tag ernennet. Auf demselbigen erkannte der mehrere Theil, die Juden von solcher Bosheit wegen zu vertilgen: allein vermeinten die Straßburger, sie könnten ihren Juden nichts thun, als die nichts Args auf sie wüßten, hatten aber dannoch ihre Brunnen beschlossen, und die Eymer abgenommen. Insonderheit hielt ihnen ein Ammeister daselbst, Peter Schwarber geheissen, hefftig für, anzeigende, Die Stadt hätte Schirmgeld und Tribut von ihnen genommen, dazu sie mit gegebenen Brief und Siegeln eine benannte Zeit Schutz und Schirms getröstet, da billich, daß man ihnen solches Zusagen hielte, sie wurden dann Uebelthaten beweisen, so solt man ihnen das Recht ergehen lassen.

Auflauf und Enderung des Regiments zu Straßburg.

Die Handwercksleute, so die Judengassen mit beweerter Hand verwahret, wolten solches nicht gut heissen, vermeinende, die Meister hätten von den Juden Geschenck genommen, ihnen das Leben zu fristen, deßhalben sie mit dem Paner wohlgerüst für das Münster zogen, die obersten Meister und Rähte absetzten, und neue machten. Sie erkannten auch, daß hinfort eines Ammeisters Gewalt ein Jahr lang wehren, und darzwischen allwegen vier Stettmeister solten gemacht werden, deren ein jeder nur drey Monat regierete: Summa es gieng da, wie in Erwegung des Pöfels bräuchig. Deßhalben nach etlichen Jahren diese Form des Regiments wiederum geändert ward. Dißmals mußten die Juden herhalten, und wurden bey 1800 Personen auf ihrem Kirchhof ausgezogen und verbrennet.

Verfolgung der Juden.

Die Züricher hatten darvor auf Martini mit ihren Juden gleicher Weis gehandlet. So schreibt Nauclerus, man habe die Juden zu Maintz dermassen geröstet, daß in S. Quintins Kirchthurn eine herrliche Glocke, und das Bley an Fenstern geschmoltzen seye, beschahe außgehends Augstmonats. Samstags vor der drey König Tag, verbrannten sich die Juden zu Speier in ihren eigenen Häusern, so wurden etliche vom Volck auf den Gassen erstochen, dieselbigen verschlugen sie in Fässer und schickten

Das Dritte Buch.

schickten sie auf den Rhein. Der Raht aber ließ die Judengassen verwahren, ga- 1 3 4 9.
ben dem Volck zu plündern keinen Zugang, sondern nahmen der Juden Gelt und
Gut zu ihren Handen. Gleicherweis opferten sich die zu Worms und Oppenheim selbst
aus Forcht im Feuer auf.

In den übrigen Städten im Elsaß warb es diesem unglückhaftigen Volck nicht
besser, dann sie einest an diesem, dann einem andern Ort ausgetrieben, erschlagen,
verbrennt, und in Sümpfen ersäuffet wurden. Sie zörneten auch mit denen, welche
in ihrer Gegne den Juden Aufenthalt gaben, und fehlte wenig, sie wären für
Enstsheim gezogen, darum daß sie der Oesterreichische Landvogt auch nicht allbereit
hinrichten wollen, sondern einen Botten in Oesterreich abgefertiget, seines Fürsten
Befehl zu vernehmen. Wie die zu Colmar mit den ihren gehandlet, wird nicht gemeldet,
dann auch daselbst etliche wohnten, welche jährlich der Kayserlichen Cammer 20
Marck SilbersZinsweis entrichten mußten. Denselbigen Judenzins verpfändete Kayser
Carolus Götzmann Mönchen von Basel um 200 Marck Silbers, so er ihm seiner
Diensten halben schuldig worden, am Dato zu Tust, den 17 Weinmonats, im 1347
Jahr. Den andern Aprillens zündete ein Jud zu Costantz, aus Forcht weltlicher
Schmach, sein eigen Haus an, darinn er sammt seinem Gesinde war, schryen, sie
wolten als fromme Juden sterben: desselbigen Brunsts vergiengen bey viertzig Firsten.

Zu Basel da auch eine Anzahl Juden wohneten, und an S. Lienharts Kirchberg
allein fünfzehen Häuser des Gottshaus abgekaufft, darin eine besondere Schul
und Kirchhof innhielten, entstuhnd ein Tumult, (darum daß ihrenthalben etliche Tumult zu
fürnehme Burger, so an den Juden etwas Hochmuths getrieben, lange Zeit der Basel.
Stadt verwiesen gewesen) daß die Gemeinde mit ihren Fähnlinen vor dem Richthaus
bewafnet zusammen liefe. Dasselbige war damals nicht an dem jetzigen Ort, sondern
gegenüber, da heutigs Tags der Pfaue stehet: ist erst nach dem grossen Erdbidem
auf die jetzige Hofstatt, Waldenburg genannt, den Roten vorzeiten angehörig, Das Richt-
verändert worden. Die Rähte ab solchem Überlauf erschreckt, liessen durch den haus.
Burgermeister fragen, Was ihr Begehren wäre. Also antworteten sie, daß die verwiesenen
der Juden halben wiederum begnadet und in die Stadt gelassen wurden,
und man den Juden forthin keinen Platz mehr gebe. Also schickte man den nächsten
nach den Bandisen, weil die Burger vor ihrer Einkunst nicht abziehen wolten.
Der Pöfel war über die Juden also ergrimmet, daß sie den Raht zwungen
zu schwören, die Juden zu verbrennen, und in 200 Jahren keinen mehr in der Stadt
einsitzen zu lassen. Also wurden sie nach Wienachten, des 1348 Jahrs, in eine Ow
des Rheins in ein höltzen Häuslein zusamnen gestossen, und jämmerlich im Rauch
verschickt. Viel junger Kinder wurden vom Feuer errettet, und wider ihrer Eltern
Willen getaufft: alle Schulden wett gemacht, die Brief und Pfänder wieder
gegeben. Ihre Begräbnussen zwischen Gnadenthal und S. Peters Platz, da jetzt der
Werckhof stehet, wurden zerstöret, die aufgerichten Grabstein mit den Hebräischen
Epitaphien nachmalen zernetzet, und die Mauer des innern Stadtgrabens damit
bedeckt, da sie dann noch vor Augen, und die letzten Wort solcher Grabschriften
an etlichen wohl zu lesen seind, da sie auf ihre Sprach zu schreiben gepflegt: Sein
Ruh sey im Paradis bey den übrigen Gerechten in Ewigkeit, Amen, Amen, Selah.
Dieser zerstöreten Jüdischen Begräbden Anzeigungen mögen die Hauptschädlen
und Todtenbein gewesen seyn, welche man im 1566 Jahr gefunden, als man des
Werckmeisters verbrunnen Haus selbiges Orts wiederum bauen wolte, und zum
Pfulment grube. Acht Tag nach dieser Juden-Röstung handleten auch die Freyburger
dergestalt mit den ihren, behielten nur zwölf der reichesten, ihre Schuldner
durch sie zu ängstigen. Bey einem alten Meßbuch finde ich von diesem Jammer allem
folgende Deuckverslein:

M tria C, quater X, sex, duo, fineque Jani
Plurima venére mala: tunc credas Synagogæ
Pars prorsus periit, pars spoliata remansit.
Mors inaudita regnavit plus neque visa:
Tunc etiam vina destruxit multa pruina.

Aaa

1349.

Das XII. Capitel.

Der Geißlern getichte Pönitentz und Büssung, wie die auffkommen und wieder abgangen. Item von etlichen Kriegsreisen der Stadt Basel.

Büssern oder Geißlern Fahrt.

Aus ermeldter ernstlichen Heimsuchung GOttes, der langwierigen Sterbensläufen, erhube sich der Geißlern neue und selbst erwählte Geistlichkeit, welche durch willige Geißlung ihres Fleisches, die Sünde zu büssen, und GOtt zu versöhnen unterstuhnden. Wer diese Superstition von erstem aufgebracht, ist unbewußt, daher man sie Acephalos, das ist, ohnhäuptige Rottierer nennet. Tritenhemius sagt, sie sey in Ungarn entstanden. Wie nun diesem, so mehreten sich diese Landstreicher dermassen, daß sie hauffrechtig, bisweilen etliche hundert, mit Fahnen und Creutzen herum zogen, trugen auf den Hüten und Mäntlen rothe Creutz. Wo sie erstlich in die Städte oder Märckte kamen, giengen je zween und zween in der Proceß, und empfienge man sie mit dem Geläut: sie aber sungen folgendes Lied:

Nun ist hie die Bettefart
Da Herr Christ gen Jerusalem fart,
Er furt ein Creutz in seiner Hand,
Nun helffe uns der Heiland.
Nun ist die Bettefart so gut,
Hilff uns Herr durch dein Blut,
Das du am Creutz vergossen,
Und uns im Ellend gelassen.
Nun ist die Straß also bereit,
Die uns zu Unser Frauwen treit,
In Unser lieben Frauwen Landt,
Nun helffe uns der Heilandt.
Wir wollen die Buß annemmen,
Daß wir GOtt desto baß gezimmen,
Dort in unsers Vatters Reich,
Deß bitten wir dich alle gleich,
So bitten wir den Heilgen Christ,
Der aller Welt genädig ist.

Wo diese Vaganten (solte sprechen Flagellanten) hinkamen, giengen sie allbereit in die Kirchen, da liese viel Volcks zu, diese andächtige Gäuche zu sehen. Allda sungen sie wieder,

JEsus ward gelabet mit Gallen,
Deß sollen wir an ein Creutz fallen.

Zu diesem Wort fielen sie alle Creutzweis auf die Erden, wie Judas Gesellschaft am Oelberg, und wann sie eine Weil da gelegen, so hub ihr Vorsänger an zu singen,

Nun haben auf euere Hände,
Daß GOtt den grossen Sterbend von uns wende.

So

Das Dritte Buch.

So folgten sie und stuhnden auf, thäten solches dreymal. Darauf die Leut diese Brü- 1349. der heimführeten, ihnen Nahrung und Herberg mitzutheilen.

Sonst war dieses ihrer Secte Brauch, Gewohnheit und Regel. Welcher in Geißelbrü- diese Brüderschaft, und wie sie sagten, an die Buß tretten wolte, der muste 34 Tag der Orden. darinnen bleiben, und so viel Gelts haben, daß er alle Tag vier Straßburger Pfen- ning, das ist, einen halben Batzen auszugeben hätte: dann sie weder um Speis noch Herberg bitten dorfften, man gäbe es dann ihnen ungebetten, und führete sie unersucht in ein Haus, gedorfften auch mit keinen Weibern reden. Welcher solches übersahe, muste es kniend dem Meister beichten, der satzte ihm eine Buß auf, und schlug ihn mit Geißlen, sprechende: Steh auf durch der Martyrer Ehre, Und hüt dich vor Sünden mehre. Sie gestatteten gleichwol auch den Priestern in ihre Gesellschaft zu tret- ten, liessen aber keinen derselbigen ihren Meister werden, noch in ihren heimlichen Raht kommen. Jedes Tags geißleten sie sich zweymal, nämlich Morgens und Abends. Wann sie dieses vollbringen wolten, zogen sie in der Proceß aufs Feld hinaus, dazu läutete man ihnen anfänglich mit Glocken, hiemit liefe das thörechte Volck wähnend auch hin- aus, die schönen Fantzen zu sehen. An der Geißelstatt entblößten sie sich bis auf die Leibsweiche, legten sich allda an einem weiten Ring, nach dem ein jeder gesündiget: hatte er Meineyd begangen, so legte er sich auf eine Seite, und regte drey Finger auf: Ein Ehebrecher legte sich auf die Nasen, andere auf andere Gattung etc. Wann sie dann eine Weil also gelegen, so fieng ihr Meister an, schritte über den nächsten, schlug ihn mit der Geißel, und sprach wieder wie zuvor, oder, GOtt gebe dir Ver- zeihung deiner Sünden. Uber welchen er dann also geschritten, der stuhnde auf, bis er herum kommen, und sie alle aufgestanden. Hierauf fiengen sie an mancherley Ge- sänge zu singen, und geißleten sich mit Riemen, die zuvorderst Knöpf hatten, darinn Nadlen steckten, bis aufs Blut.

Nach solchem lase ihren einer einen Brief, von welchem sie sagten, daß ihn ein Engel vom Himmel gebracht, innhaltende, Wie GOtt über der Welt Sünde erzörnet, sie hätte untergehen lassen wollen, wo er nicht aus Fürbitt seiner lieben Mutter und der heiligen Engeln, zu Barmhertzigkeit bewegt befohlen hätte, daß sich ein jeder GOt- tes Gnad zu erwerben, 34 Tag im Elend selbst geißlen solte, und viel andere Gedicht. Wann dann die Priester fragten, Wer diesen Brief versiegelt, antworteten sie Gotts- lästerlich, Wer das Evangelium besiegelt hätte?

Daraus dann der Welt Unsinnigkeit zu mercken, in was grober Apostützlerey und Die Welt Irrthum die gerahtet, wo man den Brunn Göttlicher Wahrheit, die richtige Glau- tichtet ihr bens-Regel verlaßt, und Menschengetichten nachfahret, wo man des HErrn Christi selbst immer Verdienste und Fürbitt nicht für genugsam achtet, sondern auch andere Wege der Ge- ein neu E- nugthuung suchet. vangelium.

Im vorgemeldten 1349 Jahr, kamen dieser Leuten etliche hundert aus dem Schwabenland gen Straßburg, hu gten daselbst von jungen, Weibs- und Mannspersonen, etliche hundert an sich, ein Theil zoge das Land ab, der ander gen Basel hinauf. Summa, ihr Anhang mehrete sich dermassen, daß der Pabst und Kayser Einsehens thun musten.

Zu Speier verbunden sich bey 200 junger Knaben zusammen, die sich geißle- ten, ohne Zahl ergaben sich zu Straßburg an diese Buß. Bey hundert der besten Burgern zu Basel traten auch darein, und zogen aus Andacht gen Avignon, da der Päbstliche Hof war. Als sie daselbst hinkommen und sich abermals gegeißlet, wolte sie Pabst Clemens um dieser neuen und von ihnen selbst erwählten Form der Buß willen, in Gefängnuß gelegt haben, wo ihn nicht etliche Cardinäle abgehalten, die sie ent- schuldiget, Als die solches aus gutem Fürsatz gethan, alten, vermeinet, daß sie hierinn unrecht gehandelt. Die Priesterschaft fienge sie an verhaßt zu machen, daß sie niemand mehr zu Gast lude, und mit keinen Glocken mehr gegen ihnen gestürmet ward.

Aaa ij

1350. ward. Letſtlich wurden ſie nicht mehr in die Städte gelaſſen, ihre Fährte verbot-
Gnäſtert Fuhr- ten, und muſte ſie ein jeder Biſchoff in ſeinem Biſtumme abſchaffen. Seind für-
abgeſtellet. wahr würdig geweſen, daß man ſie als die Wölf zerſtäubet, oder auf die Galeen
geſchmiedet hätte, damit ſie der Riemen genugſam empfunden.

Anno 1350. Im Jahr 1350, zogen die von Baſel mit Heereskraft für die Veſte Blamont.
Aus was Urſach ſolches beſchehen, oder wie es daſelbſt ergangen, find ich nicht: achte
aber von des Biſchoffs wegen beſchehen ſeyn. Derſelbe verkauffte um Martini den
Bannwein der Stadt Baſel.

Adel wolte Als auch dieſer Zeit nach dem groſſen Tod im Elſaß eine Red erſchallet, wie die
Bern über- Berner alſo ausgeſtorben und abkommen wären, daß man ihnen den groſſen Scha-
ziehen. den, ſo ſie im 1339. Jahr hievor, dem Adel vor Loupen zugefügt (dann ſie ihnen daſelbſt eine Feldſchlacht angewonnen, etliche tauſend, und unter dieſen achtzig gecrön-
ter Helmen, mit viel Grafen und Herren niedergelegt) ohne ſondere Geſahr wieder
eintränken möchte: trugen die Edlen im Suntgow, Breißgow und Elſaß, Anſchläge
zuſammen, mit Heeresmacht wieder auf die von Bern zu reiſen, ihren und ihrer Vordern Niederlag zu rächen.

Es ſtuhnd aber damals Bern mit Freyburg im Bündnuß, die gleichwol zuvor
widerſagte Feind geweſen, nun aber ſich wiederum verſühnet. Dieſe hatten eben in
dieſem 1350 Jahr, mit gemeiner Macht etliche ihrer Feinden bewältiget, inſonders
dem Grafen von Griers zwo Veſtungen Laubeck und Manneberg abgewonnen und
zerbrochen, darzu die von Sarnen bezwungen, daß ſich die Reichſten im Land gen
Bern antworten, und ihren Unterthanen den zugefügten Schaden mit Hintreibung
Ein Schwert des Viehs ab den Alpen, wiederkehren muſten. Sobald nun den Edelleuten und
ballet das Herrſchaften ſolche Zeitung des Berniſchen Siegs fürkam, ſtuhnden ſie ihres Fürneh-
andere in der mens ab, und ward nichts aus der Kriegsreiß.
Scheiden.

Nicht minder tödtliche Feindſchaft ſchwebte dieſer Zeit zwiſchen der Herrſchaft
Oeſterreich, welcher das Ergow zuſtändig war, eines, und der vernachbarten Stadt
Zürich, andern Theils. Der Anlaß hat ſich erhebt, daß die Züricher vor etlichen
Jahren die Form ihres Regiments geändert, die alten Räth, ſo ihren Gewalt miß-
brauchet, entſetzet, einen Burgermeiſter, und von Zünften die Räth geſetzt hatten,
anderſt dann hievor bräuchig geweſen: Daher ſich die Entſetzten von der Stadt gethan,
und auswendig mit der Herrſchaft wider das Vatterland zu practicieren angefangen.
Dieſer Aufſatz hat ſich zum höchſten gemehret, als Graf Hanſen von Habſpurg, Herrn
zu Rapperſchweil (welcher mit den Banditen, auf Mathiä des 1350 Jahrs, durch
Mordnacht Verrätherey die Stadt Zürich bey nächtlicher Weil überrumpeln wollen,) ſein mord-
zu Zürich. licher Anſchlag gefehlet, deßhalben in Gefängnuß kommen: darzu von den Zürchern ſeine Stadt Rapperſchweil, da ſich die Verpflichteten zu ſolcher Mordthat gehalten, eingenommen, die Veſte daſelbſt zerſtört, und ihme das Land darbey, die March gehaiſ-
ſen, verheeret worden.

Als ſich nun die umſitzende Herrſchaft Oeſterreich deß alles mit Feindſchaft gegen
den Zürchern angenommen, ſonderlich die Waldner von Sultz im Elſaß, welchen die
Züricher, um etwas Anſprachs willen wider einen Riter, ſeines Geſchlechts ein Müller, ihren Burger, nirgend dann vor ihrem Stab des Rechtens gestatten wollen,
etliche der ihren beraubet und gefangen: wolten auch ſie die Züricher niemand ihres
Haars laſſen, ſetzten deßhalben bey hundert Perſonen von Baſel, und wol ſiebenzig
von Straßburg, welche im Jubeljahr zu Einſidlen ihrer Andacht Folge thun wollen.
Die Gefangenen wurden auf ein beſtimmtes Ziel durch Bürgſchaft von den ihren wiederum heimgebracht, und darzwiſchen um Entledigung ein gütlicher Tag angeſetzt.
Auf demſelben thäten ſie um Abtrag mancherley empfangenen Schadens, ſo groſſe
Forderung, daß man ihnen die Gefangenen wiederum antwortete, und ſie mit Ge-
walt zu entledigen Rahtſchläge faſſete.

Um

Das Dritte Buch. 189

Um deßwillen kam Hertzog Albrecht eingehendes Augstmonats gen Bruck, da 1352.
auch aus seinem Anregen deren von Zürich Bottschaft mit Geschencken bey ihm erschienen. Diesen klagte und verweisete der Hertzog, wie sie in Verwüstung der Vestung
zu der alten Raprechtswil und in der March, um des Grafen Verschuldung willen,
an ihme so gröblich übertzogen hätten, mit Begehren, ihme die mit Leut und Gut zu
wiederantworten, was sie geschleift wiederum zu bauen und ihn allerdings schadlos
zu machen. Solches mochte bey den Zürichern nicht erhebt werden, vermeinten, sie
wären hiezu höchlich verursacht, weil sie in ihrer Stadt ab der Vestung wären ermördet
worden ⁊c. Deß verbunden sich mit Hertzog Albrechten von Oesterreich, die Städte Straßburg, Basel, Colmar, Freyburg, Schlettstatt ⁊c. fünf Jahr lang, rüsteten sich mit
grosser Macht, Vorhabens für Zürich zu ziehen, und mit ihnen beyde Bischöffe. Sol- **Kriegsan-**
chem Ungewitter vorzukommen, schikten die Züricher die Gefangenen wiederum heim, **schläge wider**
dadurch die Reis abgestellet ward. Dieses schreibt Jacob von Köngelshofen in sei- **Zürich.**
ner Chronick.

Unter diesen Gefahren hatten sich die Züricher mit Lucern, Uri, Schweitz, Un- **Zürich ver-**
terwalden, im 1351 Jahr, in Bündnuß begeben, und war derselbige Bund im fol- **bindt sich**
genden Jahr ewiglich zu halten beschlossen. Solches verbitterte die Herrschaft Oe- **mit den Eyd-**
sterreich, welche dem aufgehenden Eydgnoßischen Bund tödtlich feind war, noch mehr. **Anno 1351.**
Deßhalben sich die Sachen also fügten, daß Hertzog Albrecht die Stadt Zürich im Herbstmonat belägeret, aber nichts anders ausrichtete, dann daß sie die von Zürich sammt allen ihren Eydgnossen von Lucern, von Schweitz, Uri und Unterwalden, durch Un-
terhaltung Graf Friderichs von Toggenburg, Bruder Hertegens von Rechberg,
Cunrads von Bärenfels Ritters von Basel, deren von Bern, und anderer Herren
von Städten und Ländern, alle ihre Mißhellungen auf die Königin Agnes von Ungarn, Hertzog Albrechts Schwester, zu Königsfelden im Kloster wohnhaft, als eine
Richterin, und auf zween von einer jeden Parthey Zusatzmann veranlaßten, allda zu
entscheiden, ob sie die Eydgnossen allesammt oder sonders Hertzog Albrechten etwas
ungebührliches Schadens zugefügt hätten, daß sie ihme denselbigen, nach Erkanntnus
des mehreren Theils, bessern und ablegen wolten. Doch ward ihnen den Zürichern und
Eydgnossen lauter vorbehalten, daß ihnen niemand an ihre Bünd, Eyd, Freyheit, Recht und gute Gewohnheit etwas reden noch sprechen solte. Und damit solches desto unverbrochenlicher gehalten wurde, mußten die Züricher 16 der ehrbar-
sten ihrer Räthen gen Baden und Bruck zu Geiseln geben, welche der Hertzog, so
lang diese Leistung währete, in gnädigem Schutz und Schirm zu halten, mit gegebenen Brief und Siegel, sich verbande.

Ob nun des Hertzogen Volck zu Baden vor Austrag dieser Handlung mit reit-
zlichen Feindsthaten, oder die Züricher (wie Köngelshofen sie zeichnet) der Ausspru-
chen unvernügt, aufs neue zum Krieg Anlaß gegeben, ist ungewiß. In einer alten
Chronick finde ich, Hertzog Albrecht habe die zugestellten Leibbürgen in sehr harte
Gefängnuß werfen lassen, deßgleichen in die nächsten Städte und Schlösser Reuter
und Kriegsvolck gelegt, welche auf die Züricher immer gestreift, und ihnen keinen
Proviant zugehen lassen. Er aber sey wieder in Oesterreich gekehret, weil ihm
darzwischen sein Gemahl Johanna, gebohren von Pfirt, mit Tod abgegangen. Dem
sey nun, wie ihm wolle, es griffen je die Partheyen wiederum zun Waffen. Die
Züricher, welchen von Gegentheil viel Leids widerfahren, zogen am Christtag gen
Baden, da ihnen etliche auf ihren Schaden liegend verzeigt worden. Dieselbigen
entgiengen ihnen, deßhalben sie die Badhäuser an der Limmat verbrenneten, ruckten auch weiters den Wasser nach des Feinds Land zu schädigen. Morndrigs, als
sie mit der Viehbeut wiederum heim wolten, begegnete ihnen Burkart von Ellerbach,
der Oesterreichische Landvogt, mit des Hertzogen und seiner Bundsgenossen Kriegsvolck, **Niederlag zu**
bey Dätweil, nicht fern von Baden, als die Sonn wolt untergehen, trafen mit Ge- **Dätweil bey**
walt zusammen, und beschahe ein harter Streit, in welchem die von Zürich obsieg- **Baden an**
ten, den Feinden bey fünfhundert Mann erlegten, des von Ellerbachs Hauptfah- **S. Ste-**
nen, ein Fähnlein von Basel, item etlicher Städten im Ergow, Brem- **phans Tag.**
garten,

Bbb

1 3 5 4. garten, Lentzburg, Mellingen, Bruck, Baner gewunnen, und mit sich heim brachten. Andere schreiben, es seye der Verlurst beyder Theilen 500 Mann gewesen, der mehrer Theil von der Züchern Seiten. Die Nacht zertrennete den Streit.

Anno 1352. Diese Niederlag schmärtzte Hertzog Albrechten, daß er im Sommer des folgenden 1352 Jahrs wiederum aus Oesterreich herauf zoge, mit 2000 Pferden und zehen tausend zu Fuß, Zürich von neuem belägerte, aber gleichfalls nicht weiters ausrichtete, dann daß durch des Marggrafen von Brandenburg Abgesandte eine Richtung getroffen ward, deren fürnehmste Puncten waren: Die Züricher solten Graf Hansen von Habspurg ledig geben, Von des Hertzogen Unterthanen niemand in ihr Burgrecht aufnehmen, Sie und ihre Eydgenossen die von Glaris und Zug ihrer Eyde ledig zehlen, und sie dem Hertzogen ihrem Herrn dienen und gehorsam zu seyn heissen, doch den Bünden, so zu ihnen geschworen, unabbrüchlich: Der Hertzog die Gefangenen den Züchern wiederum ledig in ihre Stadt zu antworten.

Da nun die gefangenen Leibbürgen wiederkamen, forderte der Hertzog 1700 Gulden für ihre Zehrung in der Gefängnuß. Diß vermeinten die Züricher nicht schuldig seyn, weil beredt wäre, sie ihnen ledig und los zu wiederantworten. Diß und anders gab neuen Stoß. Hierum verklagte der Hertzog beyde die Züricher und Eydgnossen vor Kayser Carl, als die ihm viel Ungemachs und Schadens zugefügt, und ihme das seine vorhielten. Deren Ursachen halber der Kayser Samstags nach Michaelis im 1353 Jahr gen Zürich kam, allda die Eydgnossen für sich vertagte und verhörte, hätte gern eine beständige Richtung getroffen, fuhr doch fürfallender Geschäften halber auf Galli wiederum hinweg den Rhein ab, und blieb die Sache unterrichtet.

Kayser Carol kommt gen Zürich. Anno 1353.

Solches bestuhnd bis in die Osterwochen des 1354 Jahrs, in welcher der König wiederum gen Zürich kam, da auch Hertzog Albrechts Räht erschienen, ward abermals zum Frieden gehandlet. Die Züricher und ihre Eydgnossen waren ihre Sachen der Königl. May. zu vertrauen und sich verrichten zu lassen gewogen, doch mit Versicherung, daß sie bey ihren Bünden und Eyden bleiben möchten, und hierinn ihnen niemand an ihren Gerechtigkeiten, Freyheiten und guten Gewohnheiten etwas spreche, auch der Hertzog hierauf seines Theils die Sachen dem Röm. König vertrauete. Als dieses keinen Fürgang haben mochte, stellte doch der König einen Frieden an, welcher beyderseits solte gehalten werden, bis ihn der König mit seinen besiegelten Briefen selbst abkündete, nach derselbigen Abkündung solte auch der Friede über vier Wochen aus seyn. Nachmalen kam die Abkündung, und endete sich der Friede Montags nach Jacobi.

Zürich zum drittenmal belägert. Anno 1354.

Auf solches legte sich der Hertzog zum drittenmal mit Heerskraft persönlich für Zürich an die Glatt, brach nach acht Tagen, in denen er wenig ausgericht, auf, begab sich gen Rapperschweil, aus welcher er mit Graf Hansen von Habspurg die Züricher möglicher Weise schädigte. Ausgehendes Augstens kam auch Kayser Carl mit vielen Fürsten, Bischöffen, des Reichs Grafen und Herren, und lägerte sich auch für Zürich, zu welchem der Hertzog mit seinem Volck von Rapperschweil herab kam, die brenneten und verhergten vor der Stadt was sie konnten, verharreten da bis den 13. September, da sie durch Hottingen ob Flumteren hinzogen, und an einem Ort, Spanweid genannt, ihr Nachtläger und morndrigs zu vollem den Abzug nahmen.

Hiemit blieb die Kriegsfehde unaufgehoben, dann daß beyde Partheyen täglich, wo sie mochten, einandern dieses Jahr durchaus, wie auch das folgende, schädigten. Im 1355 Jahr brachte Herr Albrecht von Bucheim, Oesterreichischer Landvogt, zu mittem Brachmonat 500 Ungarn mit Flitschen gen Winterthur, legete dieselbigen wider die Züricher. Bestuhnd also diese Kriegsfehde bis auf Jacobi, da sie zu Regenspberg allerdings abgestellt und ein stäter Friede beredt ward.

In

Das Dritte Buch.

In diesem Jahr entbrann im Mayen bey Tag zu Minderen Basel ein schädlich Feuer, welches viel Häuser (so damals noch gar schlecht, hölzern mit wenig Schiedmauren und Ziegeldächern, als dieser Zeit, versehen waren) zusammt dreyßig Menschen, verzehret. 1 3 5 6. Brunst.

Zu Ausgang desselbigen Monats verbrenneten die Baßler Tirmenach, ein Dorf und Schloß im Suntgow an der Ill gelegen. Urhab und Austrag dieser That habe ich nicht gefunden, gleichwie auch des Herzzugs für Iltzich, im folgenden 1355 Jahr.

Das XIII. Capitel.

Von dem schrecklichen Erdbidem, welcher die Baßler Rivier mit einwerfung der Vestungen, Kirchen und Häusern, sehr beschädiget. Wie auch das Münster hernach wiederum erbaut und geweihet worden.

AUf vorermeldte Kriegs- und Brunst-Unfäll, erschien im 1356 Jahr den Rauracern und ihren Vernachbarten noch traurigere Zeit. Dann es erregte sich um Herbst ein schrecklicher Erdbidem, welcher in gemeldter Rivier mit unsäglichem Schaden verwütet. Bevorab erhub sich an S. Lurtag, den 18. Octobris, Abends um Zehen Uhr zu Basel, eine solche ungeheure Erdschütterung, und in derselbigen Nacht noch zehen andere, daß hierdurch sonderbare und gemeine Gebäu nicht nur ergellet, sondern auch zu grösserm Theil in einen Hauffen gefället wurden, ein erschrockenlich Prasseln und Wehklagen allenthalben angienge. Der eingeschlossene Gewalt warf nicht nur schlechte Häuser, sondern auch Vestungen, Thürn und Kirchen darnieder. Was nicht einsinckete, zerspielte und ward presthaft. Ein Theil des Chors am Münster, sammt dem Fronaltar, fiel bey Nacht ein, so schreibt Aeneas Sylvius, es seyen in der Stadt nicht über hundert Häuser gantz und aufrecht geblieben. Basel verfället durch Erdbidem, Anno 1356.

In diesem Einfall verdurben, wie etliche setzen, bey dreyhundert Personen. Männiglich verliesse Haus und Gut, und flohe das Leben zu fristen auf die Weite. Daher achtet man, die Todtengaß ihren Namen bekommen zu haben, daß viel Volcks daselbst in der Flucht nach St. Peters Platz, durch die niedersinckenden Gebäu umkommen und todt geblieben seye. Daß sie aber wohl hundert Jahr zuvor diesen Namen gehabt, geben die ältesten Jahrzeitbücher bey St. Peter Anzeigung: deßhalben zu vermuhten, sie habe von den Todten, so man baselbst hinauf zur Begräbnuß zu tragen gepflegt, den Namen bekommen. Daß aber sonst viel Leut gemeldtem Platz zugeloffen, erweiset eines von Bärenfels Unfall, welcher in solcher Flucht eine herab fallende Zinn von der alten Stadtmauer, auf S. Peters Brücklein zu tod geschlagen. Todtengaß.

In diesem Jammer gieng hin und her in der Stadt, von dem Kloster zu S. Alban bis zu S. Johannsthor, Feuer auf, daß sie etliche Tag brann, und niemand aus Forcht und tiefer Erhaltung löschen dorste, dasselbige verschluckte was Einfalls halb noch zu nutz kommen mögen. Hiemit vergienge den Ausgewichenen ihr Speis und Tranck, daß ihnen die Umsässen Handreichung thun mußten. Es erzeigten zwar die vernachbarten Städte guten Willen, indem sie Leut mit Karchen, Rossen und allerhand Nohtdurft gen Basel schickten, ihnen tröstlich zusprachen, mit Raumen und Bauen Hülf thäten. Welche etwas ferner gelegen, sendeten ihre Bottschaften dahin, die Stadt zu klagen, und sie mit ehrlichen Steuren zu begaben.

Felix Faber hist. Suevor. lib. 1. cap. 14. schreibet also davon: Als Albertus Hertzog zu Oesterreich die mindere Stadt Basel noch innhatte, und etwas Unwillens zwischen ihme und der Stadt entstuhnde, darum daß sie sich mit den Schwei

1356. hern verbündete, bedacht er dieselbige zu belägern, ward ihme von den Edlen verkündiget, er könnte jetz die Stadt ohne Widerstand bekommen, sie wäre zerfallen, die Leut erschrocken, darauf er geantwortet: So GOtt die Stadt mit Erdbidem und Feuer verderbet, wollen wir solche Geschlagenen nicht tödten. Und damit sie wiederum bauen möchten, hat er 400 starcke Schwartzwälder-Bauren in die Stadt geschickt, die haben in seinem Namen, und aus seiner Besoldung, von dem Rheinthor an bis über die Eisengaß geraumet, und den Grund in Rhein schütten lassen.

Die Zeit dieser ernstlichen Heimsuchung GOttes, ward von den Alten in diesen Reimen begriffen:

Gedächtnuß Reimen.

    Ein Rinck mit seinem Dorn,
    Drey Hufeisen außerkorn,
    Ein Beihel, der sechß Krügen zal,
    Da verfiel Basel überal.

Diese alten Verßlein habe ich in einem alten auf Pergament geschriebenen Büchlein, mit dieser folgenden Zahl bedeutet ⊕ CCCLIIIIL gefunden.

Es thun auch dieses Ungefälls Meldung die drey alten Verßlein, so man zu Villach in Kärndten, in St. Jacobs Kirchen, in einer Mauer eingehauen lieset, also lautende:

    Sub M. C triplo, quadraginta octo tibi dico,
    Tunc fuit terræmotus Conversio Pauli,
    Subuertit urbes, Basileam, castracq; Villaci.

    Zu Deutsch also:

    Ein M, drey C, viertzig und acht,
    Wol auf S. Pauls bekerung nacht,
    Verfiel durch eins Erdbidems macht
    Basel die Statt, zusampt Villach.

im XI. Cap. Allein irret sich diese Gedächtnuß, daß sie der Windischen Landen Erdbidem, davon hievor † Meldung beschehen, und den unsern auf eine Zeit setzet, die sich aber auf neunthalb Jahr von einandern zugetragen.

S. Ottes Hand stürmet zumal viel vester Berghäuser.
Es verglengen durch dieses Erdbeben auf vier Meilwegs um die Stadt Basel, sonderlich am Blauen und um das Gebirg Juram, 34 namhafter Bürgen und Schlössern, als ein Mönch des Klosters S. Martin auf dem Zürichberg (so damals in Leben gewesen) verzeichnet. Andere sprechen 60, welche namlich die mindern Wasserhäuser darzu gezählet: als da gewesen seind, Telschberg, Vorburg, Löwenberg, Mersperg, Blochmont, Thierstein, Neuenstein, Pfessingen, Bereusels, Scholberg, Mönchsberg, Hangenstein, Landscron, Reichenstein, Birseck, Mönchenstein, Beuren, Ramstein, Gilgenberg, Schauenburg, Wartenberg, Laudesehr, Hasenburg, Steinbrunn, Biederthan, Heitweiler, Wildenstein, Eptingen, Honberg, Froburg, Farnsperg, Liechtstal rc. und jenseit Rheins, Hertenberg, Ottliken, Brombach, mit viel andern. Von diesen seind etliche nachmalen wiederum gebauet worden, etliche aber öd und unbewohnet geblieben, also daß noch die Burgstal und Mauerstöcke hin und her zu sehen.

Dergestalt hat GOtt die Leute von sorglosem Wesen aufgemustert, und ihnen die Buß geprediget. Derohalben es so viel dannoch vermochte, daß man alle offentlichen Unzuchten, den Pracht in Kleidungen und Gezierden, die Täntze, das Spielen (dann zu sauffen damalen nirgend also gemein war, als leider dieser Zeit) und dergleichen Sachen abstellete: dargegen zu Stillung GOttes Zorns, Creutzgäng ansahe,

Das Dritte Buch.

ansahe, und um Wiedergedächtnuß dieses traurseligen Tags, erkennte, jährlich auf S. Luxtag eine herrliche Proceß mit der Litaney und dem Fronleichnam um das Münster zu halten, eine genannte Summa Brodts den Dürftigen auszutheilen, darzu hausarme Leut mit Röcken und nothwendiger Kleidung zu begaben, welche lobliche Stiftung der grauen Kutröcken noch dieser Zeit gehalten wird. [1358.

Gemeldter Erdbidem währte nicht nur einen Tag, oder einen Monat, sondern man ward sein (obwol bescheidenlicher) ein gantzes Jahr durchaus, bey nahe alle Tag gewahr. Den 15 Mayens, im 1357 Jahr, erzeigte er sich zu Straßburg von neuem also gewaltiglich, daß er etliche Camin herab warfe, und alle Gebäu heftig ergellete. Darob das Volck also sehr erschrack, daß sie aufs Feld unter die Hütten trachteten, forchtende, sie möchten wie die Baßler in der Stadt verfallen. Dessen hielten die Burger in des Bischoffs Garten Raht, gedorsten sich nicht auf die Pfaltz wagen, statuirten allda, daß niemand, ausgenommen schwangere Weibspersonen, aus der Stadt weichen solte: deßhalben welche innerhalb den Ringmauren Gärten hatten, sich in dieselbigen unter die Gezelten lägerten, bis dieser Angriff hinüber gegangen. *Straßburg empfindt des Erdbidems. Anno 1357.*

Zu Basel, da man sich mit bauen wiederum einrichten mußte, wurden alle Zinse, so mit Häusern verunterpfändet gewesen, zum halben Theil abgesetzt, und Zinspfenninge genannt, also daß man ein Pfund derselbigen, mit zehen Pfunden neuer Pfenningen ablösen mochte, dadurch der erarmet gemeine Mann viel Häuser wiederum in Ehr legte, welche sonst der Zinsen Beschwernuß halben in der Aeschen blieben wären. Doch gabe es viel lediger Hofstätten durch die Stadt: in übrigen Gebäuen niederträchtige, schlechte und höltzene Wohnungen, mit hürdenen Mittelwänden und dergleichen, auf die Eil zugerichtet. Es ist je bey den Alten in Häusern keine solche Köstlichkeit gewesen, wie aber heutigs Tags, da der Pracht aufs höchste gestiegen: da alle Gemach zum zierlichsten vertäfelt, vergipset, gemahlet und gestirnigt seyn müssen, wird bald darzu kommen, daß man sie versilbert und vergüldet, thun eben als ob wir uns ewige Wohnungen hie bereiten wolten, gedörfften fürwahr, daß wir den Propheten Amos einmal recht studierten. *Zinßpfennig und ein anderes.*

Bischoff Johannes liesse das Münster und des Stifts Schlösser mit trefflichem Kosten instaurieren und erbauen, daher er von der Clerisey totius Episcopatus fortalitiorumque reformator Augustus, das ist, Ein herrlicher Wiederbringer des gantzen Bistums und der Vestungen, genennet ward. Gleicher Gestalt liessen die übrigen Stiftherren und Convent ihre Kirchen wieder aufrichten und erbessern, mit Hilf und Steuer vermöglicher Leuten, deren Wapen noch hin und her an den Säulen, Pfeilern und etlichen Fenstern zu finden. Zu selbiger Zeit bestätigte gemeldter Bischoff der Stadt Liechtstal ihre Freyheit, und ringerte die Steuren.

Im 1358 Jahr begaben sich neue Trübsalen. Ein Schiffmann von Zürich, Ulin von Boche genannt, hat auf Crucis zu Herbst, ein Schiff voll Leute gen Basel, und daselbst an der Bruck wider ein Joch geführet, das gienge zu Stucken, und er truncken bey 200 Bilgern. Es erregte sich auch vor Wienacht eine pestilentzische Sucht, die währte bis in Mayen des folgenden Jahrs, und zuckte viel Leute dahin. *Anno 1358. Kein Unfall allein.*

Als man das Münster wiederum nach Nohtdurst erbauet: weyhete es Bischoff Johannes, Sonntags den 25 Brachmonats, im 1363 Jahr, in Gegenwärtigkeit Petri von Lusignan, des Königs in Cypern, welcher ohngefehr allda eingeritten, und auf solcher Kirchweyhung bey acht Tagen verharret, hatte Herberg in des von Laussen Hof, den Mönchen von Löwenberg dieser Zeit angehörig. Nach diesem fuhr er gen Straßburg, und ferner in Franckreich, bey König Johansen anzuhalten, daß er alle andere Krieg hindangesetzt, seine verlobte Meerfahrt und Heerzug in das heilige Land verbringen, und ihme sein erblich Königreich Jerusalem, aus der Saraeenen *Andere Weyhung der Thumkirchen zu Basel. Anno 1363.*

Eee Gewalt

194 **Baßler Bistums Historien,**

1363. Gewalt wolte erretten helfen: erhielt aber nichts. Dieser Weyhungssolennität thäten auch Beywohnung, Petrus Episcopus Cythonensis, Weyhbischoff zu Costantz und Basel, die Aebte von St. Bläsien, Costantzer, und von Beinweiler Basler Bistums. Das verfallene und wieder herfürgesuchte Heilthum, verschlosse der Bischoff in Fronaltar, und wolte, daß der erste und uralte Kirchweyhungstag, den 11 Octobris, nichts desto weniger ungeändert bliebe. Es war dieses Jahr ein sehr heisser Sommer, daß an Futer unerhörter Mangel folgte, darauf kam ein strenger Winter, daß es bis in Mayen des 64 Jahrs gefroren bliebe.

Ende des Dritten Buchs.

Gedächtnuß würdiger Sachen,

welche sich in Oberen Teutschen Landen, sonderlich in der Stadt, und Bistume Basel, in GOttes und der Welt Händlen zugetragen.

Das Vierte Buch.

Hierinn werden fürgeführet allerhand Geschichten dieser Landen, bis zu Anfang des grossen Conciliums und allgemeinen Kirchensammlung zu Basel.

Das Erste Capitel.

Ursach der Kriegsübungen, so die Engelländer viel Jahr in Franckreich geführet. Wie sich letstlich dieselbigen in das Elsaß ausgegossen, aber durch Kayser Carolum und den Bund wieder abgetrieben seyen.

Ursach der schweren Kriegen in Franckreich.

NLang vor dieser Zeit, hatten sich ob zwantzig Jahren, zwischen den Königen in Franckreich und Engelland schwere verderbliche Kriege gehalten, welche gleichwol aus mancherley Ursachen, sonderlich aber daher entsprungen waren, daß König Eduard vermeinet, ihm wäre aus seiner mütterlichen Gerechtigkeit die Cron Franckreich billicher zuständig, dann König Philipsen dem sechsten, und seinem Nachkommen. Es wäre je seine Mutter König Philipsen des Schönen Tochter gewesen, und dieweil derselbigen seiner Mutter Bruder, namlich Ludovicus 10 Hutino, Philippus 5 der Lang, und Carolus 4 der Schön (deren einer nach dem andern gereichnet) ohne Mannsstammen tödtlich verblichen: wäre das Reich Franckreich, durch seine

Das Vierte Buch. 195

seine Mutter, als des hindersten Königs Schwester, erblich auf ihn gefallen, und 1365 nicht auf König Philipsen den 6 von Vallois, welcher gemeldten hindersten Königs Vatters Bruders Sohn, deßhalben eines Glieds weiter wäre. Dargegen wendete gemeldter König Philips mit den Fürsten in Franckreich für, daß ihres Reichs Cron, vermög der uralten Salischen Gesätzen, allein von Mannspersonen möchte geerbet werden, und Weibspersonen zum Reich keinen Zugang hätten. Dieweil nun seine Sippschaft vom Vatter darrührete, und Eduardi Gesippschaft von der Mutter, wäre die Succession billicher auf ihn kommen.

Aus solchem Gespan hatten sich fürnemlich die blutigen Kriege erhebt, welche der Englische König, dazumal Herr in Gasconien, Poitou, Saintou, Perigort rc. lange Zeit in Franckreich geführet, in denen etliche greuliche Schlachten und grosse Niederlagen beschehen, auch das Glück immer den Engelländern mehr beygestanden, biß letstlich König Johannes zu Franckreich, Philippi Sohn, in einem Streit gefangen, in Engelland geführet, und alle Spännungen beyder Königreichen in der Bretiginischen Rachtung hingelegt, zumal der König wiederum entlediget ward.

Obwol nun Friede worden, hatten doch die Knechte der langwierigen Kriegsübungen also gar gewohnet, daß sie dannoch lang hernach offenthalben in Franckreich herumzogen, bisweilen auf die Teutsche Frontier kamen, auf den Bauren lagen, raubten und viel böses thäten, daß man sie mit Fug nicht aus dem Land bringen konnte, wurden die Englische Gesellschaft genannt. *Die Englische Gesellschaft.*

Weil man sich nun besorgte, es möchten sich diese mit gleichem Schaden in Teutschland ausgiessen, verbunden sich wider diese und ihre Helfer, im 1363 Jahr *Verein wider die Englischen. Anno 1363.* auf eine Jahrsfrist zusammen, die Bischöfe zu Straßburg, Basel, der Bischoff von Gurck im Namen Hertzog Rudolfs von Oesterreich, der Abt von Murbach, Graf Hans von Habspurg, Herr zu Lauffenberg, Johanns und Hug Grafen zu Fürstenberg, Ludwig und Sigmund Herren zu Liechtenberg, drey Herren von Geroltseck, die Städte Straßburg, Basel, Freyburg, Hagnow, Colmar, Weissenburg, Schletstatt, Ebenheim, Roßheim, Türckheim, Mülhausen, Münster, Seltz, Reichenweir, und die Herrschaft Wirtenberg, dergestalt: Wann gemeldte Engelländer oder ihre Helfer, in dieser Fürsten, Herren oder Städten Land und Gebieten etwas freventliches fürnähmen, daß sie einandern bestes ihres Vermögens berahten und beholfen seyn solten. Innhalt der Briefen mit 24 anhangenden Insieglen verwahret.

Nach zweyen Jahren verschiede Bischoff Johanns zu Basel, den letsten Tag *Bischoff Johannes Basel Ab-* Brachmonats: liegt im Münster unterhalb der Chorstegen auf der rechten Seiten *gang. Anno 1365.* vor S. Immers Altar, welchen er gestiftet, bestattet, da noch seine Grabschrift zu sehen.

An seine Statt ordnete Pabst Urban der fünfte, Johannem Thumherrn zu Metz, einen gebohrnen Grafen von *Johann Graf von Tirana wird Bischoff.* Wien, welcher Stamm unter den vier hohen Geschlechtern in Burgund, namlich Vienna, Neuschastel oder Neuenburg, Chalons und Verga, der fürnehmste ist. Dieser Bischoff war mehr kriegisches dann geistliches Sinns, der sich mit seinen Nachbauren übel vertragen konnte, alles mit dem Schwert zu erfechten unterstuhnde, deßhalben des Bistums Herrlichkeiten und Güter sehr schwächete und bekümmerte. Daran dann der Päbstliche Stuhl, so sich aller Bistummen und Prälaturen Belehnung anmassete, nicht wenig Schuld truge, weil hiedurch dieselbigen oftermals mit ausländischen Personen besetzt wurden, deren Sprach, Art und Weise sich zu

Cec ij desselbigen

1 3 6 5. deſſelbigen Lands oder Kirchen Sitten übel reimete, unangeſehen die Capitel, welche der Kirchen Gelegenheit beſſer wiſſen mögen.

Kayſer be-
ſucht den
Babſt.

Kayſer Carol der vierte kam in dieſem 1365 Jahr auf Georgii gen Straßburg, zoge den Rhein auf, durch Baſel, Bern, Genf ꝛc. gen Avignon zum Babſt Urbano, anliegender Sachen halben mit ihm zu tractieren. Allda beklagte ſich der Babſt etlicher Schmachheiten, ihme von Barnabo Herrn zu Marland wiederfahren, mit Begehr, der Kayſer wölte dieſes nicht ungeſtraft laſſen. Um Johannis kam er wieder gen Baſel, und am Abend Petri und Pauli wieder gen Straßburg, fuhr von dannen gen Seltz, da er mit dem Hofe eine Zeitlang verharrete.

Engliſchen
erſte Ankunft
in das Elſaß.

Um den 4 Tag Heumonats, goſſe ſich das Engliſche Kriegsvolck 40000 ſtarck, mit ihrem Hauptmann, welchen man den Ertzprieſter von Springhirtz nennete, über die Steig in das Elſaß hinaus, vorhabens, daſſelbige Land, gleichwie Franckreich, zu berauben und auszufreſſen. Es hatte aber des Landvolcks mehrer Theil, aus vorergangener Warnung der Oberkeiten, ihr Haab und Gut in die Städte geflöchtet, ausgenommen etliche ſo nicht glauben wollen, daß dieſes Geſind, von dem man lang viel geſagt, in dieſe Land heraus kommen dörfte, bis ſie es mit Schaden erfuhren. Dieſe Raubs gierige Kriegsorgeln beuteten alles was ſie funden, ranſomirten welche ſie ergriffen, was ſich nicht zu löſen hatte, ſchlugen ſie zu tod. Weiber, Töchter und Kloſterfrauen die ſie erwiſchten, geſchändeten ſie. Doch weil ſie kein Geſchütz noch Sturmrüſtungen bey ſich hatten, konnten ſie den Städtlinen im Elſaß nichts angewinnen. Zu Straßburg kamen ſie bey S. Aurelia an die Stadt, daß man die Mordglock anzoge, und der Burgern ein jeder an ſeine Malſtatt liefe. Die Metzger wolten hinaus mit den Feinden zu fechten, aber der Raht ſammt andern Handwerckern, wolten es ihnen, von wegen der Engelländern groſſen Menge, nicht geſtatten. Sie brenneten um Straßburg etliche Dörfer, und thäten mercklichen Schaden.

Hierum ritten die Städt im Elſaß zuſammen, Raht zu halten, was ihnen hierinn zu handlen: bedachten ſich Kayſer Carolum, ſo an der Nähe hielt, um Hilf und Rettung anzurufen. Der vertröſtete ſie in Kurtzem ſeiner Zukunft, verzoge aber etwas länger, daß er in Verdacht fiel, als ob ihn die Verheergung und Ausfreſſung eines ſolchen edlen Lands, von ſo loſen Volck, nicht ſehr beherzigte.

Kayſer Ca-
rolus zeucht
wider die En-
gliſchen.

Letſtlich kam er mit Hilf vieler Herren und Städten gen Straßburg, da ſich der Biſchoff und die Stadt mit ihrem Kriegsvolck zu ihm fügten, ſchlugen ihr Läger bey S. Arbogaſts Kloſter, zu Eckboltzheim, und daſelbſt herum: ſo lagen die Engliſchen hierob baß um Bennifelden, Tanbach, Schletkatt ꝛc. Als ſich aber der Kayſer an dieſem Ort wiederum bey acht Tagen ſaumte, auf mehr Hilf wartende: Lieſſen ihn die Städt nochmalen anmahnen, mit dem Zeug auf die Landräuber zu eilen, ehe ſie entrinnen. Deß brach er auf, ruckte den Feinden bis gen Colmar nach. Sie aber wichen immerdar ſchnell fort, eines Tags weiter, dann ihnen des Kayſers Heer in zweyen nachkommen mochte: raumeten alſo das Land, darinn ſie bey vier Wochen geleßen. Deßhalben wendete ſich der Kayſer, als er ſie nicht ereilen mochte, und ließ das Kriegsvolck zerlaufen. In dieſem Abzug wiederfuhre dem Landvolck im Elſaß, mit Verwüſtung des Getreids auf dem Feld (dann es allernächſt vor der Erndt war) groſſer Schad, alſo daß es theur ward, ein Viertheil voll den nächſten ein Straßburger Pfund galt. Darzu mißriet es folgendes Jahrs, daß die Frucht bis in das ſechſte Jahr nicht mehr in die vordrige Wolfeile kommen mochte.

In dieſem Einbruch des fremden Volcks, welches nichts anders dann eine reiche Beut zu erkriegen ſuchte, hatte ſich auch die Stadt Baſel nicht wenig zu befahren, ſonderlich weil ſie des erlittenen Erdbidems halben unwehrhaft, und die groſſen Vorſtädte mit der äuſſern Ringmauer noch nicht umfangen waren. Derowegen ſie die von Zürich, Bern, und ander: vernachbarte Städte um Hilf angerufft hatten, und ihnen zu erkennen gegeben, wie ſolch Ungewitter, ſolten ſie bewältiget werden, den nächſten über ſie ausgehen wurde ꝛc.

Die

Das Vierte Buch.

Die Städte hatten sich hiezu wohl bereit und willig finden lassen. Bern schickte allein 1500 Wäpner, in gleicher Kleidung, namlich weissen Wapenröcken, daran schwartze Bären stuhnden, thäten zu Basel so wackern Einzug, daß manchem vor Freud die Augen übergiengen. Es entboten sich diese Soldaten bey der Stadt zu genesen und zu sterben, mit Begehr, sie an einen Ort zu verordnen, da sie am meisten in Sorgen stehen müßten. Beyde Räthe sagten ihnen des brüderlichen Willens grossen Danck, verehreten sie mit Geschencken, und losierten sie in Steinen-Vorstadt. So bald aber der Englische Hauf mit seinem Abzug das Land seines Schreckens entlediget, ward die Eydgnößische Besatzung freundlich wiederumb heim gelassen. *1366 Eydgenossen besonders die Berner seind der Stadt tröstlich.*

Im 1366 Jahr, regierte eine Pestilentz zu Basel, bis in das 67 Jahr, und schier darüber, welche allein sieben Thumherren der hohen Stift hinnahme: unter denen Herr Thüring von Ramstein Probst, und Conrad Schaler Ertzpriester waren. *Sterben.*

Das II. Capitel.

Der Freyburger Krieg, in welchem man für Endingen gezogen und erlegen.

FReyburg die Stadt im Breißgow, stuhnde dieser Zeit wider Graf Eggen ihren Herrn in harter Fehde, unbilliger Auflagen halben, mit denen sich die Burger wider ihr Recht und alt Herkommen gedränget zu seyn vermeineten. Derowegen als sie solches der Kayserl. Majestät oftermals klagbarer Weis fürgebracht, jedoch keine Hilf erlangen mögen, hieneben ihnen der Graf ernstlich zusetzte, bewurben sie sich mit denen von Basel, Breisach und Neuenburg um Verein und Freundschaft, Vorhabens ihrem Herrn diese Ungebühr nicht zu gestatten. *Grafen von Freyburg.*

Solches rechnete ihm der Graf für eine Rebellion, deßhalben er sich um Kriegsvolck bewarbe, und den vier und zwantzigsten Tag Mertzens, im 1366 Jahr, die Stadt heimlich zu ersteigen unterstuhnde. Als ihm aber sein Fürnehmen fehlte, stärckte er sich offentlich, Vorhabens die Sach anderst anzugreiffen. Deß fuhren die Freyburger zu, nahmen dem Grafen das Schloß Burghalden ob der Stadt ein, auf daß sie daraus nicht beschädiget wurden. Sie schrieben auch dem Schultheissen und Raht der Stadt Bern um Hilf und nachbarlichen Beystand, welche Missive unter Herr Dietrich Schneuwlin im Hof, Ritter, Burgermeister zu Freyburg ausgegangen, weil sie die Erzehlung dieser Feindschaft in sich haltet, hieher gesetzt ist.

Wir verkünden und klagen euch (schreiben die Freyburger) ernstlich, als unseren guten Freunden, das grosse Ubel, so an Uns und unserer Statt beschehen sein solte, das Uns beschehen ist, unnd noch alle tag beschieht, mit Brand, Raub und allen bösen dingen. Und Wir lassen Euwer Freundschafft wüssen, was Uns Graue Egg gethon, und noch thut, wie er mit viel Herren und Walhen von Westerreich, von Niderlandt, und auch von unserer Gegne, unwissender und unwidersagter dingen, zu Uns in unser Gegne gezogen ist, Uns und die unseren, alba gröblich beschädiget unangesehen, das Wir uns keines übels zu ihme versehen, unnd das Wir nicht anderst vermeinten, Wir wurden ein Gnedigen Herren an ihm haben, seither dem mal, das Wir ihn zu einem Herren angenommen, darzu Wir ihm mit unserem grossen kosten geholffen. Wann die selbige Herrschafft von Erbs wegen nicht anlame, nie klag noch forderung an Uns hat, umb keine Sach. *Schreiben der Stadt Freyburg im Breißgow an Bern.*

Dbb

1366. Vnd da Vns von vnsern guten Freunden Bottschafft vnd Warnung zukame, von Samlung wegen des selbigen Volcks, da besandten Wir den selbigen Grave Eggen, getreuwer weise, für Vns in vnseren Raht, vnd baten ihn, ob er ichts wüßte vmb die Samlung des Volcks. Da sagt er Vns, Er were darzu gebetten, irgend dem Landt zu gut, wüßte aber nicht, wo es auß wölte. Also wolten Wir ihn bey Vns behalten haben, wie er sich dann solches zu thun erbothe.

Da tichten Wir besser sein, das ers erführe: vnd sendeten zwen vnserer Dienern mit jhm: so er befunde wahin sich das Volck kerte, das er Vns solchs bey jhnen wüssen liesse. Vernem er aber das es vber Vns gienge, solt er dann selbs schnelligklich zu Vns keren: das gelobt er Vns zuthunde, schied also von Vns. Da er nun zum selbigen Volck kame, fieng er die Hingesandten selbs, vnnd andere vnsere Diener, vngewarneter Sachen, greiff an, vnnd schediget Vns mit Brand, mit Raub, vnd mit allem bösem.

Weil nun das Volck zusammen kommen, vnd sich dieses erhept, so ist versehenlich vnd zufürchten, es sey ein böse Samlung, die sich mehren werde, davon vnser vnd euwere Gegne, vnd andere Landt geschediget werden mögen, als dann mehr beschehen. Deßhalb bitten Wir euwer Freundschafft vnd Treuw, vnd rüffen Euch an, als vnser gute Freunde, das jhr Vns euwer hilff sonderlich thun vnd schicken wöllen: wann wir mit vnseren Eydtgnossen von Basel, von Breisach, von Neuwenburg, vnd mit anderen guten Freunden, mit der hilff Gottes, den selbigen vnseren Feinden vermeinen zuwiderstehn. Darumb thund hiezu so fürderlich, als wir Euch vertrauwen, angesehen, ob Euch oder die euweren einicher hand solch arbeit oder kummer angienge, wölten auch Wir gegen Euch, mit Leib vnd Gut thun, das Wir von Euch danck zu entpfahen getreuwten.

Als nun Graf Egg aus Endingen, einer Stadt irgend zwo Meilen Wegs unter Freyburg dem Rhein zu gelegen, auf die Freyburger feindlich streifete: mahneten sie ihre Bundsgenossen zu Hilf, vnd zogen mit Gewalt für Endingen, ihre Feind allda auszunemmen. Die Baßler zogen acht Tag vor Galli auch daselbst hin, stärcketen sich, das ihrer dreyhundert Glen, vnd fünfftausend Fußgänger wurden. Dargegen hatte Graf Egg mit Hilf seiner Freunden, der Margrafen von Baden, der Grafen vnd Herren von Solms, Leiningen, Zweybruck, Vinstingen, Ochsenstein, Liechtenberg ꝛc. bey fünffhundert Helm, vnd nicht minder Fußvolck dann das Gegentheil besammlet, war mit denselbigen aufgebrochen, Endingen der Belägerung zu entsetzen.

So bald die von Freyburg mit ihren Helfern seiner Zukunst gewahr wurden: liessen sie (damit sie nicht zwischen Roß vnd Wand kämen) von der Belägerung, des Grafen Heer zu begegnen. Also gerieht es auf S. Lux Tag zu einem Streit, darinn die von Freyburg mit ihren Bandsverwandten, aus besonderm Eifer, viel zu frech, auch mit Vbergebung ihres Vortheils, des Grafen Volck, welcher seine Ordnung gar gut gemacht, angriffen, deßhalben geschlagen, am Streit vnd in der Flucht bis für das Ober-Thor gen Breisach, bey tausenden erlegt, wol vierhundert in Rhein gejagt vnd ertränckt, darzu etliche hundert gefangen wurden. An diesem Ort empfiengen auch die Baßler einen solchen Verlurst, daß kaum der zehende wiederum heim kame. Auffs hinderst ward durch Unterhandlung der Bischöffen zu Costantz, Basel, Straßburg, vnd anderer Herren, der Krieg abgestellet, vnd gerichtet.

Das

Das Vierte Buch.

1367.

Das III. Capitel.

Von etlichen des Bischoffs Kriegen wider vernachbarte Herrschaften und die Stadt Basel geführt, dadurch das Bistum geschwächet, und in grossen Schuldenlast gerahten.

Bischoff Johannes zu Basel stuhnde wider die Stadt Biel, seinem Bistum angehörig, gar nahe in gleicher Handlung, aus Ursach, daß sie mit der Stadt Bern ewige Bündnuß und Freundschaft gemacht, welche sie nicht aufsagen wolte, vermeinende solches zu thun befreyet und wohl befugt zu seyn. Als sie nun dem Bischoff hierinn unwillfährig waren, fassete er wider sie solche Ungnad, daß er an Aller Heiligen Abend des 1367. die Stadt mit einem Reisigen Zeug unversehenlich einnahme, welche sich im ersten Einfall zur Wehre gestellet, umbrachte, die fürnehmsten in die Burg gefangen legte, und die Stadt übel verbrennte. *Biel vom Bischoff überburet und verbrennt. Anno 1367.*

Solche sträfliche That behertzigte die Berner dermassen, daß sie eilend aufwischten, Vorhabens, mit dem Bischoff und seinen Edlen zu streiten, welche doch allbereit nach dieser That wiederum hinweg gewichen. Also nahmen sie die Stadt und Schloß Biel wiederum ein, ledigten die Gefangenen: ruckten um Catharinä für Neuenstatt, ein Städtlein oberhalb Biel, dem Bistum angehörig, griffen dieselbige mit dem Sturm an, in welchem Henrich Zigerlin ein Berner erschossen, und viel andere hart verletzt wurden. Weil es aber damals kalt Wetter, niemand zum Streit heraus wolte, und sie mit Sturmzeug nicht verfasset, zogen sie wiederum heim, nachdem sie zehen Tag zu Feld gelegen.

Es blieb aber nicht dabey, sondern zu Rach dieser That, fielen beyde Städte, Bern und Solothurn, nächst vor Wienacht, der winterlichen Zeit ungeachtet, dem Bischoff in S. Immers und das Münsterthal, nahmen den Anzug nicht eine Straß, hatten sich aber ihrer Zusammenkunft mit einander verglichen. Die Berner zogen von Biel herein an den starken Paß des durchgehauenen Felsens Pierre pertuis, welchen der Bischoff mit einem Blockhaus verbollwerken lassen. Diese Vestung eroberten sie an der Christnacht mit Gewalt, erschlugen dabey achtzehn. Der erste Fähnrich so hinauf kam, hieß Rietburg, ein Pfister von Bern. *Berner und Solothurner fallen dem Bischoff ins Land.*

Mittlerweil als sich die Berner in dieser Cluse gesäumet, daß sie auf bestimmte Zeit bey ihren Bundsgenossen nicht erscheinen mögen, wurden die Solothurner durch des Bischoffs Volck am Berg Walareia angegriffen, und beschahe da ein ernstlicher Streit, in welchem die Solothurner, so sich in einen Vortheil gestellet, mit Arbeit die Oberhand nahmen, viel der Feinden erlegten, und ihnen zwey Fähnlein angewunnen, verheergten demnach das Münsterthal, verbrannten den Hauptflecken, und kehreten mit grossem Raub wiederum zu Haus.

Solches zu vergelten henckte Bischoff Johannes Graf Rudolfen von Nidow an sich, übergab ihm Pfandsweis das Städtlein Olten, ihme Kriegsvolck aufzubringen und Hilf zu leisten. Bekame hierauf von Rittern und seinen Lehenleuten einen wohl staffierten reisigen Zeug, darzu vier tausend Bauren mit Axten, Vorhabens den Bernern, wie sie ihm gethan, ins Land zu fallen, und ihnen einen Wald, der Bremgarten geheissen, abzuhauen. Darab grausete den Bernern nicht zu sehr, sondern liessen dem Feind zu Trotz Schleifstein in Wald hencken, damit die Bauren ihre Axten daran schleiffen könnten, schrieben darneben dem Grafen von Nidow bedrohlich, für sich zu sehen, wann er dem Bischoff ihrem Feind Hilf und Fürschub thäte. Deßhalben als der Bischoff mit seinen Reisigen und Fußknechten gen Olten kam,

Ddd ij

1371.
Graf von Nidow fehlet dem Bischoff.

kam, hatte der Graf seine Meynung geändert, und wolte nicht mehr mit ihm reisen, besorgende, die Berner wurden es an ihm zukommen. Unter diesen war auch Regenwetter eingefallen, daß sich die Aar sehr aufgebläht, hiemit des Bischoffs Vorhaben zuruck gienge.

Ehe nun was ärgers aus solchem Fürnehmen erfolgte, ward zu Abschaffung des Kriegs, zwischen den Partheyen so viel gemittelt, daß man im tausend dreyhundert acht und sechzigsten Jahr, gen Balstal Tag ansetzte, auf welchem nach langer Tractation alle Sachen auf vier Ritter veranlasset wurden, mit einem geziemlichen Spruch zu erklären, was die von Bern dem Bischoff zugefügten Schadens halb an den Kirchen und seinem Land, Abtragsweis bezahlen solten, und damit der Krieg gerichtet seyn. Also erkannten die vier Ritter: Es solten die Berner dem Bischoff für solchen Schaden dreyßig tausend Pfund geben, überschickten diesen ihren Spruch schriftlich gen Bern.

Krieg wird abgestellet.

Dessen war die Gemeind übel zufrieden, hielten diesen beschwerlichen Sententz für einen grossen Unglimpf, bezahlten doch dreytausend Pfund Berner Münz, wolten für dasselbe hin nichts mehr geben, und den Spruch nicht halten. Es fehlete auch wenig, es wäre hieraus zu Bern wider den Raht, besonders wider diejenigen, so den Anlaß bewilliget, ein blutiger Tumult entstanden, daß also der Stoß zwischen dem Bischoff zu Basel und der Stadt Bern nicht gar aufgehoben ward.

Bischoff versetzt viel des Bistums Herrschaften.

Durch diese Krieg geriethe das Bistum in grosse Beschwerung und Geltschulden: deßhalben der Bischoff jetz und hernach viele Herrschaften versetzen mußte, welche seine Nachkommen lang nicht wieder aus Verpfändung ledigten, namlich Seegow und S. Immers Thal um 12000 Francken. S. Ursitz, Kalenberg und Spiegelberg darinn begriffen, verpfändete er den Grafen von Neuenburg in Burgund, um achthalb tausend Francken. Lauffen mit seiner Zugehörd, stuhnd schon zuvor den Grafen von Thierstein um 2000 Gulden verpfändet, Birseck Herrn Rütschman von Ramstein um 3300 Gulden, Pluzhausen um 1200 Gulden, und also die andern.

Wein-Ungelt.
Anno 1370.

Im tausend, dreyhundert und siebentzigsten Jahr, soll zu Basel das Ungelt erstlich auf den Wein geschlagen seyn.

Folgenden Jahrs beschah ein Heerzug für das Schloß Falckenstein, denen von Bechburg damals zuhörig. Ursach desselbigen war, daß Graf Hans von Thierstein, Hemman von Bechburg, Herr zu Falckenstein, und Herr Burkart Senn zu Buchek, Freyherren, etlichen Kaufleuten ihre Güter (darunter acht Centner Saffran und andere Waaren gewesen) so sie aus Franckreich von Lyon her geführet, in des Grafen von Nidow Geleit geraubet und genommen, darzu etliche Personen angegriffen, und auf diese Vestung geführet hatten.

Falckenstein mit Hilf der von Basslern gewonnen.
Anno 1371.

Diesen frevelen Gewalt zu strafen, hat der von Nidow den Grafen von Kiburg und die von Basel (deren Burger und Kaufleute hierinn beleidiget worden) aufgemahnet, sich mit sammthafter Macht für die Vestung Falckenstein gelägert: die ward aufs letste bezwungen und eingenommen. Die Herren, so an dieser Räuberey zum meisten schuldig, fienge man, aber ihre Diener wurden vor dem Schloß enthauptet. Ergienge da nach dem alten Sprüchworte, Böser Dienst, böser Lohn. Und wiewol die Ehrbaren Leut ihre entwehrte Haab wiederum forderten, erlangten sie doch nichts, sondern die Freund hatten sie, als ein verfallen Gut, unter sich getheilet.

Zu Schutz solcher That verbande sich die Stadt Basel bald hernach mit Graf Rudolfen von Neuenburg, Herrn zu Nidow und Froburg, laut eines Briefs, innhaltende:

Kund

Das Vierte Buch. 201

Kundt vnd zuwissen sey allermengklichen, Demnach der Edel **1 3 7 3.**
Hemman von Bechburg etliche vnredliche Angriff gethon, in vnserem von Ridow **Bündnuß**
Landt vnd Gebieten, etliche Güter vnd Kauffmanschatz auffzuhaben vnd zunemmen, **wider etliche**
es were denen von Basel, Straßburg, Franckfurt, Cöln, vnnd anderen Stetten, **Landsherren.**
die selbigen auff die Vestung Falckenstein geführet: daher auch Wir vnnd die von
Basel vns für die Vestung Falckenstein legten, vnnd sie besaßen, damit der Angriff
vnd Gethat, von dem von Bechburg vnd der seinen, freuenlich wider Gott beschehen, gerichtet vnd gerochen wurde: Wie wir dann von Gottes gnaden die selbig
Veste Falckenstein zu beiden theilen gewunnen, vnnd etliche so darinn wider vns waren, gefangen, es seien die Edlen Graue Hansen von Thierstein, Burkart von Bucheck, Conrat von Eptingen, vnd etlich andere, so hinder vns dem ehegenannten Graue
Rudolf von Ridow, zu vnseren vnnd deren von Basel handen gelegt seind, auch
etliche Knecht da gerichtet wurden: nach den Treuwen vnnd Freundtschafft so wir
einandern zu beiden seiten wölten gethon haben, auch vormals mit einandern in gutem vertrauwen für obbemelte Veste Falckenstein zugen: So haben wir vns vnd
mehrer sicherheit willen zu einandern verbunden, verbinden vns auch mit diesem
Brieff, Wir der obgenannte Graue Rudolf von Ridow, für Vns vnd alle vnsere
Erben, vnd für die Edlen Graue Hartman von Kiburg, vnnd Graue Sigmund von
Thierstein, vnsere liebe Schwäger: Vnd wir der Burgermeister vnd Raht zu Basel
die immer werden, auff diese weiß, wie hernach beschriben ist. Das wir beide Theil,
einandern getreuwlich, freundtlich vnnd fürderlich beholffen vnnd berahten sein, sollen vnd wöllen, wider den von Bechburg, alle seine Helffer vnd Diener, vnd wider alle, die sich von der vorgenannten Sach wegen wider vns fräuenlich setzen wolten, dieweil Krieg wäret, bey den Eyden so wir darumb gethon. Zu diesen sachen
vnd Kriegen sollen vns der vorgenannten zweien Theilen Stett vnd Vestungen einandern offen sein: Vnd wo jetwederer theil von dieser Sach vnd Gethat wegen
also genötiget vnnd betümmeret wurd, oder des anderen Hilff bedörffte: da mag
derselb theil den andern manen, vnnd nach der manung soll der gemanete theil,
fürderlich vnnd vnuerzogenlich darzu thun, vnnd beholffen sein, auff den Eyd, zu
gleicher weiß, als ob jhn der kummer vnnd arbeit selbs angienge, es sey zu Roß
oder zu Fuß, wie sich das erhebuschet, nach gelegenheit der sach, vnnd wie eines jeden Ehren wol ansteht ꝛc.

Jm tausend dreyhundert zwey vnd siebentzigsten Jahr, am Pfingsttag Abends
fiel ein solcher tieffer Schnee, daß die Bäume davon zerbrachen. Nachgehender Zeit **Erdbidem**
ereigte sich den ersten Tag Brachmonats ein neuer Erdbidem zu Basel, welcher nicht **und Wun-**
ohne besondern Schrecken etliche Camin, vnd vom Münster Sanct Georgen mit an- **dergesicht.**
dern grossen Steinen herab warff. Nach fünf Tagen sahe man einen vnbräuchlichen **Anno 1372.**
Ring vm die Sonne, ob welchem zwey rothfarbe Creutz stunden. Bald darnach
vm Mariä Geburt ereigte sich der Erdbidem zu Straßburg vnd anderswo wieder,
jedoch gnädiger.

Der Wein war theur selbiges Jahrs: Eine Maß galt einen Schilling des Gelts, **Wein theur**
deren dreytzehen einen Gulden thaten: ward aber nach Herbst also wohlfeil, daß man **und wohlfeil.**
einen halben Saum vm ein Blapphart, vnd sechs Maß vm einen Pfenning kau-
fen mochte.

Wiewol nun Bischoff Johannes hievor etliche seiner Stift Herrschaften vm
viel tausend Gulden Pfandsweis von hand gegeben, war er doch mancherley Stöß-
sen, Anfechtung vnd Sachen halb noch dieser Zeit mit so grossem Schuldenlast behaftet, daß er im tausend dreyhundert drey vnd siebentzigsten Jahr, vm Faßnacht, **Bischoff gibt**
der Stadt Basel etliche Gefälle vnd Aemter, desgleichen die Müntz, vm viel tau- **die Müntz**
send Gulden zustellte, von welcher Summa Hemman von Bechburg allein ob fünf **der Stadt.**
tausend Florentzer Goldflorin, sodann Burkart München von Landscron dem Jün- **Anno 1373.**
gern,

Eee

1374

gern, Graf Rudolfen von Habspurg, Burkarten von Bucheck, Rätschman von Blauenstein, Wilhelmen Burggrafen von Osthofen, und andern Schuldfordern, grosse Posten bezahlet wurden. Von der Zeit an hat die Stadt unter dem Baselstab zu müntzen angefangen. Dieses beschahe mit Verwilligung des Thumcapitels, namlich Walther von Clingen Dechants, Rudolf Mönchen Sängers, Wernher Schaler Ertzpriesters, Rudolf Fröuwler Custors, Conrad Mönchen Schulherrn, Eberhard von Kiburg, und der übrigen.

In diesem Jahr mitten im Heumonat fiele ein Reif.

Bischoff bekrieget die Stadt Basel. Wie sich nun die Sachen zwischen dem Bischoff und der Stadt Basel, aus Freundschaft zu offener Kriegsfehde angesponnen, ist unbewußt, da aber kundbar, daß im nächsten tausend dreyhundert vier und siebentzigsten Jahr, der Bischoff wider die Stadt einen schweren Krieg geführet, und dieselbige mit Hilf Hertzog Lupolts von Oesterreich, als eines erbettenen, belägeret hat, unter Herr Hartmann Rot, Ritter, Burgermeister, und Hartmann Fröuwler von Ehrenfels Obristen Zunftmeister. Welches Unrahts die ungeheure Ergiessung des Rheins, so hievor am dritten Tag Jenners zwey Joch von der Bruck hingerissen, eine Vorbeutung seyn mögen.

Daß solches eine gar ernstliche Kriegsübung gewesen, ist daraus abzunehmen, daß die Baßler Pürt, Befort, Pourrentrut, Hasenburg und Pfeffingen, in diesem Kriege verbrennet haben. Es ist auch hieraus zu erkennen, daß der Bischoff nach **Minder Basel dem Haus Oesterreich verpfändet.** Verrichtung des Kriegs, Hertzog Lupolten seinem Helfer, vermög gethaner Zusagung, für seinen erlittenen Kriegskosten, der sich dreyßig tausend Gulden angeloffen, am Dato Zinstags vor Andreä, die mindere Stadt Basel zu einem Unterpfand bewilliget, und ihm hierauf den nächsten, Liechtstal, Städtlein und Schloß Waldenburg und Homberg einraumete, bis auf die Zeit, daß er ihm die Stadt gewähren möchte, welches sich dann bis Zinstag nächst vor dem Fronleichnam des folgenden Jahrs, verzoge, da er ihn erst in Possess setzete. Dargegen gabe Hertzog Lupolt dem Bischoff Brief und Siegel, daß er um den Pfandschilling der mindern Stadt Lösung zu seiner Gelegenheit wohl wiederum thun möchte, sammt etlichen andern Artikeln. Deßgleichen kame gemeldter Hertzog mit der mehrern Stadt in Verständnuß, daß beyde Städt, im Fall sich Kriege erhüben, so lang er diese in Händen hätte, gegen einandern stillsitzen solten.

In diesem Jahr versetzte Bischoff Friderich von Blanckenheim den Baßlern das Schultheissenamt, hernach Immerius um 1000. Gulden.

Einen Malefitzischen Juden henckete man zu Basel, der begehrte am dritten Tag ein Christ zu werden: beßhalben man ihn hangend aus einer Gelten an einer Stangen taufte, und ihm das Sacrament reichte. Als er am zehenden Tag noch lebte, erbaten ihn etliche Edle Frauen, herab zu nehmen. Dieselbigen säuberten ihn von dem Unraht, welcher in und an ihm gewachsen, wuschen ihn mit Wein, ob sie ihn erquicken möchten, starb aber selbiges Tags, ward bey S. Peter der Erden ergeben.

Die

Das Vierte Buch. 203

Die Roten.   Die Fröuwler.   1375.

Beyde Geschlechter abgestorben.

1258 Wernher Rot.
1360 Ein anderer dieses Namens, der Rähten.
1416 Götzman Rot, Oberster Zunftmeister, Judith von Rotberg sein Gemahl.
1426 Wernlin, Anna von Merßperg, ihre Söhn, Wernher, Friderich, Conrat.
1426 Henman Rot, Agnes Brennerin, ihre Söhn, Caspar und Balthasar.
1444 Hans Rot, Ritter, Burgermeister.
1456 Peter, Ritter, Burgermeister, Margret von Rämlang.
1523 Christoff der letzte.

1341 Hiltbolt Fröuwler, am Gericht zu Basel.
1344 Jacob, der Rähten, dem versetzte der Bischoff das Brotmeister- und Vitzthumamt 1361. Henrich Fröuwler, genannt Breitschedel.
1370 Hug, genannt Rüd, Margret von Hirtzbach, deren Sohn Hans Fröuwler, sein Gemahl Christin von Balmschweiler 1420.
1378 Hartman Fröuwler von Ehrenfels, der Rähten, Anna Hagendörnin, deren Sohn, Henman Fröuwler von Ehrenfels, genannt Asenbaum 1407. Susann von Huffweil sein Frau.
1410 Johann Fröuwler, genannt Hirtzbach, Thumherr.

Das IV. Capitel.

Der andere Überfall dieser Landen durch die Engelländer und Frantzosen, denselbigen wird im Ergow gezwaget. Nach ihrem Abzug wachset der Bischoff zu Basel, Nidow halben, in einen Krieg.

Auf die einheimischen Kriege, erfolgte Gefahr und Aufruhr von aussen. Dann es kame Freytags nach Michaelis, im 1375 Jahr, ein treffenlich groß Kriegsvolck über die Steig in das Elsaß hinaus, die Englische Gesellschaft genannt, waren aber unter ihnen viel Britannier, Picarden, und ander aufgelesen Gesind, hatten bey sich (wie man vermeinet) sechs tausend Küriffer, der übrigen so auch Harnisch führeten, jedoch nicht so wohl stafiert waren als die vordern, bnyneben dem andern Bubenvolck, wußte man keine eigentliche Zahl. Doch schätzten sie die aus den Vestungen auf ihren Fürzug Achtung gaben, bey 60000 Pferden.

Der andern Englischen Ankunft. Anno 1375.

Dieses fremde Volck hat ein Britannischer Herr, von Cousin genannt (nicht Guisa, als etliche gerathen) folgender Ursachen halben ins Land geschicket. Es war seiner Mutter, Frau Agnesen, weiland Hertzog Lupolts des ersten von Oesterreich Tochter, so hievor, im 1365 Jahr, mit Tod abgegangen, und zu Königsfelden begraben

Monsieur de Couzin.

1375. graben worden, das Ergow, oder eine grosse Summa Gelts darfür, zur Heimsteur versprochen worden. Weil aber demselbigen entweders nicht statt beschehen, oder aber dieser von Coucin sonst mangel und weitere Forderung daran gehabt, oder gesucht: unterstuhnd er durch erwischten Anlaß dieses müßigen und in Franckreich schweifenden Kriegsvolcks, seine mütterliche Ansprach mit dem Schwert zu erfechten, daß mancher Mensch dieses Heurahts entgelten mußte, der sein nie genossen.

    Im ersten Einbruch, weil man alle Haab und Proviant an gewahrsame Ort geflöchtet, verbrannten sie etliche Dörfer im Elsaß, dräueten das Land mit Feuer zu verderben, wo man es mit Gelt und Gut bey ihnen nicht abstellete. Man schickte zu erfahren, wie viel sie nehmen und das Land unbeschädiget lassen wolten. Sie forderten 60000 Gulden, sechzig guldene Tücher, und so viel Hengst. Also gabe man ihnen nichts, daher sie alles, was nicht in die Städte und Schlösser gelehnet war, stuhlen und raubten. Mit Frauen und Mägden trieben sie greuliche Unkeuschheit. Niemand gedorst ohne ihr Gleit und Wahrzeichen wandlen, die sie ergriffen, mußten sich mit grosser Ranzion auslediegen, oder den Hals darum geben. Die Reichen schätzten sie um Gelt und Pferd, oder seidene Gewand: die Armen um Hufeisen, Nägel, Schuh, und dergleichen Nohtdurft. Die jungen Knaben behielten sie zu Roßbuben und Dienern. Viel Kirchen und Klöster legten sie in die Aeschen. Summa, sie waren Hungers- und Mangels halben sehr frech und durstig.

    Als sie ob fünf Wochen im Land gehausieret, kame der von Coucin, um deßwillen diese Reise fürgenommen, mit fünfzehenhundert Glenen persönlich hernach, in dessen Zukunft sie noch frecher wurden. Also verbrenneten Hertzog Lupolt und andere Umsaissen, ihre eigenen Dörfer, bis gen Sunthosen, nur daß sie keine Speis noch Wohnung finden möchten, und Mangels halben der Proviant das Land raumen müßten.

    Sie aber brachen am Abend Catharinä von ihren Lägern im Elsaß auf, kamen in des Hertzogen Land, da sie Mangels halben der Speiß nicht lang harren konnten, deßhalben das Land auf zogen. Hertzog Lupolt, der Graf von Wirtemberg, und viel andere Herren, waren zu Breisach, gedorsten ihnen der Spiz nicht bieten, männiglich war, aus Entsetzung ihrer grossen Menge, in verwahrte Ort entflohen. Sie nahmen ihren Zug für Basel auf, der währete drey Tag. Am Hauenstein zerbrachen sie Waldenburg, das Clußschloß bey Balstal, und andere, gewunnen etliche Brucken über die Aar, item Willisow, Fridow, Altrüp, und zertheilten sich allenthalben im Göw, mit grosser Beschädigung, daß man sie sehr förchte. Beuren ein Städtlein ob Solothurn stürmeten sie: da ward Graf Rudolf von Nidow, dem es zuständig, welcher den Landleuten hievor in Abhaltung der Feinden über den Hauenstein, die Hand nicht bieten wollen, erschossen. Männiglich bauete an den Städten, Bürgen, Weilern, wo sich ein jeder wolte finden lassen, also daß allenthalben Weib, Mann, und die Jugend an Gräben, Schüttenen etc. gemeine Werck hatten. Man verzäunete die Hölzer und verfällete die Wege, daß niemand anderst dann allein in den Landstrassen wandern konnte.

Graf Rudolf von Nidow erschossen.

    Nun hätten die Berner ihr Land und Leut vor solchem Überfall zu bewahren gern das Beste gethan, waren auch schon mit dem Paner ausgezogen, weil aber die Gewalt zu groß, verfügten sie sich, ans Anmahnung Herrn Peters von Torberg, wieder in die Stadt. Demnach sich aber die Feind, aus Mangel der Proviant, in kein Läger zusammen schanzen konnten, sondern zertheilt hin und her lagen: sammleten sich etliche wackere Gesellen von Unterwalden, aus dem Entlibuch, und anderswo, griffen die Engelschen zu Buttisholz an, und erschlugen bey zweyhundert. Demnach besammlete sich auf den Wienachttag ein Haufen Landleuten von Loupen, Arberg, Nidow etc. zu denen auch viel von Bern liesen, überfielen die Engelschen in derselbigen Nacht mit dem Geschrey, Die Bern, zu Ins ob Erlach, und erlegten ihrer bey dreyhundert.

Engelländern wird der Willkom gegeben.

Bald

Das Vierte Buch.

Bald kam Bottschaft gen Bern, die Feind hätten sich in ihr Kloster Frauenbrunn gelägeret, dann allda hatte Hertzog Jvo der Printz von Galles sein Losament genommen, sammt viel andern Herren und Adelspersonen. Also zogen die Berner auf S. Stephans Tag angehender Nacht mit ihrem Paner sorgsamlich aus, schickten ihre Kundschafter vor dannen, alle Gelegenheit zu erspehen. Durch deren Anzeigung ward man rähtig, sie mit grossem Geschrey anzugreisen. Solches beschah um Mette Zeit, zwo Stunden vor Tag. Die Feind wischten auf, griffen zur Wehre, thäten ernstlichen Widerstand, sonderlich geriehts im Creutzgang zu einem hefftigen Gefecht, da es Stich um Stich, Streich um Streich gab. Endlich gewunnen die Berner die Oberhand, erschlugen viel, verbrannten ob acht hundert, vom Adel, Ritter, und sonst tapfere Leut, eroberten drey Paner, viel Pferd, Harnisch, Kleider und Kleinoder. Sie aber verluren wenig Personen, ausgenommen diejenigen, welche sich nach Abzug des Pauers auf der Beut gesäumet, und umkamen. Dann als die von Bern nach solcher That den nächsten abgewichen, die Feind aber in der Nähe herum, nach Ersehung des Feuers, hauffecht daselbsthin geritten: wurden vom Bernischen Hauffen bey zwantzig Mann, die aus Begierd des Raubs mit dem Paner nicht hinweg gezogen, aufgenestelt.

1375.
Schlacht zu Frauenbrun.

Berner Sieg.

Dazumal lag der Herr von Couzin mit grossem Volck im Kloster zu S. Urban, dieser Zeit Lucerner Gebiets, der ward nach empfangenem Schaden das Volck wieder aus dem Land zu führen, rähtig. Ein Lied, so von dieser sieghafften That damals gemacht worden, weiset, es seyen bey dem von Couzin gewesen und ihm geholfen mit Leib und Gut, Hertzog Jvo von Galles mit seinem güldenen Hut, Graf Salver von Britannien, und andere Herren. Es habe auch der von Vienna, Bischoff zu Basel, ihnen sein Anliegen wider die von Bern geklagt, und sey mit ihnen in solche Werbung kommen,

> Helffen mir umb das mein,
> Euwer Diener will ich sein.
> Ich fahr mit euch gar ferrne,
> Für die Statt von Berne.

Daraus zu erkennen, wie dieser Burgunder um seiner Spännungen willen, das fremde Volck, welches die Landleute die Gügeler hiessen, über die von Bern zu führen unterstanden: damit er aber nichts ausgerichtet, dann daß der Erschlagenen Witwen in Franckreich und Engelland geschrien,

> Ach jamer, ach und wee,
> Gehn Bern soll niemandt reisen mehr.

Nach ihrer Wiederkunft in das Elsaß, gewunnen sie das Städtlein Wattweiler mit dem Sturm, erschlugen ob hundert Personen, und fiengen viel, ruckten demnach wieder in Franckreich. Vor dieser Zukunft hatte man den Wein an etlichen Orten schon abgelesen, an etlichen verspätete es sich der Feinden halben bis nach Wienacht. Derselbige Wein ward gleichwol süß, aber weiß und seiger.

Wattweiler gewunnen.

Als nun Graf Rudolf von Nidow, der letzte dieses Stammens, vor Beuren umkommen: griffen zu seinen Herrschafften und Leuten, Graf Hartman von Kiburg, und Graf Sigmund von Thierstein, seine Schwestermänner. In dem saumete sich auch der Bischoff von Basel nicht, sondern nahme ein Nidow, als ein verlediget seiner Stifft Lehen, zu des Biskums Handen, erweckete damit bey den Grafen neue Feindschafft wider sich. Weil er aber mit den Bernern noch nicht gäntzlich verrichtet, besorgen mußte, sie würden den Grafen hülflich seyn: ließ er sich gegen der Stadt Bern in solche Thädung, namlich, daß er aus Krafft des Spruchs vor neun Jahren zu Balstal ergangen, über die empfangenen dreytausend Pfund, nichts weiters zu fordern

Baßler Bistums Historien,

1 3 7 6. fordern haben: dargegen sie gegen dem Bischoff still sitzen, und seinen Feinden keine Hilf noch Fürschub thun solten.

Nach solchem setzten die Grafen solcher Einnemung halben an Bischoff mit Gewalt. Auf eine Zeit stiessen im Schwadernow fünf und sechzig Glen von des Bischoffs Seiten, auf sechs und fünfzig Glen oder Helm der Grafen Theil, die stiegen beyderseits von Pferden, und fechteten bey zwo Stunden männlich mit einandern. Aufs letste siegten der Grafen Leut, erstachen etliche der Bischoffischen, etliche fiengen sie. Wolte dieselbigen der Bischoff wieder ledig haben, so muste er ihnen Ridow mit aller Zugehörd wiederum einraumen, welche hernach die Grafen, zusamt Beuren, eigener und ihres verstorbenen Schwagers Schulden halben, der Herrschaft Oesterreich und Stadt Freyburg, um 48000 Gulden verpfändeten.

Bischoffs von Basel Leut erliegen.

Das V. Capitel.

Ein blutiger Tumult erhebt sich zu Basel wider etliche Fürsten, Herren und Edelleute. Einung der Edlen und Burgern zu Basel. Bischoff Johansen letzter Krieg und Abgang.

Bevor ist angezeigt, wie Bischoff Johannes, geboren von Wien, viel des Bistums Herrlichkeiten, und unter diesen Herzog Lupolten von Oesterreich die mindere Stadt Basel verpfändet habe. Dieser Herzog, Kayser Friderichen des dritten Großvatter, war in diesem 1376 Jahr, mit viel Grafen, Herren, Rittern und Knechten, um Haltung einer Fasnacht in diese seine Pfandschaft kommen, deßhalben viel Thurnier und Ritterspiel da geübt wurden. So lang nun dieselbigen in Mindern Basel fürgiengen, hinderte sie niemand daran. Als aber solch Rennen und Stechen neben dem Banquetieren in Höfen auch in der Mehrern Stadt auf dem Münsterplatz angangen, etliche Burger von Pferden getretten wurden, und die Glen unter sie stielen mit Verletzung, rechneten sie es für eine freche Trotzheit, ergrimmeten deßhalben also sehr, daß sie zum Harnisch schryen, stürmen liessen, und sich mit Macht wider die Herren und Ritterschaft empöreten. Herzog Lupolt entrann über Rhein. An eines Thumherren Hof, darein viel Herren und Edelleute entflohen, auch sonst viel Frauen gewesen, wurden die Thüren aufgehauen, drey vom Adel und etliche Knecht darinn erstochen. Graf Egg von Freyburg mochte kaum hinden aus entweichen, so ward Hans Ulrich von Hasenburg in ein Privat getrieben, ergieng in Summa, wie es zu gehen pflegt, wann sich der Pöfel aus der Halster reisset.

Die bös Fasnacht zu Basel. Anno 1376.

Dieser Auflauf war den Rähten sehr leid, hätten gern abgewehrt. Weil man aber die aufrregige Burgerschaft nicht gestillen mochte: stuhnd Peter von Lauffen Oberster Zunftmeister, auf den Brunntrog (war damals noch hölzern †) rufte und gebot bey Leib und Gut, zum allerhöchsten, niemand zu schädigen, noch umzubringen, sondern jederman gefänglich anzunehmen. Also wurden gefangen, Graf Rudolf von Habspurg, des Stammens von Lauffenberg, welcher auch bald nach seiner Losgebung starb. Item Marggraf Rudolf von Hochberg, Herr zu Rötelen, Graf Henrich von Montfort, Herr zu Tetwangen, ein Graf von Zollern, Herr Engelhart von Weinsperg, und sonst viel Ritter und Adelspersonen, nur daß es kein Blut kostete.

† ist erst im 112. Jahr seinen worden.

Nach Stillung des Tumults, gab man die Gefangenen ohne Entgeltnuß ledig, griffe zu den Ursächern dieses Lermens, ließ ihnen Justitiam ergehen, etlichen Burgern, deren 13 waren, vor dem Richthaus auf dem Kornmarckt die Häupter abschlagen, daher dieselbige Richtstatt der Heisse Stein soll genennet seyn; etliche verwiese man von der Stadt ewiglich. Nichts desto weniger beklagte Herzog Lupolt vor Kays. Maj.

Das Vierte Buch.

Maj. die Stadt höchlich, also daß die Stadt wegen dieses Auflaufs in des Reichs Acht und Bann kam, wiewol sie etliche der Schuldigen enthauptet, und viel der Stadt verwiesen, biß sie sich letztlich mit Hertzog Lupolt, in seinem und seines Bruders Hertzog Albrechts Namen vertrugen. Als namlich: Daß die Stadt den Fürsten schwuren mit ihnen in ihren Landen zu reisen und ihnen zu dienen als andere ihre Städt, ihr beyder Lebenlang, in umliegenden ihren Landen, Turgöw, Suntgow, Elsaß, Brißgow, Burgund, ohne daß sie ihnen keine Steuer und Gewerf zu geben schuldig seyn solten, vorbehalten den Pabst, Kayser, Bischoff, und Stadt Straßburg, ihre Bundsgnossen. Wann der Bund mit Straßburg außgieng, solten sie keinen mehr machen, sie hätten sie dann vorbehalten. Dargegen solten sie die von Oesterreich denen von Basel auß der offenen Kriegsfehde und Bann helfen, alle Kriegsfehde, so der Faßnacht halben wider sie angelegt wurde, abstellen: Könnten sie es nicht abstellen, wider dieselben beholfen seyn. Die Stadt solte keinen Banditen ohne des Hertzogs Wissen und Willen wieder hinein nehmen, noch der Hertzog der Stadt wider ihren Willen.

Folgendes 1377 Jahrs, bezoge die Stadt Unfall mit Brunst. Dann auf den 7 Tag Februarii brann die Spalen, und einswegs darauf in der Fasten der Kornmarckt gantz schädlich.

Die Edelleute und gemeine Burger der Stadt Basel waren etwas Zeit in Zwenung und Mißhellung gegen einander gestanden, meines Erachtens, aus Anlaß des blutigen Faßnachtlermens, darzu dann auch andere Mißverstände kommen, deren einer des Freyzugs halben fürgefallen, daß die Edlen vermeynet, der Raht zu Basel nehme ihnen ihre Leut zu Burgern auf. Weil nun ihnen beyderseits zwischen solcher Trennung an ihren vom Reich gegebenen Freyheiten Eintrag widerfahren: da so bewegte sie solcher Gebrechen, sich gemeldten Jahrs wiederum mit einandern freundlich zu vereinbaren, damit sie ihre Freyheiten erhalten, und von denselbigen wider Recht desto minder getrieben möchten.

Einung und Verbindung der Edlen und Burgern zu Basel.

Die Edelleute dieser Vereinung, so sich bekennen, daß sie zu der Stadt Basel gehören, und von je Welt her zusammen gehöret haben, waren diese: Herr Wernher Schaler Ertzpriester, Lutold Mönch, beyde Thumherren. Sodann Johannis Puliant von Eptingen, damals Burgermeister zu Basel, Götzman Mönch, Conrat Mönch von Mönchenstein, Wernher und Lutold von Berenfels Gebrüdere, Lutold Schaler, Hemman von Rotberg, Henrich Reich, Lutold von Frick, Rudolf Vitzthum, all Rittere. Item Burkart Mönch von Landscron, Götzman Mönch, Gunther von Eptingen, Arnolt und Adelberg von Berenfels, Ulrich von Ramstein, Fritzman und Henrich ze Rhein, Cuntzman, Hemman und Hugli von Ramstein, Wernher und Fritzman von Rotberg, Peterman Puliant von Eptingen des Burgermeisters Sohn, Peterman und Rutschman von Biederthan, Cuntzman ze Rhein, Hans von Frick, Frantz Vorgassen, Hemman von Lörrach Edelknechte.

Diese Richtung und Verpflichtung stuhnd in diesen Puncten: Sie solten einandern wider alle, so wider ihre Freyheiten und Gnaden bey Röm. Kaysern und Königen erworben, wider Recht bekümmern wolten, bey geschwornen Eyden, mit Leib und Gut beholfen und berahten seyn.

Damit aber solches mit Ordnung beschehe, solten von ihnen ein und zwantzig Mann, als Richter, ausgeschossen werden, zehen von einem Ehrsamen Raht zu Basel, und zehen von der Edlen Gesellschaft. Zu denen solte ein Burgermeister zu Basel jederzeit ein halb Jahr lang, als ein gemeiner Mann sitzen, und das andere halb Jahr, ein Oberster Zunftmeister.

Würde dann jemand unter ihnen aufs künftige an seinen Freyheiten und Gnaden wider Recht bekümmert und angegriffen: der möchte sein Gebrechen und Schaden für den gemeinen

1378. gemeinen Obmann bringen, alsdann solte derselbige den Ausschuß der zwantzig Mann, auf einen bestimmten Tag unverzogenlich zu ihm gen Basel in die Stadt besenden, welche solch Anligen, Schaden und Gebrechen eigentlich verhören, und dann bey ihren Eyden darum erkennen und urtheilen solten, wie und welcher Weis man solchem fürkommen, oder wiederum wenden könnte.

Was dann die ein und zwantzig Mann gemeinlich, oder zum mehrern Theil, zu Hinlegung oder Wiederkehrung solches Schadens oder Gebrechens, fürzunehmen erkanten, es wäre mit Krieg, oder anderer Bestellung, dem solte Folg beschehen, und sich keiner darwider setzen.

In was Krieg und Feindschaft dann sie von solcher Sach wegen gegen jemand kämen: darum solt niemand unter ihnen Richtung noch Frieden annehmen, es wäre dann solches von den ein und zwantzigen sammthaft oder zu mehrerm Theil, für nutz und gut erkennet. Was auch dieselbigen thäten oder erkannten, es wäre in Bestellung der Kriegsleuten, Annehmung Fried und Richtung, dem solt man beyderseits geleben.

Ferner ward hierinn des Freyzugs halben Ordnung bestimmet, welchergestalt ein Edelmann einen Burger zu Basel für den seinen ansprechen könnte, und auf solche Ansprach die Besatzung geschehen solte.

Die Anfangs zu Richtern Ausgeschossenen, waren diese zehen vom Adel: Wernher Schaler Ertzpriester, Götzman Mönch, Wernher von Berenfels, Hemman von Rotberg, Henrich Reich, Lutold von Frick, Burkart Mönch, Gunther von Eptingen, Ulrich von Ramstein, Fritzman ze Rhein. Vom Rath zu Basel waren diese bestimmet: Conrad zer Sonnen, Wernher Erinan, Peterman von Lauffen, Hans zum Tagstern, Peterman Agstein, Hemman zum Wind, Henrich Roßeck, Hans Wigman, Ulrich zem Lust, und Albrecht von Wallenburg.

Von Rosseck.

Darnach, im 1378 Jahr, seind weiters etliche vom Adel, so in diese Vereinung zu tretten begehret, und alles, dessen sich die übrigen Edelleute verschrieben, zu leisten gelobt, aufgenommen worden: namlich Peterman Puliant von Eptingen, Henrich von Eptingen, Burkart Mönch von Landscron, Hans Schaler, Erhart Reich, Gottfried von Eptingen, Conrad von Hertenberg, und Cuntzman zer Kinden.

Ergiessung. Der Birsich sammt dem Rhein waren selbiges Jahrs von grossem Regenwetter abermals also sehr angeloffen, daß man auf dem Fischmarckt mit Weidlingen herum fuhre, und zwey Joch von der Bruck hinweg flossen.

Batzen. Man ließ zu Basel eine Müntz schlagen, fünfzehen für einen Gulden, seind ohne Zweifel die jetzigen Batzen gewesen, dann allein daß sie damals den jetzigen Namen nicht gehabt, bis die Bernische Müntz mit dem Bären (so der gemeine Mann in der Eydgnoßschaft ein Bätzen nennet) herfür gekommen.

Bischoff Johans, welchem es hievor wider die Grafen von Kiburg und Thierstein mißlungen, trug noch immerdar der Nidowischen Erbschaft halben wider sie, wie auch wider Basel, Unwillen. Daraus dann erfolget, daß er durch seine Helfer, unter welchen Hemman von Bechburg und Rütschman von Blauenstein die Capitänier waren, Graf Sigmund von Thierstein, Hertzog Lupolts Dienstmann, desgleichen etliche Burger zu Basel angreifen, und auf seine Schlösser führen lassen. Deß

Das Vierte Buch. 209

Deß mußten beyde Theil Nachgedenckens haben, die Ihren, so wider Recht und Gebühr in Haft kommen, wiederum zu erretten. Hierum vereinigten sich, im 1379 Jahr, mit einandern, Hertzog Lupolt, dem die Mindere Stadt Basel zuständig, und die Mehrere Stadt, wider den Bischoff und seine Helfer, einandern beholfen und berahten zu seyn, so lang bis sie diese zu Abtrag und Wiederkehrung des empfangenen Schadens genöhtiget. Was sie dann für Städt oder Schlösser gewunnen, die solten sie bis zu Erwählung eines künftigen Bischoffs innhalten, und sehen, ob sich derselbige des Kriegs annehmen, oder ihnen Abtrag thun wolte. Beschähe ihnen kein Abtrag, so solten sie wider einen solchen gleichfalls handlen.

1382. Die zuvor Fried gewesen halten sich zusammen. Anno 1379.

Wie sich nun die Sachen zutrugen, ist nicht so gar bewußt, dann daß Hertzog Lupolt dem Bischoff, im 1381 Jahr, die Stadt Liechtstal bewältigte, und ihm die Leute schwören ließ.

Summa, bey dieses Bischoffs Regierung war aus Verhetzung aller Nachbaren wider sich, selten Fried und Ruh, ergienge ihm nach dem Sprüchwort, Wer alle Ding verfechten will, muß nimmer Schwert einstecken. Als er nun der Stift in die siebenzehen Jahr ein beschwerlich Regiment geführet, gab er im Herbst, des 1382 Jahrs, zu Pourrentrut den Geist auf, ligt daselbst begraben.

Der von Vienna stirbt. Anno 1382.

Nach seinem Abgang berührte die Wahl Johansen von Bucheck einen Freyherrn, regierte aber nicht über ein Jahr: deßhalben er von etlichen in der Bischoffen Zahl ausgelassen wird.

Im Jahr 1379 ward zu Basel das groß Umgelt aufgesetzt, daß ein jeder im Kauffen und Verkauffen von jedwederm Pfund Gelts, so 12 Batzen thut, einen Vierer oder 2 Rappen geben mußte. Welcher 2000 Marck werth vermochte, gab alle Wochen 5 Schilling. Welcher 500 Vermögens hatte, 3 ß. Welcher 100, 2 ß. Welcher 40 Pfund, gab 1 ß. Welcher 20 Pfund, 6 ₰. Von einem Saum Wein im Haus 3 ß. Von einer Viertzel Korn 4 ₰.

Vorgassen.   **Von Lauffen.**   **Zum Tagstern.**

1316 Conrat und Ulrich Vorgassen, Rittere.
1330 Henrich Vorgassen, Gertrud sein Gemahl. Peter.
1338 Ott und Henrich Vorgassen, Burger zu Basel.
1396 Peter Vorgassen, Ritter, Johan sein Bruder.
1326 Henrich, der Rähten zu Basel.
1352 Hug Vorgassen, Agnes sein Weib, deren Kinder, Elisabeth, Hug, Wernher.

Henrich Gertrud, war Ritter 1330.

1376 Peter von Lauffen, Nana zum Thor sein Gemahl.
1405 Conrat Obri. Hug starb der Zunftmeister, starb 1415. 1418.
1403 Johans, Prior zu Predigern.
1435 Conrat von Lauffen, der Rähten.
1460 Anthoni.

1369 Henman zum Tagstern, Rahtmann.
1420 Johans, Ursula Sidlin, sein Weib.

Diese drey Geschlechter sind abgestorben.

Ggg   Das

Baßler Bistums Historien,

1383.

Das VI. Capitel.

Das zerrissen Wesen des Pabstums bringt Unruh im Bistum Basel. Herzog Lupolt von Oesterreich kommt mit den Eydgnossen zu Krieg, und erliegt im Streit vor Sempach.

Anfang der langwierigen Kirchentrennung.

Es schwebete aber dieser Zeit des Pabstums halben ein groß Scisma, oder Trennung in gemeiner Christenheit, welche von dannen bis auf das grosse Concilium zu Costantz, in die neun und dreyßig Jahr gewähret. Urhab desselbigen war, daß als Pabst Gregorius der eilfte, im 1376 Jahr, den Pabstlichen Stuhl von Avignon aus Franckreich (da er auf 70 Jahr gewesen) wiederum gen Rom verändert, und daselbst bald hernach mit Tod verblichen, die Cardinäle zu Rom, aus Bitt des Senats und Volcks, zur Wahl griffen, und Bartholome den Ertzbischoff zu Bar, so kein Cardinal gewesen, im Aprillen des 1378 Jahrs, zum Pabst erkoren hatten, Urbanus der Sechste genannt. Doch hatten die Römer ihre Bitt dergestalt an die Cardinäle langen lassen, daß sie sich auch zumal gerüstet erzeigt, und wofern sie keinen Römer noch Italiäner gewählet, die Sach zu einer schweren Empörung gerahten wäre.

Zween Päbste Urbanus und Clement.

Bald hernach wurden gemeldte Cardinäl diesem Pabst seiner Strengheit wegen feind und abhold, deßhalben aus Fürwendung der Forcht und Bezwängnuß, ihnen von Römern auf dem Wahltag wiederfahren, seine Wahl für nichtig erkenneten, und im dritten Monat, zu Fundi, als durch eine freye ungenöhtigte Chur, einen Französischen Cardinal, vom Stammen der Grafen zu Gebennia, Clemens der siebende genannt, zum Pabst aufwurfen, welcher seine Residentz zu Avinion hielt, da ihm die Cardinäle, so nach weiland Pabst Gregorii Verruckung daselbst verblieben, Gehorsame thäten. Es fielen ihm auch bey die Frantzosen, Spanier, Schotten ꝛc. Dem Römischen aber, der seine Wahl keines Wegs wolte vernichtigen lassen, die Welschen, Teutschen, Ungarn, Engelländer, Portugaleser ꝛc.

Im Resenthal zu S. Alban.

Zween Bischöff werden gewählet.

Jstein.

Solche Zerrüttung langte auch in das Bistum Basel, da sich die Thumherren ob der Bischofflichen Wahl, in der Wochen vor Wienacht, im 1383 Jahr gehalten, gezweyet. Erstlich hatten etliche Herrn Wernher Schaler Ertzpriester erwählet, aus dem Capitelhaus herab geführet, und in Gegenwärtigkeit Herrn Wernhers von Beretenfels, Ritter, Burgermeisters im Chor auf den Altar gesetzt. Bald brachte der andere und mehrere Theil Herrn Immer von Ramstein Freyen herab, satzten ihn gleichermeis auf den Altar, und verkündeten dem Volck, dieser wäre der rechte ordenliche Bischoff. Diesen bestätigte der Gallische Pabst: jenen aber aus Anschaffung Hertzog Lupolts von Oesterreich, der Römische. Der Raht schenckte beyden den Wein, so griffen auch beyde zu des Bistums Herrlichkeiten, Land und Leuten, welcher baß mochte, thät baß, und wolte sich die Sach zu Unruhe schicken. Es fügte sich aber, daß aufs letste Herr Wernher Rachtungsweise das Bistum fallen ließ, dargegen das Schloß Jstein mit seiner Herrlichkeit um 3000 Gulden Pfandsweis empfienge. Daßelbige übergab er hernach um seinen Pfandschilling Hertzog Lupolten von Oesterreich, der es gleicher weise Burkart Mönchen von Landscron dem jüngern zustellte, in dessen Handen es nachmalen durch die von Basel zerstöret ward. Also bliebe der von Ramstein am Bistum, bekame von König Wenceslaw (welcher seinem Vatter Kayser Carolo am Römischen Reich nachgetretten)

seine

Das Vierte Buch.

seine Regalia, darum er dann sechtzig Marck Silbers, ein jedes zu fünf Gulden, 1 3 8 6. in die Cantzley bezahlen mußte.

Bey diesen Zeiten hielte sich strenge Feindschaft, zwischen Graf Eberharten zu Wirtenberg, welcher sich der Kayserl. Majestät Statthalter und Landvogt in Schwaben nennete, und desselbigen Gezircks Reichsstädten, von wegen tyrannischer Obmannschaft und Beherrschung, damit sie der Graf sehr beschweret, also daß ihnen solches zu erdulden unleidlich. Und dieweil sie beym Kayser keine Hilf funden, verbunden sich zusammen die Städte, Regenspurg, Augspurg, Ulm, Costantz, Eßlingen, Reutlingen, Rotweil, Weil, Überlingen, Memmingen, Biberach, Ravenspurg, Lindow, S. Gallen, Pfullendorf, Kempten, Kauffbeuren, Isna, Wangen, Nördlingen, Rotenburg an der Tauber, Dinckelspühel, Winsheim, Weissenburg, Hall, Hailprunn, Gemünd, Wimpfen, Weinsperg, Giengen, Alen, Bopfingen, Wol im Turgöw, Buchorn und Buchow ꝛc. In diese Bündnuß vermochten sie auch, im 1384 Jahr, beyneben Straßburg, Schletstatt, und andern Rheinischen Städten, die Stadt Basel, alles das zu leisten und zu vollführen, was der Bundsbrief innhielte, darum sie auch hernach mit ihnen zu Feld gezogen. *Der Reichsstädten grosse Bund wider Wirtenberg. Anno 1384.*

Die Baßler haben dieses Jahrs das Schloß und Dorf Brattelen verbrennet, doch habe ich von dieser That nichts weiters gefunden.

Bischoff Immer übergabe dieser Zeit Schloß und Stadt Pourrentrut Graf Stephan zu Montbelgard, um 11000 Francken, Pfandsweis, Goldenfels Petern von Ely um 3200, bewilligte ihnen die Unterthanen zu schwören, Telchberg behielt er, beschwerete es aber um 6000 Gulden. *Bischoff bedarf abermal Gelt.*

Im 1385 Jahr war das Ammelsterthum zu Basel, unter Herr Johann Puliant von Eptingen, Rittern, aberkennet worden. Es wurde auch von dem Raht zu Basel alle Miet und Gaaben zu nehmen, verbötten, ausgenommen Gewildprät und essige Speis, und wofern einer oder der ander dieses übersehen wurde, solte er 5 Jahr leisten, und zu keinen Ehren mehr gebraucht werden. *Anno 1385.*

Die Müntz, so schon vorhin von Bischoff Johann von Vienna denen von Basel um 4000 Gulden versetzet worden, versetzte hernach Bischoff Immerlus um 1000 Gulden.

Demnach sich aber von Anfang des Eydgnoßischen Bunds, bis auf diese Zeit, ob siebentzig Jahren, zwischen der Herrschaft Oesterreich und den Eydgnossen herbe Feindschaft gehalten, beyde Theil mancherley Kriege wider einandern geführet, vielerley Friedständ gemacht, bald wiederum zu feindlicher Wehre ausgebrochen: hat sich doch sonderlich, im 1386 Jahr, Hertzog Lupolt, welchem das Ergow zuständig, mit Hilf vieler Grafen, Herren und Adelspersonen, mit Macht wider dieses Volck und ihren Bund gesetzt. Hiezu war ihm letztlich Anlaß worden, daß die Lucerner, die von Rotenburg (Hemman von Grinnenberg Pfandsweis zuständig) von wegen der mannigfaltigen Unfugen und unträglichen Schmachheiten, ihnen von der Herrschaft Leuten begegnet, auf ihr ernstlich Ansuchen, zu Burgern empfangen hatten, und sie bey Recht handhaben wollen: demnach als etliche hierum erhenckt, und grösserer Hochmuht an ihnen getrieben worden, dieselbige Stadt gar eingenommen hatten, wie auch Sempach und etliche andere Pläz.

Der Hertzog vermeinte, die Eydgnossen hätten ihm diese seine Leut wider Recht abgezogen, und besonders die seinen Anfangs in ihr Burgrecht unbefügt angenommen, thäten ihm auch an seinen Rechtungen unleidlichen Eintrag. Dargegen sagten sie, Ihnen und ihren Burgern wäre von des Hertzogen Adel und Amtleuten in viel Wege so grosser Widerdrieß, Unbilligkeit, Troz und Muhtwillen, widerfahren, daß ihnen solches noch unträglichen gewesen. Und da sie sich zu diesen Städten und Thälern verbunden, hätten sie ihnen wider Unrecht beholfen seyn müssen, wie sie dann von Römischen Kaysern und Königen Burger zu empfangen wohl befreyet. *Feindschaft, und Stoß der Herrschaft Oesterreich wider die Eydgnossen. Anno 1386.*

Ggg ij   Obwol

1 3 8 6. Obwol nun durch den grossen Bund der Reichsstädten, in welchen sich verschlenes Jahrs zu Costantz die Eydgnossen auch begeben, von Mathiä biß Pfingsten, zwischen den Partheyen ein Friedstand beredt war: mochte doch kein beständiger Friede gefunden noch angerichtet werden, dann daß ihnen Hertzog Lupolt, nach Ablauffung des Termins, mit zweyen Marggrafen von Hochberg, acht Grafen, fünf und zwantzig Freyen, 127 Adelspersonen ernstlich widersagte, und den nächsten für Sempach zoge, Vorhabens die Eydgnossen, so daselbst in Besatzung lagen, auszunehmen. Hierauf saumte sich auch das Gegentheil nicht, die Ihren zu erretten, kamen 1600 starck den Herren und Edlen entgegen, welche aus Vertröstung ihrer Macht von Pferden abgestanden, der Meynung, diese geringe Anzahl Bauren leichtlich zu vertilgen.

Schlacht vor Sempach. Es gieng aber einen andern Weg. Dann als den 9 Tag Julii in aller Sommerhitz, von der Herrschaft gleichwol ein ernstlicher Angriff beschehen, und viel der Eydgnossen erlegt worden, ehe dann einer von dem wohlbewafneten Adel umkommen, wendete sich doch endlich das Glück, daß die Edlen nach männlichem Gefecht, in ihren Helmen und Rüstungen von Hitz und strenger Arbeit abgemattet, in die Flucht getrieben, und als sich die Diener mit den Pferden aus dem Staub gemacht, also unordentlich gegen dem Feind geeilet (die Herren schrien Hengst her, Hengst her) leichtlich ereilet, und in grosser Anzahl erschlagen wurden. Die erschlagenen Todten stunken dermassen, daß man sie nicht begraben konnte. Unter denselbigen, als Hertzog Lupolt auch erlegt worden, und von wegen schwere der Rüstung sich nicht konnte aufrichten, ward er über alles Bitten von einem Schweitzer mit einem Dolchen erstochen. Und darnach als dieser Thäter dasselbige gerühmet, ist er zu Bern jämmerlich hingerichtet worden. Mit Hertzog Lupolten erlagen dazumal daselbst etliche hundert vom Adel, deren bey viertzigen mit dem Fürsten zu Königsfelden in der Kirchen begraben wurden.

Fürstlich Grab zu Königsfelden.

Des Adels grosse Niderlag. Es vergiengen da Margaraf Oth von Hochberg, Graf Hans und Walraf von Thierstein, Graf Hans von Fürstenberg, der Schwartz Graf von Zollern, Johans von

Das Vierte Buch.

von Ochsenstein, Walther von Geroldseck, Ulrich von Hasenburg, zween von Stauffen, zween von Signow ꝛc. Von Edlen, aus dem Suntgow, Elsaß und der Stadt Basel Nachbarschaft, blieben auf der Wahlstatt, Hans Schaler, Wilhelm, Wernher und Cüntzlin von Rotperg, Wernher, Lutold und Adelberg von Berenfels, Cüntzlin, Peter und Thürling von Eptingen, Ulrich, Rutschman und Friderich von Rheinach, Diebolt, Wetzel, Walther und Wernher von Mersperg, Peter und Walther von Andlo, Wernher von Flachsland, Peter, Dietrich und Henrich von Rahtsamhausen, Götzman von Baden, und sonst aus dem Elsaß, Ergow, Breißgow, Schwaben, Wirtenberg, Etschland, Oesterreich ꝛc. eine grosse Anzahl. Daher dieses so eine namhafte Niederlag gewesen ist, als vor oder nach dieser Zeit keine andere. Bey diesem Heer hat Hertzog Lupolt aus seiner Pfandschaft der mindern Stadt Basel etliche Kriegsleute gehabt, welche auch mit Verlurst acht Mannen wiederum heim kamen.

1388.

Das VII. Capitel.

Erweiterung der Stadt Basel. Haushaltung der zweyen Bischöffen, Immerii und Friderici, und von Bischoff Conrad Mönchen Wahl.

IN diesen gefährlichen Läufen, wurden die Baßler rähtig, ihre mehrere Stadt, deren Vorstädte mit Häusern, Klöstern und Gebäuen, der eingefangten Stadt gar nahe zu vergleichen, in eine Ringmauer und Burggraben zu beschliessen, hiemit die ihren (dann sie ausserhalb noch keine Land noch Leute hatten) in fürfallender Noht vor feindlichem Gewalt desto baß zu bewahren, und vor Schaden zu erhalten. Folgeten hierinn den Straßburgern, welche damals gleicher Weis im Werck stuhnden, drey grosse Vorstädte, mit Mauren, Gräben und Thürnen in der rechten Stadt Einfang zu bringen. Hierum ward noch dieses Jahrs von einem Ort des Rheins bis an das ander der Bezirck ausgezeichnet, der Bau in das Werck gerichtet, und erst nach zwölf Jahren, als man zählte 1398, vollendet.

Erweiterung der Stadt Basel.

Der schwere und vorangeregte Krieg zwischen den Grafen zu Wirtenberg und den Reichsstädten, brach im 1388 Jahr wiederum aus. Dann obwol nach der Schlacht, welche vor eilf Jahren bey Reutlingen zwischen ihnen, mit grosser Niederlage der Grafen Volck beschehen, Friede angestellet worden: hat doch derselbige nicht lang währen mögen, weil die Städte ab dem Sieg hochträchtiger worden, und ihnen grössern Anhang gemacht, also daß 72 Reichsstädte in diesen Bund zusammen kommen. Dargegen schmirtzte die Grafen die treffenliche Wunden, so sie in gedachtem Streit, sonderlich an Verlurst des Adels empfangen, daß sie mit der Sach kluger umgiengen, etliche Bischöffe und Fürsten an sich brachten, den erlittenen Schaden zu rächen. Daher dann mit Todtschlag, Rom und Brand, viel Jammer auferstuhnde. Die von Basel, welche (als ob angezeigt) diesem Bund auch beygefallen, schickten auf den Winter gemeinen Bundsgenossen sechtzig Glen und zweyhundert Fußknecht zu Hilf. Nach welchem des Bunds Heer mit Graf Eberharts Kriegsvolck, bey dem Dorf Toffingen in Wirtenberg, nahe bey dem Städtlein Weil, zum Treffen kam, aber gefüchtiget und geschlagen ward. Jedoch weil der Graf einen blutigen Sieg erhalten, kam man hernach zu einem desto kommlicheern Frieden.

Anno 1388.

Der Reichsstädten Niederlag.

214   Baßler Bistums Historien,

1391.

Bischoff zu Straßburg wird Administrator zu Basel. Anno 1391.

Als Bischoff Immer dem Bistum seiner Beschwerden, in die es unter seines Vorfahren unruhigen Haushaltung gerahten, nicht allein nicht abgeholfen, sondern in den acht Jahren seiner Regierung noch mehr beschwäret, also daß es in grossen Schuldenlast gerahten: ward endlich mit ihm gehandlet, das Bischöffliche Amt und Verwaltung Herrn Friderichen von Blanckenheim, Bischoffen zu Straßburg zu resigniren. Dann weil sich das Capitel zu diesem seiner Handveste wegen, des Bistums Ledigung und Aufgang versehen, ward er zum Administrator angenommen, und ihme Samstags vor Barnabä, im 1391 Jahr, auf der Mucken, der Edelleuten Trinckstuben, geschworen. Der von Ramstein kam wiederum an die Thumpropstey.

Es mißführte aber die Stiftherren ihre Hoffnung mit dem von Blanckenheim, dann er das Bistum noch mehr schwächte, und was seine Vorfahren unangriffen gelassen, von neuem bekümmerte. Dann gleichwie hievor Bischoff Immer, am Dato Mitwochen vor Bartholomäi, im 1389 Jahr, dem Raht zu Basel Gewalt gegeben, die mindere Stadt aus Verpfändung der Herrschaft Oesterreich zu erheben, und an sich zu bringen: also verglich sich Bischoff Friderich, im 1391 Jahr, gemeldter Stadt halben, mit denen von Basel eines Kaufs, um 22000 Gulden, mit Vorbehalt der Wiederlosung. Als er aber bald mehr Gelts bedorfte, gab er ihnen dieselbige folgendes Jahrs, Samstags vor dem Palmtag, zu einem ewigen Auskauf, um 29800 Gulden, mit Versprechung, die Bestätigung solches Kaufs beym Pabst auszubringen, die er auch von Bonifacio dem 9ten, durch Meister Conradum Eliam, mit einer Bull erhielte.

Mindere Stadt Basel erkauft.

Zuvor ward die mindere Stadt durch einen Schultheissen und Raht regieret, derselbige nahme dieser Zeit ein End, und kamen beyde Städt in ein Regiment und Wesen, daß heutiges Tages aus beyden, gleich als aus einer Stadt, Sechser, Meister, Räht und Häuptere ohne Unterscheid in das Regiment erkoren werden. Dasselbige setzet je zu Zeiten einen Schultheissen dahin, in bürgerlichen Sachen Gericht und Recht zu halten, item beyneben ihm vier Hauptmänner, zu gemeinem Staat Aufsehens zu tragen.

Was Bischöffliche Quarten seyen.
† im II. Buch am VIII. Cap.

Dieser Bischoff versetzte ferner etlicher Zehenden Bischöffliche Quarten, welche das Bistum Basel im Elsaß gehabt, der Stifte zu Straßburg um 4200 Gulden. Was aber Quartæ Episcopales gewesen, lehret das uralte und erste Concilium zu Orleans in Franckreich gehalten, welchem (als droben † gehöret) auch ein Rauracischer Bischoff beygewohnet, darinn decretiret worden, daß ein Bischoff in den Zehenden aller Orten seines gantzen Bistums jährlich den vierten Theil, oder je zum vierten Jahr den gantzen Zehenden einnehmen und haben solte. Aus diesem als auch andern Gefällen, solte er, vermög des 16 Articfels, den Krancken, oder die sich mit ihrer Handarbeit sonst nicht nähren möchten, ihre Kleidung und Nahrung schaffen. Ist zwar eine christliche und löbliche Ordnung gewesen, welche doch in allen Bistummen mit der Zeit verfallen, daß die Bischöffe gemeldte Quarten sonderbaren Personen verkauft, oder dem Adel ihren Dienstleuten zu Lehen gegeben, daß den armen Dürftigen wenig davon worden.

Dieser

Das Vierte Buch.

Dieser Bischoff übergab, im 1393 Jahr, beyde das Bisthum Straßburg und die Administration zu Basel, als er gen Utricht Bischoff postuliert worden. | **1 3 9 4.**

In gemeldtem Jahr war ein sehr heisser Sommer, und regnete vast wenig, das gab guten Wein, so galten drey Viertzel Dinckel einen Gulden, drey Viertzel Habern 29 ß.

Um Herbstzeit ward Herr Conrad Mönch von Landscron, welcher noch keine Priesterliche Weyhung empfangen, vom Capitel an das Bistum beruffen: welcher sich in dieser treffenlichen Beschwerung des Stifts, der Regierung unterzoge, die er doch auch nicht wohl erschwingen mochte, deßhalben etliche Gefälle, so seine Vorgänger dem Raht zu Basel um eine hohe Summa Gelts übergeben, noch tieffer in die Dinten steckte. | Conrad Mönch von Landscron Bischoff.

Das VIII. Capitel.

Grosse Unruh und Zweytracht erhebt sich zu Basel aus Päbstlicher Provision einer Thumherren-Pfrund. Bischoff Humbrechts Antritt.

Bey Zeiten dieses Bischoffs Vorstehung, erhub sich unter der Cleriseŷ zu Basel grosse Unruh, aus diesem Anlaß. Ein geistlicher Mann Oswald Pfirter genannt, hatte an Päbstlichem Hofe ein ledig Canonicat der Hohen Stift ausgebracht, deßhalben im 1394 Jahr gen Basel kommen, die Bullen seiner Provision aufgelegt, und Inhalt Päbstlichen Mandats, an die Thumherren begehret, ihn in ihr Collegium aufzunehmen, und in die Besitzung seiner erlangten Würde zu stellen. Als aber sie demselbigen nicht Folge thun wolten, kehrte gemeldter Pfrundjäger wiederum gen Hof, und erlangte, das Pabst Bonifacius zu Commissarien ordnete, Turibium Bischoff Tudensem, und Gerlach Dechan zu St. Peter ausserhalb Maintz, welche wider die Thumherren einen Proceß fürnahmen, darinn sie als bännige Leut citiert wurden, | Gesandt nicht um das Lebramt, sondern reiche Intraten. Anno 1394.

darneben allen Leutpriestern gebotten gemeldten Proceß von den Cantzlen zu verlesen, ward auch zu Teutsch und Latein an den Kirchen aufgeschlagen. Noch wolten die Thumherren nichts darum geben, sondern appellierten von solchem Sententz wiederum gen Hof. Hierauf öffneten diese an S. Catharinen-Tag noch einen strengern Proceß, darinn nicht nur die vom Capitel, sondern auch alle, die mit ihnen und ihrem Gottesdienste Gemeinschaft hätten, für bännig erkannt wurden, rufften auch den Weltlichen Arm an, wo sie nicht innerhalb fünfzehen Tagen gehorchten. Welches dann unter den Leuten ein unruhig Wesen brachte, indem sie etliche meideten, etliche aber dieses an ihnen nicht scheueten.

Nach Ablauffung des erstgedachten Termins, als sich die Thumherren diesen auszunehmen noch immer widrigten, und mit der Appellation zu schirmen vermeinten, ward in allen Kirchen durch die Stadt Interdict gehalten, das ist, der Gottesdienst aufgeschlagen, ausgenommen im Münster und zu S. Ulrich, welches mit grossem Verdruß der Burgern bis in das 1395 Jahr währete, und man sich hierum einer Empörung zu besorgen hatte. Deßhalben baten die Räht die Thumherren, der Sach einen Austrag zu geben, diesen aufzunehmen, oder sich sonst mit ihme zu vertragen, waren aber dahin nicht zu vermögen: sondern sagten, weil sie nun Beystand der Caplänen | Priesterliche Teyrung.

Hhh ij appelliert,

1 3 9 5. appelliert, wären sie keineswegs bännig, oder um ihrentwillen Interdict zu halten, wolten deßhalben gewärtig seyn, was ihnen ihr Bott, den sie mit der Appellation und einer Supplication abgefertiget, wiederbrächte: hiemit bekam die Sach Aufzug, daß sie noch stätigs sungen, andere aber schwiegen.

Eingehendes Mayens brachte ihr Gesandter eine Bull, darinn den verschlagenen Kirchen das Interdict relaxiert, und dem Capitel ein anderer Termin gesetzt ward, beharreten aber noch immer bey ihrem Fürnehmen. Der Handel bestuhnde biß in Heumonat, da ihnen eine schwere Citation zukame, innerhalb vierzig Tagen zu Rom zu erscheinen, auf die Puncten ihrer Beklagung zu antworten. Also gieng das Interdict wieder an, wiewol am Sonntag hernach etliche ihrer Predigern von der Cantzel offentlich lehreten, sie wären nicht zu meiden, als die man erst zu Verantwortung berufen hätte. Es liessen sich auch die Juristen den Thumherren günstig, vernehmen, die Leutpriester und Ordensleute möchten wol singen, dann der Babst ihre Appellation angenommen, und sich in der Sach eingelassen hätte: bewegten damit viel, daß sie wieder in das Münster zum Gottesdienst kamen.

Bald darnach starbe Graf Eberhart von Kiburg Thumcustor, so berührte Herrn Immer von Ramstein, der zuvor Bischoff gewesen, der Schlag, daß er ohne Rede drey Tag lag, und darnach die Seel ausathmete. Nach acht Tagen starb auch Johannes von Kiburg Ertzpriester.

Bischoff Conrads Abtritt. Anno 1395. Im September resignierte Herr Conrad Mönch das Bistum, forderte aber eine grosse Summa Gelts, die er in seiner Regierung von dem seinen ausgegeben, darum er biß zu Entrichtung desselbigen, etliche des Bistums Herrlichkeiten zum Pfand innhielte. Er hat die Verkauffung der mindern Stadt Basel, am Dato Freytags nach Bartholomäi, im Jahr 1394, wie auch etliche seiner Nachfahren, bestätiget.

Dieser des Bischoffs spänniger Abtritt schuffe den Thumherren etwas Fristung, daß sie durch Fürbitt vieler Leuten des Interdicts halben nicht ausgetrieben wurden: doch stuhnde die Sach nicht länger, dann biß Montags vor Michaelis. Dann als die Burger sahen, daß sie bey ihrem Fürnehmen hartnäckig verblieben, der Sach keinen Austrag geben, noch die Absolution verschaffen wolten, ob sie schon mannigfaltig hierüber ersucht wurden: wolten sie diesen Mangel ferner nicht gestatten, besonders da pestilentzische Sücht umgiengen, und ihre Abgestorbenen Inter- **Thumherren zu Basel ausgejagt.** dicts halben ausserhalb den Kirchhöfen begraben mußten. Hierum ward obgedachtes Tags grosser Raht gehalten, darnach (wie zu einem Ausruf bräuchig) gestürmet, und am Kornmarckt offentlich verkündet: Der Thumprobst, Dechan, und übrigen vom Capitel, sammt zweyen ihrer Leutpriestern solten noch selbiger Tagzeit die Stadt raumen: wurd einer hierüber gefunden, den solte man greifen. Ferner solte kein Caplan im Münster, deren so mit ihrem Gottesdienst Gemeinschaft gehabt, in die Kirchen kommen, da bißher Interdict gehalten worden.

Humbrecht von Neuenburg Bischoff.

Bistums Herrschaften verpfändt.

In diesen Dingen ward Graf Humbert von Neuschatel, oder Neuenburg, ein Burgundier, zum Bischoff aufgeworfen. In seiner Wählung hatte man Hoffnung gefaßt, er wurde aus Liebe des Bistums verschaffen, damit etliche desselbigen Herrschaften und Schlösser, aus seiner Freunden Verpfändung kämen. Weil aber dieser Bischoff Fürstliches und grosses Wesens, der allezeit wann er gen Basel kame, mit viertzig oder mehr Pferden einritte, war diese Hoffnung umsonst, und mußten des Bistums Güter immer das Haar herhalten: Daher er folgends S. Ursitz, Plutzhausen, und den Freyenberg, Graf Theobalden von Neuenburg, Herrn zu Blamont, und Landgrafen zu Palm, über die vordrige Verpfändung noch weiters versetzet.

Kalenberg,

Das Vierte Buch.

Kalenberg, Graf Wilhelmen von Villari und Rupe. Homberg, Wallenburg und **1 3 9 6.**
Liechtstal, erstlich der Statt Basel um 22000 und 1000 von wegen des Baurs,
darnach Marggraf Rudolfen von Hochberg. Also daß die Stift nichts mehr dann
Neuenstatt, Biel, das Schloß Ergowe mit S. Immers-Thal und Telschberg innhielte. Welcherley der grossen Prälaten Haushaltung, vielleicht König Ludwigen
dem 12 in Franckreich diese Stimm abgewunnen, wie P. Aemylius meldet: Daß der
den Geistlichen Anfangs die Wehr und Pferd erlaubet, die Kriegszucht und Religion
verderbt habe. Er war der Teutschen Sprach gantz unbericht, hielte sich deßhalben
mehrentheils zu Telschberg mit seinem Hofe.

Nach der Thumherren Hinfahrt, liessen ihre Caplän von Ubung des Gottesdiensts **Pestilentz.**
nicht ab, derowegen als man einreissender Pestilentz halben eine gemeine Proceß hielte,
wurden alle Kirchen zu beyden Städten, ohne das Münster, besuchet.

In diesem Jahr gulte eine Maaß Weins einen Pfenning, zwo Maaß drey
Pfenning, ein Viertzel Dünckel 10 Schilling, der Rocken 15 Schilling, ein Viertzel
Habern neun Schilling, vier Pfenning.

In der Faßnacht, des 1396 Jahrs, starb Herr Rudolf Mönch, Thumbechan, an **Anno 1396.**
der Wassersucht, ward in die Statt geführet, und im Münster bestattet, da man
ihm leutete und die Seelämter hielte, sonst aber nirgend.

Selbiges Tags kame der Principal-Actor wiederum von Rom, brachte abermals ein gantz Libell mit scharfen Processen wider die ungehorsamen Thumherren
und Caplän. Diesen baten die Räht, solches nun Friedens willen nicht zu publicieren,
dann sie mit ihnen handlen, und so möglich, ihre Hartnäckigkeit erweichen wolten.
Als aber alle Mittlung nichts verfienge, sondern sie bey ihrem Fürnehmen störrig blieben:
wurden die Proceß auf Reminiscere am Münster aufgeschlagen, jedoch von Pfaffen
bald wieder hinunter gerissen. In diesen Processen wurden alle Caplän Irregulares,
das ist, untüchtige Leut, und als Ketzer verkündet, unter hoher Bedräuung des
Banns, mit ihnen keine Gemeinschaft zu halten.

Diese Widerwärtigkeit machte gemeine Burgerschaft sehr unruhig, sagten,
was sie der Pfaffen Kampf angienge, wolten einmal den Gottesdienst frey haben,
und man sich einer Empörung besahren mußte. Diesem vorzukommen, berufften
die Räht alle übrigen Leutpriester und Ordensleute, erfragten an ihnen, Ob man
diese ohne Mittel fliehen solte und müßte. Und als sie dieses verjahet, beschickten sie al- **Rahts in Ba-**
le Caplän der hohen Stift für sich, sie der harten Pönen erinnernde, mit Ermahnung, des **sel muß ihre**
Apostolischen Stuhls Mandaten zu gehorchen. Als sie aber unwillfährig antworte- **Priester Mo-**
ten, liessen sie allbereit mit den Rahtsglocken stürmen, Vorhabens ihnen allermänng- **tes lehren.**
lichs Gemeinschaft abzustricken.

Dessen erschracken die guten Herren, begehrten deßhalben still zu halten, und
ihnen bis Morgens Bedanck zu gönnen. Also erschienen folgendes Tags acht und
dreyßige, entboten sich der Gehorsamkeit, und liessen sich absolvieren. Die übrigen
wurden am Sonntag Oculi offentlich an den Cantzlen berüchtiget, und alle Christen
vor ihnen gewarnet, daß wer dieser einem begegnete, sich mit dem Creutz bezeichnen solte. Deß wolte sie die Oberkeit nicht mehr dulden, liessen morndrigs ein Edict ausgehen, daß sie aufbinden und fortziehen solten.

In derselbigen Wochen bedachten sich die Thumherren, in gehaltenem Capitel zu Telschberg, diesen Pfrundjäger einmal aufzunehmen. Der ward hernach stattlich ins Münster geführet, ihm sein Ort im Chor eingeraumet, die Stimm im Capitel bewilliget, und alle von Wein und Korn bis dahin sequestrierte Früchte, zugee-
gnet. Dargegen bragte er ihnen vom Päbstlichen Hofe die Absolution, die man auf
Petri und Pauli publicierte. Damals waren auf dem Stift, Conrat Mönch von

Ji i Landscron

1400. Landscron Thumprobst, Johann von Hohenstein Dechan, Hans Thüring Mönch Ertzpriester, Dietrich vom Haus Schulherr, Johann Mönch Custos, Franciscus Bolle, Hartman und Conrat Mönch von Mönchenstein, Henrich und Lutold von Rahtsamhausen Gebrüdere, Wernher Schaler.

Im 1399 Jahr, verbunden sich beyde Städt Straßburg und Basel drey Jahr lang zu einandern, ihrer beyder Burgern und Angehörigen Leib und Gut vor unbillichem Gewalt zu beschirmen, alte Kriege vorbehalten.

Bündnuß mit Bern und Solothurn. Anno 1400. Zu Eingang des folgenden Alters, als man von Christi Geburt 1400 Jahr zählte, vereinigte sich Basel mit den obern Städten Bern und Solothurn, um ihrer Land, Leut und Gütern Schutz willen, zwantzig Jahr lang, einandern wider alle, die ihnen Gewalt zufügten, behilflich zu seyn: und im Fall eine Stadt unter ihnen belägert wurde, solte sie von der andern entsetzet werden. Dieser Bund ward am Kornmarckt offentlich geschworen, wie dann selbiges Tags zu Bern und Solothurn von der Baßlern Gesandten auch beschahe. Welches dann sammt andern dergleichen Dingen, des ewigen Bunds, welchen die von Basel nach hundert Jahren mit diesen und andern Orten der Eydgnoßschaft angenommen, Præludia und Vorläuffin gewesen seind.

Liechtstal, Wallenburg und Honberg kommt an die Stadt Basel. Bischoff Hmbrecht gab dieser Zeit, am Dato Montags nach Jacobi, der Stadt Basel zu einem ewigen Außkauf, die Städte, Schlösser und Herrlichkeiten, Liechtstal, Wallenburg und Honberg, die noch heutigs Tags von derselbigen beherrschet werden. Dargegen brachte er Hansen von Ely des Schlosses Goldenfels halben in Gefangenschaft, und nöhtigte ihn, dasselbige gegen Empfahung seines Pfandschillings zu wiederantworten, versetzte es demnach seinen Verwandten.

Das IX. Capitel.

Anfang des zehenjährigen Gespans über den Beginenstaat zu Basel, ob derselbige göttlich und geziemlich. Stiftung der Carthus.

Begharten und Beginen Wesen. IN diesem des Pabsts Jubeljahr, welches (nach einiger Anzeigung) Magistro Johann Huß zu Prag Ursach gegeben, wider das Pabstum zu lehren, erregte sich unter den Geistlichen zu Basel ein langwieriger Span und Zwytracht, des Beginen-Staats halben, darinn eine grosse Anzahl Manns- und Weibspersonen lebete. Die Mannen nennet man Begharten oder Lollbrüder, die Weiber Beginen, oder Begutten. Sie waren keines von der Römischen Kirchen bewährten Ordens, hatten auch keine besondere Ordens-Regel, nach deren sie wie andere Klosterleute Gehorsame versprechen mußten: allein verbunden sie sich durch schlechte und selbswillige Verlobung zur Keuschheit und Armut, daher sie sich (ob sie gleich nur Layen waren) Religiosos, das ist, geistliche Leute nenneten: item, die von der Evangelischen Armuth und Vollkommenheit. Sie hatten besondere Kleidungen, dabey männiglich wissen konnte, welches ein Beghart oder Begutt wäre, trugen graue Röck, und die Weiber zerbreitete Vela, Weiler oder Schleyer. Gemeiniglich giengen je zwo und zwo durch die Stadt, bettelten Brot durch GOtt. Etliche hatten hin und her in Burgershäusern ihre gewissen Mäler, vermeynten also, sie wären um dieser freywilligen Armut und anderer getichteten Ceremonien willen, dem Leben Christi gleichförmiger und vollkommener, dann andere Leute. Ihre Häuser, deren ob zwantzigen in der Stadt waren, kennte man bey den Creutzen, so sie an den Thüren hatten. Viel Weib und Mann, so Eheleut gewesen, liefen von einandern, ohne Erlaubniß einiges Prälatens, und begaben sich in diesen Staat: dargegen verliessen bisweilen etliche, so diese Gelübd gethan,

den-

Das Vierte Buch.

denselbigen, und begaben sich in Ehestand. Unter diesen waren dann auch viel Andächtiger, die sich wohl hielten, fleißig zu Kirchen giengen, und den Krancken dieneten: viel auch unter dem Hauffen halfen zu Kupplerey, und trieben heimliche Unzucht.

1400.

Wider diese fieng an hefftig zu lehren, Johann Mulberg Prediger-Ordens. Dieser war erstlich zu Mindern Basel ein Schuhbletzer gewesen, vielleicht des Schuster Mulbergs Sohn, welcher ihm selbs eines Tags, im 1383 Jahr (wie ich verzeichnet gefunden) sechzig Pentosen oder Schreyköpfe ansetzen lassen. Der Schrifft war er allerdings unerfahren, aber bald hernach aus heimlichem Trieb mit den Knaben angefangen zu Schul gehen, in der Lehre schnell den andern fürgelossen, bis er letstlich den Prediger-Orden angenommen. Dieser hube an ernstlich zu predigen, wie ein jeder, der sich eines Ordens Kleidung ohne eine bewährte Regel annehme, von der Kirchen verbannet wäre, bekame hierinn etliche Zustimmende, insonders einen Priester, Johann Pastoris geheissen, Schulmeister auf Burg. Derselbige predigte gleicher Weise, daß gesunde und starcke Layen, welchen die Kirch nicht befohlen, mit ihren Händen arbeiten solten, und wurden nicht entschuldiget um ihrer sonderbaren Gebetten, oder anderer geistlicher Wercken und angemaßter Ordens-Kleidung willen rc. Bewegten mit diesen Lehren etliche Beginen, daß sie ihnen ein Gewissen dieses Staats halben zu machen anfiengen, etliche ihn fahren liessen. Zu Bekräfftigung dieser Sach stellten sie, belangend die Frag, Ob dieser Staat von der heiligen Kirchen verworffen wäre, folgende Puncten, die sie doch noch nicht eröffneten.

Johannes Mulberg, Prediger zu Basel.

Die erste Schlußred. Der Begharden und Beginen Weis zu leben, ist kein Orden, noch ein Staat der Vollkommenheit.

Puncten wider den Beginenstaat.

1. Es geziemet weder Begharden noch Beginen eines geistlichen Staats Zeichen zu haben.

Satzpuncten.

2. Ausserhalb eines bewährten Ordens Staat, gebühret sich keinem, Kleidungen der Heiligkeit zu tragen, von andern Christen mercklich unterscheiden.

3. Welcher einmal zu Haltung der Reinigkeit ein schlecht Gelübd gethan, der ist zu immerwährender Keuschheit verbunden, bey Straf der ewigen Verdammnuß.

Die andere Schlußred. Wittwen oder Jungfrauen, so aus einer schlechten Gelübd, oder ohne Gelübd, Keuschheit halten, mögen in ihren Wohnungen bleiben, und GOtt im Geist der Demuht dennoch loblich dienen.

1. Obwol solche in keinem Religions-Staat seind, mögen sie doch die Staffel eines heiligen Lebens erlangen.

Satzpuncten.

2. Und obwol solche in Sachen zu Regierung eines Hauses oder andern Policey gehörig, einem gehorsamen: haben sie doch in Sachen der Kirchen Satrament und ihre Haushaltung berührend, nichts zu gebieten.

3. Keinem gebühret einige Person in seine Gehorsame aufzunehmen, dann nur den bewährten Orden, auch aus sonderbarer Ordnung und Erlaubniß der heiligen Mutter der Kirchen.

Die dritte Schlußred. Der Christen Leben und Wesen, von der dritten Regel S. Francisci, ist kein Orden, sondern nur eine bewährte Weis in der Buß zu leben.

1. Ohne Verwilligung der Kirchen ist denen zu betteln unerlaubt, so sich mit ihrer Handarbeit nehren mögen.

Satzpuncten.

2. Ja nicht nur ist der Begharden und Beginen Staat von der Kirchen verworffen; sondern sie und ihre Gönner seind verbannet.

Dieser

Baßler Bistums Historien,

1400. Dieser Meynung liessen sich auch die Juristen vernehmen, daß die Beginen in geistlichen Rechten verbannet wären.

Barfüsser-Orden setzt sich wider die Beginen-Feind.

Dieweil es nun auch an die Beginen von der dritten Regel S. Francisci gehen wolte, vermeinten die Barfüsser, es stühnde ihrem Orden nicht wenig daran, diese zu schirmen und zu verantworten; stengen deßhalben an Mulbergs und seiner Mithellenden Meynung zu widersprechen und zu verwerfen. Es schlug auch Bruder Rudolf Buchsman der Lesmeister zum Barfüssern um aller Heiligen Tag folgende Gegenpuncten offentlich auf zu disputiren, unter welchen er erstlich diese Frag setze: Ob die Annehmung des Bettels ein Staat wäre dem Evangelio gemäß: gabe darnach zu Erläuterung derselbigen, die drey folgenden Schlußreden, sammt etlichen angehängten Corollariis.

Schlußreden den Bettel-Orden und Beginen zu Schutz.

1. Obwol das Vorbild der höchsten Vollkommenheit (Christus) nach äusserlichem Schein einen Seckel gehabt, hat er doch des Bettels Armut in seiner Lehr umb Leben ausdrucklich gebilliget.

2. Gleichwie Gottseliger Almosen Theilung, ein Werck ist der gemeinen Gerechtigkeit: also wo man allen Dingen um Christi willen Urlaub gibt, ists ein Werck der Evangelischen Vollkommenheit.

3. Obwol des Evangelii Nachfolger um die Nohtdurft ihrer Nahrung arbeiten sollen: mögen sie doch die leibliche Arbeit mit geistlicher Ubung reichlich ersetzen.

Aus diesen Schlußreden unterstuhnde er der Bettelbrüdern und Schwestern Staat zu bewähren. Es gieng aber dieser Streit, durch der Predigern widerwärtige Lehren, je länger je strenger an, bis er in offentliche Fehde ausbrach.

Pfaltzgraf Ruprecht Röm. König.

König Wenceslaward dieses Jahrs, den 20 Augusti, vieler wohlbefügter Ursachen halben, in einem Ausschreiben vermeldet, durch die Churfürsten des Römischen Reichs entsetzet, und an seine Statt Pfaltzgraf Ruprecht bey Rhein, wohnhaft zu Heidelberg, erwählt. Mit diesem seind die von Basel, sammt andern Reichsstädten in Welschland gereiset. Was er daselbst ausgerichtet, haben andere verzeichnet.

Theurung.

In diesem 1400 Jahr war eine grosse Korn-Theurung, also daß ein Viertzel 6 ℔ und auch 8 ℔ gulte. Nach dieser Theurung ward das Kornhaus auf S. Peters Platz gemachet.

Der Carthus ein Platz erkaufft.

Von Brünighofen.

Des Bischoffs Hof zu mindern Basel.

Der Orden und Möncheryen waren zu Basel noch nicht genug: dann sich dieser Zeit auch der Carthäusern Geistlichkeit allda erhube, welche gleichwol zu ihrer Religion noch keinen Platz hatten, jedoch Herrn Jacob Zibol von Achtburgern, Obristen Zunftmeister, zum Pflantzer ihres Ordens bekamen. Derselbige erkaufte vom Raht zu Basel, mit Bewilligung Rudolfs von Brünighofen, des Probsts und Convents zu S. Alban, denen die Grundrühr und Eigenschaft zuständig, einen Hof in der mindern Stadt, des Bischoffs Hof genannt, zusammt den Baum- und Rebgarten, um sechshundert Goldflorin, laut eines Briefs, am Dato Montags nach Nicolai, im Jahr 1401. Er hieß des Bischoffs Hof, nicht daß die Bischoffe zu Basel an diesem Ort ihre gewöhnliche Residentz und Hofhaltung gehabt, sondern daß es der Bischoffen Behausung war, als noch die mindere Stadt bey ihren Handen stuhnde, wie dann Fürsten und Herren in den fürnehmsten Städten ihres Gebiets sondere Höfe zu haben pflegen.

Diesen

Das Vierte Buch. 221

Diesen Hof vergabete er dem Orden, im folgenden Jahr, den zwey und zwantzig- 1 4 0 2.
sten Augusti, und gab ihn auf, Bruder Herman von Deventer Priorn zu Cöln, und
Winando von Tremonia Priorn zu Straßburg, des Carthäuser-Ordens Commissarien an ihre Häud, begabte ihn mit dreyßig Vierteln Korns ewiges Einkommens,
verhalf auch ferner diesen Brüdern, zusammt Verena Servoglin seiner Gemahl, zum
Baue, starb hernach im siebenden Jahr, ward im Chor be-
stattet. Es ward S. Margrethen-Thal genennet, und aus S. Margre-
König Ruprechts Beförderung, durch ein General-Capitel then Thal.
im 1407 Jahr zu Seitz gehalten, dem Orden einverleibet.
Hat nachmalen, im Jahr 1411, mit den drey nächsten Häusern, namlich, S. Johanns Baptisten-Berg bey Freyburg
im Breißgow, S. Margrethen-Berg vor Straßburg, welches sechtzig Jahr älter, und S. Paula zu Thorberg hinter
Burgdorf, eine sondere Verbindung und Brüderschaft getroffen, daß einem jeden Ordensmann dieser vier Häusern,
nach seinem Absterben, so bald es dem andern kund wurde,
gleich als bey seinem Convent, alle Seelämter nachgehalten
werden solten.

Dieses Kloster ist durch folgender Zeiten reiche Stiftungen dermassen bezieret und aufgebracht worden, daß es bey
unsern Tagen ohngefehr das schönste Gebäu in der Stadt ist, also gar siehet es keiner Wildnuß gleich. Nach dem Fundatore zehleten sie für ihre Mitstifter und Gutthäter, Juncker Burkart Zibol, des Fundators Sohn, Obersten Zunftmeister, Pfand- J. Burkart
herrn zu Werr, welcher dieser angefangenen Andacht mit reicher Handreichung fürge- Zibol.
holfen, beyneben seinen Gemahlen, Agnes von Eptingen, und Sophia von Rotberg,
welche eine sonders herrliche und fromme Matron bey ihren Zeiten gepriesen wird.

Nach den Zibolen haben die Scheckenpürlin unter den Gutthätern die nächste
Staffel, welche aus gutem Eifer zu Pflantzung dieses Gottesdiensts bey acht tausend
Gulden dahin gesteuret. Unter diesen hat sich Hieronymus Scheckenpürlin, ein Jüng- Hieronymus
ling von sechs und zwantzig Jahren, der Kayserlichen Rechten Licentiat, auf Pfing- Schecken-
sten des 1487 Jahrs, mit aller seiner Reichthum dahin begeben, da er auch nachmalen pürlin wird
lange Zeit Prior gewesen, und erst nach der Reformation, im 1536 Jahr, in der ein Mönch.
Kutten gestorben.

Von Brunn. Dahin seind auch zu rechnen J. Henrich von Brunn,
und dessen Sohn Moraut, zusammt seiner Gemahl Maria
Scheckenpürlin, welche unter andern Stiftungen, zu Er-
haltung eines Studierenden in Heiliger Schrift, ein löblich
Stipendium, von einem Prior, Thumprobst und der hohen
Schul Rector zu verleihen, verordnet.

Im währenden Baßler-Concilio haben die Prälaten
besondern Lust darzu gehabt, es mit vielen Kleinodern,
Gebäuen und Gülten bezieret, als die Cardinäle Nicolaus
S. Crucis Carthäuser-Ordens, Dominicus Cardinal von
Arragon, Johannes des Tittels S. Petri, Ludovicus
S. Cæciliä von Arelat, Pabst Felix selbst, und etliche von
ihm erwählte Cardinäl, Otho S. Potentianä von Dertosa, Georgius der Cardinal von Via aus Hispanien, welcher den mindern Creutzgang und S. Georgen-Al-
tar darinn erbauet. Sodann viel Ertzbischöff, Bischöffe und Aebt, die darinn bestattet liegen, als da seind, Alphonsus de Curillo der Cardinal S. Eustachii, welcher den 25 Hornung, im 1434 Jahr gestorben, dessen Eingeweid ward hinter dem
Fronaltar, und der Leib erst hernach den 18 Tag Mertzens, vor demselbigen im

Ff f   Chor,

1403. Chor, der Erden ergeben. Item Ludovicus ein gebornet Hertzog von Teck, Patriarch zu Aglar, starb 1439. Thomas Bischoff Wigornientis oder zu Wiester aus Engelland, starb 1433, den letzten Augusti. Johannes Langdon, der Heiligen Schrift Doctor, Benedictiner-Ordens, Bischoff Roffensis oder zu Rochester aus Engelland. Sueder von Eulenburg, Bischoff zu Utrecht, Franciscus de Bossis, beyder Rechten Doctor, Bischoff zu Chuin in Italien, starb beym Concilio, den zehenden Tag Herbstmonats, im tausend vierhundert vier und dreysigsten Jahr. Ich will jetzt sehr viel Doctoren und anderer minders Staats-Prälaten nicht gedencken. Dieses Hauses erster Vorsteher ist gewesen, Wynandus Prior der Carthus zu Strasburg.

Gernar im Elsaß gewunnen.

Im Jahr tausend vierhundert und zwey, in der Fasten, ward das Schloß Gemar, dieser Zeit den Herren von Rapoltstein angehörig, durch den Bischoff von Strasburg, Basel, Colmar, auch andere Herren und Städte im Elsaß, durch Aufgebung gewunnen, der Vitzdom von Hohenstein, mit etlich andern darauf gefangen, und ihnen ihre Haab genommen. Ich halte, dieses sey begangener Rauberey halben auf die Städt und Lande im Elsaß beschehen.

Hernach den 14 Novembris, erhub sich der Müntz halben ein Auflauf zu Basel. Was dieser Sachen Anlaß und Austrag gewesen, habe ich nicht erkundiget.

Strasburg und Basel einandern freundlich.

Die zwo Städte Strasburg und Basel, erneuerten im 1403 Jahr, aus besondern nachbarlichen Treuen, ihre vordrige Einigung, auf fernere fünf Jahr, einandern beholfen und berahten zu seyn, wider alle die sie beleidigen wolten, an Leib oder Gut, mit Brand, Raub, unrechtem Widersagen, an ihren Freyheiten, Rechtungen und Gewohnheiten, wie das immer beschehen möchte, in folgenden Kreisen. Vom Hauenstein an bis gen Pourrentrut, von dannen bis gen Rotenburg, gen Bitsch und auf die Selz. Anderseits des Rheins von der Obern Murg bis auf die Niedere Murg, und darzwischen von einem Gebirg bis an das andere, als die Schneelaüse wider den Rhein gehen. Diese Verein bevestigten sie über zwey Jahr noch steifer.

Zibol. Scheckenpürlin.

1349 Johann Zibol am Gericht,
Agnes und Clara seine Gemahle,
| ihr Sohn
1400 Jacob, Oberster Zunftmeister,
Verena Servoglin,
| ihr Sohn
1429 Burkart, Oberster Zunftmeister,
Agnes von Eptingen,
Sophia von Rotberg,
| ihr Sohn
Caspar, der letzte, starb jung.

1397 Herrman Scheckenpürlin, Wechsler ———— 1400 Heinrich ———— 1463 Hans Scheckenpürlin, Kaufmann, Oberster Zunftmeister, Margret von Lausfen. 1487 Hieronymus, Carthäuser, Sophia, Morant von Brunn, Ludwig. Ludwig, starb 1492. Bernhart, starb 1493. Hans ———— Thomas 1510.

Beyde Geschlecht sind abgestorben.

Das

Das Vierte Buch.

1404.

Das X. Capitel.

Was sich weiter in Sachen des Beginen-Kriegs zugetragen, wie diese Leut abstehen, oder den Flecken raumen müssen.

DEr Pfaffen Kampf über den Beginenstaat, so durch widerwärtiges Predigen zu Basel je länger je mehr angegangen, biß grosse Zwespung daraus entstanden, gabe dem Raht zu Straßburg Anlaß, ihre Juristen und Gelehrten zu beruffen, mit Begehr, ihnen dieser Sach halben Bericht zu ertheilen. Diese antworteten nach fleissiger Erweckung des Handels, dieser Staat wäre verworfen, und solchen Leuten in geistlichen Rechten das Bettlen verbotten. Darauf sie mit offenem Edict geboten, daß forthin (unangesehen S. Francisci dritte Regel) keine mehr Beßharts oder Beginenkleidung tragen, sondern sich andern Christen gleichförmig halten, und des Bettels gäntzlich abstehen solte: welches dann diesen Gesindlein durchs gantze Land etwas Schreckens brachte. <small>Beginen-wesen zu Straßburg verbotten.</small>

Zu Basel mochte dieses noch nicht erhalten werden, weil ihnen viel der Geistlichen, insonders die fürnehmsten im Regiment, sehr günstig waren: deßhalben diejenigen, so diesen Staat widersechteten, viel Nachrede, und Ungunst auf sich luden.

Unter diesen war der Prior und Lesmeister zum Augustinern, welcher am Neuen Jahrstage, im Jahr 1405, wider der Begharten und Beginen Wesen an der Predigt, streng heraus fuhre, ihren Bettel mit viel Argumenten und Anzügen verwarfe, darnach auf der drey Königen Tag solches wiederholte, bewegte damit die Gemeinde viel daraus zu reden. Es verschuffen aber die Beginen, und ihr Anhang, daß wider diesen ein anderer auftstuhde, und ihn liegen hieß, mit Vermeldung, er hätte solches nur aus Verbunst gelehret. <small>Ein Bettler schilter den andern.</small>

Mulberg aber, so im Predigen grosses Ansehens, liesse durch die Fasten und Oesterliche Zeit (die Leut desto minder zu verwirren) diese Materie stehen, predigte wider äusserliche Laster, Ehebruch, Spielen, Gottslästern, Hochfart rc. verschuffe daß die Oberkeit zu Abschaffung derselbigen, ein Mandat ausgehen liesse. Bald tastete er auch die geistlichen Laster an, als Ketzereyen, Aberglauben, Winckelpredigen rc. und dieweil er vernommen, daß auch etliche Begharden heimlich in ihren Häusern die Leut unterwiesen, und viel in ihren Irrthum brachten, nahm er Anlaß wider ihren Staat hefftig zu reden.

Heraus entstuhnd eine gemeine Red, wie mancherley Secten und Ketzereyen eingerissen, daß der Bischoff, Capitel und Räht zu Basel dem Official Befehl gaben, Inquisition zu halten. Dieser citirte viel Personen, ihre Wissenheit anzuzeigen, unter welchen Johannes Pastoris der Schulmeister und Beichtvatter, so den Beginen sonders gramm, der erste war. Als aber zween Fürnehme von Beysitzern einen von ihren Verwandten ansehen gehöret, traten sie zornig und mit Dräuung ab, daß ihm der Official selbst schier entfasse. Aber Mulberg ließ sich solches nicht irren, sondern predigte auch wider die ernstlich, so die Inquisition verhindern wolten, sagte, er wolte nicht nachlassen: könnte ers nicht in der Stadt, so wolte ers vor dem Pabst oder Römischen König thun, ließ auch weiter an das Capitel langen, andere Beysitzer zu verordnen, die es mit Willen annähmen, deßgleichen an einen Ehrsamen Raht, hierzu Hilf zu thun. Also wurden von Thumherren und Rähten zu der Inquisition etliche Commissarii verordnet, und öffentlich geboten, diese weder mit Worten noch Wercken zu verletzen. Solcher Ernst bewegte viel Beginen, daß sie selbst ihren Habit von sich legten: aber der mehrer Theil, sonderlich von der dritten Regel S. Francisci, wolten sich dessen nicht begeben, sondern redten dem Predi-

1405. Prediger und übrigen ihren Mißgünstigen übel zu, darzu ihnen dann die Barfüsser Halsstarr gaben.

Mulberg disputiert wider die Beginen.

Nach wenig Tagen schlug Johannes Mulberg an die Kirchthüren eine offentliche Disputation auf, unter welches proponierten Puncten auch diese waren:

Obwol denjenigen, so dem Altar dienen, vom Erbgut Christi zu leben erlaubet, deßgleichen den Bettelorden durch frembde Steuer ihr Auffenthalt zu haben, im Rechten nachgelassen: ist es doch in gemein, so wol den Clericken als den Layen sich des Bettels zu behelffen, verbotten.

Bettlen, oder des Bettels geleben, ist keine Frucht weder einer erworbenen noch eingegossenen Gnad, eigentlich zu reden.

Armut und der Bettel, heissen in der Dialectick Disparata, dann sie nicht gegen einandern stehen, so erfolgen sie dennoch nicht aus einandern.

Nicht allein ist der Begharden und Beginen Weis, Sect, Kleidung und Lebensmaß, durch die Kirchen verworffen, sondern auch verbannet, und durch die Censur gefällets Urtheils verdammet.

Hierum seind sie unter Christlicher Gemeinde nicht zu dulden.

Die Begharden und Beginen welche fürgeben, daß sie um eigenwilligs Bettels und anderer erdichteter Ceremonien willen, dem Leben Christi gleichförmig seyen, auch vollkommener dann andere Layen: seind als närrische, irrige und freuele Leut zu strafen.

Sie seind auch insgemein, weder mit der geistlichen Speis dem Sacrament, noch mit leiblicher Nahrung, den letsten Todbtrang ausgeschlossen, einiger Weis zu ergötzen.

Obschon der Minoriten dritte Regel, der Büssern Regel genannt, als eine bewährte, zugelassen wird, seind doch diejenigen von Weibs- und Mannspersonen, so darunter leben, in der Kirchen nicht Ordensleute, sondern Layen zu nennen.

Hierum sollen die Untergebenen dieser dritten Regel, weder die Kirchengefäll, Jahrzeiten noch Allmusen nutzen und brauchen, sintemal sie keine Ordensverwandte, sondern Layen seind.

Weib und Mann unter dieser dritten Regel wohnhaft, so der Begharten oder Beginen Kleidung und Weise zu leben haben, seind (der gemeldten Regel ungeacht) verwärflich, und durch die Censur gefällter Urtheil von der heiligen Kirchen verstossen.

Diese Puncten probierte und disputierte Mulberg, den 25 Tag Brachmonats, aus Erlaubnuß des Capitels, vor allen Geistlichen und viel Adels im Chor des Thumbstifts. Dasselbige war hiezu mit schönen Pullbretten, Stühlen, Teppichen, und gestreutem Gras bezieret: so hatten die Prediger aus ihrer Liberey viel schöner Juristen-Bücher dargetragen. Der Actus währete fünffthalbe Stund.

Hierauf wurden sie rähtig, diese Puncten einer Universität fürzubringen, und derselbigen Urtheil hierinn zu begehren. Machten derohalben zween wegfertig, welche zu Schiff sassen, die Materie erstlich dem Bischoff zu Speier und seinen Juristen, dennach der hohen Schul zu Heidelberg fürlegten: welche ihnen diese zu allen Theilen gefallen liessen, dazu aus Commission des Römischen Königs den Gesandten solcher Approbation schriftlichen Schein mittheileten.

Das Vierte Buch.

In ihrer Wiederkunft, funden sie den Zwenspalt noch grösser, indem man das Beghartisch Völcklein, als bännige Leut, im Münster und andern Kirchen zu meiden angefangen: allein hatten sie noch zum Barfüssern Platz, daher auch etliche dieselbigen Mönche bey ihren Gottesdiensten nicht dulden wolten. Sie aber schrien und handleten sehr darwider, wie ihnen Unrecht beschehe, wolten nicht bekanntlich seyn, daß sie Beginen aufenthielten, sondern allein Schwestern ihrer dritten Regel, welche doch in Kleidung und Lebens masse von andern Beginen keinen Unterscheid hatten. Deßhalben sie den Mulberg nach seiner Wiederkunft, für den Erhalter ihrer Rechtungen citieren liessen, dahin er sich doch nicht stellete, sondern mit sammt dem Capitel davon appellierte, welcher Appellation der Bischoff selbst beyfiele. Sie aber die mindern Brüder, als nach Hinfliessung des gesetzten Termins der sechs Tagen niemand erschienen, hielten in ihrer Kirchen Interdict, fürgebende, die Clerisey wäre verbannet, unangesehen daß sie die Appellatz eingeworfen.

1405.
Barfüssern wollen die Beginen schirmen.

Also fuhre Bischoff Humbrecht zu, publicierte in der Stadt und gantzen Bistum wider beyde die Beghart und Beginen einen scharfen Proceß, welcher viel solcher Leuten bewegte, diesen Staat zu verlassen, und sich aus ihren Häusern zu fügen. Johann Pastor der Beichtvatter und Schulmeister hatte Commission, solchen Personen die zu ihm kämen, die Absolution zu sprechen, wiese sie demnach (wann sie ausserhalb der Stadt wohnhaft) zum Vicario, der gab ihnen an ihre Leutpriester der erlangten Absolution schriftlichen Schein. Aber die Beginen von S. Francisci dritten Regel gaben nichts darum, sondern blieben an Anweisung der Barfüssern, welche sie ihre Obern nenneten, halsstarrig bey ihrem Wesen, appellierten auch wider die Bischofflichen Proceß. Deßhalben er noch einen strengern wider sie ausgehen liesse, mit Gebietung, wo sie Ungehorsam blieben, Interdict zu halten, auch ihre Häuser und gemeinen Güter in Arrest zu legen. Dieses erschosse so viel, daß die Beghartsen abstunden, ihre Kleidung änderten, und vom Commissario absolviert wurden, doch auf Verheissung, forthin nicht zu betteln, es dringe sie dann höchste Leibesnoht darzu. Und dieweil von wegen der sträflichen Predigten und Processen viele dieses Staats allgemach an den Beginen-Häusern wischen, welche ihre gemeinen Güter anfiengen zu verändern: ließ der Raht diese Häuser beschliessen, und die Güter arrestieren, nahme die Schlüssel hinter sich, damit bis zu Austrag der Sach nichts entfremdet wurde.

Bischoffs Proceß wider den Beginenstaat.

Begharten stehen ab.

Auf Eröffnung dieses ernstlichen Proceß von Haltung des Interdicts, wo Beginen oder Begharten wären, wolten die Rähte, man solte denjenigen specificierte Namen geben, um deren willen man zugeschlagene Kirchen haben muste. Also wurden benennet die regulierten Beginen zusamt den Barfüssern, und die Antwort Herrn Ludman von Rotberg dem Burgermeister, der Minoriten guten Gönner, schriftlich zugestellet, welcher, so bald er der Barfüssern Namen hörete, übel zufrieden war. Solches kame dem Capitel für, der Barfüssern zu thun wäre, baß ergründete. Die Juristen sagten, es wären die Barfüsser nicht darein zu setzen, dann sie der Proceß nicht bände. Also hielte man mit dem Interdict drey Tag still, mit Anbeding, obschon die Minoriten unangetastet blieben, solte doch den Beguten von der dritten Regel nicht verschonet werden. Als man nun alles angegeben in der Inquisition vor Raht verlesen, ward erkannt, allen widerspännigen Beginen eine Urfehde zu geben, noch selbiger Tagszeit die Stadt zu räumen. Hiemit wurden bey zwantzig Häusern geläret, so viel ist dieses Geschwarms da gewesen, das sich unter dem Schein der Religion des Bettels angenommen.

Dieser Häusern eins ist gewesen, da jetzt der Schmiden Zunfthaus ist, ward erstlich im tausend dreyhundert neun und zwantzigsten Jahr, Samstags nach Hilarii, für dreyzehen Schwestern verwidmet, hernach die grosse Versammlung der Beginen genannt. Noch eins war daselbst am alten Rindermarkt, der Goldschmiden Haus

Beginenhäuser zu Basel.

Lll

1405. Haus geheissen. Eins unten an S. Peters Stift ob dem Kalten Keller. Eins innerhalb Egolfsthor, nachmalen bey Anfang der hohen Schule Bursa Parisiensis genannt. Eins im Haus Heitweiler, eins zu Rechenberg innerhalb der Creutzporten, eins in der Creutz-Vorstadt zwischen dem Haus Kayserberg und dem Rheinthörlein, Colmar genannt, eins baß aussen gegen S. Anthonien über. Eins in Aeschheimer, deßgleichen Steinen-Vorstadt, eins bey den Barfüssern, eins in S. Albans Vorstadt beym äussern Brunnen, und an andern Orten.

Das XI. Capitel.

Die Barfüsser-Mönchen unterwinden sich die vertriebenen Beginen wieder einzuführen, bringen auch die Sach weit, nicht ohne grosse Unruh.

Unter dieser Beginen-Verfolgung, trösteten die Barfüsser die vertriebenen Schwesterlein, machten ihnen Hoffnung, sie wolten ihre Einsetzung bald wiederum verschaffen. Dessen fiel auf sie aller Ungunst und Aufsatz. Denselbigen zu erweisen, gab Anlaß, daß man erfahren, wie sie etlichen Personen in der Stadt, wider ihrer Leutpriestern Willen, die Sacrament ohne ein Glöcklein und Liecht, nicht nach Brauch der Kirchen, sondern allein in Ermlen zu Haus gebracht und gereicht hätten. Derowegen sie für des Bischoffs Vicari citiert, und als sie sich nicht wol weder entschuldiget noch gedemühtiget, als der Beginen Gönner, und unehrbare Sacramentreicher verbannet wurden, mit solchem Anhang, daß an Orten da man ihnen Wohnung und Unterschlauf gebe, Interdict gelegt seyn solte, biß drey Tag nach ihrem Abschiede. Darauf man allbereit den dritten Tag Wintermonats, im tausend sechshundert und fünften Jahr, um ihrer Duldung in der Stadt, Interdict läutete, und alle Kirchen zuschlosse. Aber die Barfüsser besinneten sich noch vor Nacht, öffneten ihre Kirchen wieder, und sungen öffentlich, als denen Unrecht beschehe. Also handleten die Räht beym Bischoff zu Pourrentrut, und beym Capitel ernstlich, angesehen die pestilentzische Süchte, so noch vor Augen, das Interdict aufzuheben, aber umsonst. Die Clerisey verbotte der Gemeind mit den Barfüssern Gottesdienst Gemeinschaft zu haben, welches doch etliche Weibspersonen vom Adel nicht hielten, und grosse Ungedult darvon auferstuhnde.

Barfüsser verbannet.

Interdict zu Basel gehalten.

Nach wenig Tagen kam vom Römischen Hof eine Citation, darinn auf der Barfotten Anhalten dem Bischoff, Mulberg, und den Leutpriestern ꝛc. gebotten ward, innerhalb zwölf Tagen alles zu widerruffen, was sie wider die dritte Regel S. Francisci geprediget, und die Schwestern wiederum zu restituiren, unter der Pön des Banns. Nichts desto minder innerhalb fünftzig Tagen zu erscheinen, der Prediger eigener Person, die übrigen aber entweders persönlich oder durch Gewalthabere. Also kamen die Citierten oft zusammen, bedachten sich diesen Entschluß zu thun, daß sie nichts wider S. Francisci dritte Regel, sondern allein wider die Beginen geprediget: stelleten hierum eine stattliche Appellation, zu deren sich der Bischoff selbst angabe, setzten den Mulberg gemeinlich zu ihrem Procurator beym Hof zu Rom. Doch hatten die Barfotten hiemit so viel zuwegen gebracht, daß man am Wienacht Abend das Interdict relaxirte, welches biß in die siebende Wochen Bestand gehabt.

Anno 1406.

Solches blieb also biß nach Eingang des tausend vierhundert und sechsten Jahrs, als der vertriebenen Beginen eine jenseit Rheins ausserhalb in einem Dorf gestorben, und von den Barfüssern über den Marckt, auf ihren Kirchhof zur Begräbnuß öffentlich geführt worden. Dann so bald solches auskame, ward den nächsten im Münster wiederum Interdict geläutet, und durch die gantze Stadt gehalten,

Das Vierte Buch.

ten, mit grossem Verdruß der Burgerschaft, weil nach acht Tagen Unser Frauen Ker- 1 4 0 6.
tzenfest, die Liechtmeß genannt, vorhanden. Die Rähte liessen das Capitel darfür
bitten, aber ihnen ward geantwortet, man könnte das Interdict nicht aufheben,
diese wäre dann ausgegraben. Weil aber die Barfotten gute Liechter im Regiment hatten, und man Bösers ersorgen mußte, blieben sie hiezu ungezwungen, hiemit ward auf Liechtmeß und dem Sonntag Septuagesimä weder gesungen, noch
gemessen.

Eingehender Fasten hielte man das Interdict noch strenger, deßhalben die
Rähte abermals an die Thumherren langen liessen: Sie hätten gelehrter Leuten
Raht gepsleget, welche sagten, Man möchte das Interdict wol aufheben, aus Ursach, daß diese verstorbene Begin in den Processen nicht begriffen gewesen, item
durch den Bischoff von Costantz absolviert wäre, so hätte sie auch geappellirt, wäre von der Franciscaner Regel, und gestorben, da man kein Interdict mehr gehalten. Auf der Stadt Begehren liesse der Bischoff seinen Officiers Mandat zukommen, das Interdict (möchte es gebührlicher Weise beschehen) zu entschlagen. Sie
aber hielten Raht über die Sache: etliche vermeineten, Man könnte der Personen
Interdict nicht aufheben, aber des Orts Interdict: andere der Bischoff möchte es
wol beyde thun. Dessen bewilligte sich der Bischoff, so fern es der Kirchen ohne
Nachtheil rechtlich beschehen möchte, doch solten sich hierüber die Juristen bey ihren
Eyden entschliessen. Als dieselbigen solches nicht thun wolten, blieb man beym Interdict, bis nach Mitfasten, daß die Geistlichen noch immer vermeinten, man solte die Begin mit Gewalt wieder ausgraben, davon aber der Barfüssen Günstige die
Burger mit Erschreckung ihrer Privilegien abwiesen, darneben so viel in der Sach
handleten, daß man zu Verhütung eines Auflaufs, und von wegen der heiligen Zeit,
Zinstags nach Lätare den Gottesdienst wiederum zu Handen nahme, doch also, daß
welche mit den Barfüssen Gemeinschaft hätten, in sechs Tagen abstühnden, sonst
solte man um ihrentwillen Interdict halten: damit dann ihnen ihre Zuhörer abgezogen wurden, ausgenommen etliche Weiblein, die sich dessen nicht enthalten
mochten.

Nach solchem erlangten die Barfüsser vom Pabst eine Bull, welche die Brüder und Schwestern ihren dritten Regel schirmete, so fern sie mit keinem Irrthummen besleckt wären. Diese übergaben sie den acht und zwantzigsten Tag Augusti
vor einem Notario den Rähten zu Basel, mit Begehr, die Ausgestossenen wieder
hinein zu lassen. Also fügten sich diese Abends in das Münster, liessen diese Bull
im Chor, in Gegenwärtigkeit einer grossen Anzahl Geistlichen, verlesen. Es schlugen auch die Barfotten Copias an die Kirchthüren auf, trieben groß Geschrey dar- *Raht wolt*
aus, als ob sie gesieget, verschuffen zwar so viel, daß ein Ehrsamer Raht morn- *die Beginen*
rigs erkannte, den Bullen zu gehorchen, und diese Schwestern wiederum einzulassen. *wieder ein-*
lassen.

Dargegen sagten die Geistlichen, die Bull dienete nichts wider ihr Fürnehmen, bestätigte allein die dritte Regel Francisci, die sie nie widerfochten, und be-
kräftigte keineswegs den Beginenstaat: ermahneten deßhalben die Rähte, mit ihrer
Erkanntnuß still zu halten, sonst wurde man Interdict läuten, bevorab da man
des Bischoffs in wenig Tagen selbst zu gewarten. Da nun Bischoff Humbrecht
ankommen, wolte er den Rähten ihr Fürnehmen gleich so wenig gestatten, gebot
ihnen deßhalben bey den Eyden, damit sie ihm verbunden, ihn an seinen Processen
ungeirret zu lassen. Nichts desto weniger wurden der Beginen etliche, in Vermerckung des Rahts Gesinnen, also frech, daß sie heimlich wieder in die Stadt wand-
leten. Den fünf und zwantzigsten Tag Wintermonats ward eine Begin in ihrem
Habit an offener Gassen gefunden, deßhalben man einswegs Interdict läutete, welches bis nach Andreä währte, da sie heimlich wiederum Weite gegeben.

Lll ij   Den

1 4 0 7.
Zug für das
Schloß
Pfäffingen.

Den sechsten Tag gemeldtes Monats, zogen die von Basel, um Hertzog Lupolts von Oesterreich des Hochfärtigen willen, für Pfeffingen, wider Graf Bernhart und Graf Hansen von Thierstein Gebrüdere, welche dem Hertzogen von wegen der entzogenen (vielleicht wiederlösten) Herrschaften Blumberg und Tattenried, etliche seiner Leuten aus dem Suntgow gefangen, und auf diese Vestung geführt hatten. Allda ward im Läger ein Friedstand bis Wienacht beredt, darzu eine Nachtung gemacht, ob sie dem Hertzogen und seiner Gemahl gefiele: hiemit die Baßler nächstes Sonntags auf die Nacht wiederum heim kamen.

Das XII. Capitel.

Mit was strenger geistlicher Fehde der Bischoff und Baßliche Clerisey ihre Beginen und unnützen Parteckenjägerinnen verfolget. Was auch die Barfüsser im Gegentheil zu derselbigen Defension gehandlet.

Papst Gregorius der 12.

Jeser Zeit währete noch die Spaltung der Christenheit über das Pabstum, welche seit Urbani des sechsten Vorsehung eingerissen, und aus König Weneeslai Hinläßigkeit bis dahin unabgeschaffet blieben war. Dann nach gedachtes Pabsts Urbani Absterben, waren auf der Römern Seiten Bonifacius der neunte, demnach Innocentius der siebende, erwählet. Da aber dieser im 1406 Jahr dem Leben Urlaub gegeben, hatten die Römischen Cardinäle aus Verdruß der langwierigen Trennung einandern scharfe Eyd aufgebunden (wie dann die Avignonischen Cardinäle, im 1394 Jahr, nach Clementis Abscheid, vor der Erwählung Petri de Luna, Benedictus der dreyzehende geheissen, auch gethan) daß welchem die Wahl träfe, sich einem künftigen General-Concilio untergeben, und desselbigen Erkanntnuß das Pabstum heimstellen solte, auf daß man alsbann, gleich als in fürgefallenem Stuhlsprung, zu einer ungezweifleten Wahl von neuem greifen könnte: so fern auch der Gegenpabst seiner Päbstlichen Rechtung gleiche Verzig thäte. Hatten darauf Angelum Corarium S. Marten Cardinal, einen Venediger, Gregorius der zwölfte genannt, auf Andreä erkoren, welcher zu mehrer Vergwisserung gedachten Eyd, so er vor der Wahl mit gelehrten Worten geschworen, einzuregistrieren Befehl gegeben.

Diese Aenderung im Pabstum, brachte auch dem Beginenkampf etwas Verlängerung, daß die Barfüsser mittlerweil die Layen möglicher Weise an sich zogen, hoffende, die Sach zu behaupten: darum sie auch des Bischoffs Bann geacht, ihre Gottesdienste noch immer aufrecht und unverschlagen führeten. Unter anderm fiel ihnen kommlich, daß Marggraf Rudolf von Hochberg, Herr zu Rötelen, aus ihrem Anregen, zwo seiner Töchtern zu S. Claren in mindern Basel in das Kloster thäte, dabey dann auch die Barfüsser waren, und die Marggräfin Anna alle Edlen Frauen zu Basel hiezu geladen hatte, darneben sich vernehmen lassen, Welche sie jetzt nicht ehren wolten, solten sich auch forthin keiner Gnaden und Freundschaft zu ihren versehen, derowegen viel vom Adel bey der Franciscanern Kirchengepräng erschienen waren.

Den Barfüssern ihre
Zuhörer abgestellet.
Anno 1407.

Welches zwar dem Gegentheil höchlich mißfiele, und im Jenner, des 1407 Jahrs, wider der Barfüssern Zuhörer und Gottesdienstsgenossen, einen offenen Proceß zu Handen nahme, denselbigen gebietende, sich innerhalb acht Tagen um die Absolution zu stellen, und der Seilbrüdern forthin zu müßigen. Solches klagten die Barfüsser den Räthen, verneinten, ihnen beschehe wider ihre ausgebrachte Bull unbillig, welche deßhalben an den Bischofflichen Vicarium und das Capitel
(obwol

Das Vierte Buch.

(obwol vergeblich) langen lieſſen, mit Begehr ſolches Vornehmens abzuſtehen. 1407.
Allein erhielte der Oberſte Zunftmeiſter, mit dem Interdict noch acht Tag, über
die abgeloffenen, ſtill zu halten. Darzwiſchen erwurben die Räht vom Biſchoff
Aufzug bis nach Oſtern, deßhalben viel Leute durch die Faſten der Barfüſſern
Kirch unabgedrungen blieben. Auf Quaſimodo bekam der Termin des aufgeſchla-
genen Interdicts fernere Erſtreckung bis Pfingſten.

Mittlerweil kame gen Baſel Herr Albrecht Blaurer, erwählter Biſchoff zu
Coſtantz, welchen das Capitel um Beyſtand ihres Vorhabens anſuchte. Im Gegentheil hatten die mindern Brüder ihren General-Meiſter beruffen, der erſchiene *Minoriten*
auf Georgii mit 16 Pferden, und nahme bey ſeinen Ordensleuten die Herberg. *geben nichts*
Aus ſeiner Ankunft trieben ihre Gönner ein rühmlich Weſen: dieweil er aber bey *um das*
geiſtliche
verbanneten Leuten eingekehret, beſchahe ihm von der Clereſey keine Ehr, aber die *Schwert*
Brüder wurden in ihrem Thun deſto frecher. Dann ſie nicht nur mit der Religions- *des Banns.*
übung ohne Scheuhen fortdruckten, ſondern auch wider der übrigen Geiſtlichen Willen
etliche namhafte Perſonen, ungeacht des Banns, bey ihnen vergruben. Unter andern
war Herr Rudolf Bizdom Ritter geſtorben, der gleichwol den Barfüſſern günſtig
geweſen, jedoch auffs letzte ſeine Begräbnuß im Münſter zu haben begehrte. Nicht
unbehend war ein Minorit herbey geſchlichen, und den Francken eines andern beredt. Wiewol nun der Thumcuſtor den todten Cörper arreſtiert, begruben ihn doch
die Seilbrüder in ihrer verbanneten Kirchen, deßhalben ſonſt nirgend über ihn geläutet, noch ſeine Begängnuß gehalten ward.

Mulberg war noch ſtätigs am Bäbſtlichen Hofe, die Sachen wider die Beginen und Barfüſſer zu verrichten. Aus deſſelbigen Anſchaffung ward des Biſchoffs
Mandat von neuem ausgekündet, darzu Sonntags nach Martini eröffnet, es wurde nach ſechs Tagen Interdict derenthalben angehen, ſo noch zum Barfüſſern giengen, wo ſie nicht darzwiſchen um die Abſolution ſähen. Dieſem Edi etgehorchten etliche, die übrigen ſchlugen es in Wind, unter welchen eine ſtattliche vom Adel,
Marſchalcken Geſchlechts, war. Hierum begunnte man am neunzehenden Tag Wintermonats um ſechzehen rebelliſcher Perſonen willen, Interdict zu läuten, und ſteif
zu halten.

Im Advent kame der Biſchoff gen Baſel: denſelbigen baten die Räht abermals
die Religionsverſperrung aufzuheben, erhielten aber keinen andern Beſcheid, dann daß
er mit ſeinen Geiſtlichen hierüber zu Raht gehen wolte. Dieſelbigen richteten in gehaltener Verſammlung, dieſes Begehren mit nichten zu bewilligen, damit nicht hiedurch
zu Abbruch ſeiner Juriſdiction und ſchwerer Aergernuß, der Kirchen Gewalt in Verachtung geſetzt, und ſoviel als die Spannader der geiſtlichen Diſciplin abgehauen wurde, dabey ers dann bleiben lieſſe.

Als nun gemeldte Marſchaldin den Ernſt vermerckt, und wie ſie um der Mönchen willen männiglichem in Hals kommen: fügte ſie ſich aus Anhaltung ihrer Freunden zum Biſchoff, demüthigte ſich, und empfieng Abſolution. Die übrigen Rebelli-
ſchen beſandte ein Ehrſamer Raht für ſich, und ließ ihnen anzeigen, Sie wolten um
ihres Ungehorſams willen des Gottesdienſts nicht manglen, ſolten derowegen nach der
Abſolution ſehen, oder die Stadt raumen: hiemit ergaben ſich auch dieſe. Alſo läutete man am Abend Unſer Frauen Empfängnuß das Interdict wieder aus, daß alſo
die Barfüſſer durch alle Wienachts-Feſttage, deßgleichen ſ zuder Liechtmeß, keine
Zuhörer hatten, und nicht predigen konnten. Der Barſotten Conventbrüder waren *Conventbrü-*
damals, Johanns Scherer Guardian, Rudolf Buchsmann Leſmeiſter, Nicolaus *der zun Bar-*
füſſern.
Meſterer Viceguardian, Johanns Scheckenpürlin, Jacob Löffelèr, Berchtold von
Ramſtein, Johann von Oberndorf, Niclaus Goldſchmid, Henrich Wilde, Ulrich
Herr, Johann Kayſer, Niclaus von Ulm, und Johanns Thumnut.

1408.
Besser ohne Gesell dann ohne Freund zu leben.

Als die Einigung mit der Stadt Straßburg dieses 1407 Jahrs im Ablauffen, ward sie weiter auf zehen Jahr verlängert.

Ferner trafe die Stadt Basel mit Marggraf Rudolf von Hochberg, Herrn zu Rötelen und Susenburg, eine fünfjährige Verein, einandern zehen Meilwegs um die Stadt behülflich und berahten zu seyn, wider alle die ihnen absagten, sie an Leib und Gut schädigen, oder von ihren wohl hergebrachten Freyheiten und Rechtungen bringen wolten. Und wann die Stadt vom Marggrafen gemahnet wurde, solte sie ihm acht Spieß mit Hengst und Leuten wohl staffieret zuschicken: Mahnete aber die Stadt auf, solt ihr der Marggraf gleicherweis vier Spieß zusenden. In dieser Einigung behielt ihr Basel vor, die Städte Straßburg, Bern und Solothurn, ihre ältern Bundsverwandte.

Der kälteste Winter.

Um Martini im 1407 Jahr, erhub sich eine strenge Winterfrost, welche bis folgende Mitfasten bey zwölf Wochen an einandern währte. Der Rhein überfror von Cöln bis gen Straßburg hinauf also hart, daß man mit Wägen darüber fuhr. Es soll dieses der allerkälteste Winter gewesen seyn, deren, so in menschlicher Gedächtnuß. Die harte Zeit erweichte am Samstag zu Nacht nächst vor der Liechtmeß, mit einem Westwind und Regenwetter, welches die Flüß plötzlich aufblehete, merertheil Brucken auf dem Rhein und der Aar hinführte, also daß die Baßler ihre Bruck, daran nur ein Joch vom Eis unbeschlossen stuhnde, mit Noht erhalten mochten, zween Tag mit Kranichen, Hacken, Zügen, und andern Rüstungen, die herfahrenden Hölzer abzuweisen, arbeiten mußten.

Anno 1408.

Die obvermeldten Bartheyen handleten noch dieses gantze Jahr möglichs Fleisses am Römischen Hofe, einandern obzuliegen, mit grossem Kosten. Die Barfüsser, so bey den Rähten grossen Anhang wußten, thäten in hangender Appellation nichts ab des Bischoffs Processen, gaben ihren Beginen, welche schon bey drittbalb Jahren verwiesen gewesen, noch immerdar Halsstarr. Herrn Gunther Marschalck, Ritter, Burgermeistern, starb nach Johannis, im Jahr 1408, ein Sohn, welchen der Vatter (unangesehen daß er sich im Tobbett des Bischoffs Processen zu gehorsamen entschlossen) zun Barfüssern begraben liesse. Solches bewegte die Bischofflichen Befehlhaber, daß sie mit Warnungs-Processen wider diejenigen fulminierten, so ihre Todten in der verbanneten Barfüsser-Kirch zur Erden bestatten liessen, auch ihnen mit Raht und That beystuhnden.

Zween Päbste wollen einandern nichts vergeben.

Zwischen diesen Dingen hatten sich die zween Päbste, Gregorius und Benedictus, aus Anregen etlicher Hoher Ständen, mit einandern um Vergleichung gen Saona veranlasset, ob doch zu Vereinigung des zweyhäuptigen Pabstthums, Weg möchte gefunden werden. Benedictus erschien an gesetzer Malstätte: aber Gregorius blieb aus, von Frantzosen Gewalt und Auffsatz besorgende, konnten sich für dasselbige weder des Platzes ihres Gespräches, noch des Orts zum Concilio, viel minder des Pabstums vergleichen. Deßhalben die Cardinäle von beyder Päbsten Gehorsame abtraten, sich zu Pisis ein Concilium zu halten vereinigten, und desselbigen Anstellung allermänniglich kund thäten. Im December kame Landulphus der Cardinal von Bar, ihres Collegiums Gesandter gen Basel, ward mit der Proceß und Heilthum eingeführet. Dieser nennete beyde Päbste (ob sie wol noch nicht entsetzt waren) Gelübdbrüchige und meineydige Ketzer, denen der Kirchen Einigkeit nichts angelegen: hatte Befehl auf den Reichstag gen Franckfurt zu reisen, die Prälaten und Fürsten Teutscher Nation zum Concilio zu ermahnen.

Als nun das Pisanische Concilium ins Werk gekommen (wiewol es Gregorius gen Aglar in Friaul gern gelegt) beyde Päbste, vermög ihrer Verlobung, nicht resignieren, und einer freyen Chur gewärtig seyn wolten, darzu ihrer keiner erschiene, sondern Ladisla der König in Apulien Gregorium, und Ferdinand König zu Arragon

Bene-

Das Vierte Buch.

Benedictum handhabete: erkannten die Vätter, Sintemal diese nicht auf die Kirch Christi, sondern ihre eigene Ehr sähen, einen andern Pabst zu erwählen: ward also im 1409 Jahr beyden Päbsten der Schlüsseln und des Stuhls Gerechtigkeit aberkannt, und im Brachmonat Petrus der Cardinal von Meyland, Barfüsser-Ordens, aus Candia gebürtig, zum Pabst erkoren, Alexander der fünfte geheissen.

1 4 0 9.
Des Pabstum wird beyhäuptig. Anno 1409.

In dieses als eines rechten unpartheyischen Pabsts Obedienz, ergaben sich viel weltlicher und geistlicher Fürsten, so zuvor den andern angehangen. Aber Pfaltzgraf Ruprecht Römischer König, bliebe steif bey Pabst Gregorii Gehorsame. Und es sagten seine Gesandten, namlich der Ertzbischoff von Riga aus Liesland, der Bischoff von Worms, und der erwählte zu Werden (welchen Gregorius zum Cardinal erkläret, aber sich dieser Würde abgedancket) im Durchreisen zu Basel, Gregorio (welcher sich aller gezimlichen Mitteln der Vereinigung nie gewidert) wäre Unbilliches begegnet: dann er das Pabstum zu seiner widerwärtigen Cardinälen Handen nicht resignieren könnte, als die entwebers Scismatici und Rottierer, oder von ihme entsetzet gewesen, sondern einem rechtmässigen allgemeinen Concilio rc.

Diese Päbstliche Wahl, so eine Person ihres Ordens getroffen, streute die Barfüsser zu Basel höchlich, verhoffende, ihre Sach, die sich nach ihrem Wunsch nicht richten wolte, desto bass zu erhalten. Dargegen fiel ihnen beschwerlich, dass auch der Bischoff zu Costantz gleichförmige Process wider seines Bistums Begharts- und Beginen-Staat fürgenommen, dadurch die Vertriebenen aus Basel, so sich in die vierthalb Jahr in den nächsten Dörffern der Herrschaft Abtelen gehalten, zerstäubet wurden. Dieweil auch ihre Häuser zu Basel lang ledig gestanden: übergabe der Rahtt endlich sechzehen derselbigen dem grossen Spital, und alles derselbigen Hausgerähte den Barfüssern, welche desshalben Kessel, Häfen, Bettgewand, und andern Hausplunder in ihr Kloster führeten.

Beginen aus Costantzer Bistum vertrieben.

Das XIII. Capitel.

Beschreibung des Kriegs zwischen der Vordern Oesterreichischen Landen Herrschaft und der Stadt Basel, was sich darinn zugetragen.

Unter diesen Unruhen der Geistlichen, erhube sich zwischen der Herrschaft Oesterreich und denen von Basel, strenge Feindschaft, inmassen dass Graf Hans von Lupfen, Frauen Catharina von Burgund (Hertzog Lupolts des vierten zu Oesterreich Gemahl) Landvogt im Suntgow und Elsass, item Graf Herman von Sultz, Hertzog Friderichs zu Oesterreich Landvogt im Ergow, Breissgow und Schwartzwald, Samstags den fünften Octobris, sodann folgender Tagen viel andere Grafen, Herren, Städte und Adelspersonen, in Anzahl hundert sieben und zwantzig, der Stadt Basel feindlich widersagten, darzu noch gemeldtes Samstags etliche Burger, Edel und Unedel, in ihren Geschäften ausserhalb der Stadt, fengen und beraubten. Die gründlichen Ursachen dieses Kriegs habe ich nicht erkundiget.

Basel kömt mit der Herrschaft Oesterreich in Krieg.

Wie nun dem gewesen, so machten sich die Oesterreichischen Landvögte mit ihren Helfern auf, griffen nächsten Sonntags nach übersendetem Feindsbrief, auf die von Basel an, welche eben im Herbst zu thun, und sich mit Vorraht zu solchem Spiel nicht gerüstet hatten, verbranten früh Ratolstorf, Häsingen, Blotzen, und andere Dörfer, der Stadt Edlen angehörig, kehrten demnach gen Habichsheim. Folgendes Zinstags kamen sie wieder hinauf, verbrannten das Dorf und Kirch zu Hüningen, genäherten der Stadt bey zwey Armbrustschüss, zogen vor S. Johanns Thor

1409. Thor und des heiligen Creutz Capellen hinan, gegen S. Margreten, verbrannten die Wasserhäuser, Binningen, Botmingen und Bencken, drey andere Sitz der Edlen zu Basel, daß den Feinden im Fürzug nichts beschah: allein ward einer ab der Mauer mit einem Pfeil durch das Maul geschossen, und einem andern das Pferd erlegt, und wofern die Vorstädte dazumal mit dem neuen Bau des äussern Grabens nicht eingefangen gewesen, hätten sie hart beschädiget werden mögen. Dieweil auch das Geläut in Stiften und Klöstern denen so an Huten lagen, das Gehör verschluge, ward gebotten allenthalben aufs kürtzest zu läuten. Es kame zu den Feinden Herr Anthoni von Bergy aus Burgund, mit einem Hauffen Reutern, welchen desselbigen Lands Hertzog, der Fürstin von Oesterreich seiner Schwester, zu Hilf geschickt.

Baßler thun Gegenwehr. Dieser Angriff beschmähete die Ritterschaft und Burger zu Basel, daß auch sie sich äusserst ihres Vermögens in die Gegenwehr rüsteten. Und als eines Tags von Feinden dreyßig Pferd heimlich für Spalenthor geschnappet, Vorhabens wann man es öffnete, eine Beut zu erholen: wurden sie von viertzehen tapfferer Mann, die sie aus der Stadt ungewarneter Sach mit Vortheil hintergangen, plötzlich angegriffen und in die Flucht geschlagen, daß sie kaumerlich durch die Zäun entwischeten. Einer von ihnen ward erhaschet, und in die Stadt gebracht. Es zogen auch die Baßler Nachts mit ihren Kriegszeichen aus der Stadt, brenneten den Feinden ihre Dörfer an der Nähe, und brachten viel Viehs mit sich. Weil auch Rheinfelden widersagen helfen, darzu mit Rauben ernstlich zugriffen, zogen die von Basel eines Tags broderseits des Rheins starck hinauf, und entführeten ihnen alles Viehe. Dergleichen kriegischer Exemplen begaben sich viel zwischen beyden Theilen.

In solchen Gefahren erschienen deren von Bern und Solothurn Bottschaften zu Basel, sagten ihnen zu, als getreue Bundsgenossen, mögliche Hilf. Als sie im Arbeiten nicht fern von der Stadt kommen, erhube sich ein Geschrey, Feind wären vorhanden, die Eydgnößische Bottschaft aufzuvogten. Also zoge man eilends zwey tausend starck hernach, sie zu retten, fanden aber keine Feinde.

Vergebliche Tagsatzung zu Mülhausen. In dem ward aus Hertzog Ludwigs von Bayern, des jungen Pfaltzgrafen Anschaffung, dieses Kriegsgeschäfte gen Mülhausen in Ober-Elsaß, zu friedlichem Entscheid gezogen, da auch beyde Theil, Montags nach Aller Heiligen Tag, erschienen. Auf dieser Tagsatzung erklagten sich die Baßler, mit Beystand ihrer Vereinigten und Bundsgenossen von Straßburg, Bern und Solothurn, des Schadens, welchen ihnen der Herrschaft Oesterreich Befehlhaber, ehe man sie einiger Ansprach halben zu Rede gestellet, zugefügt. Dargegen erzäheleten auch die Herren anderseits ihre Klagden, besonders meldete der von Lupfen etliche Eingriff und unbefugte Handlungen, so die Baßler der Hertzogin im Suntgow gethan und begangen haben solten 2c. also daß sie gebührlicher Weise zur Wehre gegriffen: wolten aber zum Frieden nichts handlen, sondern verritten noch selbiges Tags unverrichtet.

Steins Rheinfelden Zugehörde beschädiget. Also zogen die Baßler, Zinstags vor Martini, mit Hilf ihrer Eydgnossen Bern und Solothurn, 4000 starck, auch sieben Stuck grobes Geschützes, jensit Rheins wiederum für Rheinfelden, die sich mit Raub und Brand sehr feindlich erzeiget, lagen einen halben Tag darvor, thäten etliche Schüß hinein, scharmützelten mit des Landvogts Reisigen, bezahleten sie im Wiederzug mit gleicher Müntz, indem sie die Orve, Warmbach, Nollingen und Wylen, Dörfer dem Stein Rheinfelden angehörig, in Aeschen legten.

Dieweil

Das Vierte Buch. 233

Dieweil auch Burkart Mönch von Landseron, welchem das Schloß zu 1409. Istein auf dem Klotzen, nidtwendig der Stadt gelegen, Pfandsweis übergeben war, den Baßlern absagen helfen, reisete man auf Martini zu Roß und Fuß fünf tausend geschätzt, für diese Vestung, von Natur und Men-

Von Schönenberg.

schenhand wohl bewahrt, ließe das grobe Geschütz von Morgen bis Nachmittag also ernstlich darein gehen, daß dieser Tonder weit und breit im Land erschallete. Wiewol sich Schloß nun die Belägerten in Gegenwehr männlich hielten: wur-Istein gewunnen. den sie doch von solcher Ungestüme übernöhtiget, die Porten außgehauen, durchgebrochen, das untere Hauß eingenommen, Theobald von Schönenberg sammt etlichen darinn umgebracht, die übrigen, unter welchen einer von Hungerstein, gefangen genommen. Als Stülinger im obern Hauß solches sahe, besorgte er, solte ers länger aufhalten, er müßte darüber leiden, übergab es derohalben den Baßlern, die besetzten es, und kamen noch selbiges Tags wiederum heim. Doch vergiengen ihnen etliche, eines Theils durch Gegenwehr, andern Theils durch eine Büchs, die strenges Schiessens halben zersprungen.

Den achtzehenden Tag Novembris, streiffete ein Kriegsvolck aus Rheinfelden wider der Baßlern Unterthanen in den Aemtern Homberg, Wallenburg und Liechtstal, sie mit Raub und Brand zu beschädigen; welches dann mit biß auf den Wiederzug gelingete. Als sie nun in der Heimfahrt mit Hintreibung des Viehs etwas langsamer weichen konnten: hatten sich die Beschädigten ohne Verzug zusammen geschlagen, die Feinde bey dem Dorf Magden ereilet, und mit Strei- Streit bey chen an sie gerahten. Das Geschrey erschallete ab der Nähe gen Rheinfelden hin-Magden. ein, deßhalben die Reisigen, so von der Landvogtey wegen da lagen, allbereit hinaus sprengten, den ihren zu helfen: dadurch sie gleichwol den Raub behielten, jedoch bey achtzig Mann verluren: so vergiengen von der Baßlern Landvolck 26 Mann.

Diese That verhetzte die Gemühter noch mehr, daß die Baßler noch selbiger Laufen. Am Wochen in das Amt Landseron fielen, Habichsheim, Dietweiler, Ußheim, Lan-verderumel. deser, und andere Flecken in Aeschen legten, und was sich zur Wehre stellte, erschlugen.

Nachmalen ward aus Mittlung obgedachtes Pfaltzgraf Ludwigen des Röm. Königs Sohn, in der ersten Advent-Wochen, ein anderer Tag gen Kayserperg im Elsaß angesetzt. Wiewol man nun allda zu Abschaffung dieser schädlichen Kriegsübunge sehr arbeitete, war doch in währender Tagleistung zwischen den Partheyen kein Fried. Basel zoge den 10 Decembris, mit 400 Pferden und 1000 zu Fuß, gen Badenweiler in das Brißgow, und verbrennten der Herrschaft Leuten acht Dörfer mit grossem Schaden. Endlich ward auf Luciä durch die Pfaltzgräfischen Anstand. Räht, und Marggraf Rudolfs von Hochberg Unterhandlung biß Martini folgendes Jahrs ein Friedstand bethädiget.

Nnn Das

Das XIV. Capitel.

Die Mindern Brüder mit den grossen Bäuchen bringen der Beginen Handlung so weit, daß sie zu Basel wieder eingesetzt werden. Was auch Kayser Sigmund von diesem Staat gehalten.

Pabst Alexander von Baßlern angenommen.

Eyerley Sachen schwebeten dieser Zeit ob denen von Basel, namlich, die grosse Feindschaft der Umsässen, ihrer Geistlichen Zwiespalt, und die Irrung des dreyhäuptigen Pabstums, da schier niemand wußte, welchem zu gehorsamen wäre. Dieses letzten Stucks halben ward auf S. Thomas Abend eine Versammlung aller Priesterschaft zu Basel gehalten, sich über eines Pabsts Obedienz zu berathschlagen. Alda consentierten sie in die Wahl Pabsts Alexandri, welches auch der Bischoff mit seinen Briefen bestätigte. Damals waren der Hohen Stift Prälaten, Petrus Liebinger Probst, Johann von Hohenstein Dechan, Hartman Mönch Sänger, Johann Frönwiler, genannt Hirtzbach, Schulherr, Thüring Mönch Erzpriester, M. Jos Schürin, Oßwald Erckeling, Friderich ze Rhein, Conrat Tannegl, Johann Sommer. So waren bey dieser Vergleichung Bruder Alban Löuwlin, und Bruder Peter Baßler, der Predigern und Augustinern Priores. Es saß aber gemeldter Pabst Alexander kein Jahr, starb den 3 Tag Mayens, im 1410 Jahr, zu Bononia, da ihm Balthasar Cossa ein Neapolitaner, Johannes der 23 genannt, succedierte.

Pabst Johannes 23. Anno 1410.

Den Beginenstreit betreffend, erwurben die Barfüsser eine Bull, darinn des Bischoffs Proceß von dem Päbstlichen dieser Sach delegierten Richter, vernichtiget, die Schwestern und Brüder der dritten Regel Francisci, privilegiert, und von aller andern Jurisdiction außgenommen, deßgleichen die hievor Citierten des Kostens halben verdammet wurden. Von dieser Bull wolte das Gegentheil wieder an Pabst appellieren, sorgten, sie wäre mit List und bösen Kräutern außgebracht. Die Thumherren wolten zu solch'er Appellation keinen Willen geben, sondern achteten, die Haubtlung wäre freundlich zu vertragen, und den Minoriten etwas an Kosten zu geben. Es handleten auch andere ihre Günstige dieses also sern, daß der Bischoff dreyen Commission gabe, sich in Rachtung einzulassen. Diese beruften die übrigen, so sich noch immer in Widerstreit legen wolten, unter denen Johann Pastor der Rädleintreiber war, für sich, sagten ihnen, die Sach wäre verwirret, und wolte der Bischoff keinen Kosten mehr leiden, solten sich deßhalben in leidliche Tädungshandlung ergeben, dazu sie letztlich bewilligten.

Erste Richtung des Beginenkriegs.

Nach langem ward die Rachtung in diese Artickel gesetzt, man solte die Barfüsser der Schwestern halben ihrer dritten Regel unangefochten bleiben lassen, dieselbigen, ob sie gleichwol nicht absolvieret, dennoch als die nicht bäunig wären, verkünden, des Bischoffs Proceß cassieren, und beyde Theil einander quittieren. Diese Puncten wolten die Citierten (denen schon 778 Gulden auf die Handlung gegangen) gleichwol mit betrübtem Herzen eingehen: aber die Minoriten wolten sie nicht annehmen, es verbunden sich dann gegen ihnen, der Bischoff, Capitel, die Stistkirchen und die Klöster, so jemand in der ganzen Stadt oder Bistum Basel wider dieses mit einem Wort ab der Kanzel lehrte, solte derselbige ihnen 500 Gulden zur Buß verfallen seyn, zerschlugen also. Ehe aber der morndrige Tag angangen, hatten sich die Barfüsser besonnet, und liessen den Puncten fallen. Daß also die Regelschwestern wiederum gen Basel kamen.

Wann der Schimpf am besten,

Demnach aber die Minoriten hierauß grosses Rühmen trieben, als wann diejenigen, so bisher wider die Beginen geprediget, alles widerrufen müßten: erweckten sie neue Händel. Dann damit die Gemeinde nicht vermeinte, es wäre alles, so die

Citierten

Das Vierte Buch.

Citierten vormals hievon gelehret, falsch: bestätigte Johann Pastor, Samstags vor 1 4 1 0. dem Palmtag, im Jahr 1410, in einer Predigt im Münster gehalten, alles was er sou man hievor in dieser Materie gelehret, probierte mit viel Argumenten und Anzügen, daß aufhören. solche Gleißner, welche mit dem Bettel ihr Leben auszubringen unterstuhnden, wider die H. Schrift und der Heiligen Exempel handleten, und mit Namen, daß die Beginen, so sich mit der dritten Franciscaner-Regel beschönen wolten, verbannete Leut wären. Welche Predigt die Barfüsser, so mit einem Notario darauf gelauftert, höchlich entrüstet. Gleiches thäte der Thumprediger auf Mariä Verkündung: deßhalben noch selbiges Tags zween Barfüsser mit dreyen Beginen diesen zu Trotz in das Chor des Thumstifts traten. Solches aber mochte sie nicht gehelfen, sondern da sie gesieget zu haben vermeinet, fielen die Beguinen allgemach in höchste Verachtung, also daß die Knaben auf den Gassen über sie schryen, ihnen Kabisköpf sagten, und Lieder machten.

Ich kan hier nicht fürgehen zu vermelden, was Kayser Sigmund, in seiner angestellten Reformation auf das Baßler Concilium, von diesen Leuten geschrieben, und hält sich also:

Man soll wüssen (sagt er) daß an vielen stetten Beginen seind, und vermeinen zuhaben ein dritte Regel S. Francisci. Ich meine, S. Franciscus wölte, daß nicht eine auff Erdtrich were. Gedencke jederman, welchem seind sie nutz? Sie seind der Barfüssern Kellnerin, sie schreiben ihnen zu was sie wöllen, sie niessen das Almusen wider alle Recht. Das Almusen so die Barfüsser niessen, ist bewäret: aber das sie in der dritten Regel niessen, ist weder Göttlich noch recht. Wöllen sie Geistliche heissen, so zeigen sie ihre Wehre. Sie seind in manichem Concilio verscholten, und geheissen abzuthun: man solle ihnen nichts geben, als Mulberg gepredigt, er hat recht. Ist ihnen Gott zu dienen lieb, so gehn sie von der Welt, schliessen sich ein, und nemmen keine Almusen noch Mäler. Wer ihnen die gibt, oder Wochentlich Almusen, der thut wider alle Christenliche Werck. Wann wöllen sie ein schein tragen, den tragen sie ihnen selbs. Sie sollen kein Gelt noch Gut haben, dann lauter ihrer Arbeit leben, zu niemandt wandlen bey der Welt, nirgent heimlich sein, dann in Todtsnöten und in Kranckheit. Das thund sie dannoch nicht, dann umb Gelt. Sie wandlen zu der Welt und plassmieren, er ist ein hoher Prediger, er ist ein guet Mann, er bedörfft diß und das, der ihm hulff der thet ihm wol, und treiben anderswo kupplerey. Sie heissen in etlichen Stetten Zusamenfügerin. Warlich (nemme man sein gewahr) es kan nichts in einer Statt fürgehn, sie wüssen es alles. Kriegt ein Mann mit seinem Weyb, sie reden darein. Was soll man sagen? Heisse man sie außgehn, oder die Welt unbekümmert lassen. Beschliesse man sie ein, so sie Gottes seind, und geleben ihrer Arbeit, verkauffen ihr Arbeit, unnd kauffen ihr Narung. Dieses vertrage man ihnen, und nichts anders. Sie sollen zu den Barfüssern nicht gehn, weder heimlich noch offentlich, sicher das ist nutz, das wirt man sehen. An viel stetten gehn sie mit Wunder umb: sie entzünden viel Kertzen, löschen dann eine nach der anderen ab, unnd treiben Wunder als die Gauckler, machen Ablaß, und stifften von jhnen selbs viel Wunders, das man wähnet sie seyen etwas, so seind sie Augendienerin. Auch bringen sie die Eheleut darhinder, das sie in den Orden tretten, und als offt sie bey jhren Mannen ligen, und sie beschlaffen, so sollen sie ihrer Regel und dem Orden verbunden sein ihr Gesatz zugeben, das sie auffgesetzt haben, also wirt die Welt betragen. Man soll nichts von ihnen halten, man bedarff ihr nichts, heisse man sie Mann nemmen, unnd Christenliche Werck thun. Diese Heilige Christenheit ist von Christo Jesu wol geordnet: er hat ihren nie gedacht. Lasse man sie hinfallen, sie seind weder Gott noch der Welt nütz.

Baßler Bistums Historien,

1410.

Von den Nollhart-Brüdern.

Mag auch von andern Orden gesagt werden.

Item deßgleichen ist auch vmb die Nollhart, die man offt vnd viel in den Concilien verdammet hat mit den Beginen, vnd gebannet, vnd mit ihnen, die ihnen in ihrem schein rahten vnnd helffen. Noch enthaltet man sie, zu gleicher weiß als ob man gern wider Gott thun wölte. Man findt starcke Nollhart, die sonst vmb keiner sach willen Nollhart werden, dann das sie Müßiggenger werden. Ihr schein ist vor allen Weisen für nichts zuhalten, dann ihr Allmusen nemmen vnnd zugeben ist nicht bewäret noch bestetiget. So viel Kayser Sigmund.

Das XV. Capitel.

Neuerung begibt sich in Besetzung des Regiments zu Basel. Der Beginen Wesen wird gäntzlich abgethan.

Wie vorzeiten das Regiment zu Basel besetzt worden.

Dieses Jahrs erhube sich etwas Aenderung im Regiment zu Basel, folgender Gestalt. Es war von altem her bräuchig, jährlich am Sonntag vor Johannis Baptistä, der Stadt Häupter und Rähte mit folgender Solemnität zu erkiesen. Ein jedes der vier Bischofflichen Lehen-Geschlechtern, namlich die Cammerer, Marschalcken, Truchsessen und Schencken, mußte am Abend gemeldtes Tags ein gesattelt Pferd unter das Richthaus stellen, welche dem vier Amtmann des Stadtgerichts besassen, und mit aufgerichten Stäben durch die Stadt reitende, geboten, Morn auf den Hof. Für unsern Gnädigen Herrn den Bischoff etc. Selbiges Samstags assen die Stadtknecht auf dem Richthaus zu Nacht, und ruften nach dem Nachtmal gleicher Weis. Morndrigs früh so man mit den Rahtsglocken geläutet, giengen die Rähte mit einandern in des Bischoffs Hof, nahmen da ein zugerüstet Frühstuck. Darauf der Bischoff in seinem Pontifical in der Thumherren Haus sammt denselbigen zoge, da wurden acht Kieser ernennet und beeydiget, zween von Thumherren, zween von des Bischoffs Dienstleuten, zween von Achtburgern, und so viel von den Zünften: die erwählten die Neuen Räht: so setzte der Bischoff die Häupter, von zweyen der Edelleuten Stuben, also abgewechselt, daß wann eines Jahrs der Burgermeister bey einer Stuben von Rittern genommen wurde, solte bey der andern von Achtburgern ein Oberster Zunftmeister gegeben werden. Die Erwählten wurden letztlich auf dem Münsterplatz bey dem steinernen Stock, da der Bischoffliche Sitz mit Teppichen schön zugerichtet war, in Gegenwärtigkeit der Burgerschaft, in Eydspflicht genommen.

Baßler begehren sich selbs mit Regimenten zu versorgen.

Als sich nun in gemeldtem 1410 Jahr die Zeit nahete, daß solches abermals beschehen solte: sendete ein Ehrsamer Raht ihre ansehnliche Bottschaft zu Bischoff Humbrechten, mit Befehl ihm fürzutragen, Wie ihnen und den ihren verschienens Jahrs im Kriege wider die Herrschaft Oesterreich, von seinen gesetzten Amtleuten nicht solche Hilf begegnet wäre, als aber billich beschehen sollen. Nun wäre derselbige noch nicht verrichtet: deßhalben der Stadt gemeine Nohdurft fordern wolte, sich mit ihren Amtleuten besser zu versehen. Sonderlich aber weil sich des Obersten Zunftmeisters halben viel Unfreundschaft, Blast und Wlderwillens zugetragen: daß ihre Gnaden ihnen bewilligte, selbst einen Obersten Zunftmeister zu setzen. Auf solche Werbung, resolvirte sich der Bischoff nicht, sondern stellte sie in Bedencken.

Demnach aber kein Bescheid erfolgte, und die Zeit vor der Thür, dieses wiederum fürzunehmen, fertigte der Raht eine andere Bottschaft zum Bischoff gen Telschberg, mit Bitt, er möchte sich eigener Person in die Stadt fügen. Bald er ankommen, ließ man dieses Begehren wiederum ernstlich an ihn langen, welches er aber nicht bewilligen wolte, deßhalben wiederum verritte. Auf ermeldten Jahrstag waren

Das Vierte Buch.

ren seine Anwälde vorhanden, die gaben von der Stadt Bitt wegen, Herrn Gun- | 1410.
ther Marschalck, Ritter, zum Burgermeister, unangesehen daß er eben dieser Stuben verwandt, welcher auch Herr Ludman von Rotberg der alte Burgermeister gewesen. Mit gleicher Neuerung ernennte er Ulrichen von Jettingen, der kein Achtburger war, zum Obersten Zunftmeister.

Also fuhren die Räthe zu, wurfen ohne des Bischoffs und seines Capitels Bewil- *Ein Ammei-*
ligung, Hansen Weiler von Kauffleuten zum Ammeister auf, als ein dritt Haupt, *ster zu Basel*
beharreten solches bis in das Costnitzer Concilium, die sechs folgenden Jahr, in wel- *gemacht.*
chen nach gemeldtem Weiler, Hemman Buchpart, und Lienhart Pfirter, dieses Amt
getragen.

Weil nun Herr Gunther Marschalck der neue Burgermeister, der Barfüssern *Beginen-*
Gönner war: klagten sie ihm, was ihnen und ihren Regelschwestern über ihre erlangte *krieg bricht*
Bull und Sententz, auch über den Vertrag, Unbillichs wiederführe. Dargegen war *wiederum*
Hans Weiler der neue Ammeister, Johann Pastors des strengen Beginen-Wider- *aus.*
sechters Beichtsohn, welchem er deßhalben hefftig in Ohren lag, die Beginen und
ihre Aergernussen helfen abzustellen. Derselbige verschuf bey einem Ehrsamen Raht,
daß sie die Barfüsser fürfordern, ihnen die Unrichtigkeit und Aergernussen aus ihrer
Widerspennigkeit bis dahin erfolget, fürhielten, wie sie sich mit ihrer dritten Regel
beschönen wolten, jedoch Beginische Kleidung trügen, Häuser mit dem Creutz bezeich-
net hätten, vom Almusen und den Jahrzeiten als geistlicher Leut lebten: mit Ermahnung, die Beginen vielmehr dahin zu weisen, daß sie von dieser Lebensmaß ablies-
sen, wie die andern hievor auch gethan. Die Barfüsser antworteten, Ihnen wäre
solches keineswegs zu thun, sie wolten dann wider habende ihre Bullen und Freyheiten handlen. Als man ihnen ferner muhtete, sich des Entscheids irgend einer Hohen Schul zu untergeben: war es ihnen eben so wenig annehmlich, sagten, diese
Materie wäre am Päbstlichen Hofe, welchem alleizeit viel gelehrter Männer beywoh-
neten, schon erläutert, bedörffte keines weitern Entscheids.

Als der Pöfel vermerckte, daß auch die Oberkeit den Beginen nicht hold wäre: *Beginen*
wuchse ihre Verachtung noch mehr, daß ihnen etliche die Schleyer abrissen, sie mit *werden der*
Kaht wurfen, mit Wasser begossen: sie wurden auch bisweilen, wann sie in andern *Kinder*
Kirchen der Andacht pflegen wolten, ausgetrieben: hatten nur bey den Barfüssern *Spott.*
Fristung, die sie trösteten, ihnen die Sacrament reichten, und handhabten.

Bald darnach wurfen sich die Barfüsser in grosse Spott und Schand, indem ei- *Ein verloren*
nes Burgers Eheweib, so etliche Wochen verloren gewesen, in ihrem Kloster Unter- *Eheweib*
schlauf gehabt, und dem Mann viel darein entragen hatte. Die erkgschet der Mann, *wird im*
als sie (Vorhabens mit einem Mönchen wegzuziehen) den Plunder schon zu Schiff *Barfüsser-*
gelegt. Derselbige ließ das Gut arrestieren, und klagte es der Oberkeit. Solches *gefunden.*
brachte diesem langwierigen Zanck den rechten Todtstoß, zu dem auch weiters andere
Sachen schlugen. Dann es kame herfür, wie sie zu Erhaltung ihres vermeinten
Sententzes am Hofe, mit Betrug gehandelt, item, aus Forcht ihres Erliegens, hievor
mit den Landvögten und Edlen der Herrschaft Oesterreich etwas heimliches Verständnuß gemacht hätten: deßhalben erstlich der Wochenmarckt, so bisher vor ihrem Kloster
gehalten worden, auf den Münsterplatz gelegt, und ihnen das Burgrecht, mit Ab-
schlagung Schutzes und Schirms, abgekündet ward.

Da aber der Beginen Sach hierinn zuruck gestellet worden: nahm Johann Pa- *Anno 1411.*
stor an der Liechtmeß, des tausend vierhundert und eilften Jahrs, den Text für sich
auszulegen, da also steht: Herr, hast du nicht in deinem Acker guten Saamen gesäet: *Matth. 13.*
woher ist dann dieses Unkraut? Triebe hieraus die Materie wider die Beginen und
ihren nichtigen Sententz so streng, als vor nie, inmassen, daß man durch die gantze
Stadt daraus redte, und sich das Beginische Völcklein verbarge. Der Bischoff war
damals

238   **Baßler Bistums Historien,**

1411. damals eben zugegen, welcher endlich mit den Räthen zu Austrag der Sach accor-
Beguinen- dierte, diesem Gesind keinen Raum mehr zu geben, und daß die übrigen Beghinenhäu-
staat über- ser, deren noch zehen, so man zuvor dem Spital nicht übergeben, ihm bleiben solten.
bringen ab- Also mußten die Beginen ausweichen, ihre Kleidung ändern, und verkaufte der Bi-
gethan. schoff die Häuser, erlöste aus einem grossen, darinn vorzeiten bey siebenzig gewesen,
viertbalb hundert Gulden.

        Johann Mulberg kame nach diesem wieder ab Pabst Gregorii Hofe, predig-
te durch die Marterwochen und auf andern Tagen im Münster, und anderst-
Mulbergs wo, mit solchem Zulauf, daß die Kirchen die Menge nicht fassen mochten. Weil
Ausgang. er aber wider den Wucher, der Geistlichen Hurerey, und andere Laster, nicht ohne treffliches Ansehen, scharf heraus fuhre, fiel er bey der Clerisey in Ungunst,
daß sie ihn anfiengen zu hassen, nahmen wider ihn Anlaß, daß ers noch mit dem
falschen Pabst Gregorio hielte, von dem er auch Gewalt hätte, die Abtrünnigen
wiederum in seine Gehorsame zu bringen, deßhalben, weil er dem Wiederpabst noch
anhienge, ein Scismaticus und Ketzer wäre, verboten sie ihm das Predigen, ward hiemit aus Basel vertrieben, starb endlich im Kloster Mulbrunn, Speirer Bistums,
den ersten Tag Christmonats, im tausend vierhundert und vierzehenden Jahr.

     Marschalcken.   **Wyler.**

1262 Jacob Marschalck, Ritter.	Johann Wylers des Ammei-
1289 Gunther, Ritter, Statthalter des Burgermeisterthums.	sters Sohn ist gewesen, Johannes Wyler, geistli-
1309 Albrecht Marschalck, Ritter, Thüring, Ritter, Burgermeister.	cher Rechten Doctor, Pabst Felicis Kiesern einer, starb
1369 Henman Marschalck, dessen Vatter Thüring.	1450 Mittwochen nach Bartholomäi, im Mün-
1394 Starb Hug Marschalck, Ritter, im Steinen-Kloster begraben.	ster bestattet.
1414 Starb Gunther Marschalck, Ritter, Burgermeister, Susanna Reichin sein Gemahl.	Beyde Geschlecht sind abgestorben.
1444 Ulrich Marschalck, Götschi sein Sohn.	

Das

Das Vierte Buch.

1411.

Das XVI. Capitel.

Der Krieg zwischen der Herrschaft Oesterreich und Basel wird abgestellt und vertragen, nachmalen verbinden sich die Baßler zu der Herrschaft, und helfen deren wider ihre Feind.

Hroben † ist angezeigt, wie der Krieg zwischen der Herrschaft Oesterreich und der Stadt Basel eingestellt worden. Als nun dieser Anstand gegen dem Ende lieffe, und Frau Catharina von Burgund, im September vorgemeldtes Jahrs, aus Oesterreich gen Ensisheim kommen: fügte sich zu ihren Marggraf Rudolf von Hochberg, als ein Vereinigter und Wohlgeneigter der Stadt Basel, begehrende, ihme um Hinlegung dieser Feindschaft gütiger Unterhandlung zu bewilligen: kam auf erlangte Begünstigung persönlich gen Basel, allda gleichen Willen zu suchen. Diesem antworteten die Rähte, Sie hätten kurz darvor zu Fürkommnuß weiterer Feindschaft, ihre Bottschaft zu Wien gehabt, da weder Hertzog Lupolt, noch seine Gemahl, noch deren Rähte, ihre Klagden über den kriegischen Angriff verhören wolten. Wo aber ihre F. G. noch dieser Zeit ihre Beschwerden zu vernehmen bereit: wolten sie gütlich darinn handlen lassen. † im XIII. Capitel.

Hierauf ward zu Ensisheim eine Tagleistung angesehen, auf welcher die Baßler mit Beystand deren von Straßburg, Bern, Solothurn, auch Zürich und Lucern, den unbefügten Gewalt und Schädigung, ihnen von den Fürstlichen Landvögten angelegt, klagten, und wie sie gegen ihnen Nohtwehr brauchen müssen, erzehleten. Herwiederum eröffnete der von Lupfen seine Ursachen, die ihn zu Kriegsübung wider die Baßler beweget: das gabe mancherley Red und Widerred. In diesem Kampf legte sich der Marggraf mit Ernst, nahme der Städten Gesandte besonders, handlete ob drey Wochen zwischen den Partheyen, daß die Bottschaft zum sechstenmal von Ensisheim gen Basel nach Bescheid senden muste. Nach hohem Versuchen ward die Sach gerichtet und vertragen. *Krieg zwischen der Herrschaft Oesterreich und Basel gerichtet.*

Unter andern Artickeln ward in diesem Vertrag der Stadt Basel das Schloß Istein, welches sie eingenommen und besetzt, zu geben: desgleichen solte ihnen die Fürstin an ihren erlittenen Kosten und Schaden den Stein zu Rheinfelden, sammt Steineck, mit etlichen mehr Herrlichkeiten, etlichen Edlen zu Basel ohne das verpfändet, zu eigen geben, hiemit der Krieg abgestellet, alles gerichtet und geschlichtet seyn.

Damit nun ihnen aufs künftige aus dem Schloß Istein keine Feindschaft mehr begegnete: schliffen sie daßelbige auf Hilarii, im tausend vierhundert und eilfften Jahr, und warfen es in Rhein. Die Quaderstein vom Thurn liessen sie heimfühüren, und in der mindern Stadt am Rieheimer Thor verbauen. Burkart Möchen ward hernach die Herrschaft Landeser anstatt dieser Burg Pfandsweis eingegeben, hiemit fiele dieser Schaden auf das Stift Basel, welchem dieses Schloß eigenthumlicher Weis zugehöret. Lang hernach hat Bischoff Caspar ze Rhein Herman von Eptingen dieses Burgstell Pfandsweis übergeben, der wolte es wiederum erbauen, blieb aber durch die Stadt erwehret. *Das Schloß Istein gebrochen.*

Diese der Burg Istein Zerstörung verdrosse Graf Herman von Sultz, daß er die Schlösser und Zugehörde des Steins Rheinfelden denen von Basel, laut des Berichts, nicht einraumen wolte. Deßhalben als ihr vielfältig Sollicitieren um Erstattung desselbigen nichts verfienge, darneben sich dieser Sach, welche schon verrichtet und verbriefet, niemand unterziehen wolte: unterstuhnden sie es mit Gewalt zu erholen. Als nun der Handel irgend ein halb Jahr ausgestanden, zogen die Baßler *Anlaß zu neuer Feindschaft.*

1411. ler wiederum bis gen Seckingen, nahmen das Vieh, Leut und Gut, was sie, dem Stein Rheinfelden angehörig, betretten mochten.

Bald nach diesem Angriff kame Hertzog Friderich von Oesterreich gen Baden in das Ergow, der Meynung, selbst in die Sachen zu sehen. Bey diesem begehrten die Baßler ihre Verantwortung mit so ehrlichen Ursachen darzuthun, daß sie dessen zu geniessen verhofften. Deßhalben aus zuthun des mehrgedachten Marggraf Rudolfs, item der Städten Zürich, Lucern, des Hertzogen Genachbarten rc. um Verhör aller Sachen ein neuer Tag gen Baden gelegt ward: der währete zwischen Pfingsten und Johannis bey vierzehen Tagen, darauf alle Spännungen abermals zu Frieden betragen, und der Stein Rheinfelden dem Haus Oesterreich wieder gegeben ward.

Verbindung mit den Fürsten von Oesterreich. Hertzog Lupolt starb hernach ohne Leibserben, so machte Hertzog Friderich, zusammt Frau Catharina von Burgund, des abgestorbenen Fürsten Wittve, welche das Suntgow und Elsaß Widemsweis innhielte, mit dem Burgermeister, Ammeister, Räht und Burgern der Stadt Basel, um Schirm und Nutz willen beyder Theilen Land und Leuten, eine sechsjährige Verbündnuß, einander ernstlich und getreulich mit Hilf und Raht beyzustehen, wider alle die sie beschädigen oder bekümmern wolten, mit Angriff, Mord, Brand, Gefängnuß, mit unrechtem Krieg und Widersagen rc. gemeinlich oder jemand der ihren sonderlich. So auch der Fürst, Fürstin, oder ihre Landvögt und Statthalter, durch die von Basel gemahnet wurden: solten dieselbigen sammt ihren Städten, auf Zeit und Statt in der Mahnung bescheiden, ihnen zwanzig Glen, mit Harnisch und Pferden wohl gerüstet, zuschicken. Wurden aber sie die von Basel mahnen, solten sie ihnen zehen Glen gleicher Weis staffieret zusenden. Bedörfte man weiter Hilf, es wäre um ein Gezeug oder Läger: solten sie fünf Mann verordnen, das gemahnet Theil drey, und das ander Theil zween Mann geben, welche zusammen sitzen, und wie die Sach anzugreiffen, rahtschlagen solten: was dann das Mehr wurde, dabey solte es bleiben rc. Diese Verein und Bündnuß solte sich strecken auf die Oesterreichischen Lande, im Turgow, Ergow, Suntgow, Elsaß und Breißgow, und mit Namen auf die Städte Freyburg, Breisach, Neuenburg, Kentzingen, Endingen im Breißgow, Ensisheim, Thann, Maßmünster, Altkirch, Dattenriet, Blumberg, Besort, Pfirt, Rotenburg, Heilig Creutz, Rheinfelden, Seckingen, Lauffenberg, Waldshut, Schaffhausen, Ach, Ratolfszell, Stein, Diessenhofen, Frauenfeld, Winterthur, Rapperschwil, Bremgarten, Sursee, Zofingen, Arow, Lentzburg, Mellingen, Bruck und Baden.

Zween Edelmänner wollen die Hertzogin sehden. Es hatten aber im vergangenen Krieg Rudolf von Neuenstein und Henrich ze Rhein Edelknechte an den ihren von den Oesterreichischen durch Raub und Brand etlichs Schadens empfangen. Diese wurden hievon klagbar, vermeineten, weil sie weder der Stadt Basel Burger noch Angehörige gewesen, auch mit der Hertzogin nichts zu thun gehabt: wäre ihnen solches unbillig widerfahren, dazu hätte ihr Vertrag mit der Stadt getroffen, sie die Klagbaren nicht begreiffen mögen, begehrten deßhalben ihres Schadens Erstattung. Als sie hierüber nichts willfähriges erlangten, gedachten sie mit gewaltiger Hand ihres Schadens einzukommen, gewunnen deßhalben das Schloß Fürstenstein, Hans Ludman von Rotberg, der Hertzogin Vogt zu Altkirch, zuständig, und liessen desselbigen Innhaber enthanpten.

Drey Schlösser auf eine Zeit belägert. Anno 1412. Um dieser That willen, zogen die von Basel, auf empfangene Mahnung, mit der Hertzogin Vold in Wienacht-Feyrtagen aus, da wurden zu einer Zeit mit zertheiltem Hauffen die drey Schlösser, Neuenstein, Blauenstein und Fürstenstein belägeret. Neuenstein ward aufs erste gewunnen, etliche so darauf gewesen, gen Basel geführet und enthauptet. Darnach bekam man auch Blauenstein, aus welchem die Innhaber und Besatzungs-Leute bey Nacht entwischet, deßhalben aller Gewalt

Das Vierte Buch.

Gewalt für Fürstenstein kehrete, auf dem Henrich ze Rhein selbst war, lagen bis an zwölfften Tag des eingehenden tausend vierhundert und zwölfften Jahrs darvor, da es sich ergeben mußte. Allda ward der ze Rhein, mit allen die bey ihm gewesen, vor der Vestung enthauptet. Um Faßnacht wurden die Schlösser geschliffen und verbrennet. 1413.

Den fünfzehenden Tag Hornungs, ward ein Baursmann um Costantz herab, der die von Basel hievor in währender Feindschaft Hertzog Reinharten von Urslingen, dem Landvogt zu Montbelgard, verrahten wollen, geviertheilet.

Das XVII. Capitel.

Anstellung des Conciliums zu Costantz, wie Pabst Johannes zu demselbigen kommen, und wieder ausgerissen. Was auch mit ihme gehandlet worden.

NAyser Ruprechten, welcher den achtzehenden Tag Mayens, im tausend vierhundert und zehenden Jahr, das Reich mit dem Leben hingelegt, hatten die Churfürsten Marggraf Josen zu Mähren, zum Nachkömmling gegeben. Als aber derselbige nach etlichen Monaten gestorben, erlangte König Sigmund zu Ungarn, des hievor entsetzten Wenceslai Bruder, die Wahl, hat gar nahe sieben und zwantzig Jahr dermassen geregiert, daß er bey männiglichen eines lobreichen Kaysers Namen erholet. *Sigmund Römischer König.*

So bald dieser das Reich angetretten, nahm er ihm ernstlich für, den vieljährigen Zwenspalt über die Päbstliche Obedientz von der Christenheit auszurotten. Deßhalben als hievor im Pisanischen Concilio erkannt worden, um der Kirchen Reformation und anderer wichtiger Geschäften willen, nach dreyen Jahren ein allgemein Concilium von neuem anzufangen: und aber Pabst Johannes der drey und zwantzigste, keinen rechten Ernst hieran gewendet, sondern die gesetzte Zeit schon hinfliessen lassen: thäte gedachter Kayser im tausend vierhundert und dreyzehenden Jahr, durch seine Gesandten ernstliches Ansuchen bey ihm, mit Begehr, die Zeit und Stätte des erkannten Conciliums mit ihme zu ernennen, sich hiemit seiner gethanen Pflicht zu entledigen.

Hierauf fertigte Pabst Johannes Antonium S. Cæciliæ, und Franciscum S. Cosmas und Damians Cardinäle (bey denen auch Emanuel Chrysoloras ein Constantinopolitanischer Herr war) mit der Königlichen Majestät ob dieser Sach zu handlen und zu verordnen. Diese verglichen sich in der Stadt Costantz, Maintzer Provintz, den ersten Tag Novembris, im Jahr tausend vierhundert und vierzehen, das allgemein Concilium anzufangen. Da auch hernach im Christmonat König Sigmund mit dem Pabst zu Loden in Welschland eigener Person Sprach gehalten, und denselbigen der Stadt Costantz Gelegenheit und Kommlichkeit berichtet, mit Versprechung, wie er mit seiner Gegenwärtigkeit dem Concilio Sicherheit schaffen wolte: bestätigte der Pabst des Conciliums Anstellung, publicierte dasselbe durch seine Bullen, und entschlosse sich demselbigen eigener Person beyzuwohnen. *Costantzer Concilium Anstellung. Anno 1413.*

Am Auffahrtstag, des 1414 Jahrs, verbrunnen zu Basel in Aeschheimer Vorstadt bey funfzig Häusern. *Brunst.*

Die Bottschaft des allgemeinen Conciliums gen Costantz ausgeschrieben, ward in der Christenheit allenthalben mit grossen Freuden und willfahrigen Gemühtern angenommen, daß auf ernennte Zeit eine solche Menge Bischöff, Prälaten, Fürsten, Herren, Meistern und Doctoren, aus allen Rationen, auch jenseit dem Meer her, erschienen, daß man die Anzahl auf sechzig tausend Personen schätzte. Pabst Johannes kame Sonntags den acht und zwantzigsten Tag Octobris dahin, mit sechshundert Personen, darunter neun Cardinäle, und viel Prälaten waren, kehrte in des Bischoffs Hof ein. *Conciliums Sammlung. Anno 1414.*

Ppp

Baßler Bistums Historien,

1415. ein. Auf den Wienachtabend kame auch König Sigmund mit seiner Gemahl von Uberlingen hergefahren, bey des Pabsts Meß zu erscheinen: so waren auch schon selbiger Zeit 29 Cardinäle, vier Patriarchen, eine grosse Zähl Ertzbischöffen, Bischöffen, Aebten, Doctorn, vieler Königen, Städten und Ländern Bottschaften und Gelehrte vorhanden, daß aller Menschen Hertzen zu Erwartung grosser Sachen gerichtet stuhnden.

Anfang.

Damit man nun zu erwünschter Einigkeit kommen möchte, wolte den Vättern gefallen, daß alle drey Päbste ihrer Wahlen Verzicht thäten, und die Päbstliche Würde dem Concilio, als der allgemeinen Kirchen, heimstelleten. Solches thäte Pabst Johannes der 23, in der andern Session, Zinstags den andern Mertzens, im tausend vierhundert und fünftzehenden Jahr gehalten. Dann er verhiesse mit dem Eyd, durch das Mittel seines Abtritts, der Kirchen Ruh zu geben, und dieselbige Abweichung nach des Conciliums Erkanntnuß würcklich zu erstatten, so fern auch Benedict der 13, und Gregorius der 12, wie sie ihre Gehorsame nenneten, von ihren Rechtungen und Ansprachen, die sie am Pabstum zu haben vermeinten, gleicher Weis abträten. Deß stuhnde König Sigmund von seinem Stuhl auf, küssete ihm die Füß, mit fleissiger Dancksagung. Nach dieser Verpflichtung, handlete man ernstlich bey Gregorii und Benedicti Gesandten, gleichen Willen auszubringen. Demnach sich aber ansehen ließ, es wurde mit Benedicto schwerlicher zugehen, entschlosse sich König Sigmund eigener Person in Arragon zu reisen, und dieses gute Werck zu befördern.

Zwischen diesen Dingen erschallete eine Rede, wie etliche Prälaten, wider die angestellte Ordnung, ungeachtet daß noch nichts zur Kirchen Einigkeit und Reformation gehandlet, vom Concilio weg ziehen wolten, welche deßhalben den Vättern Ursach gabe, König Sigmund um Fürkommnuß desselbigen zu verwarnen. Derselbige liesse den nächsten alle Thor bestellen, damit niemand ohne Urlaub entweichen möchte. Wel-

Dem Pabst wird von dem Concilio ungeheur.

ches dann Pabst Johansen trefflich zuwider war, also daß er sich vernehmen liesse, solche Hut wäre in Beneymung seiner Freyheit angesehen, und des Conciliums Geleit abbräuchlich: entsetzte sich desto mehr, daß er gespüret, wie die Kugel weit einen andern Weg, dann er sich versehen, waltzen wolte, und das Concilium etlich sein Thun rechtfertigen wurde: gereuete ihn derowegen, daß er sich also weit begeben, fienge an aus Forcht einer heimlichen Flucht nachzugedencken, besonders da seiner Gegenpäbsten keiner eigener Person erschienen.

Solches bliebe unverborgen. Derowegen ihn König Sigmund ernstlich bate, das Concilium nicht zu verlassen: es wäre dieses zu keinem Abbruch seiner Freyheit und Sicherheit beschehen, sondern zu Erhaltung der allgemeinen Versammlung. Er wolte ihn wider allermänniglich, so gegen seiner Person oder Staat etwas ungebührlich fürnehmen wolte, zu schirmen gesinnet, und so er mehreren Geleits bedürftig, ihme dasselbige mitzutheilen. Auf solche Annähnung antwortete der Pabst dermassen, daß sich seiner Wegfahrt niemand versahe, sondern ehe vermeinen mögen, wann er ausserhalb gewesen, sich herbey gemacht haben solte.

Weil auch dem Kayser fürkommen, daß Hertzog Friderich von Oesterreich (dessen die besten Städte und Schlösser daselbst herum waren, welcher auch von wegen etwas gewaltiger Handlung, an den Bischöffen zu Trient, Bressa und Chur geübet, zum Concilio citiert worden) ihm aushelfen wolte: besendete und vermahnte er ihn, mit gar ernstlichen Worten, eine solche That, dadurch die Irrung der Christenheit noch grösser werden, alle Mühe und und Kosten an das Concilium gewendet, vergeblich seyn wurde, mit nichten fürzunehmen, mit angehenckter Dräuung, wie höchlich er sonst desselbigen engelten solte. Wiewol er nun solches nimmer zu thun versprache: wiese doch nach etlichen Tagen der Ausgang, daß dieses Geschrey aus keinem lären Hafen gerochen.

Dann

Das Vierte Buch. 243

Dann es sahe Hertzog Friderich Mittwochens vor dem Palmtag, den 13 Mertzens, mit Graf Hermann von Cilo, ausser der Stadt Costantz, auf dem innern Feld ein Gestech an, damit was das Volck zu solchem Spectackel hauffechtig hinaus geloffen, des Pabsts Flucht desto minder vermerckt wurde, wie auch beschahe. 1415.

Dann als solches nach Mittagzeit gehalten worden, und die Leute abweg gekommen: setzte sich der Pabst in einem grauen Mantel, mit einer Zopfkappen, auf ein Klepperlin, führte einen Armbrust am Sattel, gleich einem Reuter, hatte nur einen mitreitenden Jungen bey sich: eurritte selbiges Tags aus Costantz, kame gen Ermatingen in des Pfarrherrn Hauß, thät daselbst einen Trunck Weins, und fuhr ohne längere Saumnuß, in einem Schifflein, welches aus angelegter Sach auf ihn gehalten, gen Schafhausen. Ihm folgete bald nach Hertzog Friderich, darzu noch selbiges Abends und Morgens, des Pabsts und Hertzogen Diener, heimlich und offentlich, wie sie mochten. **Pabst weicht verstolen vom Concilio. Anno 1415.**

Darab erschracke König Sigmund samt den Vättern, daß derjenige, auf welches Ansehen von allen Orten, auch den äussersten Enden der Welt, mit schwerem Kosten und vielfaltigen Reißgefahren, die Versammlung zusammen kommen, dieselbige durch seine Flucht mausgericht wiederum spöttlich zu vertrennen, Spaltung und Verderbung des Kirchenstaats zu erhalten understühnde. Deßhalben er den ein und zwanzigsten Tag gemelter Monats persönlich mit Trommetern herum ritte, und ausrufen liesse, Es solte sich um des Pabsts Wegfahrt willen niemand äusseren, dann er ihn wiederum herum zu bringen Weg wüßte: männiglich solte Leibs und Guts vollkommenlich gesichert seyn 2c. **Pabsts Flucht nicht ohne Gefahr.**

Es hielten auch die Vätter, Montags den fünf und zwantzigsten Mertzens, die dritte Session, darinn sie dem Concilio zu Schutz decretierten, daß es in der Stadt Costantz rechtmäßiger Weise zusammen beruffen, und angefangen, auch um des Pabsts oder anderer Prälaten unerlaubten Wegfahrt willen, nicht aufgehoben wäre, sondern bey seinen Kräften bestühnde. Es solte nicht zerflissen, biß die Kirchentrennung gäntzlich abgeschaffet, und die Kirch der Lehr und Lebens halben, an Haupt und den Gliedern reformieret wurde: deßgleichen ohne vernünftige Ursachen, und ohne seine Bewilligung, an kein ander Ort verändert werden. Deß solte keiner der Prälaten und Conciliums Angehörigen, ohne der verordneten Commissarien Erlaubnuß, weichen. **Merck ob diesem Decret Folg beschehen.**

Als Pabst Johannes gen Schafhausen entflohen, hätte das Concilium gern gesehen, daß er aufs geringste daselbst verharret wäre, nohtdürftige Sachen ab der Nähe mit ihme zu tractieren, auch hierum seine Bottschaft zu ihm abgefertiget. Es war aber bey ihm kein Bleiben, sondern als Hertzog Friderichen schwere Dräuungen zukamen, erhub er sich mit ihm am Charfreytag, als man in der Kirchen den Gottesdienst verbrachte, entwischte gen Lauffenberg hinab, demnach in Ungewitter, Schnee und Regen über den Schwartzwald gen Freyburg im Breißgow. Daselbst fügte sich Marggraf Rudolf von Hochberg der ältere, item der Städten Basel und Straßburg Gesandte zu ihm, etwas gutes darinn zu mittlen und zu thädingen: ritten darnach mit einandern wiederum zum Concilio, empfangene Antwort zu eröffnen, war aber vergeblich. **Flüchtig Mann, schuldig Mann.**

Ppp ij   Der

Baßler Bistums Historien,

1 4 1 5. Der Stadt Basel Gesandte waren, Burkart Mönch, Rudolf ze Rhein, Claus Maurer, und Henman Offenburg.

Concilium Handlung mit Pabst Johansen.

Nach diesem sendete das Concilium, vermög des Decrets, den siebenzehenden Tag Aprilis in der sechsten Session beschlossen, die Cardinäle S. Marxen, und den von Florentz, mit etlichen andern Bischöffen, Aebten, Doctoren und Meistern, zu ihm gen Breisach, um Erforderung, unter zugeschicktem Formular, etliche benannte Prälaten, Bischöffe und Doctores zu seinen unwiderruflichen Gewalthabern zu setzen, seine Gelübde über die Abtrettung vom Pabstum, ohne männiglichs, auch sein eigen, Widersprechen, vor dem Concilio zu vollstrecken, damit dieses gute Werck der Kirchen Einigkeit verschaffet, und durch keinen andern Zufall abgehindert wurde. Deßgleichen solten ihn die Legaten bitten, sich nicht ferner auf flüchtigen Fuß zu begeben, sondern als ein rechter Hirt zu seiner verlassenen Heerd wiederum gen Costantz zu kehren, oder aufs mindeste, sich gen Basel, Ulm oder Ravenspurg, als in Städte, dem Concilio nicht sehr entlegen, zu verfügen, damit man ob Anrichtung der Kirchen Einigkeit freundlich mit ihm handlen könnte.

Als die Bottschaft zu Breisach ihren Befehl verrichtet, und den Pabst ermahnet, innerhalb zweyen Tagen der benannten Städten eine zu erwählen, darnach innerhalb zehen Tagen daselbsthin zu kehren, und ohne Gunst des Concilii von dannen nicht zu weichen: darneben ihme einen Kayserlichen Geleitsbrief überantwortet, darinn ihn König Sigmund Leibs und Guts zu versichern, und so er wiederkäme seine Verlobung zu leisten, gebührliche Provision versprache: hiesse er die Gesandten um Empfahung gewisser Antwort, morndrigs wiederum erscheinen. Er aber machte sich vor Tag auf, entrann aus Breisach gen Neuenburg, liesse die Bottschaft ohne eine Antwort hinscheiden.

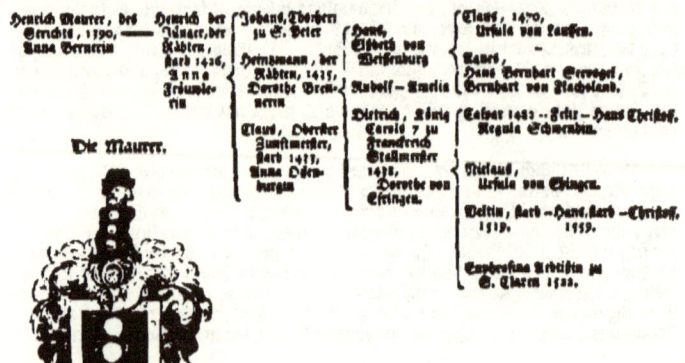

Die Maurer.

Henrich Maurer, des Gerichts, 1390. — Anna Bernerin

Henrich der Junger, der Räthen, starb 1426. Anne Troümpferin

Heinsmann, der Räthen, 1425. Dorothe Brennerin

Claus, Oberster Zunftmeister, starb 1433. Anna Oberburgin

Johans, Thorherr zu S. Peter

Hans, Obrist von Weissenburg

Dietrich, König Carols 7 zu Franckreich Stallmeister 1438. Dorothe von Efringen

Rudolf — Amelia

Claus, 1470. Ursula von Laussen.

Lauz. Hans Bernhart Servogel. Bernhart von Flachsland.

Casbar 1483. — Felix — Hans Christoff. Regula Schwendin.

Niclaus, Ursula von Ehingen.

Veltin, starb — Hans, starb — Christoff. 1519. 1559.

Euphrosina Aebtißin zu S. Claren 1522.

Das Vierte Buch.

Das XVIII. Capitel.

1415.

Hertzog Friderich von Oesterreich fällt um des entwichenen Pabsts willen in des Reichs Acht, wird darauf seiner Landen im Turgow und Ergow beraubet.

KÖnig Sigmund legte um dieser That willen an Hertzog Friderichen von Oesterreich schwere Ungnad, also daß er ihn in grosser Versammlung geistlicher und weltlicher Fürsten auffs höchste beklagte, anzeigende, wie durch seine Hülf des Pabsts Flucht gepracticiert, ohne die ers nicht verbringen mögen: hätte dadurch das Concilium hinderstellig machen wollen, damit gemeiner Christenheit Einigung in keinen Fortgang käme, auch aller Königen, Fürsten, Prälaten, Herren und Städten, angewendter Unkost und Arbeit verloren wäre. Solche Ungnad mehrte, daß als sich die Bischöffe zu Triende, Chur und Bressa, beyneben andern Grafen und Herren (welchen er eines Theils das Ihre mit Gewalt genommen, anders Theils gefangen, geschätzt und beleidiget) bey der Kays. Maj. über ihn sehr beklagten, und er sich vor derselbigen männiglichen des Rechtens erbotten, er jetzt ohn alle Aussöhnung der Klagbaren ausgerissen. Deßhalb ben ihn König Sigmund mit aufgeschlagenen Briefen für sein Königlich Hofgericht um Verantwortung citierte, und als er sich auf bestimmten Termin nicht stellte, aller seiner Lehen, Land und Leuten beraubte, in die Acht erklärte, darzu alle Herren und Städte wider ihn aufnahme.

Den nächsten sagten ihm viel herum gesessner Grafen seine Lehenleut, ihre Pflicht auf, und wurden ihm gen Schafhausen (da er sich gehalten) wol von vierhundert Herren und Städten Feindsbriefe zugeschickt. Pfaltzgraf Ludwig zog mit einem Kriegsvolck in das Elsaß, nahm ihm das Städtlein Heilig Creutz und etliche Plätze mehr ein, thäte als ob er ihm das Land selbiges Orts gar abdringen wolte, der aber ihn desselbigen zu entsetzen (als man vermeinet) nicht Willens war. Die von Basel zogen aus des Kaysers Befehl zu ihm für Ensisheim, richteten aber nichts aus, demnach allein gen Seckingen hinauf, den König (als man achtet) die Augen zu erfüllen, dann sie nicht hart an ihn setzten, als die mit ihm (wie droben gemeldet) noch in Bändnuß stuhnden. Der Pfaltzgräfische Zeug war eigentlicher des Hertzogen Schirm im Elsaß, damit keine fremde Herrschaft da einfiele.

Obenher galt es grössern Ernst, dann der Römische König, mit Hülf der Städten in Schwaben und Hegovischen Grafen, in das Turgow zoge, nahme ein Stein, Diessenhofen, Winterthur, Frauenfeld. Schafhausen, welche nur eine Pfandschaft vom Reich war, ergab sich an das Reich, daran sie auch durch König Sigmunds Brief ewiglich zu bleiben, bestätiget ward. Der Bischoff von Chur und seine Walhen, Graf Friderich von Tockenburg mit der Stadt Lindau, belägerten ihm Feldkirch, mochten sie aber dißmals nicht gewinnen.

Bald forderte auch der König an die Acht Ort der Eydgnoßschaft auf den Hertzogen zu ziehen, und ihn helfen gehorsam zu machen. Dessen widrigten sich die Eydgnossen, von wegen des 50 jährigen Friedens, in welchem sie mit dem Haus Oesterreich stuhnden, und den mit nichten verbrechen wolten. Welche Verweigerung und Besorgnuß die Kön. Maj. den Churfürsten, Fürsten, Prälaten und Vättern des Conciliums, item den Bottschaften der Königreichen Engelland, Dänemarck, Schweden und Nortwegen, Böheim und Poland, welche zu hierüber zum Rechten niedergesetzt, fürbrachte, sie gemeldtes Friedens eine Abschrift verhören, und darauf zu Recht erkennen liesse. Sie sprachen, daß die Eydgnossen der Kön. Maj. wider Hertzog Friderichen zu helfen pflichtig wären, und ihnen solches an ihren Ehren und Glimpf unabbrüchlich seyn solte, besonders weil niemand im Reich weder Bündnuß noch Frieden machen möchte, so wider den Römischen Kayser oder König, oder Ihre Maj. nicht vorbehalten wäre. Vermahnete sie hierum auffs höchste diesem Folg zu thun, dazu nichts deren Städten noch Schlössern, so sie von der Herrschaft Oesterreich Pfandsweis innhielten,

Qqq bihielten,

1415. hielten, Hertzog Friderich oder seinen Erben zu lösen geben, sondern der Losung halben auf das Reich zu warten, laut eines Briefs, Montags nach Tiburtii zu Costantz gegeben. Er gönnete auch ihnen mit Brief und Siegeln, alles was sie dem Hauß Oesterreich zu des Reichs Handen einnahmen, zu behalten, bis ihnen um ihren erlittenen Kriegskosten genug beschehe. Die Landschaft jenseit dem Berg Albis, verliehe er der Stadt Zürich, welche deßhalben zu mitten Aprillen aufbrache, und sich für das Städtlein Mellingen lägerte, das ergabe sich nach dreyen Tagen. Lucern saumte sich auch nicht, bekam Sursee, und etliche Aemter mehr, verfügtesich demnach zu den Züricheren, ruckten sammenthaft die Reuß auf gen Bremgarten, empfiengen da deren von Zug und Schweitz Volck, bekamen nach wenig Tagen auch dieselbige Stadt von des Reichs wegen.

Mellingen.
Sursee.
Bremgarten.

Darzwischen zogen die Berner und Solothurner, mit ihren Helfern, Graf Conrat zu Neuenburg, denen von Biel und der Neuenstadt, in das Ergow, schlugen sich erstlich für Zofingen, die ergabe sich bald mit Thädung der Stadt Bern an das Reich. Darzwischen liessen sich die Innhaber der Schlössern Wartberg und Wiken zur Aufgebung bereden, deßgleichen Arburg.

Berner nehmen ein des Ergows grossen theil.
Zofingen.

Bald zogen die Berner für die Stadt Arow, hatten ein Hauptstuck darvor, welches sie vor zwey Jahren von Nürnberg beschickt, und an Grösse aller Eydgnossen Büchsen übertrafe. Mit dieser, so durch alle Mauren gieng, setzten sie der Stadt dermassen an, daß sie auch bald die Hand anbotte. Allda ergaben sich auch die zwo Vestungen Trostberg und Liebeck. Nach solchem verruckte das Läger für Lentzburg, da sich die Stadt sammt allen Flüchtigen aus der Grasschaft, bald weisen liesse, aber die im Schloß wolten nicht daran, wiewol man mit dem Geschütz sehr wider sie handlete, bis Herr Conrat von Weinsperg der Königl. Maj. Cammerer darkame, welchem sie die Burg und Vestung Bruneck in Namen König Sigmunds einraumeten, der stellte sie den Bernern zu.

Arow.
Lentzburg.

Von dannen gieng es an die Stadt Bruck, gar nahe zu unterst im Ergow gelegen, allda benöhtigte man das Schloß mit Geschoß und Feuerwerck, daß die Reisigen, welche es zu erhalten verzagten, daraus wichen: deßhalben die Burger eine Thädung annahmen, sich an das Reich und die Stadt Bern ergebende. Letztlich zogen die Berner sammt ihren Helfern sieghaft wiederum heim, ohne Verlust, bis an vier Mann, welche J. Thüring von Hallwils Kriegsvolck erschlagen, als sie um Raubs willen vom Bauer geloffen, und diesem Edelmann vor Wildeck an der Mühle und andern seinen Gütern Schaden zugefügt.

Bruck.

Die übrigen Eydgnossen, so für Baden gezogen, liessen die Berner um Hilf, besonders um ihren Maurenbrecher und Büchsenmeister ansuchen. Die machten ihnen wiederum fertig fünfzig Pferd mit Spiessen, und tausend zu Fuß, zusammt begehrtem Geschütz, welchen Thüring von Hallwil zween Wägen mit Harnisch und Proviant, so etwas langsamer hernach gefahren, entführet, darum ihm nachmalen seine Vestung erobert und verbrennet ward. Jn der Berneren Ankunft, legte man einen Sturm an das obere Schloß, der Stein genannt, (dann die Stadt war schon zuvor gewunnen) das ward zur Aufgebung genöhtiget, und verbrennet, hiemit Hertzog Friderich daselbst her seines gantzen Lands beraubet.

Baden.

Nachmalen als König Sigmund um gemeiner Christenheit Einigung, grossen Kosten, und auf der Reis in Arragon, Franckreich und Engelland schwere Zehrung erleiden mußte: schlug er den Eydgnossen, über das er ihnen die eingenommenen Oesterreichischen Stätt und Herrschaften gehabten Kostens halben zu besitzen verwilliget, noch weitere Pfandschilling darauf, welche sie auch erlegten. Seind also hiedurch und etliche der folgenden Uberkommnussen, bey derselbigen Beherrschung blieben.

Das

Das Vierte Buch.

Das XIX. Capitel.

1415.

Pabst Johannes kommt in Verwahrung, wird vom Concilio des Pabstums entsetzet, und in Gefängnuß gegeben ꝛc.

Pfaltzgraf Ludwig hatte mittlerweil Pabst Johanni sehr angehalten, sich zum Concilio wiederum zu begeben, aber nichts erhalten mögen: deßhalben Hertzog Friderichen (welcher erst da seinen Fehler anfieng zu erkennen) so lang in Ohren gelegen, bis er ihn mit Trostbriefen wiederum gen Costantz brachte. Also führete er ihn zusammt Burggraf Friderich von Nürnberg für die Königliche Majestät welche mit viel Prälaten und Herren zu den Barfüssern im Refectorio oder Resenthal war, daselbst thät er ihm den Fußfall, und bate um Gnad. König Sigmund strief ihn mit strenger Zurede, legte ihm auf, den entführeten Pabst, bis Donstag vor Pfingsten wiederum zu stellen, und Ihrer Majestät auf einen genannten Termin, alle seine Schlösser und Städte, hiedißseits und jenseits des Gebirgs, heimzustellen. Thäte ers nicht, solte es Ihrer Majestät alles verfallen seyn, mußte sich desselbigen mit gegebenen Brief und Siegeln verbinden.

Obwol nun diesem Puncten keine Folg beschahe, weil Hertzog Ernst, Friderici Bruder, Tyrol und das Etschland schon eingenommen, und sich hierum durch seine Bottschaft bey dem Römischen König demühtiglich entschuldiget hatte: fügete sich doch der Hertzog wiederum gen Freyburg hinab zu Pabst Johanne, thädingete und handlete mit ihm so viel, daß er ihn bewegte nach dem Concilio zu reisen, aber nicht weiter dann bis gen Ratolfzell an Undern See, bringen mochte. Da dannen ließ er den König um Bericht ersuchen, wie er sich mit ihm halten solte, den er ohne Gewalt nicht weiters fürbringen könnte: empfienge darauf Befehl, den Pabst zu verwahren. *Pabst Johannes wird verwahret.*

Sintemal aber Pabst Johannes des Conciliums Erkanntnuß hievor keine Statt thun wollen, sondern die Legaten ohne eine Antwort gelassen: hatte er den Verdacht bekräftiget, daß er ja der Kirchentrennung Fürschub gegeben, und der Reformation sowol am Haupt als an den Gliedern, entgehen wollen. Deßhalben das Concilium durch einen gerichtlichen Proceß, Donstags den andern Maji, in der siebenden Session, eine Citation wider ihn ausgehen liesse, sich innerhalb neun Tagen um Verantwortung zu stellen, und da er ausbliebe, Zinstags den 14 Maji, in der zehenden Session, des Pabstums gäntzlich still stellete. *Pabst Johannes still gestellet.*

Nach solchem fassete man Kundschaft, und fiengen an schwere Sachen wider ihn zu riechen, um deren willen er des Pabstums unwürdig, namlich:

Er hätte sich bey Zeiten Pabst Bonifacii durch unerlaubte Mittel also bey ihm eingeflicket, daß er sein Kämmerling worden, hiemit sich denen so bey Hof mit Gelt Pfründen kriegen wollen, zum Werber und Vormünder gemachet. Durch solchen Simonischen Gewinn habe er groß Gut bekommen, einen grossen Staat an sich genommen, und schöne Palläst erkauft, sey bald durch Bezahlung einer grossen Summa Gelts, Cardinal worden, des Tittels S. Eustachii. Als er darnach zu Bononia Statthalter gewesen, habe er sehr tyrannisch gehandlet, geschiden und geschaben, dem Volck viel unerhörter, unträglicher Steuren und Beschwerden auferlegt, dadurch der Kirchen Land erarmet, mancher von seinem Heimwesen, welklos, um Haab und Gut, und das Leben kommen sey. So bald er durch Practicken Pabst worden, habe er sich im Gottesdienst ungebührlich gehalten, die Armen untergedruckt, Gerechtigkeit verfolget, grosse Simoney getrieben, ein Spiegel aller Untugend, ein tieffer Erfinder aller Boßheiten gewesen, und so viel Aerger- *Pabst Johannes Subornierung.*

1415. nussen angerichtet, daß er wohl ein seltsamlicher Teufel genennet werden mögen. Um Gelts willen habe er Würdige verschupfet, und den Unwürdigen Aemter, ledige Pfrunden und Prälaturen hingegeben, darinn nicht angesehen, wie ein jeder verdienet, sondern welcher zum meisten gebracht. Alle Kirchenämter seyen bey ihm feil gewesen. Seine Bullen habe man von Wechslern und Kaufleuten, gleich einer Waar lösen müssen. Und wiewol ihn die Cardinäl und andere darüber gewarnet, habe es doch nicht verbesseret, sondern seinen Geitz und Pfrundenmarckt noch strenger getrieben. Mancher der nicht so viel zu geben gehabt, als er die Taxas angelegt, habe rechtlos hingehen müssen. Ja wol ein anders, Er habe oft wider GOtt und sein eigen Gewissen Bullen verkauft, darinn er einem eine Pfrund übergeben, welche ein anderer innengehabt, und darein gesetzt, daß ihm derselbige Innhaber gemeldte Pfrund in seine Hand aufgegeben habe. Manche Pfrund habe er vielen verkauft. Sey aufs letzte darzu kommen, daß welcher unter den Supplicierenden, gleich als an einer Gant, mehr geboten, gekauft habe, dadurch die Kirch mit unwürdigen Vorstehern besetzt, und übel geärgert worden sey. Summa da habe es geheissen, wie Ovidius sagt:

Ipse licet venias Musis comitatus, Homere:
Si nihil attuleris, ibis Homere foras.

Das ist:

Thu auf, Wer bist? Ich bins. Was wilt?
Bringst was? Nein, Dein Sach gar nichts gilt.
Ich bring, Was? Gnug, so geb herein,
Du kriegst zu Hof das Bgehren dein.

Viel Würdiger, so rechtmäßiger Weise erwählet worden, und ihm aber nicht den Sack gefüllet, habe er nicht bestätigen wollen: dargegen minder Taugliche hoch angebracht. Viel habe er von ihren Kirchen an andere Ort verändert, nur daß er dieselbigen desto theurer verkauffen könnte. Solches habe er auch mit dem Ablaß und andern Geistlichen Gaaben geübet. Und mich verdreußt diß Bubenwerck alles zu erzählen. Jetzt letztlich aber nach Besammlung des Conciliums, darinn die Kirchen, so bey 38 Jahren zertrennet gewesen, wiederum vereiniget, die Ketzereyen und Laster ausgerottet, und sowol am Haupt als den Gliedern reformiert werden sollen, sey er verstolen und ärgerlich darvon gewichen, damit er das Concilium zerstörete, diese guten Werck verhinderte, und dasjenige so er GOtt und der Kirchen geschworen, nicht erstatten müßte: item nach gethaner Warnung nicht wiedergekehrt, sondern bey seinem Vorhaben widerspänniglich verharret ꝛc.

Pabst gibt sich schuldig. Der Articklen waren 54, wurden dem Pabst gen Ratolffzell durch Johannem Bischoff zu Vaur einen Frantzosen, und Andream erwählten Bischoff zu Poznania, einen Polacken, sammt etlichen andern Prälaten, Sonntags den 26 Maji, übersendet, ihn zu erfordern, Ob er die Artickel wider seine Person fürgebracht, verantworten, oder die Zeugen und den Proceß widerfechten wolte. Er aber wolte weder die Artickel noch der Zeugen Sag übersehen, sondern bekennete, daß er durch seine Abweichung vom Concilio höchlich gefehlet, und wünschete, daß er selbigen Tags (doch seiner Seele ohne Schaden) gestorben wäre. Begehrte deshalben, sie solten ihn dem Concilio befehlen, daß man in Sentenz seiner Ehren Rechnung trüge, angesehen, daß er der Kirchen viel Guts gethan. Er wüßte wohl, das Concilium könnte nicht irren, wolte derohalben bey desselbigen Spruch bleiben.

Wird des Babstums entsetzet. Auf diese der Gesandten Relation, ergienge der Sentenz seiner Entsetzung, Mittwochen den 29 Tag ermeldtes Monats, in der zwölften Session, innhaltende, daß des gewesenen Pabst Johannis Abweichung von der Stadt Costanz und dem

Das Vierte Buch.

dem Concilio, heimlich, zu einer verdächtigen Stund, in ungebührlicher Verklei- 1 4 1 5.
dung, unzimlich, der Kirchen und gemeldten Concilio gantz ärgerlich, der Kirchen
Frieden und Einigkeit zerstörlich und verhinderlich, der veralteten Stuhlzwehung
beförderlich, seiner Gelübd, Verheissung und Eydspflicht, so er GOtt, der Kirchen, und dem heiligen Concilio gethan, abbrüchlich wäre. Daß auch dieser Johannes ein wissenthafter Simoneytreiber, nicht nur der Römischen Kirchen, sondern auch viel anderer Kirchen und geistlicher Orden Gütern und Rechtungen Ver-
schwender, ein böser Verwalter der Kirchen geistlicher und weltlicher Zugehörden
gewesen seye, der mit seinem abscheulichen unehrbaren Leben, ehe er an das Pabstum kommen, und hernach bis auf diese Zeit, das Christliche Volck wissentlich geärgert, der nach mancher freundlicher Warnung in gedachten Lastern widerspänniglich verharret, und bey dem keine Besserung zu gespüren. Deßhalben ihn der
heilige Synodus als einen Unwürdigen, Untauglichen und Schädlichen, des Pabstums geistlichen und weltlichen Verwaltung entsetzet, und alle Christen ihrer Pflichten ihme zu gehorsamen entlediget: darneben ihn von König Sigmund an einem
ehrbaren Ort, bis auf des Conciliums Gutbedüncken, zu verwahren, verdammet,
mit Vorbehalt der Strafen ihme von gedachter Lastern wegen anzulegen.

Freytags den letzten Maji ward dem entsetzten Pabst diese Urtheil gen Ra- *Dem Pabst*
tolfzell übersendet, seine Antwort darüber zu vernehmen. Diese empfieng er mit *wird der*
viel Seufzen, entschloß sich wider dieselbige nicht zu fechten, und sich des Pabstums *Sentenz*
forthin nichts mehr anzunehmen, entschluge sich auch aller Rechtung und Ansprach *verkündet.*
daran, sagte, er wolte, daß er nie dazu erwählet wäre, dann er von derselbigen
Zeit an keinen guten Tag gehabt: ließ dessen zum Zeichen das Päbstliche Creutz von
sich wegnehmen. Erläuterte sich aber, wann irgend eine sonderbare Person ihm
hierüber etwas Lastern fürwerfen, oder weitern Process wider ihn fürnehmen würde: wolte er sich vor dem Concilio, als seinem Richter, verantworten und schirmen.
Bäte das Concilium und die Königliche Majestät ihn in gnädigem Befehl zu haben.

Hierauf ward er im Kloster Reichenow eine Zeitlang verwahret, demnach Pfaltz- *Pabst kommt*
graf Ludwigen überantwortet, der ließ ihn in die Pfaltz gen Mannheim in das Schloß *in Ge-*
führen, und daselbst durch Teutsche Hüter, deren Sprach er nicht verstehen konnte, *fängnuß.*
bewachen, da er von ihm selbst diese Vers stellete:

Qui modò summus eram gaudens de nomine Præsul,
   Tristis & abjectus nunc mea fata gemo.
Excelsus solio nuper versabar in alto,
   Cunctaque gens pedibus osculi prona dabat:
Nunc ego pœnarum fundo devolvor in imo,
   Et vultum tristem quemque videre piget.
Omnibus è terris aurum mihi sponte ferebant,
   Jam nec gaza juvat, nec quis amicus adest.
Sic variat Fortuna vices, adversa secundis
   Subdit, & ambiguo numine lædit atrox.
Cedat in exemplum cunctis quos gloria tollit,
   Vertice de summo mox ego Papa ruo.

Das ist, wie ichs dolmetsche:

Der ich schwebt vor ein Pabst in Ehr,
   Lieg jetz und traur mein Unfall sehr.
Ich saß erhebt in einem Thron,
   Daß männglich mir war unterthon.

1415.
>Jetz dringt mich in die Tieff mein Schuld,
>Und hab gar keines Menschen Huld.
>Mir trug groß Gelt zu alle Welt,
>Jetz bin ich Arm und Freundlos gstelt.
>Also welzt sich das Glück behend,
>Daß der war hoch, wird bald elend.
>Solchs steh zum Vorbild allem Pracht,
>Daß Ehr könnt werden bald veracht.

Der entsetzte Pabst ward nach dritthalb Jahren der Gefängnuß ledig, und wiederumb zu einem Cardinal gut.

Pabst Gregorii des 12 Abtritt.
In der 14 Seßion, Donstags den 4 Julii gehalten, resignierte Carolus von Malatestis, Herr zu Arimino, Pabst Gregorii des 12 vollmächtiger Gewalthaber, im Namen seines Principalen das Pabstum, und übergabe dem Concilio alle seine Rechtungen an dasselbige. Welches das Concilium mit Danck annahme, alle seine Cardinäle für rechtmäßig erkannte, darzu ihn zum Cardinal, und des Apostolischen Stuhls Legaten in der Marck Ancona, wählete, mit Bestimmung der Nutzungen, welche die Legaten von der Seiten zu haben pflegen.

Hiemit war noch der dritte Pabst, Petrus de Luna, Benedictus genannt, übrig, mit dem es seiner Abweichung halben schwerer zugehen wolte. Deßhalben in gemeldter Seßion seinethalben ein Decret außgieng, Weil er auch vorlängest vor einem allgemeinen Concilio abzutretten gelobt und geschworen, solches aber biß auf diese Zeit nie vollstrecket : solte man ihn zu gebührlicher Zeit und Stett erfordern, innerhalb zehen Tagen alle Rechtungen und Besitzung, so er am Pabstum zu haben vermeinete, auffzugeben. Thäte ers nicht, solte er für ein wissentlicher Kirchentrenner, für ein Schirmer und Erhalter der Kirchenspaltung, für ein widerspänniger Ketzer, Irrmacher im Glauben, der seine Verlobung und Eydspflichte nicht gehalten ꝛc. erkannt, und vom Pabstum gestossen werden.

Das XX. Capitel.

Johann Huß ein Böhmischer Lehrer wird gen Costantz beruffen, über sein Geleit gefangen, als ein Ketzer verdammet, und verbrennt.

Bevor hatte das Concilium Meister Johann von Huß sinetz, den man gemeinlich Huß nennte, Prediger in Böheim, einen frommen und gelehrten Mann, welcher in viel Stucken mit der Römischen Kirchen nicht übereinstimmete, und sehr grossen Anhang hatte, seiner Lehr Rechenschafft zu geben, gen Costantz beruffen. Dessen hat er sich wolbereit finden lassen, jedoch auß Raht etlicher Böhmischen Ständen, Auffsatz halben nicht erscheinen wollen, bis er König Sigmunds sicher Geleit empfienge, dessen Datum stuhnd zu Speier, den 18 Tag Octobris, im 1414 Jahr.

Huß kommt gen Costantz, wird auch da gefangen.
Als er nun den dritten Tag Wintermonats mit etlichen zugegebenen Böhmischen Herren, seine Lehr vor allermänniglich zu verthädigen, ankommen, und 25 Tag da gewohnet, ward er vom Concilio gefänglich angenommen, erstlich in das Prediger-Kloster, darnach zu den Barfüssern in Verwahrung gelegt : letstlich (als nach Pabst Johannis Flucht, seine Diener, so den Huß bewahren sollen, mit Ubergebung der Kerckerschlüßlen, ihrem Herrn nachgezogen) dem Bischoff zu Costantz

Das Vierte Buch. 251

stantz überantwortet, der legte ihn in das Schloß 1415.
Gottlieben. Und wiewol sich Huß mit dem
Kayserlichen Geleit zu schirmen vermeinete,
deßgleichen die Herren und Edlen in Böheim
ihn zu erlösen, mit Supplicationsschrifften, und
in andere Weg, hefftig arbeiteten, auch ihm
König Sigmund gern geholffen: war es doch
umsonst, weil die Versammlung anzeigte, man
solte Ketzern keinen Glauben halten, und das
Concilium wäre über dem Kayser.

Unter andern Artickeln, glaubte und leh- *Johann Hussens*
rete Johann Huß, Petrus seye nicht der all- *Lehrartickel.*
gemeinen Kirchen Haupt gewesen, viel minder
der Pabst, sondern die Päbstliche Würde flies-
se vom Kayserlichen Gewalt. Der Pabst seye
kein rechter Nachfolger Petri, so er nicht ihm
gleichförmig lebte, sondern wann er dem Geitz nachhängete, sey er Judä Iscariots
Statthalter. Des Pabsts Ablaß ist nichts werth, sondern wahre Besserung und
Erneuerung des Gemüths. Das heilige Oel ist ohne des Heil. Geistes Oel nichts
nutz. Der Heiligen Bildnussen seind nicht zu verehren. Die Predigt GOttes Worts
soll frey seyn. Ohrenbeicht ist nichts nutz. Der Kelch in des HErren Nachtmal ist
dem Layen unbillicher Weis entzogen, und dergleichen Artickel mehr. Ward darneben vieler Meynungen gezielen, deren er nie geständig gewesen.

Da nun Huß über sein Kayserlich Geleit der Gefangenschafft nicht los werden
mochte, sendete das Concilium die gelehrteste Meister und Doctores der Heil. Schrifft
zu ihm, ihn zu Widerruffung seiner Lehr zu bewegen. Mit diesen disputirte er aus
GOttes Wort also beständiglich, daß sie ihn auffs letzte für einen verstockten Menschen,
der nicht mehr zu bekehren wäre, hielten. Gleicherweis handleten die Prälaten mit
Hieronymo von Prag, welcher sehr gelehrten Mann, welcher Anfangs dem Hussen
Beystand zu thun, aus Böheim ankommen, bald wiederumb gewichen, aber in der
Flucht erhaschet, dem Concilio zugeschickt, und in Gefängnuß gelegt war.

Die Sach gerichte dahin, daß man diese für wissenhaffte Ketzer verdammte, und
in Schwaben irgend in Klöster, zu ewiger Gefangenschafft einsperren wolte, wann sie
ihre Irrthumen bekenten, und in Böheim schreiben wolten, wie sie Verführung und
Irrungen bey ihnen gelehrt. Als sie es aber abschlugen, und die Lehre, welche sie
mit gutem Gewissen geführet, nicht verlästern wolten: wurden sie zum Tod verdammet.

Erstlich procedirte man mit Hussen: diesen nahmen sie Samstags den sechsten *Johann Huß*
Julii, in der fünfftzehenden Session, legten ihm Priesterliche Kleider an, führten ihn *als ein Ketzer*
auf die Brüge, welche sie in der Thumkirchen zu Costantz hiezu auffgerichtet, in Bey- *verurtheilt.*
sitzung Kayser Sigmunds und des gantzen Concliliums, wolten ihm da keine Entschuldigung gestatten, wiewol er viel und ernstlich mit ihnen redete, daß sich männiglich
seiner Scharffsinnigkeit und Wohlredenheit sehr verwundert, verlasen dem concipierten
Sententz, darinn sie alle seine Bücher, als verwürffliche und verdamliche, zu verbrennen,
und seine Lehr von allen Christgläubigen zu meiden erkannten, demnach ihn als einen
widerspännigen Ketzer und Verführer des Christlichen Volcks, der in die Mutterschooß
der Kirchen nicht wiederkehren, seine Ketzerey und Irrthummen, so er öffentlich gelehret, nicht widerruffen wollen, verdamneten: hiessen ihn demnach wieder herab
gehen, beraubten ihn hiemit Priesterlicher Kleidungen, mit angehängten Maledeyun-
gen, setzten ihm eine pappyrene Insel auf, eines Elnbogen hoch, daran Teufel gemah-

Rr ij let

let stuhnden, mit dieser Schrift, Hæresiarcha, das ist, ein Ertzketzer, übergaben ihn der weltlichen Oberkeit, diese aber dem Nachrichter.

Exempel eines theuren Martyrers.

Dieses Urtheil empfieng er mit unverzagtem Hertzen, und trate willig in Tod. Als er an die Richtstatt kame, kniete er auf die Erden, betete den 31 und 51 Psalmen, repetierte den Vers desselbigen etlichemal, In deine Hände befehle ich meinen Geist ꝛc. Und als er einst sein Angesicht also hoch gen Himmel erhebt, daß ihm die Infel vom Haupt gefallen: wischte ein Stradiot hertzu, setzte ihm sie wieder auf, sprechende, Laßt ihm sie wieder auffsetzen, auf daß er mit den Teufeln seinen Meistern, welchen er gedienet, verbrennt werde. Als ihn die Nachrichter auffstehen hiessen, sprach er mit lauter Stimm: HErr JEsu Christe stehe mir bey, daß ich diesen gräulichen und schmählichen Tod, dazu ich um der Verkündung deines heiligen Evangeliums und Worts willen verdammet bin, mit starckem und beständigem Hertzen erdulde. Erzählte demnach, als sie ihn auszogen, den Umstehenden die Ursach seines Todes, und daß er um keiner Ketzerey willen sterben müßte ꝛc. Als er sich hierauf mit viel tröstlichen Worten an Psal binden lassen, fieng er an, da man das Feuer anzündete, überlaut zu singen: JEsu Christe, du Sohn des lebendigen GOttes, erbarme dich mein. Und da er solches zum drittenmal thun wolte, trieb ihm der Wind das Feuer wider das Angesicht, daß er erstickte, hiemit seinen Leib und Seel GOtt aufopferte. Die Asche ward in Rhein geworfen.

Das XXI. Capitel.

König Sigmund reiset zu Pabst Benedicto in Arragon, richtete aber nichts aus: schaffet darnach Friede zwischen Franckreich und Engelland. Kommt wieder gen Costantz, da wird Pabst Martinus gewählet.

Nach Pabst Johannis Entsetzung, und Gregorii gutwilligen Abtritt, war noch Benedictus, laut hievor angeregten Decrets, zu erfordern, daß er auch gleichfalls, um Friedens willen der Christenheit, des Pabstums Verzicht thun wolte. Hierum unterwande sich Kayser Sigmund selbst in Hispanien zu reisen, ob vielleicht seine persönliche Gegenwärtigkeit an dem de Luna verfänglicher wäre. Ihm wurden im Namen des Concilii, den 11 Julii, in der 16 Session, als vollmächtige Botten zugegeben, Jacobus Ertzbischoff zu Tours, die Bischöffe Petrus Ripensis aus Schweden, Jacobus von Adria aus Italia, und Johannes zu Genf, sammt etlichen andern Meistern und Doctorn. Den 15 Julii, als König Sigmund wegfertig, sangen die Cardinäl und gantze Versammlung die Litaney über ihn, daß GOtt auf dieser Reis zu Verschaffung gemeiner Kirchen Einigkeit, leiten, erhalten, vor allen sichtbaren und unsichtbaren Feinden bewahren, auch frisch und gesund wieder anbringen wolte, sprachen ihm den Segen. Damit auch GOtt dem Römischen König und Gesandten zu dieser Friedenshandlung mit Benedicto Glück verliehe, ward erkannt, alle Sonntag vom Concilio eine Meß und Creutzgang zu halten, und allen Beywesenden hundert Tag Ablaß.

Kayser Sigmund reiset Pabst Benedictum zu bewegen.

Desselbigen Tags kame Kayserl. Majestät Gemahl Barbara gen Basel, ward in M. Jos Schürins eines Thumbherrn Hof, da jetziger Zeit die Schul auf Burg ist, gelosiert. Den 21 Julii kam auch Sigismundus, ward von Burgern mit gebührlichen Ehren empfangen, und all sein Hofgesind aus den Herbergen geldset. Nach zweyen Tagen verreisete er nach Genf, kame den letsten Tag gedachtes Monats gen Lyon, den ersten Augusti gen Wien, den 3 gen Valentz, den 10 gen Nimes,

Das Vierte Buch.

1416.

Nimes, den 15 gen Narbon, da ihn nach 5 Tagen Pabst Benedicts Gesandte erstlich antrafen. Er verharrete da, biß den 4. Septemb. von gemeldtem Pabst andere Botten anlamen. Den 17 ermeldtes Monats reisete er in das Königreich Arragon, den 18 gen Caneti, ein Schloß bey Perpignan. Nachmittag ritt er zwischen zweyen Hispanischen Cardinälen in die Stadt Perpignan, da ihn Alphonsus, König Ferdinands zu Arragon ältester Sohn, empfienge: gienge nach drey Tagen mit des Königs Söhnen in die Burg daselbst, darinn Pabst Benedict war, um deß willen diese Reise beschehen. Um Vesperzeit besuchte er den Arragonischen König, welcher kranck lage.

Folgender Tagen handleten die Gesandten, beyneben dem Römischen König, mit dem de Luna ernstlich ihren Befehl, ihn um gemeiner Ruh und Wohlfahrt willen, zu gutwilliger Resignation des Pabstums zu bewegen, und sich hierinn der gantzen Christenheit Erkanntnuß und Gutbedunken zu untergeben. Solches aber mochte bey ihm, so ein alter, gelehrter und beredter Mann, nicht gefunden werden, sondern redete zu Verthädigung seines Pabstums bey sieben Stunden an einander, vermeinte, er wäre der rechte ungezweifelte Pabst. Und obschon diesem nicht also, wäre er doch von allen Cardinälen allein überig, welche entweder Gregorius der eilfte, und untaugbare Pabst, oder ältere vor ihm, mit dem Purpurrock begabet, und wolte sich denjenigen, so von ungewissen Päbsten erkoren, für Cardinäle zu halten nicht gebühren. Derowegen ob man schon zu einer neuen Päbstlichen Wahl greiffen solte, wurd es doch ihm, und etlichen Römischen Thumherren von ihme zu ernennen, allein gebühren ꝛc.

Handlung mit Pabst Benedicto zu Perpignan.

König Sigmund setzte hierauf an ihn, diese Ding entweders eigener Person, oder durch seine vollmächtige Bottschaft zu Costantz fürzubringen, damit er nicht seiner Sach Mißtrauens zu haben geachtet wurde. Nähme es das Concilium an, so könnte er sich der Schlüßlen Gewalt desto füglicher gebrauchen: Wurde es aber der Christenheit anderst gefallen, solte er Zweifels ohne nach dem Pabst der fürnehmste werden ꝛc.

Als demnach auch die Castilische Bottschaft erschiene, besammleten sich dieser Sach halben, den 22 Octobris, in des kranckliegenden Arragonischen Königs Gemach, gedachter Pabst Benedict de Luna, König Sigmund, Graf Bernhart zu Armignac, und die Legaten, konnten aber nach langem Disputieren und ernstlichem Anhalten, keinen Willen bey ihm ausbringen, daß also König Sigmund mit des Conciliums Abgesandten ihres Begehrens unverrichtet, den 6 Novembris, wiederum abschieden, und gen Narbon reiseten.

An diesem Ort fügten sich zu ihnen der Königen und Fürsten Bottschaften, welche Benedicto biß dahin Obedientz gethan, und des Conciliums nichts angenommen, namlich Ferdinands zu Arragon und Sicilien, Johannis zu Castilien und Legion, Caroli zu Navarra, der Grafen von Foix, Armignac ꝛc. verglichen sich daselbst, Freytags den 13 Decembris, etlicher Articklen, mit welchen (weil sich Benedictus nicht wolte weisen lassen) sie dem Concilio zutretten, und desselbigen Erkanntnussen annehmen wolten: die wurden nach der Abgesandten Wiederkunst, den 30 Jenners, im 1416 Jahr, zu Costantz bestätiget.

Pabst Benedicti Gehorsame sielen von ihm ab.

Nach dieser Tractation verreisete König Sigmund in Franckreich, zwischen demselbigen König und der Cron Engelland Frieden zu schaffen. Den 7 Tag Aprilens, ruckte er von Paris, kame den 15 gen Beauvais, hielt da Ostern, schiede am sechsten Tag von dannen, nahme den 24 gemeldtes Monats sein Nachtläger im Schloß Bolonien, morndrigs fuhr er gen Cales, da ihm derselbigen Stadt Hauptmann, ein Englischer Graf, entgegen kame. Am Maytag schiffete er gen Dover in Engelland, da ihn Johannes, des Königs Bruder, empfienge. Folgendes Tags ritt

Kayser Sigmunds Reise in Franckreich und Engelland. Anno 1416.

1417. ritt er zu Cantzelburg ein, den 7 zu Londen. Als er bey 15 Tagen daselbst verharret, reisete er gen S. Georg in die Burg Wiser, bey 20 Meilen von Londen gelegen, allda ward den 23 gedachtes Monats, in Beywesen des Englischen Königs, und vieler seines Reichs Fürsten, ein herrlich Kirchenamt gehalten. Nach zweyen Tagen fuhr er wieder gen Westmünster, ein Kloster bey Londen, darnach mit Begleitung des Englischen Königs, durch manchen Ort, wiederum dem Meer zu gen Dover, schiffete den 25 Tag Augstmonats gen Cales. Ihm folgete nach wenig Tagen der König zu Engelland, blieben bey 14 Tagen da, die fürgenommene Friedenshandlung zu verrichten. Nach Abscheid des Englischen Königs setzte sich auch Sigmund den 24 Septembris zu Schiff, nach Holland zu seglen, kame den 4 Novembris gen Dordreck, den 13 gen Neumägen, den 24 gen Ach. Den 16 Decembris von Ach gen Cöllen, wieder gen Ach, Lüttich, Lützelburg, darnach heraufwärts, erreichete den 24 Januarii, im 1417 Jahr, Straßburg, letztlich wiederum Costantz, da er von allen Conciliums-Herren nach Kayserlichen Würden eingeführet ward.

Nach des Kaysers ersten Abreisen, hatte das Concilium mit Hieronymo von Prag so viel gehandlet, daß er Montags den 23 Septembris im 1415 Jahr, in der 19 Session, die Lehr Johann Wiclefs und Johann Hussen von der Cantzel offentlich verfluchte und verdammte, darneben sich zu dem Concilio und der Römischen Kirchen Glauben bekennete, auch alle so darwider gesinnet, des ewigen Fluchs und Verdammnuß würdig achtete. Als man aber besorgte, er hätte diesen Widerruf aus Forcht gethan, wurde derohalben, so man ihn ledig gäbe, bey dieser Bekantnuß nicht bleiben, ließ man ihn wieder in herbe Gefängnuß setzen, in deren er in sich selbst gienge, und wieder umschlige, deßhalben Samstags den 30 Maji, im 1416 Jahr, in der 21 Session, als ein verdorret Schoß, so am Rebstock nicht verblieben, hinaus zu werfen verurtheilet, als ein Ketzer verdammet, und noch selbiges Tages verbrennet.

Hieronymus von Prag verbrennt.

Erdbidem. Im selbigen Jahr erregte sich den 21 Julii abermals Erdbidem zu Basel, daß viel Leut vor Forcht aus der Stadt flohen, und hierauf grosse Creutzgänge hielten.

Ehe auch König Sigmund nach seiner fernen Reise wiederum zum Concilio kommen, hatten die Vätter ausgehendes Novembers, in der 24 Session, wider den de Luna, eine ernstliche Citation ausgehen lassen, innerhalb hundert Tagen peremptorié zu erscheinen, seine Widerspännigkeit zu verantworten. Als er aber um dieselbige nichts gegeben, ward er Montags den 26 Julii, des 1417 Jahrs, in gehaltener 37 Session, des Pabstums gar entsetzet, und männiglichem geboten, ihm als einem Scismatico und widerspännigen Ketzer, mit nichten zu gehorchen.

Benedictus des Pabstums entsetzet. Anno 1417.

Nach diesem griffe man einmühtiglich zu der Wahl eines einigen ungezweifelten Pabsts, richtete zu Costantz im Kaufhaus ein Conclave und Wahlhaus an, darein die Cardinäle, mit den übrigen Kiesern, den 8 Novembris traten, und auf S. Martins Tag den Cardinal des Tittels S. Georg zum güldenen Fließ, Otho de Columna genannt, zum Römischen Pabst wähleten, darnach Sonntags, den 21 gedachtes Monats, offentlich weyheten und cröneten. Er nennte sich vom Tag selbiger Erwählung, Martinum den fünften. Diesem als einem ordentlichen Pabst, hat nachmalen die gantze Christenheit Obedientz gethan: ist auch das größte Werck, so diese Versammlung, auf die man so grosse Hoffnung gehabt, überschwenglichen Kosten und Mühe gewendet, ausgerichtet.

Ende der Kirchentrennung.

Pabst Martinus der 5.

Das Vierte Buch.

Das XXII. Capitel.

Basel verbrennet. Das Costantzer Concilium wird vor der Kirchen-Reformation zu Ende gezogen. Hartmann Mönch wird Bischoff.

Kurtz vor dieser Zeit, namlich den fünften Tag Julii, *Basel verbrennt schädlich.* erhube sich Abends zwischen fünf und sechs Uhr Nachmittag eine schreckliche und schädliche Brunst, in der Stadt Basel, zwischen dem Spittal und Barfüssern, im Haus zur Tannen, welche in wenig Stunden, ob 250 Häusern, die noch seit dem grossem Erdbidem höltzen und schlecht gebauet, verzehret. Das Feuer verschluckete den Spittal, und was herum stuhnde, beyde Gassen hinauf, das Teutsche Haus, die gantze S. Albans Vorstadt, zusammt dem Kloster, bis an die Teiche hinaus, entgstaltete die Stadt also sehr, daß sie kaumerlich wieder erbauet, und erst im folgenden Concilio, durch die einwohnenden Prälaten erbesseret ward. Es vergiengen in dieser Noht eilf Menschen.

Pongius, ein Redner von Florentz, so auch dem Costantzer Concilio beygewohnet, gedencket dieses Brunsts, im Buch von der Arbeitseligkeit menschliches Wesens, mit diesen Worten: Vor wenig Jahren ist die edle Stadt Basel am Rhein gelegen, zu mehrerm und fürnehmsten Theil verbrunnen. Dann als ich da durchreisete, sahe ich selbst die riechenden Gebäu und Häuser in Aeschen liegen.

Man hältet gemeinlich, meiner Eltern Behausung zum Schaltenbrand geheissen, habe dieser Zeit den Namen bekommen, weil das gräuliche Feuer daselbst *Schaltenbrand.* erwunden: daß es aber lang vor diesem also genennet sey, weisen zwey alte Instrument, so bey hundert Jahren älter seind. Es hat je vorzeiten einem Geschlecht den Namen gegeben. Conrat zum Schaltenbrand lebte im Jahr 1190. Wernher 1209. Herr Hans Schaltenbrand Caplan, und Dechan S. Johans Brüderschaft, der letzte, starb 1459.

Bischoff Humbrecht von Neuenburg verklagte dieses Jahrs die Stadt Basel *Ammeisterthum zu Basel in ird abgethan.* vor dem Costantzer Concilio und Römischen König, daß sie wider seine Gunst und Willen, zu Abbruch seiner gesetzten Amtleuten, das Ammeisterthum aufgesetzt, mit Begehr, solches bey ihnen abzuschaffen. Also erwarbe er ernstliche Mandatsbriefe, die er in seiner Wiederkunst dem Raht zustellete, mit Begehr, von solcher Neuerung abzulassen, damit sie ihn fürbaß zu klagen verursacheten. Hierauf kame durch Maragraf Rudolfs von Hochberg Unterhandlung, diese Sach zu einer Richtung, daß die Baßler Samstags vor Barnabä das Ammeisterthum fallen liessen, und den Bischoff, wie von altem, um Meister und Rähte baten, die er ihnen zu geben gern bewilligte.

In Costantz war die veriahrete Spaltung über die Päbstliche Gehorsame schon *Bey der Welt ist wenig Besserung zu hoffen.* abgeschaffet. Noch eins war übrig, daran auch der grösste Haft lag, namlich, die Reformation und Verbesserung allerley verderbtes Wesens der Christenheit, sowol am Pabst, als in andern geistlichen und weltlichen Ständen. Diese hätte der fromme König Sigmund gern gesehen, auch zu Beförderung derselbigen, so viel Arbeit und Gefahr ausgestanden. Als er hievor in Arragon verreiten wollen, hat er die Rätter ermahnet, mittlerweil über diese der Kirchen Reformation zu sitzen. Da er aber nach seiner Wiederkunst nichts darinn gehandlet befunden, hat es ihm aufs höchste mißfallen, jedoch sich damit abreden lassen, man hätte zuvor des Pabstums halben vereiniget werden müssen. Nach erlangter Einigung durch des neuen Pabsts

Sss ij Wahl,

1417. Wahl, vermeinete er, die Vätter wurden allbereit zu dem hochnohtwendigen Werck einer Christlichen Reformation greiffen, und aus Krafft ihrer Erkanntnuß nicht zerstiessen, es wäre dann dieselbige abgerahten und beschlossen. Aber ja wol Reformation, welche diese anrichten sollen, entsetzten sich selbst ihres Thuns, und die da Feuer speyen sollen, wolten den Fuchs nicht beissen. Pabst Martinus entschuldigte sich, er müßte aufs ehest gen Rom kehren, und sehen, daß daselbst nichts zu Grund gienge: mittlerweil wolte er dieser Sach nachdencken, und sie zu gelegener Zeit für Hand nehmen.

Keine Krähe beisset der andern die Augen aus.

Und dieweil Samstags, den neunten Tag Octobris, in der 39 Session, ein Decret publiciert worden, anfangende, Frequens generalium Conciliorum celebratio &c. betreffend der General-Concilien Haltung, künftige Stuhlzwenung zu verhüten, aus welchem nachmalen aller Gespan zwischen dem Concilio zu Basel und Pabst Eugenio erfolget, habe ich dasselbige verdolmetschet, und haltet sich also:

Decret Frequens, der allgemeinen Kirchensamlung halben.

Der General-Concilien emsige Haltung, ist des HErrn Ackers fürnehmste Pflantzung, welche die Gesträuche, Dörn und Disteln der Ketzereyen, Abführung und Treuungen ausrottet, die Irrtumme verbessert, was seine Gestalt verloren, wiederbringet, und des HErrn Weinberg sehr fruchtbar machet. Da im Gegentheil derselbigen Versamnuß gemeldte Dinge säet und erhaltet, wie solches aus Erinnerung vorabgeloffener Zeiten, und aus der gegenwärtigen Betrachtung, augenscheinlich.

Derhalben wir durch dieses unwiderrußlich Edict setzen, erkennen und wollen, die General-Concilien hinfort also zu halten, namlich, das erste auf Vollendung dieses Conciliums, nach den fünf nächstfolgenden Jahren, das andere von Ausgang desselbigen nächsten Conciliums über sieben Jahr, und demnach je eines zu zehen Jahren, an denen Orten, welche der Pabst einen Monat vor eines jeden Conciliums Ende, mit des Conciliums Bewilligung, oder im Fall es am Pabst Mangel hätte, das Concilium selbst, dazu bestimmen und ernennen wurde. Auf daß man allezeit ein Concilium entweder in Wesen, oder auf benennten Termin eines zu gewarten habe.

Diesen Termin mag der Pabst, aus Raht seiner Brüdern, der Römischen Kirchen Cardinälen, fürsallender Ursachen halben, verkürtzen, jedoch nicht verlängern, desgleichen das bestimmte Ort zu Haltung des künftigen Conciliums, ohne augenscheinliche Noht, nicht veränderen. Im Fall sich aber Ursachen zutrügen, daß die Noht das Ort zu änderen fordern wolte, als da wären Belägerungen, Krieg, Pestilentz, und dergleichen Sachen: alsdann mag der Pabst, mit der vorgenannten seiner Brüdern, oder des zween Theils unter ihnen, Bewilligung und Unterschreibung, ein ander Ort dem vorbestimmten nahe gelegen, welches kommlich, und in derselbigen Nation, verordnen: es wäre dann, daß dieselbige oder dergleichen Verhinderung durch die gantze Nation gienge, so möchte dann an einem, dem nächsten kommlichen Ort in einer anderen Nation, das Concilium berufen werden, welches dann die Prälaten, und andere, so man auf die Concilia zu fordern pfleget, zu besuchen schuldig seyn sollen, als wann es anfangs bestimmet worden.

Doch soll der Pabst diese Aenderung des Orts, oder Abkürtzung des Termins, ein Jahr lang vor dem gesteckten Termin, ordentlich und stattlich publicieren und auskünden, damit die vorgemeldten Personen auf gesetzte Zeit zu Haltung des Conciliums erscheinen mögen.

Dieses Decret an diesem Ort einhellig sanciert, hat für das Baßler Concilium aus nichts mehr golten. Dann weil sich die General-Concilien, anstatt der allgemeinen Kirchen, über alle Menschen, auch Päbstlicher und Königlicher Würden Gewalts angenommen: seind sie den Päbsten, so keinen Oberen noch Richter leiden mögen, sehr verdächtig worden, deßhalben unbesammlet blieben.

Nach

Das Vierte Buch. 257

Nach solchem erklärete man Zinstags, den 19 Aprilis, im 1418 Jahr, war die 44 Session, die Stadt Paven in Italien, für des nächsten Conciliums Stätte. Den 22 Tag gemeldtes Monats, nahme das Concilium mit der letsten Session sein Ende, hiemit erfasse die Reformation, darauf männiglich groß Verlangen getragen.

1 4 2 0. Costanzer Conciliums Ende. Anno 1418.

Vor Aufraumung des Conciliums war Bischoff Humbrecht zu Telschberg gestorben, und Hartmann Mönch von Mönchenstein Thumsänger, an seine Statt gewählet worden. Weil er aber alt und unvermöglich, gabe der neue Pabst Martinus das Bistum, Conrado Heliä von Lauffen, Costanzer Bistums, Doctorn des Geistlichen Rechtens, und des Capitels Gesandten bey dem Concilio, welchen doch Bischoff Hartmann abthädingte, daß er ihm wiche, und Ertzpriester bliebe, erlangte endlich von Martino, als er vom Concilio reisete, zu Genf die Confirmation. Was politische Sachen waren, verwalteten mehr Thüring Mönch von Mönchenstein Ertzpriester zu Basel, Probst zu S. Ursitz, und Hans von Flachsland, des Bischoffs Verwandte, dann er selbst. Des erarmeten Bistums halben führte er keine grosse Hofhaltung, sondern behalfe sich nur eines Caplans, Kochs und Dieners, wohnete in S. Catharina Hof.

Hartmann Mönch Bischoff zu Basel.

Das 1420 Jahr gienge mit früher Wärme ein, daß es männiglich wundersam. Am Ostertag, den 7 Aprilis, waren schon die Rosen herfür, zu mittem Aprillen die ersten Kirschen und Erbser feil, so blüheten auch selbiges Monats die Reben, daß man angehendes Mayens grosslechte Weinbeer fande. Den achten Tag Brachmonats kame ein Reiff, so war in der Nacht darvor auf den Gebirgen beyderseits des Rheins Schnee gefallen, daß dieselbige Kälte allerley Früchte hinterstellig machte. Auf Mariä Magdalenä hatte man zeitige Pfersich und Trauben, ward ein guter Herbst.

Ein frühe Jahr. Anno 1420.

Das XXIII. Capitel.

Des Hussen Jünger, so nach seinem Tod in Böheim sehr zugenommen, werden mit Krieg angefochten, bleiben doch unbezwungen. Vieler Städten Bund. Bischoff erobert etliche seiner Schlösser mit Gewalt rc.

Jewol man nun Johann Huß den namhafften Lehrer aus Böheim, als einen Ketzer zu Costantz verbrennet: war darum seine Lehr gar nicht mit ihme vertuschet, sondern bey demselbigen Volck, je länger je grössern Beyfall gewunnen. Von ihm nennet man dieser Lehr anhängige, die Hussiten. Derselbigen Mehrung und Aufgang war Pabst Martino und der Clerisey allenthalben so bekümmerlich angelegen, daß sie zu Ausrottung derselbigen allerley Wege suchten. König Sigmund hielte dieser Sach halben mit gemeinen Ständen Teutscher Nation, im 1421 Jahr, einen Reichstag zu Nürenberg, auf welchem, aus der Pabstlichen Gesandten Anhalten, erkannt ward, daß alle Personen Mannsgeschlecht, ob 14 Jahren, kühne Priester und Layen, niemand ausgesöndert, diesen Ungläubigen Leuten zu widerstehen, schwören solten, und ein gemeiner Heerzug in Böheim fürgenommen werden. So gabe Pabst Martinus wider diese Ketzer vollkommenen

Hussiten in Böheim.

Ttt

1 4 2 2. kommenen Ablaß. Zu Basel schwur man wider sie, den nächsten Sonntag nach dem Fronleichnamsfest.

Herzug wider die Hussiten in Böhmen. Anno 1421.
Hierauf wurden drey Zeug in Böheim geführet, einer aus dem Sächsischen, der andere aus dem Fränckischen Kreiß, der dritte ab dem Rheinstrom, aus Schwaben und Bayern, bey welchem die Stadt Basel 41 Pferd hatte, deren Hauptmann war Herr Burkart ze Rhein, Ritter. Bey ihnen war auch der Cardinal Julianus, des Pabsts Gesandter. Diese Hauffen schlugen sich zusammen, gewunnen erstlich die Vestung Topel, eines Herrn von Blauen, darnach Kisch ein wehrhaft Dorf, bald die Stadt Lutiz durch Aufgebung. Im Fortrucken stiessen die Hussiten Lada die Stadt mit Feuer an, und flohen daraus.

Als sich aber die Böheimer mit aller Macht zusammen gethan, und dem Feind, so vor der Stadt Satz sein Läger geschlagen, begegnet: fiele ein solcher plötzlicher Schrecken in des Reichs Heer, daß sich die Kriegsleute gantz zaghaft in die Flucht ergaben, allen Gezeug hinter ihnen liessen, und zu Ende des Weinmonats unausgerichtet das Land raumeten. Damit dann GOtt ohne Zweifel zu verstehen geben wollen, daß wie man den wahren Glauben, so von oben herab gegeben wird, mit dem Schwerdt nicht könnte aus den Hertzen reissen: also sey unmöglich, denselbigen durch andere Waffen, dann das Schwerdt GOttes Worts, den Menschen einzutreiben.

Der Heiden und Zigeunern Ankunft.
Ein fremd, gescheid und unnütz Volck, die Zigeuner genannt, kam erstlich, im 1422 Jahr, gen Basel und in das Wiesenthal, wol mit 50 Pferden, hatten einen Obersten, der sich Hertzog Michael von Egypten nennete, darzu vom Pabst und Römischen König Paßworte, daher man sie (wiewol mit Unwillen der Landleuten) duldete und ziehen liesse. Sie gaben für: Ihr Ursprung wäre von denen Egyptern, welche Joseph und Maria (da sie für Herodis Grimm mit dem neugebornen HErrn JEsu in ihr Land entflohen) keine Herberg geben wollen, deßhalben sie GOtt weißlos in das Elend verstossen hätte. Von dieser Zeit an, ist dieses schwartz, ungestaltet und wildschweiffige Gesind, welches mit der Zeit je länger je frecher worden, und nun, Zweifels ohne, nichts anders dann allerley zusammen geloffene Böswichte, Diebe und Räuber seind, in Teutschen Landen mit grosser Beschwerung frommer Leuten herum gestrichen, das Baursvolck, wann sie an ihrer Arbeit gewesen, ausgespähet, ihnen ihren Schweiß abgestolen, oder sonst durch Entzüng grösserer Ubelthaten abgeschrecket, mehrmals auch aus Beschauung der Händen, durch gerichtet und lächerlich Wahrsagen, Gelt abgelocket: daß sie billich, wie auch starcke muthwillige Landbettler, raue, unnütze, umstrichende Quardknecht, und dergleichen unnütze Burden der Erden, bey Christlichen Obern nicht solten gedulden werden.

Fünfjährige Bündnuß mit den Städten im Elsaß und Breisgow. Anno 1422.
Die Stadt Straßburg war eine Zeitlang mit ihrer Ritterschaft in schwere Fehde gestanden, in welcher den Burgern an ihren Gütern und Häusern, und sonst auch den Landleuten allenthalben von Edlen und ihren Helfern grosser Schaden begegnet. Dieselbigen widerwärtigen Läuffe, besonders die unredlichen Angriffe, Gefängnuß und Widersagen, so im Land fürgiengen, verursachte sie, mit Basel, Freyburg, Colmar, Schletstatt, Breisach, Neuenburg, Endingen, Kaysersperg, Ehenheim, Mülhausen und Türckheim, um gemeines Friedens willen, eine fünfjährige Bündnuß anzunehmen, unter folgenden Bedingen:

Sie

Das Vierte Buch.

Sie solten einandern die bestimmte Zeit aus getreulich und wohl meynen, des- 1 4 2 3.
gleichen in keinerley Noht und Gefahr einandern lassen.

Fielen unter ihnen für Spännungen und Mißverstände, solten dieselbigen
durch sieben Mann ausgetragen werden, deren Straßburg zween, Basel zween, Colmar, Schletstatt und die übrigen Reichsstädte zween, dazu Freyburg einen, aus
ihren Rähten geben solten.

Hätte dann eine Stadt unter ihnen an die andere etwas zu sprechen, die solt es
den gedachten Städten, so die sieben Mann zu geben schuldig, anzeigen: alsdann
dieselbigen sieben Mann gen Breisach, zu Verhörung beyder Partheyen, absenden,
und was die über habenden Zuspruch erkannten, dabey solte es bleiben.

Wolte aber jemand eine von ihnen, oder die ihnen zu versprechen stühnden, schädigen, an ihren Freyheiten, Herkommen, Briefen und Rechtungen beleidigen, überziehen oder belägern, und dann die übrigen um Hilf angerufen wurden: solten die
Siebner ohne Verzug gen Breisach abgefertiget werden, was dann dieselbigen zu
thun erkannten, das solte vollzogen werden.

Folgendes Jahrs, welches nach der heilsamen Geburt
das 1423 gewesen, übergab Bischoff Hartmann Mönch,
aus Bewilligung des Capitels, das Bistum Herrn Johansen von Fleckenstein, dem Abt zu Seltz, Cluniazer Ordens,
ward von Pabst Martino dem fünften bestätiget, und ihm
von wegen des erarmeten Bistums Basel, durch etlicher
der vorderigen Bischöffen Unhaushaltigkeit, die Abtey Seltz
darzu gelassen. Marcum Tittelbischoff zu Tripolis, einen
Barfotten, hatte er zum Weyhbischoff, darnach zu Anfang
des Basler Conciliums, Aegidium Episcopum Rossensem,
einen Carmeliten. Den 29 Mayens ritt er mit fünfthalbhundert Pferden zu Basel ein, hatte bey sich Bischoff Friderichen zu Worms, geboren von Fleckenstein, und Bi-
schoff Raban zu Speier, geboren von Helmstatt, seine Vettern, nicht nur um statt-
liches Einritts willen, sondern der Meynung, etliche Herrlichkeiten und Güter, so
dem Bistum mit Gewalt vorgehalten wurden, wieder herum zu bringen, welches
doch erst folgendes Jahrs beschahe, da er sich um einen neuen reisigen Gezeug und
Kriegsvolck beworben.

Johannes von Flecken- stein Bischoff zu Basel.

Dieselbige Handlung war also beschaffen. Es hatte weiland Bischoff Humprecht (als droben angezeigt) seinem Geschlecht den Grafen zu Neuenburg, etliche
des Bistums Schlösser und Herrschaften, als S. Ursitz, Burg und Stadt Spiegelberg, Kallenberg und Goldenfels, auf eine Wiederlösung Pfandsweis übergeben,
welche Bischoff Hartmann gern wiederum zu der Stift Handen gebracht hätte, derowegen auch die Losung denen von Neuenburg ankünden lassen, aber die Restitution
nicht erhalten mögen. Da nun Herr Johann von Fleckenstein auf angeforderte Lösung, bey Graf Theobalden von Neuenburg, Herrn zu Blamont, weiland Bischoff
Humprechts Bruders Sohn, auch über Rechtgebott keine gebührliche Antwort ausbringen mögen: belägerte er, aus Raht etlicher Chur- und Fürsten, die ihm und
seinem Bruder Friderichen von Fleckenstein Gutes gönneten, mit seiner Freunden
Hilf, Ludwigs von Liechtenberg, eines von Sarwerden, und eines von Leiningen,
vorgemeldte des Bistums Schlösser, gewunnen dieselbigen in drey Tagen, und besetzten sie nach Nohtdurft. In diesem Zug war Graf Hans von Thierstein der Stift
Basel Feldherr, führte einen Hauffen zu Fuß, und bey sechshundert Reisiger, darunter von der Stadt Basel Zünften ein Fähnlein ausgeschossener Burgern mitreisete,
zusammt

Bischoff nimt S. Ur- sitz ꝛc. mit Gewalt ein. Anno 1423.

Baßler Bistums Historien,

1423. Zer Sonnen.

Steinen-Kloster reformiert.

zusammt einer Anzahl Pferden, deren Hauptleute waren, Herr Burkart ze Rhein, Ritter, Burgermeister, und Hug zer Sonnen. Nach solchem ward bis Faßnacht ein Anstand gemacht.

Pfaltzgraf Ludwig bey Rhein trate dieses Jahrs, auf vier Jahr lang, auch in den Bund, welchen (als oben angezeigt) die Städte im Elsaß und Breißgow, allerley untreuer Läuffen halben, unter einandern eingegangen.

Zu Basel ward S. Maria Magdalenen Kloster, an den Steinen genannt, vom Prediger-Orden reeformiert, den Schwestern ihr ausschweifig Wesen benommen, einer strengen Observantz untergeben, mit Gebäuen zu kommlicher Verschliessung angerichtet. Dieses verwaltete Petrus von Gengenbach ein Prediger, unter Giselberto von Utrecht, bemeldtes Ordens Provincialmeister in Teutschen Landen. Von Räthen wurden ihme zu Hilf ausgeschossen, Herr Hans Reich von Reichenstein, Burkart ze Rhein, Rittere, Claus Maurer, Henman Offenburg, und Peter Geig, die sie auch von ihren Gütern wohl begabten. Den sechsten Novembris, wurden aus den Klöstern Unterlinden zu Colmar, und Schönen-Steinbach im Obern Elsaß, dreyzehen Schwestern darein geführt, die angeregte Observantz anzutretten.

Sophia Zibolin, geboren von Rotberg.

Sie bekamen hernach zu einer sonders getreuen Wolthäterin, Frau Sophiam von Rotberg, welche Matron bey ihren Zeiten, als ein trefflich Exempel eines gottsförchtigen Hertzens, ja ein Spiegel vieler Tugenden gepriesen wird. Als ihr Gemahl J. Burkart Zibol gestorben, verachtete sie alles Zeitliche dermassen, daß sie ihren grossen Hof der Stadt zu kauffen gab, ward nachmalen zum Collegio der Universität verordnet: und damit sie der Religionsübung desto baß pflegen möchte, empfienge sie von den Klosterfrauen an den Steinen, auswendig ihrer Kirch, auf dem Plänlin, ein kleines Häuslein, welches sie zu nothdürftiger Wohnung zurichten liesse, war sehr emsig bey dem Gottesdienste, thät grosse Almusen und Spenden, begabete auch das Kloster mit etlich tausend Gulden an Renten, Kleinodern und Gebäuen, starb auf Mathiä, in tausend vierhundert acht und siebentzigsten Jahr, als sie fünf und vierzig Jahr im Witwenstand gelebt, ward in der Carthus begraben. Herr Arnolt ihrer Brüdern einer war im 1451 Jahr Bischoff, der andere Bernhard von Rotberg ein Ritter, Burgermeister, 1449.

Ze Rhein.

Das Vierte Buch. 261

Ze Rhein.   Von Rotberg.   1 4 2 3.

1202 Wernher ze Rhein, Ritter, der
     Rähten.
1290 Hans ze Rhein, Ritter, Burger-
     meister zu Basel.
1366 Hug, Ritter von Mülhausen,
     Burkart sein Sohn, Thum-
     herr.
1379 Fritzman und Hertrich, Gebrüdere.
1420 Burkart, 1432 Jacob, beyde Rit-
     ter, Burgermeister.
1485 Friderich, des Bischoffs zu Basel
     Hofmeister.

1283 Wernher von Rotberg, Ritter.
1340 Jacob, Ritter.
1361 Arnolt, Ritter, der Rähten,   Hermann,
     Clara Rötin   Ritter
1370 Werala   Ulrich Diebolt   Cuntzman
     Engel von Brunackich
1405 Ludman, Ritter, Burgermeister,
     Ursula von Andis, ihre Kinder
1456 Arnolt, Ludman, Adelberg, Bernhart Ritter,
     Bischoff,   Susann Reichin,
                         Anna von Randeck.
1429 Arnolt von Rotberg, Ritter, und 1439 Bur-
     germeister.
1430 Johanna von Rotberg, Herrn Bernhards
     von Hasenburg Ehegemahl.
1414 Burkart und Ludman von Rotberg, Ge-
     brüdere.
1460 Adelberg und Hans Henrich, Thumherren,
     Herrn Bernhards Söhne.

Das XXIII. Capitel.

Zu Senis wird beschlossen, nach sieben Jahren zu Basel ein Concilium zu halten. Krieg wider den Marggrafen zu Baden. Ergiessung der Wassern.

Als über der allgemeinen Concilien Haltung zu
Costantz decretiert worden, ist droben † erzählet. Als nun die-   † im XXII.
ser Zeit die fünf Jahr, nach welchen zu Pavey ein neues Conci-   Capitel.
lium gehalten werden sollen, schon abgeloffen, gabe Pabst Martinus Ordnung und Befehl, dasselbige den 23 Tag Aprillens,
im 1423 Jahr, anzuheben, durch vier dahin abgesandte Präsidenten, welche viel
Bischöffe, Aebte, Prälaten und Doctores allda versammlet fundē.

Ehe man aber mit dem Hertzogen von Mayland, und der Stadt Pavey   Hanrich
des Geleits und anderer nohtwendiger Sachen halben, accordiert: erhuben sich   Concilium
pestilentzische Läuffe daselbst, daß des Concilliums Vätter der Veränderung rähtig   ward zu Se-
wurden. Obwol nun ihnen der Hertzog von Mayland andere Plätz und Städte   nis vollzogen.
seines Fürstenthums anbote: erkannten sie doch das angefangene Concilium in der
                                  Stadt

1424

Concilium gen Basel angesetzt.

Stadt Senis zu vollführen. Bunden also auf, nach Senis zu reisen, da sie den 22 Brachmonats zur Fürführung griffen. Es währete nachmalen bis den 8 Tag Merzens, im 1424 Jahr, ward aber nichts wichtiges ausgerichtet, sondern auf gedachten Termin über sieben Jahr, eine allgemeine neue Versammlung in der Stadt Basel zu halten erkannt und beschlossen.

Marggraf Bernhart zu Baden ward in gedachtem vier und zwantzigsten Jahr, mit denen von Freyburg und Breisach stössig, von wegen etlicher neuer Zöllen, so er in den Herrschaften Hochberg und Höchingen angerichtet, dessgleichen daß er seinen Leuten, die sie ihm (als er hergegen klagte) in Verspruch und zu Burgern annahmen, ihr Haab und Gut nicht nachfolgen liesse, darzu auf dem Rhein Gewalt trieb, das dem Pfaltzgrafen unleidlich.

Herzug in die Margrafschaft Baden.

Dieser Spännungen halben war zwischen dem Fürsten und den Bundsverwandten manche Tagleistung gehalten, aber nichts friedlichs ausgerichtet worden. Deßhalben sich der Städten Bund, mit Pfaltzgraf Ludwigen, dem Bischoff von Speier, und der Herrschaft Wirtenberg, mit grosser Macht wider den Margarafen erhube. Basel hatte in diesem Herzug achthundert zu Fuß, deren Hauptleute waren J. Balthasar Rot, und Eberhart von Hiltalingen, genannt Ziegler, Item 250 Pferd, mit Herr Burkart ze Rhein, Ritter, ihrem Hauptmann. Unter dieser Anzahl waren im Sold, Herr Rudolf von Ramstein Frey, mit 15 Pferden, Burkart Mönch, Hans Mönch, Hans von Ramstein Edelknecht, einer von Weissenberg, einer von Maßmünster, Alexius ze Rhein, Hans von Flachsland, Hans von Lauffen, Friderich Frouwler, Hug Spitz, Peter zum Wind, ein jeder mit fünf Pferden.

Diese alle fuhren in acht Schiffen mit einem Gewerff gen Strasburg, welche tausend zu Fuß und hundert Pferd darzu gabe, die schlugen sich zu den übrigen Bundsgenossen, verbrenneten Rastatt und etliche Dörffer, lägerten sich endlich für Mülberg und Graben, schossen und wurfen in die Bestlingen. Die aber darinn lagen, gaben dem Feinde mit ritterlicher Gegenwehr nichts bevor, also daß sie die Bundsverwandten bey drey Wochen aufhielten. Darzwischen wurden die Baßler mit den Straßburgern im Feldläger stössig der Proviant halber, daß sie andern Brodt und Speis verkauffet, ihnen aber um Gelt nichts geben wollen, inmassen, daß sie mit ihnen geschlagen hätten, wo nicht Pfaltzgraf Ludwig gescheiden.

In diesen Dingen kame Dietrich Ertzbischoff zu Cöln, Johannes Bischoff zu Wirtzburg, und Albrecht Graf zu Hohenlohe, im Namen der Kayserl. Majestät in das Läger, der Unterhandlung zu pflegen, welche auch angehendes Heumonats zuwegen brachten, daß sich die Heersgenossen abthädingen liessen, und die Spännungen auf etliche Mittelpersonen gesetzt wurden.

Burgunder fallen in das Suntgow.

Mittlerweil hatte der Printz von Chalons der Hertzogin von Burgund gen Befort einen Absagbrief geschickt, und war mit einem feindlichen Welschen Kriegsvolck stracks hernach gezogen, der Meynung, durch solchen Angriff im Suntgow, die Bundsgenossen zu vertrennen, und dem Margarafen Fristung zu schaffen. Diesen zu begegnen, mahnete die Hertzogin Catharina die von Basel zu Hilf, welche deßhalben einen neuen Gezeug fertig machten, und Zinstags vor Petri und Pauli mit dem Paner auszogen. Herr Hans Reich von Reichenstein war Hauptmann.

Als aber die von Mülberg eben damals abgethädinget worden, liessen die Baßler ihrem Kriegsvolck verkünden, über die Breisacher Bruck dem Paner zu nach Altkirch zu reisen, daher ihre beyde Häuffen zu Hirsingen an der Jll zusammen kamen, gen Datteuriet und Befort fürruckten. Dieser Macht wolten die Burgundischen

Das Vierte Buch.

schen nicht gestehen, kehreten deßhalben immer zuruck, daß die Baßler nach wenig Tagen den Heimzug nahmen. 1424

Um Magdalena fiel Regenwetter ein, drey Tag an einander, dadurch alle Wasser, und der Rhein, mit solchem Brausen anlieffen, daß er am 15 Tag Heumonats über die nrindern Stadt Basel Zwingelmauer einlieffe, und zwey gewaltige Joch von der Bruck hinführete. Nach Ablauffung des ungestümen Wassers, baute man drey Schiff in die Lucke, überschoß die zur Noht mit Dielen, stellte zu jeder Seiten fünf Leitern an, damit die Leut auf und absteigend hinüber kommen möchten, das bliebe vierzehen Tag also. Nachmalen ward besserer Kommlichkeit halben, auf ein jedes Schiff ein Joch, den übrigen gleich hoch, gesetzt, und gleicherweis bedecket, daß auch die Müller mit den Eseln hinüber fahren mochten: mit Karren und Wägen war es unmöglich. Uber einen Monat ohngefehr, bauete man eine andere Rüstung, welche auch Wägen truge, dieselbige brache hernach, daß fünfzehen Personen in das Wasser fielen, wurden wieder ausgebracht; item ein Wagen mit fünf Pferden, welche ohne das Stellroß alle ertrunken. Solches gab Ursach neuer Rüstung, daß man andere Schiff und Joch darauf also zurichtete, daß die Bruck an grossen Trottspinnlen dem Wasser nach, hoch und nieder konnte geschraubet werden, bis auf bequeme Zeit neue Joch zu schlagen. Dieser Uberschwall thät an Feldern und Wiesen überschwenglichen Schaden. Ungeheur Gewässer. Rheinbruck bruch.

Maßmünster.

Spitz.

- 1370 Burkart von Maßmünster, Ritter, starb 1383. N. von Landsberg.
- Ludwig von Maßmünster, Ritter. N. von Munstral.
- Balthasar, Thumherr zu Basel 1480.
- 1412 Wilhelm, Susann von Watweiler, ihr Sohn, Burkart Thumherr.
- 1418 Hans Ulrich von Maßmünster.
- 1437 Heinrich von Maßmünster, sein Bruder.
- 1468 Ansheim, Hauptmann des Bunds wider Mülhausen.
- 1490 Hans Ulrich, N. von Pfirt sein Gemahl, ihr Sohn, Wolfgang, Thumherr zu Basel.

- 1428 Hug Spitz, Vogt zu Basel.
- 1428 Hans Spitz, des Gerichts zu Basel.

Das XXV. Capitel

1425.

Bischoff und Stadt Basel suchen ihre Feind in Burgund. Eri-
court wird gewunnen. Ritterlicher Kampfftag
zu Basel.

Demnach Bischoff Johannes dem Grafen von Neuenburg in Burgund des Bistums Städte und Schlösser vorgedachter
Weis abgezogen: trachtete er dieselbigen mit Gewalt wiederum zu erholen, begabe sich deßhalben in Rüstung, dem Bischoff zu Erhaltung seiner Land und Leuten, nicht zu schlafen. In Vermerckung
des Grafen Fürnehmen, ordnete man zu Basel, im tausend vierhundert fünf und
zwantzigsten Jahr, daß ein jeder vom Adel und der Burgerschaft, so zwey tausend
Guldin Vermögens, ein Pferd, welcher aber drey tausend und darüber, zum Pferd
auch einen Diener, auf die Stadt zu warten, halten solte, damit man in alle Fäll
mit Reisigen gefaßt wäre. Von der Edelleuten Stuben, die beyde Knecht und Pferd
hielten, funden sich diese:

Anschlag des reisigen Zeugs.

Burkart ze Rhein, Ritter.
Hans Reich, Ritter.
Hemman von Ramstein, Ritter.
Conrat von Eptingen, Ritter.
Arnolt von Rotberg, Ritter.
Peter Reich.
Heintzman, Rudolf und Thüring von
  Eptingen.
Claus und Rudolf von Baden.
Adelberg, Ludwig und Arnolt (wel-
  chem man sagte Erny) von Beren-
  fels.
Hans vom Bühel.
Friderich, Balthasar und Götzman
  Rot.
Hug zer Sonnen.
Hans und Friderich Fröuwler.
Hans und Lienhart Schönkind.
Burkart Zibol.
Hans von Lauffen.
Claus und Heintzman Maurer.
Henrich und Conrat von Efringen.

Hemman Servogel.
Dietrich Surlin.
Peter und Hans von Hegenheim.
Hemman Offenburg.
Wernher Murnhart.
Friderich Schilling.
Hemman Tribock.
Conrat von Jetingen.
Niclaus Meyer.
Hans Weiler.
Conrat zem Haupt.

Von Wittwen.

Hans Ludmans von Rotberg
  Wittwe.
Amelia von Berenfels.
Adelheit von Eptingen.
Eine von Landenberg.
Eine von Maßmünster.
Eine von Frick.
Eine Mönchin.

Als nun die Burgunder auf den Bischoff und seine Helfer ohne Unterlaß streiffe-
ten: schickten die Baßler kurtz vor Pfingsten, Graf Hansen von Thierstein etliche Soldaten gen Blumberg zur Landwehre, die wurden unhellig, daß sie zerlieffen, und es
in ihrer Wiederkunst in Gefangenschaft büssen mußten.

Blumberg besetzt.

Darzwischen war Graf Theobald von Neuenburg mit fünfhundert Pferden
gen Häsingen, Herrn Burkart ze Rhein Burgermeister zu Basel angehörig, heraus geschnappet, und das Dorf verbrennet. Den nächsten zoge man mit der Stadt
Paner aus, dessen aber die Feinde nicht wolten gewärtig seyn. Darauf ward nachmalen eine Anzahl Kriegsleuten gen Blumberg abgefertiget, welche daselbst mit etlicher Burgern Weibern und Töchtern Muhtwillen trieben, daß die Stadt in einer
Nacht

Das Vierte Buch.

1427.

Nacht verrahten, geplündert, der Besatzungs-Knechten etliche erschlagen und gefangen wurden. Darauf man von neuen dreyhundert Mann dahin sendete, und dem von Hagenbach, welcher den Feinden zu solcher That geholfen, einen Weyer ausliesse.

Ferner zogen die Baßler mit des Bischoffs Volck den Feind zu suchen, bis gen Clemont, gewunnen das Städtelein, Mitwochens vor des Fronleichnams Tag, und steckten etliche Dörfer mit Feuer an, aber dem Schloß wiederfuhre nichts, angelegtes Friedstands halben.

Sobald aber derselbige zum Ende gelossen, und die Sachen nicht besser werden wolten, verursachete es den Bischoff und die Stadt, daß sie Samstags nach Aller Heiligen Tag, mit bester Macht und vier Hauptstucken aufbrachen, durch das Munstraler Thal, für die Vestung Elicourt zogen, darinn sich des Feinds Schnapphanen aufenthielten, dieselbige zu belägern. Der Baßlern Hauptleut waren dieses Heerzugs, Herr Burkart ze Rhein, Ritter, Conrat von Eptingen, Hug zer Sonnen, und Ulman im Hof. Aus Mindern Basel, Eberhart von Hiltalingen. Den nächsten fienge man an das Städtlein Tag und Nacht zum Sturm zu beschiessen, daß es die Innhaber zu erhalten verzagten, derhalben mit Feuer ansteckten, und in das Schloß entwichen. Man legte aber auch an die Burg mit Schiessen und Untergraben solchen Ernst, daß sich die Belägerten auf Martini, mit Bethädigung eines freyen Abzugs, aufgaben, deßhalben die Vestung geplündert und verbrennet ward. Den Baßlern blieben nur drey Mann todt, unter denen Hans Schilling einer war. Balthasar Schilling ward auf der Füterung gefangen. Von dieser That habe ich folgende altfränckische Reimen gefunden:

Herzug in Burgund.

Elicourt gewunnen.

    Anno milleno, quater C, quinto uigeno,
    Festo Martini, fractura cernitur ibi:
    Castri potentis Elcurt, quam Basiliensis
    Gens fecit armata, nullo metu superata:
    Ergo laudanda cunctis & ueneranda.

Folgendes Jahrs ward dieser Krieg zwischen dem Bischoff und Grafen, durch Graf Hansen von Freyburg, Grafen und Herrn zu Neuenburg am See, als einem Vernachbarten, gerichtet, und muste der Bischoff Graf Theobalden für seine Ansprach zehen tausend Rheinischer Gulden bezahlen, ward ihm von der Stadt Basel dargestreckt.

Ein neues Hauptstuck hatten die Baßler im 1427 Jahr giessen, dazu ein altes ändern lassen. Als man diese am 13 Tag Octobris auf die Prob geführt, und aus einem jeden drey Schüsse gethan, hielt das eine Wärschaft. Das andere zersprang am hindersten Schuß in viel Stuck, erschlug den Büchsenmeister, Obersten Stadtknecht, und noch zween, einem andern schlug es beyde Schenckel ab, so verletzte das Feuer bey viertzig Menschen.

Im tausend vierhundert acht und zwantzigsten Jahr, hielte sich offentliche Kriegsfehde zwischen Hansen von Froberg, Herrn zu Muron, einem Burgundischen Freyherrn, und der Herrschaft Leuten in Suntgow. Ob sich dieser aus dem vergangenen Krieg, welchen der Bischoff zu Basel wider den von Neuenburg glücklich geführet, oder andern Ursachen angesponnen, ist unbewußt. Doch ist kundbar, daß der Herrschaft Leut etliche Tausend starck, zu mittem Augstmonat für Froberg gezogen seind, in Meynung daßelbige zu erobern. Als sie es aber nicht gewinnen mochten, deßhalben nach fünfzehen Tagen wiederum abzogen: streiften ihnen die Welschen mit achtzig Pferden nach.

1428.

Suntgow von den Burgundiern beschädiget.

Ausgehendes Augstmonats, kame Graf Theobald von Neuenburg, und der von Froberg, mit zwey tausend und fünffhundert Mann in das Suntgow, dadurch das Land erschrecket, ihre Haab in grosser Eile, so viel möglich, in die Stadt Basel flehheten. Die Feinde wolten Maßmünster überhupet und eingenommen haben, wo nicht die Thorhüter in Eil die Greudel zugeschlagen: wurden hieben bederseits sechs Mann erstochen. Sie verbrannten Dammerkilch, und den besten Kirchhof daselbst, darein viel entflohen, deßgleichen noch sonst zehen Dörfer, erschlugen und fiengen viel Leute, trieben bey acht Tagen Muhtwillen im Land, bis sie durch Marggraf Wilhelms von Rötelen, der Städten, Basel, Bern und Solothurn Bottschaften kaumerlich abgethädiget wurden.

Kampftag zu Basel.

In diesen unruhigen gefährlichen Zeiten, kame ein frembder prächtischer Spanier, Johann von Merlo genannt, gen Basel, provocirte allda die Ritterschaft mit ihme zu fechten. Und nachdem er angezeigt, wie manch Ort er durchreiset, da ihm angebottenes Kampfs niemand gestehen wollen, unterwande sich dessen gegen ihm, eines Stichs mit einer Lantzen, dreyer Schlägen mit einer Mordart, und viertzig Streichen mit Schwerdtern, Henrich von Ramstein Edelknecht. Der Kampf ward ernennet Sonntags vor Lucia, im tausend vierhundert acht und zwantzigsten Jahr, und zu Richtern erbetten, Marggraf Wilhelm, Herr zu Rötelen ꝛc., Graf Hans von Thierstein, Rudolf Freyherr von Ramstein, Egolf von Rahtsamhausen, und Thüring von Hallweil.

Als die Sache weitkündig worden, fügte sich auf bestimmten Tag solche Menge frembder Leuten, Edler und Unedler, dahin, daß man die Stadt mit gutem Raht, für Uberlauf und Unruhe versehen mußte, bevorab, weil damals sorgliche Läufe vorhanden, und etliche vernachbarte Städte, als Kayserſperg, Colmar, Schafhausen und andere Ort, vor wenig Monaten mit Verräthereb grosse Untreu erfahren, und man sonst aus Wiedergedächtnuß der blutigen Faßnacht, bey weiland Hertzog Lupolts von Oesterreich Zeiten, desto fürsichtiger worden.

Deß hat man auf dem Münsterplatz, von der Mönchen Capell, bis auf vier Schritt gegen den Höfen, da jetziger Zeit die Schul ist, eine erhebte Brüge gemacht, und gegen der andern Seiten einen zwerpsachen Schrancken sechtzig Schritt lang, war zu Durchläßen an drey Orten offen: an ein jedes Ort hat man vier, und ringweis herum fünffhundert Mann verordnet. Von den Schrancken bis an die Höfe, war die Brüge etwas höher zugerichtet, darauf die Richter, beyneben dem Burgermeister, Herr Burkarten ze Rhein, sammt den Rähten in Pantzern mit dem Bauer stuhnden, welches Mathis Schlosser ein Gewandmann führte. Man hielte zu beyden Städten nur drey Thor offen, versahe ein jedes zusammt den Hochwachten, mit zehen Mann. Zwantzig Reisige wurden geordnet in der Stadt, das halbe Theil oben, und das andere Theil unten herum zu reiten, mochten bisweilen auf Burg kommen: sonst dorste keine Weibsperson, ohne die vom Adel, noch jemand zu Roß darkommen. Der Rhein war mit Schiffen versehen, im Fall jemand etwas Boßheit unterstühnde, item die Bruck mit zwantzig Mann, auf alle Zufäll Achtung zu geben. Man stellte etliche auf die Münsterthürn Aufsehens zu haben. Alle Glocken waren aufgezogen, besonders die Rahtsglocken mit vier Mannen verwahret ꝛc.

Der Kampf, wie er mit Wehren und Schlägen benennet, ward auf bestimmten Tag, mit grossem Ruhm beyder Personen ritterlich geübet und vollbracht, ohne beyder Verletzung; doch behielte Johann von Merlo im Preis etwas Vorzugs, ward von Graf Hansen von Thierstein im Ring zu Ritter geschlagen: aber der von Ramstein erholte nachmalen Ritterschaft in einer Meerfahrt zum heiligen Grab, gen Jerusalem. Uber die vorgenannten Richter, waren beyneben einer unzahlbarlichen Menge, Zuseher, Graf Friderich von Zollern, Graf Hans von Freyburg,

Graf